제2판

21세기를 위한 국제경영

조동성 저

도서출판 서울경제경영

머리말

저자는 1978년 서울대에서 강의를 시작한 이후 지난 27년간 국제경영, 경영전략, 경영학원론을 중심으로 수강생들과 함께 경영학에 대한 공부, 그리고 연구를 해왔다. 다만, 본질적으로 하나의 지식 집적체인 경영학이란 분야를 제각기 다양한 기준과 관점에서 접근하다 보니 경우에 따라서는 서로 부딪치거나 앞뒤가 맞지 않는 경우도 있었다. 이런 상충과 모순이라는 문제를 해결하기 위해서 1997년부터는 위 세 과목을 글로벌 스탠다드라는 국제적 기준과 21세기를 향하는 미래지향적 관점에서 보기로 했다. 그리하여 시작한 것이 21세기를 위한 경영학, 21세기를 위한 전략경영, 그리고 21세기를 위한 국제경영이라는 삼부작이었다. 그리고 그 완결편이 바로 이 책 『21세기를 위한 국제경영』이다.

이 책은 1985년부터 저자의 국제경영 교과서를 출판해왔던 경문사와 20여 년에 걸쳐 형성했던 좋은 관계를 끝내고, 21세기를 위한 경영학, 21세기를 위한 전략경영이라는 저자의 두 교재를 이미 출판해 온 서울경제경영출판사에서 내기로 하였다. 그 이유는 경문사가 결코 능력이 없거나 인간관계를 원활하게 하지 못해서가 아니라, 세 종류의 책이 공통적으로 가지고 있는 글로벌 스탠다드라는 기준과 21세기라는 관점에 대한 전문적이고 종합적인 접근이 필요하기 때문이었다.

그 결과 이 책은 과거에 출판했던 국제경영학 책과의 차이점을 다음과 같이 보여줬다.

첫째, 기존판의 총 6부 23장의 본문을 4부 14장으로 새롭게 구성하였다. 14장으로 구성한 이유는 우리나라 대학에서 공통적으로 사용하는 한 학기를 15주로 구성하고, 1년을 두 학기로 구성하는 학기제(semester system)에 맞출 필요성을 느꼈기 때문이다.

둘째, 각 장의 본문내용의 이해를 돕기 위해 장의 맨 처음에 다양한 기업 사례를 소개하였다. 또, 각 장의 중간에 '쉬어갑시다' 또는 '생각해 봅시다'의 제목으로 본문의 해당부분과 관련한 재미있는 이야기나 사례를 추가하였다. 이러한 방식은 각 장에서 다루는, 다소 딱딱한 이론을 학생들이 친근하게 느끼면서 쉽게 접근할 수 있도록 한 것이다.

셋째, 기존판에 포함되어 있었던 '종합무역상사', '해외건설', '해외자원개발'과 관련한 내용은 6장과 8장에 각각 '알아봅시다'라는 제목으로 수정 · 보완하여 설명하였다. 기존판과 비교해서 이 주제에 대한 본문 내용은 축소되었지만, 독자들은 새롭게 구성된 사례와 '알아봅시다'를 통해 기업이 벌이는 국제경영활동을 쉽게 이해할 수 있을 것이다.

넷째, 기존판의 1부에 해당하는 국제경영의 본질에 관한 내용은 축소하여 1장 국제경영의 이해로 구성하면서 경영학의 한 분과로서 국제경영학이 대두하게 된 배경을 간략히 기술하고, 국제경영학의 연구대상인 국제경영에 대한 주요 학자들의 견해를 살펴보면서, 저자가 갖고 있는 국제경영에 대한 개념을 제시하였다. 그리고 기업의 국제경영활동 유형에 대한 여러 학자들의 견해를 언급하였다. 이러한 수정작업은 실무를 접하게 될 학생들에게는 복잡한 국제경영이론 그 자체를 이해하는 것보다 각각의 이론이 가지고 있는 특징과 모든 이론에 녹아있는 본질적인 개념을 파악하는 것이 더욱 의미가 있으리라고 본 결과이다.

다섯째, 제1부에서는 국제기업이 국제경영활동에서 직면하게 되는 환경 즉 국제기업의 환경으로 경제적 환경, 정치적 · 법률적 환경, 문화적 환경을 설명하였다. 2장 경제적 환경에서는 기업의 경영활동에서 간과할 수 없는, 이제는 하나의 경제적 하부구조(infrastructure)로 인식되고 있는 정보기술환경과 관련된 디지털 경제환경을 추가적으로 설명하였다. 3장은 국제기업의 정치적 환경과 법률적 환경을 한 장에 묶어 구성하면서, 국제경제법으로 WTO와 관련된 새로운 협정들에 대한 설명을 추가 설명하였다.

여섯째, 국제기업의 경영유형을 다루는 제2부는 네 장으로 구성하였다. 5장에서는 기업의 다양한 국제경영활동 유형에 대한 개괄적인 틀을 소개하였다. 6, 7, 8장은 각각 수출, 국제기술이전, 해외직접투자를 다루고 있다. 특히 8장에서는 해외직접투자가 국제경영에서 차지하고 있는 중요성을 감안하여 충분한 지면을 할애하였다.

일곱째, 제3부는 세 장에 걸쳐서 국제기업 경영활동의 전략과 관리를 다루고 있다. 전략은 경쟁과 협력으로 나누어 국제경쟁전략과 국제협력전략을 별개로 다루었고, 국제경영관리는 별도로 다루어 각각 9장, 10장 그리고 11장에서 설명하였다. 특히 10장의 국제협력전략의 내용은 전면적으로 수정하였다. 경쟁 못지않게 협력의 중요성을 강조하고 있는 현장 추세에 맞추어 전략적 제휴라는 개념을 중심으로 기업 간 협력을 다루었다. 협력이라는 현상을 이론적 접근을 통해 설명하면서 기업들의 협력관계에 대한 독자들의 체계적인 이해를 돕고자 하였다.

여덟째, 제4부에서는 국가경쟁력, 한국기업의 국제화, 그리고 특수논제로서 e-Business, 중국경제, 그리고 윤리경영 등 국제기업의 주요 이슈에 대해 언급하였다. e-business는 더 이상 전통산업과 차별화된 독특한 모습을 보이고 있지않다는 점에서 다음 판에서는 이 부분을 빼버리는 시대가 오기를 기대한다. 반면에 앞으로 국제경영에 있어서 중국을 비롯하여 인도, 러시아, 브라질 등의 개발단계에 있는 경제대국(BRICs)은 우리 나라에 큰 위협과 함께 기회로 다가오고 있다. 윤리경영 역시 우리를 비껴갈 리 없는, 우리가 정면으로 부딪쳐서 능력을 갖추어야 하는 주제이다.

방대한 출판 작업을 하는 데 결정적인 역할을 한 정지윤, 박재찬, 조영경, 성선영, 장금영, 한재훈, 현은정, 양지연 등, 서울대 박사과정에 재학중인 연구원들에게 고마움을 표한다. 이들은 이번 책을 만드는 과정에 적극적으로 참여하면서 여러 사례와 관련 논문을 모으고 정리하는 작업을 수행하였다. 특히 정지윤 연구원은 전체 작업에 대한 코디네이션과 함께 다른 연구원들과의 연락을 담당하는 역할을 해주었다. 만일 이들이 없었다면 이 책은 세상에 나오지 못했을 것이다.

이 책을 서울경제경영출판사로 옮겨서 출판하는 데 흔쾌하게 허락해주신 한용직 경문사 사장께 이 자리를 빌어 고마움을 표한다. 이 책의 출판을 감당해 준 서울경제경영출판사의 김은중 대표와 조내식 팀장께도 감사한다. 그러나 이 책의 내용과 형식에 관한 모든 잘못과 이에 따른 책임은 저자가 질 것임을 분명히 한다.

머리말

앞으로 이 책이 국제경영에 관심을 가지고 있는 모든 독자에게 세계를 향한, 그리고 미래를 향한 길잡이가 되기를 기대하면서 독자 여러분의 격려와 질책을 기대한다.

2004년 8월

더위가 한풀 꺾인 늦여름
네덜란드 트웬터 대학의 캠퍼스내 호텔 방에서
창문으로 들어오는 아침 햇살
그리고 이로 인해 더욱 검푸르게 보이는 소나무 숲을 바라보며

조 동 성

차 례

제2부 국제기업의 경영유형

제3부 국제기업의 경영전략과 관리

차 례

제4부 국제기업의 주요 이슈

1 국제경영의 이해

국제경영학은 제2차 세계대전 이후 급격히 부각된 기업의 국제경영활동을 연구대상으로 하여 성립된 학문이다. 여기서 국제경영이라 함은 국경선을 넘어서거나 2개국 이상에서 동시에 일어나는 경영활동을 의미한다. 국제경영은 기업의 국제경영활동을 포괄적으로 다루고 있기 때문에 이를 연구하는 데에도 여러 가지 방법을 쓸 수 있다. 1장에서는 다음의 내용을 제시하고자 한다.

첫째, 경영학의 한 분과로서 국제경영학이 대두하게 된 배경을 간략히 기술하고, 둘째, 국제경영학의 연구대상인 국제경영에 대한 주요 학자들의 견해를 살펴보고 저자가 갖고 있는 국제경영에 대한 개념을 제시한다. 셋째, 국제기업의 경영전략 유형에 관한 대표적인 학자들의 이론을 살펴본 후, 통합 · 적응모형(IR Framework)에 입각하여 2×2 매트릭스로 구성된 4가지 국제경영전략 유형을 제시한다.

학습목표

- 국제경영이라는 현상을 학문적으로 다루게 된 배경 및 계기는 무엇인가?
- 경영학도와 국제기업이 국제경영학을 공부해야 하는 이유는 무엇인가?
- 우리나라의 주요 국제기업들은 어떠한 국제경영전략 유형을 채택하고 있는가?

Case

글로벌 패스트푸드 레스토랑
맥도날드 햄버거의 국제화 전략

맥도널드는 1954년 설립 이래 미국 및 해외 시장에서 급속한 체인점 확대를 통해 현재 세계 121개국에 29,000여 매장을 갖고 있는 세계 최대 규모의 패스트푸드 레스토랑이다. 맥도날드는 뛰어난 품질(Quality), 서비스(Service), 청결(Cleanliness), 가치(Value)라는 핵심 이념을 통해 매장을 방문하는 고객들을 웃는 얼굴로 만들자는 것을 기업 목표로 하고 있다. 이러한 기업이념을 바탕으로 맥도날드는 적극적인 해외 진출을 통해 1999년 기준으로 맥도날드의 전세계 매출이 380억 달러에 이르는 등 거대 다국적기업으로서 외형적 성장뿐만 아니라 포춘지에 의해 사회적 책임을 다하는 기업으로서 1위로 선정되기도 하였다. 특히 맥도날드는 세계 최초로 공산주의 국가에 진출한 패스트푸드 레스토랑이기도 한데, 1982년 유고슬라비아와 계약을 체결한 이래 1990년에 모스크바 진출, 1992년에는 베이징에 세계 최대 규모의 매장을 개점한 바 있다. 이처럼 맥도날드가 표준화된 제품(품질, 크기, 재료의 표준화)으로 전세계에 진출한 점에 착안, 영국의 경제주간지 이코노미스트지는 1987년부터 매년 세계 120여 개 국가에서 팔고 있는 맥도날드 햄버거의 주력제품인 빅맥의 국제적 가격비교를 바탕으로 빅맥지수(The Big Mac Index)를 발표하고 있다. 즉 빅맥 햄버거 값은 전세계 각 지역에서 동일해야 한다는 전제 아래 빅맥 햄버거 값을 국제적으로 비교해서 다른 나라의 통화가치와 통화의 실질 구매력을 평가하고 있다.

맥도날드의 역사는 1954년 레이 크락(Ray A. Kroc)이 멀티믹서라는 밀크쉐이크 기계의 독점권을 따낸 후, 캘리포니아 샌버나디노에 있는 맥도날드 햄버

거 식당에서 한 번에 8개의 멀티 믹서를 사용하고 있던 맥도날드 형제를 방문해, 그들이 경영하는 스피디 시스템을 보고 동 식당의 프랜차이즈 대행인으로 나서면서 시작되었다. 1955년 첫 번째로 맥도날드 프랜차이즈 매장을 일리노이주 드 플레인에 세우고, 1961년에 레이 크락이 맥도날드 형제로부터 맥도날의 모든 권리를 $2.7백만 불에 매입함으로써 레이 크락의 맥도날드 햄버거 사업을 단독적으로 추진해 나가기 시작하였다. 지속적으로 맥도날드 매장을 확대해 나간 결과, 1970년에는 하루에 맥도날드 햄버거가 4백만 개를 판매하게 된다. 맥도날드가 세계적으로 성공할 수 있게 된 원동력은 전 세계 모든 매장이 품질, 서비스, 청결, 가치라는 4대 기업이념을 공통으로 받아들이면서, 동시에 각 국가별로 지역 특성에 맞는 고유한 맛을 개발하는 등의 적극적인 현지화전략을 채택한 데 있다. 예를 들면 소를 신성시하는 인도에서는 쇠고기 패티 대신 양고기를 사용하고, 이스라엘에서는 유대인 율법에 따라 처리한 정결한 메뉴만 파는 코셔(Kosher) 맥도날드를 별도로 설치하여 안식일과 종교 휴일을 엄수하고 유제품을 판매하지 않는 등 철저한 지역화에 애쓰고 있다. 이집트에서는 파라펠이라는 콩을 갈아 튀긴 전통 음식을 전형적인 햄버거 빵과 양상치, 토마토를 넣어 맥파라펠(Mcfalafel)이라는 메뉴가, 일본에서는 데리야키 치킨을 햄버거 속으로 한 데리야키 버거가 인기리에 판매되고 있다. 우리나라에는 맥도날드가 1988년에 처음으로 진출하였는데, 1990년대 말부터 우리 입맛에 맞춘 메뉴를 개발하여 불고기버거, 한국식 맥너겟, 새우버거, 김치버거, 맥빙수를 판매하고 있다. 이와 같이 맥도날드는 지리적인 세계화를 적극적으로 추진하면서 동시에 현지 시장의 문화와 고객 니즈를 철저히 파악하여 현지 적응력을 높인 제품을 판매함으로써 수익성과 매출을 동시에 높여나가는 전략을 추진하고 있다.

http://www.mcdonald.co.kr

토의과제

- 맥도날드가 거대 다국적기업으로서 성공하게 된 요인은 무엇인가?
- 글로벌 통합과 지역별 현지화라는 상반되는 압력에 맥도날드는 어떻게 대응하였는가?

국제경영학의 성립 배경

제2차 세계대전 이후 과학기술이 급진적으로 발전함에 따라 세계 각국의 경제 · 사회 및 그 구성원인 기업들은 활동범위를 크게 넓혀가게 되었다. 특히, 교통과 통신수단의 경이적인 발달로 인하여 세계가 단일생활권으로 묶이게 됨에 따라 기업도 국경선이라는 장벽을 뛰어넘어 세계 전체를 무대로 한 경영활동을 본격적으로 전개하게 되었다.

이러한 기업환경의 변화에 대응하여 현실을 기반으로 하는 실천과학으로서의 사명을 가진 경영학은 그 이론과 기법에 있어서 새로운 체계를 필요로 하게 되었다. 즉, 안정과 보호가 전제된 국내경영의 여건으로부터 변화와 경쟁으로 가득찬 국제경영으로 기업의 행동반경이 넓어짐에 따라 이들 기업의 경영자에게 범세계적인 안목과 국가 사이에 일어나는 문제의 해결능력을 제공하는 국제경영학의 개발이 경영학계의 과제가 된 것이다.

이에 따라 1960년대 이후, 기업의 국제적인 경영활동을 대상으로 하여 많은 연구가 진행되었으며, 그로부터 50여 년이 지난 오늘날 국제경영학은 경영학의 한 분야로서 확고한 위치를 차지하게 되었다.

국제경영의 개념

그러면 국제경영학에서 연구대상으로 삼고 있는 국제경영, 즉 기업의 국제적 경영활동이란 무엇을 뜻하며, 어떠한 경영활동을 포함하는가? 무릇 어느 학문에서나 마찬가지겠으나, 특히 국제경영학과 같이 역사가 짧을 뿐만 아니라 연구대상이 계속 변하고 있는 학문에 있어서는 그 개념을 획일적으로 규정할 수도 없고, 또 규정해서도 안 될 것이다. 또한 국제경영학 분야에서 활동하고 있는 학자들이 추구하는 연구목적과 이들이 채택하는 연구방법에 따라 국제경영의 개념은 제각기 다를 수 있다. 그럼에도 불구하고 지금까지 국제경영학에 대한 연구를 계속해 온 여러 학자들의 견해는 큰 차이점을 보이지 않고 대부분 '국경선을 넘어서는, 또는 2개국 이상에서 동시에 일어나는 경영활동'이라는 개념으로 수렴되고 있다.

참고로 여러 학자들의 견해 중 대표적인 몇 개의 예를 살펴보기로 하자. 우선

로보크, 시몬즈와 즈비크(S. Robock, K. Simmonds & J. Zwick)의 공저인 『국제경영과 다국적기업(International Business and Multinational Enterprises)』에서는 국제경영에 대하여 다음과 같은 정의를 내리고 있다.[1]

> "국제경영이란 경영교육 및 학문적 연구를 대상으로 하는 분야로서, 국경선을 넘어 이루어지는 경영활동을 다룬다. 여기서 국경을 넘는 사업활동의 대상에는 재화, 서비스, 자본, 인력, 기술이전 그리고 인력관리 등이 모두 포함된다."
> "International Business as a field of management training and scholarly research deals primarily with business activities that cross national boundaries, whether they be movements of goods, services, capital, or personnel; transfer of technology; or even the supervision of employees."

반면 로빈슨(R. Robinson)은 그의 저서인 『국제경영관리(International Business Management)』에서 국제경영의 개념을 다음과 같이 정의하고 있다.[2]

> "국제경영이란 한 나라, 한 영토 또는 한 식민지 이상의 사람 또는 기관에 영향을 미치는 공사(公私)의 경영활동을 대상으로 하는 연구 및 실무의 한 분야이다."
> "International Business as a field of study and practice encompasses that public and private business activity affecting the persons or institutions of more than one national state, territory or colony."

국제경영의 개념에 관한 위의 두 견해를 비교해 보면, 전자는 국경선을, 후자는 활동지역의 수를 기준으로 하고 있다는 점에서 서로 다르다는 것을 알 수 있다. 즉, 전자는 역사적 · 동태적인 관점에서 기업이 나아가는 방향을 설명하고 있고, 후자는 현상적 · 정태적인 관점에서 기업이 경영활동을 한 결과 나타난 현상을 설명하고 있는 것이다. 그러나 국경선을 넘어서는 경영활동은 결국 2개국 이상에서 동시에 일어나는 경영활동으로 귀착된다는 점에서 이들의 견해는 하나로 수렴된다고 볼 수 있다.

또 파머와 리치먼(R. Farmer & B. Richman),[3] 루트(F. Root),[4] 버논과 웰즈(R. Vernon & L. Wells, Jr.),[5] 루텐버그(D. Rutenberg)[6] 등도 국제경영의 개념을 제각기 정의하고 있으나, 위에서 제시된 두 가지 내용에서 크게 벗어나지 않는다. 이와 같이 여러 국제경영학자들이 국제경영의 개념에 대해 비교적 일치된 견해를 보이고 있는 현상은 국제경영에 해당하는 영어표현으로서 'International business' 라는 용어가 공용된다는 점에서도 확인할 수 있다.

따라서 이 책에서는 이들의 의견을 종합하여 '국경선을 넘어서거나 2개국 이상에서 동시에 일어나는 경영활동' 으로 국제경영의 개념을 정의하기로 한다.

국제경영전략의 유형

국제경영전략은 1980년대 이후 다국적기업의 연구영역에서 유행처럼 논의되어 오고 있는 전략 개념으로서, 학자별로 다양하게 정의되고 있어 아직 일반화된 정의는 없다. 국제경영전략의 기본 패러다임은 페이어웨더(Fayerweater)[7]가 1969년에 국제기업이 해외시장을 공략할 때는 세분화 세력(fragmenting influences)과 획일화 세력(unifying influences)사이에서 갈등하면서 전략을 선택한다고 제시한 견해에 뿌리를 두고 있다.

그 후 프라할라드(Prahalad)와 도즈(Doz)[8]는 페이어웨더의 견해를 발전시켜 국제 경영전략을 글로벌 통합(Global Integration)과 현지화(Local Responsiveness)의 두 차원에서 파악하는 통합-적응 모형(Integration-Responsiveness Framework)을 제시하게 된다. 즉 여러 국가시장에서 활동하는 기업의 경우 서로 상반되는 두 종류의 압력에 직면하는데, 세계에 산재해 있는 조직을 통합 조정하여 경쟁우위를 획득하려는 통합 압력과 각 국가시장의 요구에 적절하게 적응해야 하는 압력인 현지순응 압력이 그것이다. 이러한 압력에 대응하는 유형에 따라 글로벌 통합(Global Integration) 전략을 추구하는 기업, 현지적응(Local Responsiveness) 전략을 추구하는 기업, 이들 두 전략의 중간형태인 다초점(Multifocal) 전략을 추구하는 기업으로 나눌 수 있다고 제시하였다.

한편, 기업 수준의 대표적인 국제경영관리 유형을 펄무터(Perlmutter)[9]는 1969년에 ERPG(Ethnocentric, Regiocentric, Polycentric, Geocentric management)의 4가지 차원으로 제시하였는데, 이는 지역시장의 특성에 보다 효율적인 경영과 조직구조를 갖추기 위해서는 국제조직이 지역적으로 어디를 중심으로 부문화를 이루어야 하는가 하는 지리적 부문화(geographical departmentation)에 관한 이론이다. 이러한 관점에서 해외 자회사의 전략유형을 4가지로 분류하고 있다. 본사 경영자가 해외 조직의 모든 의사결정에 영향력을 행사하는 본국 중심적(Ethnocentric) 경영유형, 이러한 경영권한이 해외 자회사에 이양된 다국 중심적

(Polycentric) 경영유형, 세계를 몇 개의 지역으로 구분하고 각 지역마다 지역본부 체제를 갖춰 운영하는 지역 중심적(Regiocentric) 경영유형, 본사와 상호의존관계에 있는 해외 자회사가 유기적으로 결부되어 범세계적으로 사업활동을 조정하는 세계 중심적(Geocentric) 경영유형이 그것이다.

바트렛과 고샬(Bartlett & Ghoshal)[10]은 국제기업의 유형을 해외활동을 조정하고 통합하는 방법에 따라 다국적 조직(Multinational), 글로벌 조직(Global), 국제적 조직(International), 초국적 조직(Transnational)의 4가지 유형으로 구분하였다. 다국적 조직은 자산과 역량이 분권화되고 각 국가별로 자급자족하며 지식은 개별 단위에서 개발되고 보유된다. 글로벌 조직은 자산과 역량이 중앙집권화되고 글로벌한 규모를 가지며 지식은 중앙에서 개발되고 보유된다. 국제적 조직은 핵심역량의 원천은 중앙집권화되어 있지만 그 외 다른 요소는 분권화되어 있으며 지식은 중앙에서 개발되어 해외의 다른 단위로 이전된다. 초국적 조직은 분산되고 상호의존적이고 전문화된 자산과 역량을 가지며 지식을 공동으로 개발하고 전세계적으로 공유하는 특성을 갖는다.

이러한 기존의 논의를 IR(Integration-Responsiveness) 분석틀로 기업의 국제경영전략이라는 측면에서 분류해 보면 국제화 전략, 다국적 적응 전략, 글로벌 통합 전략, 초국적 전략으로 나누어 볼 수 있다. 국제화 전략(International strategy)을 채택한 기업은 전세계적으로 혁신을 창출하고 활용하는 데 초점을 맞춘다. 시장이 크고 기술이 앞선 국가에 본사를 둔 다국적 기업들이 종종 이 전략을 채택하지만, 이는 주로 해외에서 경쟁적 위치를 확보하기 위해 본국 중심의 혁신을 활용하는 데 국한되어 있다. 적어도 초기에는 국제화 과정이 본국에서 개발된 신제품과 프로세스 및 전략을 기술진보가 뒤처진 해외시장으로 이전하는 것을 중심으로 이루어진다. 이러한 기업들은 혁신을 창출하고 활용할 수 있는 능력면에서는 강점을 구축하고 있으나 글로벌 효율성이나 국가 간의 유연성 측면에서는 부족하다.

다국적 적응전략(Multinational responsiveness strategy)은 국가 간의 차이에 주로 초점을 맞추고 이를 적극적으로 활용하려고 한다. 일반적으로 고객 선호도, 산업 특성, 정부규제 등이 국가별로 차이가 나며 이러한 차이에 대응하여 제품과 서비스를 차별화함으로써 경제적 효율성을 향상시키려고 한다. 개별 국가의 자회사들은 현지 니즈에 대응할 뿐만 아니라 현지 니즈 충족을 위해 현지 자회사의 자원을 활용하는 자급자족적인 측면을 가진다. 이러한 기업에서 자원과 자산은

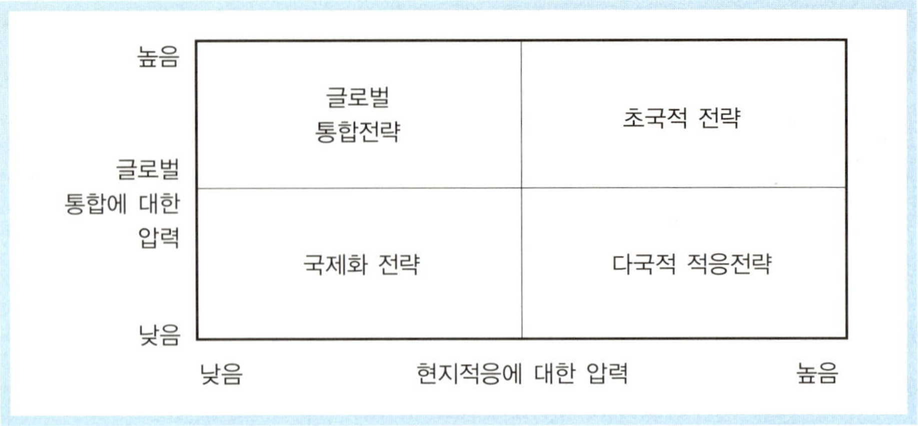

그림 1-1
IR(Integration-Responsiveness) 분석틀에 의한 기업의 국제경영 전략 유형

해외 자회사 간에 분산되어 있으며 개발과 생산에서부터 판매와 서비스에 이르는 활동들을 해외 자회사들이 자체적으로 수행하기 때문에 상당한 현지 자율성이 유지된다. 독립적인 자회사들은 현지 환경에 신속히 대응하고 유연하다는 장점이 있는 반면, 개별 국가 자회사 간의 지식과 핵심역량을 통합 활용하는 데는 효율적이지 못하다는 문제를 안고 있다.

글로벌 통합전략(Global integration strategy)을 채택한 기업은 글로벌 효율성을 개발하는 데 초점을 맞추므로 글로벌한 규모의 경제를 얻기 위해 높은 수준의 상품 표준화 등을 특성으로 한다. 이들 기업의 해외 조직은 본사의 직접적인 지휘 통제를 받으며 특히 생산과 판매면에서 현지법인 간에 긴밀한 상호의존성을 갖고, 비용절감과 자원의 효율적 분배라는 통합의 필요성 때문에 보통 중앙집권적인 조직구조를 갖는다.

초국적 전략(Transnational strategy)는 위의 세 가지 전략은 모두 부분적이라고 보고, 전세계적인 경쟁우위를 달성하기 위해서는 비용과 수익이 동시에 관리되어야 하며 효율성과 혁신이 모두 중요하다고 본다. 즉 초국적 기업은 글로벌 효율성, 다국적 유연성, 전세계적 학습을 통한 혁신을 동시에 달성하려고 하며, 현지국 시장의 요구에 반응하는 동시에 범세계적인 통합 우위를 함께 추구하는 전략이다. 초국적 기업은 중앙의 명령에 입각한 위계구조로부터 탈피하여 책임의 하향 이전, 감시나 통제가 아닌 협동, 팀워크, 가치공유를 통한 조정(coordination)에 의거한 유연한 조직구조를 갖게 된다. 즉 각 국의 독립적 자회사들도 책임이 분산되지만, 이들은 전체적으로 공유된 전략과 노하우를 활용함으로써, 자회사 자체와 초국적 기업의 이윤축적에 유기적으로 기여하게 된다.

쉬어갑시다

코카콜라의 재도약[11]

미국의 경기침체, 아시아 외환위기 등 불안정한 국제 정세로 인해 업적 부진에 시달렸던 코카콜라가 국제 표준화 전략에서 현지적응 및 다각화 전략으로 재도약하고 있다. 2003년 비즈니스위크가 발표한 '세계 100대 글로벌 브랜드'에 따르면, 코카콜라의 브랜드 가치가 704억 달러로 최고를 기록하고 있다고 한다. 매출의 80%를 미국 이외의 지역에서 달성하고 있는 코카콜라의 경우 국제적인 사건들이 경영에 미치는 영향은 지대한데, 코카콜라는 자사의 강점인, 전세계적으로 뻗어 있는 유통망을 통해 신상품들을 판매함으로써 수익을 확대하는 기본 전략을 전개한 것이다.

코카콜라는 1986년 창업 이래 118년의 역사 동안 거의 파생상품을 출시하지 않았던 것으로도 잘 알려져 있다. 하지만 최근 들어서는 다양한 코카콜라의 파생상품을 잇달아 발매하고 있다. 대표적인 상품이 바닐라 코크이다. 이외에도 다이어트 코크에 레몬맛, 라임 맛을 첨가한 음료에 이어 바닐라 코크의 저칼로리판인 '다이어트 바닐라 코크'까지 등장하고 있다.

비탄산음료 분야에서도 코카콜라사의 다각화 전략은 효과를 발휘하고 있다. 비탄산음료 다각화의 돌파구가 된 것은 일본 코카콜라가 1999년에 발매한 '쿠(Qoo)'이다. 쿠는 2001년 말 대만진출을 필두로 한국, 중국, 홍콩, 싱가포르 등에서 어린이층을 중심으로 큰 인기를 얻고 있으며, 2003년 1월에는 독일시장에까지 진출하게 되었다. 특히 '쿠'의 경우 주목되는 것은 지역별로 맛과 종류를 차별화한 지역특화전략도 병행하고 있다는 점이다. 하지만 지역의 특화, 맛의 특화를 추구하는 코카콜라의 다각화 전략이 지속적인 성공을 거두기 위한 전제는 기존 코카콜라의 브랜드 가치를 유지, 발전시켜 나가는 것이라는 것이 전문가들의 견해이다.

http://www.cocacola.co.kr

1장 요약

- 과학기술의 발전, 교통 및 통신수단의 발달로 세계가 단일생활권으로 되어감에 따라 기업의 경영자에게 범세계적인 문제해결능력을 제공하기 위해 국제경영학이 성립되었다.
- 국제경영이란 국경선을 넘어서거나 2개국 이상에서 동시에 일어나는 경영활동을 의미한다.
- 국제기업은 글로벌 통합과 현지적응이라는 두 가지 중요한 압력에 대응하여 경영전략을 수립하게 된다. 그리고 국제기업의 경영전략 유형은 국제화 전략, 다국적 적응전략, 글로벌 통합전략, 초국적 전략의 4가지로 나누어 볼 수 있다.

주 NOTES

1 | S. Robock, K. Simmonds & J. Zwick, *International Business and Multinational Enterprises*(Richard D. Irwin, Inc., 1972), p.3.

2 | R. Robinson, *International Bussiness Management*(Hindsale, N. Y. : Dryden Press, 1978), p.17.

3 | R. Farmer & B. Richman, *International Business : on Operational Theory*(R. D. Irwin, 1966), p.l5.

4 | F. R. Root, *International Trade and Investment*(5th ed., Southwestern Publishing Co., 1984), p.5.

5 | R. Vernon & L. T. Wells, *Manager in the International Economy*(4th ed., Prentice-Hall, 1981), pp.3~6.

6 | David P. Rutenberg, *Multinational Management*(Little, Brown and Company, 1982), p. 10.

7 | Fayerweather, J. *International Business Management* : A Conceptual Framework, New York, 1969.

8 | Prahalad,C.K & Doz,Y.L., *The multinational Mission : Balancing Local Demands and Global Vision*, New York, The Free Press, 1987.

9 | Perlmutter,H.V., The Tortuous Evaluation of the Multinational Corporation, *Columbia Journal of World Business*, Vol.4, 1969.

10 | Bartlett,C.A. & Ghoshal, S., *Managing across Borders : The Transnational Solution*, Harvard Business School Press, Boston, 1989.

11 | 삼성경제연구소, world Report, 2004.2.2 참고.

제1부

국제기업의 환경

2 국제기업의 경제적 환경

국제경영활동은 기본적으로 국가 간 경제적 환경의 차이에 의해서 발생된다 해도 지나치지 않다. 애덤스미스의 절대우위론, 리카르도의 비교우위론 등 고전 무역이론에서 주장하는 부존자원 등은 국가 간 경제적 요인의 차이는 국제경영활동을 촉발시키는 기본적인 동인이다. 즉 국경선을 넘어서는 기업활동이라는 국제경영활동을 전개하는 기업에 있어서 진출하고자 하는 진출국(host country)의 경제적 환경에 대한 파악은 국제경영업무의 기본이 된다. 이런 진출국의 경제적 환경을 본 장에서는 9-factor 모델을 기초로 설명하고자 한다.

더 나아가 세계시장을 대상으로 경영활동을 펼치는 국제기업 입장에서는 개별적인 진출국의 경제적 환경을 파악하는 것뿐만 아니라 세계경제의 전체적인 흐름과 변화를 이해하고 거기에 대응하는 것 또한 반드시 고려해야 할 부분이다. 글로벌 통합과 다극화가 동시에 진행되고 있는 세계경제의 흐름을 무역환경이라는 제목으로 구분된 두 번째 절에서 알아본다. 마지막으로 각국의 경제에 이제는 피해갈 수 없는 산업의 하부구조로 자리잡아 가고 있는 디지털 경제환경에 대한 이해와 이에 대한 국제기업의 대응에 대해 살펴보고자 한다.

학습목표

- 국제기업이 해외진출을 하고자 할 때 고려해야 할 진출국의 기본적인 경제적 환경에는 어떠한 요소들이 있는가?
- 국제기업이 고려해야 할 무역환경에는 어떠한 것들이 있는가?
- 자유무역과 지역주의와 관련된 신무역환경으로서 경제블록은 기업의 국제경영활동에 어떤 영향을 줄 것인가?
- 급변하는 정보기술의 발전에 따른 디지털 경제환경이 국제기업에게 주는 시사점은 무엇인가?

EU 확대 : 도전과 기회[1]

세계의 이목이 집중된 가운데 2004년 5월 1일 유럽연합(EU)은 중동부 유럽 10개국을 신규회원국으로 받아들여 25개국으로 확대를 발표했다. EU 확대는 바라보는 사람들의 관점에 따라 소위 '빅뱅(Big Bang)'으로 간주되기도 하고, 신규가입국 수의 증가 및 이에 따른 인구의 증가라는 측면을 제외하고는 실질적인 정치, 경제적 변화는 미미하다고 평가되기도 한다.

헝가리, 폴란드, 체코, 슬로바키아, 슬로베니아, 에스토니아, 라트비아, 리투아니아, 말타, 키프러스 등 10개국이 가입하게 됨으로써 EU의 회원국 수는 15개에서 25개로 늘어난다. 증가율로 볼 때 회원국 수는 지금보다 67%가 증가되는 셈이다. 인구 면에서는 현재의 3억 8000만 명에서 확대 후 4억 5500만 명으로 약 19.7%가 증가하고, 영토 면에서는 323만 평방킬로미터에서 397만 평방킬로미터로 약 23%가 증대된다. 회원국 수와 인구, 영토의 면에서는 이번의 제5차 확대는 단연 가장 큰 변화를 수반한다고 볼 수 있다.

회원국 수, 인구 및 영토의 증가에 비해 이번 제5차 EU확대가 가져오는 경제적 효과는 당장은 크지 않아 보인다. 우선 GDP의 경우 2002년을 기준으로 할 때, 기존 EU 15개국의 합계가 9.17조 유로인데 비해 10개 신규가입국을 합친 EU 25개국의 경우 9.61조 유로로서 4.8% 증가에 그친다. 이는 중동부 유럽 신규가입국들의 경제가 기존 회원국보다 낮은 수준에 있다는 사실을 단적으로 나타내 주고 있는데, 달리 말하면 인구 약 8000만 명으로 구성된 10개 신규가입국의 현 경제규모는 기존 회원국 중 상대적으로 소국으로 분류되는 네덜란드의 경제규모와 비슷한 정도이다. 그 결과 EU의 일인당 GDP는 확대 이전의 2만 4000 유로에서 확대 이후 2만 1000 유로로 약 12%가 감소하게 된다. 확대로 인해 EU가 경제규모 면에서 미국에 버금가는 세계 최대의 단일시장으로 등장하게 된다는 사실에도 불구하고, 이번의 제5차 EU 확대는 그 자체로서 경제적 빅뱅으로 불리기에는 어려운 측면이 있다. 그러나 EU는 확대의 경제적 효과를 보다 장기적 측면에서 바라보고 있다. 즉, 상품, 서비스, 자본, 노동 등 생산요소의 자유로운 이동이 역내 생산성 증가로 이어질 것으로 기대하고 있다. 또한, 최근 수년간 EU 경제가 연 평균 1% 내외의 저성장에 머물러 있는데 비해, 신규가입국들은 연 평균 2% 이상의 경제성장률을 시현하고 있어 이들이 EU 경제에 보다 활력을 불어넣어 줄 것으로 기대하고 있다.

2002년 EU 집행위가 발간한 한 보고서에 따르면, 확대로 인하여 중장기적으로 연 평균 1% 내외의 경제성장 순증효과가 있을 것으로 전망하고 있다. 그러나, 이번의 EU 확대는 이미 8% 내외의 높은 실업률을 기록하고 있는 기존 회원국들이 15% 내외의 실업률을 가진 신규가입국들을 받아들임으로써 EU는 전체적으로 9% 내외의 실업률을 시현할 것으로 전망되고 있다. 이는 결국 EU 확대가 자동적으로 EU 경제에 활력을 불어넣게 되는 것은 아니라는 것을 말해 준다. 즉, 노동시장의 탄력성 증대가 수반되고, 역내 투자 증대를 통한 적절한 고용창출이 이루어지지 않을 경우, EU 경제의 생산성 향상은 보장될 수 없다. 방만한 재정운영과 막대한 공공부채 규모로 이름난 신규가입국들이 EU의 안정과 성장 협약(Stability and Growth Pact)상의 재정기준(재정적자GDP 3% 이내, 공공부채 GDP 60% 이내)을 충족시킬 수 있을 것이냐하는 것은 덩치가 커진 EU가 겪게 될 또 다른 문제이다.

1st of May 2004 : The European Union is enlarging

European Commission

EU 확대가 대외교역에 미치는 영향에는 상반된 측면이 존재한다. 즉, EU 확대는 제도 표준화 및 심리 효과 등으로 회원국 간 교역의 거래비용을 절감시켜 역내교역을 보다 원활하게 해 역외국과의 교역비중은 그만큼 감소시키는 효과를 가져올 것으로 보여진다. 소위 '무역전환효과'가 발생되는 것이다. 확대로 인해 EU의 대외무역규모는 약 2조 유로에서 1.8조 유로로 오히려 10% 정도 감소하고 무역의존도 역시 28.6%에서 26.9%로 감소하게 될 것으로 예측된다. 그러나 중장기적으로 EU확대가 성공적으로 추진될 경우에는 앞서 살펴 본 바와 같이 EU 경제의 성장 가속화에 따라 해외수입수요가 증가되는 등 대외교역규모의 증대로 이어질 수 있어 세계 교역증대에 기여하는 측면도 있다.

EU 확대를 소위 지역주의 확산의 관점에서 바라보는 견해도 일부 존재하나 최근 EU는 Mercosur(브라질, 아르헨티나, 우루과이, 파라과이) 및 지중해연안국가들과의 FTA 체결을 추진하고 있는 한편, WTO 도하 개발아젠다(DDA) 협상 등 자유무역 확대를 위한 범세계적 차원의 노력에도 주도적으로 참여하고 있다. 따라서 EU 확대를 근거로 EU가 지역주의 내지는 보호무역주의를 추구한다고 보는 것은 공정한 판단이 아닐 것이다. EU는 여타 국가들과 같이 기본적으로는 다자차원의 자유무역주의를 지향하면서도 이를 보정하는 차원에서 지역주의를 병행하고 있다고 보아야 할 것이다.

토의과제

- EU확대는 EU 내 국제기업과 EU 밖의 국제기업에게 각각 어떤 긍정 또는 부정적인 영향을 미칠 것인가?
- EU의 확대는 세계무역 질서라는 전체적인 측면에서 봤을 때 바람직한 현상인가?
- EU의 확대는 각 국가의 무역정책에 어떤 영향을 미칠 것인가?

진출국의 경제적 환경

특정 국가의 경제적 환경을 종합적이면서도 체계적으로 분석, 서술하는 것은 용이하지 않다. 국제경영활동의 유형에 따라(예를 들면, 수출입을 하는 경우, 직접투자를 하는 경우) 파악해야 할 경제적 환경의 중점대상이 상이하기 때문이다. 예를 들면, 수출의 경우 주된 관심사항은 진출국의 시장규모와 잠재고객의 특성, 즉 시장가치에 있을 것이며 현지에 생산공장을 설립하고자 할 경우에는 진출국의 근로자의 질, 인건비, 물류, 교통, 통신 등 인프라 등이 주된 관심이 될 것이다. 이러한 어려움때문에 기존의 전통적인 접근방법은 진출국의 경제적 요인을 백과사전식으로 나열하는 수준에 머물러 왔다. 따라서 진출국의 경제적 여건을 제대로 분석하기 위해서는 경제전반을 총체적이면서 체계적으로 이해할 수 있는 분석틀이 필요하다. 본 절에서는 이러한 분석틀로서 저자가 개발한 국제경쟁력 분석모델인 9-Factor 모델을 적용하고자 한다.[2]

특정시점에 있어서 한 국가의 경제적 환경은 경제를 이끌어가는 주체행위의 대상이 되는 물적요소와 주체인 인적요소 그리고 기회로 구성된다. 물적요소에는 생산요소조건(Factor conditions), 경영여건(Business Context), 관련 및 지원산업(Related and Supporting industries), 수요조건(Demand Conditions)이 속해 있으며, 인적요소는 근로자(Workers), 정치가 및 행정관료(Politicians and Bureaucrats), 기

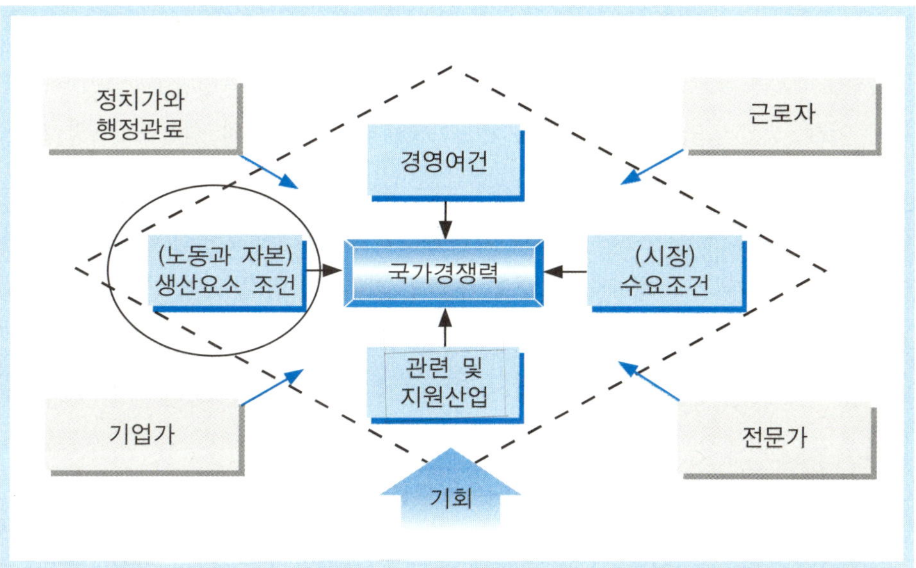

그림 2-1
국제경쟁력
분석모델 :
9-Factor 모델

업가(Entrepreneurs), 전문가(Professionals)로 구성되어 있다. 이를 범주별로 나누어 보면 다음과 같다.

물적 요소

생산요소 조건(Factor Conditions)

특정 국가의 생산요소 조건은 부존자원(Endowed Resources)과 창출자원(Creative resources)으로 구성된다. 부존자원은 원유, 가스, 석탄, 금, 은, 등 천연자원과 토지, 물, 공기 등의 지리적 자원으로 나눌 수 있다. 창출자원은 개인, 기업, 정부 등이 노력을 통해 창출할 수 있는 기본적인 요소로서 물적 자원, 재무자원 등을 포함한다. 여기에서 물적 자원은 농산물, 임산물, 기타 원자재 등을 의미하며, 재무자원은 현금 또는 신용자본 등을 의미한다. 진출국의 천연자원과 재무자원이 풍부하다면 이것은 투자매력도뿐만 아니라 현지 기업활동에 중요한 의미를 가진다. 즉, 투자 및 현지 기업활동의 가장 기본적인 요소조건인 천연자원과 재무자원은 진출국의 경제적 환경의 첫 번째 고려 요인이 될 수 있다.

경영여건(Business Context)

경영여건은 국가차원, 산업차원 그리고 기업차원으로 분석수준을 고려할 수 있다. 국가차원의 요소는 자본주의에 대한 그 나라의 긍정적 의식, 시장메커니즘에 대한 이해, 생산자, 상인, 소비자 등 시장구성원의 질서의식과 신용도, 투명성 등을 포함한다. 산업차원의 변수로는 경쟁자의 수와 규모, 진입장벽의 종류와 높이, 산업의 거래관행 등을 들 수 있다. 기업차원의 변수로는 기업의 전략 및 조직, 그리고 지배구조 등이 있다. 진출국의 경영여건은 국제기업이 특정 산업에 진입여부를 결정하거나, 해당 산업에서 경쟁전략을 수립하려고 할 때 고려해야 할 주요 요소들이다. 또한 진출국의 특정 산업에 고유한 상거래 관습 및 윤리적 행위, 유통체계 등의 이해는 경영활동에 있어 필수적 요소가 된다.

관련 및 지원산업(Related and Supporting Industries)

관련 및 지원산업에서도 국가차원과 산업차원으로 분석수준을 고려할 수 있다. 국가차원의 요소는 진출국의 도로, 항만, 통신, 금융, 교육, 과학기술 등 경제활동에 필요한 기본적인 인프라 요소를 의미한다. 급변하는 환경속에서 속도(speed)가 국제기업의 경쟁력을 좌우하는 현실에서는 진출국의 인프라는 현지 기업활동에서 최상위 고려요소가 될 수 있다. 산업차원에서 관련 및 지원산업은 수직적 관련산업, 수평적 관련산업 그리고 지원산업으로 구분해 볼 수 있다. 수직적 관련산업은 다시 상류부문과 하류부문으로 나눌 수 있고, 수평적 관련산업은 기술이나 원재료, 유통, 마케팅을 활용하는 산업을 들 수 있으며, 지원산업은 제조산업에 대한 금융, 보험, 정보, 수송 등 서비스부문을 포함한다. 특정 산업에 진출할 경우 관련산업의 발전정도 등은 경영성과에 영향을 미치는 주요 요소의 하나이다. 예를 들어, 특정 산업에 투자결정을 할 경우 원자재 등 수직적 관련산업이 존재하지 않거나 발달되어 있지 않을 경우 본국이나 제3국으로부터 원자재를 조달해야 하는 추가적 부담을 안게 된다. 또한 실물부문의 기업활동을 지원하는 원활한 금융서비스가 존재하지 않거나 부족할 때 국제기업의 경영활동에는 많은 비효율과 위험이 따르게 된다. 현지금융의 이용가능성 및 이용조건 등은 국제경영활동에 소용되는 자본비용의 차이를 발생시키고 궁극적으로 기업의 국제경쟁력에 영향을 미치게 될 것이다.

수요조건(Demand Conditions)

수요에는 시장규모라는 양적 특성뿐만 아니라 현지시장의 질적인 특성이 포함된다. 시장규모나 시장잠재력을 나타내는 수요변수로는 국민총생산 및 성장률, 1인당 국민소득, 수출입 규모 등을 들 수 있으며 시장의 질을 나타내는 변수에는 소비자의 까다로운 기호가 변수가 될 수 있다. 예를 들면 소비자가 제품정보에 대한 민감도, 가격과 품질에 대한 민감도, 브랜드에 대한 민감도가 현지시장의 질적인 특성을 반영할 수 있다.

인적 요소

근로자(Workers)

전통적인 백과사전식 분류에서 현지국의 노동력에 대한 제반 요인들이 여기에 속하게 된다. 진출국의 근로자의 규모와 인건비, 근로시간, 노사분규 등의 문화적 조건, 생산성, 근로자의 태도와 동기, 조직에 대한 소속감, 상급자에 대한 복종심, 근로 의욕 등이 중요한 요인이 된다. 예를 들어, 진출국의 저렴한 인건비를 이용하기 위해 생산공장을 설립하는 경우 근로자의 규모 및 숙련도, 인건비, 인건비 대비 생산성 등이 투자결정의 주요한 요소가 된다. 이외에도 현지 근로자의 조직에 대한 태도와 근로 의욕, 소속감 등도 기업활동의 성패에 영향을 주는 주요한 요소이다.

정치가 및 행정관료(Politicians & Bureaucrats)

정치가 및 행정관료는 진출국의 경제전반의 정책을 입안하고 이를 실행에 옮기는 경제주체로서 의미가 있다. 따라서 진출국의 정치가 및 행정관료들이 지향하고 있는 거시경제정책 및 산업정책의 기조에 대한 파악은 진출국의 경제상황을 파악하는 데 핵심적이다. 특히 국제기업에 있어서 이들은 외국인투자기업에 대한 규제 또는 지원정책을 수립하는 주체로서 외국인투자에 대한 기본적인 정책기조는 현지의 투자의사 결정에 중요한 요소가 된다.

기업가(Entrepreneurs)

기업가는 기업의 실질적인 소유자이고 직접경영에 참가하는 사람으로서 기업을 일으켜 세웠다는 뜻에서 창업가라고 하며 전문경영자와는 구별되는 개념이다. 기업가 정신에는 첫째, 사업에 대한 도전력, 둘째, 혁신력으로 위기를 기회로 전환시키는 능력, 셋째, 장기적 사고력으로 단기업적을 추구하는 것이 아니라 미래지향적인 관점에서 비전을 제시하며 종업원의 공감대를 형성시키는 능력, 국제화 의욕으로 국내시장만을 목표시장으로 간주하지 않고 항상 해외시장에 대한 관심과 정보를 수집하여 지속적으로 해외 시장을 개척하는 정신을 말한다.

현지국에서 기업가 정신의 발달정도 역시 투자결정의 주요한 요소가 될 수 있다. 왜냐하면 현지국의 사업이 활성화될수록 국내기업이든 해외기업이든 투자의욕이 활성화될 수 있고, 또한 현재 사업과 관련된 연관산업이 발달하게 되므로 안정적 사업구축의 기반이 될 수 있기 때문이다.

전문가(Professionals)

현지국에 대한 전문지식이 될 수 있는 경영적 특성, 현지 제도적 법률적 환경, 시장특성, 마케팅, 디자인, 현지 특화기술 등은 현지의 전문가에 의존할 수밖에 없다. 오늘날 외국인투자의 비중이 하드웨어 중심의 제조업에서 점차 소프트웨어와 휴먼웨어가 중시되는 서비스업으로 옮겨지고 있기 때문에 현지국의 다양한 계층 그리고 다수 전문가의 보유여부는 투자의 성패를 가늠하는 척도가 되어가고 있다.

기회(Chance Events)

기회는 성격상 예외적이고 단속적이며 예측 불가능한 요인이다. 따라서 진출국에 발생가능한 기회를 사전적으로 예측하는 것은 매우 어렵다. 그러나 특정 국가 주변에서 발생하는 우연한 기회가 그 나라의 국가경제에 큰 영향을 미친 것은 여러 사례를 통해서 알 수 있으므로 이러한 기회요인도 현지국가의 경제적 환경분석에 고려되어야 할 주요 요인이 될 수 있다. 예를 들면 1970~80년대의 오일쇼크는 산유국에게는 경제적으로 큰 부를 가져다 주는 기회가 되었지만 원유수입에 의존하는 나라의 경우에는 아주 큰 위협적 환경이 되기도 하였다. 최근의 유가상승이 한국과 같은 비산유국에는 국내경제 및 수출에 미치는 영향이 아주 크게 작용하고 있다. 그러므로 오일쇼크와 같은 예측하기 어려운 외생 요인을 무시할 수는 없다.

국제무역환경

1990년대 후반의 국제경제는 글로벌화와 지역간 통합, 다극화로 특징지워지며 이에 상응하는 국제경제질서는 경제주체 간의 다자간 국제협력을 통해 전세계 금로벌화를 지향하는 축과 다극화된 경제주체 간에 자신들의 세력확장을 위해 주변 지역 내의 결속력을 보다 강화하려는 축 간의 힘의 균형으로 유지되고 있다.

첫째, 세계 경제의 글로벌 통합이다. 오늘날 국제경제는 이른바 무한경쟁체제로 특징지워진다. 국가 간의 경제교류를 제약해 온 물리적, 경제적, 사회 문화적 요인들이 점진적으로 감소함에 따라 국경을 초월한 경제활동이 더욱 용이하게 되었고, 한 나라의 경제는 더 이상 다른 나라의 경제와 개별적으로 분리되어 존재할 수 없는 글로벌 경제통합이 급속히 진전되고 있다. 특히, 정보통신의 급진적인 변혁과 물류 및 교통수단과 연결되어 재화 및 생산요소의 이동비용이 감소되고 국가 간 교역의 물리적 장애가 해소되었다. 또한 정치적으로 사회주의국가의 몰락으로 자유경제체제의 활동영역이 확대되었다. 이러한 세계경제의 글로벌화 추세에 따라 경쟁의 범위는 과거 국가 내의 경쟁체제에서 세계 속의 무한경쟁으로 확대되었다. 이러한 상황에서 각국의 경제주체들은 자국 기업의 국제경쟁력을 제고하는 차원에서 국내규제의 완화 등 개방주의적 정책기조를 확대하게 되어 글로벌 경쟁체제는 더욱 가속화되고 있다. 이러한 세계경제의 글로벌화는 최근 세계무역기구인 WTO에 세계의 거대시장인 중국과 러시아가 가입하게 됨에 따라 기존의 선진국, 개도국, 후진국 간에 존재하던 인위적인 규제의 벽이 점차 허물어지고 있다.

둘째, 세계경제의 다극화이다. 세계경제는 제2차 세계대전을 전후로 산업생산이나 경제력에서 압도적인 위치를 점한 미국중심체제에서 일본, EU, 신흥공업국가들 등 다수의 새로운 경제세력의 등장으로 어느 한 나라가 주도하기 어려운 다극화체제로 새롭게 편성되었다. 최근 2004년 5월 EU는 중동구 10개국을 받아들여 25개국으로 가입국이 늘어나가게 되어 미국과 버금가는 세계단일시장으로서 급부상하게 되었다.

이들 경제주체들은 자신의 세력을 보다 강화하기 위해 자국을 중심으로 인근지역 내 결속을 강화하고 있다. 지역주의의 강화는 WTO에 의한 자유무역주의와 함께 국제경제질서를 특징짓는 다른 하나의 축으로서 의미를 가진다. 따라서 국제경제질서는 WTO 규범에 의한 다자간 국제협력의 강화 등 자유무역주의로 개편되고 있는 동시에 그 이면에는 주요 경제주체들이 자신들의 영향력을 증대시키기 위해 새로운 차원의 보호무역주의를 추구하는 이중적인 특징을 가지고 있다. 요약하면 국제경제질서는 WTO를 중심으로 하는 자유무역주의의 구심력과 지역주의라는 새로운 형태의 보호무역주의의 원심력이 상호 견제와 균형을 이루고 있다.

보호무역과 무역규제

국제무역을 통해 한 나라 또는 기업이 이익을 얻을 수 있는 주요 요인으로 비교우위, 규모의 경제, 시장의 불완전경쟁, 제품의 차별화 등을 들 수 있다. 보호무역이란 이러한 무역의 발생원인들을 자기 나라에게 유리하도록 제한하는 것이다. 일반적으로 보호무역은 대내외적인 이익을 얻기 위한 여러 동기에 따라서 시행된다. 그러나 현실의 여러 가지 무역제한은 대체로 보호무역으로 이익을 얻을 수 있는 압력집단에 의해 주도되고 있다. 자유무역을 제한하는 수단에는 관세 장벽과 관세를 제외한 비관세 장벽으로 수출보조금(subsidies), 수입수량할당제(Quota), 수출자율규제(voluntary export restraints), 현지화 비율규정(local content) 등 여러 가지가 있지만 가장 전형적인 형태는 관세의 부과이다.

관세 장벽

보호무역의 정책수단으로 가장 중요한 형태는 관세이며 그 외의 수단들을 모두 합쳐서 비관세 장벽이라고 한다. 관세에는 수입품에 부과하는 수입관세와 수출품에 부과하는 수출관세가 있다. 수출관세는 유리한 가격과 재정수입을 목적으로 개발도상국이 그들의 전통적 수출품(예를 들면 브라질의 커피, 가나의 코코아 등)에 부과하지만 대부분의 관세는 수입관세이다.

원래는 관세는 국경을 통과하는 상품에 대해 부과하는 조세 또는 징수금이였으며 초기의 관세부과는 주로 재정수입의 확보를 위한 수단이었으나 근래에는 관세가 재정수입의 확보목적보다는 국내산업 보호를 위한 정책수단으로서 중요성이 더 크다고 볼 수 있다. 관세의 부과형태에 따라 종량세와 종가세로 구분할 수 있다. 종량세(specific tariff)는 상품의 수량, 즉 개수, 길이, 면적, 용적, 중량 등에 따라 일정금액을 부과하는 형태의 관세를 말한다. 종가세(ad valorem tariff)는 수입상품가격을 기준으로 일정비율을 부과하는 형태의 관세를 말한다. 관세가 부과됨에 따라 상품의 가격은 오르고 수입량은 줄어들게 된다. 이에 따라 정부의 관세수입은 증가하지만 소비자가 구입하는 제품가격은 상승하기 때문에 후생이 감소하게 된다.

비관세 장벽

비관세 장벽으로 수입수량할당제(Import Quota), 수출보조금(subsidies), 수출자율규제(voluntary export restraints), 현지화 비율규정(local content) 등을 들 수 있다.

첫째, 전통적으로 가장 중요한 비관세 장벽은 수입수량할당제(Import Quota)이다. 수입수량할당제는 일정기간 동안 수입할 수 있는 특정상품의 수량을 미리 정하고 그 한도 내에서만 수입이 허용되는 보호수단이다. 대개 정부에서 1년 동안 수입가능한 최대량을 정해놓고 그 한도 내에서만 수입을 허용한다. 그러므로 수입수량할당제의 효과는 관세의 효과와 동일하다. 수입수량을 직접적으로 통제하기 때문에 수입의 양은 줄어들고 그에 따라 수입품의 가격은 상승하게 된다. 예를 들면 미국은 국내 섬유산업을 보호할 목적으로 한국을 비롯한 섬유류 수출국에 대하여 수입수량할당제를 장기간 시행해왔다. 이 제도는 관세 외의 보호수단으로 선진국을 비롯한 세계 대부분의 국가들에 의해 흔히 사용되고 있다. 선진국의 경우 대체로 농업과 노동집약산업을 보호하기 위하여 사용되어 왔으며, 개발도상국에서는 공산품의 수입대체를 촉진하고 국제수지의 불균형을 시정하기 위해 널리 이용되어 왔다.

둘째, 수출보조금(subsidies)은 상품을 해외로 수출하는 개인이나 기업에게 정부가 지급하는 직접적인 특혜를 말한다. 수출 촉진을 위해 직접적인 보조금을 지급하거나 저리로 자금을 융자해주나 세금을 감면해주는 방법으로 이루어질 수 있다. 수출보조금의 지급은 국내에서 생산한 제품의 국내가격과 수출가격을 차등화하여 해외 구매자가 더 싼 값에 살 수 있도록 한다. 보조금은 한 국가의 전략적 육성이 필요한 산업에 투자하여 국제경쟁력을 갖출 때까지 국내산업을 보호하기 위해 사용되기도 한다. 그러나 이러한 보조금 문제는 특정 산업이나 기업에 대한 특혜가 주어진다는 점에서 결과적으로는 국제경쟁력을 떨어뜨리는 원인이 되기도 한다. 일례로 일본의 반도체 산업은 초기에 정부의 전폭적인 지원에 힘입어 성장할 수 있었으나 과보호와 과투자의 결과로 국제경쟁력이 상실되어가는 결과로 나타나기도 하였다.

셋째, 수입수량할당제와 함께 비관세 장벽의 대표적인 형태로 볼 수 있는 보호수단이 수출자율규제이다. 어떤 수입품으로 인하여 국내산업이 위협받을 때 그 상품을 수출하는 나라가 '자발적'으로 수출을 줄이도록 수입국이 수출국에게 압력을 가하여 수입이 억제되도록 하는 보호수단을 말한다. 보통 이러한 규제조치는 수출국의 정부가 그들의 수출량을 억제하는 데 동의한다는 협정을 수입국과 맺는 형태로 시행된다. 일례로 미국이 1980년대에 일본에 대하여 자동차의 수출을 스스로 규제하도록 협상한 사례가 있다. 이와 같은 자율적인 수출규제에 의한 협상은 1950년대부터 미국 등 선진국들이 일본, 한국 등으로 하여금 섬유류 수출을 감소시키기 위해 진행되기도 하였다. 수출자율규제는 경쟁적인 수입관세부과나 수입할당제의 경우 결국 당사국 간의 무역규모의 축소를 가져와 모두 손실을 입게 될 가능성이 있을 때 국내산업을 보호할 수 있도록 수입억제효과를 가져오는 대신 상대방 국가가 보복을 하지 않고 수입국이 원하는 상황을 받아들이도록 유도하는 정책이다. 수출자율규제는 대체로 크고 강력한 나라에 의해 시행될 수 있다. 국내시장이 크고 세계 무대에서 경제적 및 정치적 세력이 강한 나라가 그렇지 못한 나라에 압력을 가하는 경우가 많다.

넷째, 해외생산의 경우 그 나라에서 생산되는 부품 또는 원자재를 일정비율 이상 사용해야 한다는 현지화 비율(Local content)규정이 있다. 현지화 비율규정은 과거 선진국의 다국적기업이 개도국에 진출하여 모든 부품을 수입하여 현지국에서 단순조립생산만 하는 것을 규제하기 위해 만들어졌으나 선진국에서도 널리 사용되고 있다. 예를 들어 멕시코의 경우, 내수를 위한 현지투자인 경우 자동차의 경우 34%의 국내부품을 사용해야 하는 등 일정품목은 국내부품 사용 의무 규정을 충족시켜야 한다.

다섯째, 수입국은 복잡한 통관수속과 절차, 외환관리, 수입허가 등의 제한을 통해 복잡하고 많은 시간이 소요되게 함으로써 사실상의 무역장벽을 만들어 수입을 간접적으로 통제하기도 한다.

여섯째, 각종 기술표준, 안정규정, 보건, 환경 등에 걸친 엄격한 제한을 의도적으로 까다롭게 적용하여 수입을 규제하기도 한다. 각국은 소비자보호 및 환경보전의 명목하에 특정 수입품목에 대하여 안전인증요건, 시험, 보건위생상의 요건 등을 적용시키고 있는데 이러한 요건이 기술장벽이 된다. 예를 들어 전기설비나 자동차와 관련한 안전규정(safe regulation), 위생품 및 수입된 식료품의 포장에 관한 보건규정 (health regulation) 등 다양한 형태가 있다. 안정규정은 국산품과 수입품에 공통으로 적용되므로 반드시 보호무역수단이라고 할 수는 없으나 나라마다 표준이 다르기 때문에 수출국 입장에서는 보호수단으로 여겨질 수도 있다.

덤핑과 국제카르텔

덤핑이란 한 수출기업이 다른시장(보통 수출기업 소속국)보다 낮은 가격으로 해외시장에 판매하는 국제적 가격차별화를 말하는데 이는 한 상품이 공정한 시장가치보다 낮은 가격으로 수출이 이루어질 때 덤핑이 있다고 보는 것이다. 덤핑(dumping)은 일반적으로 원가이하 판매를 말한다. 여기서 원가란 제조원가(판매원가의 경우 상품구입비)에 판매비 및 판매관리비를 추가한 비용인 판매원가를 의미한다.

기업이 수출대상국의 경쟁자를 제거할 목적을 가지고 해외 구매자들에게 일시적으로 낮은 가격으로 낮게 수출한 후 경쟁자가 사라지면 가격을 인상하는 형태가 있다. 또한 국내시장에서 계절변동이나 경기순환에 따라 초과공급이 생길 때 국내시장가격보다 낮은 가격으로 해외시장에 수출하는 경우가 있기도 하다. 덤핑은 일반적으로 불공정한 무역으로 간주되며 수입국은 대개 이에 대응하는 조치로 반덤핑관세(antidumping duty)를 부과하기도 한다. 반덤핑관세란 외국으로부터 수입되는 물품의 가격이 국내에서 생산된 물품의 가격보다 월등히 저렴하여 일반관세로는 국내산업의 보호가 어렵다고 판단될 경우, 수입국의 정부가 자국에서의 정상가격과 덤핑수출가격의 차액만큼 관세를 부과하는 제도이다. 덤핑판정은 통상 다음과 같은 세 가지 기준에 의하여 판정되는데 첫째, 수입물품의 가격이 국제시장가격보다 낮을 경우, 둘째, 수입물품의 가격이 생산원가보다 낮을 경우, 셋째, 수입물품의 가격이 수출국의 국내시장가격보다 낮을 경우가 이에 해당된다.

국제카르텔은 여러나라의 특정품목 공급자들이 그들의 이윤을 극대화하기 위해 만드는 조직체를 의미하는데 특정상품의 공급자 또는 정부기구들로 구성되며 상품의 생산이나 수출을 제한하여 이윤증대를 꾀한다. 세계 역사에서 가장 크고 강력한 독점력의 행사는 석유수출국기구(OPEC)에 의한 석유인상이라 할 수 있다. 1973~74년, 1979~80년의 경우 1, 2차 석유파동을 거치면서 OPEC에 의해 원유가격은 배럴당 $2.59에서 불과 몇 개월 후 $11.90까지 폭등하였다. 그 결과 석유수출국은 벼락부자가 된 반면 석유수입국들은 엄청난 경제적 어려움을 겪었다. 2004년 6월 현재, OPEC의 원유감산정책과 가격조정으로 또다시 국제유가가

$40 선까지 폭등하여 초고유가 시대로 돌입하여 세계 경제에 커다란 영향을 미치고 있다.

자유무역주의

세계 경제의 글로벌화가 가속화되면서 각 국의 경제의 상호의존관계는 점점 그 긴밀성을 더하게 되었다. 즉, 종래에는 한 나라의 경제문제로만 취급되어 왔던 국내시장이 이제는 다른 나라의 경제에도 많은 영향을 끼치게 되었다. 이와 같이 여러 나라의 공통적인 경제문제를 협의와 교섭으로 해결하기 위하여 선진국에서는 각종 국제경제기구를 주도적으로 창설하여 세계 각국의 경제 및 기업활동에 큰 영향을 미쳐왔다. 특히, 자유무역, 무차별, 다자주의를 원칙으로 관세와 비관세장벽을 낮춰 국제교역을 촉진하고자 했던 GATT는 1993년 12월 15일 UR 협상이 최종적으로 타결됨으로써 WTO라는 강력하고도 포괄적인 기구로 탄생하였다. WTO는 GATT와는 달리 강력한 구속력을 갖춘 국제기구로 현재의 국제 교역질서에 미치는 영향은 대단히 크다.

GATT 체제와 WTO출범

제 2차 세계대전 전의 세계적 불황기에는 여러 나라가 높은 관세, 수출입제한 등 무역장벽을 높이 쌓아 세계무역은 크게 위축되어 있었다. 이러한 사태를 해결하기 위하여 제 2차 세계대전 중인 1944년 미국의 브래튼우즈(Bretton Woods)에서 주요 연합국들은 세계경제의 번영은 자유로운 통상의 확대에 있다는 기본이념을 확인하고, 이 브래튼우즈 회의를 모체로 하여 금융면에서는 IMF(국제통화기금)과 IBRD(국제부흥개발은행)을 1946년 발족시켰다.

무역 측면에서는 자유통상이념을 추구하여 설립된 ITO헌장(국제무역기구헌장) 중의 무역조항을 근간으로 하고 관세인하교섭 결과를 더하여 하나의 국제협정이 마련되었는데 이것이 곧 GATT(General Agreement on Tariffs and Trade)이다. 1948년부터 1995년 7월 UR협정 타결로 WTO의 출범 전까지 무역에 관한 세계적 규모의 국제협약으로의 기능을 발휘해 왔다. 그런데 GATT가 WTO로 대체된 이유는 1980년대 주요 선진국들이 보호무역장벽의 강화로 무기력 상태에 빠지게되면서 GATT 체제를 우회하는 제반의 회색규제조치로 국제교역질서는 문란해졌고, 더불어 농산물, 섬유 등은 GATT 체제 밖에서 광범위한 규제가 이루어져 GATT는 실효성 없는 명목상의 기구로 전락하게 되었기 때문이다. 특히 공산품의 교역증대를 위한 관세 및 비관세 장벽의 인하를 목표로 GATT체제가 운용되어 왔기 때문에 서비스 분야나 지적재산권 같은 분야는 다루어지지 못했다. 이에 따라 새로운 국제환경에 맞는 새로운 다자간 무역협상기구가 필요했고, 이를 위해 GATT체제 내에서 다자간 무역협상인 UR협상이 1986년 9월에 시작되었다.[3] UR 협상의 최종타결로 강력한 세계적 무역기구인 WTO 체제가 출범하게 되었고 WTO 체제는 국제 교역과 관련된 다자간 국제협약으로서 국제경제의 통합화를 주도하고 있다.

WTO의 새로운 협상의제로서 8차에 걸친 다자간 자유무역협상의 타결로 관세 인하 및 비관세 장벽의 철폐 등 국경상의 제약을 완화하는 데 있어서는 많은 성과가 있었다. WTO의 출범과 함께 상품과 서비스의 생산과정, 판매과정 또는 이와 관련된 직접투자 등 모든 경제활동에 있어서 GATT 1947하의 내국민대우 원칙을 넘어서는 "공정한 경쟁조건"의 형성 또는 시장경합성의 보장이 요구되고 있다. 즉, 시장 내에서 주재하는 기업에 공정한 활동기회를 보장하는 방향으로 발전해 가고 있다.

최근에 WTO에서 다루어지고 있는 새로운 의제들은 다음과 같다. ① 지역경제공동체의 형성(Regional Economic Groupings), ② 무역과 환경(Trade and the Environment), ③ 무역과 투자(Trade and Investment), ④ 경쟁정책(Competition Policy), ⑤ 정부조달의 투명성(Transparency in Government Procurement) ⑥ 무역과 노동권(Trade and Labor Rights), ⑦ 절차의 간소화를 통한 무역의 촉진 등이 있다.

최근 세계 경제환경의 주요변화

최근의 세계경제의 특징을 살펴보면 첫째, 미국을 비롯한 선진국 경제의 전체적인 불황과 일본경제의 장기침체 속에서 한국경제 또한 침체 속에서 벗어나지 못하고 있다. 이런 가운데 유독 중국 경제만이 고도성장을 구가하고 있다.

미국의 경기둔화와 일본경제 불안의 여파로 특히 아시아 국가들이 큰 타격을 입고 휘청거리는 상황에서 중국만이 예외적으로 탄탄한 성장세를 이어가고 있다.

최근의 중국경제실적은 경쟁국들과 비교할 때 단연 독보적이다. 최근 3년간의 성장률은 살펴보면 8~10%의 고속성장을 지속하면서 수출역시 2001년 14.7%에 달해, 한국, 대만, 태국 등 주변국들을 압도하고 있다.

중국경제의 강점은 '신경제' 부문에 대한 의존도가 경쟁국들에 비해 상대적으로 낮다는 데 있다. 예를 들어 말레이시아, 태국 등 동남아시아 국가들의 경우 IT 산업이 대미수출에서 차지하는 비중이 50~70%에 달하는 반면 중국은 30%정도에 불과하다. 대신 섬유, 의류 등 비내구소비재의 수출비중이 높아서 미국 내 IT 수요 위축으로 인한 타격이 적은 편이다. 또 선진국 기업들이 점점 더 중국을 세계의 공장으로 제품 아웃소싱 기지로 활용하고 있으며, 중국의 세계무역기구(WTO) 가입으로 이 같은 입지가 더욱더 강화되고 있으며 수출전망도 매우 밝다.

그러나, 중국경제는 지난 1981년 이후 국내총생산 성장률의 절반정도가 수출과 해외직접투자(Foreign Direct Inverstment : FDI) 덕분이었던 것으로 추정될 정도로 대외 의존도가 높은 편이다. 따라서 세계적인 경기침체가 장기화할 경우 중국경제 역시 타격을 입을 수밖에 없다. 또 부실 국영기업 정리와 지역불균형 해소 등 구조개혁 문제는 여전히 중국경제의 큰 과제로 남아있다.

중국은 지난 1997년 아시아 외환위기 이후 주변국들이 경쟁적으로 통화가치를 떨어뜨리는 가운데에서도 위안화 고정환율을 고수하여 아시아 경제가 더 악화되는 것을 막는 데 크게 기여하였다.

중국경제의 국제적 부상은 이미 1978년 말 중국이 적극적인 대외개방 정책을 추구하면서 빠른 속도로 진행되어 왔다. 중국은 현재, 세계 5위의 경제규모 및 무역규모, 개도국 최대의 FDI 유입국으로 위치를 차지하고 있다.

2001년 중국의 WTO 가입과 베이징 올림픽 개최 확정은 중국의 국제적 부상을 더욱 가속화할 것이다. 더욱이 중국경제는 중장기적으로 발전을 지속해 나아갈 것이라는 낙관적인 전망이 우세해 적어도 2010년까지는 연평균 7~8%의 고도성장이 가능할 것으로 전망되고 있다.

신무역환경 : 지역 경제블록

세계 속의 경제블럭은 2005년 전후로 하여 그 모습을 확연히 드러내게 될 것이다. 세계는 3개의 거대한 경제블럭으로 나누어질 것이고, 그 3개의 경제블럭은 나음과 같다. 그 첫째는 1993년 출범한 유럽대륙의 유럽연합(European Union : EU)을 중심으로 한 경제블럭이다. 두 번째는 2005년을 목표로 추진되고 있는 북미국가들의 북미자유무역협정(North America Free Trade Agreement : NAFTA)과 중남미의 중미공동시장(CACM), 안제스 공동시장(ANCOM), 카리브 공동체(CARICOM), 남미공동시장(MERCOSUR)의 결합으로 형성되는 미주자유무역지대(Free Trade American Area)이다. 그리고 세 번째는 동남아시아국가들의 아세안자유무역지대(ASEAN Free Trade Area: AFTA)와 빠르게 결성될 것으로 예상되는 동북아의 한-중-일 자유무역지대가 결합된 아시아연합(Asia Union)의 경제블럭이다.

경제블럭의 형성은 경제블럭 내의 국가들에게 몇 가지의 경제적인 효과를 발생시킨다. 첫째는 무역의 창출효과이다. 즉, 경제블럭 내 국가 간 관세 및 비관세 장벽의 철폐는 무역자유화를 촉진시켜, 교역량을 증가시키게 된다는 것이다. 두 번째는 무역의 전환효과이다. 기존의 경제블럭 이외 국가들과의 교역이 경제블럭 내 국가들로 전환하게되어 교역량이 증가하게 되는 효과이다. 셋째는 효율적인 자원이용과 상품생산의 가능을 들 수 있다. 다수 국가들의 무분별한 많은 자원의 사용과 과잉생산으로부터 적정수준의 자원 사용과 적정생산체제로 전환됨에 따른 자원의 효율적 사용 효과를 들 수 있다. 이외에도, 다변화하는 국제무역환경 속에서 경제블럭 이외의 국가들 및 타 경제 블럭과의 새로운 무역환경 조성시, 상호대응에 따른 유리한 지위의 확보가 가능하다는 것을 긍정적인 경제효과로 들 수 있다.

그러나, 경제블럭 내의 한 국가가 경쟁력이 뒤떨어지는 상품을 생산하고 있다거나, 상대적으로 생산여건이 뒤떨어진다면, 그 국가에서의 상품생산은 더 이상 이루어지기 힘들게 되는 부정적인 경제효과도 발생시킬 수 있다. 또한, 노동 및 자본의 이동이 자유스럽다면, 그 국가 속의 노동력과 자본은 자국으로부터 이탈하게되는 현상까지 발생하게 될 것이다. 이러한 경우 해당국의 후생복지의 감소는 상당할 것이다. 때문에 이러한 문제들을 해결할 수 있어야 결속력이 강한 경제블럭이 될 수 있다.

EU와 NAFTA는 대립적인 성격이 강한 경제블럭이다. 특히, NAFTA는 EU에 대항하기 위하여 결성되었다. EU가 제1 · 2차 세계대전 이후 위축된 유럽의 위상을 회복하기 위하여 오랜 기간을 거치면서 형성된 경제블럭이라고 본다면,

NAFTA는 이에 대항하기 위하여 단기간 동안(1989년 1월 ~ 1994년 1월), 그리고 EU가 형성되어 가는 과정에서 미국의 주도하에 캐나다와 멕시코를 결합하여 만들어진 경제블럭이다.

1999년 기준의 세계 총 GDP와 교역량 중 EU와 NAFTA가 차지하는 비중은 약 62.2%(EU 28.0%, NAFTA 34.2%)와 58.7%(EU 37.5%, NAFTA 21.2%)정도이다. 이러한 수치로부터 두 경제블럭의 엄청난 규모와 세계경제에 대한 지배력을 짐작할 수 있게 된다.

한 · 중 · 일 자유무역지대는 EU와 NAFTA의 형성에 따라 상대적으로 위기감을 인식한 동북아시아의 3개국이 모여 결성하려는 경제블럭이다. 일본에 의해서 제의되었으며, 그 모델은 NAFTA의 형태이다. 추진과정은 우선 한일자유무역지대를 창설하고 차후 중국을 포함시키는 방안으로, 현재 3국은 21세기 세계경제의 중심지역으로 주도권을 확보하겠다는 의지하에 경제협력방안에 대해 지속적으로 논의중에 있다.

EU와 NAFTA는 상호 격심한 대립을 거치면서 유리한 입지를 차지하려고 한다. 특히, 아시아를 중간에 두고서 EU는 유럽과 아시아의 주요국가들 간의 아시아 · 유럽정상회의(Asia Europe Meeting : ASEM)를 통하여, NAFTA는 아 · 태경제협력체(Asia-Pacific Economic Cooperation : APEC)를 통하여 그들의 입지를 제고시키기 위한 정기적인 수단으로 활용하고 있다.

이에 대하여 아시아지역에서도 단일된 연합체를 구성하기 위한 노력이 시작되었다. 즉 동남아국가연합(ASEAN)과 동북아 3국인 한 · 중 · 일을 묶는 아시아연합이 그것이다. 이 연합체는 EU를 모델로 하고 있으며, 1997년부터 이루어져 왔던 정상회의를 1999년부터 공식 협의체로 변화시켰다. EU모델을 따르면서 국가들의 융합을 유도하고, 협의대상의 범위를 경제부문은 물론 정치, 문화 등 종합적으로 확대해 나갈 추세이다.

EU는 상당히 적극적인 방법으로 타 지역 경제블럭과의 유대를 강화해나가고 있다. 그 가운데 하나가 남미공동시장(MERCOSUR)과의 자유무역지대 추진이다. 이것은 미국이 주도하는 FTAA를 상당히 약화시킬 것이 분명하다. 상대적으로 미국은 FTAA를 이용하여 EU의 접근을 방지하려고 할 것이다. 그러나 MERCOSUR의 입장에서는 EU에 대한 무역역조 현상을 조정할 수 있으며, EU입장에서는 MERCOSUR의 고 관세율로 인한 미국상품에 비한 경쟁력 약화를 만회할 수 있게 되어, 미국의 FTAA에 대한 영향력을 약화시킬 수 있다는 측면이 맞아떨어지기 때문에 EU는 보다 적극적인 공세를 취할 것이다.

이상에서 본다면, EU, NAFTA, 그리고 아세안과 동북아 한-중-일이라는 거대한 3개의 경제블럭이 향후 세계경제를 이끌어 갈 것으로 보인다. 동시에 21세기의 초반은 3개의 경제블럭이 세계경제의 주도권 확보를 목표로 치열한 다툼이 벌어질 것이며, 그 모습은 해당 경제블럭의 입지강화와 경쟁적인 경제블럭의 입지약화로 나타나게 된다. 그러나 3개의 경제블럭이 상호 우호적인 관계를 형성하여 각 경제블럭 간의 실질적인 부정적 영향을 최소화시켜나갈 수도 있다는 점을 배제할 수는 없을 것이다.

디지털 경제환경과 국제기업

인터넷 혁명과 네트워크 환경

정보기술(Information Technology : IT)의 혁명

90년대 이후 한국에서는 IT산업이 두드러지게 성장하여 많은 IT 관련 벤처기업이 생겨났으며 전통기업에서도 e-business와 IT활용에 대한 노력이 구체화되었다. 그리고 초고속 통신망의 보급률이 세계 1위에 랭크되는 등 정보통신 인프라의 보급도 급속도로 이루어졌다. 그러나 IT 파급효과를 통한 생산성 향상이나 디지털화에 따른 전통산업의 경쟁력 향상 여부는 아직 충분히 검증되지 않고 있다. 최근 신경제의 몰락과 기업 구조 조정은 경제의 기본 기능인 경기순환이나 적절한 투자의 효용성은 큰 틀의 변화가 없다는 것을 보여주고 있다.

이러한 결과를 보면 글로벌 정보사회에서 정보기술(IT) 발달에 따른 디지털 경제에 대한 과도한 기대는 자제하여야 할 것이나 IT 기술의 본질적인 기능과 효과를 간과하여서도 안될 것이다. 디지털경제의 실질적 효과를 높이기 위해서는 안정적인 정부정책과 지속적인 기업구조조정, 사회전반의 디지털화에 대한 이해와 홍보가 필요하다. IT산업이 경제성장에 중요한 역할을 한 것은 사실이고 앞으로도 변화를 주도해 나갈 것이다.

네트워크 외부효과 (Network externalities)

네트워크 외부효과란 네트워크 자체만으로 가지는 가치보다 사용자 수가 증가할수록 가치가 점점 커지는 효과를 말하는데, 예를 들어 전화망이나 인터넷에서의 사용자 수가 늘어날수록 네트워크 사용의 효용가치가 증가하는 것을 말한다. 전화사용자가 자기혼자라면 효용은 제로지만, 점점 사용자가 늘어날수록 전화의 효용은 증가한다. 이 현상이 한계효용 체증 현상이며 전통적인 재화의 한계효용 체감의 법칙과 대비된다. 이 경우 생산자 쪽에서 규모의 경제를 확보 · 유지하면 점점 수익을 많이 올릴 수 있게 된다. 전통적 수확체감의 법칙과 대비되는 수확체증의 법칙을 실현하게 된다. 정보기술은 그 자체가 네트워크를 형성하며, 다른 사회적 네트워크의 형성과 유지에 결정적인 역할을 한다. 여기서 중요한 것은 기술 발전이 네트워크 효과와 결합될 때 그 영향력이 배가 된다는 사실이다. 멧칼피의 법칙은 네트워크의 가치가 네트워크 참여자의 수의 제곱에 비례한다는 것을 보여주고 있다.

시장규모의 확대(Market Increase)

위 네트워크 효과는 지식정보 재화의 비경합적 성격에서 나오는 것인데, 이것은 경제의 세계화 추세와 관련해서 매우 중요한 의미를 갖는다. 네트워크화된 지식정보재화가 경제활동의 핵심재화가 되면, 개인소비의 가치와 생산활동에서의 혁신동기가 그 시장규모의 제곱으로 증가할 수 있다. 이런 정보기술의 혁명을 통해 시장의 규모는 전 지구촌을 무대로 삼게 되며 사실상 무역의 장벽이 없어지게 된다.

위에서 언급한 세 가지 경제환경변화의 원인들로 인해 나타난 가장 큰 특징은 노동과 자본 이외에 지식정보 재화가 생산 중심으로 이동하고 있다는 점이다. 이러한 지식정보 재화는 기존의 가치사슬을 해체시켜 유통방법 및 인력수요의 변화를 가져오고 있으며 전자상거래의 활성화와 디지털 경제의 급부상이라는 환경을 만들어냈다.

e-Business의 보편화와 국제기업의 대응과제

e-Business의 보편화

전자상거래의 가속화

정보 불균형 상태를 해소하고 관리 비용 및 거래 비용을 절감할 수 있으며 시간과 공간의 제약을 받지 않는다는 큰 장점으로 전자상거래는 가속화되고 있는 추세이다.

가치사슬의 해체

정보의 고리가 해체되면서 사업전체를 구성하고 있는 개별 경제활동들이 독립된 경제활동으로 분리된다. 결국 경쟁우위의 탈평균화 현상을 초래하게 된다.

Prosumer와 역경매시장

소비자가 생산자와 동등한 정보를 공유함으로써 생산과정에 직접 참여한다. 이들을 Prosumer라고 한다. 개별 소비자가 제품가격 결정에 직접적으로 참여하여 소비자가 공급자보다 상대적으로 많은 정보를 보유하고 있어 가격을 다르게 책정할 수 있다. 이른바 공급자들이 수요자들의 가격에 맞춰 참가하는 역경매시장이 형성되기도 한다.

정보중개업자(Informediary)의 등장

소비자와 판매자의 정보를 정확하게 파악하여 각각이 필요로 하는 상품이나 서비스를 연결시켜주는 신규 사업을 말한다. 이는 소비자를 위해 필터,에이전트, 타겟 마케팅, 자료관리 및 분석, 구매자 식별 서비스를 제공한다.

직거래의 활성화

다양한 상품제시와 함께 먼 거리에 있는 고객을 대상으로 사업을 할 수 있다. 이는 보다 저렴하게 정보를 전달할 수 있는 매개체를 도입하여 규모의 경제에 입각한 주문자 생산방식을 가능하게 만들어 준다.

국제기업의 대응과제

급속한 기업환경 변화에 능동적으로 대처하고 기업의 발전에 직접적인 영향을 주는 최고경영자(CEO)의 역할이 가장 중요하다. 지식정보사회의 도래로 CEO에게는 급격한 변화에 신속히 대응할 수 있는 능력이 요구되고 있고 개별 기업마다 고유의 독특한 전략을 바탕으로 필요한 사업운영 능력을 갖추는게 무엇보다 더 필요하다. 그러므로 CEO는 경영의 핵심인 전략, 즉 기업의 독특한 포지션을 정의, 전달하고, 상쇄관계를 만들고, 활동들 간의 적합성을 강화할 필요가 있다.

이제는 IT분야의 변화에 민감하게 대응함은 물론 적절한 투자와 IT의 효과적인 활용이 기업의 사활을 좌우하게 되었다. 글로벌 정보환경 속에서의 기업은 잘 짜여진 조직과 유연성을 강조하게 되었고 전 세계를 시장으로 삼지만 각각의 지역에 알맞은 제품이 필요하게 되었다. 이에 따라 CEO는 상황의 변화에 신속하게 대처하여야 할 뿐만 아니라 정보 기술의 흐름을 숙지하고 있어야 한다. 그래서 CEO는 잘 듣고 잘 이해하고 잘 반응하고 잘 배울 수 있어야 한다. 그러나 무엇보다 중요한 것은 CEO가 가진 마음의 자세이다.

지식정보 사회는 우리에게 엄청난 양의 정보와 지식을 제공하지만 이것들이 인간에게 유용하게 사용되려면 인간의 적절한 정보 처리와 가공이 필요하다. 그리고 이러한 사회에는 정보를 활용하는 일을 통해 수익을 창출할 수 있는 사회이며, 수익을 창출하는 기업을 운영해야 할 CEO의 중요성은 더욱 커지고 있다. 즉, 새로운 시대의 CEO는 과거의 CEO들과는 달라야 한다.

새로운 시대 CEO의 중요한 역할은 정보를 쉽게 소화하고 전달하는 것이다. 축적된 전문 분야의 경험을 통한 사업의 이해도 중요하지만 정보기술의 이해를 바탕으로 하는 정보의 효율적 활용을 통한 경영은 CEO에게 매우 유용한 전략적 우위를 점유하게 한다. 새로운 CEO들이 주역으로 등장하고 있으며 새로운 CEO들의 지명도와 영향력은 과거 전통기업때와는 비교가 되지 못할 만큼 차이가 많이 나고 있다. 또한 전통기업에서 디지털기업으로 권력이동이 일어나는 것도 새로운 CEO가 부상하는 한 요인으로 작용한다. 전통기업의 디지털화는 필연적 추세이며, 이에 적응하지 못하는 기업은 도태될 것이다. 그 동안 업계 리더 역할을 해왔던 선도기업의 CEO들이 일선에서 물러나는 것도 CEO 세대교체의 촉매로 작용하고 있다.

그런데 한국의 상황에서 교육의 기회는 남녀 차별이 없으나 기업경영에서의 남성중심의 경영은 하루 속히 탈피하여 CEO 인력 수급의 불균형을 극복할 수 있어야 할 것이다.

21세기 기업환경의 변화에 따라 기업은 빠른 시장의 변화, 고객의 다양화, 기술의 급속한 진보 등으로 항상 위험에 처할 가능성이 있다. 이에 따라 변화하는 환경에 민감하게 적응하는 위기관리능력이 있는 CEO, 상황을 명확하게 평가를 할 수 있는 CEO가 요구된다.

글로벌 정보사회가 보편화되면서 전 세계는 시공간의 제한이 줄어들고 그로 인해 경쟁이 가속화되는 무한 경쟁의 시대에 돌입하게 되었다. 이에 따라 기업들은 고객이 만족하는 제품과 서비스를 남보다 빠르게 제공하는 스피드 경영 시대의 기업활동에서는 기회선점, 시간단축, 타이밍, 실시간 관리시스템 등이 중요시되고 있다. 무한 글로벌 경쟁시대의 기업들은 미래 유망사업을 조기에 발굴하고 지속적으로 선행 투자를 하고 있다. 또한 기업내부의 의사결정 시간과 업무처리 시간이 단축되고 있으며, 그와 함께 상품개발 시간 및 제품의 주문에서 배송까지의 시간이 급속하게 줄어들고 있다. 최근에는 인터넷을 이용하여 제조현장과 고객을 직접 연결하면서 경영의 스피드를 제고시키는 선진기업들도 등장하고 있다. 또한 어떤 기업들은 제품개발에서 생산에 이르는 기간을 단축하기 위해 제품설계와 생산준비를 동시에 진행시키고 있다. 스피드 경영(speed management)은 급변하는

표 2-1
스피드 경영의 4대 속성

4大 속성	의미	대응방향
기회선점경영	• Early Start • Market Leader	• 미래유망사업의 조기발굴, 사전준비, 선행투자 예) 신상품 매출 비율 • 경쟁사대비 신상품 조기 출시
시간단축경영	• Time Compression • Fast Decision	• 프로세스 리드타임 단축 예) 상품개발시간 단축, 주문~출하 시간 단축 • 신속한 의사결정
타이밍경영	• On Time • Just In Time	• 외부고객 및 회사 내부고객과의 납기 준수 예) 납기 준수율 • 필요한 시점에 필요한 만큼 공급
유연경영	• Real time Management • Flexible Management	• 사람, 돈, 물류 등 실시간 관리 예) 일일 결산체제 • 소량 다품종, 高회전율 경영 예) 자산 회전율

자료 : "숨겨진 경쟁력-스피드경영", 조영빈, 삼성경제연구원, 1997

경영환경에 대한 대응력을 신속히 극대화함으로써 고객이 만족하는 제품, 서비스를 남보다 빠르게 제공하는 시스템이다. 제품개발부터 시장장악까지의 기간을 최소화하자는 것이다. 즉 스피드 경영이란 시간과 시점을 중시하는 현대 고객의 특성을 고려하여 고객이 원하는 상품과 서비스를 가장 빠르게, 그리고 고객이 원하는 시점에 맞게 제공할 수 있도록 하는 제반 경영활동이다.

글로벌 정보사회의 도래로 인한 국제화, 정보화의 물결은 세계경제를 국경 없는 경제(Borderless Economy) 시대로 몰아가고 있다. 2000년 4월 현재 한국 내에 있는 외국기업체 수는 제조업체 약 2,700여 개를 비롯하여 총 7,350여 개에 이르는 등 우리나라도 통합되어 가는 세계시장의 일부로 존재하고 있다. 우리 기업도 이제는 국내외 어디서나 국제적인 기업들과의 경쟁을 피할 수 없게 되었으며, 인터넷 등 정보통신기술의 발전과 함께 전자상거래 등 새로운 시장환경에의 적응 없이는 생존 자체가 어렵게 되어가고 있다.

지금까지 살펴본 바와 같이 21세기 기업환경은 급속도록 변화하고 있으며 우리는 "기술혁명"의 시대에 살고 있다해도 과언은 아니다. 최근 정부는 IT(Information Technology), BT(Bio Technology), NT(Nano Technology), ET(Environment Technology), CT(Culture Technology), ST(Space Technology) 등을 21세기 국가기반사업으로 발표하였다. 내용인즉, IT, BT, NT, ET 등 미래 성장가능성이 큰 신산업을 우리의 차세대 주력 산업으로 키워나가는 한편, 자동차, 기계, 조선 등 전통산업의 IT 및 이종기술을 융합하여 고부가가치화를 집중 지원함으로써 이들 산업의 경쟁력도 제고해 나가려고 하는 것이다.

그러나 여기서 국제 기업들이 명심해야 할 것은 해당기업 및 제품에 정보 및 이종기술 집중도의 잠재력을 우선적으로 평가하고 수행할 필요가 있다. 전통산업에 IT 및 이종기술의 융합이 시대적인 조류이기 때문에 끌려가듯 투자하는 것은 위험하고 실패할 가능성이 높다. 우리 기업들은 IT를 활용하면 타기업에 비해 어떤 경쟁우위를 갖출 수 있을지, 그리고 IT를 접목했을 때 어떠한 신규사업을 창출하여 잠재력을 갖출 수 있을지, 기업내부에는 신규사업 진출에 필요한 정보처리 역량을 가지고 있는지를 면밀하게 검토하고 계획하는 것이 필요하다.

쉬어갑시다

엔씨소프트

1. 업체소개

엔씨소프트는 온라인 게임 개발 및 서비스 제공 업체로 1997년 3월에 창립되었다. 특히, 온라인 게임 「리니지」를 개발하여 서비스하고 있으며 2001년 매출총액 1,247억 원(순이익 116억 원)중 「리니지」의 서비스 수익으로 1,200억 원을 달성하였고, 대한민국 게임대상과 천리안 컨텐츠 대상을 수상하기도 하였다.

국내 소프트웨어 업체로서는 최초로 연간 매출액 1000억 원을 돌파하였으며 이중 해외로부터의 로열티 수입이 약 100억 원으로 매출의 10% 정도를 해외시장으로부터 벌어들이고 있다.

엔씨소프트는 국내 게임시장이 이미 포화상태에 근접하여 있으며 해외시장 개척이 지속적인 성장에 커다란 변수가 될 것이라고 판단하였다. 이에 적극적으로 해외시장을 공략하여 대만에서 커다란 성공을 거두었으며 그 후 미국, 홍콩, 중국 등지에 진출하게 되었다. 특히, 「리니지」 개발 단계에서 이미 장래의 세계시장 진출을 염두에 두고 다국어지원이 가능하도록 개발한 것이 해외진출을 가능하게 한 배경이 되었다.

향후 엔씨소프트의 중점과제는 중국 인터넷 보급확대에 따라 중국시장을 겨냥한 적극적인 마케팅을 통한 매출의 확대와 유럽시장의 개척이다. 중국 시장은 올해의 중점사업으로 중국에 조인트벤처를 설립하여 단순한 서비스제공만이 아니라, 향후의 사업확대를 위해 중국 시장에 맞는 게임을 개발할 수 있도록 개발스튜디오의 설치를 추진하고 있다. 유럽의 경우 전체 시장은 크지만 각 국가별로 분리되어 있고, 언어가 다른 점을 감안하여 충분한 준비를 통해 2003년을 목표로 진출 방안을 구상한다는 전략이다.

http://www.ncsoft.co.kr

2장 요약

본 장에서는 유럽의 경제통합의 확장사례를 중심으로 급변하는 글로벌 경제환경에 대한 다음의 내용들을 다루었다.

- 진출국의 경제적 환경에서는 물적요소로서 생산요소조건, 수요조건, 관련 및 지원산업, 경영여건, 인적요소로서 근로자, 정치가 및 행정관료, 기업가, 전문가, 그리고 외생요소로서 기회 요인에 대해서 살펴보았다.
- 국제기업을 둘러싼 무역환경으로서 제도적인 요인이 되는 보호무역제도인 관세 및 비관세 장벽에 대해서 살펴보았고, 반대로 자유무역주의로 대표되는 WTO 무역환경에 대해서 살펴보았다.
- 세계 제 3대 경제블록인 EU, NAFTA, 아시아 경제블록에 대한 이해와 변화과정 그리고 향후 발전전망에 대해서 살펴보았다.
- 정보기술의 발달로 급변하는 디지털 경제환경에 대한 진반적인 사항과 새로운 환경에 직면한 국제기업의 대응과제를 살펴보았다.

이를 통해 국제기업이 해외사업을 추진할 때 전략수립시 기본적으로 고려해야 할 경제적 환경에 대한 분석의 틀을 제공하고자 하였다.

주 NOTES

1 | http://www.news.go.kr 국정뉴스. 2004. 5. 5 재구성.
2 | Cho, Dong Sung, A dynamic approach to international competiveness : The case of Korea, *Journal of Eastern Business*, 1(1) : 17~36, 1994.
3 | 한국은행, 우르과이 라운드 협상의 추진상황과 향후전망, 조사통계월보(1988.11), pp.63~76.

3 국제기업의 정치적 · 법률적 환경

기업이 국제화되면 국내와는 상이한 정치적 · 법률적 환경에 놓이게 된다. 특정 국가의 정치적 환경이 기업의 경영활동에 영향을 미쳐 재산상의 손실을 가져오는 경우 이를 정치적 위험이라고 한다. 이러한 정치적 위험에 대응하여 국제기업은 잠재적인 위험을 줄일 수 있는 다양한 위험관리전략을 모색하여야 한다. 또한 기업은 복잡다단한 법률환경하에서 국제경영활동을 전개하게 된다. 국제기업이 당면하는 법률환경은 크게 특정 국가의 고유한 제도 및 법률환경, 국가간 쌍무협정 및 다자간 국제협약, 국제거래 및 분쟁에 관한 법률 등의 3가지로 나누어 볼 수 있다.

3장에서는 국제기업이 당면할 가능성이 있는 정치적 위험의 개념 및 유형을 살펴보고 정치적 위험의 관리전략을 소개한다. 그리고 먼저 한국 기업이 미국에 자동차를 수출하는 경우를 예로 들어 국제거래 단계별로 국제기업이 당면하는 법률환경을 설명하고, 국제기업의 법률 환경을 현지국의 법률 환경과 국제 공통의 법률 환경으로 대별하여 경영학도나 국제기업의 경영자가 개괄적으로 알아야 할 법률환경을 소개한다.

학습목표

- 우리 국제기업들이 경험했던 정치적 위험과 이에 대한 기업의 대응전략은 어떠하였는가?
- 다자간 자유무역질서를 규정하는 WTO는 우리 국제기업에게 어떠한 의미가 있는가?

국제통상 분쟁 사례 : 조선 및 반도체 분쟁[1]

반도체, 자동차, 선박, 컴퓨터, 무선통신기기 등은 우리나라의 주력 수출품목으로서 우리나라 전체 수출액의 대략 50% 정도를 차지하는 중요한 산업이다. 그러나 이들 산업이 국제경쟁력을 갖춘 만큼 외국의 경쟁업체로부터 많은 견제와 위협을 당하고 있으며, 실제 통상분쟁이 발생하기도 하였다.

조선산업의 경우, 2002년 10월 21일 EU는 "한국이 조선산업을 구조조정하면서 정부에서 보조금을 지원함으로써 EU 조선산업이 피해를 입었다"고 주장하면서 우리나라를 WTO에 제소하고 동시에 자국 조선산업에 대한 보조금(Temporary Defensive Mechanism)을 부활시켰다. 이에 우리나라도 EU의 보조금 부활에 대해 WTO에 맞제소(2003.9.3)하였고, 현재 양측의 WTO 제소에 대한 패널절차가 각기 진행중에 있다. 조선산업은 세계가 단일시장으로, 국제경쟁력을 갖추면 장기간 세계시장 석권이 가능하여 외화획득 효과가 크고, 고용효과도 크며 관련 산업에 긍정적인 파급효과가 큰 산업으로서 주요 조선국 간에 통상마찰 가능성이 항상 존재하는 분야이다. 특히 1990년대 후반부터 우리 조선업계의 수주량이 급속히 증가하여 세계 1위의 조선국으로 부상하였고, 국제선가가 계속 하락하자 EU, 일본 등 주요 조선국은 우리나라를 집중 견제하기 시작하였고, EU의 WTO 제소도 이러한 차원에서 이해할 수 있다.

한편, 독일의 인피니온(Infineon)과 미국의 마이크론(Micron)은 한국 정부가 2000년에서 2001년에 걸쳐 하이닉스에 대해 WTO 규정에 위배되는 보조금을 지원했다는 이유로 EU집행위(2002.6.10)와 미국 정부(2002.11.1)가 상계관세 부과를 신청하였다. 동 신청에 따라 EU 집행위와 미국 상무부는 한국산 DRAM에 대한 상계관세 부과를 위한 조사를 개시하였고, 양자협의, 현장실사, 청문회 등의

조사절차를 거쳐 하이닉스에 대해 미국은 44.29%(2003.8.11), EU는 34.8%(2003.8.12)의 상계관세를 확정하였다. 이에 우리 정부는 1997년 말 금융 외환위기로 우리의 많은 기업과 금융기관들이 어려움에 처해 구조조정을 추진하였으며, 하이닉스도 당시 유동성 위기를 겪게 되자 채권기관들이 상업적 판단에 따라 금융지원을 한 것이라는 점을 들어 미국과 EU의 상계관세 부과조치에 대해 WTO에 제소(2003.6~7월)하였고 현재 패널절차가 진행중에 있다.

이처럼 기업 활동이 범세계화되고 세계 경제가 통합되어 가면서 그만큼 기업간의 경쟁이 치열해졌고, 경쟁과정에서 발생하는 분쟁을 해결하기 위해 WTO와 같은 세계경제질서를 규율하는 기구를 각국 정부가 적극적으로 활용하고 있음을 보여주고 있다.

토의과제

- 국제적인 자유무역질서를 규율하는 WTO와 같은 국제기구가 국제기업의 경영활동에 주는 의미와 한계는 무엇인가?
- 경쟁의 범위가 국내로 한정되는 기업과 국제적인 경쟁을 하는 국제기업의 경영전략은 어떠한 차이가 있을까?

국제기업의 정치적 환경

기업이 국제화되면서 국내와는 상이한 정치적 환경에 접하게 되는데(예컨대, 현지국의 정치적 환경 및 본국과 현지국 간의 국제정치환경), 정치적 사건들이 기업의 국제경영활동에 영향을 미칠 때, 통상 이를 정치적 위험이라고 한다. 이러한 정치적 위험으로 인해 기업은 재산상의 손실을 입을 수 있는데, 심한 경우에는 재산을 몰수당하거나 또는 기업이 현지국으로부터 완전히 철수해야 하는 경우도 있다. 국제기업이 당면하는 정치적 환경은 다양하다. 따라서 국제기업은 정치적 위험의 원인을 분석 · 예측하고 이에 대응할 수 있는 능력을 갖추어야 한다.

정치적 위험의 개념 및 유형

정치적 위험의 개념

정치적 위험은 학자에 따라 여러 가지로 정의되고 있지만, 그 정의나 평가, 예측방법 등에 있어서 이론상 커다란 발전을 보지 못하고 있다. 그러나 일반적으로 정치적 위험에 있어서 가장 중요한 두 가지 요건은 ① 예측하기 어려운 정치적인 변화가 발생하고, ② 이러한 정치적인 변화가 기업에 영향을 미쳐야 한다는 점에서 학자들 간에 의견일치를 보고 있다.

한편, 정치적 위험과 정치적 불안정성을 명확히 구분해야 한다. 즉, 정치적 불안정성과 정치적 변화 그 자체는 정치적 위험이라고 볼 수 없고, 이러한 변화가 기업의 활동에 영향을 미치는 경우에만 정치적 위험이라고 할 수 있다. 따라서 단순히 특정 국가가 정치적으로 불안정한다든지, 정치적 변화가 자주 일어난다고 해서 모두 정치적 위험이 되는 것이 아니라 기업 또는 특정 산업과 관련하여 그 수익성이나 영업활동에 영향을 미칠 때 정치적 위험이 된다. 요컨대, 정치적 위험은 넓은 의미에서 특정 국가에서 경영활동을 수행하고 있는 기업의 환경을 급격히 변화시켜 기업의 이익과 목표에 영향을 미치는, 예측하기 힘든 정치적 변화(혹은 사회 전체적인 권력관계의 변화)로 정의할 수 있다.

정치적 위험은 정치적 변화로 인한 영향이 미치는 범위에 따라, 현지의 모든 외국기업에게 영향을 미치는 거시적 위험과 특정 산업 혹은 특정 기업에만 영향을 미치는 미시적 위험으로 구분된다.[2] 거시적 위험의 대표적인 예로는 쿠바 카스트로정권이 취한 사유재산의 국유화를 들 수 있다. 거시적 위험은 그 속성상 돌발적이고 일회적이어서 기업의 입장에서는 대부분 통제할 수 없는 성격의 정치적 위험이다. 반면, 미시적 정치위험은 거시적 위험보다는 그 영향의 강도가 작지만 어느 면에서는 오히려 더 빈번하게 국제기업에 영향을 줄 수 있다. 미시적 위험은 외국정부가 정치적인 이유로 특정 산업이나 기업활동에 제한적인 정책을 취할 때 발생하게 되며, 이러한 미시적 위험의 노출가능성은 상황에 따라 상이하지만, 일반적으로 국제기업의 기술수준과 현지기업과의 기술격차, 현지기업과의 경쟁여부, 현지자원 의존도, 현지국의 국제수지에 미치는 영향의 정도와 같은 요인들이 영향을 미치는 것으로 밝혀지고 있다. 예컨대, 현지기업들과 경쟁관계에 있는 경우, 현지국이 보유하고 있는 자원에 대한 의존도가 높은 경우, 현지국의 국제수지에 미치는 영향이 클수록 미시적 위험에 노출될 가능성이 높다고 할 수 있다.

한편, 정치적 위험은 정치적 변화로 인한 영향이 미치는 내용에 따라 완전철수 또는 부분철수와 같이 자본의 소유권에 영향을 미치는 정치적 사건과 기업경영의 현금흐름과 수익에 영향을 주는 정치적 사건으로 구분되기도 한다.

정치적 위험은 국가위험(country risk) 개념과도 상이하다. 이른바 국가위험은 현지국에 행하여진 투자나 공여된 차관 등 재무자산에 대하여 그 나라의 정치적 · 사회적 및 경제적 여건에서 발생하는 채권 또는 투자회수상의 위험을 총칭하는 개념으로 주로 외국투자를 하는 은행의 투자위험을 의미한다. 그러므로 정치적 위험과 국가위험은 투자주체, 노출되는 자산의 내용, 노출기간, 손실의 형태, 위험회피방안 측면에서 상이하다.

정치적 위험의 원천에 따른 유형

정치적 위험을 발생시키는 근본요인, 즉 정치적 위험의 원천은 무엇인가? 로벅(S.H. Robock)은 정치적 위험의 원천을 현지국의 정치적 이념이 국제기업 본국의 정치적 이념과 상반되는 경우, 현지국 내의 사회적 불안과 무질서가 존재하는 경우, 현지국이 정치적 독립과 주권을 선언하는 경우, 전쟁과 내란이 발생하는 경우, 새로운 외교관계의 형성으로 본국과 현지국의 관계가 악화될 경우 등 다섯 가지 요인으로 나누어 설명하고 있다.[3] 이상의 요인들을 재분류하면 현지국에 고유한 정치적 변화와 현지국과 본국, 현지국과 제3국(들), 그리고 본국과 제3국(들) 간의 국제정치관계의 변화에 관한 요인으로 구분할 수 있다.

즉, 정권교체로 인한 정치이념의 변화, 사회적 불안과 무질서, 전쟁 또는 내란 등이 현지국에 고유한 정치적 위험의 원천에 속하는 반면, 본국과 제3국간, 또는 현지국과 제3국 간의 새로운 외교관계의 형성 등도 국제 관계하에서 발생하는 예기치 못한 정치적 위험의 원천이 된다. 특히, 경제적 환경에서 살펴본 바와 같이 세계경제의 지역화로 인한 자유무역지역 또는 관세동맹의 형성과 같은 국가 간 역내 경제통합은 현지국에 진출한 외국기업의 활동에 영향을 미치는 중요한 정치적 변화의 원천이 될 수 있다.

정치적 위험를 야기하는 원천 및 국제경영을 수행하는 기업이 받게 되는 영향의 형태를 정리하면 〈표 3 - 1〉과 같다.

국제기업의 경영활동에 가장 심각한 영향을 줄 수 있는 정치적 변화, 즉 정치적 위험의 원천은 외국기업의 자국내투자에 대하여 부정적인 태도를 가진 정치집단이 등장하는 것이다. 이로 인한 결과는 재산몰수, 재산수용, 계약파기 등 다양한 형태로 나타날 수 있다.

정치적 위험의 원천에 따라 발생하는 정치적 위험의 유형 역시 다양하다. 〈표 3 - 1〉에서 제시한 바와 같이 대표적인 예로 국유화(nationalization)를 들 수 있다. 국유화란 내국인만이 특정경제활동을 하도록 하는 일련의 조치로서 재산몰수(confiscation), 재산수용(expropriation), 강제매각 등이 여기에 포함된다. 쿠바 카스트로정권의 사유재산 국유화, 프랑스의 몇몇 개인은행 국유화(1979) 등이 이에 해당된다. 재산몰수는 국가가 적절한 보상없이 사유재산을 수용하는 경우이고,

표 3-1
정치적 위험의 원천과 유형

구 분	원 천	유 형
현지국의 정치적 위험	· 사회적 불안과 무질서 · 전쟁 또는 내란 · 현지기업과 외국기업과의 이해 갈등	· 국유화(재산몰수, 재산수용 등) · 운영상의 규제(고용, 소유, 이전가격, 조달, 시장점유율 등) · 이전자유의 제한(배당금, 상품, 인력 등) · 계약의 일방적 파기 · 차별정책(조세, 준조세 등) · 재산 또는 인명피해
국제정치 관계의 변화	· 정치적 독립과 주권선언 · 정치이념의 변화 · 새로운 외교관계 형성	

자료 : Stephen H. Robock and Kenneth Simmonds, International Business and Multinational Enterprises, Richard D. Irwin, 1983, p. 291에서 발췌 · 수정함.

생각해봅시다

국제간 분쟁4

국제기업이 직면하는 가장 큰 정치적 위험 중의 하나는 전쟁일 것이다. 가장 최근의 국제간 분쟁인 미국 · 영국 대 이라크와의 전쟁이 그 예이다. 걸프전 이후 사담 후세인 정권과 지속적인 갈등을 보이던 미국은 영국과의 연합군을 통해 1998년 말 이라크에 대한 대규모 공습 '사막의 여우' 작전을 수행한 이래, 99년에는 한 달에 평균 10~20여 차례 이라크를 공습했으며, 2000년에 북부 이라크 대공기지를 폭격했다. 이러한 이라크와의 공방은 2003년 3월 20일 미군 25만을 중심으로 한 미영연합군(영국군 4만 5천)이 이라크를 공격함으로써 지상전으로 돌입했다. 물론 미국은 2003년 5월 1일 전투종결을 선언하였지만 전후 처리문제로 미군이 주둔하면서 소요가 계속되었고, 2004년 6월 29일 미국은 이라크에 대한 주권이양을 선언하였다.

우리 기업의 경우 2004년 6월 이라크 주둔 미군에 식자재를 납품하는 업체인 가나무역 직원 김선일씨가 피살되는 사건이 발발하자, 이라크에 진출한 기업들이 현지의 불안한 치안상황으로 현지 사업을 연기하거나 포기한 바 있다. 바그다드에 전시장을 낸 현대자동차, 이라크와 주변 지역에서 중고차와 플랜트를 수출하고 있는 대우인터내셔널, 현대건설, 철탑 공사를 담당한 오무전기, 경남기업, 대림산업, SK건설 등이 그 예이다.

재산수용은 재산몰수보다 더 넓은 의미로 보상의 유무에 관계없이 국가가 특정기업의 소유권을 강제로 징수하여 처분하는 행위이다. 수용행위의 효력에 대해서는 이른바 영토주의 원칙이 통설이며 해당목적물이 수용국 내에 있는 한 원칙적으로 유효하다. 그러나 수용국 내의 목적물을 수용함에 있어서 신속하고 적절한 현실적 보상이 이루어지지 않는 경우, 국제법에 어긋난다고 인정하는 것이 다수설이다. 정치적 위험 중 수용이 국제기업에 미치는 영향은 지대하므로, 국제경영을 전개하는 경영자는 수용에 대한 철저한 대비와 능동적인 회피전략을 구상해 두어야 한다

또한 정치적 위험에는 재산몰수와 재산수용과 같은 전면적인 것 이외에도 외국기업의 자회사에 대한 자본, 기술, 원료 등 무역 및 외환규제와 지분통제, 고용, 시장점유율, 제품특성 등 경영관리전반에 대한 직접적인 규제 등이 있다. 일방적인 계약 파기나 변경, 조세상의 차별 역시 국제기업의 경영활동에 영향을 미칠 수 있는 정치적 위험의 전형적인 예이다.

정치적 위험의 관리전략

가변적인 국제환경에 대처하기 위하여 기업은 환경을 주어진 것으로 받아들이기보다는 잠재적 위험을 줄이고 기회를 창출할 수 있는 전략을 모색해야 한다. 정치적 위험도 예외가 아니다. 불확실한 정치환경으로부터 발생할 수 있는 위험을 최소화하기 위한 전략대안은 국제기업이 당면한 상황에 따라 상이할 것이지만, 투자 전의 조사, 투자 후의 경영관리전략, 피해발생 후의 사후 협상 및 보상전략으로 나누어 볼 수 있다.

정치적 위험에 대한 투자 전 위험의 대응전략은 투자 회피라는 소극적 대안과 현지국 정부와의 능동적인 협상을 통해 제거가능한 잠재적 위험을 원천적으로 최소화하는 적극적 대안을 고려할 수 있다. 물론 본국 정부가 제공하는 투자보험제도 활용을 고려할 수도 있다. 투자 의사결정 이전에 정치적 위험을 관리하는 핵심은 피투자국의 정치적 위험정도를 정확히 평가하여 투자여부를 결정하는 것이다. 물론 투자위험이 아주 높은 경우에는 투자계획을 백지화하는 전략을 택하는 것이 일반적이다. 그러나 전술한 바와 같이 정치적 위험의 예측가능성은 매우 낮다. 따라서 어느 정도의 정치적 위험이 존재한다 하더라도 현지국 정부와의 적극적인 국제협상을 통해 잠재적인 정치적 위험에 노출될 가능성을 감소시킬 수 있다. 일반적으로 배당금이나 로열티, 특허사용료 등 자본의 이전, 이전가격의 결정, 조세적용기준, 제품가격 및 기타의 영업조건, 소유제한, 현지국과 투자기업 간의 중재조항 등 기업활동에 영향을 미칠 수 있는 제반 이슈들이 협상의 대상이 될 수 있으며 적극적인 협상전략을 통해 정치적 위험의 상당부분을 제거할 수 있다. 정치적 위험을 회피하기 위한 또 하나의 사전적 대응책은 투자위험보험에 가입하는 것이다. 보험제도는 정치적 위험으로부터 기업의 국제경영활동을 보호할 수 있는 제도적 장치이다. 한국의 경우 수출보험제도가 이에 해당되며, 보험에 가입할 경우 피투자국의 전쟁 · 혁명 · 내란 · 몰수 등의 정치적 위험으로부터 발생한 손실액의 90%정도는 사후보상을 받을 수 있다.

투자 후에 발생하는 정치적 위험을 회피할 수 있는 최선의 방안은 적극적인 현지화를 통해 정치적 위험을 전략적으로 감소시키는 것이다. 전술한 정치적 위험 중 미시적 위험은 국제기업의 대응전략에 따라 그 위험이 감소될 수 있다. 즉, 경영전반에 걸쳐 현지국 경제에 기여하는 모범적인 기업시민으로서의 역할을 수행한다면, 미시적 위험에 대한 노출가능성은 낮을 것이다.

정치적 위험이 발생한 경우, 국제기업의 주요 관심사는 사후협상 및 보상전략의 수립에 있다. 호스킨스(W. Hoskins)는 정치적 위험의 사후보상전략을 현지국과의 합리적인 협상, 반강제적인 협상, 법률적 구제조치의 강구 그리고 경영권의 포기 및 잔존재산의 회수 등으로 구분하여 설명하고 있다.[5] 합리적인 협상이란 현지국 정부를 합리적으로 설득함으로써 정치적 위험에 따른 피해의 보상 내지는 사태 해결을 시도하는 전략이다. 이 경우 국제기업이 피투자국에 대하여 경제 및 기타부문에 기여를 하고 있음을 강조하거나 국제기업이 철수한 경우 발생할 수 있는 부작용을 강조할 수 있다. 합리적 협상이 실패할 경우 현지국의 우호세력이나 본국정부 및 우방국들의 협조를 통해 반 강제적 협상을 추진할 수 있으나 현지국 정부의 강한 반발 등 부정적인 결과를 초래할 가능성이 매우 높아 시기와 방법에 있어서 적절한 조합이 중요하다. 협상에 의한 문제 해결이 어렵다면, 본국, 현지국 또는 국제사법재판소를 통한 법률적인 구제조치를 선택할 수 있다. 법률적인 구제방식의 자세한 내용은 후술할 법률적 환경에서 다룰 것이다. 법률적인 구제조치에도 불구하고 문제해결이 여의치 않을 경우, 경영권을 포기하고 가능한 피해를 줄이는 방안을 모색해야 할 것이다.

국제기업의 법률적 환경

한 사회에서의 제관계를 규정하는 규범으로서 법률환경은 그 사회에 속한 주체들의 활동을 규율한다. 기업활동이 국제적으로 확대됨에 따라, 기업은 국제적인 법률환경에 노출되며, 이러한 국제법률환경은 기업활동을 직접적으로 통제할 수 있는 근거가 된다. 국제경영활동이 대규모화되고 고도화될수록 국제법률환경이 기업활동에 미치는 영향력은 커지게 되며 현지국의 법률체계를 이해하지 못하고 국제기업활동과 관련된 의사결정을 내린다는 것은 마치 눈을 감고 복잡한 도시를 가로지르는 것처럼 무모한 일이라 할 수 있다.

물론 국제경영의 초기단계에서는 눈을 감고 있더라도 가로질러 가야 하는 거리가 짧았기 때문에 무모한 일이라도 '하면 된다'는 정신으로 운에 맡기고 감행할 수도 있었다. 그러다 점점 가로질러 가야 하는 거리가 길어짐에 따라, 느끼는 위험의 정도가 커져 비싼 대가를 지불하고 법률전문가의 도움을 받을 수밖에 없었다. 그러나 현재 우리 나라 기업들도 수출입은 물론 해외직접투자, 전략적 제휴 등 다양한 형태의 국제경영활동을 수행하게 됨에 따라 중요 의사결정을 단순히 법률전문가에게 맡길 수는 없게 되었으며, 또한 경영의사결정과 그 추진과정을 남에게 맡긴다는 것 자체가 또 다른 위험으로 다가오게 되었다.

지금까지 기업의 국제법률환경에 대한 이해는 법률전문가 등 특수인에 한정된 것이라는 견해가 지배적이었다. 그러나 이러한 문제는 더 이상 외부인의 것이 아니라 국제기업 경영자의 몫이다. 이제 경영자는 눈을 뜨고 도시가 어떻게 움직이고 있는지 보고, 현상을 스스로 판단하며, 경로를 설계하고 목적지를 찾아가야만 한다. 바로 이런 맥락에서 기업의 법률환경에 대한 이해는 국제경영기업의 의사결정자에게 있어서 필수과목이 된 것이다.

국제법률환경의 의의

전세계적으로 국제기업활동을 총괄적으로 규제하는 공통되고 일원화된 국제법[6]은 아직 존재하지 않는다. 따라서 국제경영활동을 수행하는 기업은 서로 상이한 각국의 법률환경을 이해하고 분석하여 합리적 경영의사결정을 내리고 상이한 법률환경에 대한 대응전략을 수립하여야 한다.

〈그림 3－1〉에서 제시한 바와 같이, 기업이 국제경영활동을 전개하면서 당면하게 되는 법률환경은 복잡다단하다. 이는 크게 ① 특정 국가에 고유한 제도 및 법률, ② 무역, 투자, 조세 등 현지국과 본국 등 국가 간 국제거래를 원활하게 하기 위해 체결된 국제 쌍무협정 · 협약 그리고 제도화된 다자간 국제협약, ③ 국제거래와 관련하여 개별거래의 신뢰성을 제고하기 위한 국제거래 및 분쟁에 관한 법률부문 등으로 구분할 수 있다.

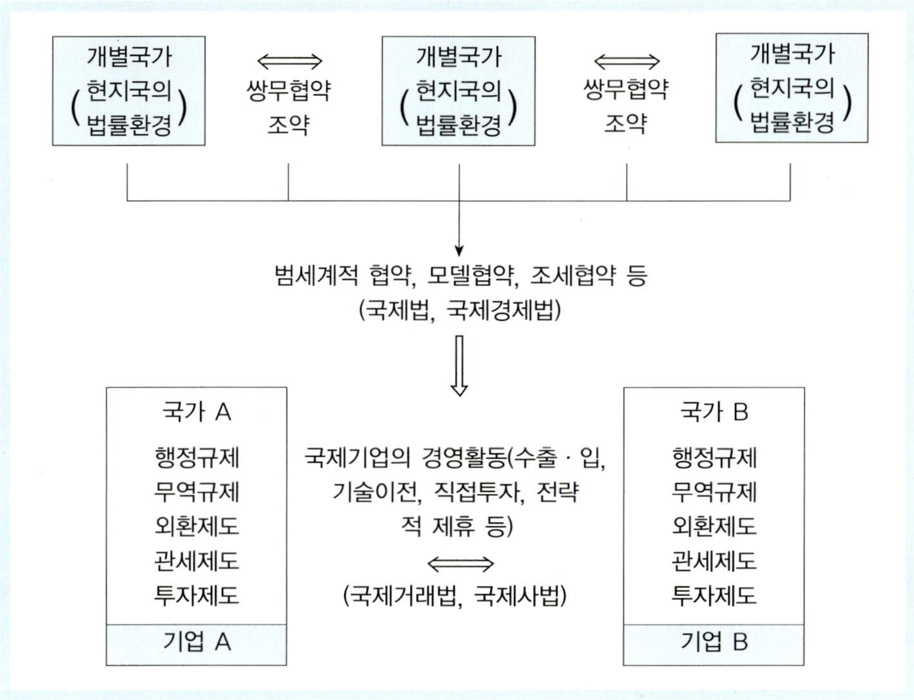

그림 3-1
국제기업의 법률환경의 구성체계

현지국의 행정규제, 무역제도, 외환제도 및 관세제도 등은 기업경영에 중요한 영향을 미친다.[7] 물론 이 경우에도 현지국 정부가 국제기업의 진출을 얼마나 원하느냐에 따라 교섭할 수 있는 여지가 있다. 이러한 국가 간 법률환경의 차이는 (현지국의 고유한 법률 및 국제협약 등) 기업의 국가선택에 있어서 중요한 요인이 될 수 있다. 따라서 각국은 자국기업에게 상대적으로 유리한 법률환경을 조성하기 위해 각종 경제협약 및 조세조약 등의 체결을 추진하려 할 것이다. 강대국의 주도로 추진되어 온 이러한 국제협약은 다자간 무역규범으로 제정된 국제경제법으로서 무차별적으로 국제거래질서를 규정하게 된다. 이러한 맥락에서 현지국의 법적 제도는 국제적인 규범에 영향을 받고 전체적으로는 국제적 규범의 준거틀 안에서 운영되고 있다고 할 수 있다.

국제기업이 노출되는 법률적 문제를 거래수준에서 볼 때 기업 간의 국제적 거래관계에서 법률환경이 거래상대방의 합의에 의해 결정되는 이른바 섭외사법의 영역이 있는데 국제거래법과 국제사법이 이에 해당한다. 국제거래의 고유한 제반 국제관습, 규범 등이 국제거래법의 영역에 포함되며 국제거래와 관련하여 발생하는 분쟁 및 중재를 다루는 국제규범이 국제사법의 영역에 속한다.

국제경영의 유형에 따라 국제기업이 당면하는 국제기업의 법률적 요인은 더욱 복잡해진다. 예를 들어, 국제경영의 초기단계인 수출지향의 단계에서는 주로 거래와 관련된 문제에 당면하게 되지만 현지국에 생산요소를 이전하게 되면 본국과 현지국 과세당국 간의 조세권 행사가 새로운 이슈로 등장하게 된다. 국제기업의 경영성과에 의한 조세문제는 어느 일방의 과세당국에 국한된 문제가 아니기 때문에 두 정부 당사자 간의 협약 및 협상과정이 본격적으로 필요하게 된다. 과세당국의 입장에서는 서로 자기에게 유리하도록 과세권을 주장할 것이고 그 결과 이중과세(double taxation)의 문제가 발생할 경우 기업의 국제경영활동이 위축될 가능성이 높다. 이러한 문제를 해결하기 위해 과세당국은 과세권과 관련된 국제협약을 통해 기업의 국제경영활동을 저해하지 않는 조세환경을 형성하게 된다.[8]

이상에서 설명한 국제기업의 법률적 환경에 대한 보다 명확한 이해를 위해 먼저 국제기업이 국제경영활동을 수행하는 과정에서 어떠한 법률적 문제에 당면하여 이러한 요인들이 어떻게 상호 연결되어 있는가를 파악하는 것이 필요하다. 이를 위해 한국의 자동차회사가 미국의 수입상에게 자동차를 수출하는 경우를 예로 들어 국제기업이 국제거래과정에서 어떠한 법률환경에 당면하게 되는가를 구체적으로 살펴보자.[9]

국제거래단계별 법률환경

계약체결 단계

우선 국제거래에서 제일 먼저 고려해야 할 법적 문제는 당사자 간에 체결되는 수출계약에 적용될 매매계약법이다. 매매법에서는 매매계약상 대금의 결정과 지급, 물품의 인도, 위험이전 등 물품 매매와 관련된 제반 사항이 해결되지 않으면 안된다. 다음 단계로 매매대금의 지급과 관련한 환어음 등 유가증권법, 신용장에 의한 대금지급이 이루어질 경우에는 신용장관련법이 문제된다. 또한 매도인의 수출이행의무를 담보할 여러 가지 형태의 보증이 수수될 경우에는 보증에 관한 법도 적용된다. 물품의 인도를 위해 해상운송계약이 체결되고 보험에도 가입하기 때문에 운송법, 보험법도 적용된다. 한편, 이 자동차에 결함이 있어 소비자가 피해를 입었을 경우에는 그 피해의 보상에 관련된 사항에 대하여는 제조물책임법 등이 문제될 것이다. 한편, 국제거래에서는 당사자 간의 거래가 1회로 종료되는 경우는 드물고 대개는 지속적으로 거래가 이루어진다. 이 경우 한국의 자동차회사가 미국의 수입상을 대리점으로 지정하거나 독점적인 판매권을 가진 총판으로 지정하게 되는데, 이러한 거래관계에는 대리에 관한 법이나 기타 지속적 공급계약에 관한 법들이 적용된다. 또 독점권을 부여하는 거래에서는 대개 당사자 간의 약정에 의하여 부당하게 경쟁자를 배제하거나 거래상대방에게 부당한 거래조건을 부과하는 경우가 많기 때문에 독점규제법의 적용이 문제시된다.

거래이행 단계

거래의 실제단계에 있어서는 사법적인 문제뿐 아니라 물품의 수출과 수입에 따르는 현지국의 제반 무역규제, 외환규제, 관세규제 등이 문제로 된다. 만일 미국정부가 한국자동차의 수입을 억제하기 위해 높은 관세를 부과하거나 수입수량을 제한하는 경우에는 양국 간에 체결된 무역협정이나 WTO를 통해 체결된 다자간 협정 위반이 문제가 될 것이다. 한편, 한국의 자동차회사가 수출을 독려하기 위해 국내시판가격보다 싸게 수출한 경우에는 미국정부는 반덤핑관세를 부과하게 되며, 또 한국정부가 수출자동차에 대해서 보조금을 지급한 경우에는 상계관세를 부과하게 된다. 그러나 문제는 여기에 그치지 않는다. 요즘은 국제적인 환경보호가 중요한 문제로 등장하기 때문에 수출용 자동차는 배기가스 등 미국의 엄격한 환경기준을 적용받게 된다. 심지어 한국에서 자동차를 생산하는 노동자들의 노동조건까지도 수입규제의 수단으로 삼고 있다. 보통 자동차를 완제품으로 수출하게 되면 수입국의 각종 수량규제나 원산지규제 등으로 인해 불리해지기 때문에 이를 회피할 목적으로 아예 현지에 생산과 조립공장을 설립하는 경우가 많다. 이 때에는 완성품을 수출하는 경우보다 훨씬 복잡한 법률문제가 발생하게 된다. 즉, 현지에 공장을 설립하기 위해서는 많은 자본과 인력이 이동되어야 하고 이러한 투자에는 기술이 전도 따라가는 경향이 많기 때문에 이에 관련된 라이센싱이나 지적 재산권의 이용에 관련된 법이 적용된다. 이러한 사항들은 주로 각국 정부의 행정적 규제 또는 세계무역기구(WTO) 등 국제경제기구의 규제에 관련되는 사항들이다.

분쟁해결영역

거래당사자 간에 분쟁이 발생할 경우 그 해결에는 여러 가지 법이 관련된다. 우선, 거래과정에서 문제된 여러 법적인 쟁점에 대해 수출국인 한국법과 수입국인 미국법 중 어느 법이 적용될 것인지를 정해야 하며 이를 위해 국제사법이 적용된다. 물론 당사자들이 계약에 준거법을 지정해 놓은 경우라든가 국제적인 통일법이 존재하는 경우에는 그 해결이 비교적 간단하지만, 그렇지 못한 경우에는 매매계약, 신용장, 대리점계약, 해상운송, 보험 등 각 계약별로 일일이 준거법을 결정하지 않으면 안 된다. 또 준거법이 지정되더라도 이 사안에 대해 한국법원과 미국법원 중 어디에 소송을 제기할 수 있는가, 또 법원이 소송절차를 수행함에 있어 외국에 소재하는 당사자들에 대한 소환은 어떻게 하며 판결은 구체적으로 상대국에 어떻게 집행되어야 하는가가 문제시되며 이를 해결하기 위한 국제소송법이 적용된다.

법률환경의 구성체계

국제거래는 거래당사자가 서로 다른 국가에 소재하기 때문에 거래관계에 적용될 법을 어떻게 결정할 것인가 하는 것은 매우 중요한 문제이다. 앞서 살펴본 바와 같이 국제거래의 발생과 더불어 당면하게 되는 국제거래에 대한 법률환경 특성은 현지국에 국한된(nation specific) 것과 국제거래에 일반적인 것으로 구분할 수 있는데 현지국에 국한된 제도라는 것도 전체적인 구조는 국제적인 틀을 유지하면서 그 내용과 제도운영에 있어서 국가 간에 이질적인 특성을 반영하는 성격을 지닌다.

현지국의 법률환경

먼저, 현지국에 국한된 것으로는 현지국의 일반적인 기업활동에 대한 규제 및 법적 체계 등이 있는데, 기업일반에 대해 규정하는 상법, 특정사업에 관한 사업법, 경쟁정책과 관련한 공정거래 및 독점금지에 관한 법 등이 여기에 속한다. 이외에도 기업의 국제거래와 관련한 무역, 외환, 관세 및 조세, 투자 등과 관련된 제반 법규가 있다. 무역과 관련해서는 잠정긴급수입제한(TSG : Transitional Safeguard)

이나 특별긴급수입제한(SSG : Special Safeguard) 등 수입금지품목을 설정하여 운영한다든지 또는 특정 산업의 수출을 장려하기 위한 지원제도 등 현지국의 무역정책이 반영된 대외거래법이 있다. 국제거래의 실물부문을 지원하는 외환제도와 관련해서는 자본조달이나 과실송금에 대한 규제나 국제기업의 자금운영에 관한 조건과 규칙을 명문화한 외환관리법 등이 대표적이다. 관세제도에는 상계관세(CVD : Countervailing Duty)나, 반덤핑관세제도(AD : Antidumping Duty) 등 자국의 유치산업을 보호하거나 불공정거래로부터 자국시장을 보호하기 위한 법적 조치들이 있으며, 조세제도에는 다국적기업들의 이전가격 조작방지를 위한 이전가격과세제도와 이중과세방지제도 등이 있다. 투자제도와 관련하여서는 외국인 투자에 대한 사업별 제한 또는 지분제한, 외자 유치제도 등이 대표적인 예이다. 이상의 제반 제도와 법규는 국가마다 다른 기준과 정책목표하에서 운영되고 있으므로 이에 대한 사전적 이해가 국제경영에 있어서 필수적이다.

국가 간 쌍무협정 및 협약 등도 넓은 의미에서 현지국에 고유한 법적 환경이다. 예를 들어, 특정 국가가 본국과 국가차원에서 체결한 제반 경제협약 등은 양당사국간의 약속에 의한 것이므로 그 효력이 제3국에 대해서는 발효되지 않으므로 본국의 기업입장에서는 현지국에 고유한 법적 환경이 될 수 있다. 물론 최근의 다자간 국제규범이 채택되고 그 구속력이 강화되면서 국가 간 쌍무협약의 중요성이 감소되고 있지만 다자간 제규범의 제정시 상당 분야에 있어서는 기존의 체결된 국제협약을 인정하고 이를 기반으로 추가적인 협약을 부가하는 방식을 채택하고 있어 아직도 그 중요성이 인정된다 하겠다.

국제법률환경

국제거래에 일반화된 법률환경은 국제상사거래법(國際商事去來法), 국제사법(國際私法), 국제경제법(國際經濟法) 등이 적용된다.

국제상사거래법은 국제거래의 형식과 방법을 결정해주는 법으로 국제거래가 국제상사거래법에 제시한 형태로 이루어질 때 국제거래로 인정받고 그 실행을 보장받을 수 있다. 생산이 종료된 시점에서 재화를 국경선을 넘어 옮기는 과정에서 발생되는 운송, 해상, 보험, 관세와 관련된 법과 결제 등과 관련된 방법과 형식을 결정하는 국제계약법과 국제결제, 보증법이 대표적인 국제거래법이다.

국제사법은 국제거래가 당사자 간에 원만히 이루어지지 않는 경우, 국가 간의 분쟁해결 방안을 다루는 법이다. 국제분쟁이 발생할 경우 준거법을 무엇으로 하는가, 소송 및 중재과정을 어떻게 하는가 등이 이와 관련된 주요 법률환경이라 할 수 있다. 국제사법은 국제거래 과정에서 분쟁이 발생하는 경우 그 문제를 해결하는 방법 또는 그러한 발생상황을 대비하기 위해 사전에 어떠한 제도적 장치들을 갖추어야 하는가에 대한 지침을 마련해 준다고도 할 수 있다.

통상법이라 불리는 국제경제법은 자유롭고 공정한 국제교역조건을 형성하고 감시하기 위한 국제기구와 관련된 법으로서 WTO의 제반 협정이 이에 해당된다.

국제상사거래법

국제거래법은 국제거래, 즉 서로 다른 국가에 영업소 등을 두고 있는 당사자 간의 거래에 적용되는 법이다.[10] 거래의 국제성은 거래당사자의 국적(nationality)이 아니라 거주지에 의해 결정되며 거주자(resident)를 결정하는 기준으로는 자연인인 경우에는 항구적 주거(permanent home), 주요한 이해관계의 중심지(center of vital interest), 일상적 거소(habitual residence)가 되며, 법인인 경우에는 설립등기지 또는 주된 사무소 소재지가 된다. 국제거래는 계약관계에 서로 상이한 법제와 통화, 통상규제가 관련될 뿐 아니라 당사자 간에 서로 다른 언어나 관습이 작용되므로 이를 보완하는 여러 가지 수단이 강구되어야 한다. 국제거래가 갖고 있는 특성은 다음과 같다.

첫째, 법적용의 불확실성이다. 국제거래는 상이한 법률체계를 가진 계약주체 간에 체결되기 때문에 그 계약관계에 어떤 법이 적용되는가에 대한 불확실성이 크다. 따라서 국제거래에 있어서는 계약관계에 적용될 법을 정하는 데 있어서 당사자간에 합의(準據法合意)가 중요하다. 또한 법적용의 불확실성을 감소시키기 위해 많은 상관습이 발달해 있으며 이는 중요한 법원인 통일 규칙이나 표준계약 조건 등으로 정형화되어 있다.

둘째, 계약자유의 원칙을 존중한다. 상이한 법체계에 속한 경제주체 간의 거래이므로 국제거래를 체결하는 국제계약에서는 국내계약에서보다 당사자의 의사를 존중하는 계약자유의 원칙이 존중된다.

셋째, 거래와 관련하여 국가가 개입하는 경우가 많다. 국제거래와 관련한 계약에서는 계약이 효력을 발생할 전제요건으로서 정부당국의 허가를 요하는 경우가 많다. 예를 들어, 외국환관리규정을 위반한 외환계약의 효력은 IMF협정에 의해 그 집행력이 부인된다.

넷째, 분쟁해결수단으로서 중재제도가 활용된다. 국제거래의 분쟁발생시 이를 해결해 줄 국제법원이 존재하지 않고 법원 선택이나 판결의 집행에 있어서 불확실성이 높기 때문에 국제계약에서는 분쟁해결수단으로 소송보다 중재를 많이 이용한다. 이는 중재판정의 경우 '중재판정에 관한 뉴욕협약'에 의해 용이하게 외국에서 집행을 보장받을 수 있기 때문이다.

다섯째, 국제계약은 영미법원칙이 지배적으로 채택된다. 이는 국제적 계약의 대부분이 영문으로 작성되고 영미계약법의 영향을 받았기 때문이다.

법의 존재형식을 법원(法源)이라 하는데 일반적으로는 제정법, 관습법 및 판례법이 있으며 이러한 법원은 법해석의 기준이 된다. 국제거래법의 대표적인 법원(source of law)으로는 통일적인 사적 협약, 통일규칙, 표준계약조건 등이 있다.

첫째, 국제협약 등에 의해 통일적인 사적협약으로 존재하는 경우로 대표적인 것은 1988년 UN어음협약, 1980년 UN매매협약, 1924년 선하증권에 관한 헤이그협약 등이 있다.

둘째, 국제거래법이 국제적인 통일규칙의 형태로 존재하는 경우는 국제적인 민간단체나 연구기관이 국제거래조건이나 그 해석에 관하여 작성한 것이 중요한 국제거래법의 법원이 된다. 대표적인 것으로 국제상업회의소(ICC)가 제정한 무역거래조건(INCOTERMS)과 신용장 통일규칙(UCP) 등이 있다. 이러한 통일규칙은 대개 거래당사자 간에 작성한 계약조항 중에 이를 원용하는 규정이 있는 경우에 적용된다.

셋째, 통일규칙은 아니지만 국제적 단체에서 제정한 표준계약서식(standard form)이나 표준계약조건 등도 국제거래관계에서 적용되는 중요한 규범으로 용선계약(傭船契約)에 이용되는 New York Produce Form이라든지 플랜트 수출거래에 이용되는 유럽경제위원회(UNECE), 국제건설업협회(FIDIC)가 제정한 표준계약조건이 이에 해당한다. 표준계약조건이 통일원칙과 다른 점은 통일원칙의 경우에는 일단 당사자들이 원용하기로 한 경우에는 그 내용을 변경시킬 수 없음에 비해 표준계약조건은 얼마든지 그 내용의 일부를 변경하거나 가감할 수 있다. 표준계약조건은 거래의 관습이나 관행의 내용이나 존재를 확인하는 자료가 될 뿐, 자체를 법원으로 보기는 어렵다.

국제거래법의 형성을 주도하고 있는 국제기구는 정부간 기구와 국제경제단체나 국제법률가협회 같은 비정부간 기구가 있다. 정부간 기구로는 비엔나에 본부를 두고 있는 UNCITRAL이나 로마에 본부를 두고 있는 Unidroit 등이 있고, 비정부간 기구로는 국제상업회의소(ICC : 파리) 국제해양위원회(IMC : 안트워프), 국제법협회(ILA : 런던) 등이 있다.

① UN국제상거래법위원회(UNCITRAL : United Nations Commission for International Trade Law)

국제거래법의 발전과 통일을 정부 간 차원에서 보다 효과적으로 추진하기 위해 UN 부속기관으로 1966년에 설립되어 아프리카국가 9개국, 아시아국가 7개국, 동유럽국가 5개국, 라틴아메리카국가 6개국, 서유럽과 기타 국가 9개국 등 36개국 대표가 5개 그룹으로 나뉘어 활동하고 있다. UNCITRAL은 매년 국제거래에 관련된 협약의 원문과 기타 문서를 수록하는 핸드북과 연간 활동상황을 담고 있는 Year Book을 발간하고 있다. UNCITRAL이 주도하여 채택한 주요 성과로는 1980년 비엔나협약을 들 수 있는데, 1988년부터 발효되어 미국, 중국, 독일 등 세계주요국들이 비준함으로써 세계적인 매매규범이 될 전망이다. 한국은 아직 이 협약을 비준하지 않고 있다.

② 사법통일을 위한 국제기구(Unidroit : International Institute for the Unification of Private Law)

1926년 설립된 이 기구는 현재 48개 회원국이 있으며 1년에 두 차례 Uniform Law Review를 발간하고 있다.

1988년 국제금융리스협약, 국제팩토링협약을 채택하였으며, 판매점 계약에 관한 모범규칙 등에 관한 연구를 하고 있다. Unidroit는 최근 국제거래법의 법전화에 노력하고 있다.

③ 국제상업회의소(ICC : International Chamber of Commerce)

1919년에 설립되어, 현재 전세계 50개국 이상에 지부를 두고 있으며, 40여 개국에 회원을 두고 있다. ICC는 비정부간 기구로서 UN의 자문기구 역할을 담당하고 있다. ICC는 INCOTERMS와 신용장 통일규칙 등 많은 국제거래관습을 정형화하여 발표하고 있다.

④ 국제해양위원회(IMC : International Marine Committee)

세계에서 상법 관련 사법분야의 통일을 다루는 유일한 국제조직으로서 국제해상법에 관한 많은 협정을 체결하였다.

⑤ 국제법협회(ILA : International Law Association)

1873년 설립되었는데, 국제관계에 관한 법 분야에 대한 연구와 발전을 도모하고 법의 통합과 법의 저촉에 관한 문제를 해결하기 위한 방안을 마련하는 것을 목적으로 설립되었다.

ILA는 개별회원과 단체회원으로 구성되어 있으며, 전세계에 34개의 지부를 두고 있다.

국제사법

국제거래가 원만히 진행되어 예정대로 거래가 이행되고 결제가 이루어지면 무사히 국제거래가 완성된다. 그러나 천재지변이나 불가항력적인 사태 또는 고의에 의해 국제거래가 계약대로 완성되지 못하고 국제거래 당사자 간에 여러 가지 분쟁이 발생할 수도 있다. 이러한 계약분쟁의 해결에 공통적으로 적용될 준거법의 결정, 국제소송, 국제중재에 관한 법을 국제사법이라 한다. 종래의 국제사법 개념은 법의 장소적 충돌이 생기는 경우 어느 법규범을 적용해야 할 것인가를 결정하는 법의 충돌규범 또는 준거법 선택의 규정이었다. 그러나 근래에 와서 국제사법은 섭외적인 분쟁해결규정이라는 보다 넓은 개념으로 변화되고 있다. 이에 따라 국제사법은 종래 준거법 결정만을 대상으로 하던 데에서 더 나아가 국제재판 관할이나 외국판결, 중재판정의 승인집행까지도 포함하는 광의의 국제사법으로 개념이 바뀌고 있으며 그 적용영역도 광범위해지고 있다.

국제거래분쟁에 있어서 첫 번째로 당면하는 문제는 분쟁해결의 방법과 장소의 선정이다. 국제거래분쟁을 해결할 국제법원이 존재하지 않으므로 결국은 특정 국가의 법원에 의한 해결을 기대할 수밖에 없는데, 각국 법원은 자국민보호의 입장에서 국제거래분쟁을 판단하는 경향이 있기 때문에 거래당사자들은 외국에서의 소송보다는 되도록 자국에서 분쟁을 해결하길 원한다. 이러한 위험을 줄이기 위해서 두 거래당사자 간에는 사전에 재판관할권에 대한 합의가 이루어져 있어야 한다.[11] 두 번째로 재판관할이 결정된 후에 법연지(法延地)의 법원은 준거법(準據法)을 결정해야 한다. 재판관할의 문제와 마찬가지로 거래당사자들은 자신에게 친근한 자국법을 적용하기를 원할 것이므로 준거법에 관한 이해관계의 충돌을 해결하여야 한다.[12] 이와 관련한 문제에 있어서 분쟁이 벌어진 후에 법률전문가에게 맡겨서 이 문제를 해결하도록 하는 경우에는 막대한 법률비용과 시간이 소모된다. 따라서 거래계약을 체결하는 과정에서 이 문제도 사전에 합의하여 체결하도록 해야 할 것이다.[13] 마지막으로 법원이나 중재기관이 내린 판결이나 판정을 외국에서 어떻게 집행해야 하는가를 결정해야 한다.

국제거래분쟁에 대한 판결이나 판정은 당사자가 법연지국(法延地國)의 관할권 밖에 소재하는 경우가 많기 때문에 현실적으로 집행에 어려움이 따른다.

국제거래법을 운용하는 기본원리는 당사자 자치의 원칙이다. 이는 통일적인 법원(法源)이나 법해석기관 및 법집행기관이 존재하지 않는 것에 기인한다. 국제거래분쟁은 원칙적으로 당사자가 계약에 의해 합의한 방식과 절차에 따라 해결하는 것을 원칙으로 하기 때문에 중재에 의한 합의를 할 것인지, 소송에 의한 합의를 할 것인지, 그리고 준거법에 대해서도 사전에 합의가 이루어진 경우에는 원만하게 국제거래분쟁이 해결될 수 있다.

사법적 영역에는 각국의 이해관계를 떠난 중립적이고 객관적인 국제분쟁해결기관이 존재하지 않는다. 국제거래분쟁은 종국에는 관련국가의 법원에서 최종해결을 보게 되기 때문에 국제소송은 두 당사자 간의 합의적 요소가 개재된 국내소송의 성격을 지닌다. 국제소송에는 관할법원이나 준거법 결정에도 많은 어려움이 따르지만 소송절차를 정하고 집행하는 데 있어서도 국제적 승인과 집행의 문제라는 어려움이 있으므로 가급적 국제중재(international arbitration)를 선호하는 경향이 있고 또 중재에 의한 합의가 가장 현실적인 방법이다. 그러나 중재는 중재합의를 전제로 하는 자율적인 분쟁해결 수단이기 때문에 중재합의가 없는 경우에는 국제소송을 피할 수 없게 된다.[14] 국제적인 분쟁이 발생할 경우 중재는 분쟁당사자 간의 중재합의에 바탕을 둔 자율적인 분쟁해결절차에 따라 이루어진다. 이는 국제적으로 공정성이 보장되는 독립적인 국제중재기관이 다수 존재하고, 법원판결과 달리 중재판정에 대해서 뉴욕협약에 의해 그 승인, 집행이 국제적으로 보장된다는 면에서 현실적으로 소송에 비해 신속하고 저렴하게 분쟁을 해결하고 그

집행을 보장받을 수 있는 방법이다. 국제소송에 의한 분쟁해결이 공적인 분쟁해결방법이라면 국제중재는 당사자 간의 합의에 의한 사적인 분쟁해결방법이다. 중재는 자율적 해결이라는 면에서 계약적인 측면이 있으나 분쟁해결이라는 사법적 임무를 수행하는 절차법의 일부를 이루고 있다. 그러나 이러한 중재방법에 있어서도 각국의 문화와 전통에 따라 상당한 차이가 있어 중재법규를 통일하려는 국제적인 시도가 진행되기도 했다.[15] 1985년 UN총회에서 있었던 UNCITRAL의 중재에 관한 모범법(Model Law of Arbitration)은 현재 많은 국가에서 기초로 하여 자국의 중재법을 제정하고 있다. UNCITRAL의 중재법은 첫째, 중재절차의 당사자 자유 원칙, 둘째, 중재절차의 공정성 원칙, 셋째, 당사자의 이견이 존재함에도 중재가 완결가능한 법적 장치제공을 정책목표로 하고 있다.

대표적인 국제중재기관으로서 국제상사분쟁만을 전담하는 ICC(Court of International Arbitration)는 연간 70여 개 국가에서 이용하고 있으며 매년 약 300여 건에 이르는 중재를 맡고 있다. ICC 이외에 국제상사중재에 많이 이용되는 기관으로는 런던에 본부를 둔 LCIA(London Court of International Arbitration)가 있는데 ICC 중재의 약 10분의 1정도의 중재를 맡고 있다.

국제경제법 : WTO 관련 협정들

국제경제법은 국제통상법이라고도 하며, 1995년 1월 1일 출범한 세계무역기구(WTO)의 제반 협정이 대표적인 예이다. WTO 이전에는 1948년에 출범한 GATT 체제가 있었는데, 관세 및 무역에 관한 일반협정(General Agreement of Tariffs and Trade : GATT)은 WTO의 기초적인 틀과 원칙 및 규범을 제공하고 있다. WTO의 출범과 더불어 국제통상은 재화의 국제거래뿐만 아니라 서비스와 무역 관련 지적재산권(TRIPs) 및 분쟁해결절차까지 포괄하는 개념으로 확대되었다. WTO 출범을 가져온 다자간 통상협상인 우루과이 라운드(UR)는 1986년부터 1994년까지 지속되었고, 2002년부터 도하개발아젠다(Doha Development Agenda : DDA)가 새로운 다자간 통상협상으로 진행되고 있다.

WTO 협정은 크게 상품거래 관련 협정, 산업피해구제제도 관련 협정, 상품외거래 관련 협정, 분쟁해결제도 등으로 나누어 볼 수 있다. 상품거래 관련 협정으로는 관세에 대한 협정, 농업에 관한 협정, 섬유에 관한 협정, 비관세장벽에 관한 협정이 있고, 산업피해구제 관련 협정은 반덤핑 협정, 보조금 및 상계관세 협정,

긴급수입제한조치에 관한 협정 등이 있다. 상품 외 거래 관련 협정으로는 서비스 무역에 관한 일반 협정, 무역 관련 지적재산권 협정, 무역관련 투자 조치에 관한 협정, 정부조달 협정 등이 있다. 이 중 국제기업의 활동과 직접적인 관련성이 높고 분쟁의 가능성이 많은 분야가 산업피해구제 제도 관련 협정이므로 여기서는 이들 협정을 간략히 살펴보겠다.

① 반덤핑 협정

덤핑(Dumping)이란 수출업자가 자신의 상품을 수출업자의 국내 시장에서 비교 가능한 상품의 가격보다 낮은 가격으로 수출시장에 판매하는 행위를 의미한다. 덤핑은 수출국이 불공정한 무역거래를 통하여 수입국 국내시장의 질서를 교란시켜 국내시장을 왜곡할 뿐만 아니라 자유무역질서도 어지럽히는 불공정행위에 해당하기 때문에 각 국은 반덤핑관세의 부과를 통해 덤핑행위를 규제하려고 한다.

반덤핑 관세가 부과되기 위해서는 반덤핑 협정상 수출된 물품의 수출가격과 수출국가 내의 동종물품에 대한 통상의 상거래에서 비교 가능한 가격 간의 비교가 선행되어야 한다. 그 결과 수출가격에 정상가격보다 낮을 경우에 덤핑의 존재가 인정된다.

덤핑행위에 대하여 수입국이 조치를 취할 때는 덤핑이 있었는지 여부를 판정하고 그로 인해 수입국 국내시장에서 피해가 있었는지 여부를 판정해야 한다. 이 때 중요한 것은 덤핑의 존재 사실과 피해요건이 충족되어야 하고, 이들 양자 간에 인과관계가 인정되어야 한다는 점이다.

② 보조금 및 상계관세 협정

보조금이란 WTO 회원국의 영역 내에서 정부 또는 공공기관의 재정적인 기여가 있거나 소득지지 또는 가격지지가 어떤 형태로든 존재하고, 이로 인하여 이익이 부여되는 경우를 말한다. 보조금은 특정적인(specific) 경우에 한하여 금지되거나 조치 가능하거나 상계 조치가 취해질 수 있다. 다른 회원국의 보조금으로 자국 생산자에게 피해를 초래한다고 판명된 수입품에 대해 각 국은 자국의 조사절차에 의해 상계관세(Countervailing Duty)를 추가로 부과할 수 있다.

동 협정은 보조금을 금지보조금, 조치가능보조금, 허용보조금으로 나누어 규율하고 있다. 금지보조금(Prohibited Subsidies)은 수출 실적에 따라 지급되거나 수입품 대신 국내 상품의 사용을 조건으로 지급되는 보조금을 의미한다. 이 경우 신속하게 WTO 분쟁해결절차에 회부될 수 있으며, 동 절차에 의해 금지보조금으로 판명되는 동 보조금은 즉시 철폐되어야 한다. 만일 즉시 철폐하지 않으면, 제소국은 상계관세 등의 대응조치를 취할 수 있다. 조치가능보조금(Actionable Subsidies)은 제소국이 당해 보조금이 제소국의 이익에 부정적인 효과를 미칠 수 있음을 입증해야 하는 보조금이다. 만약 이를 입증하지 못하면 동 보조금은 허용되게 된다. 허용보조금(Non-actionable Subsidies)은 특정적이지 않거나 산업연구와 경쟁전의 개발활동을 위한 특정 보조금, 낙후된 지역에 대한 지원, 새로운 환경법과 규정에 기존 시설의 적응을 촉진하기 위한 지원의 경우를 의미한다. 허용보조금은 WTO 분쟁해결절차의 제소대상이 될 수 없으며, 상계관세도 부과될 수 없다.

③ 긴급수입제한조치에 관한 협정

긴급수입제한조치(Safeguard)란 수입의 급격한 증가로 인하여 일국의 국내산업이 심각한 피해를 입게 되거나 또는 피해의 우려가 있는 경우 해당 제품의 수입을 일시적으로 제한하는 관세 또는 비관세조치를 의미한다. GATT 체제에서는 긴급수입제한조치보다는 회색지대조치(grey area measures)를 통해 자국의 국내산업을 보호하는 경향이 일반적이었다. 회색지대조치란 GATT 밖에서 양자 협상을 통해 수입국들이 수출국의 수출을 자율적으로 제한할 수 있도록 수출국들을 설득하거나 또는 수출시장을 공유할 수 있도록 하는 조치를 의미한다. 그러나 WTO는 이러한 회색지대조치를 금지하며, 모든 긴급수입제한조치에 대한 자동소멸시한(Sunset Clause)을 규정하고 있다.

3장 요약

- 국제기업은 특정 국가의 정치적 상황에 의해 재산상의 손실을 입거나 재산을 몰수당하거나 현지국으로부터 완전히 철수해야 하는 등의 정치적 위험에 직면할 가능성이 있으므로 이에 대비한 정치적 위험관리 전략이 필요하다.
- 국제기업은 특정 국가의 현지법률환경 및 국제거래 공통의 법률환경에 직면하게 되는데, 이러한 법률환경은 대단히 복잡하기 때문에 당해 법률환경에 대한 철저한 이해가 선행되어야 한다. 다자간 통상협정인 WTO는 공정하고 자유로운 국제무역이라는 이념하에 국제기업에게 긍정적인 측면과 동시에 여러 가지 어려움을 주고 있다.

주 NOTES

1 | 산업자원부 내부 보고서 참고.

2 | Stephen H. Robock and Kenneth Simmonds, *International Business and Multinational* Enterprises, Richard D. Irwin, 1983.

3 | Stephen H. Robock and Kenneth Simmonds, *ibid.*

4 | http://www.naver.com의 '이라크 전쟁' 지식검색, 세계일보 2004. 6. 24 참고.

5 | W. R. Hoskins, How to Encounter Expropriation?, *Harvard Business Review*, 1970, pp. 102~112.

6 | 국제법의 어원은 라틴어의 'jus gentium' 또는 'jus intergentes'에서 유래하며 영어로는 'law of nations,' 'international law' 프랑스어로는 'droit des gens,' 'droit international' 등의 용어가 있으나 그 의미는 시대에 따라 다르다. 오늘날 국제법에 대한 가장 일반적인 정의로는 '국제사회의 법' 또는 '국제관계를 규율하는 규정의 전체' 라고 할 수 있으며 보다 좁혀서 '국가와 그 밖의 단체 내지 개인의 관계, 나아가 국가와 국제기구간 또는 국제기구 상호간의 관계를 규율하는 법규범의 전체' 라고도 정의할 수 있다.

7 | 현지국에는 기업활동과 관련한 고유의 제도, 규범, 규제 등 법률환경이 존재한다. 단, 여기에서는 국내기업과 달리 국제기업의 입장에서 추가적인 영향을 미칠 수 있는 중요한 요인 등을 나열하였다.

8 | 이러한 과정을 통해 현지국에 고유한 조세환경이 조세에 대한 국제협약 등의 국제적 법률환경으로 변화된다.

9 | 이 부분의 사례는 서헌제, 국제거래법, 법문사, p5~7에서 인용한 것이다.

10 | 국제조세조정에 관한 법률 제2조 제1항 제1호에서는 국제거래를 '거래당사자의 일방 또는 쌍방이 비거주자 또는 외국법인인 거래로서 유형자산 또는 무형자산의 매매, 임대차, 용역의

제공, 금전대부, 차용, 기타 거래자의 손익 및 자산에 관련된 모든 거래'로 정의하고 있다.

11 | 분쟁당사자들이 자기에게 유리한 국가의 법원(法院)을 선택하여 소송을 제기하는 것을 Forum Shopping이라고 한다.

12 | 이와 같이 자국에서 이루어지는 소송에 대하여 외국법원보다 자국법원을 선호하는 경향을 Homeward Trend라고 한다.

13 | 국제거래의 당사자들이 분쟁발생시 해결할 법원을 미리 합의하여 정하는 것을 재판관할조항(Jurisdiction Clause)에 의한 관할합의라 하며, 브뤼셀협약 제17조에서도 전속관할에 관한 사항이 아닌 한은 재판관할의 합의를 인정하고 있다.

14 | 따라서 국제소송의 문제는 국가 간 협약을 통해 국제적 협력을 모색하려는 시도가 있었는데 대표적인 협약으로 외국판결의 승인과 집행과 관련된 헤이그협약, 법원의 재판관할을 규정하고 판결의 승인과 집행에 관한 브뤼셀협약(Convention on Jurisdiction and the Enfor-cement of Judgement in Civil and Commercial Matters) 그리고 이와 유사한 1988년 루가노협약 등이 있다.

15 | 제네바조약(1923년, 1927년), 뉴욕협약(1958년), UNCITRAL 중재협약(1976년) 등이 중재법규 통일을 위한 국제조약이다.

국제기업의 문화적 환경 4

국제기업의 국제경영활동은 문화적 배경을 달리하는 수많은 국가를 무대로 하여 이루어지고 있다. 기업을 둘러싼 각국의 문화적 환경은 이제 더 이상 진출한 국가의 문화 그 자체만의 단순한 의미가 아닌 국제기업의 환경을 구성하는 가장 근본적인 요소 가운데 하나로 정착하였다. 이질적인 요소들로 이루어진 각국의 문화적 환경을 이해하고 거기에 적응하는 과정을 통하여 국제경영 활동을 어떻게 성공적으로 수행할 수 있을 것인가가 국제경영분야에 있어 중요한 문제로 대두되었다.

본 장에서는 문화에 대한 기초적 이해를 돕기 위하여 문화의 개념, 문화의 구성요소 및 환경 분석모형을 살펴볼 것이며 더 나아가서 국제기업과 문화적 환경 사이의 관계 및 이문화 관리 문제를 다룰 것이다. 이와 더불어 세계 주요국의 문화적 관습 등이 제시될 것이다.

학습목표

- 문화란 무엇인가?
- 문화를 구성하는 요소에는 무엇이 있는가?
- 서로 다른 문화를 어떻게 인식하고 분류할 것인가?
- 문화를 분류할 때 그 기준을 무엇으로 삼을 것인가?
- 각기 다른 문화적 배경을 가진 수많은 국가를 무대로 삼는 국제경영 활동에 있어서 서로 다른 문화를 어떻게 관리할 것인가?

중국 : 그들의 문화와 소비성향[1]

중국은 사회주의국가의 특성상 상품의 생산과 유통을 국가에서 통제하고 관리하여왔다. 따라서 도매 및 물류는 국가의 주요업무라는 인식이 강하게 뿌리내려왔고 이러한 의식구조로 인하여 소비자의 욕구를 충족시키기 위한 할인 매장을 통한 도매 및 물류는 그 개념조차 발달하지 못하였기 때문에 중국시장으로 진출하는 수많은 물류 기업들은 다른 나라에 진출하는 것보다 더 많은 어려움을 겪게 된다. 또한 오랜 사회주의 사회의 특성은 기업 내의 인간관계에도 큰 영향을 미쳐 현지인들을 관리하는 데에 있어서도 특별한 주의점을 요하게 된다. 중국은 사회주의국가로서 평등사상에 익숙하다. 수직적 관계보다 수평적 관계로서의 대인관계가 발달하여 직장상사의 일방적인 명령이라든가 여성 근로자에 대한 차별이 용납되지 않으며 만약 수직적 관계를 강요하게 될 경우 기업 내에 큰 충돌을 불러일으킬 소지가 다분하다. 중국인들은 자유로운 분위기에서 서로 의견 교환하는 것을 당연시 여기며 직장 상사와도 편안한 인간관계를 유지한다.

중국인의 일반적 성향을 살펴보자. 중국인들은 외적인 환경이나 외모를 덜 중시하며 실력과 실용을 중요시한다. 실제로 중국의 공장장이나 총 경리의 차림새는 일반 근무자들과 다를 바가 없어 그들이 외모에 그다지 큰 비중을 두지 않는다는 것을 알 수 있다. 또한 길조(吉兆)의 발음을 가진 이름, 특히 권력의 이미지를 상징하는 상표 이름을 선호하기 때문에 중국에 진출하는 기업들에 있어서 상호를 어떻게 잘 선택하여 중국 소비자들에게 깊은 인상을 심어주는가는 매우 중요한 일이다. 더불어 중국인들은 자기중심적이고 내부 지향적인 속성이 타민족에 비해 강하기 때문에 마케팅 활동에 세심한 주의가 필요하다.

중국 소비자들은 국영 상점의 판매가를 신뢰하기 때문에 이를 기준으로 유사상품 가격 수준을 평가하는 경향이 강하다. 따라서 국영 상점에 매장을 확보하는 것이 고객의 신임을 얻고 시장에서 영향력을 확대하는 데 유리하다. 그리고 중국인들은 6 과 8을 부와 행운을 예시하는 숫자로 생각하기 때문에 가격에 6 또는 8 의 숫자가 들어가도록 책정하는 것 또한 좋은 전략이 될 수 있다. 또한 과거 전통적인 사회주의체제에서 공급부족체제의 구입난을 겪었기 때문에 가격이 오르면 사재기를 하고 가격이 내리면 구입을 하지 않는 경향이 강하다. 이러한 성향은 제품가격이 높으면 가치도 크다고 보는 성향으로까지 이어져 중국시장에서는 제품의 가격을 고가격으로 책정하는 것이 오히려 효과적인 전략이 된다. 한 가지 재미있는 점은 기업 간의 관계인데 중국인들은 화합을 중시하여 업계의 안정에 위해가 되는 업체를 크게 배척하는 경향이 강하여 시장진입 초기에 과도하게 저가 정책을 시도할 경우 업계에서 고립되고 배척될 위험이 상당히 크다. 또한 수입품 및 외자기업 브랜드 상품 선호도가 타국에 비하여 상당히 강하기 때문에 중국시장에서 어떻게 브랜드 파워를 구축하는가는 중국시장에서의 성패에 관건이 된다. 삼성전자 제품의 고급화 전략은 고가격 전략과 상응하여 성공한 대표적인 사례이다. 삼성전자는 중국 업체와 원가경쟁을 벌인다는 것 자체가 무모하다고 판단하였고, 이에 제품 고급화에 부단히 힘쓰면서 경쟁업체보다 높은 가격으로 판매하여 판매물량은 적더라도 판매이익 마진을 높이는 전략을 썼다. 현지 대리상을 통한 판매 가격수준 역시 철저히 통제하고 있다. 이렇게 구축된 삼성의 브랜드 이미지는 중국 소비자들에게 있어 삼성 제품을 사면 주변의 부러움을 살 수 있다는 강한 자부심을 심어주고 있다. 삼성 애니콜이 중국시장에서 가장 가격대가 높은 제품임에도 불구하고 품귀현상이 나타날 정도로 인기가 있음은 이를 잘 보여주는 예라고 할 수 있다.

토의과제

- 중국 시장의 특성은 무엇인가?
- 중국 문화가 국제 기업에 주는 장점과 단점은 무엇이 있는가?
- 기타 중국인들의 문화성향에는 어떠한 것들이 있는가?

문화의 개념

"문화(culture)란 무엇인가"하는 물음에 한마디로 대답하기란 쉬운 일이 아니다. 학자마다 문화를 정의하는 것을 보면 이를 쉽게 알 수 있다.

회벨(A. Hoebel)은 "사회구성원들에 의해 공유되고 학습된 행위의 총체"라고 문화를 정의하고 있는 반면,[2] 허스퀴트(M. J. Herskouite)는 "인간이 접하고 있는 환경의 일부로서 지식, 예술, 도덕, 법률, 관습 등 사회의 한 구성원으로서 습득한 능력과 버릇의 총체"라고 정의하였다.[3] 한편, 홀(E. T. Hall)은 문화의 특성으로서 첫째, 문화란 선천적인 것이 아니라 학습된 것이며, 둘째, 문화에는 여러 가지 요소가 상호 관련을 맺으며 내재되어 있고, 셋째, 사회구성원들에 의해 공유되며 다른 사회의 구성원들과 확연히 구별할 수 있게 한다는 세 가지 점을 제시하였다.[4] 텝스트라(V. Terpstra)와 데이비드(K. David)는 "문화란 사회구성원들의 특성을 나타내는 학습되고, 공유되고, 강제되는 상호 관련된 일련의 상징으로서, 구성원들의 생존문제에 해결책을 제공해 주기 때문에, 그 해결책을 실현하는 영리단체인 기업의 존속과 성장에 상당한 영향을 미친다"라고 주장하면서, 문화의 특질을 기업과 연관시켜 경영학적인 측면에서 해석을 내리기도 했다.[5]

이와 같은 문화에 대한 다양한 견해와 정의를 종합해보면, 문화란 "사회환경을 구성하는 요소로서 자신의 형태를 다른 것과 구별시켜 주는 학습된 인간행위의 사회적 규범과 생활방식이며, 국제기업환경을 결정짓는 가장 중요한 기초적 요인 중의 하나"이다.

여기에서 가장 중요한 개념은 문화가 선천적인 것이 아니라 후천적으로 학습된 행위(learned behavior)라는 것이다. 만일 문화가 선천적인 것일 뿐이라면, 국제기업은 국제경영활동을 수행하면서 직면하는 문화적 환경의 차이를 해결할 수 없을 것이다.

그러나 문화가 후천적으로 학습된 행위이기 때문에, 국제기업은 학습을 통해 다른 나라의 문화를 배울 수 있고, 나아가 문화적 차이를 극복하고 타문화에 적응하게 된다.

문화의 구성요소

구체적으로 문화를 이해하기 위해서 문화의 각 요소(cultural elements)를 살펴보기로 하자. 문화요소란 문화를 구성하는 요인들로서 문화에 대한 정의가 다양하듯 문화를 구성하는 요소에 대해서도 학자마다 주장하는 바가 다르다. 그러나 어느 문화든 그 내용은 다르지만 공통적인 구성인자를 가지고 있다. 물론 문화요소들은 각기 서로 독립적으로 존재하는 것이 아니라 상호작용하면서 한 종족이나 민족의 독특한 문화를 형성하는 것으로 파악해야 한다.

기본적인 문화의 성격은 다음과 같다. 첫째, 문화는 개인의 정신과 마음 속에 존

표 4-1
문화의 공통적인 구성인자

학자	문화의 공통적인 구성인자
다니엘(J. Daniels)	일과 성취에 대한 태도, 미래에 대한 태도, 의사결정에 대한 태도, 권위에 대한 태도, 가족에 대한 책임, 사회구조
홀(E. T. Hall)	시간의식, 공간의식, 물질적 소유, 우정의 패턴 합의도달의 패턴, 상호작용, 결합(association), 생존방식, 남녀관계, 영역 · 공간에 대한 의식, 시간에 대한 의식, 학습, 놀이, 방어, 환경에 대한 이용
콜대(E. J. Kolde)	사고방식, 문제해결방식, 구두의사소통, 비언어적 의사소통, 계급구조, 경영자의 사회적 지위, 권력지향성, 위험의 회피, 의사결정 스타일, 리더십 스타일, 성취의 개념, 친족간의 유대, 개인주의 대 집단주의, 성적(性的) 유형화, 시간의식, 언어, 무질서
해리스와 모란 (P. Harris & R. T. Moran)	의사소통과 언어, 의복과 외양, 음식과 식사관습, 시간의식, 보상과 인정, 관계, 가치관과 규범, 자아와 공간의식, 지적 과정과 관습, 신념과 태도, 각종 사회시스템(가족 · 교육 · 정치 · 경제 · 종교단체 · 건강 · 오락 등)
텁스트라 (V. Terpstra)	교육, 종교, 가치관, 기술, 사회조직, 정치적 환경
홉스테드 (G. Hofstede)	권력간의 간격, 개인주의 대 집단주의, 불확실성의 회피 정도, 남성다움 대 여성다움
카테오라 (P. Cateora)	물질문화 : 기술, 경제, 사회제도 : 사회적 조직 · 교육 · 정치구조, 신념체계 : 인간 · 우주 · 세계관 미적 정서 : 조형예술 · 민속 · 음악 · 연극 · 무용 · 언어

재한다. 둘째, 여러 민족의 문화는 서로 상당히 다르다. 셋째, 문화는 여러 측면에서 서로 다르지만, 반면에 유사성도 갖고 있다. 넷째, 문화는 일단 학습되어 수용되면 지속되는 경향이 있다. 다섯째, 모든 문화는 천천히 지속적으로 변화해 간다. 여섯째, 같은 사회의 모든 사람들이 비록 같은 문화요소를 지니고 있다 하더라도 각 개인은 상황에 따라 다르게 행동할 수 있다.

문화는 의사소통을 가능하게 하며, 타인의 행동을 예측할 수 있게 해주고, 가치 판단의 기준, 필요한 지식과 기술을 제공해주며, 비슷한 문화적 배경을 갖는 사람들을 구별할 수 있게 해준다.

학자들이 주장하는 문화의 공통적인 구성요소를 요약하면 앞의 〈표 4－1〉과 같다.

이제부터 국제경영활동에 중요한 영향을 미치는 몇 가지 요인들을 중심으로 문화의 구성요소를 살펴보자. 일반적으로 중요하다고 받아들여지는 문화의 구성요소는 언어, 종교, 사회제도, 가치체계, 미적 감각, 물질문명 등이다.

언어

언어는 동물로부터 인간을 구별시켜 주는 기준이 되며, 형성된 문화권에 따라 그 차이가 매우 크다. 즉, 언어가 다르면 문화권이 다른 것이라고 생각해도 무방할 정도이다. 따라서 다른 문화를 이해하기 위해 언어에 대한 이해가 반드시 선행되어야 한다. 일반적으로 언어에는 말로서 표현되는 음성언어와 손짓, 몸짓, 신호 등의 비음성언어가 있다.

일반적으로 언어는 음성언어를 말하는데, 세계 각국의 복잡하고 다양한 언어구조는 국제경영활동을 어렵게 만드는 제약요인이 되고 있다. 무엇보다도 국제기업이 일차적으로 직면하는 문제는 다른 문화권에 있는 소비자들과의 의사소통인데, 이는 다른 문화권의 언어로 의사소통한다는 것이 그리 쉽지 않기 때문이다. 예를 들어, 외국시장의 소비자들에게 제품을 판매할 경우, 현지정부와 협상을 할 경우에는 언어에 대한 충분한 이해 없이는 원만한 의사소통을 통한 성공적인 국제경영활동을 기대할 수 없다. 따라서 국제기업의 경영자는 진출대상국 언어에 능통해야 하며, 나아가 그 언어의 내면에 깔려 있는 고유의 사고방식까지도 이해할 수 있어야 한다.

종교

종교는 민족정서의 근간을 형성하는 중요한 요소이다. 그리고 국제기업의 경영자는 각국의 민족종교 등이 지니는 고유성과 이질성의 정도와 종교지도자나 종교단체가 사회적 · 정치적 변화를 초래할 수 있는 정도를 사전에 파악해야 한다. 이는 현지국에서 발생할지도 모를 정치적 위험을 분석하는 작업의 일환이다.

그리고 국제기업은 국내에서와 마찬가지로 해외에서도 기업활동에 영향을 미치는 종교적 신념에 대해서도 사전적인 정보를 입수해야 한다. 예컨대, 종교마다 신성시하는 기념일이 다르고 기념행사의 내용 역시 다르기 때문에 종교적 행사로 인하여 생산 혹은 판매계획에 차질이 발생할 수도 있다. 한편, 구소련에서는 1년 동안 단지 6일을 종교휴일로 정하고 있는데 반해, 스리랑카에서는 불교, 기독교, 힌두교, 이슬람교의 경축일을 모두 포함하여 27일을 종교휴일로 하고 있다.

종교상의 특정신념은 소비패딘에 영향을 미친다. 힌두교에서 쇠고기를, 이슬람교와 유대교에서는 돼지고기를 각각 먹지 못하도록 규정하고 있다. 이러한 이유로 인하여 국제기업의 경영자는 명시적인 금지상품 이외에도 사용이 배제될 가능성이 있는 것들에 대해 사전에 예측하고 준비해야 한다.

가치체계

가치체계(value structure)란 태도, 가치관 등을 포괄하는 개념으로 성취도, 일에 대한 태도, 직업관 등을 포함한다. 이러한 가치체계는 교육, 종교 등과 같이 인간의 사회화과정을 통하여 학습된 것이다.

가치관의 차이는 국제기업이 현지국 기업이나 정부와 접촉할 때, 혼란을 초래함으로써 적절한 의사소통을 방해하는 원인이 된다. 기업의 경영활동에 영향을 미치는 가치관으로는 시간에 대한 태도, 일에 대한 태도 및 성취욕구, 부에 대한 태도, 변화에 대한 수용성 등이 있다.

예컨대, 미국과 같은 사회는 풍요한 사회(affluent society), 성취욕구가 강한 사회(achieving society), 구매적 사회(acquisitive society) 등으로 표현되는 것으로 미루어 볼 때, 부(富)가 사회적 가치척도의 기준이 된다. 하지만 불교와 힌두교 사회에서는 무념이 사회적 이상으로 인식되고 있기 때문에 생산과 소비의 동기가 불확실하다. 따라서 국제기업의 경영자는 이러한 가치체계의 차이를 확실하게 이해하고 있어야 한다.

한편, 사회마다 변화에 대한 태도에 차이가 있기 때문에 새로운 혁신이나 변화를 소개한다는 것이 무척 힘든 일이 되기도 한다. 따라서 혁신제품을 현지에 소개할 때는 우선 변화의 장애요인을 확인하고, 이 가운데 변화가능요인을 파악하고, 새로운 제품을 현지국의 관점에서 실험하고 평가해야 하며, 신제품의 효과를 증명해 보일 수 있는 방안들을 찾아내야 한다.

사회제도

사회제도란 인간이 다른 동료와 관계를 맺는 수단을 말한다. 인간이 동료들과 어떠한 방법으로 관계를 맺는가 하는 것은 국가와 사회에 따라서 다르다. 사회제도(social institution)의 구성내용에는 사회조직(social organization), 정치구조(political structure) 및 교육이 포함된다.

사회조직은 가장 기본적인 사회집단이라 할 수 있는 가족에서부터 지역집단, 특수이익집단, 여성단체, 연령집단, 종교단체 등으로 나눌 수 있다. 이러한 사회조직의 구성내용은 시장세분화를 결정하는 가장 기본적인 기준이 된다. 사회조직의 구성내용에 따라 시장세분화의 정도가 다를 수 있으며, 제품의 소비대상도 다르게 결정될 수 있다.

한편, 정치구조는 국제기업의 운영과 의사결정에 매우 중요한 영향을 미치는 요소이다. 경제활동에 대한 정부의 역할 및 형태, 경제 및 정치이념, 다른 국가와의 외교관계, 기업과 정부의 관계 등이 이에 속한다고 할 수 있다.

교육이란 정규교육기관 및 특수산업훈련 전문기관을 포함하는 각종의 교육제도, 문맹률, 학생의 수, 여성에 대한 교육 여부 등을 말하는 것으로서 제품의 복잡성 정도와 광고 등에 큰 영향을 미치는 것이라고 알려져 있다.

물질문명

물질문명(material culture)이란 인간에 의해 변형되거나 창조된 모든 물질과 그 물질의 변형 내지는 창조활동에 이용된 모든 기술을 의미한다. 물질문명은 한 사회가 경제활동을 영위하여 가는 방법과 밀접한 관련이 있으며, 그 관련 정도가 특정사회의 발전수준을 판단하는 기준이 되기도 한다. 이러한 물질문명은 수요의 정도, 제품의 형태와 질, 제품의 기능, 제품의 생산방법 및 유통방법 등 국제기업의 총체적인 기업활동 전반에 영향을 미친다. 물질문명의 내용은 크게 경제와 기술이라는 두 가지 측면으로 나누어 볼 수 있다.

경제

경제(economics)에는 인구, 인구증가율, 인구분포, 국민총생산, 1인당 국민소득, 부존자원, 사회간접자본, 인플레율 등 경제활동과 관련된 여러 항목이 포함된다. 생필품이나 편의품의 경우 인구가 제품시장의 규모를 측정하는 지표가 될 수 있으나, 사치품의 경우에는 인구 그 자체보다는 소득분포와 같은 항목이 더욱 중요하다. 인구분포는 지역에 따라 상당한 차이를 보이는데, 인구밀도가 높은 지역에서는 시장의 특성상 그렇지 못한 지역에서보다 집중화된 업무를 수행하는 것이 생산, 마케팅 등 경영활동에 소요되는 경비를 줄일 수 있어 유리하다. 무엇보다도 경제적 요인은 국제경영활동과 관련하여 시장의 규모, 형태, 성장성 등에 주로 영향을 미치는 요인이다.

기술

기술(technology)이란 사회구성원들이 소유하고 있는 물질적 재화를 창조하거나 물질적 재화의 가치를 높이기 위하여 사용하는 노하우를 총괄하는 것으로서, 생산의 효율성과 관련된 생산기술, 조직을 능률적으로 관리하는 관리기법 등이 이에 포함된다.

기술은 과학적 논리에 기초를 두고 객관성과 합리성을 추구하기 때문에 전통적인 관습과 마찰을 일으키기도 한다. 이러한 마찰은 진보적이고 개방적인 선진국에서보다 보수성이 강한 개발도상국에서 더 많이 발생한다. 개발도상국들은 선진기술 도입을 통한 경제발전을 기대하는 반면, 다른 한편으로는 그로 인한 문화적 종속에 대하여 상당한 우려를 나타내고 있다. 개발도상국과는 대조적으로 선진국에서는 기술진보에 따른 인간성 상실이 사회문제로 크게 대두되고 있는 실정이다.

선진국시장에 판매하고자 하는 제품의 기술수준과 개발도상국에 판매하고자 하는 제품의 기술수준은 다를 수밖에 없다. 그러므로 국제기업전략도 이에 상응하여 차별화되어야 한다. 즉, 동일한 제품이라 할지라도 판매시장에 따라 선진국에서는 편리함과 더불어 인간다움을, 개발도상국에서는 전통적 규범을 따르면서도 생활의 질적 향상을 도모할 수 있는 각기 다른 제품의 이미지를 부각시켜야 할 것이다.

미적 감각

미적 감각(aesthetics)이란 특정문화가 지니고 있는 음악, 회화, 조각, 연극, 무용 및 민속 등으로 표현되는 미에 대한 감각과 사물에 대한 선호경향이다.

국제기업은 가능한 한 현지국 문화의 미학적 기호와 구미에 맞도록, 그리고 국민적 정서에 부합되도록 제품이나 포장을 디자인해야 하며, 이는 결국 표준화(standardization)와 현지화(localization) 정도의 결정이라는 문제로 귀착된다. 따라서 국제기업이 세계적으로 표준화하려는 전략을 구상하고 있다면 무엇보다도 각 대안을 채택할 경우 수반되는 비용과 편익을 정확하게 분석하여 의사결정을 내려야 한다.

현지국에서 활동하기에 가장 바람직한 상표(brand name)는 해당국가의 언어를 사용하고 미학적 측면에서 소비자에게 호감을 주는 현지화된 것일 수도 있다. 하지만 수많은 국가에 서로 다른 상표를 부착해서 판매하게 되면 그로 인해 발생하는 문제점은 헤아릴 수없이 많을 것이다. 특히, 수많은 상표를 개발하고 알리는데 소요되는 막대한 비용이 가장 큰 문제일 것이다. 따라서 Kodak, Sony 등과 같이 특별한 의미는 없더라도 누구나 쉽게 발음할 수 있는 상표를 창조하여 세계적인 것으로 사용하는 것이 바람직하다.

문화에 따라 음악에도 상당한 차이가 있다. 국제기업이 현지국에서 제품광고 등 마케팅활동을 수행할 때, 제품의 성격과 주요 소비자의 특성에 따라 현지국의 민속음악을 사용하는 것이 바람직할 수도 있고 서구 대중음악을 사용하는 것이 효과적일 수도 있다.

일반적으로 세계시장에서는 흰색, 회색, 금색 등을 고급스런 색으로 삼고 있다. 그렇지만 문화권에 따라서는 여러 색채에 대한 음미, 기호, 뜻과 더불어 감정적인 반응이 서로 다르다. 동양에서는 흰색이, 반면 서양에서는 검정색이 상(喪)을 뜻하는 것과 같이 문화에 따라 색채에 대한 의미와 감정적 반응이 다른 것은 종교, 미학, 애국심의 영향 때문이다. 예컨대 〈표 4-2〉는 각국에서 혐오하는 색깔을 요약한 것이다.

표 4-2
각국의 혐오색깔 및 관련 금기

국 명	혐오색	금 기 사 항
중 국	백색, 흑색, 청색	동아시아에서는 전통적으로 백색이 죽음과 관련된 색깔이다. 특히, 중국에서는 백색을 싫어한다. 외국계 석유회사의 가솔린 스탠드가 규정대로 백색으로 도장되었는데, 이것이 장례의식의 색채라는 이유로 손님이 한 명도 얼씬거리지 않았다고 한다. 사람들은 심지어 석유마저도 사지 않았다. 개는 불길한 상징으로 터부시한다.
이라크		올리브 그린색은 국가토템의식의 상징이므로, 이를 상업적 목적으로 사용하는 것은 금기이다.
이집트		로다스(치타)나 악어는 토템으로 신성시하고 있으므로, 그 색깔 또는 모양을 사용하는 것은 금기이다. 어떤 석유회사에서 악어에 창이 꽂힌 모양으로 포장 디자인을 하여 수출했다가 이집트인들의 노여움을 사서 다시 반품하게 되었다는 경우도 있었다.
홍 콩	백색, 흑색, 청색	중국인의 경우와 비슷하다. 특히, 청색은 비통을 연상시킨다.
말레이시아	황색	황색은 회교군주의 황제를 상징하는 색깔이므로 일반인들은 결코 황색 복장을 착용하지 않는다.
이스라엘	황색	중세 여러 나라에 거주하고 있던 유태민족은 강제로 황색 천을 걸치도록 되어 있었다. 이 제도는 한동안 사라졌었는데, 히틀러에 의해 다시 부활되었다. 이러한 연유로 이스라엘에서는 황색을 불길한 색깔이라고 극도로 혐오한다.
시리아	황색	황색은 죽음을 상징하므로 회교도는 모두 싫어한다.
스위스	흑색	흑색은 상색(喪色)으로 별로 좋아하지 않으나, 자동차의 흑색은 일반적으로 좋아한다.
브라질	자(紫)색, 황색, 농다색	자색은 비통을 뜻하며, 황색은 절망에 빠지게 한다는 미신을 믿고 있다. 또한 자색과 황색의 배색은 병의 전조라고 믿고 있으며, 농다색은 불길한 일을 초래한다고 대단히 싫어한다.
모로코	적색, 황색	서부지역에서는 직물 색깔로서 아주 싫어한다.
페 루	자색	자색은 10월의 큰 종교의식에 사용되기 때문에 일반적으로는 사용하지 않는다.

문화적 환경분석 모형

클러크혼의 모형

클러크혼(F. Kluckhohn)과 스트로드백은 문화의 이질성을 구분하기 위하여 문화지향성 또는 가치지향성이라는 관점에서 인간이 지니는 여섯 가지 속성에 관한 기본명제와 관련된 질문을 제시하고, 이 질문에 대한 답변의 방향을 기준으로 문화를 구분하였다.[6] 여기에서 여섯 가지의 기본명제는 ① 인간의 본성, ② 인간과 자연의 관계, ③ 인간관계, ④ 인간의 행동양식, ⑤ 시간관념, ⑥ 공간관념으로 구성되어 있다.

인간의 본성

서구인들은 인간의 본성에는 선과 악이 혼재한다고 생각하였다. 그 결과 교육과 훈련을 통해 혼재하는 선악을 어느 극단으로 인간의 본성을 변화시킬 수 있다고 보는 것이다. 이러한 사고를 바탕으로 미국기업들은 종업원들이 스스로의 능력을 개발하고 맡은 바 소임을 완수할 수 있도록 학습기회를 제공하고 잘 짜여진 훈련계획을 실행하는 것이다.

그러나 이에 반하여 동양적 문화지향성하에서는 인간의 본성이, 선과 악의 양극단 중 어느 하나의 형태로 존재하는 것으로서, 절대로 변하지 않는 것이라고 여긴다. 이러한 인식을 바탕으로 교육훈련을 통해 인간성을 개조하기보다는 처음부터 선하고, 직무에 적합한 사람을 선발하는 것에 관심이 집중되었다. 최근 몇몇 기업에서 직원을 채용할 때, 관상가 또는 역술가의 조언을 반영하는 것도 이렇게 인간본성에 대한 변화의 가능성이 없거나 적다고 보기 때문일 것이다.

인간과 자연의 관계

서양인들은 대개 인간이 자연을 지배할 수 있다고 생각한다. 이러한 사고방식은 인간이 자연을 변화시키는 여러 가지 행위, 예를 들어 운하나 도로를 만들어 생활을 편리하게 하거나 댐이나 방파제, 항만을 축조함으로써 자연재해를 예방하려는 노력으로 나타난다. 이는 인간과 자연을 대립적인 관계로 보는 시각이며, 인간이 자연을 극복하지 않으면 인간의 생활이 개선될 수 없다는 사고체계를 반영하고 있는 것이다.

그러나 동양적 사고방식에서는 인간과 자연은 조화를 이루는 존재로서 양자의 조화로운 결합만이 큰 하나를 형성하는 것으로 간주된다. 즉, 인간과 자연은 대립관계가 아니고 조화로운 관계라는 것이다. 한편, 이러한 사고가 극단적으로 발전하면 인간은 자연에 복종하여야 하는 미물에 지나지 않으므로 자연을 숭배하고 순종하여야 한다는 사고도 존재하게 된다.

자연에 대한 신념과 태도의 변화는 기업경영자에게도 유사하게 적용된다. 만약 경영자가 서구적 사고방식을 지니고 있다면 기업을 둘러싼 여러 가지 외부환경에 대하여 공격적이고 적극적인 전략을 통해 이를 극복해 나가는 노력을 행하게 되고, 동양적 사고방식을 지니고 있다면 방어적이고 수동적인 전략을 택하게 될 것이다.

인간관계

흔히 미국인을 비롯한 서양인들은 개인주의적이라고 한다. 개인주의적이라는 말은 의사결정의 주체가 바로 자신이며 자신의 이익과 복지 증진을 위해 스스로의 능력을 사용한다는 의미로 파악된다. 따라서 개인주의적 성향을 지니는 사람은 집단이나 공동체생활에 대한 적응력이 낮고 유동적이다. 여기서 유동적이라는 것은 직장이나 소속단체로부터의 빈번한 가입 및 탈퇴를 의미하기도 한다.

개인주의사회에서 기업을 운영하기 위해서는 종업원 채용에서 조직형태에 이르기까지 구성원들이 지니는 개인주의 성향을 충분히 반영하여야만 한다. 즉, 종업원을 채용하는 경우에는 개인의 능력과 업무의 전문성을 고려하여 최적자를 선발해야 하고, 해당업무의 범위내에서는 자율적인 권한을 행사할 수 있도록 해야 한다. 또한 종업원이 담당하는 업무의 영역과 책임의 한계를 기술한 직무표 등을 통해서 개인이 조직 내에서 차지하는 위치를 분명히 해야 한다.

반면, 집단주의 사회의 경우에는 의사결정의 주체가 구성원이 소속된 집단이며 집단의 이익과 복지증진이 최우선 과제가 된다. 따라서 집단주의 사회에 속한 기업은 인사관리 측면에서 자신이 소속된 집단, 예를 들어서, 학연 · 지연 · 혈연 등을 중심으로 채용 및 배치전환이 이루어지며, 경영체제도 족벌위주 또는 친족위주의 경영체제를 채택하게 된다.

개인주의와 집단주의 성향은 기업 내의 의사결정 과정에도 영향을 미친다. 개인주의적 성향을 지닌 기업조직 내에서는 개인의 의사결정에 대해 조직의 다른 구성원들의 동의를 구하는 방식으로 의사결정이 이루어진다. 그러나 일본과 같이 집단주의적 성향이 강한 기업조직 내에서는 다수의 조직구성원이 의사결정 과정에 참여하는 집단적 의사결정이 이루어지게 된다. 집단적 의사결정이란 개인적 의사결정에 앞서 조직구성원들의 동의를 바탕으로 최고경영자가 개인적 의사결정을 내리는 형태를 말한다. 이러한 의사결정방식은 개인주의적 방식에 비해 조직의 모든 구성원들의 이해와 동의가 있어야하기 때문에 많은 시간을 필요로 하며, 조직구성원의 모든 욕구를 반영해야 하기 때문에 다소 경직된 것일 수 있다. 그러나 일단 의사결정이 이루어지면 모든 조직구성원들이 그 내용에 대하여 충분히 알고 있기 때문에 의사결정내용을 즉시 실행에 옮길 수 있다.

인간행동양식

전술한 인간의 본성, 인간과 자연의 관계 및 인간관계에서 서구적 문화지향성을 보이는 경우에는 인간의 행동이 동적이고 적극적으로 나타나게 될 것이라는 것을 유추할 수 있다. 종업원들은 자신의 만족과 목표달성을 위해 맡은 바 업무에 전념하게 되며 경영자들은 승진, 임금인상, 보너스 및 기타 수당지급을 통해 종업원의 사기를 북돋움으로써 경영 효율성을 증진할 수 있다.

그러나 대비적 문화지향성을 지닌 경우에는 인간의 행동양식을 정적으로 파악하여 종업원들은 오로지 자신에게 주어진 일만을 수동적으로 수행한다고 인식된다. 따라서 경영자의 입장에서 보면 승진, 임금인상 등의 여러 가지 인센티브들이 효력을 제대로 발휘하지 못하기 때문에 오히려 업무를 보다 과중하게 부과하고 지속적으로 관리 · 감독하는 방법이 효율적일 수 있다.

시간관념

서구적 문화지향성의 관점에서는 미래에 초점이 두어진다. 그러나 동양적 문화에서는 과거로부터 축적된 전통을 중요시한다는 점에서 과거중심적이라고 말할 수 있다. 흔히 서구식 경영을 행하는 기업의 경우에 기업의 정책적 목표는 장기적으로 10년 혹은 20년 계획의 달성에 두어지지만 실제로는 아주 짧은 기간, 예를 들어 한 달, 두 달 혹은 분기와 같은 단기적인 목표달성을 통해 장기적 정책목표를 향해 나아가는 전략을 추구한다. 따라서 기업의 인사정책도 단기적인 목표달성을 고려하여 이루어지기 때문에 종업원이 목표를 달성하지 못하면 해고하거나 승진에서 누락시키고 목표를 달성하는 경우에는 업적 또는 성과에 해당하는 만큼의 급여를 더 지급하는 성과급제도를 활용한다.

그러나 대비적 문화지향성을 지닌 경우, 기업의 정책적 목표가 장기적으로 설정되지만 이를 달성하기 위해서는 과거의 기업정책의 성공 · 실패 여부를 감안하여 기존의 기업전략이 크게 변화되지 않는 범위 내에서 수정과 보완과정을 반복하게 된다. 일본의 예에서 보는 바와 같이, 이러한 경우에는 종업원 종신고용제와 연공서열 급여제도를 활용하는 것이 일반적이다.

공간관념

물리적인 공간을 공유하는가 아니면 개인의 독점영역을 인정하는가 하는 문제에 대해서도 서양식 사고방식과 동양식 사고방식에 차이가 있다. 예를 들어, 대출을 받기 위해서 한국계 은행과 미국계 은행을 각각 방문할 경우 한국계 은행에서는 대출을 담당하는 모든 직원들이 공개된 장소에서 서로 얼굴을 마주보고 근무하는

표 4-3 클러크혼 모형의 요약

기 준	행위 및 사고유형		
인간의 본성*	기본적으로 악함	선과 악이 혼합됨	기본적으로 선함
자연과의 관계	자연에 복종	자연과의 조화	자연을 정복
삶의 태도	과거지향적 (전통적)	현재지향적 (찰나적)	미래지향적 (목표지향적)
활동양식**	정적(靜的)	내면적인 성장	동적(動的)
인간관계	권위주의적 (상하관계)	그룹중심적 (공존관계)	개인주의적 (동등한 관계)

*인간의 본성은 가변성이냐 불변성이냐를 기준으로 분류할 수도 있다.

** 정적 : 인생에 꼭 무엇인가를 달성해야 되는 것은 아니고, 존재하는 것만으로 충분하다.

내면성장 : 인간의 존재이유는 내면적인 성장에 있다.

동적 : 인간이 노력하면 거기에 대한 대가는 받게 되며, 사람은 일을 성취하기 위해서 존재한다.

자료 : Florence Kluckhohn and Fred Strodbeck(1961), *Variation in Value Orientation*, Evanston, Ill. : Row, Peterson & Co.

표 4-4
클러크혼 모형의 적용

문 화 권	아랍문화권	일본문화	
인간의 본성	선악 혼합	선악 혼합	
자연과의 관계	자연에 복종, 자연을 정복	자연과 조화	
삶의 태도	과거지향적	과거지향적	미래지향적
활동양식	정적	정적	동적
인간관계	권위주의적	권위주의적	그룹중심적

표 4-5
문화지향성이 기업경영에 주는 시사점

항 목	서구적 문화지향성	대비적 문화지향성
인간의 본성	• 인간본성은 선과 악이 혼재함. • 인간의 본성은 변화함. – 교육과 훈련을 통해 인간의 본성을 바꿀 수 있음.	• 인간은 본래 선하거나 악함. • 인간본성은 불변임. – 교육훈련으로는 인간성이 변하지 않으므로 초기에 적절한 사람을 선발해야 함.
인간과 자연의 관계	• 인간은 자연을 지배함. – 인간의 편리함을 위해 댐, 도로, 항만 등 자연조건을 변화시킴.	• 인간과 자연은 조화를 이룸. – 자연을 유지 · 보전하면서 인간의 욕구를 충족시킴.
인간관계	• 개인주의적임. – 개인이 의사결정의 주체 – 전문경영제의 도입 – 능력 위주의 직원선발	• 집단주의적임. – 집단이 의사결정의 주체 – 족벌 및 친족위주 경영체제 – 친족 위주의 직원선발
인간행동양식	• 동적 – 종업원은 자기만족과 목표달성을 위해 업무를 수행	• 정적 – 종업원들은 단지 자신에게 주어진 일만을 수행함.
시간관념	• 미래중심적 • 단기적 기업정책추구 – 정책목표는 10, 20년 장기계획으로 하지만 실제로는 단기적 목표 달성을 위한 기업정책의 확신과 탄력성을 강조함. – 단기적인 인사정책	• 과거중심적 • 장기적 기업정책추구 – 과거에 수행하였던 기업정책을 근거로 미래의 계획을 수립하며, 기업정책의 변화를 원하지 않음. – 장기적인 인사정책
공간관념	• 사적 독점 – 경영자는 보통 중요한 회의에 밀폐된 장소를 이용함. 직원들 간에도 칸막이 등을 이용하여 독점적 장소제공	• 공적 공유 – 경영자는 보통 개방적인 장소에서 공개적인 회의개최, 직원들 간에도 칸막이가 없이 서로 노출되어 있음.

자료 : N. J. Adler(1984), *Women's Androgynous Managers : A Conceptualization of the Potential for American Women in International Management,* Pergamon Press.

반면, 미국계 은행에서는 행원들마다 자리가 칸막이로 나누어져 있고, 마주 대하고 있는 책상 사이마저도 칸막이를 설치하는 경우를 목격하게 된다. 이러한 현상은 개인주의적인 인간관계 속성에 따른 것으로 공간에 대한 가치체계의 차이를 반영하는 것이다.

공간적인 분할을 통해 사적인 독점영역을 확보하려는 서구기업에서는 회의를 개최할 경우 별도의 밀폐된 공간에서 회의에 필요한 사람만이 참가하여 회의를 진행한다. 반면, 공간을 공유하는 문화권에서는 공개적인 장소-대개는 별도의 회의실이 아니고 사무실 자체 내-에서 모든 직원들이 참가하여 회의를 진행한다.

클러크혼은 첫째, 인간의 본성은 기본적으로 선한가 악한가, 둘째, 인간과 자연과의 관계는 어떠한가, 셋째, 삶에 대한 태도가 과거지향적인가 현재지향적인가 미래지향적인가, 넷째, 사람의 활동양식이 정적인가 동적인가, 다섯째, 인간관계가 개인주의적인가 단체중심적인가 권위주의적인가 하는 다섯 가지 질문에 대한 대답을 통하여, 한 문화권 내에 있는 사회구성원들의 공통적 가치관과 사고방식을 찾아내고, 이를 문화권별로 비교함으로써 각 국가 간의 문화적 차이를 알 수 있다고 주장하였다.

앞서 제시한 물음에 대한 해답을 다음의 표에서 찾을 수 있는데, 이를 아랍문화권과 일본에 적용시켜 보면 두 문화권의 차이를 간단하게 비교할 수 있다. 그러나 이 모형은 문화의 여러 측면 중 일부항목만 비교한 것일 뿐, 문화 전체를 완전히 이해할 수 없다는 단점을 가지고 있다.

클러크혼 부부가 제시한 문화지향성이 기업경영에 주는 시사점을 간략히 정리하여 제시하면 앞의 〈표 4-5〉와 같다.

홀의 모형

문화적인 차이를 이해하는 데 도움이 되는 또 하나의 비교문화적인 분석방법으로 홀의 모형을 들 수 있다. 홀(Edward T. Hall)은 각국의 문화를 고맥락 문화(high-context culture)와 저맥락 문화(low-context culture) 개념을 통해 이분화하였다.[7] 여기서 맥락(context)이란 일과 생각을 받아들이고 느끼는 방법의 하나로 각국의 문화를 평가하는 데 중요한 역할을 한다. 고맥락 문화는 맥락 혹은 배경, 즉 삶의 정황이 보다 중요한 역할을 수행하는 문화이고, 저맥락 문화는 상황적인 요인보다는 구체직으로 표시된 문장, 서식, 문서 그 자체가 중요한 역할을 하는 문화이다. 이를 좀더 구체적으로 살펴보자.

우선, 고맥락 문화에서는 의사소통과 관련된 정보가 사회적 배경이나 개인과 개인의 관계 속에 내재화되어 있기 때문에 명백한 부호와 문장으로 표시되지는 않는다. 다시 말해서 의사전달자의 배경, 연상, 기본적인 가치관 등 의사소통의 맥락 속에 더 많은 정보가 포함되어 있기 때문에 실제 공식적으로 나타난 메세지에는 정보가 더 적게 포함되어 있다. 그러나 전반적으로 책임과 신뢰가 중요한 가치로서 공유되고 있기 때문에, 개인이 하는 말 한마디 한마디는 그 자체만으로도 확실한 보증서 역할을 하게 된다. 따라서 사회 전체적으로 영향력 있는 개인의 책임과 명예 등이 법률적인 서류나 법적인가보다 더 큰 의미를 갖게 된다. 또한 책임소재는 주로 고위층에 있고 집단지향적인 성격이 강하다.

한편, 저맥락 문화는 구체적이고 분명한 대화를 통하여 정보교환이 이루어지고, 명백한 문장으로 기술된 법률적인 서류가 보증서 역할을 하게 된다. 따라서 합의내용이 법률적인가 아닌가 하는 것은 매우 중요한 의미를 가진다. 그리고 조직에서 책임소재와 관련된 문제가 발생했을 때, 대체로 책임과 직접 관련된 최하위층에게로 책임이 전가된다.

이러한 차원에서 볼 때 중국, 일본 및 아랍문화는 고맥락 문화에 속하며, 미국 또는 독일문화는 저맥락 문화로 분류된다. 국제협상시 미국기업의 경영자들은 일

표 4-6
고맥락 문화와 저맥락 문화

문화권	고맥락 문화	저맥락 문화
법률 또는 법률가	덜 중요하다.	매우 중요하다.
개인의 말	매우 중요시하며 개인의 비공식적인 의사표시가 보증서 역할을 한다.	서면으로 보증한다.
공간개념	서로 어울리는 공간을 중요시 여긴다.	개인적 공간을 중요시하며 침해받는 것을 싫어한다.
실책에 대한 책임	최고위층이 책임진다.	최하위층에게로 돌린다.
시간관념	시간관념이 분명하지 않다.	'시간은 돈이다' 라는 관념이 매우 강하다.
협 상	오래 끄는 것이 보통이다. 협상목적을 모든 당사자들이 서로 충분히 이해하여 저절로 해결되도록 한다.	매우 신속히 진행된다.
경쟁입찰	드물다.	일반적이다.

자료 : W. J. Keegan(1984), *Multinational Marketing Management*, 2nd ed, Englewood Cliffs, N. J. : Prentice-Hall, Inc., p. 110.

본기업의 경영자들이 협상주제의 핵심을 정확하게 밝히지 않는다고 불평하며 협상을 파국으로 몰고 가는 경우가 종종 있는데, 이는 앞서 설명한 문화적인 차이에서 기인한 것이다.

상이한 문화권에 속해 있는 사람들은 공간을 인식하고 구분하는 방식에 있어서도 상이하다. 여기서 공간이란 서로 접촉하는 개인 간의 의사소통 체계를 의미한다. 예를 들어, 고맥락 문화를 갖고 있는 아랍국가에서는 서로 이야기할 때, 매우 가깝게 접근하여 상대방을 향해 숨을 내쉰다. 만약 가만히 숨을 죽이고 있으면 부끄러워하는 것으로 상대방이 받아들인다. 그러나 미국과 같은 저맥락 문화를 지닌 국가에서는 상대방과의 지나친 접근은 피한다. 일반적인 사업상담은 5~9피트 정도 거리를 두고 진행되며, 매우 개인적인 상담이라고 하더라도 3피트 정도 거리를 둔다.

홀은 고맥락 문화와 저맥락 문화를 구분하는 기준의 하나로 경쟁입찰, 협상 등의 예를 들고 있다. 고맥락 문화에서는 작업을 가장 잘 수행할 수 있고, 입찰자가 쉽게 통제할 수 있는 응찰자에게 일거리를 주는 반면, 저맥락 문화에서는 낙찰자가 특정요건을 위반하지 못하게 입찰요건을 명시하여 작업을 수행하도록 한다. 이상에서 살펴본 고맥락 문화와 저맥락 문화의 기본적인 속성을 정리하면 앞의 〈표 4-6〉과 같다.

이 외에도 홀은 저맥락 문화를 지닌 국가의 사람들보다 고맥락 문화를 지닌 사람들이 더 집단주의적이며 조직을 위해 개인을 희생한다고 주장하였다. 비록 문화인류학적인 연구방식을 취하고 있긴 하지만 홀의 모형은 지나치게 기술적이고 주관적이라는 데 그 한계가 있다. 특히, 두 문화의 경계를 구분하는 데 어려움이

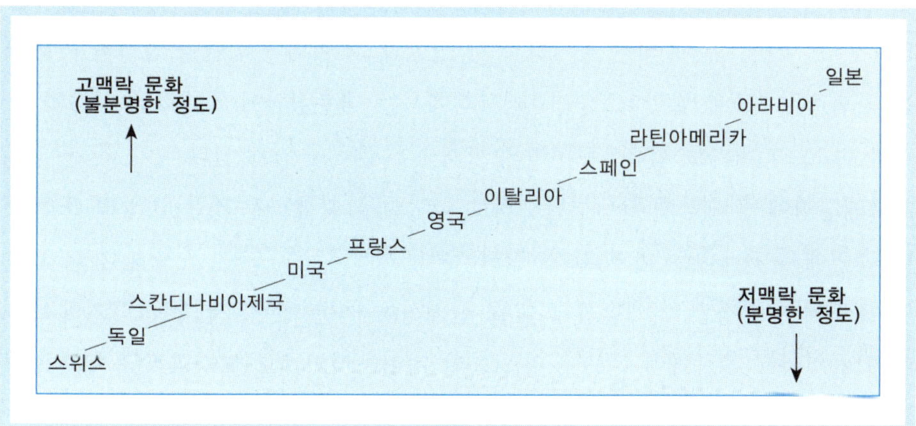

그림 4-1
고맥락 문화와 저맥락 문화에 대한 국가별 비교

뒤따른다는 것이 문제점으로 지적되고 있다. 각 국가별 특징을 요약하면 [그림 4-1]과 같다.

홉스테드의 모형

국가 간의 문화적 차이를 비교분석한 또 하나의 모형으로 홉스테드의 연구를 들 수 있다. 홉스테드(Geert Hofstede)는 한 국가의 문화를 제대로 표현하기 위해서 국가에 포함되어 있는 공통적인 문화요소에 관심을 두었다. 그 결과 홉스테드는 각 국가의 문화를 나타내기 위해서 네 가지 차원을 이용하였다. 50개국과 3개 지역을 대상으로 조사를 한 결과 각국의 종업원과 경영자 사이에 나타나는 중요한 차이점에 대하여 홉스테드는 요인분석과 이론적인 추론을 통해 얻은 개인주의 대 집단주의(individualism versus collectivism), 대 · 소 권력간격(large or small power distance), 불확실성에 대한 회피 정도(strong or weak uncertainty avoidance), 남성다움 대 여성다움(masculinity versus feminity)을 네 가지 차원으로 제시하였다.[8] 개인주의, 권력간격, 불확실성의 회피, 남성다움이라는 네 가지 차원을 구체적으로 살펴보면 다음과 같다.

개인주의 대 집단주의

개인주의 대 집단주의란 가족이나 종족, 국가집단에 대한 의무의 수용정도와 이에 대한 개인적인 자유의 요구 정도를 의미한다. 개인주의는 집단주의에 대응되는 개념으로서 인간이 자신과 직계가족들에게만 관심을 가지는 사회조직구조를 의미한다. 반면, 집단주의는 자기가 속한 집단과 그 이외의 집단을 엄격히 구분하는 사회조직구조를 말한다. 집단주의사회에서는 내부집단에 절대적인 신뢰와 충성을 하고, 그 대가로 집단으로부터의 보호와 보살핌을 받게 된다.

국제경영에서 개인주의나 집단주의로 국가들을 분류하는 것은 기업의 조직관리 측면에서 시사하는 바가 크다. 집단주의국가에서는 개인의 조직에 대한 참여와 조직에서 결정된 의사결정에 대한 신뢰성이 높은 반면, 개인주의국가에서는 개인의 의사를 존중해야 하므로 분권화된 기업조직과 의사결정과정을 채택하는 것이 일반적이다.

개인주의 성향을 보이는 국가로는 핵가족제도가 잘 발달된 미국, 영국, 네덜란드 등이 있다. 집단주의는 절대복종 및 충성을 강요하는데 대만, 파키스탄, 콜롬비아 등이 여기에 속한다. 그리고 중간적인 성격을 띤 국가로는 일본, 오스트리아, 인도, 스페인 등이 있다.

권력간격

권력간격이라는 것은 사회 내에서 부와 권력이 불평등하게 배분되어 있다거나 혹은 편중되어 있는 경우 이를 어느 정도로 수용하는가 하는 것을 의미한다. 구체적으로 권력간격이라는 것은 권력의 중앙집권화 정도 또는 독재정치의 정도와 관련이 된다. 권력간격은 사회를 구성하는 모든 구성원들의 머리 속에 내재하고 있는 독재나 전제의 수용 정도를 반영하는 것이다.

국가마다의 권력간격을 확실히 구분히기는 곤란하지만 권력간격이 큰 국가에서는 중앙집권 및 통제가 강하고, 조직의 구조는 뾰족한 피라미드형을 이룰 것이다. 또한 직급 간의 임금격차가 크고 생산직보다는 사무관리직이 대접을 받게 된다. 이러한 권력간격은 문화적으로 결정되는 것이며, 가족이나 학교, 그리고 기타 교육기관이나 단체로부터의 사회화에 의해서 고착화되는 것이 일반적이다.

홉스테드의 연구에 따르면 교육수준이 낮고 사회적으로 지위가 낮은 직업을 가진 사람들은 큰 권력간격을 지니고, 반대로 높은 교육수준과 높은 지위의 직업을 가진 사람들은 작은 권력간격을 보이는 것으로 나타났다.

국제경영에서 권력간격에 대하여 관심을 두는 이유는 투자기업이 지니는 권력간격과 현지국민들이 생각하는 권력간격 간의 괴리로 인하여 생산성이나 직무 만족도가 다르게 나타날 수 있기 때문이다.

권력 간의 간격을 수용하는 권위주의적인 국가로는 필리핀, 베네수엘라, 인도 등 집단주의적 성격이 강한 국가를 들 수 있으며, 이를 수용하지 않는 평등주의적 국가로는 덴마크, 이스라엘, 오스트리아 등 개인주의적 성격이 강한 국가들을 들 수 있다.

불확실성에 대한 회피 정도

인간은 생활해 나가면서 불확실하고 애매모호한 상황을 맞이하게 되고 이러한 불확실성 때문에 위협을 받게 되는 경우가 종종 있다. 이러한 불확실성을 어떻게 인지하며 과연 불확실성에 의해 야기되는 위험을 어떤 방법으로 해결하려고 하는가 하는 정도가 불확실성의 회피 정도라는 개념이다.

결국 인간은 불확실한 미래에 대한 걱정을 덜기 위하여 기술이나 건축물, 법률이나 규칙, 종교 등에 의존하게 된다고 홉스테드는 밝히고 있다. 불확실성의 회피 성향이 강한 국가에서는 미래에 대한 불확실성을 제거하고자 여러 가지 상황에 대비하여 법률을 제정하거나, 지진 등 천재지변에 견딜 수 있는 건축물 등에 의존하게 된다. 그러나 불확실성에 대한 회피성향이 낮은 국가에서는 분쟁해결시 될 수 있는 한 규범이나 관습을 적용하려 하며, 또한 지진이나 폭풍 등의 천재지변에 견딜 수 있는 건축물을 짓기보다는 오히려 새로 짓기 편한 허술한 건축물을 짓게 되는 것이다.

그림 4-2
권력간격×개인주의 –집단주의 구성도

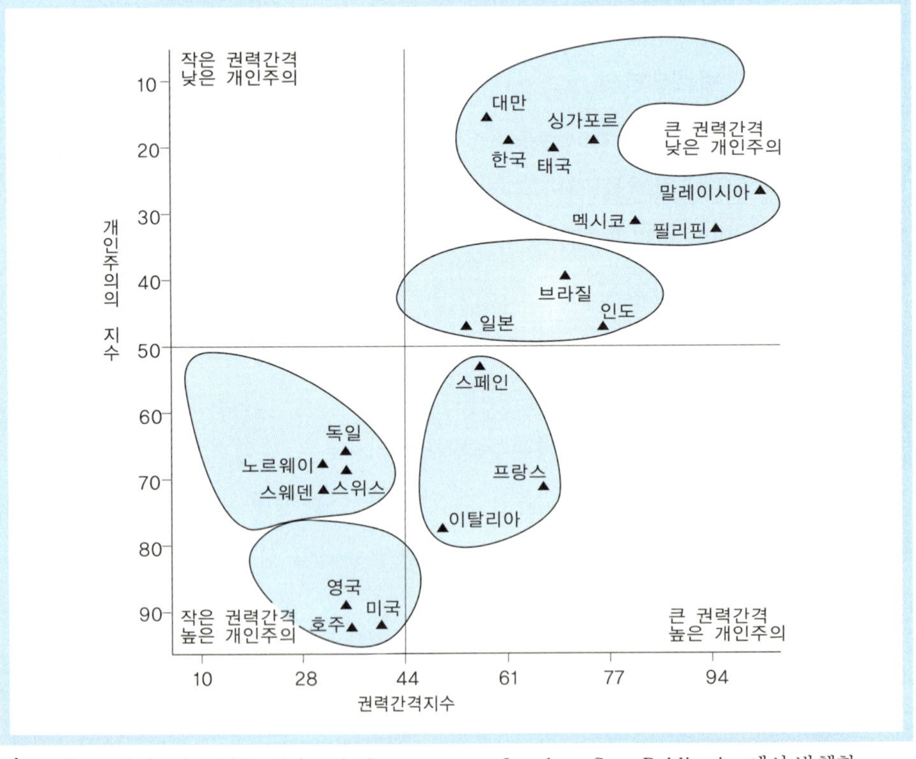

자료 : Geert Hofstede(1984), *Culture's Consequences*, London : Sage Publication에서 발췌함.

국제경영의 관점에서 불확실성에 대한 회피성향이 강한 국가로 진출하는 경우에는 모든 계약을 서면계약으로 하며 발생가능한 분쟁 등에 대해서도 미리 약정을 해두는 것이 필요하다. 조직관리나 경영자의 의사결정 등에 있어서도 물론 이를 감안하여야 한다.

불확실성에 대한 회피성향이 큰 국가로는 라틴국가, 유고슬라비아 그리스, 터키, 일본과 한국 등을 들 수 있고, 불확실성에 대한 회피성향이 작은 국가로는 덴마크, 스웨덴, 영국, 아일랜드 등을 들 수 있다.

남성다움 대 여성다움

남성다움이란 특정 사회에서의 지배적인 가치관이 어느 정도로 남성다움을 중요시하는가를 나타내는 것이다. 즉, 남성다움이란 남녀 성별 간의 역할을 구분하여 돈을 벌어들이고 처자를 부양하는 등 남성적 가치의 중요성이나 우월성을 강조하는 정도를 의미하는 것이다. 따라서 남성다운 사회라는 의미는 남녀 간의 역할을

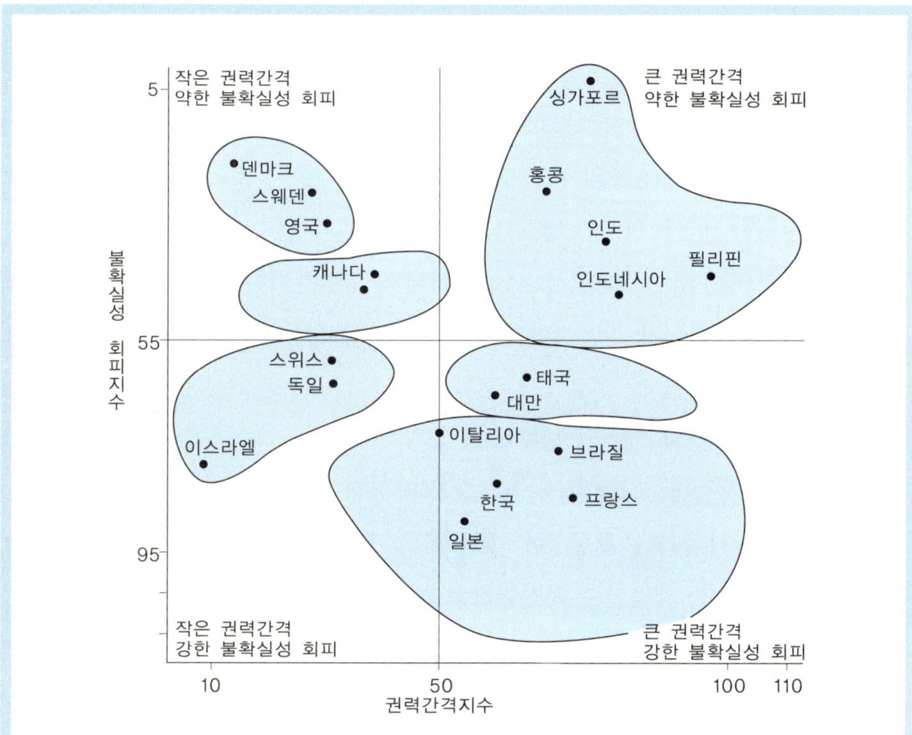

그림 4-3
권력간격×불확실성 회피 정도 구성도

자료 : Geert Hofstede(1984) *Culture's Consequences*, London : Sage Publication에서 발췌함.

그림 4-4
권력간격×
불확실성 회피 정도
구성도
(남성다움-여성다움)

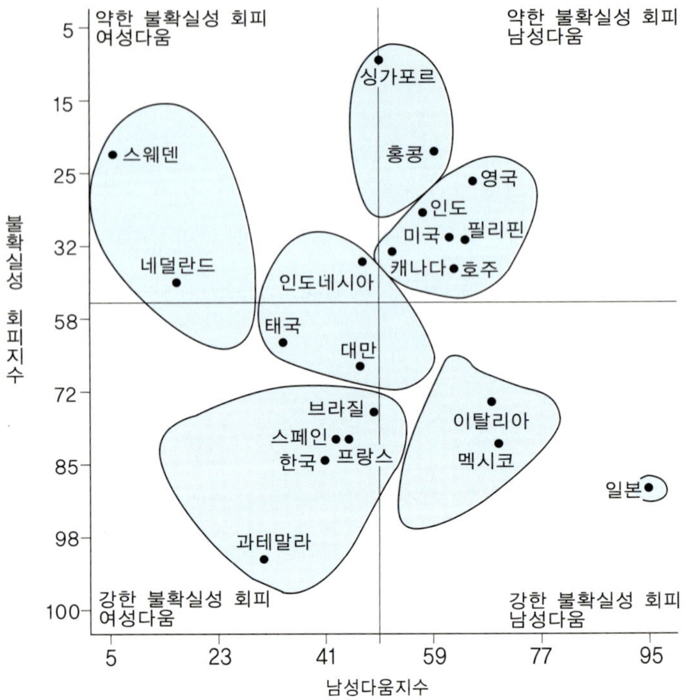

자료 : Geert Hofstede (1984), *Culture's Consequences*, London : Sage Publication에서 발췌함.

분명히 규정하며, 남자들이 사회생활을 통해 돈을 벌어들이고 처자를 부양하는 사회라는 것이다. 기업경영의 관점에서 볼 때, 남성다움은 소득, 업무에 대한 인식과 업무의 완수, 도전적인 사고방식 등과 관련이 있다

남성다운 사회문화구조하에서는 상사에게 인정받는다든가 진급, 도전과 기회를 추구하는 직무기회가 주어져야 하는 반면, 여성다운 사회문화구조하에서는 협조나 좋은 작업환경 등을 강조하게 된다.

홉스테드는 네 가지 차원의 변수들을 조합하여 각 국가들을 분류했다. 예컨대, 권력간격과 개인주의-집단주의, 권력간격과 불확실성에 대한 회피 정도 그리고 남성다움-여성다움과 불확실성에 대한 회피 정도 등과 같이 두 개의 차원을 결합하여 각 국가들을 다양한 문화집단으로 분류했다.

[그림 4-2]는 권력간격과 개인주의-집단주의를 기준으로 분류한 분화집단을 보여준다. 집단주의 특성이 강한 국가가 항상 큰 권력간격을 보여주지만 개인주의 특성이 강한 국가가 항상 작은 권력간격을 보여주지는 않는다는 것을 알 수

표 4-7
홉스테드모형의 네 가지 변수 : 각 국가별 비교지수

국 명	개인주의	권력 간의 간격	불확실성의 회피성향	남성중심의 정도
한 국	18	60	85	39
그리스	35	60	112	57
대 만	17	58	69	45
싱가포르	20	74	8	48
파키스탄	14	55	70	50
미 국	91	40	46	62
일 본	46	54	92	95
영 국	89	35	35	66
독 일	67	35	65	66
프랑스	71	68	86	43
인 도	48	77	40	56
덴마크	74	18	23	16
이스라엘	54	13	61	47
오스트리아	55	11	70	79

있다. 즉, 개인주의적이면서 동시에 권위주의적인 문화가 존재한다는 것이다.

[그림 4-3]은 권력간격과 불확실성 회피 정도를 기준으로 분류한 문화집단을 보여준다. 불확실성에 대한 강한 회피성과 아울러 큰 권력간격을 보이는 집단에는 모든 라틴유럽과 라틴아메리카, 유고슬라비아, 그리스, 터키 등 지중해연안 국가들과 일본, 한국 등이 속하는 것으로 나타났다. 반대 성향을 보이는 국가로는 덴마크, 스웨덴, 영국, 아일랜드 등이 있다.

[그림 4-4]는 불확실성 회피 정도와 남성다움-여성다움을 기준으로 분류한 문화집단을 보여준다. 가장 남성다운 국가는 일본으로 나타났고 반대로 여성다운 국가는 스웨덴, 네덜란드로 나타났다. 한국은 남성다움 정도와 불확실성에 대한 회피 정도에 있어서 스페인, 페루, 파나마 등과 비슷한 것으로 나타났다.

각 국가별 비교지수를 정리하면 〈표 4-7〉과 같다.

홉스테드모형은 방법론 측면에서 계량적인 분석방법을 도입했기 때문에 클러크혼모형이나 홀의 모형에 비해서 객관성이 높다고 인정받고 있다. 특히, 홉스테드모형은 국제기업이 국제경영활동을 수행하면서 직면하게 되는 이문화 국가 간 리더십, 조직설계, 동기유발 측면에서 발생할 수 있는 문제에 대한 해결책을 모색하는 데 도움을 줄 수 있다.

국제기업과 문화적 환경

국제기업의 경영자는 문화적 환경이 다른 여러 지역을 배경으로 활동함에 있어, 문화의 의미를 이해하고 평가하여 전략적 시사점을 도출해야 하는 중요한 과제를 안고 있다. 특히, 본국과 다른 문화적 배경을 지닌 국가에 대한 사전적인 이해 없이는 문화적 위험에 노출되기 쉽다. 따라서 문화적 위험을 최소화하고 국제경영 활동에서 경쟁적 지위를 확보하기 위해서는 문화가 국민문화, 기업문화, 경영방식에 어떠한 영향을 미치는가에 대한 이해가 선행되어야 한다.

이문화 관리의 중요성

문화는 한 국민이나 민족집단에 널리 공유된 인식으로서, 여러 세대를 거치면서 제도화된 법률, 규칙, 관습 등으로 나타난다. 따라서 기업활동이 특정 국가에 국한되어 있다 하더라도 그 나라의 문화적 전통에 대한 이해가 필요하다. 나아가 기업활동이 여러 국가에 걸쳐 있는 경우에는 각기 다른 시장이 안고 있는 고유한 문화적 특성은 국제기업의 모든 경영활동과 기능에 영향을 미치게 된다.

국제기업의 경영자가 문화적 차이를 제대로 이해하고 있어야 하는 까닭을 예를 들어 살펴보자. 우선 가장 두드러진 것이 바로 소비패턴의 차이이다. 문화적 차이는 의식주 관습의 차이를 낳고, 이는 다시 크기, 쓰임새와 같은 제품의 속성에 영향을 미치게 된다. 나아가 제품의 수요유형과 규모에도 영향을 미치게 된다. 한 예로, 보약을 좋아하는 한국인들은 비타민이나 영양제 같은 약품을 선호하고 있으며, 약과 음료수를 혼합한 형태인 드링크류(예컨대, 박카스)에 대해 독창적인 수요를 창출하였다. 또 다른 예로, 독일의 주부들은 매우 실용적이어서 통조림과 같은 가공식품을 많이 구매하는 데 비해 프랑스의 주부들은 가정에서 요리하기를 즐기기 때문에 가공식품을 적게 구매한다고 한다.

인사 및 노사관계관리 측면에서도 종업원의 가치관과 행위 차이가 경영 효율성에 큰 영향을 미치는 경우를 자주 볼 수 있다. 예컨대, 개인주의 사고가 극도로 발달한 미국과 같은 선진국과는 달리 부족중심의 전통사회가 그대로 보존되고 있는 상당수 아프리카 국가에서는 민주적인 경영방식보다는 가부장적인 관리방식이 종업원들에게 안정감을 주고 생산능률을 높일 수 있다. 한편, 한국의 어느 종합상사의 경험에 따르면 그 회사의 미국지사 사원의 수가 10명을 넘어서자 미국의 한 노조 조직원이 방문하여 노동조합에 가입할 것을 계속 권유하고 설득했다는 것이다. 그러나 노조라면 무조건 반대하는 최고경영자의 사고방식 때문에 상당한 비용과 시간을 들여 종업원을 회유했지만 결국 압력에 못이겨 지사 내에 노조를 결성하게 되었다고 한다. 지사장의 경험에 의하면 노조결성 후 노조지부장의 협조를 얻어 노사관계관리상의 어려운 문제를 해결하는 것이 훨씬 수월해졌다고 한다. 이 사례에서보면, 국내에서 형성된 고정관념만으로는 국제경영활동을 효과적으로 수행할 수 없게 될지도 모른다.

국제계약 체결시 각국의 상관습 역시 문화적 차이의 중요성에 대한 시사점을 제시해 준다. 화교 상인들은 전통적으로 말로서 맺은 약속을 중시하는데 비해 서양에서는 문서화된 계약에 의존하는 경우가 많다. 특히, 미국에서는 중요한 상거래에 변호사가 개입된 경우가 많은데, 국제거래 빈도가 꾸준히 증가하고 있음을 고려할 때 한국기업의 경영자들은 이 점에 각별히 유의해야 한다.

국제기업의 이문화 관리

국제경영활동을 국경을 넘어 자원을 이동하고 결합하는 활동이라고 정의할 때, 국제기업은 이러한 활동을 수행하면서 이문화 관리측면에서 두 가지 핵심적인 역할을 수행한다. 한편으로 국제기업은 새로운 문화권에 적응해야 하며, 다른 한편으로 한 국가의 문화, 상품, 경영기법 등을 다른 국가로 이전시키는 사회적 변화의 중개인 역할(role of change agent)을 하게 된다.

문화적 차이 극복을 위한 전략적 대안

이문화 관리측면에서 문화적 차이를 극복하고 투자 대상국의 문화에 적응하기 위해서 국제기업은 다양한 전략적 대안을 시도할 수 있다. 국제기업 입장에서는 다음과 같은 전략적 대안을 통해 문화적 차이를 극복하기 위한 노력을 전개하는 것이 바람직하다.

첫 번째 대안은 피투사국 현지의 문화에 일치하도록 기업전략을 세우는 '현지국 문화에의 일치전략' 이다. 이러한 전략은 현지국과의 마찰이 가장 적다는 장점이 있지만 기업의 기본적인 목표 및 전략과 상충될 수 있는 가능성이 있다.

두 번째는 '자연적인 문화의 변화를 기다리는 전략'으로 문화의 변화가 자연적으로 일어나서 기업환경에 맞을 때까지 기다리는 소극적인 전략이다.

세 번째는 '문화의 변화를 유도하는 전략'으로 기존의 피투자국 현지문화를 국제기업의 기업목표에 걸맞도록 적절한 변화를 유도하는 적극적인 방법이다. 이는 문화의 구성요소 중 혁신을 유도하는 요소와 갈등을 일으키는 요소를 파악하여, 변화를 유도할 수 있도록 갈등유발 요소를 전환시키려는 전략이다. 이 경우 피투자국 현지문화와의 갈등을 최소화하기 위한 특별한 노력이 필요하다.

문화적 변화의 중개인으로서의 역할

문화적 지식의 내용은 문화권에 따라 상당한 차이를 보이고 있으며, 이문화(異文化)와의 접촉이 이루어질 때마다 점진적인 변화를 일으킨다. 문화의 변화는 다른 문화권에서 몇 가지 특징적인 것들을 도입하여 사용하는 문화의 차입에서부터 시작된다. 청바지의 경우가 대표적인 예이다. 청바지는 원래 포장마차에 사용하던 질긴 천을 의류로 사용함으로써 시작되었는데, 처음에는 미국 서부지방에서만 사용되었지만 지금은 세계 각국에서 남녀노소 구별없이 사용하는 일반의류가 되었다. 하지만 다른 문화권에서 차입하여 들여온 문화는 그 사회의 전통을 바탕으로 흡수되기 때문에 각 국가에 따라 비슷하면서도 조금씩 차이가 나는 특성을 보이게 된다.

한편, 문화의 변화가 때로는 큰 저항을 초래하기도 한다. 문화의 특성에 따라 차이가 있지만 기존문화에 대한 파괴가 클수록, 전통문화에 대한 침해가 클수록 문화적 변화에 대한 저항이 크게 된다. 그러므로 신제품을 통하여 새로운 문화를 국제시장에 소개하고자 하는 경영자는 이러한 저항의식을 최소화할 수 있는 전략대안을 수립하여야 한다.

문화적 변화의 중개인으로서 국제기업의 역할은 긍정적인 면과 부정적인 면을 동시에 갖고 있다. 국제기업이 국제경영활동을 통해 이전하는 신상품, 새로운 인사관리제도, 마케팅기법, 기타 현대적인 지식은 투자기업이나 현지국 정부가 대개는 바람직한 것으로 평가한다. 그러나 경우에 따라서는 불필요한 소비를 조장한다든가 또는 전통적인 가치관을 파괴한다든가 해서 비난을 받기도 한다. 하지

쉬어갑시다

기업 상호 및 브랜드

중국시장에서 좋은 상호로 성공한 예를 들어보자. 한문은 영어나 한글과 달리 '표의문자'이다. 따라서 외국어를 표기할 때 정확한 원음을 나타내기가 어려울 뿐더러 음과 뜻이 둘 다 좋은 이름을 만들기란 더욱 힘들다. 중국으로 진출한 기업들의 경우 중국 소비자가 듣고 느끼기에 좋은 이름으로 상호를 만드는 것은 상당히 중요한 일이다. 이-마트의 경우 易卖得(YIMAIDE이마이더)로 표기된다. 즉 '쉽게 사고 이득을 얻는다'라는 뜻으로 할인 매장으로서의 이미지를 효과적으로 전달하고 있다. 중국에서 성공하고 있는 초코파이의 예를 들어보자. 한국에서의 초코파이가 情의 이미지를 강조하였다면 중국에서의 초코파이는 *好丽友-派* (HAOLIYOUPAI하오리요우파이)로 이름을 아예 '오리온파이'로 바꾸어 유사한 발음을 채택했다. 아름답고 좋은 친구, 파이라는 뜻을 가지고 있는 이 이름은 한국에서의 情의 이미지와도 부합한다. 코카콜라의 경우 可口可乐(KEKOUKELE커코우커러)로 표기하고 있는데 중국어의 발음으로도 원래 브랜드와 매우 흡사할 뿐더러 '입맛에 맞아서 즐길만하다'라는 뜻을 가지고 있기 때문에 상품 자체의 특징을 잘 살려내고 있다.

반면에 삼성 애니콜의 예를 들어보자. 삼성전자는 '삼성 휴대폰=고급 브랜드'라는 이미지를 만들면서 세계 고급 휴대폰 시장의 1/3을 장악하고 있다. 그러나 문제는 거대한 수출시장인 영어권 국가들이다. 브랜드 전문가들은 'any'라는 영어 단어에는 부정적인 의미가 내포되어 있어, 영어권 국가에서 사용을 꺼리는 경향이 있다"고 말한다. 이런 문화적 이유로 인하여 영어권 국가들에 수출을 할 경우 국내에서는 강력한 브랜드 가치를 형성한 '애니콜'이라는 브랜드로 수출하지 못하고 회사명인 'samsung' 브랜드로 수출하고 있는 것은 상당히 아쉬운 일이다.[9] 국경이 사라지고 있는 이 시대에 브랜드를 정할 때는 항상 해외시장을 꼼꼼하게 고려하고 문화를 잘 이해해야 하는 것이 필수적인 요건이 되고 있다.

만 국제기업의 문화전파활동이 긍정적으로 평가되는가 아니면 부정적으로 평가되는가의 문제는 현지국 정부관계자나 엘리트들의 정치이념과 가치관에 의해서 많은 차이를 가져온다고 보아야 하겠다.

앞서 언급한 바와 같이 국가 간의 문화적 차이는 국제경영활동을 수행하는 데 있어서 거의 모든 분야에 걸쳐 영향을 미친다. 따라서 현지국 문화에 대한 올바른 지식과 이해없이는 기업활동을 능률적으로 수행할 수 없게 된다. 게다가 제한된 사전지식이나 왜곡된 정보를 바탕으로 활동할 경우 돌이킬 수 없는 과오를 범할 수도 있다.

국제기업은 상이한 문화적 환경을 배경으로 활동하기 때문에 문화적 위험에 노출되기도 하지만, 이러한 위험은 제대로 관리할 경우 오히려 훌륭한 기회를 제공하기도 한다. 따라서 국제기업의 경영자는 피투자국 문화에 대하여 이해해야 할 뿐 아니라, 피투자국 문화에 적응할 수도 있어야 하며, 전략경영 차원이나 운영관리 차원 모두 문화적 차이를 관리하는 노력이 충분히 반영될 수 있도록 해야 할 것이다.

4장 요약

- 문화의 개념을 종합적으로 살펴보면 문화란 후천적으로 학습된 행위로서 사회 환경을 구성하는 요소이며 자신의 형태를 다른 것과 구별시켜주는 인간행위의 사회적 규범 및 생활방식이다. 국제경영분야에서의 문화란 결국 국제기업 환경을 결정짓는 가장 중요한 기초적 요인 중의 하나인 것이다.
- 문화의 구성요소에 대해서는 학자마다 그 주장하는 바가 상이하지만 본 장에서는 국제경영활동에 중요한 영향을 미치는 몇 가지 요인들로 언어, 종교, 가치체계, 사회제도, 경제 및 기술을 포함하는 물질문명 그리고 미적 감각에 대하여 살펴보았다.
- 인간의 본성, 인간과 자연의 관계, 인간관계 및 인간행동양식, 시간관념 및 공간관념을 기준으로 분석한 클러크혼의 모형, 고맥락 문화와 저맥락 문화로 분류한 홀의 모형 그리고 개인주의 내 집단주의, 권력 간격, 불확실성에 대한 회피정도, 남성다움 대 여성다움을 기준으로 분석한 홉스테드 모형 등 대표적인 문화적 환경 분석모형을 제시하였다.
- 이문화 관리의 중요성 및 국제기업의 이문화 관리에 대한 이해를 통하여 국제기업과 문화적 환경과의 관계를 고찰해보았다. 본 국과 다른 문화적 배경을 지닌 국가에 대한 이해가 없이는 문화적 위험에 노출되기 쉽다. 따라서 국제기업이 국제무대에서 경쟁적 위치를 확보하기 위해서는 진출하는 국가의 문화에 대한 이해가 반드시 선행되어야 하며, 문화적 차이 극복을 위한 전략적 대안을 마련함과 동시에, 문화의 접촉이 이루어질 때마다 점진적으로 변화하는 문화적 변화의 중개인으로서의 역할을 충실히 해야만 한다.

주 NOTES

1 | 박정동-김경희, 거대한 소비시장 중국, book&book, 2003.
조현준, 중국 유통산업의 개방과 활용전략, 대외경제정책연구원, 2002.
조현준, 중국경제의 고도성장과 한국경제의 과제, 경기논단, 경기개발연구원, 2002. 참고.

2 | A Hoebel, *Culture and society*, New York, Oxford University Press. 1970.

3 | M. J. Herskouite, *Man and His work*, New York, Alfred A. Knopf, Inc., 1952.

4 | E. T. Hall, *Beyond Culture*, Garden City, New York : Anchor Books, 1977.

5 | V. Terpstra and K. David, *The Cultural Environment of International Business*, 2nd ed., south-Western Publishing Co., 1985.

6 | F. Kluckhohn and F. Strodbeck, *Variation in Value Orientation*, Evanston, Ill., Row, Peterson & Co., 1961.

7 | E. T. Hall, How Cultures Collide, *Psychology Today*, July, 1976, pp. 66~97.

8 | Geert Hofstede, *Culture's Conseguences*, London : Sage Publication, 1984.

9 | 김상률 교수가 2003년 한국브랜드관리사회에 발간한『잘 지은 브랜드 못 지은 브랜드』에서는 한국 삼성전자의 애니콜이라는 브랜드가 막강한 브랜드 파워를 가지고 있음에도 불구하고 any라는 영어 단어 자체가 가지고 있는 부정적 이미지로 인하여 영어권국가에서 브랜드 가치를 충분히 발휘하지 못하고 삼성이라는 브랜드를 사용하고 있는 현실을 통찰력 있게 지적함으로써 국제 비즈니스에서는 브랜드의 선택 역시 피 진출국가의 문화에 대한 심도 있는 이해가 선행되어야 함을 잘 보여주고 있다.

부록 주요국의 문화적 관습

1. 식사관습

미국, 영국 등의 서구국가에서는 음식점에 갈 경우에 빈 자리가 많이 있더라도 반드시 카운터 옆에 서서 기다리다가 종업원이 안내해 주는 자리에 가서 앉아야 한다. 식당에서는 종업원이 안내해 줄 때까지 줄을 서서 기다리는 것이 예절이기 때문이다. 영국의 경우 술집들은 거의 멤버십제도로 되어 있기 때문에 함부로 들어가면 망신을 당하기 십상이다. 일반적으로 선술집이라고 알려진 펍(pub)을 찾는 것이 무난하다.

인도에는 채식주의자가 많기 때문에 음식을 접대할 때, 미리 상대방이 채식주의자인지 아닌지, 그리고 어느 정도 채식주의자인지 여부를 파악해 두어야 한다. 왜냐하면 같은 채식주의자라 하더라도 채소, 과일, 곡식만 먹는 층, 물고기까지는 먹는 층, 우유, 치즈 등도 먹는 층 등 다양한 계층이 있기 때문이다. 또한 힌두교도들은 쇠고기를 먹지 않으므로 이에 유념해야 한다. 인도인들은 식사때 반드시 오른손만을 사용한다. 왼손은 용변을 본 후라든가, 하찮은 일을 할 때 사용하며, 오른손은 매우 신성시한다.

아랍지역, 특히 사우디아라비아인들을 초대하여 대접할 경우에는 돼지고기 등 발가락이 붙어 있는 동물의 고기와 오징어 등 비늘이 없는 물고기는 피하는 것이 좋다. 담배는 상관없지만 술은 상대방의 의향을 물어보고 권하는 것이 좋다.

중국에서 남의 집에 식사초대를 받아서 방문을 할 경우 현관에서 신발을 벗어 반듯하게 정돈해 놓아야 한다. 대개의 경우 식사 전에 주안상이 먼저 차려지는 것이 관례이고 밥과 국이 나오면 그 날의 식사모임이 서서히 끝나간다는 것을 의미한다.

2. 인사관습

한국과 일본에서는 어린 아이의 머리를 쓰다듬어 주면 싫어할 부모가 거의 없겠지만 태국에서는 사정이 다르다. 어린 이이의 머리를 신성시하기 때문에 다른 사람이 함부로 만지는 것을 매우 싫어한다.

아랍지역에서는 처음 만나 인사할 때 악수하는 것을 좋아한다. 그러나 왼손으로 신체의 일부분을 만지는 것은 피해야 한다. 왼손으로 더러운 것을 만지는 것 역시 싫어한다. 아랍인들과 이야기할 때 가장 조심해야 하는 것은 바로 여성과 관련된 것이다. 처음 보는 여성에게는 섣불리 말을 걸지 않는 것이 좋다. 특히, 주위에 아랍남성들이 함께 있는 경우에는 더욱 조심해야 한다.

3. 종교에 관한 관습

말레이지아, 인도네시아인들은 거의 대부분이 이슬람교도들이다. 상대방의 종교를 미리 확인할 필요는 있겠지만 그 종교의 교리 등을 너무 깊이 묻는 것은 실례가 된다. 이를테면 그들이 신봉하는 알라신에 대해 왈가왈부한다든지, 부인을 몇 명이나 거느리고 있느냐는 등의 질문은 삼가는 것이 좋다.

사우디아라비아는 이슬람국가 중에서도 계율이 가장 엄격한 편이다. 음주는 절대 금물이며, 우상숭배를 부정하는 경향이 매우 강하다. 최근까지도 인형을 수입하거나 마네킹을 점포에 장식하려면 인형이나 마네킹의 머리부분을 잘라내야 겨우 허가를 받을 수 있을 정도였다.

4. 기타 관습

구미 각국에서 호텔에 숙박하고 샤워를 할 경우 반드시 샤워커튼을 욕조 안으로 드리우도록 해야 한다. 목욕물을 욕조 밖으로 흘러나오게 하면 종업원으로부터 예의없는 사람이라는 소리를 듣게 된다. 호텔 종업원이 가방을 운반해 줄 때는 큰 짐 하나당 1달러 정도의 팁을 주는 것이 일반적이다.

영국에서 택시를 탈 경우 팁(요금의 10~15%)을 주지 않는 것은 실례이다. 택시를 탈 때에는 반드시 행선지를 미리 말해야 한다. 함부로 택시문을 열고 탔다가는 강도로 오인받는 수가 있다. 바쁘지 않을 경우에는 숙소에서 콜택시를 부르는 것이 좋으며, 대개의 경우 10~15분 내에 차가 도착한다.

오스트레일리아나 뉴질랜드를 방문할 때에는 김, 멸치, 녹용 등 농산물과 약재를 가지고 가면 세관통과가 매우 까다롭다. 특히, 녹용은 금수물자는 아니지만 사전에 신고해야만 하는 품목이다.

제2부

국제기업의 경영유형

5 해외시장 진입유형

국내지향기업이 해외시장에 관심을 가지기 시작하면서 해결해야 할 첫 번째 과제는 진출할 시장, 즉 목표시장(target market)을 결정하는 것이다. 한번 시장이 선택된 후에 진출한 시장에서 철수하는 것은 엄청난 손실을 초래할 수 있기 때문에 시장선택 자체가 매우 중요하다. 진출할 목표시장을 선택한 후의 당면 과제는 목표시장에 대한 진입방법 및 시기를 결정하는 것이다. 진입시기와 관련하여 선택가능한 전략적 대안으로는 순자석으로 개별시장을 공략하는 점진적 대안(sequential entry)과 2개국 이상의 시장을 동시에 공략하는 대안이 있다. 시장진입방식(entry mode)의 결정 역시 중요하다. 현지시장을 공략하는 방법에는 수출, 기술이전, 직접투자 등 다양한 대안이 있다. 진출기업은 이 가운데 주어진 환경제약하에서 기업이 보유하고 있는 자원을 최대한 활용하여, 현지시장에서 추구하고자 하는 목표를 달성할 수 있는 최선의 대안을 선택해야 한다.

본 장에서는 국제화(internationalization) 초기단계에서 기업이 당면하는 주요 의사결정사항인 해외시장진입전략(entry mode strategy)을 시장의 선정, 진입시기, 진입방식을 중심으로 살펴보고자 한다.

학습목표

- 해외시장 진입시 고려해야 할 점은 어떤 것들이 있는가?
- 시장진입 방식에 따른 장 · 단점에는 어떤 것들이 있는가?

기술추출 : LG화학과 Smithkline Beecham사와 전략적 제휴[1]

LG화학은 생명과학산업을 21세기 전략사업으로 선정하고 장기간 연구개발에 투자하고 있다. 1982년 연구개발을 시작한 이후 약 2,000억 원의 연구개발에 대한 투자를 지속적으로 하였으며, 현재 LG화학 기술연구원 바이오텍 연구소에는 약 250명의 우수 연구인력이 신약개발과 동물의약품 등 생명과학 분야 연구에 매진하고 있다. 현재 미국 San Dego의 현지 연구소인 LG Biomedical Institute(LG BMI), 국내외 협력 연구기관과의 공동연구, 해외 대학 및 연구소와의 공동연구를 통해 신약개발 추진에 박차를 가하고 있다.

신약개발은 고부가가치 산업으로 개발 성공시 엄청난 수익이 돌아오지만, 성공에 이르기까지 낮은 성공 확률과 막대한 연구개발비의 투자를 감수해야 한다. 일반적으로 신약개발 기간은 평균 12년, 금액은 약 3억 달러 이상이 소요된다고 알려지고 있다. 참고로 세계적 제약 기업들은 매출액 대비 15~20%의 막대한 비용을 신약개발에 투자하고 있다. 한편, 국내의 제약산업의 신약개발 비중을 보면, 1996년 매출순위 100대 제약회사의 매출액 대비 연구개발에 대한 투자비율은 4.27%로 총매출액 4.2조 원 중 4.27%인 1,800억 원 정도이다.

LG 화학은 연구초기 미국 한 Venture 기업인 Chiron 사와의 공동연구(international joint research)를 통하여 최첨단 기술을 확보하여, 1990년 감마인터페론(인터맥스 감마 TM), 1993년인 성장호르몬(유트로핀 TM) 등을 국내 최초로 자체 개발하여 상품화하는 한편 신약분야에서는 항감염제, 항암제, 심장순환계 질환치료제 3개 영역을 주력 연구분야로 설정하고, 개발 후보물질의 발굴을 적극 추진하였다.

1991년부터 기존 제품을 대체할 차세대 퀴놀론계 항생제의 연구에 착수한 LG화학은 1995년 LB20304라는 신물질(compound)을 발굴하여 기초적인 시험을 통하여 개발 후보물질로 선정하였다. 1996년 해외 유명 Contract Research Organization을 통해 영국에서 사람을 대상으로 한 임상 실험을 실시하고 1996년 가을 ICAAC

국제회의에 그동안의 실험내용을 정리하여 발표하는 등 상당한 개발성과를 거두고 있었다.

그러나 대규모의 임상실험(clinical trials) 등 상품화(commercialization)를 위해서는 엄청난 개발비가 필요할 뿐 아니라, 자체의 기술 · 자본만으로는 시장에서의 성공적 상품화가 어려울 것으로 판단해, 신약개발 경험이 풍부한 세계적 제약회사와의 전략적 제휴를 통해 LG화학이 개발한 후보물질의 세계적 신약을 추진하기로 하였다.

LG화학은 세계적 제약회사와의 전략적 제휴라는 전략하에 세계적 제약회사에 동사의 실험자료를 정리하여 보내는 등 제휴사를 찾기 위해 노력하였다. 한편, SmithKline Beecham 사는 최대 매출 품목인 AugmentinTM 항생제의 특허가 만료되어 감에 따라 이 제품을 대체할 차세대 항생제의 라이센싱기회를 물색하고 있던 중 ICAAC 학회에서 LG화학의 실험 결과를 보고, 적극적인 접촉 의사를 표현하였다.

1997년 초 첫 협상을 시작으로 총 기술료(licensing fee) 37.75백만 달러, 경상기술료(running royalty) 6~9%, 원료 독점 공급권 확보 등의 계약 내용을 협상하여 1997년 5월 SmithKline Beecham사와 공동으로 판매하는 Co-promotion권리를 확보하였다.

1999년 12월 SB에서는 미국 FDA에 신약허가를 위한 신청자료를 제출하였으며, 2003년 4월 미국 FDA로 부터, LG생명과학(2002.8 지주회사 LG CI에서 분사)은 퀴놀론계 항생제 "팩티브"에 대해 승인을 받았다. 전략적 제휴를 통해 LG화학의 퀴놀론을 세계 시장에 출시할 수 있게 되었으며, 독자적으로 개발할 경우 수반되는 시행착오와 출시지연 등의 실수를 피하면서 선진 제휴사의 기술을 습득하였다.

http://www.lgls.co.kr

토의과제

- LG화학이 SmithKline Beecham사와 같은 거대 제약회사에 접근한 이유는?
- LG화학이 SmithKline Beecham사와 함께 전략적 제휴를 통해 획득하게 된 것은?

진입시장 선택 및 경쟁전략

시장선택의 주요 결정요인

진입하고자 하는 국가의 선택에 영향을 미치는 요인은 다양하다. [그림 5 - 1]에서 제시한 것처럼 시장선택에는 해외시장에 대한 기업의 장 · 단기 목표, 관련해외사업에 대하여 최고경영자가 가지고 있는 전략적 지향(strategic orientation), 경쟁우위원천으로서 기업이 보유하고 있는 자원(firm-specific resources), 그리고 현지국의 시장규모, 산업구조 등 환경적 요인들이 복합적으로 영향을 미친다.

전략적인 관점에서 볼 때, 시장진입결정(entry-mode decision) 시에는 현지국의 시장 특성뿐만 아니라 해외시장에 대한 기업의 장 · 단기적 목표와 경쟁기업의 경쟁전략 및 강약점, 세계시장에서의 경쟁적 우위를 모두 고려해야 한다. 이러한 요소들은 다시 해외시장 확대를 위한 자원투입과 투자수준 결정에 영향을 미친다.

전략적 지향성(Strategic orientation)

투자가능한 자원의 규모, 기업이 해외사업에 대해 부여하는 의미, 이에 따른 목표 및 경영진의 의지 등은 해외시장 진출전략 수립 전반에 영향을 미친다. 특히, 경

그림 5-1
해외진입시장 선정의 주요 영향 요인

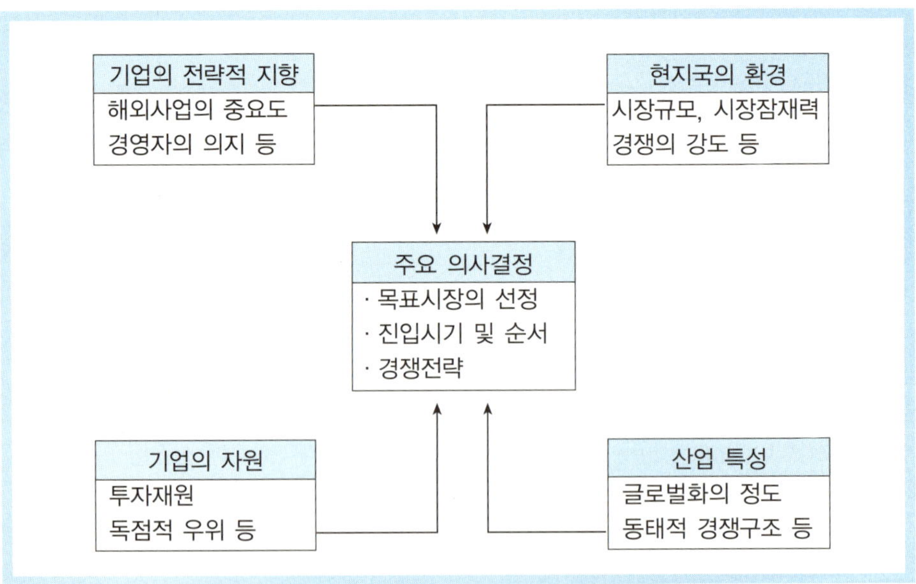

영진이 해외사업에 대해 부여하고 있는 전략적 비중에 따라 해외사업에 대한 목표, 자원투입수준과 진입전략이 상이할 수밖에 없다. 해외시장진출에 있어서 어떤 기업들은 상대적으로 소극적이고 해외시장에 자원을 투입하는 데도 역시 소극적이다. 일반적으로 모든 기업은 해외시장이 가지고 있는 불확실성으로 인해 위험을 인식할 수밖에 없다. 이러한 위험을 감소시키기 위해 실제로 많은 기업들은 인접국가 또는 언어, 문화, 사업 관행이 유사한 환경을 지닌 국가들에 초점을 맞추고 있다. 따라서 불확실성과 위험에 대한 경영자의 태도는 시장선택에 중요한 영향을 미친다. 경영자의 위험회피 성향이 높을수록 현지국의 정치·경제적 위험에 민감하게 반응한다. 반면에 위험중립적 또는 위험선호적인 경영자는 해외시장 개척에 엄청난 자원을 투입한다.

현지국의 시장환경

현지국의 시장규모 및 성장잠재력, 산업구조 및 경쟁구조 등 현지국의 환경도 시장선택에 중요한 영향을 미친다.

시장의 상호의존성

적절한 시장을 선택하기 위해서는 GNP, 인구 등과 같은 개별시장의 총체적인 거시경제지표뿐만 아니라 특정 시장과 인접국 시장과의 상호의존성, 상호관련성을 고려하여야 한다. 특정 국가의 선택은 추후 여타국 시장의 선택시 제약조건이 될 수 있기 때문이다. 따라서 개별시장에 대한 결정은 기업이 중장기적으로 진입 목표로 삼고 있는 여타 국가들에 대한 효과적 시장진입 방안 등을 포괄적으로 고려하여 이루어져야 한다.

국가 간 시장의 상호관련성이란 시장수요, 인프라의 유사성, 국가 간의 시장통합 정도를 말한다. 국가 간에 시장수요가 동질적이거나 인프라가 유사하면 비슷한 전략을 다른 나라에도 적용할 수 있다. 예를 들면, 베네룩스 3국과 스칸디나비아 시장처럼 인접시장 간에 고객의 기호와 구매특성이 유사하면 이들 국가를 하나의 그룹으로 공략할 수 있다.

동태적 경쟁구조

현지국의 산업구조 및 경쟁기업의 전략 등 경쟁특성은 시장선택에서 중요한 요인의 하나이다. 전통적으로 기업들은 경쟁을 국가별(country-by-country) 기반 위에서 검토해왔고 국경을 일차적인 진입장벽으로 생각했다. 그러나 세계경제의 글로벌화에 따라 경쟁구조를 보다 현실적으로 파악하기 위해서는 국가단위에서 뿐만 아니라 세계적으로 전개되는 경쟁의 동태적 특성을 고려해야 한다.

따라서 특정 국가의 시장선택에 있어서도 현지국의 경쟁구조뿐만 아니라 범세계적 경쟁구조의 동태성을 고려하여야 한다. 이를 위해서는 기업은 개별 국가의 산업구조뿐만 아니라 산업의 글로벌화 정도, 그리고 이와 관련하여 정의된 경쟁범위 내에서 경쟁자들의 진입 · 확장 전략을 모두 검토해야 한다.

① 산업의 글로벌화 정도

시장진입이라는 맥락에서 보면 개별 산업의 글로벌화 정도에 따라 개별 시장진입결정에 고려해야 할 경쟁적 요인이 달라진다. 예를 들어, 산업의 글로벌화가 높은 경우에는 특정 국가의 산업구조가 경쟁의 정도를 결정하는 것이 아니므로 기업이 새로운 시장진입을 결정할 때 범세계적 경쟁자의 예상 반응을 모두 고려해야 한다. 예를 들어, 상대적으로 소수의 기업이 세계산업을 주도하고 있을 때에는 경쟁자의 진입전략과 예상되는 경쟁자의 반응이 시장선택에서 핵심요소이다. 반면, 글로벌화가 낮은 산업의 경우에는 개별시장 선택에 있어서 해당 국가의 산업구조 및 해당산업 내 활동하고 있는 경쟁자의 전략 등이 집중적인 분석대상이 된다. 물론 동일 산업 내에서도 국가별 또는 지역별로 경쟁의 정도가 상이할 수 있다. 따라서 기업은 주요 경쟁자가 하나도 없는 시장에 진입함으로써 경쟁을 회피할 수 있다.

그러나 점점 시장개방이 가속화되고 글로벌경쟁이 치열해지면서, 회피 전략은 점점 더 불가능할 뿐만 아니라 예기치 못한 위험까지 내포하게 되었다. 미국의 소프트음료시장에서 불구대천지 원수지간인 코카콜라와 펩시콜라는 과거에는 서로 상대방이 진출하지 않은 해외시장에 진입하는 전략을 구사했다. 특히, 시장잠재력이 제한되어 있다고 판단되거나 시장진입에 상당한 어려움이 있을 것으로 예상되는 시장에서 이러한 경향이 강했다. 예를 들어, 펩시콜라는 구소련 및 다른 동유럽국가들을 개척하는 데 역점을 두었고, 코카콜라는 중국에 진입했고 일본시장을 개척하였다. 그러나 오늘날 코카콜라와 펩시는 세계의 동일한 시장에서 결전을 벌이고 있다. 코카콜라는 펩시가 1990년에 이미 진입한 인도시장에 대한 대규모 투자계획을 발표했고, 루마니아와 헝가리에도 투자하고 있다. 반면에 펩시는 일본에 대한 투자를 늘이고 있다. 또한 펩시는 코카콜라가 2/3정도 시장을 점유하고 있는 멕시코시장에 7억 5천만 달러의 투자를 계획하고 있다. 펩시는 멕시코에서 판매망을 신속하게 확장시키려는 목적으로 다수의 지역 판매상의 지분구입에 이미 1억 1천 5백만 달러 이상을 투자했다.

② 현재 및 잠재적 경쟁자의 대응전략

경쟁구조의 동태성으로 인해 기업이 특정 국가에 진입할 경우 예상되는 경쟁기업들의 반응을 검토하는 것이 중요하다. 다시 말해, 기업의 의사결정이 세계적 경쟁구도에 미치는 잠재적 영향을 검토해야 한다.

예를 들어, 경쟁기업이 진입하지 않은 시장이나 그들에게 상대적으로 중요성이 낮은 시장으로 진입할 경우에는 경쟁사의 본국 또는 다른 핵심 시장으로 진입하는 것에 비해 경쟁기업의 반응이 그리 대단하지 않을 것이다. 그러나 개발도상국이나 신흥공업국 기업의 경우, 현지시장에서 이미 입지를 공고히 다진 다국적기업과의 경쟁을 회피할 수 없는 상황에 직면할 수도 있을 것이다. 이러한 경우 이들은 자신들의 도전에 대한 다국적기업들의 반응을 조심스럽게 검토해야 한다. 예를 들어, 1989년에서 1990년에 걸쳐, 타이완의 컴퓨터 회사인 에이서(Acer)는 저원가 제품라인을 무기로 빠르게 성장하는 유럽의 퍼스널컴퓨터시장에 진입했다. 그 보복으로 IBM과 컴팩(Compaq)은 1992년에 새로운 제품라인을 도입하여 파격적인 가격으로 모방업체에 대한 공격을 감행했다.

어떠한 경우이든 기업은 진입결정시 이러한 결정이 세계시장에서의 경쟁구도에 어떤 영향을 줄 것인가를 고려해야 할 뿐만 아니라 기업이 가진 자원이 경쟁기업들의 행동에 대응하기에 충분한지 여부도 아울러 고려해야 한다.

기업의 보유자원

해외시장 진입을 위해서는 인적 · 물적자원이 투입되어야 한다. 우선 현지 운영기반을 구축하기 위해서는 재무적 자원이 필요하다. 경영진 역시 시간과 노력을 투입해야 한다. 또한 자국시장과 다른 현지시장에서 효과적인 전략을 수립하고 이를 실행할 수 있는 경영자의 능력 역시 필요하다. 물론 진입전략에 따라 필요한 자원의 양이 달라질 수 있다. 경쟁기업들이 진입하지 않은 미개척 시장을 선점하기 위해 특정 국가에 진입하는 경우 현지시장의 인프라개발에 대한 투자가 필요할 수도 있다. 이러한 경우 인프라개발에 따른 비용과 시장진입에 대한 선점이익 양자에 대한 세밀한 분석이 필요하다. 왜냐하면 인프라개발에 따른 효익을 다른 경쟁자가 무임승차할 가능성이 크기 때문이다.

전통적인 해외직접투자 이론에 따르면 기업이 해외시장에 진출하기 위해서는 현지국에 진출하여 현지기업과의 경쟁에서 이길 수 있는 기업 특유의 우위(firm-specific advantage)를 가져야 한다고 한다. 그러나 반드시 자원보유가 해외시장 진출의 필요조건이 되지는 못한다. 기업이 필요한 자원을 획득하기 위해 해외시장에 진출할 수도 있기 때문이다. 한국기업의 경우 기존에 보유하고 있는 자원을 현지에서 활용하기 위해 해외에 진출하는 경우도 있지만, 부족한 자원을 획득하거나 개발하기 위해 해외투자를 하고 있는 경우도 많이 찾아볼 수 있다.

진입시기 및 순서의 결정

진입하고자 하는 목표시장(들)을 결정한 후에는 언제, 어디에서부터, 어떻게 진입할 것인가에 대한 장기적인 시장개발계획을 수립하여야 한다. 여기에서 중요한 문제는 국가들 간에 진입순서를 결정하는 것과 자원배분을 결정하는 것이다.

전자의 경우는 진입하고자 하는 목표시장들을 순차적으로 공략할 것인가 동시에 공략할 것인가의 문제이며, 후자의 경우는 자원을 특정시장군에 집중할 것인가 여러 시장에 분산하여 투자할 것인가의 문제이다. 이러한 의사결정은 전술한 시장선택의 문제와 본질적으로 구분되는 것은 아니다. 예를 들어, 기업이 해외에 처음으로 진출하는 경우를 제외하면 개별시장의 선정은 기업이 수립한 중장기 해외시장개발계획에 의거하여 시장진입형태를 결정하는 의사결정의 일부로 볼 수 있다.

점진적 진입과 동시다발적 진입

해외시장진출 초기단계의 경우 기업은 우선 순위가 높은 시장에 진입하여 현지시장에서 경험을 축적한 후 다른 시장에 순차적으로 진입하는 점진적 해외시장진입 전략을 선택할 수 있다. 또한 자신의 핵심역량과 자원을 더 넓은 시장기반 위에서 레버리지하기 위해 동시에 다수의 시장에 진입할 수도 있다.

해외시장경험이 없거나 부족한 경우에는 점진적으로 사업영역을 넓혀 나가려 할 것인 반면, 어느 정도 해외시장진출이 이루어진 후라면 해외시장 정보와 경험이 축적되면서 동시적 진입을 고려할 수 있게 된다. 동시적인 전략은 기업이 경쟁자에 비해 상대적으로 해외시장진입에 뒤처진 경우 고려해 볼 수 있다. 반면, 기업의 경험이 부족하고 자원이 제한된 경우에는 동시에 대규모 투자를 하기보다는 점진적으로 확장시켜 나가는 것이 바람직할 것이다.

동시직 방법은 새로운 시장진입 기회를 선점하고 경쟁에서 기선을 제압하기 위해 사용하는 경우도 있다. 이는 단시일 내에 경험을 축적하는 바람직한 대안이 될 수 있다. 그러나 여러 국가에 동시에 진입하는 것은 상당한 재무자원과 경영자원을 필요로 하며 경영위험 및 실패가능성이 크다.

집중과 분산

진입형태과 관련한 두 번째 문제는 자원배분과 관련하여 자원을 소수의 시장들에 집중시킬 것인가, 아니면 다수의 시장들에 분산시킬 것인가 하는 것이다.

기업이 국제경영활동을 소수의 해외시장들에 집중시킬 것인가 다수 지역에 분산시킬 것인가라는 선택에는 기업의 위험관리전략, 기업의 투자가능 자원규모, 해외시장 경험 정도, 시장들 간의 상호관련성 등 다양한 요인이 동태적으로 영향을 미친다. 국제적 확장에 투여할 자원이 제한되어 있고 경험이 부족한 기업은 제한된 자원을 소수의 시장에 집중적으로 투자하는 것이 바람직하다.

시장수요, 인프라 등에서 시장들 간의 상호관련성이 높은 경우 이들 국가들에 자원을 집중시킴으로써 비용절감 등 경영의 효율성을 증대시킬 수 있다. 예를 들어, 스칸디나비아 국가들이나 걸프만의 국가들과 같이 공통의 시장기반을 가진 인접한 일련의 국가군에 초점을 맞춤으로써 경영의 효율성을 높일 수 있다.

자원의 지역집중 또는 분산은 기업의 위험관리전략에 의해서도 영향을 받는다. 기업은 해외사업에서 발생할 수 있는 위험을 분산시키기 위해 의도적으로 투자를 분산시킬 수 있다. 예를 들어, 다수의 지역에 분산하여 진입한 경우라면 한 국가의 경기침체로 인한 시장위험이 다른 국가의 경기호황으로 상쇄될 수 있다.

경쟁전략의 수립

장기적인 해외시장 진입계획 시에는 진입시장의 선정, 진입시기의 결정과 동시에 현지시장에 적합한 경쟁전략이 결정되어야 한다.

예를 들어, 특정국 시장에 진입을 고려하는 경우 해당기업이 현지시장에서 선발기업으로서의 시장선점적 전략을 구사할 것인가 아니면 경쟁기업들이 현지시장을 어느 정도 개발해 놓은 다음에 진입하여 후발기업으로서의 이점을 누릴 것인가라는 전략적 선택이 검토되어야 한다. 이러한 의사결정은 앞서 살펴본 해외진입결정의 제반 요인에 영향을 받는 동시에 진입국가의 선택 및 진입순서를 결정하는 주요 요인이 된다. 따라서 진입국가 및 시기 그리고 경쟁전략의 선택은 순차적이라기보다는 동시적으로 이루어져야 하고 또한 상호독립적이라기보다는 통합적으로 다루어져야 한다. 여기서는 현지시장 진입시 고려해야 할 전략대안의 유형과 각 대안이 갖는 의의를 간략히 정리하고자 한다.

기업이 특정국의 시장진입시 상정할 수 있는 전략대안에는 선점전략, 대결전략, 구축전략 등이 있다. 선점전략은 초기진입자가 갖는 이점을 획득하기 위해 경쟁이 발생하기 전에 시장에 진입하는 것을 말한다. 기업은 초기에 진입함으로써 경쟁기업의 공격에 대비하여 난공불락의 시장지위를 구축하고 경쟁자들의 진입을 봉쇄할 수 있다.

대결전략이란 경쟁자가 이미 입지를 굳힌 시장에 들어가서 경쟁자의 시장지위에 도전하는 것을 말한다. 대결전략은 상당한 정도로 규모의 경제가 달성될 수 있는 산업에서 유효하다.

구축전략이란 경험을 축적하기 위해 주요 경쟁자와 정면대결을 피하고 경험을 축적하기 위해 경쟁이 치열하지 않거나 혹은 경쟁이 낮은 시장에 우선적으로 진입하는 것을 의미한다.

선점전략

선점전략(preemptive strategy)은 초기진입자의 이점을 획득하기 위해 경쟁기업보다 앞서 세계의 주요시장에 진입하는 것을 의미한다. 3M은 해외시장에 진입할 때 이 전략을 구사했다. 3M의 전략은 '먼저 들어가는 자가 다른 이들을 제압한다' (First In Dominates Others)고 하여 FIDO라고 명명되고 있다. 그러나 앞에서도 언급했듯이 3M은 이와 같은 전략과 함께 처음에는 수출로 시작하여, 한 제품을 가지고 조심스럽게 진입하면서 점점 제품을 한 번에 하나씩 늘려나가는 점증적 시장접근방법을 병행했다.

선점전략을 채택하면 기업은 시장에서 확고한 위치를 구축할 수 있다. 지배적인 영업망을 구축하여 다른 다국적기업들의 진입을 방해하거나 현지 경쟁자의 출현을 사전에 예방할 수 있다. 어떤 경우 시장선점전략은 초기단계에서는 경제적으로 수지타산이 맞지 않을 수 있다. 이러한 상황에서 수요를 개발하고 기업의 경쟁적 위치를 확고히 하기 위해서는 단기적으로는 손실을 감수하면서 상당한 투자를 해야 한다.

예를 들어, AST-리서치(AST Research, Inc.)는 IBM, 컴팩(Compaq), 애플(Apple)보다 일찍 중국 PC시장에 진입했다. 초기에 중국시장에 진입한 AST는 중국시장의 25%를 점유할 수 있었다. 향후 AST는 아이비엠, 컴팩, 애플과의 치열한 경쟁에 부딪히게 되었지만 초기에 진입한 덕분에 중국 컴퓨터시장에서 유리한 경쟁적 위치를 차지할 수 있었다. 더구나 AST는 늘어나는 현지수요에 대응하기 위해 10만 대의 PC를 생산하기 위한 1천 6백만 달러의 합작 투자사업을 계획하고 있다.

급성장하는 신시장을 선점한 초기 진입기업은 여러 가지 이점을 누릴 수 있다. 예를 들어, 선발기업은 자사의 인지도를 쉽게 높일 수 있으며 고객충성도 구축 역시 상대적으로 용이하다.

선발기업은 효율적인 유통망을 선점적으로 구축하는 동시에 현지의 유통업자와 사업관계를 공고히 하여 이를 경쟁적 무기로 활용할 수 있다. 후발경쟁기업들의 경우, 선발기업과 밀접한 관계를 가지고 있는 유통업자가 그들의 제품을 취급하도록 설득하는 데 많은 어려움을 겪을 수밖에 없다.

예를 들어, 켈로그(Kelloggs)는 유럽국가들에 조기 진입한 후 아침식사용 시리얼에 대한 수요개발에 성공하여 소비자와 유통업체로부터 높은 수준의 충성도를 획득했다. 따라서 후발기업인 퀘이커(Quaker)와 제너럴 밀즈(General Mills) 등은 현지시장에 침투하는 데 상당한 어려움을 겪었다. 결국 제너럴 밀즈는 시리얼 브랜드를 현지에 판매하기 위해 네슬레의 유통채널을 이용할 수밖에 없었으며, 결국 네슬레와 제휴하여 시리얼 파트너즈 인터내셔널(Cereal Partners International)을 설립하였다.

선점전략은 일반 소비재시장에서와 같이 유통망구축이 관건일 때 특히 효과적이다. 유통망을 선점하는 것은 시리얼과 세제시장처럼 산업이 소수의 주요 경쟁자에 의해 지배되고, 마케팅과 유통비용이 가치사슬에서 중요한 구성요소가 될 때 특히 그 중요성이 커진다.

선점전략은 제품기술이 혁신적이거나 제품 간에 차별화가 용이하지 않을 때에도 바람직하다. 이런 경우 기업은 경쟁자의 모방이나 유사 제품의 도입을 사전에 예방하고 세계의 핵심시장을 선점하기 위해 동시다발적인 시장진입을 결정할 수 있다.

대결전략

경쟁에서 앞서나가기 위해 조기시장진입에 초점을 맞추는 선점전략과는 달리, 대결전략(confrontation strategy)에서는 기업이 경쟁기업의 본국시장이나 다른 주요 세계시장에서 경쟁기업과 정면으로 경쟁하는 것을 의미한다. 예를 들어, 나이키(Nike)는 유럽에서 강력한 시장지위를 구축하기 위해 아디다스(Adidas)와 푸마(Puma)의 본국시장인 독일에서 정면대결하기로 결정했다.

또한 기업은 세계시장에 혁신적인 제품이나 서비스를 소개함으로써 주요 경쟁기업을 정면공격할 수도 있다. 예를 들어, 빅(Bic)은 새로운 일회용 면도기를 세계시장에 내놓음으로써 질레트(Gillette)에 전면적인 공격을 감행하였다.

일반적으로 대결전략은 시장 리더나 주요 경쟁기업에게 도전하는 것을 의미한다. 대결의 목적은 지배적 시장지위를 확보하고 세계시장에서 도전기업 자신의 위치를 강화시키거나 시장리더의 시장지배력을 약화시켜 시장개발에서 주도적인 위치를 점하기 위한 것이다.

대결전략은 주요 경쟁자가 주요 시장에서 확고한 기반을 가지고 있으나 이 중 일부 시장에 노력을 집중하고 있을 때 효과적이다. 대결전략의 영향은 공격대상이 되는 시장의 비중에 따라 달라진다. 기업이 하나의 시장에서 이윤의 대부분을 창출하고 있고 다른 시장에 별로 참여하고 있지 않다면 대결전략에 의한 공격을 받을 가능성이 높고 이로 인해 받게 되는 손실도 클 수밖에 없다.

예를 들어, 한 기업이 가격인하정책을 쓰면서 특정시장에 진입하는 경우 현지국 경쟁기업의 한계이익과 전체적인 수익성에 영향을 미칠 것이다. 따라서 경쟁기업의 전체매출 중 현지국이 차지하고 있는 비중이 크다면 그 타격은 매우 클 것이다.

미쉐린은 미국의 타이어 시장에 진입할 때 이러한 전략을 구사하였다. 굿이어의 유럽시장진입 가능성을 미리 막기 위해 공격적인 가격인하전략으로 미국시장에 먼저 진입한 것이다. 이 사례는 대결전략이 가지는 위험요소도 보여준다. 미쉐린의 공격에 대응하여 굿이어는 유럽시장에서 가격을 인하함으로써 미쉐린의 이윤기반을 약화시켰다.

대결전략은 공격자의 자국시장이나 제3의 시장에 대한 상대방의 보복 가능성이 제한적일 때 성공할 가능성이 높다. 대결전략은 글로벌 관점에서 기업인지도, 브랜드이미지 등이 레버리지될 수 있을 때 효과적이다. 이러한 경우에 기업은 시장리더가 되기 위해서 공격적인 전략으로 투자하는 것이 바람직하다.

구축전략

구축전략(build - up strategy)은 주요경쟁자들이 진입하지 않은 비교적 규모가 작고 매력도가 낮은 시장에 진입시 시행하는 것이다. 구축전략을 통해 기업은 단기적으로는 주요 경쟁자와의 직접경쟁을 피할 수 있다. 이러한 전략은 기업이 주요 해외시장에서 경쟁기업에 도전하기 이전, 해외시장 경험을 쌓을 필요가 있을 때 채택될 수 있다.

구축전략을 통해 기업은 시장리더의 주의를 끌지 않을 정도로 작은 소수시장에 진입하여 경험을 축적할 수 있다. 예를 들어, 유럽시장에서 현지 장거리통신회사와 강력한 경쟁에 직면한 에릭슨(Ericsson)은 유럽의 주변국가들과 아프리카의 중소규모시장을 겨냥한 모듈라 PBX 시스템개발에 초점을 맞추었다. 일단 이들 시장의 공략을 통해 마케팅 경험을 축적하자, 에릭슨은 이들과 유사한 유럽의 세분화 된 시장을 겨냥하였다. 결국 에릭슨은 경쟁자가 지배하는 지역에 침투하기 위해 중립적인 시장에서 얻은 경험을 이용할 수 있었다.

구축전략은 현지시장 규모가 작고 현지시장 특성에 대한 적응이 요구될 때 적절한 전략이다. 이러한 경우 시계산업에서처럼 범세계적인 규모의 확장을 통해서는 별다른 비용우위를 얻을 수 없다. 또 구축전략은 국가시장이 세분되어 있거나 고립되어 있을 때 효과적이다. 즉, 어떤 국가시장은 다른 시장에 비해서 규모가 너무 작아 매력도가 낮기 때문에 시장리더에게는 수지타산이 맞지 않을 것으로 판단될 수 있는데 이러한 지역을 대상으로 구축전략을 수행하는 것이 적합하다. 마찬가지로 시장이 너무 지역적으로 고립되어 있다면 각각의 국가시장에 진입하는 데 상당한 비용이 들어갈 수 있고 제품, 아이디어 혹은 경험 등을 한 시장에서 다른 시장으로 이전하기 힘들어질 수도 있다. 결과적으로 그들은 시장리더에게는 매력적인 대상이 아니다.

해외시장 진입방식의 대안

해외시장에 진입하기 위한 유형에는 일반적으로 수출, 계약 그리고 단독투자가 있다. 수출에는 간접수출 · 공동수출 · 직접수출이 있고, 계약은 라이센싱 · 프렌차이징 · 해외계약생산 · 합작투자로 분류되며 단독투자는 인수와 신설의 방법이 있다.

여기서는 각 진입방식의 개념과 그 장단점을 간략히 소개한다.

수출

수출은 기업이 해외시장으로 처음 진출함에 있어 가장 보편적으로 사용되는 방법이다. 하지만 수출은 산업 및 생산제품에 따라서는 초기단계에서 뿐만 아니라 이후에도 최적의 국제화방법이 될 수 있다. 예를 들어, 세계최대의 항공기 제조업체인 보잉(Boeing)의 경우, 시애틀에 있는 본거지에서 생산활동 대부분이 이루어지고 있으며, 여기서 만들어진 제품을 전세계 시장으로 수출하고 있다.

수출은 관련되는 중개업체의 수와 형태에 따라 다양한 형태로 나타난다. 유통

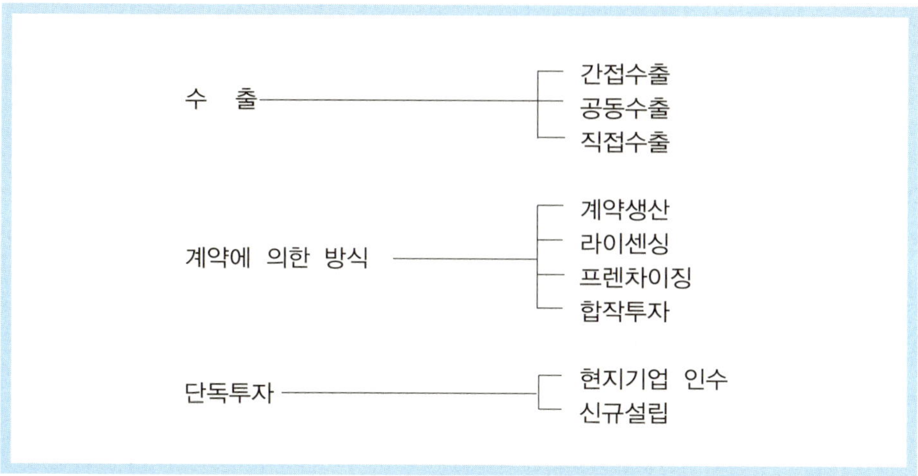

그림 5-2
해외진입방식의 대안 및 유형

업체의 경우, 수출 및 수입업체는 그 기능에 따라 매우 다양한 형태를 보인다. 수출대행회사(export management company)는 도매업에서의 포괄적 서비스 도매상(full－servicc wholesaler)과 같이 수출과정 전반에 걸쳐 모든 기능을 수행한다. 그 외의 다른 수출중개업자들은 각기 부분적으로 참여한다. 즉, 선적 및 하역, 결제 및 금융, 또는 세관통과 등 한 공정을 전문적으로 담당한다.

수출경로를 설계할 때에는 어떤 기능을 중개업자에게 대행하게 하고 어떤 기능을 직접 수행할 것인가를 결정해야 한다. 이에 따라 수출은 간접수출, 공동수출, 직접수출이라는 세 가지 종류로 구분된다. 간접수출은 대체로 수출대행업체를 통해 이루어진다. 공동수출은 수출기능을 수행하는 회사와 상호협력계약을 체결함으로써 이루어진다. 직접수출은 수출하는 회사가 국내 또는 현지시장에 있는 기업내부의 판매조직을 통해 자체적으로 수출과 관련된 활동을 수행하는 형태이다.

간접수출

간접수출(indirect export)은 수출 대행업체(export agents) 또는 무역회사(trading company)를 이용하거나 국내에 진출해 있는 외국기업에게 물건을 파는 형태이다. 간접수출은 이러한 방식을 통해 해외의 수요자나 판매망을 찾는 것인데, 이때 상품의 선적 · 보험 · 금융 · 세관통과를 위한 서류준비 등 수출에 수반되는 여러 기능과 책임은 대행업체로 이전된다. 특히, 수출대행사의 상표로 수출하는 경우, 기업은 제품판매에 대해 아무런 위험부담을 지니지 않는다. 이 경우 국내소비자에게 판매하는 것과 다를 바 없다.

간접수출은 해외시장에 대한 관여 정도가 낮은 기업에 적합하다. 수출의 주요 동기가 국내의 과잉생산물을 처리하거나 국내사업의 부수적인 활동으로 추진되는 경우 수출대행사를 통한 간접수출이 적절하다. 또한 해외시장확대에 전념할 여력이 없고, 수출조직을 신설하고 집중적인 자원투입을 하기 전에 시장을 테스트하면서 점진적인 진출을 추구하는 기업도 이러한 방식을 선택할 것이다.

그러나 무역회사나 수출대행회사 같은 중개업체를 이용할 경우 이점만 있는 것은 아니다. 무엇보다도 기업은 자사의 제품이 해외시장에서 판매되는 상황에 대해 전혀 통제할 수 없다. 기업은 제품의 유통 · 보관 · 판촉 등에 전혀 개입하지 않으므로 적절한 지원 또는 판촉없이 제품이 판매될 수 있으며, 제품의 가격이 제대로 책정되지 않을 수도 있다. 이에 따라 해외시장에서 제품 이미지가 심각하게 손상될 수 있으며, 시장을 개발하는 노력을 기울이지 않아 잠재적 시장기회를 상실하는 결과를 초래할 수 있다.

아울러 간접수출을 통한 점진적인 해외진출을 추구하는 기업이 특히 주의해야 할 것은 이 경우, 현지시장과의 접촉이 거의 이루어지지 않는다는 점이다. 기업은 현지시장에 대해 극히 제한된 정보만을 접하게 되므로, 만일 추가적인 시장확장을 계획하려 한다면, 필요한 자료를 충분히 확보하지 못할 것이다. 따라서 향후 현지시장으로 직접 진출하고자 하는 경우 대리점이나 유통업자를 확보할 방법이 없고, 직접수출형태로 옮겨가기도 힘들어진다.

결국 간접수출방식은 해외확장을 위한 효과적인 첫걸음이 되지 못하는 경우가 많다. 때에 따라 적절하게 이용될 수도 있지만 범세계적인 관점에서의 발전과 성장을 추구하는 기업의 경우 이러한 간접수출방식을 선택시 매우 큰 주의가 필요하다.

공동수출

제품판매에 대해 어느 정도의 통제력을 행사하고자 하지만 독자적인 수출전담조직을 마련하기에는 자원이 부족하거나 매출규모가 적을 때, 공동수출(cooperative export)은 하나의 대안이 된다. 공동수출은 한 기업이 해외시장과 관련된 시장조사나 판촉, 수송, 유통업무 등에 있어서 다른 기업과 상호협력계약을 체결함으로써 이루어진다.

특히, 쌀이나 목재 · 말린 과일 · 오렌지 같은 상품이 공동수출에 적합하다. 캘리포니아건과수출협회(California Dried Fruit Export Association)나 미국면직수출조합(American Cotton Exporters) 같은 단체들은 시장기회를 파악하기 위한 조사를 수행하고, 화물의 선적 및 수송과 해외시장에서의 광고와 판촉활동을 담당한다.

또 한 가지 흔한 공동수출의 형태로 피기백방식(piggy backing)이 있는데 이는 한 회사의 제품이나 서비스가 다른 회사의 유통조직을 통해 판매되는 것을 말한다. 일반적으로 피기백방식으로 수출하는 회사의 제품은 현지에 유통조직을 가진 회사의 제품라인을 보충시켜 줄 수 있도록 두 회사의 제품은 경쟁하기보다는 상호보완적인 관계에 있어야 한다. 보통 이런 형태는 서로에게 이익이 되기 마련이다. 예컨대, 미놀타(Minolta)는 IBM의 사무기기 판매조직을 통해 미국에서 저가의 복사기를 판매하였다. 이를 통해 미놀타는 그렇지 않았더라면 얻기 어려웠을 광범위한 유통망을 획득하고 효과적인 서비스를 제공할 수 있었다. 이와 함께 미놀타의 저가복사기는 IBM의 고가복사기 라인을 보충해 주었다.

공동수출은 여러 가지 형태로 나타날 수 있다. 공동수출은 다른 기업과 체결하는 계약의 종류와 형태에 따라 〈표 5－1〉에 나타난 바와 같은 직접수출과 간접수출이 갖는 이점과 한계점을 모두 가질 수 있다. 공동수출은 비교적 적은 수준의 자원투입이 요구되면서도 간접수출에 비해 보다 효과적인 판매가 가능하다. 그러나 제품판매에 대한 기업의 통제정도는 공동수출의 형태에 따라 다양하게 나타난다.

직접수출

해외시장에서의 매출규모가 상당히 크고 해외시장 개척에 대한 기업의 의지가 확

표 5-1
수출 유형별 장단점

	간접수출	직접수출
장 점	· 적은 자원투입 · 위험 최소화 · 유연성	· 현지시장에 밀접 · 보다 강력한 통제 · 보다 효과적인 판매
단 점	· 잠재적 기회손실 · 통제의 상실 · 시장접촉 부족	· 판매조직에 투자 필요 · 해외시징에 대한 관여 및 개입의 증가

고한 경우, 자체적인 수출전담부서를 신설하는 것이 바람직하다. 기업의 자체 수출조직은 국내에 위치할 수도 있고 또는 현지시장에 위치할 수도 있다. 이 경우 수출조직은 시장기회의 포착과 목표시장 설정, 수출에 필요한 서류처리, 운송에서부터 가격 · 판촉 · 유통 등을 포함하는 현지 마케팅 계획수립에 이르기까지 수출과 관련된 모든 기능을 수행한다.

수출과 관련된 제반업무를 기업이 직접 담당함으로써 직접수출(direct export)은 간접수출에 비해 높은 초기비용과 위험부담을 안게 된다. 반면, 직접수출은 제조업자에게 ① 현지마케팅 계획(유통 · 가격 · 촉진 · 제품서비스 등)에 대한 부분적 또는 전반적인 통제의 가능성, ② 제조업자의 제품계열에 대한 마케팅 노력의 집중, ③ 시장변화와 관련된 정보의 신속한 획득 ④ 생산업자의 상표 · 특허 · 영업권, 기타 무형자산의 효과적인 보호 등 여러 가지 이점을 제공해 준다. 또한 시장에 보다 밀착되어 있으므로, 새로운 기회와 시장동향을 포착할 수 있고, 성과측정과 경쟁자 행동분석이 용이하며, 이에 따라 계획이나 전략을 수정할 수 있다. 직접수출과 간접수출의 특성을 정리하면 〈표 5 - 2〉와 같다.

어떤 기업들에게는 수출이 해외시장 진출의 첫 번째 단계지만 또 다른 기업들에게는 해외시장에서의 주된 활동방식이 되기도 한다. 세계시장에서 전문화된 틈새시장(specialized niche segments)을 노리는 기업들은 대개 수출에 의존한다. 예를 들어, 세계적으로 유명한 독일의 정밀공작기계들은 주로 중소기업에 의해 생산, 수출되고 있다. 독일의 정부기관, 무역협회 그리고 은행의 전세계적 인프라의 지원을 받는 이들은, 전세계 특수상품시장에 고품질 제품을 수출한다. 이런 회사들은 대개 첨단기술과 지속적인 기술혁신 및 연구개발에 의존하는 가족기업으로, 고객욕구와 시장동향의 변화에 대응하기 위해 잠재적 고객들과 밀접한 관계를 유지하고 있다.

계약진입방식

계약에 의한 진입방식(contractual modes of operation)은 시장규모면에서나 운송비, 무역장벽 등의 면에서 현지에서 생산하는 것이 유리하지만 기업이 이러한 활동을 직접 수행할 여건이 되지 않을 경우 적절한 시장진출형태가 될 수 있다. 이러한 계약진입방식으로 라이센싱(licensing), 프랜차이징(franchising), 기술제휴

표 5-2 계약진입방식 대안별의 장단점

	계약생산	프랜차이징	라이센싱
장 점	• 투자 필요없음. • 관세장벽회피가능 • 신속한 진입 • 유연성 • 저렴한 생산비	• 재무적 투자 적음. • 현지사업자의 기업가적 능력 이용 • 동기부여 향상	• 투자 필요없음. • 위험 최소화 • 소규모 시장에 적절 • 신속한 진입 • 제한된 수익
단 점	• 품질관리 필요 • 공급상의 제약	• 현지사업자에 대한 교육 필요 • 재무적 관리와 품질 관리 필요	• 잠재적 경쟁자를 만듦. • 향후 시장개척의 가능성이 제한됨. • 재무적 관리와 품질관리 필요

(technical agreement), 계약생산(contract manufacturing), 경영관리계약(management contract), 공동생산협약(co-production agreement) 등을 들 수 있다.

계약생산이란 일반적으로 기업이 해외시장에서 제품의 마케팅, 유통 및 서비스를 통제하면서 계약을 통해 현지기업에 생산활동을 위임하는 것이다. 라이센싱은 해외에서의 생산활동이나 마케팅활동 없이 기술, 특허, 상표, 기업명과 같은 독점적 자산(proprietary assets)의 사용에 대한 대가를 거두어 들일 수 있다. 이와 유사하게 서비스산업에서는 현지 사업자와 프랜차이징 계약을 맺음으로써, 현지의 자본과 사업가적 능력(entrepreneurial talent)을 활용하는 국제적 확장이 가능하다. 〈표 5-2〉는 각 계약진입방식의 이점과 한계점을 개괄적으로 보여준다.

계약생산

계약생산(contract manufacturing)은 한 기업이 외국의 다른 기업에게 생산 및 제조기술을 제공하면서, 동시에 특정제품의 생산을 주문하고, 그 주문생산된 제품을 공급받아 현지시장이나 제3국의 시장에다 재판매하는 방식이다.

계약생산의 이점으로는 자본 등 소규모 기업자원 투입, 외국시장으로의 신속한 진출, 현지국의 소유권 문제 회피 등을 들 수 있다. 또한 라이센싱과는 달리 마케팅 및 판매 후 서비스에 대한 통제가 가능하다. 이러한 계약생산방식은 현지시장의 규모가 직접투자로 진출하기에는 너무 협소하거나, 수출을 통한 진출이 수입장벽으로 인하여 사실상 어려울 때 매우 유용하다. 예컨대, P&G는 제조비용을 낮추고 수입품에 대한 관세를 피하기 위하여 러시아에서 세제를 계약생산하였다.

계약생산은 진입방식의 유연성을 보장한다. 제품의 품질이 기업이 요구하는 수준에 미치지 못하거나 생산자가 납기를 준수하지 못하는 경우 계약을 만료하고 다른 제조업자를 찾을 수 있다. 아울러 기업이 특정 시장으로부터 철수를 결정할 경우, 생산설비를 포기해야 하는 손해를 피할 수 있다. 한편, 계약생산은 적합한 현지생산업체를 발굴하기가 어렵다는 점과 적합한 생산업체를 발굴하더라도 그들로 하여금 일정 수준의 생산력과 품질을 유지하도록 하기 위하여 상당한 기술지원이 뒷받침되어야 한다는 것이 단점으로 지적되기도 한다. 품질에 대한 문제 외에도 생산자가 납기를 제대로 준수하지 못하거나 수요의 변동에 따른 공급의 적절한 조정이 어려울 수도 있다.

여하튼 계약생산은 위에서 열거한 바와 같은 많은 이점을 보유하고 있고, 특히 마케팅 또는 유통분야의 기업이 강점을 가지고 있을 경우 더욱 유리하다. 하지만 이러한 계약을 체결하는 데에는 많은 주의가 요구되는데, 기업이 생산활동에 대한 통제를 상실함에 따라 품질과 납기에 대한 기업의 요구를 충족시켜 줄 수 있는 보완적인 장치를 마련해 둘 필요가 있다.

라이센싱

라이센싱(licensing)은 기업이 상품 특허권이나 기술, 상호 및 상표 등과 같은 독점적 자산(proprietary assets)을 보유하고 있을 때 이러한 독점적 자산의 사용권을 해외시장에 판매하고자 하는 경우에 사용된다. 라이센스공여자(licensor)는 특허, 기술, 상표 및 상호 등의 독점적 자산을 라이센스도입자(licensee)에게 사용할 권리를 공여하는 계약을 체결하고 그 대가로 매출액의 일정비율을 로열티로 받는다.

라이센싱은 최소의 자원투입과 위험부담으로 독점적인 자산을 활용, 해외시장의 사업기회를 활용할 수 있다는 이점이 있으나 이러한 이익이 제한적이라는 한계를 지니고 있다. 또한 라이센스도입자의 능력과 자원이 부족한 경우 현지시장에서의 성공을 보장할 수 없다.

라이센싱계약은 라이센스공여자(licensor)가 특정 해외시장에 직접 진출하고자 할 때 장애가 될 수도 있다. 계약기간이 한시적이라고 해도 계약의 만료와 동시에 바로 시장에 진입하기는 어렵다. 기존의 라이센스도입자(licensee)가 잠재적 경쟁자로 대두될 수 있을 뿐만 아니라 시장에 대한 정보를 새로 수집해야 하며, 시장

기반을 구축하고 유통경로를 개척해야 한다. 뿐만 아니라 라이센스도입자가 로열티를 제대로 지불하지 않는 경우가 발생하기도 하고 로열티산정의 기준이 되는 매출을 추적하는 것이 어려울 수도 있다.

또한 라이센스도입자가 생산한 제품이 적정수준의 품질요건을 충족시키지 못하거나 부적절한 마케팅활동을 수행함으로써 라이센스공여기업의 브랜드 이미지가 손상되는 위험이 존재할 수 있다.

결국 기업은 라이센싱계약을 체결함에 있어서도 계약생산의 경우와 마찬가지로 라이센스도입자가 생산한 제품의 품질을 철저히 관리 · 감독하여 라이센스공여기업이 요구하는 수준이 유지되도록 해야 한다. 한편, 라이센싱계약을 체결한다고 해서 해외시장개발에 관한 모든 권리를 포기하는 것은 아니다. 오히려 라이센싱은 장기적인 시장개발을 염두에 둔 전체적인 기업전략의 맥락에서 추진되어야 한다.

프랜차이징

라이센싱과 유사한 형태로서 패스트푸드나 소매업, 렌터카, 호텔, 자동차 판매(car dealerships)와 같은 서비스산업에서는 프랜차이징(franchising)계약이 전형적으로 사용된다. 프랜차이즈도입자(franchisee)는 프랜차이즈공여자(franchisor)의 상표를 사용하고 특정한 방식으로 영업을 할 수 있는 권리를 받는 대가로 대개 매출에 대한 일정비율로 로열티를 지불한다.

맥도날드, 도미노 피자(Domino’s Pizza), 힐튼(Hilton Hotels), 헤르츠(Hertz), 보디 숍(Body Shop) 등은 주로 프랜차이징을 통해 국제적으로 성장해 온 기업이다.

라이센싱의 경우와 마찬가지로, 프랜차이징은 실질적인 자본투자없이 해외로의 진출을 가능하게 해준다. 이러한 점은 특히 전세계적인 영업망을 구축하는 데 비용이 많이 소요되는 서비스산업에서 중요한 의미를 가진다.

또한 소비자와의 직접적인 접촉이 중요한 성공요소인 사업에서는 프랜차이징 계약이 적절하다. 이를 통해 현지 고용원과 고객을 다루는 데 익숙하며 현지의 독특한 환경을 이해하고 있는 현지사업자의 사업가적 능력(entrepreneurial talent)을 활용할 수 있다. 프랜차이즈도입자의 입장에서 보면 매장운영에 직접적인 책임을 지는 소유주로서 주인의식을 갖게 되어 동기부여 효과가 높다.

쉬어갑시다

성공적인 세계시장 공략 사례2
다산네트웍스

다산네트웍스는 2004년 3월 27일 독일 최대의 전자정보통신 · 의료기업인 지멘스(Simens)와 지분 인수계약을 달성, 지멘스가 다산의 지분 38.7%를 인수해 최대주주가 됐다. 아울러 제품 개발 · 공급 및 판매망 확보에 관한 협력을 체결하여 향후 3년간 지멘스에 다산넥트웍스 제품의 공급뿐 아니라 한국 · 일본을 제외한 지역에서의 다산네트웍스 제품에 대한 지멘스의 독점적 판매권 등을 골자로 한 제품구매 계약도 했다.

그리고 지멘스가 다산에 약 1500억 원을 투자해 한국에 지멘스의 통신 네트워크 부문 연구 개발센터를 설립한다고 발표했다. 이로써 다산은 정보통신부분 R&D센터로서의 역할을 통해 세계 초고속 인터넷 인프라 시장을 겨냥한 제품 개발에 주력, 세계시장으로 진출에 발판을 마련하게 된 것이다.

다산과 지멘스는 지금까지 좋은 성적을 보였던 한국시장과 일본시장은 다산이 자체적으로 영업활동을 전개하고, 그 밖의 아시아 시장, 유럽 · 북남미 지역 등은 지멘스에서 다산의 솔루션을 세계시장에 선보일 계획이다. 지멘스와의 협력으로 한국시장뿐 아니라 세계시장에서 경쟁할 수 있는 기반을 마련하게 된 셈이다.

하이테크 기술을 보유한 벤처기업과 브랜드 파워 및 마케팅 능력이 있는 글로벌 기업이 서로 협력하여 세계시장을 공력한다는 점에서 성공적인 전략으로 평가받을 수 있다. 또 두 회사의 사례는 우수한 IT기술을 보유하고 있으나 자금조달 및 해외시장 진출에 어려움을 겪고 있는 국내 IT벤처에 좋은 모델을 제시한다.

반면 라이센싱의 경우와 마찬가지로, 프랜차이즈도입자(franchisee)를 잘 감독하고 전세계에 균등한 상품과 서비스가 제공되도록 엄격한 기준을 세우는 것이 중요하다. 프랜차이징은 물리적인 상품을 다루는 것이 아니라 무형의 사업방식을 파는 것이기 때문에 기준을 설정하는 것이 라이센싱의 경우보다 더 중요해진다.

맥도날드는 국제적인 명성을 얻고 있는 제품 및 서비스 수준을 전세계에 걸쳐 동일하게 유지되도록 성공적인 관리를 수행해 온 좋은 사례이다.

비록 프랜차이징이 재무적 위험은 적지만, 전세계적인 영업망을 성공적으로 운영하기 위해서는 상당한 노력을 필요로 한다. 특히, 프랜차이징의 성공을 위해서는 제품 및 서비스의 엄격한 관리와 감독체계를 확립하는 것이 필수적이다.

합작투자[3]

합작투자는 생산 또는 마케팅에 대한 통제를 어느정도 유지하면서 단독투자와 같은 전면적인 위험부담은 지지 않는다는 점에서 매력적인 진입방식이 될 수 있다.

한편 일부 시장들, 특히 개발도상국의 여러 나라들은 특정 산업분야에서 자국기업의 육성을 위해 외국기업의 단독투자를 금지시키는 대신 현지기업과의 합작투자를 장려한다. 이런 경우 단독투자로의 진출이 훨씬 유리하더라도 투자기업은 시장진출을 위한 차선책으로 합작투자를 택할 수밖에 없다.

정치 · 문화적 환경 및 시장여건의 측면에서 국내시장과는 상이한 해외시장으로 진출하는 경우 합작투자는 효과적인 수단이 된다. 이러한 합작투자는 해외진출의 목표, 투입되는 자원의 유형, 외국인 투자에 대한 정부규제에 따라 다양한 형태로 나타난다. 합작투자의 파트너로는 현지기업, 제3국 기업 및 정부가 될 수 있고, 합작의 범위로는 2기업 간의 합작이 전형적이기는 하지만, 3개 이상의 주체가 포함될 수도 있다.

단독투자

투자에 대한 현지정부의 규제가 없고 투자에 필요한 충분한 자원을 보유하고 있는 경우, 기업은 합작투자나 계약진입방식을 통해 해외시장에 진출했을 경우 직면하게 되는 여러 어려움들을 피하기 위하여 단독투자에 의한 자회사(wholly owned subsidiaries)설립을 선호하게 된다. 단독투자에 의한 자회사의 설립은 현지생산 및 마케팅활동에 대한 완전한 통제가 가능하고, 계약생산이나 라이센싱, 혹은 합작투자에서 발생할 수 있는 이해관계의 충돌과 관리상의 문제점들을 제거할 수 있다. 아울러 자회사의 활동으로부터 창출된 모든 이익은 모기업에 귀속된다. 기업이 단독투자로 자회사를 설립하는 방법에는 기존의 현지회사를 인수(acquisition)하는 방법과 새로운 회사를 신설(greenfield plant)하는 두 가지 대안이 있다.

현지기업 인수

기존의 현지기업을 인수(acquisition)하는 것은 신규설립에 비해 시장진입이 신속하고 고객확보가 용이하다. 또한 피인수기업이 현지에서 구축해 온 유통경로, 경우에 따라서는 현지에 친숙한 브랜드나 기업명성을 활용할 수 있다는 점에서 여러 가지 이점이 있다.

예를 들어, LG전자가 미국의 제니스(Zenith)를 인수한 것은 바로 이러한 이점을 활용하기 위해서이다. 경우에 따라서는 피인수기업의 기존 사업체제를 통해 시장진입의 교두보를 확보하기도 하고 피인수기업이 현지 시장환경에 대해 축적한 경험 및 노하우를 이용할 수도 있다. 이는 해외사업에 대한 지식이 부족하거나 현지시장에 익숙하지 않은 기업에게 특히 유용하다.

경쟁이 이미 치열하거나 진입장벽이 높은 산업에서는 인수를 통한 진입이 바람직하다. 예를 들어, 일본의 거대기업들이 영화산업에 진출함에 있어 미국의 유명 미디어회사들을 차례로 인수하는 방법을 선택하였다.[4]

동유럽국가들이 시장경제체제로 전환함에 따라 외국기업들이 기존의 비효율적인 국영기업을 인수하여 시장에 진입하는 경우가 많아졌다. 예를 들어, 독일의 폭스바겐(Volkswagen)은 체코의 자동차제조업체 스코다(Skoda)를 660만 달러에 인수하였고, 일본의 스즈키(Suzuki)는 헝가리의 오토콘체른(Autokonzern)을 인수하였다.

그러나 이러한 인수가 언제나 유리한 것은 아니다. 상당수의 외국기업들은 경영이 부실한 국영기업을 인수한 후 어려움을 겪고 있다. GE는 1억 5천만 달러를 투자하여 헝가리의 전구제조업체인 텅스람(Tungsram)을 인수, 유럽시장에 진출하는 발판으로 삼을 계획이었다. 그러나 GE는 사회주의체제하에서 누적되었던 현금부족 등 악화된 재무상태에 처한 회사를 회생시키기 위해 밑빠진 독에 물붓기식의 어려움을 겪었다. 또한 유럽의 다른 경쟁자인 필립스(Philips)나 오스람(Osram)과 비교할 때 텅스람이 가지고 있던 30%의 임금우위는 인플레이션의 심화로 곧 상쇄되었다. GE는 효율성을 증진시키기 위해 근로자수를 반으로 줄이고 관리층을 재편성하였으나 오히려 종업원의 거센 분노와 반발을 초래하였다.

신규설립

소생시키기 힘든 부실기업을 인수하거나 또는 피인수기업을 인수기업의 경영체제에 통합시키려 할 때 발생할 수 있는 문제를 회피하기 위해 현지에 새로운 기업을 신규설립(greenfield operations)하는 방식이 바람직할 수 있다. 특히, 생산 · 물류가 성패를 좌우하거나, 인수할 만한 적당한 대상이 없거나 인수비용이 과다하게 들 때에는 더욱 그러하다. 일본의 자동차 3사는 거의 30억 달러를 투자하여 영국에 신규공장을 설립, 유럽시장에 진출하였다. 이를 통하여 최신생산기술을 이용함과 동시에 노무비 · 지대 · 세금 · 물류 면에서 가장 유리한 곳에 입지할 수 있었다. 우리나라 기업도 예외가 아닌데, 삼성그룹은 영국, 멕시코, 말레이시아, 중국 등의 국가에 대규모 전자복합단지를 구축하였다.

인수를 통한 시장진입에 비해 신규설립을 하는 경우에는 입지선택의 유연성이 크므로 범세계적인 관점에서 합리화를 위한 생산 및 물류시스템의 통합 네트워크를 구축할 수 있다. 자동차산업을 예로 들자면, 한 지역에서 생산된 엔진과 또 다른 지역에서 생산된 차체를 결합하기 위해 현지시장과 지리적으로 가까운 지역에 조립공장을 신설하여 최종 조립, 공급하는 것이 효율적일 수 있다. 기존기업을 인수하는 것보다 오랜 시간과 노력을 요구함에도 불구하고 신규설립을 선택하는 이유는 전술한 바와 같이 범세계적 사업네트워크 구축이 용이하고 시장진입을 신축적으로 결정할 수 있다는 데서 찾아 볼 수 있다. 각 단독투자 대안들의 장단점을 정리하면 〈표 5 - 3〉과 같다.

인수 또는 신설 등의 단독투자방식은 모두 기업으로 하여금 해외시장에 전력을 다하여 몰입할 것을 요구한다. 이 때 의지할 수 있는 현지파트너도 없기 때문에 경영진은 시장환경에 대한 지식 및 경험을 스스로 쌓아야 한다. 현지경영자를 고용하는 것이 한 가지 방편이 되기는 하겠지만 이들과의 의사소통 문제 및 효과적인 관리 · 통제의 문제는 여전히 존재한다.

결국 자본이나 경영자원 측면에서 보면 인수와 신설 모두 많은 비용과 노력을 수반한다. 단독투자는 현지활동에 대한 기업의 통제력을 강화시켜주는 대신 그만

표 5-3
단독투자의 장단점

	기 업 인 수	신 설
장 점	신속한 진입 유통경로에의 접근 기존의 사업경험 이용 기존의 상표이미지와 명성 경쟁감소	최신생산기술 이용 가능 생산통합 운영의 효율성
단 점	기존 활동과 통합의 어려움 의사소통 및 조정의 문제 기존 사업과의 적합성	투자비용 사업기반구축 필요 시간지연

큼 현지에 노출된 자산의 위험도 커진다. 따라서 단독투자는 해외사업에 대해 경영자가 부여하는 중요성 및 경영자 자신의 의지가 클 경우에만 가장 적합한 방식이라고 할 수 있다.

해외시장 진입방식의 결정모형

해외시장 진입방식의 선택에 관한 이론적 접근에는 루트의 모형과 러그만의 단순모형이 대표적이다.

루트의 모형

루트(F. Root)는 해외시장진입방식 선택에 영향을 미치는 요인을 크게 외부요인과 내부요인 두 가지로 나누어 설명하고 있다.[5]

루트는 진화론적 관점에서 기업의 해외진입방식 선택문제를 다루고 있다. 그에 의하면 기업은 시간이 지남에 따라 현지시장의 마케팅활동에 대한 통제를 보다 강화하게 되고 이에 따라 진입방식을 점진적으로 변화시키게 된다. 즉, 기업이 해외사업에 대한 통제 정도를 확대 · 강화함에 따라 기업이 해외시장에 투입하게 되는 자원이 증대하고 이에 따라 현지시장에서 기업이 부담하는 위험의 수준도 함께 높아지게 된다. 통제와 위험 정도에 따라 기업이 해외시장진입방식을 변화시켜 나가는 과정을 살펴보면 [그림 5-2]와 같다.

[그림 5-2]에서 볼 수 있듯이 루트는 일반적으로 제조기업들은 간접수출 → 대리인이나 유통업자를 통한 수출 → 합작투자 → 단독투자의 경로를 선택하거나,

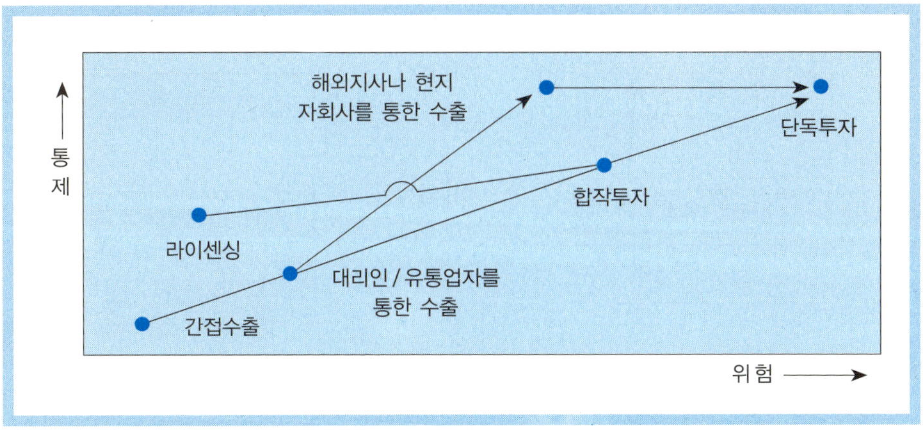

그림 5-2
해외시장 진입방식의 전개과정

혹은 간접수출 → 대리인이나 유통업자를 통한 수출 → 해외지사나 현지자회사를 통한 수출 → 단독투자의 두 가지 경로를 통하여 해외시장에 진입하게 된다고 본다. 물론 기업특성에 따라 진입경로상의 차이가 존재할 수 있다. 예를 들어, 규모가 큰 기업의 경우 해외지사나 현지자회사를 통하여 해외영업활동을 전개하다가 단독투자를 할 수도 있다.

루트의 모형은 기업의 해외시장에 대한 진입방식을 동태적으로 설명하고 있다는 데 그 의의가 있다. 그러나 이 모형은 국제기업의 해외시장진입이 언제, 어떤 방식으로 이루어져야 가장 적합한가에 대한 기준은 제시하지 못하고 있다.

러그만의 단순모형

러그만(A. Rugman)은 기업이 국제화를 추진하면서 선택할 수 있는 전략유형을 수출 · 라이센싱 · 해외직접투자 등 세 가지로 나누고 이들의 선택과정을 [그림 5-3]과 같이 비교적 단순한 모형으로 설명하고 있다.

이 모형에 따르면 국제기업들은 우선 위험수준이 낮고 자원투입이 많이 요구되지 않는 수출방식으로 해외시장에 진입하는 것을 선호한다. 높은 무역장벽 때문에 수출이 불가능하게 되면, 기업은 비로소 라이센싱이나 해외직접투자 등의 다른 대안을 모색한다. 이 때 기업이 특히 관심을 갖게 되는 것은 기술의 유출위험인데, 만일 기술이 유출되어 경쟁우위를 잠식당할 가능성이 크지 않으면 라이센싱을 선택하게 되고, 기술의 유출위험이 높다면 상대적으로 자원투입이 많이 요구되는 해외직접투자를 감행하게 된다.

그림 5-3
러그만의 단순모형

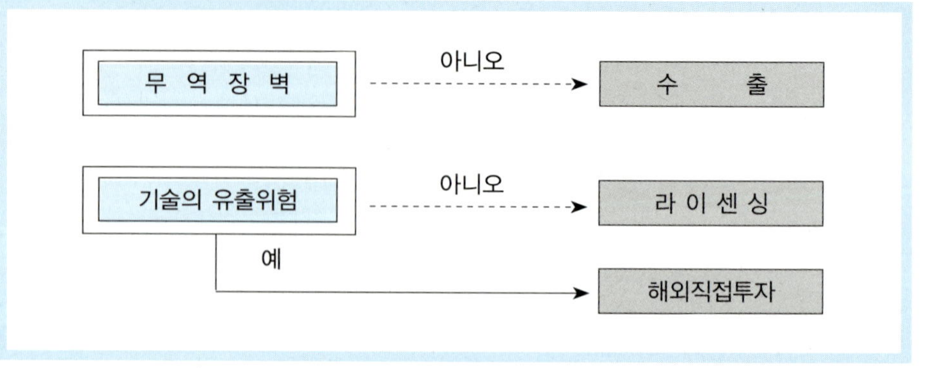

이 모형의 장점은 국제화를 추진하는 기업이 여러 진출대안에 대한 정보를 수집하고 평가하는 데 소요되는 비용과 시간을 크게 절약하고 신속한 의사결정을 할 수 있다는 데 있다. 그러나 기업의 국제화에 내포되어 있는 다양한 비용과 위험 등을 지나치게 단순화했기 때문에, 목표대상시장의 사업기회를 활용하여 기업의 능력을 십분 발휘할 수 있는 실제적인 진출방법을 모색하는 데에는 한계가 있다.

5장 요약

- 기업의 시장선택의 결정요인으로서 전략적 지향성, 시장의 상호의존성, 산업의 글로벌화 정도, 현재 및 잠재적 경쟁자의 대응전략과 같은 현지국의 시장환경 그리고 기업의 보유자원 정도를 들 수 있다. 일단 다수의 진입시장을 결정하고 나면 이 시장 전체에 점진적으로 진합할 것인지 아니면 동시다발적으로 진입할 것인지를 결정해야 한다. 또한 진입 후에 실행하여야 하는 경쟁전략을 수립하여야 할 것이며 대표적인 경쟁전략으로는 선점전략과 대립전략을 들 수 있다.
- 해외시장 진입방식에는 크게 수출, 계약, 단독투자를 들 수 있다. 수출에는 간접수출, 공동수출, 직접수출과 같은 유형이 있으며, 라이센싱, 프랜차이징, 합작투자와 같은 진입방식은 크게 계약형 진입방식으로 간주할 수 있다. 또한 단독으로 투자를 원하는 경우 기업은 현지기업을 인수하거나, 신규로 법인을 설립할 수 있다.
- 진입방식의 선택모형으로서 Root의 모형, Rugman의 모형을 살펴보았다.

주 NOTES

1 | LG화학 사보 http://life.lg.co.kr/jsp/lic/lif/insidelg/199806/tech.html 참고.
2 | 전자신문 2004년 06월 24일 참고.
3 | 합작투자 관련 8장 참조.
4 | 대표적인 예로 Sony는 CBS와 콜롬비아(Columbia Pictures)를 마쓰시타(Matsushita)는 MCA와 유니버설(Universal)을 각각 인수하였다.
5 | 루트가 제시한 내 · 외부요인들은 본절 제1항에서 제시한 범주에 포함된다. 단, 루트는 추가적으로 외부요인의 하나로서 투자국의 경쟁구조, 생산비, 수출과 해외직접투자에 대한 정책 등의 요인들을 제시하고 있다.

6 수출

수출은 해외시장진출의 가장 기본적이고 용이한 방법이다. 더구나 우리나라의 경우는 자원이 빈약하고 시장이 상대적으로 협소하여 기업이 계속적인 성장을 이룩하려면 해외로 진출하지 않을 수 없다.

수출을 수단으로 하여 국제화를 추구하는 수출지향기업이 존립할 수 있는 근거를 찾기 위해서 본 장에서는 첫째, 무역이론을 살펴보고, 이들의 활동에 대한 정부의 입장을 파악하기 위해서는 둘째, 무역정책을 마지막으로는 수출입에 관한 정책들을 살펴보고자 한다.

학습목표

- 여러 무역이론에서 말하고 있는 수출지향기업의 존립 근거는 어떻게 이해할 수 있는가?
- 수출전략의 유형에는 어떠한 것이 있는가?
- 수출과 수입에 주요한 역할을 해 온 종합무역상사의 기능과 역할은 어떻게 변화했는가?

오리온초코파이 : 중국을 넘어 세계로[1]

오리온초코파이는 2002년 중국 내 케익류 시장점유율 63%를 차지하며 2001년의 시장점유율 37.8%보다 무려 25.2%나 상승하는 등 중국 내 파이시장에서 브랜드 구매율, 충성도, 인지도 등 전 부문에서 4년 연속 1위를 차지했다. 이는 오리온그룹이 1990년대 중반부터 제과부문의 글로벌 비즈니스를 적극적으로 추진하는 글로벌 네트워크 구축에 힘쓴 결과라 할 수 있다.

해외시장에 대한 새로운 인식

국내 제과업계의 해외 수출은 이미 20여 년 전부터 계속되고 있었다. 중동, 대만, 홍콩, 일본 등지로 껌류, 캔디류, 비스킷류 등이 큰 물량은 아니지만 지속적으로 수출되고 있었던 것이다. 그러나 대부분이 OEM방식처럼 주문자의 요구에 따라 제품명, 패키지 등을 맞추는 아주 소극적인 방식이었다. 때문에 원가 코스트도 국내보다 높아 수출은 자연적으로 등한시 될 수 밖에 없는 상황이었다. 다시 말하면 수출의 전략지역도 없고, 전략상품도 없는 단기적이고, 시의적인 수출상황이었다. 여기에 기여를 한 것이 그 때까지 국내시장의 여력을 통한 제과업계의 고성장이었다. 그러나 이러한 고성장이 일단락 되고, 불황이 찾아들자 업계는 해외시장에 대한 인식을 새롭게 하게 되었다.

(주)오리온 수출의 역사는 20여 년전인 1970년대 중반, 이란을 중심으로 한 중동지역의 껌 수출이 본격적으로 추진되기 전까지 오리온 수출의 대부분을 차지했다.

일부지역과 일부품목에 한정돼 큰 의미를 갖지 못하던 동양제과의 수출이 그 중요성을 인식하며, 세계를 무대로 눈을 돌린 것은 소련을 비롯한 공산주의체제가 붕괴되면서 좌 · 우의 이념대립이 무너지던 90년대 초반부터였다. 당시 부산을 중심으로한 러시아 보따리 상인들의 초코파이 구매붐이 일기 시작한 것을 기회로 93년 9월 러시아에 초코파이를 첫 직수출한 동양제과는 이 시점을 분기로 본격적인 수출을 강화하며, 세계시장으로 눈을 돌린 것이다.

전략의 변화

(주)오리온은 초코파이를 전략상품으로 선정하고, 본격적인 초코파이 수출 강화에 들어가게 했다. 이에 따라 러시아, 대만, 중국을 주력시장으로 각종 시식회, 판촉행사, 광고 등의 마케팅 전략을 강화해 나가기 시작했다. 또한 기존 'CHOCOLATE-PIE'를 'ORION CHOCO-PIE'로 통일했으며, 패키지도 내수용과 같은 BLUE 계통에서 RED 계통으로 MAIN COLOR를 변경해 단일 디자인을 도입했다. 또한 표기도 기존 영어와 아랍어에서 중국어, 러시아어를 추가로 제작 표기하기 시작했다. 이와 함께 제품도 12개입 1종에서 6개입 및 10개입으로 2종을 추가해 각국의 요구에 부응하는 다양화 정책을 펴나갔다. 이에 따라 93년도 139만 불에 불과했던 초코파이 수출실적이 94년 1/4분기에만 116만 불을 넘어서게 되었다.

(주)오리온은 이러한 국제화 전략과 함께 초코파이의 인지도 제고를 위한 광고판촉 또한 계속해서 강화해 나갔다. 94년 12월 모스코바 TV에 초코파이 광고를 시작한데 이어 95년 3월에는 북경 천안문 광장에서 초코파이 대형입간판을 설치하는 한편, 모스크바, 베트남, 미얀마 등지에서 초코파이 시식회를 개최하는 등 초코파이 인지도를 높이는 데 주력한 것이다. 이러한 (주)오리온의 노력은 '오리온 초코파이'의 중국내 시장점유율을 60% 이상으로 끌어오렸고, 수출비중 60%(1,400만 불)를 차지하며 점차 주력화되어 갔다. 그러나 이 해 (주)오리온은 중국에서 '초코파이' 상표등록을 경쟁사에 빼앗김으로써 그동안 널리 알려져 있던 '오리온 초코파이' 상표를 '오리온파이'로 바꿔야 하는 뼈아픈 실수를 했다. 이러한 중국에서의 실수는 (주)오리온이 다른 나라에서 같은 실수를 되풀이하지 않도록 하는 좋은 교훈이 되었다.

1996년 (주)오리온은 초코파이 하나의 제품만으로 3,100만 불에 달하는 수출실적을 기록했다. 수출국가도 30여 개국에 달해 세계적인 제품으로 인정

받게 됐다. 이러한 초코파이 세계화의 성공은 기본적으로 경영진의 의지와 일관된 사업전략, 우수한 품질력에서 나왔다고 할 수 있다. 여기에 회사의 철저한 A/S와 수출담당자들의 서비스 정신도 한 몫 했다. 그러나 이와 함께 간과할 수 없는 것이 하나 있다. 그것은 바로 수출 주력지역과 초코파이 아이템을 결부시킨 것이다. 초코파이가 국내에서 가장 인기있었던 우리의 70년대 경제수준과 비슷한 국가를 수출 중점지역으로 선택했던 것이 그것이다. 당시 개발도상국에 진입해 있거나 강대국이지만 경제적으로 선진적이지 못했던 나라들 예를 들면, 중국, 러시아, 동남아, 몽골, 동구 등과 같은 나라를 주요 타겟으로 잡았다는 것도 초코파이가 세계화 제품으로 자신감을 가지는 데 큰 기여를 한 것이다.

국내 1위의 경쟁력을 기반으로 (주)오리온의 초코파이가 해외진출을 한 것은 실질적으로 4년이 채 못되는 기간이다. 그러나 이 기간 동안 초코파이의 수출규모는 30배 가까이 증가했다. 무엇이 이것을 가능하게 했을까? 첫째는 최고경영자의 초코파이에 대한 믿음, 혹은 의지였다. 이것이 초코파이 해외진출을 계속 가능하게 했고, 지속적인 투자를 가능하게 했기 때문이다. 둘째로는 일관된 초코파이 Globalization이라는 전략의 지속적인 추진이었다. 일관되게 한 곳에 집중함으로써 축적되는 노하우와 이를 통한 브랜드 이미지의 재고로 계속적으로 시장을 확대해 나갈 수 있었던 것이다. 세 번째로는 수출 담당자들의 우수성을 들 수 있다. 이러한 우수성은 (주)오리온의 특수한 '문화감수성 교육'과 같은 교육을 통해서도 이루어졌겠지만 "제품을 파는 것이 아니라 신뢰를 쌓아간다"는 개개인의 철학이 지속적인 Buyer 관리를 가능하게 했고, 이들을 통해 초코파이에 대한 소비자의 신뢰를 쌓아갈 수 있었다.

http://www.orionworld.com

토의과제

- 해외시장에서 쵸코파이가 성공을 거둘 수 있었던 중요한 요인은 무엇인가?
- 초코파이를 어떠한 방법으로 글로벌 제품화할 것인가?

무역의 개념과 종류

개념

수출과 그 상대적 개념인 수입을 포함하여 무역(international trade)이라 할 때 무역과 관련하여 알아야 할 여러 가지 개념을 그림으로 나타내면 [그림 6 - 1]과 같다. 이 중에서 수출을 수단으로 하여 국제화를 추구하는 수출지향기업이 존립할 수 있는 근거를 찾기 위해서는 무역이론을 이해해야 하며, 이들의 활동에 대한 정부의 입장을 파악하기 위해서는 무역정책을 살펴보아야 한다.

무역은 광의로 해석할 때 상품의 교환행위를 일컬으며 이에는 국가 내에서 이루어지는 국내무역과 국가와 국가 사이에 이루어지는 국제무역이 포함된다. 일반적으로 우리가 무역이라 하면 후자, 즉 국가간의 상거래행위인 국제무역을 뜻한다.

무역은 상품의 이동방향에 따라 수출과 수입으로 구분할 수 있는데 수출은 상품이 국내에서 국외로 반출되는 경우를, 수입은 이와 반대로 상품이 국외에서 국내로 반입되는 경우를 말한다. 원칙적으로는 수출 · 수입 모두를 국제적 경영활동의 대상으로 볼 수 있으나, 국내생산 및 판매활동에서 출발한 기업이 해외로 진출하는 과정에서 채택할 수 있는 국제화전략으로서 무역을 다룰 때는 아무래도 수출활동을 중심으로 하게 된다.

특히, 우리 나라의 경우는 경제성장을 위한 원동력으로 수출드라이브정책을 표

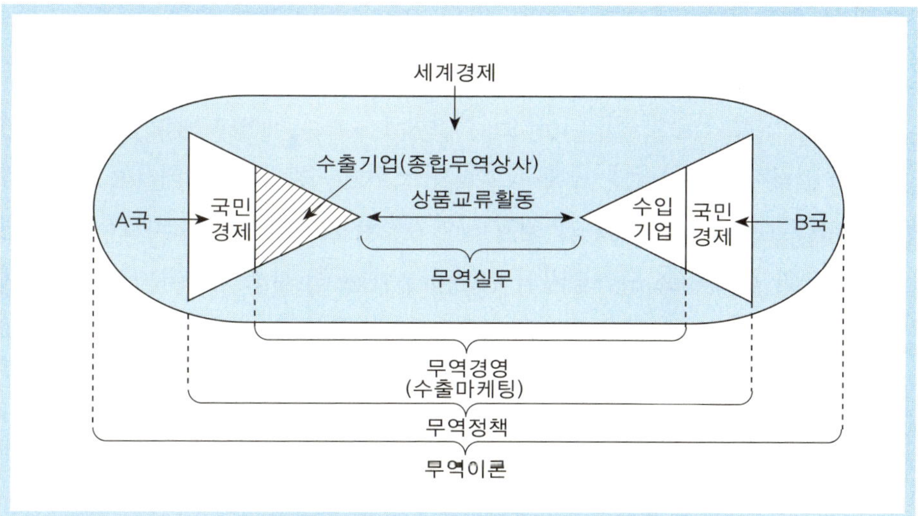

그림 6-1
무역에 관련된 제개념

방하여 종합무역상사를 비롯한 무역회사에게 강력한 수출의욕을 고취시키고 있다. 따라서 여기에서는 기업의 수출활동을 중점적으로 다루기로 한다.

종류

이미 앞에서 언급한 바와 같이 무역은 상품의 이동방향에 따라 수출과 수입으로 나눌 수 있다. 따라서 무역에는 반드시 그 주체가 되는 수출국과 수입국이 있게 마련이며, 이렇게 수출국과 수입국에 의해서 직접적으로 이루어지는 무역의 형태를 직접무역(direct trade)이라 한다.

또한 수출국과 수입국 사이에 제3국이 개입하는 경우도 있는데 이러한 형태의 무역을 간접무역(indirect trade)이라 하며 제3국이 포함되지 않는 직접무역과 구별된다.

간접무역은 제3국의 역할이 무엇인가에 따라 다음과 같은 여러 가지 형태로 구분되어진다.

첫째, 통과무역(通過貿易 : transit trade)으로 수출상품이 수출국으로부터 수입국으로 이송되는 과정에 제3국을 물리적으로 통과하는 경우 제3국 입장에서 본 무역을 가리킨다. 이것은 예컨대 국경이 독일, 프랑스, 오스트리아, 이탈리아로 둘러싸여 자신의 항구를 갖지 못한 스위스가 한국으로 기계설비를 선적하기 위해서 이탈리아의 제노바 항구를 이용하여야 하듯이 일반적으로 내륙국가의 무역에서 나타난다. 위의 경우 통과무역의 당사자인 이탈리아에서는 스위스 기계설비를 통과시키는 데 따른 노임, 통과수수료,[2] 운임, 보험료 등을 얻게 된다.

둘째, 중개무역(仲介貿易 : merchandising trade)으로서 수출국과 수입국의 중간에서 제3국의 상인이 자기 자신의 계산하에서 일으키는 무역을 가리킨다. 이 경우 중개업자는 수출국에 대해서 매입자가 되며, 수입국에 대해서는 판매자가 된다. 따라서 중개업자의 매입가격과 판매가격의 차액에서 이에 따르는 제반 경비를 제외한 것이 바로 중개업자의 이윤이 된다. 우리 나라 종합무역상사의 해외현지지사에서 한국이 아닌 제3국과 거래를 할 때 나타나는 무역이 바로 중개무역이다. 이를 달리 삼각무역(三角貿易 : triangular trade) 또는 3국간 거래(third-country trade)라고 부르기도 하나, 엄밀한 의미에서의 정확한 표현은 아니다. 일반적으로는 상품이 수출국에서 수입국으로 직송되나 중개업자의 본국을 거치는 수도 있으며, 이 경우에는 통과무역의 성격도 갖게 된다.

셋째, 중계무역(中繼貿易 : intermediary trade 또는 intermediate trade)으로서 수출할 것을 목적으로 외국에서 물품을 수입하여, 가공하지 않고 원형 그대로 다시 제3국에 수출하는 것을 말한다. 예컨대, 홍콩에서 재수출을 목적으로 한국산의류를 수입하여 창고에 보관하고 있다가 영국, 중국 등으로 재수출하는 것은 바로 중계무역에 해당한다. 일반적으로 중계무역은 홍콩, 싱가포르와 같은 중계무역항(intermediary port)을 통하여 이루어지며, 중계무역항의 조건으로서는 관세가 부과되지 않는 자유항(free port)인 동시에 교통이 편리한 상품의 집산지이고, 외환거래가 자유로워야 한다는 점 등을 들 수 있다. 중계무역은 형태상으로는 통과무역과 흡사하나 최종수입국이 사전에 결정되지 않는다는 점에서 구별된다.

넷째, 위탁무역(委託貿易 : trade on commission)으로서 외국상인에게 수출국이 판매를 위탁하는 무역을 가리킨다. 이와 같이 무역을 외국상인의 손에 맡겨 놓는 바이어무역(buyer's trade)의 한 형태인 위탁무역은, 예컨대 1960년대의 우리나라와 같이 국제경쟁력이 있는 상품은 있으나, 해외시장에 대한 정보가 어둡거나 무역경험이 미숙하여 직접무역을 하기 어려울 때 나타난다.

무역이론

상거래는 원칙적으로 거래당사자 쌍방에게 모두 어떤 혜택을 줄 때 성립한다. 예컨대, 소비자가 LG 대리점에서 컬러 TV를 한 대 산다고 할 때 그는 같은 품질의 TV를 직접 만들거나 다른 회사에서 사는 경우보다 싼 값으로 살 수 있을 때 비로소 구매행위를 일으키게 되며, 컬러 TV의 생산자인 LG의 입장에서도 컬러 TV의 제조에 필요한 비용보다는 비싼 값으로 팔 수 있을 때 비로소 판매행위를 일으키게 되는 것이다.

상거래의 한 형태인 무역에 있어서도 이러한 원칙은 당연히 적용된다. 즉, 무역이 성립하기 위해서는 위에서 설명한 바와 같이 생산자인 수출국과 소비자인 수입국이 다같이 어떤 혜택을 받을 수 있어야 하는 것이다. 여기에서는 무역을 통해 쌍방의 이익이 생성되는 원리를 설명하는 무역이론에 대하여 구체적으로 살펴보기로 한다.

중상주의

1492년의 미대륙 발견과 1498년의 동인도항로 발견 이후 시작된 유럽국가들의 식민지개척과 이에 따른 식민지무역은 1602년 영국과 네덜란드의 동인도회사 설립으로 본격화되었다. 당시 봉건영주로부터 권력을 탈취하여 통일된 국가를 세우게 된 유럽의 절대군주들은 막대한 군사력을 필요로 하게 되었으며, 이에 따라 군사력을 유지하는 데 필요한 재정수입을 극대화하기 위한 노력을 경주하게 되었는데, 이러한 경제정책을 중상주의(重商主義 : mercantilism)정책이라 일컫는다.

그러나 중상주의자들은 후일 '중상주의의 비극'이라고 불린 독특한 경제관을 가지고 있었다. 즉, 전세계의 경제량은 금 · 은 등의 화폐로 구성되어 있는데 그 크기가 고정되어 있는 까닭으로 타국에 앞서 이 경제적 자원을 먼저 획득하여야 하며, 그렇게 하지 않으면 타국에게 선취당하여 영원히 잃어버리게 된다는 생각이 바로 그것이었다. 이에 따라 각국은 무역차액(貿易差額 : balance of trade)을 유리하게 이끌기 위하여 끊임없이 치열한 무역전쟁을 벌였다. 다시 말해서, 일국의 수입액이 수출을 초과하면 그만큼 그 국가는 빈곤해지기 때문에 가급적 수출을 증대시키고 수입을 적게 하도록 무역을 이끌어가는 것이 중상주의자들의 정책목표였던 것이며, 이러한 주장을 바로 '무역차액설(貿易差額說)'이라 부르게 된 것이다.

이러한 중상주의정책은 무역활동이 일어나게 된 각국의 주관적인 동기를 설명해 주고 있으나, 유럽의 제국주의 국가가 무역을 통하여 피식민지국을 일방적으로 수탈하는 과정에서 식민지무역을 뒷받침하는 군사력을 전제로 할 뿐 아니라 무역 당사국이 다 함께 혜택을 받는다는 기본전제가 성립되지 않으므로 보편타당성과 가치성을 함께 갖춘 이론체계라고는 할 수 없다.

고전적 무역이론

절대생산비설

경제학의 아버지로 불리는 애덤 스미스(Adam Smith)는 그의 저서인 『국부론(國富論 : Wealth of Nation, 1776년)』에서 왜 무역이 일어나며 어떤 국가가 어떤 상품을 생산하고 수출하면 좋은가라는 무역의 형태문제를 설명하였다. 즉, 모든 국민이 해마다 생산하는 생산물이 진정한 의미에서의 국부이고, 국부를 증대시키기 위해서는 생산에 참여하는 노동자가 자신의 적성에 따라 전문화하여야 하며, 이러한 분업을 통하여 증식된 국부를 교환함으로써 이에 참여하는 모든 사람이 혜택을 받을 수 있다는 것이다.

스미스는 이러한 관계를 국가와 국가 사이에 일어나는 국제분업에도 적용하여 각국이 그 나름대로 유리한 적성을 가진 상품을 생산하여 전체 생산물을 증대시키고, 이를 구체적으로 교환하면 여기에 참여한 모든 국가는 혜택을 보게 된다고 설명하였다.[3] 이것을 스미스의 절대생산비원리(絕對生産費原理)라고 한다.

비교생산비설

그런데 무역은 스미스가 말한 절대생산비의 차이에 의해서만 일어나는 것이 아니라, 일국의 어떤 상품의 생산비가 타국의 그 상품의 생산비보다 절대적으로 높지만, 일국이나 타국의 다른 상품에 비해 상대적으로 낮을 때에도 일어나고 있다.

이와 같이 국제무역을 발생시키는 근거로서 생산비의 상대적 차이, 즉 비교생산비(比較生産費)의 차이를 처음으로 제시한 학자는 리카르도(D. Ricardo)이다. 그는 다음과 같이 비교생산비원리를 설명하고 있다.

영국과 포르투갈 두 나라가 나사(羅紗)와 포도주의 두 종류만을 생산할 때 필요한 생산비인 노동자수는 〈표 6-1〉과 같다고 하자.

〈표 6-1〉에 따르면 영국에서는 나사 1단위를 생산하는 데 100명의 노동력이 필요하고, 포도주 1단위를 생산하는 데는 120명의 노동력이 필요하게 되는 반면, 포르투갈에서는 나사 1단위를 생산하는 데 90명, 포도주 1단위를 생산하는 데 80명의 노동력이 각각 필요하게 된다. 여기에서 우리는 다음과 같은 관계를 알 수 있다.

즉, 포르투갈은 영국에 비해 나사와 포도주 생산에 있어 모두 우위에 있으므로 스미스의 절대생산비설에 따르면 포르투갈은 나사와 포도주를 모두 생산하여 영국으로 수출하여야만 하는 것이다.

그러나 이들 국가의 생산비를 좀더 자세히 살펴보면 포르투갈의 두 상품에 대한 생산비 중에서 포도주 생산비의 영국에 대한 우위가 나사 생산비의 경우보다 더 높다. 왜냐하면 나사는 90/100으로 포르투갈의 생산비가 영국의 90%에 해당

표 6-1
영국과 포르투갈의 나사 및 포도주의 생산비
(단위: 노동자수)

국가 \ 상품	나 사	포 도 주
영 국	100	120
포 르 투 갈	90	80

하나 포도주는 80/120으로 67%에 불과하기 때문이다.

이같은 상황에서 양국간의 노동력 이동이 현실적으로 불가능하다면 포르투갈은 우위의 정도가 높은 포도주의 생산에 특화하고 영국은 열위의 정도가 낮은 나사의 생산에 특화하는 것이 양국의 전체 생산량을 증대시키는 방법이 된다. 또한 그 결과를 무역에 의해서 조정함으로써 양국은 서로 더 많은 혜택을 볼 수 있게 된다.

이러한 국제분업과 무역에 따르는 이익은 〈표 6-2〉에서 선명히 나타난다. 즉, 특화 이전에 220명의 노동력으로 나사 1단위와 포도주 1단위를 생산하던 영국에서 전체 노동력을 나사 생산에 투입하면 2.2단위(220/100)의 나사를 생산하게 된다. 또한 특화 이전에 170명의 노동력으로 나사 1단위와 포도주 1단위를 생산하던 포르투갈에서도 전체 노동력 170명을 포도주 생산에 투입하면 2.125단위(170/80)의 포도주를 생산하게 된다. 이로써 전체적으로 나사 0.2단위와 포도주 0.125단위만큼의 생산량이 특화 이전에 비해 증가하게 되는바, 두 나라는 무역을

표 6-2
영국과 포르투갈의 포도주 및 나사 생산량

(특화 이전)

국가 \ 상품	나 사	포 도 주	합 계
영 국	100명⇒1단위	120명⇒1단위	나 사 1단위 포도주 1단위
포 르 투 갈	90명⇒1단위	80명⇒1단위	나 사 1단위 포도주 1단위
합 계	2단위	2단위	나 사 2단위 포도주 2단위

(특화 이후)

국가 \ 상품	나 사	포 도 주	합 계
영 국	220명⇒2.2단위	–	나 사 2.2단위
포 르 투 갈	–	170명⇒2.215단위	포도주 2.125단위
합 계	2.2단위	2.215단위	나 사 2.2단위 포도주 2.125단위

통하여 이러한 이익을 분배하여 향유할 수 있게 되는 것이다.

이렇게 본다면 두 상품의 국내생산비가 국가간에 차이가 나는 것, 즉 비교생산비의 차이가 국제분업의 이익을 가능케 하는 조건이 되며 이로 인하여 무역이 발생한다고 볼 수 있다. 만약 양국에 있는 상품 간의 비교생산비가 동일하다면 무역은 발생하지 않을 것이다. 마치 물이 높은 곳에서 낮은 곳으로 흐르듯이 무역도 국가 간에 생산비면에서의 상대적 차이가 있어야 발생함을 알 수 있다.

비교생산비설은 1960년대에 들어서면서 한국, 대만과 같은 개발도상국이 공산품생산과 수출을 추구하여 신흥공업국으로 부상하면서 선진국과 후진국 간의 무역패턴을 변화시킬 때까지 그 동안 선진국의 공업특화, 후진국의 농업특화라는 국제분업체계를 합리화하는 근거를 마련해 주었다.

상호수요이론

리카도의 비교생산비설은 양국 간에 생산의 특화가 일어나고 이에 따라 무역이 발생하는 원인을 밝혀주었으나 이들 국가가 생산한 상품을 어떠한 가격으로 교환할 것인가의 문제는 언급하지 않았다.

위의 예에서와 같이 영국은 나사만을, 포르투갈은 포도주만을 생산하여 양국간에 나사와 포도주를 교환한다면, 영국의 나사와 포르투갈의 포도주 사이의 교환비율, 즉 교역조건(交易條件 : terms of trade)을 어떻게 정하는가에 따라 각국에 돌아가는 무역으로 인한 이익의 규모는 달라지게 되며, 이것은 각국에 있어 분업으로 인해 얼마만큼의 상품을 더 생산했는가 하는 문제보다도 더욱 중요한 관심거리가 된다.

밀(J. S. Mill)은 이러한 교역조건문제들을 설명하기 위하여 리카도가 사용한 기준인 일정량의 생산물(예컨대, 1단위의 나사, 포도주) 대신 일정한 노동량을 기준으로 하여 그로부터 얻는 생산물을 비교하고 있다. 즉, 10,000명이라는 일정노동량을 기준으로 하여 〈표 6－1〉의 내용을 바꾸면 〈표 6－3〉과 같이 된다.

이 때 영국은 포도주 83단위를 얻기 위하여 나사 100단위까지를 지불할 수 있다. 포르투갈은 나사 111단위를 얻기 위하여 포도주 125단위까지를 지불할 수 있다. 즉, 각국에서 나사와 포도주의 교역 전 교환비율인 100 : 83과 111 : 125(=100 : 112.5) 사이에서 두 상품의 교역조건이 정해진다. 이 때 전자를 하한, 후자를 상

표 6-3
일정노동량(노동자 1만명)을 기준으로 한 영국과 포르투갈의 나사 및 포도주 생산량

상품 / 국가	나 사	포 도 주
영 국	100단위	83단위
포 르 투 갈	111단위	125단위

한으로 본다면 이러한 상 · 하한 내의 교환비율이 전제될 때 비로소 양국 모두에 이익이 돌아가는 무역이 성립하게 되는 것이다.

그러나 실제 교역조건이 상 · 하한 내의 어디에서 결정되는가의 문제가 양국의 관심사가 되게 마련이다. 왜냐하면 교역조건이 상한에 접근할수록 영국에 유리하고, 하한에 접근할수록 포르투갈에 유리하기 때문이다. 이에 대해서 밀은 완전경쟁하에서 거래국 상호간의 수요(相互需要 : reciprocal demand)가 일치하는 점에서 교역조건이 결정된다고 하였다.

즉, [그림 6-2] 의 곡선 E가 나타내는 바와 같이 영국은 나사 100단위를 수출하는 대가로 포르투갈로부터 지불되는 포도주의 양이 83단위 이하일 때에는 나사를 전혀 수출하지 않을 것이나 83단위보다 커질수록 나사의 수출량을 증대시킬 것이다. 반면 포르투갈은 곡선 P가 나타내는 바와 같이 나사 100단위를 수입하는 대가로 영국에 지불해야 하는 포도주의 양이 112.5단위 이상이면 나사를 전혀 수입하지 않고 국내에서 생산할 것이다. 그러나 그 양이 112.5단위보다 작아질수록 나사의 수입량을 증가시킬 것이다. 따라서 곡선 E와 P가 만나는 점을 Q라 할 때 Q점에서 결정되는 나사와 포도주의 교환단위(예컨대, 100 : 105)가 바로 양국간의 교역조건이 된다.

그림 6-2
상호수요곡선

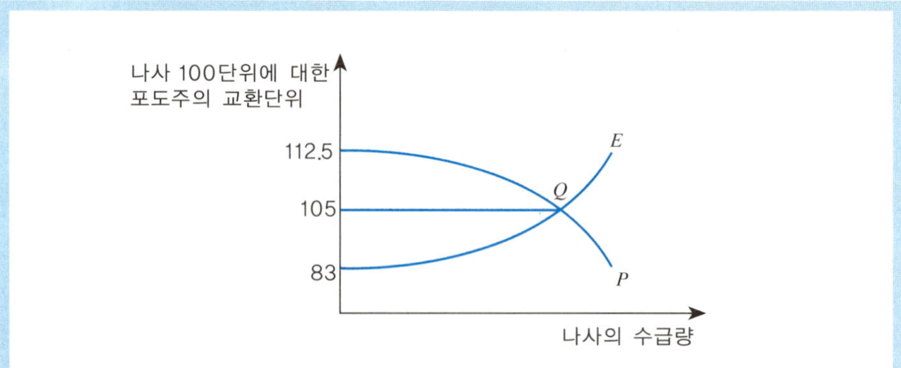

고전적 무역이론의 가정과 비판

절대생산비설 - 비교생산비설 - 상호수요이론으로 이어지는 고전적 무역이론은 다음과 같은 가정들을 전제로 하고 있다.

① 불변생산비
② 완전경쟁에 따른 자유무역주의
③ 생산요소의 완전고용
④ 생산요소의 동질성
⑤ 기술혁신의 무시
⑥ 생산요소의 국제적 이동의 불가능
⑦ 수송비와 관세의 무시
⑧ 단일생산요소
⑨ 2국 2상품
⑩ 생산요소의 공급수준 일정
⑪ 교환수단 역할뿐인 화폐
⑫ 잉여물만의 수출
⑬ 기타

다음에서는 이 중 몇 가지의 가정이 파괴되었을 때 균형조건이 어떻게 변화하는가를 검토하기로 한다.

'불변생산비' 가정에 대한 검토

모든 상품의 생산이 노동에 의해서만 행하여지고 상품 1단위 생산에 필요한 노동량이 생산량의 증가와 관계없이 일정하다면 [그림 6－2]에서 영국은 나사 생산에, 포르투갈은 포도주 생산에 특화해야 하는 것처럼 모든 나라가 비교우위상품 하나에 완전특화하게 되는 결과를 가져온다.

그러나 이러한 불변생산비, 즉 수확불변의 가정은 수확체증(한계생산비 체감)이나 수확체감(한계생산비 체증)의 법칙과 모순이 된다. 단, 노동만으로 생산이 이루어지는 경우에는 숙련도의 향상이나 대규모생산의 이익 등으로 인한 수확체증의 원칙이 합당할 것이나, 실제로는 노동이 토지, 자본과 같은 타요소와 결합하여 생산이 이루어지는 까닭에 노동의 한계생산력은 생산량이 증가함에 따라 일반적으로 감소한다. 이와 같이 현실세계에서는 수확체감의 법칙이 작용하기 때문에 각국이 자국에 비교우위가 없는 제품도 어느 정도 생산하는 불완전특화가 일반적인 현상으로 나타난다.

'완전경쟁에 따른 자유무역주의' 가정에 대한 검토

만일 비교생산비 원칙에 따라 각국이 비교우위에 있는 상품만을 생산한다면 공업제품을 생산하는 선진국은 계속 공업제품만을 수출하고, 농산물을 재배 · 경작하는 후진국에서는 계속 농산물만을 수출해야 한다는 논리가 성립한다. 그러나 그동안 공산제품은 계속 높은 부가가치와 함께 경제성장의 원동력이 되어 온 반면, 농산물은 기후조건에 의존해야 하는 불이익과 함께 공산제품에 비하여 가격이 상대적으로 계속 하락하는 추세를 보여, 일반적으로 지구상의 북쪽에 위치하고 있는 선진공업제국이 남쪽의 후진농업국가보다 유리한 무역수지를 얻게 되는 소위 남북무역(南北貿易)의 문제점을 잉태하였다. 따라서 자국의 경제발전을 위해서는 비교생산비에 관계없이 비교열위에 있는 공산제품을 보호 · 육성해야 한다는 보호무역주의가 나타나게 되었다.

'생산요소의 완전고용' 가정에 대한 검토

노동력과 같은 자국의 산업자원이 완전히 고용되어 있지 않을 때에도 자원의 완전고용을 위한 수단으로 보호무역주의가 대두되었다. 자유무역과 보호무역에 대한 논의는 제3절에서 구체적으로 다루기로 한다.

'생산요소의 동질성' 가정에 대한 검토

같은 노동력이라 할지라도 숙련의 정도에 따라 제각기 다른 기능을 발휘할 뿐 아니라 이들 간의 이동은 좀처럼 쉽게 일어나지 않는다. 생산요소의 하나인 자원의 경우에는 그 정도가 더욱 심하다.

예컨대, 천연자원(natural resources)은 다음과 같이 분류할 수 있다.

① 범재적 자원(凡在的 資源 : ubiquities) : 공기와 같이 어느 곳에나 존재하는 자원
② 공통적 자원(共通的 資源 : commonalities) : 물, 토지와 같이 거의 어느 곳에나 있지만 그 양과 질에 다소의 제한이 있는 자원
③ 희소적 자원(稀少的 資源 : rarities) : 석유, 철광과 같이 그 양이 희소한 자원

④ **고유적 자원**(固有的 資源 : uniquities) : 그리스의 파르테논신전, 한국의 남대문과 같이 독점적으로 고유한 자원

이 중에서도 희소적 자원과 고유적 자원은 독점적인 효과를 발생시켜 국가 간의 완전경쟁 가능성을 억제시키고 있다.

'기술혁신의 무시' 가정에 대한 검토

고전적 이론에서 고려하지 않고 있는 요소 중에서도 기술혁신은 기존의 무역패턴을 변화시키는 근본요인이 되고 있다. 제품수명주기(product life cycle)이론은 바로 이러한 기술혁신과 개발된 기술의 국제적 이동에 의한 무역의 발전과정을 설명하기 위하여 제기된 것이다.

'생산요소의 국제적 이동의 불가능' 가정에 대한 검토

생산요소의 국제적 이동이 없다는 가정은 교통수단과 통신, 매스컴 등의 빌달로 인하여 국제교류가 빈번해짐에 따라 그 의미를 점점 잃고 있다. 특히, 천연자원이나 노동력에 비하여 이동성이 높은 자본과 기술이 생산에서 차지하는 비중이 높아져 감에 따라 오늘날의 무역패턴은 과거와 다른 양상을 띠게 되었다.

생산요소의 이동이 무역량에 미치는 효과는 다음과 같다.

① **대체효과**(substitutive effect) : 생산요소의 이전을 통하여 각국의 생산요소구성이 비슷해짐에 따라 교역유인(交易誘因)은 감소한다.

② **보완효과**(complementary effect) : 다국적기업 등에 의하여 각국은 특정상품 생산을 전문화하는 방향으로 나아가며, 이에 따라 교역유인은 증대한다.

근대적 무역이론

위에서 지적된 바와 같이 리카도의 비교생산비설을 중심으로 한 고전적 무역이론은 여러 가정을 전제로 하고 있으며, 이들 가정이 현실에 맞지 않게 됨에 따라 이론 자체에 대해서도 수정이 가해지게 되었다. 이러한 고전적 이론에 대한 수정이론을 일괄적으로 근대적 무역이론이라고 부르며, 다음과 같은 학설들이 그 중심을 이루고 있다.

헥셔 - 올린(Heckscher - Ohlin)의 정리

헥셔(E. F. Heckscher)의 주장을 올린(B. G. Ohlin)이 발전시킨 이론으로서 제1명제와 제2명제로 요약된다.

제1명제

한국과 미국 두 나라가 두 생산요소(예컨대, 자본과 노동력)를 투입하여 X와 Y라는 두 상품을 생산한다고 가정하자. 이 중 미국은 자본이 상대적으로 풍부한 나라이고 한국은 노동이 풍부한 나라라면, 미국에서는 상대적으로 자본가격이 싸고 한국에서는 상대적으로 노동가격이 쌀 것이다.

한편, X와 Y는 기술계수(技術系數)가 서로 달라서 X의 생산에는 자본이, Y의 생산에는 노동력이 더 많이 필요하다고 가정하자. 그러면 미국에서는 자본집약적인 X가, 한국에서는 노동집약적인 Y가 각기 비교우위를 갖는 상품으로 특화될 것이다. 따라서 미국은 X를 수출하고 Y를 수입하는 반면, 한국은 Y를 수출하는 대신 X를 수입하게 된다.

이와 같이 각국 간에 생산요소의 분포상태가 서로 다를 경우 산업형태나 무역형태가 달라진다는 것이 제1명제이다.

제2명제

제1명제에 따라 미국과 한국 간에 무역이 성립되면 미국에서는 무역이 있기 전에 Y를 생산하는 데 사용되던 자본과 노동이 모두 X의 생산에 옮겨질 것이다. 그러나 X는 자본집약적인 상품이므로 미국이 X를 집중 생산하는 경우 자본에 대한 수요는 상대적으로 증가하고 노동에 대한 수요는 상대적으로 감소된다. 그 결과 상대적으로 싸던 자본의 가격은 상승하고 비싸던 노동의 가격은 하락하여 이들간의 가격차이가 점점 균등화하는 경향을 보이게 된다. 한국에서도 Y생산에 특화하게 되는 경우 자본가격은 하락하고 노동가격은 상승하게 되어 두 생산요소의 가격이 균등화하는 경향을 나타낸다.

이처럼 제2명제는 생산요소가 국제적으로 이동하지 않더라도 무역으로 말미암아 각국의 생산요소가격이 균등화한다는 것을 설명하고 있다.

레온티에프의 역설

레온티에프(W. Leontief)는 1947년 미국의 투입산출표(投入産出表 : input-output table)를 이용하여 수출품과 수입품 100만 달러 어치를 생산하는 데 소요된 자본과 노동의 양을 계산해 보았다. 그 결과 헥셔 - 올린의 제1명제에서 예상되었던 바와는 달리 미국은 곡물과 같은 노동집약상품을 수출하고 섬유와 같은 자본집약상품을 수입한다는 사실을 알아냈다.

이와 같은 실증적 연구는 인도, 일본, 캐나다, 영국 등에도 시도되었다. 그 결과 인도의 경우에는 일반적으로 노동집약재를 수출하고 자본집약재를 수입하나(헥셔 - 올린 정리의 긍정), 가장 자본이 풍부한 미국과의 무역에서 인도는 자본집약재를 수출하고 노동집약재를 수입하는 사실(헥셔 - 올린 정리의 부정)을 보여주었다. 또한 미 · 일간의 무역에는 헥셔 - 올린 정리가 긍정된 반면, 미국 · 캐나다, 그리고 미국 · 영국 간의 무역에는 부정되었다.

이러한 레온티에프의 역설(Leontief's paradox)에 대하여 레온티에프 자신은 다음과 같이 설명하고 있다. 즉, 미국의 노동은 타국의 노동에 비하여 동일한 자본과 결합하더라도 3배 이상의 노동생산성을 가진 까닭에 비록 노동량 그 자체는 희소하더라도 노동으로부터 비롯하는 생산성은 오히려 상대적으로 풍부하며, 이에 따라 미국은 자본집약적 상품보다는 생산성이 높은 노동집약적 상품을 수출한다는 것이다.

이외에도 미국민은 타국민보다 자본집약적 상품을 선호한다거나, 국내 노동자들을 보호하기 위하여 노동집약적 상품의 수입을 억제한다는 설명도 제시되고 있다.

연구개발요소이론(theory of research & development factor)

그루버(W. Gruber), 메타(D. Mehta), 버논(R. Vernon) 등에 의하여 제기된 이 이론은 오늘날 선진국의 무역패턴이 주로 연구 · 개발에 의하여 결정된다고 주장하는 이론으로서, 1960년대 미국의 수출산업이 국제적으로 비교우위를 차지한 이유는 기존상품의 생산비용절감과 신제품개발을 위한 연구에 투입되는 우수한 기술인력이 타국보다 많았기 때문이라고 주장한다.

예컨대, 1962년의 자료는 미국의 R&D 종업원수가 총종업원 1,000명당 435.6

명으로서 영국의 50.7명이나 서독의 40.1명보다 훨씬 많음을 보여주고 있다. 이 이론은 전술한 레온티에프의 역설에서 나타난 미국의 노동생산성 우위와 일맥 상통하고 있으며 다음에 설명되는 제품주기이론의 초기이론이 되기도 한다.

제품주기이론

버논(R. Vernon)과 웰즈(L. T. Wells)에 의하여 설명되고 있는 제품주기이론(product life cycle theory)은 생물의 생애와 마찬가지로 새로운 제품 역시 도입기에서 성장기를 거쳐 성숙기로 이행하였다가 쇠퇴기로 넘어가는 과정을 밟게 된다고 보고 있다. 각 단계의 특징을 살펴보면 다음과 같다.

도입기(introduction stage)

새로운 제품이 시장에 적응하기 위하여 시행착오의 과정을 거쳐 점차 개선되어 간다. 따라서 생산은 기술적으로 불안정하고 숙련노동집약국에서 이루어지며 단기조업에 의한 생산을 하게 된다. 수요면에서도 신제품에 대한 소비자의 인식이 부족한 까닭에 수요가 불확실하며 판매증대도 완만하다.

성장기(growth stage)

제품이 소비자에게 널리 인식됨에 따라 대량생산이 이루어지고, 이에 따라 반숙련(半熟練) 노동자에 의한 자본집약적 생산을 하게 한다. 한편, 판매촉진에 따라 대량판매가 이루어지며 경쟁상품이 등장한다. 이로써 마케팅활동이 이 시기의 핵심적인 경영활동으로 부각된다.

성숙기(maturity stage)

이 시기에는 제품이 표준화되어 미숙련노동자에 의한 생산이 가능해지고 생산시설에 대한 자본투자도 멈추어지며 기업규모도 고정된다. 수요면에서는 시장이 거의 포화상태에 이르러 각 회사가 시장점유율을 유지하는 데 초점을 두게 된다.

쇠퇴기(decline stage)

대체상품의 출현으로 기존상품의 수요가 급격히 감퇴하는 단계로서 무역활동도 규모가 축소된다.

각 단계에서 일어나는 무역의 패턴을 국가별로 보면 [그림 6-3]과 같다. 즉, 미국과 같은 기술선도국에서는 도입기에 생산을 시작, 성장기에 해외로 수출활동을 본격화하게 되나 성숙기에 이르러 기술모방국의 생산이 시작됨에 따라 점차 비교우위를 상실, 쇠퇴기에 이르러 완전히 수입국으로 변화하게 된다. 한편, 유럽 · 일본과 같은 여타 선진국은 성장기에 기술혁신국인 미국으로부터 수입을 하다가 성숙기에 이르러 미국으로 역수출을 하게 되며, 쇠퇴기에 이르러서는 다시 수입국으로 전락하게 된다. 반면, 한국이나 대만과 같은 개발도상국에서는 성숙기의 수입활동에서 시작하여 쇠퇴기에 이르러 미국 · 유럽 및 일본 등의 선진국으로 역수출을 하게 된다.

제품주기이론은 연구개발요소이론에서 한 단계 더 나아가 각국의 무역패턴을 시간의 흐름에 따라 명백히 밝히는 동태적 입장을 취하고 있으며, 이와 동시에 미국이 도입기 및 성장기에서 숙련노동의 우위하에 노동집약적 상품을 수출하게 된다는 사실을 밝힘으로써 레온티에프의 역설을 설명하고 있다.

대표수요이론

대표수요이론은 린더(S. B. Linder)에 의하여 제시된 무역이론으로 린더는 산업을 농산물부문과 공산물부문으로 나누어 농산물부문의 무역패턴은 헥셔-올린의 요소부존도의 격차로서 설명될 수 있으나 공산물부문의 무역패턴은 수요의 입장에서 설명되어야 한다고 하였다.

이와 같은 린더이론의 기본명제는 특정 재화가 수출가능제품이 되기 위해서는 무엇보다도 국내에서 대표적으로 생산되고 수요되는 재화이어야 한다는 것이다. 그는 이러한 명제에 입각하여 수출가능제품들 중에서도 국내에서 가장 수요비중이 큰 제품, 즉 국내에서 가장 집약적으로 수요되고 있는 제품이 비교우위를 갖는다고 하였다. 다시 말해서, 해외시장에서 경쟁할 수 있는 비교우위의 원천은 국내수요의 크기에 있으며, 국내수요가 클수록 국제경쟁력 또한 커진다는 것이다.

산업내무역이론

산입내무역(intra-industry trade)은 각국이 동일하거나 동일하다고 생각되는 산업

그림 6-3

제품주기에 따른 무역패턴

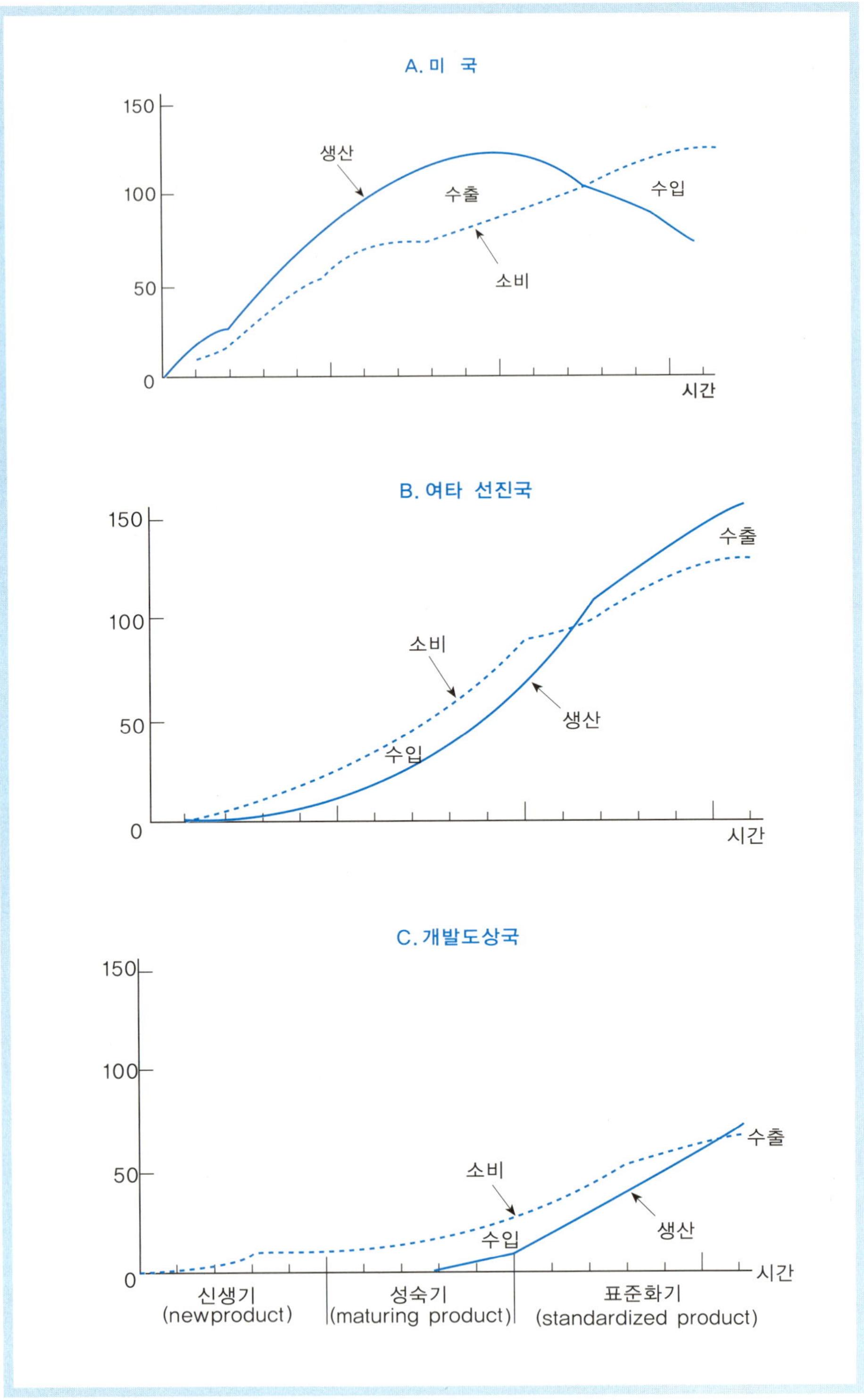

자료 : Raymond Vernon & Louis T. Wells, *Manager in the International Economy*(4th ed., Prentice-Hall, 1981), p. 94.

내에서 밀접한 관련성을 갖는 제품을 교역하는 것으로, 서로 다른 산업 내의 교역을 나타내는 산업간무역(inter-industry trade)과는 구별된다. 최근 들어 이러한 산업내무역은 계속 확대되는 추세에 있는데, 이처럼 산업내무역이 증가하는 이유는 첫째로 소득수준의 향상에 따른 수요구조의 다양화 및 이에 상응하는 제품차별화를 들 수 있고, 둘째는 생산과정의 복잡화와 규모의 경제의 산업 · 지역간 차이이며, 셋째로 생산요소 가용성의 국가별 차이 등을 들 수 있다.

산업내무역의 증대는 교역상대국간의 산업내분업이 확대되고 있음을 나타내는데, 산업내분업은 교역상대국의 수요다양화에 따라 동일한 성질의 상품이라도 디자인이나 스타일 등에서 차별화된 제품을 상호교환하는 제품차별화분업과 제품생산의 공정에 서로 특화하는 공정간분업으로 다시 나눌 수 있다. 이러한 산업내무역의 수준을 그루벨(H. G. Grubel)과 로이드(P. J. Lloyd)는 다음과 같은 지수로 측정하였다.[4]

$$B_{ij} = \frac{X_{ij} + M_{ij} - |X_{ij} - M_{ij}|}{X_{ij} + M_{ij}} = 1.0 - \frac{|X_{ij} - M_{ij}|}{X_{ij} + M_{ij}}$$

단, B_{ij} = i 상품 또는 산업의 j 국과의 산업내무역지수

X_{ij} = i 상품 또는 산업의 j 국에 대한 수출액

M_{ij} = i 상품 또는 산업의 j 국에 대한 수입국

산업내무역지수가 1이라는 것은 한 국가가 동일량의 수출과 수입을 행하는 것을 말하며, 0은 수출이나 수입의 한쪽만이 있는 상태이다. 이 지수가 1에 가까울수록 산업내무역의 정도는 크며, 따라서 그 상품의 제품차별화도 크다고 하겠다. 그루벨과 로이드는 SITC 3자리 분류에 의해 10개 선진국의 산업내무역지수를 가중평균한 결과 1967년에 그 지수는 0.48이었다. 이는 교역국간 무역의 절반 정도가 동일산업의 제품에서 이루어지고 있음을 나타내며, 이 지수는 1959년에 0.36에서 1964년에는 0.42로 다시 1967년에 0.48로 증가한 것으로 최근에 이르기까지 계속 증가하여 왔다.

한편, 산업내무역은 원자재나 단순제조업과 같이 동질적(homogeneous)이거나 비차별화(nondifferentiated)된 제품에서도 이루어지는데, 이는 주로 이전비용, 계절적 또는 주기적인 공급의 변동 등에 기인한다. 하지만 대부분의 산업내무역은

차별화된 제품에서 이루어지고 있다. 따라서 산업간무역이 요소부존도의 국가 간 차이에 따른 비교우위에 바탕을 두고 있다고 한다면, 산업내무역은 제품차별화와 규모의 경제라는 시장불완전요소에 따라 기업이 누릴 수 있는 경쟁우위에 기인한다고 할 수 있다.

무역정책

무역정책은 무역의 양당사국인 수출국과 수입국의 정부가 무역수지에 영향을 미치기 위해 사용하는 모든 정책을 의미한다. 무역정책은 정부의 개입 여부 및 정도에 따라 자유무역정책과 보호무역정책으로 나뉘며, 세계무역 역사상 이 두 가지 정책은 교차적으로 채택되어 왔다. 1990년대 중반을 지난 현재시점의 세계무역정책의 흐름은 보호무역정책이 점차 강화되어 가고 있는 실정이다. 이에 따라 수출국 정부에서는 각종 수출지원제도를 통한 수출확대정책을, 그리고 수입국 정부에서는 관세 · 비관세장벽 및 할당제 등의 수입제한정책을 점차 높여 가고 있다.

자유무역정책과 보호무역정책

무역정책은 크게 자유무역정책과 보호무역정책으로 나뉘며 시간과 장소에 따라 선택적으로 적용되는 것이 보통이다. 예컨대, 1500년대에서 1700년대 중반에 이르는 중상주의(重商主義)시대에는 식민지와의 무역으로부터 부를 축적하기 위하여 철저한 보호무역정책이 채택된 반면, 1700년대 후반 이후 산업혁명과 함께 선진국으로 부상한 영국, 네덜란드 등의 국가들은 리카도의 비교생산비설에 입각한 자유무역의 이익을 향유하기 위하여 자유무역정책을 실시하였다.

그러나 1800년대 중반 이후 산업혁명을 뒤늦게 시작한 독일, 미국 등의 국가들은 선진국을 따라잡기 위한 수단으로 자국의 유치산업(幼稚產業)을 보호할 필요를 느꼈고 이에 따라 보호무역정책을 채택하였다. 그 후 제2차 세계대전 이후 GATT와 같은 국제경제기구를 통하여 자유무역정책이 세계적으로 확대되었으나, 1973년 석유위기 이후 침체국면을 벗어나지 못하던 선진국들이 또 다시 새로운 유형의 보호무역정책을 선보이고 있다. 이와 같이 시간적으로 자유무역과 보호무역정책이 교대로 채택되고 있는 반면, 국가별로는 일반적으로 선진국에서는 자유무역정책, 후진국에서는 보호무역정책이 채택되어지고 있다.

자유무역정책의 이론적 타당성은 이미 설명된 고전적 무역이론과 그 후의 무역이론에 근거하고 있으며, 보호무역정책을 실시하는 근거로는 다음과 같은 것들이 자주 거론된다.

보호무역정책 실시의 근거

화폐의 유출방지

국내생산을 할 경우에는 생산물의 대가로 지불되는 화폐는 국내에 남아 있으나, 수입에 의존할 경우에는 이와 교환되는 화폐가 국외로 유출되므로 그만큼 국부(國富)가 상실된다는 주장이다.

내국시장에 대한 국내생산자의 우선권

국내생산자는 내국시장에 대한 우선적인 권한을 갖고 있으므로 이들을 경제적 차원이 아니라 생존권적 차원에서 보호 · 육성하여야 한다는 주장이다. 예컨대, 우리 나라의 경우 화장품제조업체에서는 이러한 주장을 근거로 하여 외국산 화장품 수입의 제한을 요구하고 있다.

제조원가의 형평성 유지

국내업계와 외국업계 간에는 정당한 경쟁관계가 형성되어야 하며, 따라서 외국업계가 원가면에서 유리한 위치를 차지하고 있을 경우에는 관세(tariff)로써 이를 조정하여 경쟁의 형평성을 유지하여야 한다는 주장이다.

저임금의 부당성

주로 선진국의 노동조합에 의하여 주장되는 것으로서 선진국은 후진국의 저임금과 경쟁을 하기 어려우므로 국내근로자의 보호를 위하여 보호무역정책을 채택하여야 한다는 주장이다.

고용증대

자국 내의 실업구제를 위하여 국내생산이 필요하며 이에 따라 수입을 억제하여야 한다는 주장이다.

반(反)덤핑

외국기업의 덤핑행위로부터 국내기업을 보호하기 위하여 덤핑수입에 대한 제한이 뒤따라야 한다는 주장이다. 이 때 덤핑에는 외국기업이 구조적인 저생산비로 인하여 계속적으로 덤핑행위를 하는 경우(persistent dumping)와 외국기업이 국내기업과 경쟁을 벌일 때 국내기업을 제거하기 위하여 일시적으로 덤핑행위를 하는 경우(predatory dumping)가 있으며, 보호무역정책에서는 후자를 집중적으로 억제해야 한다는 것이다.

협상과 보복

각국 사이에는 서로 정책이 다르며 상대국이 보호무역정책을 실시할 경우 이에 대응하여 협상지위를 지키기 위하여 수입억제조치 등을 취하여야 한다는 주장이다.

국가안보

전쟁이나 비상시에 대처하기 위해서 최저한의 생산설비를 보유하여야 한다는 주장이다.

유치산업보호

산업이 뒤떨어진 나라가 자국산업 중 유치산업을 보호하기 위하여 수입을 억제해야 한다는 주장이다.

다각화

국제분업에 따라 지나치게 특화된 산업구조를 갖게 되면 경기변동에 따른 불안정성이 커지는 요인이 된다. 따라서 특화된 산업에서의 수출과 더불어 국내생산의 다각화를 이룩하여 안정과 성장을 확보하여야 한다는 주장이다. 예컨대, 브라질은 커피에, OPEC국가들은 원유에 대한 의존도가 높으므로 이에 따른 위험부담을 줄이기 위하여 자국산업을 다각적으로 육성하는 전략을 채택하고 있다.

수출입 정책

수출확대 정책

수출은 두 가지 면에서 수출국의 국부를 증가시킨다. 첫째는 외국의 생산물을 구입하는 데 필요한 지불수단(외화)을 얻게 된다는 점이고, 둘째는 국내의 생산물에 대한 유효수요를 늘릴 수 있다는 점이다.

수입국의 수입수요가 존재한다는 전제하에서 수출이 늘어나기 위한 필요조건은 수출공급가격(생산비+이윤)이 인하되는 것이고, 충분조건은 수출상의 애로요인이 제거되는 것이다. 따라서 수출국 정부에서 채택할 수 있는 수출확대정책에는 수출공급가격을 인하시키기 위한 이윤의 감소, 생산비의 절감, 그리고 국내화폐의 평가절하라는 세 가지 대안과[5] 수출애로제거 등 모두 네 가지 대안이 있다.

수입제한 정책

수출이 수출국의 국부를 증가시킨다는 앞에서의 논리를 뒤집어 보면 수입이 수입국의 국부를 감소시킨다는 논리가 성립된다. 즉, 수입은 대외지불수단(외화)을 잃음과 동시에 국내의 생산물에 대한 유효수요를 감소시키는 부정적 효과를 가져오는 것이다. 따라서 수입국에서는 국부의 감소를 막기 위해서 수입을 감소시키기 위한 정책을 채택하게 되는데, 여기에는 수입상품가격을 높이는 효과를 가져오는 관세와 수입상품의 수량 자체를 제한하거나(수입할당제) 수입상품의 물적 유통에 애로요인을 증대시키는 비관세장벽의 두 가지 제도가 있다.

알아봅시다

종합무역상사[6]

종합상사(general trading company)라는 용어는 정부에서 종합무역상사제도를 도입한 1975년 이전부터 이미 국내에 널리 소개되어 왔다. 업무내용이 '라면에서 미사일까지' 라고 말해지는 것처럼 다양하며 또 단순한 수출입 업무뿐만이 아니라 자원을 개발하기도 하고 유통 업무 등에도 진출하는 등 종합적인 기능을 가지는 것이 종합상사이다.

역사적 · 현상적 분석을 종합하여 볼 때 종합상사라는 개념은 다음과 같은 두가지 측면에서 정의할 수 있다. 우선 다각화와 시너지효과 측면에서 '종합' 의 의미를 살린 현상을 분석하면, 종합상사는 '품목과 지역 그리고 기능면에서 다각화된 경영활동을 영위하되, 이같은 다각적 활동이 기업 내부에서 유기적인 협력과 조정을 통해 상호보완적 관계를 형성함으로써 시너지 효과를 발휘하는 대형상사' 로 설명된다. 그리고 설립목적과 그 기능적 본질의 측면에서 역사적으로 분석하면 종합상사는 '국제무역의 보호무역주의하에서 국가경제의 효율성을 제고하기 위한 수단으로 정부에 의해 설립되고 육성된 범세계적 정보네트워크' 로 인식된다.

이와 같은 종합상사는 한국과 일본에만 있는 독특한 형태이다. 미국의 루이드레파스 · 콘티넨털그레인과 같은 곡물상사, 영국의 유나이티드아프리카, 네덜란드의 인터네셔널로테르담과 같은 구식민지무역 독점상사 등의 예가 있으나, 모두가 특정의 상품이나 지역에 치우쳐 있다. 일본의 경우도 미쓰이물산(三井物産) · 미쓰비시상사(三菱商事)와 같은 종합회사는 미쓰이재벌 · 미쓰비시재벌이라는 거대한 기업 콘체른에 속하는 상사로서, 산하 계열기업이 생산하는 제품의 판매와 그들이 필요로 하는 원자재의 구입을 주업무로 하여 발달해 왔다.

이에 대해 한국의 종합상사는 처음부터 수출진흥을 목적으로 하여 특정기업의 제품만이 아닌 국내 각 기업의 각종 제품을 차별 없이 취급하여 수출하는 것을 주요 사업으로 하고 있다. 이와 같은 수출입상사로서의 일반적 기능 이외에 종합상사가 가지고 있는 기능은 다음과 같다.

1) **거래기능** : 거래기능이란 상품의 수요차이를 조정해서 필요로 하는 곳에 필요로 하는 물건을 판매한다는 의미이며 거래기능을 형태에 따라 국내거래, 수출입거래, 삼국간거래 등의 기능으로 구분하여 볼 수 있다.
2) **금융기능** : 종합상사는 상품거래에 수반해서 국내외의 기업에 금융기관으로서의 기능을 제공하고 있다. 예를 들어 제조업체에 대해 그 상품을 구입하고 어음을 발행해 줌으로써 실제로는 그 상품이 수요자에게 판매되고 있지 않은 경우에도 자금의 융통이 가능해진다. 특히 중소기업에 대해서는 원재료비나, 제품의 매입에 의한 융자, 설비투자자금의 융자에 이르기까지 금융상의 역할을 수행하고 있다. 이것은 은행보다도 종합상사가 거래를 통해서 기업의 신용도나 경리내용을 잘 알고 있는데서 지배 · 피지배의 관계가 성립된다는 사실도 이해해야 한다.

3) **정보기능** : 해외지점을 정보망으로 이용, 각종 해외정보를 수집 · 파악함으로써 유리한 상거래를 성립시키는 기능을 말한다.
4) **위험부담기능** : 종합상사는 환위험 등 상품거래에 따른 위험과 금융기관이 회피하는 소규모 거래선에 대하여 금융상의 위험을 부담하는 기능을 수행한다.
5) **오거나이저 기능** : 특정 목적, 특정 프로젝트를 수행하기 위해 관련기업 정보, 기술, 인재, 자금을 다각적으로 수배하여 신속히 조직하는 기능을 말한다. 주택산업이나 해양산업 · 원자력산업 등 시스템적인 거대산업으로의 진출에 있어, 다수의 제조업체 · 건설회사 등을 조직화함으로써 이들의 시스템 산업을 실현하는 기능을 말한다. 프로젝트의 수출에서도 이 기능은 중요하다.
6) **기타기능** : 종합상사는 그 밖에도 해외자원개발, 보험, 재고, 수송 등의 여러 가지 기능을 수행한다고 보기도 한다.

그러나 국내 종합상사들은 최근 취약한 사업기반으로 인해 수익성이 저하되고 있는데다 거래선 이탈 가속, 외환 및 금융위기로 인한 경영여건 악화, 정부의 대기업 정책 변화, 일본 종합상사의 시장잠식 및 전자상거래의 확산 등 새로운 사업환경에 직면하면서 위기에 봉착하고 있다. 이에 종합상사들은 수출에 사업역량을 집중하는 등 위기타개와 생존기반 강화를 위해 온 힘을 기울이고 있으며 삼성물산 등 일부 종합상사의 경우 위기를 극복하고 이미 변신에 상당한 진척을 보이고 있다.

종합상사들은 구조조정을 통해 외형을 줄이고, 수익성이 낮은 단순무역중개기능을 탈피하여 수익원을 다양화하며, 사회전반의 정보화 흐름에 합류하는 방향으로 변화를 시도하고 있다. 구체적으로는 한계사업, 적자사업, 저수익사업 등을 정리하고 종합상사 특유의 경쟁력을 지닌 정보력, 자금력, 인적자원을 재조직하여 21세기 유망사업으로 부각되고 있는 정보, 물류, 전자상거래, 인터넷 등의 사업에 진출함으로써 수익성개선과 생존, 그리고 성장성을 동시에 추구하는 방향으로 사업구조를 재편하고 있다. 이와 같은 사업구조의 재편을 위해 현금유동성 및 수익성 위주의 경영체제로 전환하고 사업부 구조조정 및 자산매각을 지속하고 있다.

또한 오거나이저 사업, 벤처기업 투자, 스포츠마케팅, 영상 등 각종 소프트사업, 대형 프로젝트 사업 등의 전개를 통해 수익원의 다양화 및 고부가가치화를 도모하고, 해외자원개발을 통한 원자재 공급 및 자사수익기반 확충을 위해 석유, LNG 등 에너지분야뿐만 아니라 식량, 공단개발사업 등 다양한 분야로 투자를 확대하며, 3국 간 거래 확대, 동유럽, 중남미 등 신시장 개척 등을 통해 수익성 개선을 도모하는 등 사업영역을 확장함으로써 종합사업회사로의 변신을 추구하고 있다.

사업 다각화는 물론 새로운 수익 모델 개발에 박차를 가하고 있다. 과거처럼 제품 수출을 대신해 주고, 수출 대행료를 벌어들이는 사업 형태로는 성장에 한계가 있기 때문이다. 게다가 그동안 전담해 오던 그룹 계열사들의 수출도 수출입 자유화 이후 제조업체 간 직거래가 늘면서 그 역할이 축소됐다. 이에 따라 업체들마다 에너지나 플랜트 수주뿐 아니라 인테리어 사업, 미용실 체인 사업 등 기존의 종합상사 이미지에는 안 어울리는 듯한 사업들에까지 뛰어들고 있다.

현대종합상사는 2004년 3월 주주총회에서 정관변경을 통해 건축물 개조 및 보수 인테리어 관련 사업을 사업 목적에 추가했다. 최근 재건축 대신 뜨겁게 달아오르고 있는 이파트 '리모델링 사업'을 추진한다는 복안이다. 현대종합상사 관계자는 "지난해 처음 시작했던 새집 증후군 방지 촉매제인 '월코트' 사업도 올해는 대리점을 대거 늘리는 등 공격적으로 추친할 계획"이라고 밝혔다. 현대상사는 지난해 회전초밥집 '미요센' 도 강남역에 선보였다. 연내 이들 체인점을 10개까지 늘리고 홍콩에도 초밥집을 내겠다는 계획이다.

LG종합상사는 중국에서 종합 물류사업을 벌일 계획이다. 이 회사 윤철수 부사장은 "당장은 중국에 공장을 갖고 있는 그룹 계열사들에 부품과 자재를 원하는 시각에 공급하는 실시간자재공급시스템(JIT : Just In Time)을 갖추고, 이후 그룹사 외의 고객들에게도 물류 서비스를 제공할 계획"이라고 말했다.

LG 종합상사는 이탈리아 상용차 업체인 '이베코' 의 굴절 버스(두대가 연결돼 가운데가 꺾이는 버스)를 수입할 계획이다. 생산은 삼호물산과 태국의 유니언사와 함께 태국에 설립한 게맛살 공장에서 한다.

삼성물산은 최근 주총에서 별정통신업 · 전기통신사업 및 정보통신사업을 정관상 사업목적에 추가했다. 이 회사는 중국과 동남아에서 해외 인터넷 전화사업을 벌인다는 계획이다. 삼성물산은 이미 지난해 1억 2000만 달러 규모의 인도네시아 부호분할다중접속(CDMA) 프로젝트를 수주했고, 9000만 달러 규모의 필리핀 부동산 등기전산화 프로젝트를 수주하기도 했다.

코오롱인터내셔널은 중국에서 DVD와 스피커를 국내에 들여와 파는 사업을 시작한다고 최근 발표했다. 또 중국에서 부는 '한류(韓流)' 바람을 업고 미용실 체인사업도 벌일 계획이다.

SK네트웍스(전 SK글로벌)도 오는 20일 정만원 사장이 신사업 구상을 밝힐 예정이다. SK네트웍스 관계자는 "우리 회사는 이미 마케팅 전문회사가 됐다"며 "SK텔레콤 대리점과 주유소 등을 이용한 새로운 사업을 구상 중"이라고 말했다.

종합상사 수출실적 비교 (단위 : 백만불, %)

구분	2002년		2002년 3/4분기		2003년 3/4분기	
	실적	점유율	실적	점유율	실적	점유율
한국전체	162,471	100.00	117,163	100.00	137,102	100.00
대상사계	55,807	35.35	42,296	36.10	38,360	27.98
LG	13,561	8.35	10,224	8.73	11,414	8.33
삼성	22,471	13.83	16,595	14.16	16,953	12.37
현대	11,308	6.96	8,805	7.52	5,066	3.70
SK	2,578	1.59	2,059	1.76	1,783	1.30
대우	4,045	2.49	3,225	2.75	1,588	1.16
쌍용	1,218	0.75	888	0.76	1,117	0.81
효성	626	0.39	501	0.43	438	0.32

자료 : LG상사 연차보고서

6장 요약

- 무역은 상품의 이동방향에 따라 수출과 수입으로 나눌 수 있다. 따라서 무역에는 반드시 그 주체가 되는 수출국과 수입국이 있게 마련이며, 이렇게 수출국과 수입국에 의해서 직접무역과 간접무역으로 나뉘게 된다. 그렇다면 무역은 왜 발생하게 되는가? 우선 수출은 해외시장 진출의 가장 기본적이고 용이한 방법이기 때문이다. 수출은 국제화경험이 없는 기업에게 손쉽게 해외사업을 운영할 수 있는 기회를 제공한다.
- 무역발생의 원인과 장 · 단점을 보다 구체적으로 살펴보기 위하여 고전적 무역이론에서부터 근대적 무역이론에 이르기까지 다양한 이론들을 살펴봄으로써 무역발생에 관한 이해를 높일 수 있다.
- 무역정책에 대해 살펴봄으로써 수출공급가격을 인하시키기 위한 이윤의 감소, 생산비의 절감, 국내화폐의 평가절하, 그리고 수출애로제거 등의 네 가지 수출확대정책과 수입할당제와 비관세장벽의 수입제한정책을 살펴보았다.

주 NOTES

1 | 서울대학교 경영대학에서 발간한 Global CEO Program 제1기 사례집 중 동양그룹 담철곤 부회장(현 오리온그룹 회장)이 작성한 사례를 요약 · 재구성함.

2 | 통과수수료는 통과무역이 이루어지는 당사국과의 협약에 의하여 일반적으로 그 징수가 면제된다.

3 | 애덤 스미스에 있어서 생산비를 결정하는 것은 노동의 투입량이며 상품의 가치는 노동의 투입량에 의하여 결정된다. 예컨대, A국이 B국에 비하여 갑제품을 생산하는 데 투여되는 노동의 양이 작을 때, A국가는 B국가보다 갑제품을 생산하는 데 적성이 있다고 할 수 있다.

4 | Franklin. R. Root, *International Trade & Investment*(5th ed., South-Western Publishing Co., 1984), pp.268~272.

5 | 박병호, 貿易政策論(증보판, 법문사, 1979), pp.146~182.

6 | 조동성, 21세기를 위한 국제경영, 1998. pp.252~301 요약 및 참고. 그 밖에 중앙일보 2004. 4. 12 기사 및 www.kinds.or.kr의 기사 검색 참고.

7 국제기술이전

일반적으로 기술이전(technology transfer)이란 '기술'이라는 생산요소를 국가 간에 이전시키는 경영활동 중의 하나이다. 여기에서는 다음 순서에 따라 기술이전에 대한 이해를 얻기로 한다.

첫째, 기술이전의 개념을 개발도상국 기업의 입장에서 파악하고, 그 특징을 기술공급원, 기술공여자와 도입자의 경쟁적 관계, 그리고 시스템적 이전이라는 세 가지 면에서 살펴본다.

둘째, 이전의 대상이 되는 기술을 기술적 차원, 관리적 차원 그리고 종합적 차원에서 분류하고, 기술이 이전되는 경로를 정부차원과 민간차원으로 나누어 그 구체적인 형태에 대하여 알아본다.

셋째, 기술도입국가의 관점에서, 도입된 기술이 동태적으로 어떠한 변화를 거쳐 자체기술로 변화하는가에 대한 세 가지 모델을 비교 · 검토해 본다.

넷째, 기술도입과 이에 대응되는 개념이라 할 수 있는 자체기술개발을 상호 비교한 후, 우리 나라가 당면하고 있는 기술개발능력에 있어서의 문제점을 해결하기 위한 전략방안을 모색해 본다. 끝으로, 한국의 기술도입을 제도의 변천과 실적면에서 살펴본다.

학습목표

- 국제기술이전은 어떤 방식으로 이루어지는가?
- 시간의 흐름에 따른 기술이전 방식의 변화는 어떻게 나타나는가?
- 선진공업국이 되기 위해, 우리나라의 기술이전은 어떻게 나아가야 하는가?

기술이전을 통한 신상품개발 : CDMA 이동통신 단말기의 상용화[1]

우리나라는 약 800만 명의 이동통신 가입자가 사용하고 있는 코드분할다중접속(CDMA : Code Division Multiple Access) 기술은 미국의 Qualcomm이라는 벤처기업이 특허권을 가지고 있는 기술이다. Motorola를 비롯한 세계 굴지의 통신업체들이 외면한 이 기술을 한국전자통신연구원이 지난 96년 상용화에 성공했는데, 우리나라는 이 상용화 기술개발로 매년 13조 원의 수입대체효과를 얻을 수 있고, 98년의 경우 약 6억 5000만 달러의 외화를 벌어들였다. 또한 축적된 기술력과 경험을 바탕으로 중국을 비롯한 여러 국가의 통신망 구축 사업에도 참여하고 있다.

한편, Qualcomm사는 지난 1년여 동안 약 1000억 원의 로얄티 수입을 올리는 등 바로 이 CDMA 원천특허를 기반으로 일약 대기업의 수준으로까지 뛰어오른 성공적 기업이 되었다. 수년 안에 전세계적으로 CDMA 방식 가입자 수가 유럽식 GSM(Global System for Mobile communication)의 보급량을 격추하고 있어 하나의 원천기술 특허권으로 말미암은 기술혁신의 영향력이 막중함을 실감케 하고 있다.

기술이전 즉, 라이센싱의 측면에서 CDMA 기술개발이 갖고 있는 의미는 기술도입의 여러가지 효과유형 중에서도 이 경우는 바로 미실증 기술을 도입하여 성공시킨 아주 대표적인 케이스에 해당한다고 볼 수 있다는 것이다. 미실증 기술을 도입하여 시장적용에 성공한다는 것은 사실 리스크가 높은 기술 도입 방식이다. 왜냐하면 그것은 원천기술만 가져와서 50:50의 성공 확률하에 실제의 연구개발을 직접 수행하여야 하기 때문이다. 그만큼 성공을 하게 되면 시장 선점기회가 높고 그에 따른 고부가가치를 창출할 수 있다는 이점이 크다.

기술혁신과 확산의 측면에서 해석하면, 아직 미가공 원료에 해당하는 Qualcomm의 CDMA 원천기술을 유입하여 그렇지 않았다면 언제 기술구현이 이루어질지 알 수 없는 것을 개발함으로써 당해 기술의 실효성이 시장에서 입증되고 어쨌든 현재는 전세계적인 확산 일로에서 국제적으로 통합된 이동통신 환경인 IMT-2000의 주요한 표준으로서 각광을 받고 있어 차세대 이동통신 방식 기술혁신의 전초를 이룬 것이나 다름없는 일례라 할 수 있겠다.

CDMA 기술도입 당시의 기술료 대가 산정 등 계약상의 불충분 조건을 지적하는 문제를 떠나서 최근 전반적으로 특허권에 대한 로얄티 요구수준이 다소 고액화 되고 있는 경향이 있다. 전반적으로 국내 주요 산업들이 특허료의 지출없이는 생산이 불가능한 실정이고, 또, 그것은 기술공급자에 대하여 응당 지불하여야 하는 감수 조건이기 때문에 우리가 취하여야 할 적극적인 자세는 물론, 현실적으로 급변하는 기술변화에도 피해를 최소화 할 수 있도록 전략적 대응을 모색하여야 하겠지만 그보다 더 중요한 것은 특허료의 부담을 줄일 수 있는 공세적인 전략이다.

본문에서 특허가 기술혁신에 갖는 의미에서 언급하듯이 신속한 개량기술 및 새로운 원천기술 연구개발을 통한 특허권 확보와 함께 기술혁신을 이뤄내고 기술경쟁의 비교우위의 입장에 서서 세계시장에서 기술주도력을 가지고 앞서 나갈 수 있는 장단기의 비전적 전략을 추구하여야 한다는 것이다.

CDMA 상용화의 도화선이 되었으면서 원천기술과 여러가지 개량기술의 개발에서 뒤처진다면 결국 이동통신 국제시장에서 도태되고 말 것이므로 적극적인 연구개발 투자와 정책적 지원으로 신기술 개척자로서의 지위를 확고히 해나가야 할 것이다.

토의과제

- 기술혁신을 초래하는 요소는 무엇인가?
- 한국전자통신연구원이 지난 96년 CDMA 기술을 상용화할 수 있었던 원천은 무엇인가?
- 원천기술에 대한 연구 개발과 특허 및 로열티와 관련된 문제에 대해 우리 기업들은 어떻게 대응할 것인가?

기술이전의 개념과 특징

기술이전의 개념

일반적으로 기술이란 "과업수행, 용역제공 혹은 제품생산을 가능케 하는 지식이나 정보"[2]인 동시에, "어떤 특정한 목적을 달성하기 위한 하나의 인간-기계체계"[3]이다. 즉, 기술은 경영활동에 투입되는 생산요소라는 점에서 자본, 노동 등과 동격의 위치에 있으며 또한 이러한 생산요소를 유기적으로 결합시키는 시스템 그 자체라고도 할 수 있다.

기업이 이와 같이 경영활동에 필수적인 기술을 습득하는 방법에는 '자체 내의 기술개발' 과 '외부로부터의 기술도입' 이라는 두 가지가 있다. 그러나 기술수준은 일반적으로 한 나라의 교육 및 경제수준에 비례하므로 특정기업의 입장에서는 이러한 구분방법보다도 '자국 내의 기술능력 활용' 과 '외국기술의 도입' 이라는 두 가지로 나누는 것이 더욱 적절하다고 볼 수 있다. 이 때 기술도입국 입장에서의 '외국기술의 도입' 을 기술제공국가의 입장에서 보면 '자국기술의 제공' 이 되고, 이러한 기술의 국가간 흐름을 객관적 입장에서 보면 '기술이전' 이 된다.

선진국의 경우에는 자체연구개발을 통하여 경제와 사회의 실정에 알맞는 기술능력이 축적되어 있다. 이에 따라 기업들은 자국 내의 기술능력을 기반으로 하여 경영활동을 수행하고 부분적으로만 '외국기술의 도입' 을 하게 된다. 그러나 개도국의 경우에는 자체 연구개발능력이 월등히 부족하므로 성공적인 '외국기술의 도입' 이 산업발전에 큰 역할을 담당하게 된다. 우리나라의 입장에서도 궁극적으로는 적극적인 자체기술개발을 통해서 보다 활발히 해외에 기술을 제공하는 역할을 수행해야겠지만, 앞으로도 당분간은 선진국과의 기술격차를 좁히는 것이 중요한 과제이며, 이를 위해서는 효과적인 기술도입을 통한 자체 연구개발능력의 배양이 필수적이다.

기술이전의 특징

국제기술이전은 상품이나 다른 생산요소의 국제적 이동과 다음의 세 가지 면에서 차이점을 가진다.[4]

첫째, 기술의 공급원은 대부분 선진국의 다국적기업이다. 이들 기업이 기술이전을 행하는 까닭은 기술도입국의 경제발전에 공헌하기 위한 것이 아니라 자신의 이윤극대화를 추구하기 위한 것이다. 따라서 이들은 자신이 소유하고 있는 독점적 우위요소의 하나인 기술능력을 라이센싱(licensing)의 형태로 제3자에게 양도하거나 또는 다른 생산요소인 자본, 경영능력 등과 결합하여 해외직접투자의 형태로 현지 자회사에서 제조, 판매함으로써 이윤을 취득하게 된다.

이 때 다국적기업이 자신이 소유하고 있는 기술을 그대로 판매할 수 있는 시장이 현지에 존재한다면 라이센싱의 형태로 이를 팔 것이고, 그렇지 않다면 해외직접투자의 형태를 취하게 될 것이다.[5] 다만, 개발도상국에 기술을 판매할 수 있는 현지시장이 있는 경우에도 다국적기업은 선진국내에서 잔존가치가 높은 첨단기술보다는 시장이 포화상태에 달하거나 경쟁력이 뒤지는 낙후기술을 판매하려 할 것이다.[6] 반면 개발도상국은 기술도입을 통하여 수입대체와 수출증대를 도모하려 하기 때문에 선진국과의 기술격차를 줄이려는 노력을 하게 된다. 따라서 기술공여자와 도입자 간의 동기와 이해가 일치하지 않는 것이 보통이다.

둘째, 기술은 그 내용과 특성에 있어 일반적으로 비밀이 지켜지기 때문에 독점적 성격을 띠는 데 반해 이러한 기술을 도입하려는 기업이나 국가의 수효는 많은 것이 보통이다. 따라서 기술이전시장은 공여자의 입김이 크게 작용하는 판매자시장의 성격을 가진다.

따라서 기술공여자가 기술의 가격, 이전조건, 기술관리 그리고 사후감독에 이르기까지 강한 통제권을 행사하려고 할 때 기술도입자는 이를 어쩔 수 없이 따를 수밖에 없게 된다. 특히, 기술도입국이 기존의 기술능력, 이전기술의 내용을 파악할 수 있는 능력(absorptive capacity) 그리고 신규기술을 개발할 수 있는 능력 등을 가지지 못하고 있는 경우는 기술도입에 대한 교섭능력(bargaining power)이 크게 뒤떨어지게 되어 기술공여자의 독점적 횡포가 더욱 강하게 나타나게 될 가능성이 커진다.

셋째, 기술은 대개 다른 요소와 함께 이전된다. 이미 설명한 바와 같이 기술은 자본, 노동 등과 마찬가지로 하나의 생산요소인 동시에 다른 생산요소와 기술을 유기적으로 결합시키는 시스템이라는 이중적 성격을 가지고 있다. 따라서 기술이전만을 대상으로 하는 라이센싱계약에 있어서도 기술은 생산, 판매 등의 시스템으로 이전되거나, 투자에 대한 예비조사에서 공정설계, 기계 · 공구의 선정, 건설,

생산, 종업원훈련 등을 포괄하는 과정(process)으로서 이전되는 것이 보통이다. 따라서 기술이전의 범위를 어떻게 결정하느냐에 따라 자본, 노동과 같은 다른 생산요소의 이전을 제한시킬 수 있다.

기술이전의 대상과 방식

기술이전의 대상

이전이 이루어지는 기술은 다음과 같이 여러 가지 기준에 따라 분류할 수 있다.

기술적 분류

UNCTAD에서는 이전되는 기술의 내용을 기준으로 하여 다음과 같이 9가지로 분류하고 있다.[7]

① 가능성 연구

② 이전대상기술의 범위와 기술의 선정

③ 제조공정

④ 엔지니어링 설계

⑤ 생산설비의 건설

⑥ 기술과 관리인력의 훈련

⑦ 생산설비의 운영과 경영

⑧ 시장정보

⑨ 공정과 제품설계의 향상

관리적 분류

버랜슨(Jack Baranson)은 기술이전의 대상을 관리적인 차원에서 다음과 같이 세 가지로 분류한다.[8]

① 생산설계

② 생산기법

③ 생산계획을 조직하고 수행하기 위한 관리시스템

종합적 분류

김인수 및 이진주 교수는 위의 두 가지 체계를 종합하여 도입기술을 〈표 7 – 1〉과 같이 11가지로 분류하고, 1977년 3월부터 1978년 6월까지 한국에 도입된 306건을 분석대상으로 삼아 우리 나라의 기술도입 상황을 파악하였다.[9]

특허

〈표 7–1〉에 제시된 기술이전 대상 중 하나인 특허는 요즘과 같은 지식기반경제(knowledge-based economy)에서는 특히 중요시 다루고 있는 부분이다. 갈수록 지식의 증가속도가 점점 빨라지고 있음을 알 수 있는데, 이것은 신경제학자들의 지속적인 경제성장이론과도 잘 일치하고 있다. 신경제학자들이 제시하고 있는 경제성장의 중요한 원동력은 무임승차자(free-riders)를 체계적으로 배제하는 수단과 기업가(entrepreneur)들로 하여금 위험을 무릅쓰고 투자를 하게끔 하는 유인책(incentives)을 모두 가진 제도인 특허제도(patent)였던 것이다.

OECD는 지식기반경제를 지식의 창출과 확산, 공유가 경제의 핵심이 되는 경

표 7–1
기술이전의 요소

기 술 요 소	표본에 나타난 빈도	도입기술에 대한 비율(%)
1. 특허, 실용신안 실시권	174	57
2. 기술정보자료, 설계도	284	93
3. 생산설비	60	20
4. 원재료 · 부분품	84	27
5. 기술제공자측의 기술용역	276	90
6. 기술도입자의 기술교육훈련	214	70
7. 품질검사기술	131	40
8. 경영관리기술	22	7
9. 마케팅기술	26	2
10. 상표사용권	86	28
11. 건설관리	12	14
계	1,399*	

* 기술이전 1건에 여러 가지 요소가 포함되어 있기 때문에 이전건수보다 큰 수임.

그림 7-1
지식 스페이스 (knowledge space)

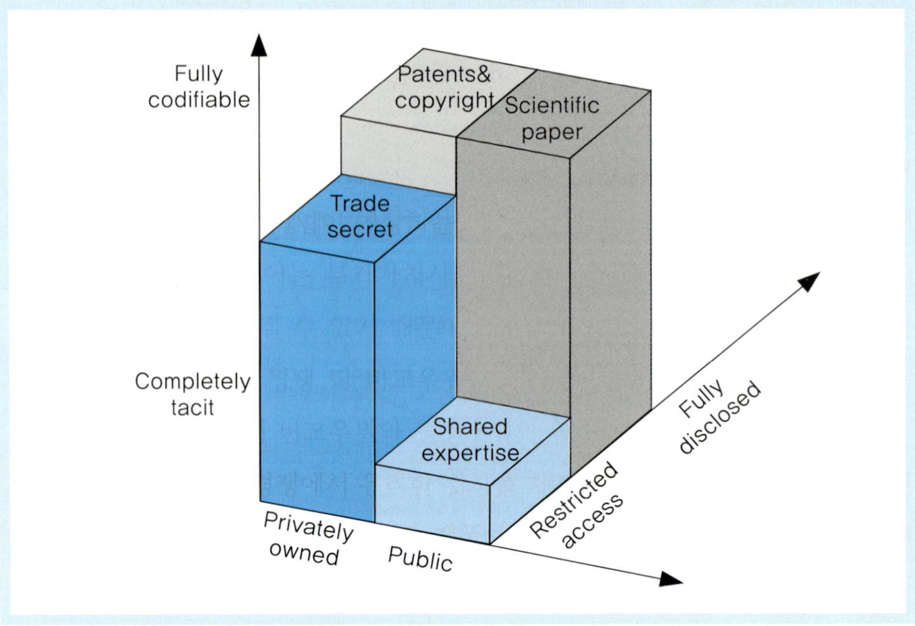

자료 : OECD, 1994 DSTI/STP/TIP(94)4

제라고 정의하였다. [그림 7-1]은 OECD가 1994년에 발표한 지식의 특성을 모델화한 그림이다. 최근에 들어 특히, 원천 기술을 보유한 선진 기업들이 특허를 시장진입의 장벽으로 활용하고 있음을 알 수 있다. 따라서 세계 시장으로 진출하려는 기업은 조직적이고, 체계적으로 특허관리에 관심을 기울이도록 해야 할 것이다. 사유화된 기술(proprietory technology) 즉, 사용을 위해서는 일정한 대가(royalty)를 지불해야 하는 또 다른 기술의 유형은 영업비밀(trade secret)이다. 최근에 들어서 많은 기업들이 과거에 비하여 활발한 특허활동을 하고는 있으나, 기업들은 아직도 핵심기술을 보호하는 효과적인 방법의 하나로 영업 비밀을 선호하고 있다. 이는 제도적으로 아직까지는 특허권이 효과적으로 보호되지 않아 특허출원을 할 경우 지식을 공개만 시킬 뿐 그다지 큰 이익을 가져다 주지 않는다는 관점에서 나온다고 볼 수 있다.

기술이전의 방식

기술이전은 기술이 이전되는 경로(channel)에 따라 다음의 5가지의 방식으로 분류할 수 있다.[10]

① 개인에 체화(體化)되어 이전
② 기술정보의 형태로 비공식적으로 이전
③ 장비나 시설에 체화(體化)되어 이전
④ 정부차원에서의 기술원조 형태로 이전
⑤ 상업적 계약에 의하여 이전

여기에서는 정부간의 기술이전과 상업적 계약에 의한 기술이전을 중점적으로 다루기로 한다.

정부차원의 기술이전 방식

정부간의 기술이전은 일반적으로 공적 개발원조(official development assistance)의 일환으로 이루어지며, 그 중에서도 특히 기술부문의 원조를 기술원조(technical assistance)라고 한다.

공적 개발원조(oficial development assistance)

공적 개발원조는 정부차원에서의 금융지원 등을 통한 기술이전형태로서[11] 주로 공공재부문에서 프로젝트별로 광범위하게 진행된다. 일반적으로 후발개도국(後發開途國)이 기술도입국이 되며, 이들의 기술흡수 능력이 미약한 까닭에 대개는 프로젝트를 조정 · 감독하는 감리단(監理團)이 선진국으로부터 파견된다. 따라서 공적 개발원조는 재원의 규모가 아주 크고, 비교적 장기적인 개발계획이 존재하며, 연구시설 또는 대규모설비의 설치를 통한 비교적 종합적인 기술이전이 요구되는 경우에 적합하다.

기술원조(technical assistance)

기술원조는 공적 개발원조의 한 형태로서 기술도입국의 인력양성 및 관리 · 기술능력을 배양시키기 위한 방법이다. 기술원조는 단순히 개별적인 생산기술의 증대에만 그 목적이 있는 것이 아니고 보다 광범위하고 장기간에 걸쳐서 진행되며, 각종 연구센터의 설립 등을 포함한다. 대상 업종은 주로 농업 · 수산업 그리고 초보적인 공업분야인 경우가 많고, 사회간접자본도 그 대상이 되며, 피원조국 내지 기업의 기술수준은 상당히 미약한 상태인 경우가 일반적이다.

상업적 계약에 의한 기술이전 방식

여기에는 기술이라는 단일생산요소만을 이전시키는 라이센싱과 기술뿐 아니라 자본, 경영 등을 포함한 복합생산요소를 이전시키는 해외직접투자의 두 가지 기본 방식이 있으며, 그 외에도 국제공동기술연구, 자본재교역, 기술인력의 파견, 경영관리계약, 기술용역기업 등을 통한 기술이전이 있을 수 있다.

라이센싱(licensing)

라이센싱은 실시허락방식이라고도 하는데 계약에 기초하여 기술의 소유권은 유보한 채 당해 기술의 실시 및 사용권을 타인에게 허락하는 제도이다. 라이센싱(licensing)은 최근 국제간 기술이전에 가장 흔히 사용되는 방법으로서 특정 기술의 제공에 대한 대가로 기술도입자가 기술공여자에게 로열티(royalty)를 지급하는 형태를 취한다. 라이센싱을 체결할 때 외국자본이 현지기업의 지분을 소유하지 않는 것이 기본적 원칙이지만, 경우에 따라서는 직접투자와 함께 이 방법이 사용되기도 한다. 라이센싱이 이루어지기 위해서는 현지시장에서 대상 기술이 경제적 가치를 지녀야 한다. 또한 기술도입국에 기술의 흡수능력(absorptive capacity)이 어느 정도 존재하여야 하고, 기술공여국은 연구개발투자를 통하여 기술상의 우위를 계속 확보하여야 한다. 따라서 현지의 기술능력이 기술흡수가 어려울 정도로 현격하게 뒤떨어져 있거나, 기술공여국의 기술수준과 별 차이가 없는 경우에는 라이센싱이 이루어지기 어려울 것이다.

해외직접투자(foreign direct investment)

해외직접투자는 단순히 자본만이 이동하는 것이 아니고, 여러 생산요소의 포괄적 이전(packaged transfer)이다. 따라서 이전되는 생산요소에는 기술이 포함되는 것이 보통이며, 오히려 라이센싱보다 더 보편적인 기술이전의 방법으로 인정되고 있다. 해외직접투자에 의한 기술이전에도 외국인 단독투자와 합작투자의 방식이 있는데 경험적 연구에 의하면 합작투자가 단독투자보다 더 효과적인 기술이전방식으로 평가된다. 그러나 기술도입국의 흡수능력이 아주 낮거나, 기술의 격차가 클 때는 부득이 외국인 단독투자방식이 채택될 수밖에 없다.

일반적으로 해외직접투자는 선진공업국에서 개발도상국으로의 방향으로 움직인다. 그러나, 공업생산기술이 상당한 정도로 성숙된 개발도상국의 기업에서는 선진공업국 내에 현지공장을 설치하여 기술의 흡수를 보다 적극적으로 추구할 수 있다. 이는 기존의 채널로는 만족할 만한 이전효과를 거두기가 어렵다고 판단될 때 현지에 직접 진출하는 것으로, 우리나라 전자부문 제조기업이 미국 전자산업의 본산지인 캘리포니아의 실리콘밸리(Silicon Valley)에 직접 진출하여 현지공장을 세워 이 지역의 기술자로부터 첨단기술을 흡수하고 있는 사례가 바로 여기에 해당된다.

이 경로를 통해 성과를 얻으려면 투자하는 측에 재정적 능력과 인적자원이 어느 정도 갖추어져 있어야 하며, 현지의 시장규모가 상당히 커서 수익성이 보장될 수 있어야 한다. 또한 현지의 기술 및 투자개방정책이 어느 정도인가에 따라서도 성과가 많이 좌우된다. 해외직접투자에 대한 자세한 설명은 8장에서 다루고 있다.

국제공동기술연구(international joint technical research)

국제공동기술연구(international joint technical research)는 주로 첨단산업분야의 기업 간의 기술이전 수단이다. 오늘날 선진공업국 간에는 우주항공산업, 해양산업, 원자력산업 등에 관하여 많은 공동기술연구 프로젝트가 진행되고 있다. 또한 민간기업 간에도 활발한 공동연구 작업이 일어나고 있다. 이러한 공동연구가 성공적으로 이루어지기 위해서는 참여국이나 기업의 풍부한 기술적 능력이 필수요건이며, 참여국 내지는 기업의 흡수능력이 비슷하여 긍정적인 시너지효과를 기대할 수 있어야 한다. 민간기업 간의 공동연구는 R&D 분야에서의 기업 간의 합작투자로 이해될 수 있다.

자본재교역

전세계의 교역물품 중에서 자본재(capital goods)는 그 자체가 고도의 기술을 내포하고 있기 때문에 그 이동은 기술이전과 밀접한 관계가 있다. 이는 앞서 제시된 기술이전의 5가지의 방식 중 장비나 시설에 체화되어 이전하는 것과도 밀접한 관계가 있다. 특히, 개발도상국은 비록 외환상의 압박은 있지만, 자국의 장기적인 목표, 즉 수입대체산업의 육성 및 수출난세를 시향하기 위해서 자본재의 수

표 7-2
개도국과의 기술협력실적

구분 \ 연도	1963~85	1986	1987	1988	1989	계
훈련생 초청(명)	1,797	365	338	405	431	3,336
전문가 파견(건)	195	48	35	49	55	382

자료 : 한국산업기술진흥협회, 『90년판 산업기술백서』, p.141.

입을 추구하게 된다. 자본재의 교역이 성립하기 위해서는 이에 대한 국제적인 수요가 존재하고, 자본재의 수출 · 수입국 간의 기술수준에 격차가 크지 않아야 한다. 또한 자본재교역을 통하여 이전되는 기술은 첨단산업분야의 기술이 아니라 도입국가의 흡수가 가능한 비교적 표준화된 기술인 경우가 보통이다. OECD의 보고서에서는 자본재의 교역량을 기술이전의 동향지표로 삼고 있으나, 그 기술이전효과는 자본재도입국의 기술흡수능력 미비로 인하여 비교적 낮은 것으로 평가되고 있다.[12]

기술인력의 파견

기술인력의 파견 역시 하나의 훌륭한 기술이전수단이 되며,[13] 특히, 비교적 표준화된 기술의 도입에 많이 사용되고 있다. 한국정부에서는 실리있는 대외기술협력을 추진하기 위해 선진국과는 국가 간에 체결된 기술협정을 바탕으로 공동연구 및 인적 교류에 역점을 두고, 개도국과는 개발협력자로서의, 이미지 형성을 위해 훈련생 초청 및 전문가 파견사업에 중점을 두고 있다. 이러한 실적은 〈표 7-2〉에 나타나 있다.

최근 들어 개도국과의 기술협력추진에 있어서 나타나는 특징적 현상으로는 첫째, 단편적인 훈련생 초청 또는 전문가 파견에서 탈피하여 프로젝트단위의 기술공여사업이 추진되고 있으며 둘째, 일부나마 국제기구와 공동경비부담으로 개도국 협력사업을 추진하고 있다.

경영관리계약(management contract)

경영관리계약(management contract)은 관리기술을 이전시키는 방식으로서, 기업경영 일반에 관한 소프트웨어기술(software technology)을 그 대상으로 하고 있다.[14]

오늘날 서비스업종(호텔업, 레저산업, 금융업, 광고업 등)에서는 이러한 경영관리계약의 형태를 자주 볼 수 있으며, 이 계약은 일괄수주방식(〔턴키 베이스(turnkey base)])에 의한 기술이전과정의 최후단계로서 활용되기도 한다. 경영관리계약은 기업의 관리능력이 부족할 때 주로 활용되며 이 경우에도 역시 로열티가 지불된다. 이 경우 대개 선진공업국에서 경영관리의 책임자가 파견되어 도움을 주게 된다.

기술용역기업(engineering consulting firm)

기술용역기업(engineering consulting firm)은 공장설비의 설계 및 이에 필요한 인력의 양성에 관한 가능성 탐색(feasibility study) 및 그 세부계획을 작성하는 기업으로서 일반 건축물, 석유화학설비, 정유공장 등과 같은 표준화된 기술이전에 중요한 역할을 하고 있다.[15]

기술용역기업은 달리 거시적 차원에서의 공학분야의 관리기술 등이 부족할 때 그 필요성이 강조된다. 다만 기술공여측은 상당한 컨설팅(consulting) 경험을 가져야 하며 도입측과 상당한 기술상의 차이를 가져야 한다.

기술도입 과정에 대한 이론적 연구[16]

해외로부터 이전된 기술은 일정한 과정을 거쳐 현지의 자체적 기술능력으로 변화한다. 다음에서는 이러한 기술도입의 동태적 흡수과정에 대한 몇 가지 연구를 살펴보기로 한다.

롤의 연구[17]

롤(S. Lall)은 개도국이 기술을 도입하여 기술적 능력을 발전시켜 나아가는 단계를 학습과정(學習過程 : learning process)으로 설명하고 있다.

초보적 단계(elementary stage)

실행에 의한 학습(learning by doing)

도입된 기술을 이용하는 작업자의 경험을 통하여 기술의 활용이 이루어진다. 그러나 도입된 기술은 변화하지 않는다.

적응에 의한 학습(learning by adapting)
공장 내의 현장기술공, 경영자, 기술자에 의하여 사소한 기술적 변화가 이루어진다. 기술적 변화는 생산성을 증가시키거나 특별한 수요에 적응하기 위하여 일어난 것이다.

중간단계(intermediate stage)

설계에 의한 학습(learning by design)
도입된 기계장치와 생산과정이 재검토되고 설계기술자와 자본장비생산자의 기술적 지식이 축적된다.

개량된 설계에 의한 학습(learning by improved design)
국내의 원자재나 국내조건, 국내조업 · 보수기술에 맞게 기계 · 장비의 설계가 조정 · 적응화되고, 이에 대한 지식이 축적되며 설계기술자는 독립된 R&D 부서의 도움이 필요하게 된다.

진보된 단계(advanced stage)

이 단계에서는 자본재 생산과 설계를 바탕으로 특정 기술이나 이와 비슷한 유형의 기술들이 사용되고 재생산에 대한 많은 축적된 기술이 요구되며 상당한 수준의 연구노력과 과학기술적 능력이 요구된다.

완전한 생산시스템에 의한 학습(learning by setting up complete production system)
여기서는 특별한 수요에 맞는 전체공장과 기계설비에 대한 운영능력 및 경영능력이 갖추어진다.

기술혁신에 의한 학습(learning by innovation)
독립된 연구기관이 설립되어 기초연구에까지 그 연구영역을 넓히게 되고 신제품이나 새로운 공정기술을 개발할 수 있게 된다. 그러나 여기서의 기초연구란 선진국에서 행하여지는 첨단적인 신기술에 대한 기초연구와는 그 성격이 전혀 다르다. 이 단계에서 개도국은 상담 서비스(consultancy service)나 턴키형태(turnkey job)[18]의 기술수출을 할 수 있다.

김인수 교수의 연구[19]

김인수 교수는 개발도상국의 기업이 도입기술을 어떻게 흡수 · 개량해서 자신의 기술능력으로 소화시키는가를 알기 위하여 한국의 전자산업을 분석하고 [그림 7-2]와 같은 모델을 개발하였다. 이 그림에서 보이는 바와 같이 선진국산업에서는 유동기에서 과도기 그리고 경화기로 산업기술의 형태가 변화하여 가지만 선진국의 기술을 이용하여 산업발전을 꾀하는 개도국인 한국은 선진국의 경화기 기술을 도입하여 생산을 시작하는 실천기, 도입된 기술을 소화 · 흡수하는 소화기 그리고 도입된 기술을 응용 · 개량하는 개량 및 자체개발기로 산업기술의 형태가 변화하여 간다고 설명하고 있다. 그의 연구내용을 요약하여 보면 다음과 같다.

실천기

도입된 일괄집합형(一括集合型 : packaged form)의 기술이 새로운 생산단위의 출현을 가져오고 이것이 현대적 산업발전의 기초를 제공한다. 이 단계는 외국에서 도입한 장비를 가지고 외국부품을 단순히 조립하는 단계이고 이에 따라 기술적 과제는 도입기술을 산업으로 옮기는 단순한 실천에 있다. 이 단계에서는 자체적

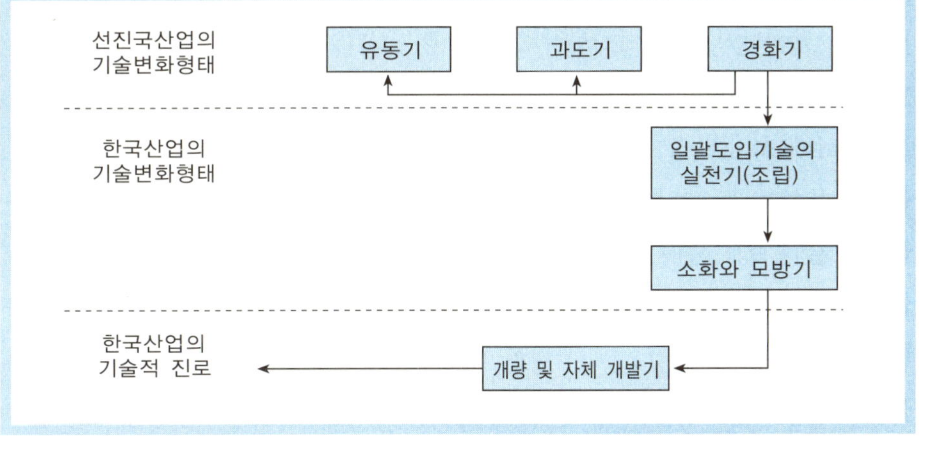

그림 7-2 선진국산업의 기술변화형태와 한국산업의 기술변화형태와의 관계

인 기술개발능력의 필요성은 존재하지 않으며 단지 제한된 엔지니어링 능력만 요구된다.

소화기

새로이 시장에 진출하는 생산단위는 기존 생산단위에서 이탈한 자들에 의하여 설립된다. 도입된 기술의 소화 · 흡수가 활발히 진행되어 해당 기술분야에 지식의 축적이 이루어지는 단계이다. 이와 함께 개별생산단위는 시장의 경쟁으로 말미암아 자본집약과 노동생산성 향상을 통한 생산체제의 합리화를 꾀하게 된다. 그리고 도입기술로 생산한 완제품시장의 성장이 부품산업시장을 창출하게 되어 부품의 국산화가 시작된다.

개량 · 자체개발기

도입되는 기술은 비집합형태(非集合形態 : unpackaged form)를 띠고 도입된 기술을 개량 · 발전시키기 위하여 연구개발의 필요성이 증대된다. 이 단계는 새로 도입된 기술이나 기존기술에 대한 연구개발노력으로 보다 높은 단계의 기술을 획득하는 시기이다. 이 시기에 자체적인 기술개발은 기술도입과 보완적으로 작용한다.

이진주 교수 등의 연구[20]

이진주 교수 등은 기존의 연구를 종합하여 보다 다차원적이고 포괄적인 관점에서 기술발전과정모형을 제시하였다. 이 모형은 개발도상국 기술발전과정의 동태적 특성을 국가, 산업(혹은 기업) 및 단위기술의 차원으로 구분하여 설명하며, 또한 각 발전과정을 나타내는 몇 가지 기준을 제공하고 있다는 데 그 특징이 있다. 선진국의 경우 단위기술은 태동기(태동기술) → 성장기(신기술) → 성숙기(舊기술)의 과정을 거치며 이는 김인수 교수가 제시한 유동기, 과도기, 경화기와 일치한다. 그러나 개발도상국의 경우 기술발전단계는 분석단위에 따라 달라지는데, 즉 산업 및 기업차원에서는 도입기 → 내재화기 → 창출기, 단위기술의 차원에서는 획득기 → 모방기 → 개량기, 그리고 국가차원에서는 저개발국 → 신흥공업국 → 선진국으로 각각 발전하게 된다는 것이다.

도입기(initiation stage)

저개발국의 기업은 공식적 경로를 통해 선진국으로부터 성숙기술을 도입한다. 태동기 혹은 성장기의 기술을 도입하기란 매우 어려우며, 성숙기술은 비교적 저가(低價)로 용이하게 도입되므로 공식적 경로(라이센싱, 합작투자)를 반드시 이용할 필요가 없기 때문이다(대규모 공정기술은 예외). 도입기(initiation stage)와 같은 산업발전초기에는 외국제품의 모방(imitation)이 가장 효율적이며 여기에 축적된 관련기술(잉태기술)이 큰 역할을 한다.

한편, 성숙기술을 도입하며 소화 · 개량한 개도국의 성공기업들은 고급기술에 대한 국내수요가 증가함에 따라 선진국의 성장기술을 도입하려고 노력하게 된다. 성장기술은 모방이 곤란하므로 대개 공식적 경로를 통해 도입이 가능하며, 이러한 공식적 경로의 활용빈도가 증가하는 것은 그 산업 혹은 기업이 내재화기에 접근하고 있음을 암시하는 것이다.

내재화기(internalization stage)

이 단계의 기업은 운전기술(operation technology)을 이미 습득하여, 기술적 노력의 초점을 제조설비, 플랜트엔지니어링 등 생산관련기술과 고급설계기술의 습득에 두게 되며, 신제품을 생산하고 자체 노력에 의해 기존제품을 급속히 개량한다. 한편, 내재화 단계의 후기에 이르면 자체 R&D 능력을 축적하게 되는데, 이러한 내재화과정을 통해 기업은 독자적인 제품을 생산하고 외국기술에의 의존도를 낮추어 가는 것이다.

창출기(generation stage)

내재화기를 완료한 개도국의 산업 혹은 기업은 마침내 자체 R&D 능력을 확립하게 되는데, 이러한 단계를 창출단계라 한다. 대다수의 산업들이 창출단계에 이르면 그 국가는 선진국으로 볼 수 있다. 또한 개도국의 산업이나 기업이라 하더라도

그림 7-3
총체적 관점에서 본 기술발전 과정 모형

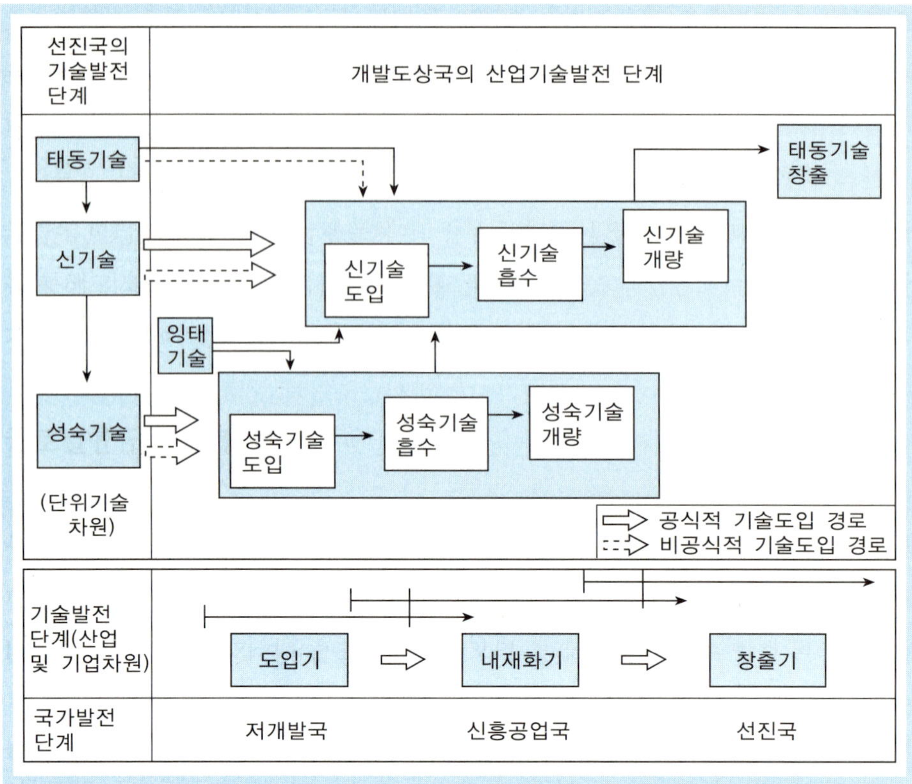

창출단계에 이른 경우가 있을 수 있다. 이진주 교수 등의 총체적 모형은 기술발전 과정에서의 몇 가지 전형적 형태 및 행태적 변화를 제시하고 있다. 첫째, 기술수준이 높을수록 공식적 경로의 활용빈도가 높아진다. 둘째, 기술발전 과정의 각 단계는 겹쳐질 수 있다. 셋째, 본 모형은 모방적이고 학습적인 개도국의 기술발전과정을 설명하는 데 보다 편리하지만, 그 외에도 개도국간의 기술발전전략과 성과의 차이를 이해하는 데도 개념적 틀을 제공해 준다.

기술도입의 실제

자체기술개발과 기술도입

개발도상국이 기술능력을 향상시키는 방법에 자국내의 기술개발과 해외로부터의 기술도입이라는 두 가지가 있음은 앞에서 이미 밝혔다. 이 두 가지 방법은 양자택

일적인 관계라고 보기 쉬우나, 기술도입의 동태적 모델에서 보았듯이 실제로는 상호보완적이라고 보는 편이 타당할 것이다. 물론 산업화의 초기단계에 있는 후진국의 입장에서는 자국 내에 기술을 개발할 수 있는 능력이 없는 까닭에 기술도입에 의존할 수밖에 없을 것이다. 그러나 어느 정도의 초기기술을 갖춘 개발도상국에서는 기술도입을 통하여 신규기술에 접하는 한편, 자국 내의 기술개발을 통하여 기술소화능력을 갖춤으로써 도입기술을 더욱 빨리 자국기술로 흡수할 수 있는 것이다.

이와 같이 기술개발과 기술도입을 조화있게 발전시켜 산업화를 성공적으로 수행한 모델로서 일본을 들 수 있다. 일본의 산업기술발전과정은 '선진기술의 도입과 도입기술의 소화 · 개량'을 통하여 성공적인 발전을 이룩한 대표적인 예로서 거론되고 있으며, 그 원동력으로는 외국기술의 수용태세가 갖추어져 있었고, 도입기술을 자기의 것으로 소화 · 흡수할 수 있는 자체역량을 가지고 있었던 것이 지적되고 있다.

그러면 우리 나라의 기술도입실성은 어떻고, 문제섬은 무엇인가? 그 동안 우리가 도입한 해외기술은 선진국에서 경화기에 들어간 지 오래된 표준적 기술이었기 때문에, 기술도입도 용이하였고, 비교적 저렴한 비용으로 숙련인력을 투입하여 기술변화가 별로 없는 제품을 생산해 왔다. 이 때에는 도입된 기술의 소화 · 모방도 용이하여 이를 위한 자체기술수준이 특히 많이 요구되지도 않았다. 그러나 최근 경제규모의 급격한 신장과 숙련노동력의 임금인상으로 인하여 그 동안 우리 나라가 누려 왔던 노동집약적 산업에서의 국제적 비교우위가 사라지게 되었다.

따라서 우리 나라는 좀더 기술집약적인 분야로 산업구조를 개선시키지 않으면 안 되게 되었고, 이에 따라 부가가치가 더 높은 과도기에 있는 첨단산업의 기술을 도입하기 위한 노력을 시도하게 되었다. 그러나 이러한 기술의 도입도 다음과 같은 면에서 우리 자신의 기술능력개발을 요구하고 있다.

첫째, 우리가 도입하려는 기술은 선진국에서도 과도기에 있는 것이기 때문에 기술도입이 어려워진다. 즉, 선진국은 과도기에 있는 기술을 상당기간 동안 독점하여 높은 부가가치를 스스로 향유하려고 하기 때문에 이러한 기술을 우리 나라에 제공하여 경쟁상대로 키우려고 하지 않을 것이다. 일본이 기술이전을 기피하는 이유로서 곧잘 내세우는 부메랑효과(boomerang effect)가 바로 이것이다. 이러한 경우 과도기기술을 도입하기 위해서는 자체기술능력을 향상시키는 수밖에 없다. 즉, 자체기술능력을 높여 선진국과의 기술적 격차를 줄임으로써 기술교섭력을 향상시켜 필요한 기술을 도입할 수 있는 여건을 개선시켜야 되는 것이다. 또한 상당한 수준의 기술능력을 갖추게 되면 상업적 계약에 의한 방법 말고도 개인에 체화된 기술을 이전하거나(선진국의 유능한 기술자를 스카우트하는 등) 기술정보의 형태로 이전할 수 있으며, 더 나아가 장비나 시설에 체화시켜 이전(최신제품을 입수하여 분해 · 재조립과정에서 기술습득(reverse engineering))할 수도 있다.

둘째, 우리가 도입하려는 기술은 정태적 기술이 아니라 선진국에서도 지속적으로 개발하고 있는 단계에 있는 동태적 기술이기 때문에 혹 기술을 도입했다 하더라도 자체의 연구개발을 통한 지속적인 기술혁신 없이는 기술이전이 일시적인 효과만으로 그치게 된다. 즉, 시장의 변화추세에 대응하여 도입기술을 스스로의 능력으로 개량 · 진보시켜 기술력을 제고시키고 이를 바탕으로 신제품을 개발하여야 하는 것이다.[21]

이러한 상황 아래서 우리 나라가 기술도입을 통하여 기술능력을 향상시키기 위해서는 기업과 정부에서 다음과 같은 전략방안을 개발 · 실시하여야 한다.

첫째, 기업에서는 기술개발을 위한 장기적 계획을 수립하여, 도입기술을 소화하기 위한 기술적 능력을 배양한 후, 점차적으로 기술개량 및 토착화(localization) 그리고 신제품(product technology development) 및 공정기술개발(process technology development)의 방향으로 단계적 발전을 추구하여야 한다.

둘째, 경영자는 손쉬운 기술이전에만 의존할 것이 아니라 기술이전과 자체기술개발을 상호보완적인 관계로 인식하여 자체기술개발을 도모하기 위한 투자를 과감하게 시도하여야 한다.

셋째, 기술이전에 비하여 자체기술개발을 위한 투자는 회임기간이 상당히 길기 때문에 그 결과를 조급히 기대하여서는 안 된다. 또한 자체기술개발은 기술이전보다 파급효과가 훨씬 크므로 투자가치를 판단하기 위한 비용효과 분석시 포괄적인 효과를 측정하여야 한다.

넷째, 정부는 한국에서 처음 생산되는 제품의 경우 대개 규모의 경제성(economy of scale)을 내세워 기술도입기업의 독점을 허용해 왔다. 그러나 독점의 피해는 수요자뿐 아니라 기술의 확산에 부정적으로 작용함에 따라 기술의 개발에도 미친다. 그러므로 기술도입을 일방적으로 보호할 것이 아니라 자체기술개발을 유도하여 경쟁체제를 형성시켜야 한다.[22]

한국 기술도입의 제도와 실제

한국의 기술도입제도의 변천

1960년대 초 제1차 경제개발계획이 시작되기 이전에는 외자도입정책이라고 할 만한 것이 없었으며, 비선택적이며 수동적으로 외국원조(foreign aid)에만 의존하였다. 그러나 당시 미국의 대한무상원조가 급격히 감소하자 기술도입을 다각화하고 보다 체계적인 도입체계를 확립하기 위하여 1960년 1월 1일에 「외자도입촉진법」을 제정하게 되었다. 그 후 1961년 5월 집권한 군사혁명정부는 제1차 경제개발 5개년계획에 포함된 투자사업을 위해 외자를 적극 유치하였으며, 경제개발 5개년계획의 주요 골자의 하나로 '기술진흥'을 내세우고 「기술진흥 5개년계획안」(1962. 2. 5.)에 외국기술도입의 합리적 운영계획을 주요 내용으로 포함시켰다.

표 7-3 한국의 기술도입 제도의 변천

변천과정	특징
외자도입촉진법 제정 (1960. 1. 1.)	'기술원조계약'이라는 용어 사용 모든 계약에 대해 개별심사
외자도입법 제정 (1966. 8. 3.)	모든 계약에 대해 개별심사
1단계 자유화(1978. 4. 20.)	자동인가 · 준자동인가 · 개별심사사항으로 분리
2단계 자유화(1979. 4. 24.)	자동인가와 개별심사사항으로 분리
3단계 자유화(1980. 7. 7.)	자동인가사항을 전업종으로 확대
4단계 자유화(1982. 9. 27.)	개별심사사항을 주무부로 이관
5단계 자유화(1984. 7. 1.)	신고제로 전환
6단계 자유화(1988. 7. 1)	신고업무를 외국환은행에 대폭 위임 고도기술의 경우만 조세감면
7단계 자유화(1992. 6.)	• 조세감면대상기술, 산업정책상 필요한 기술, 방위산업기술을 제외하고는 외국환은행의 인증만 필요(공정거래심사 절차생략) • 기술도입승인관련 구비서류의 대폭 간소화 • 조세감면대상 고도기술범위의 확대
외국인투자촉진법 (1998. 11)	• 외환위기 이후, 외국인 투자 유치의 중요성이 부각됨에 따라 외국인 투자제도를 대폭 정비한 외국인 투자촉진법을 제정함. • 외국인 투자 절차, 지원, 외국인 투자지역, 사후관리, 기술도입 계약에 대한 구체적인 법령 포함

1966년 8월 「외자도입법」을 제정하면서 기술도입절차에 관한 보다 상세한 규정을 두고 기술도입자의 장부조사 등 더욱 엄격한 규제를 가하게 되었는바, 이 「외자도입법」은 종래의 관계법규를 종합한 성격을 갖는 것이었다. 그 후 1970년대 후반까지 우리 나라는 기술도입에 대한 규제를 주요 골자로 하여 모든 기술도입계약에 대해 일정한 기준에 따라 정부의 비교적 세밀한 심사를 거친 후 인가하는 방식을 택하여 왔다.

그러나 그 후 공업화의 가속화, 특히 중화학공업의 육성과 더불어 선진기술의 수요가 필연적으로 증대되면서 기술도입의 장려와 지원이 요구되었고, 1978년 4월 제1단계 기술도입자유화조치를 단행한 이후 현재까지 일곱 차례의 단계별 자유화가 이루어진 셈이다. 이후 1997년 IMF 위기 후 외국인 투자 유치의 중요성이 증대됨에 다라 1998년 11월에 외국인 투자 촉진법이 제정 시행되었다. 이의 자세한 내용은 〈표 7－3〉에 제시되어 있다.

한국의 기술무역 현황 : 기술도입 및 수출 현황[23]

OECD의 기준에 의거해 과학기술부가 조사 발표한 '02년도 우리나라 기술무역수지를 살펴보면, 기술수출은 약 6억 4천만 달러, 기술도입은 27억 2천만 달러로 기술무역수지(수출-도입)는 약 20억 8천만 달러의 적자를 기록하고 있다. 연도별 기술도입 추이를 보면 IMF 외환위기 직후인 1998년에 약간 감소하였다가 이후 다시 증가하였다.

우리나라가 기술강국으로 부상할 때까지는 이러한 기술무역의 적자상태를 해소하기는 힘들 것으로 보인다. 그렇다고 우리나라가 기술무역수지 적자를 이유로 필요한 기술도입을 등한히 할 수는 없다. 그렇게 될 경우에는 선진공업국과의 기

표 7-4
연도별 우리나라 기술무역 추이

(단위 : 백만달러, %)

구 분	1998년	1999년	2000년	2001년	2002년
기술수출	140.9	193.3	201.0	619.1	638.1
기술도입	2,386.5	2,685.8	3,062.8	2,642.7	2,721.5
기술무역수지 (수출–도입)	–2,245.6	–2,492.5	–2,861.8	–2,023.6	–2,083.4
수지비율	6.5	7.2	6.6	23.4	23.4

자료 : 과학기술부 · 한국산업기술진흥 협회, 2003.

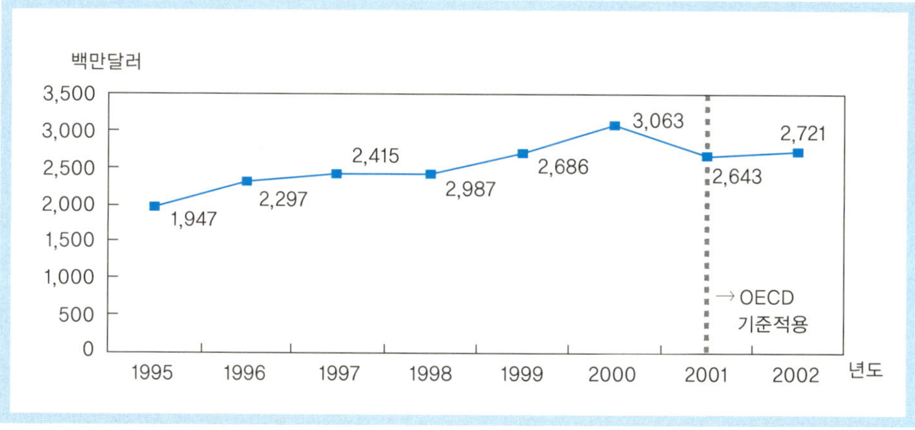

그림 7-4
연도별 기술도입액 추이

자료 : 과학기술부 · 한국산업기술진흥 협회, 2003.

술격차(Technological Gap)만 더욱 커질 것이기 때문이다. 따라서 필요한 첨단기술의 도입을 위해 여전히 노력하면서 우리만의 틈새기술(Niche Technology)을 통해 세계기술시장에 접근하는 것이 적합한 전략일 것이다.

기술도입의 연도별 추이를 보면 점진적으로 증가추세를 나타내는데, IMF 외환위기 이후인 1998년에 약간 감소하였다가 이후 다시 증가하고 있는데 이것은 98년도의 외환위기가 극복되면서 기업들이 구조조정 과정을 거친후 본격적인 재투자에 나서면서 투자의 선행지수로서의 기술도입이 늘어난 것으로 분석할 수 있다. 2001년과 2002년의 기술도입액이 감소된 것은 OECD기준에 포함되지 않는 항목(저작권, 영상물, 단순 S/W나 물품 구매, 법률 및 경영자문, 광고 등)들을 제외한 것으로 이를 모두 고려할 경우 30억 달러 정도를 유지하고 있는 것으로 보인다.

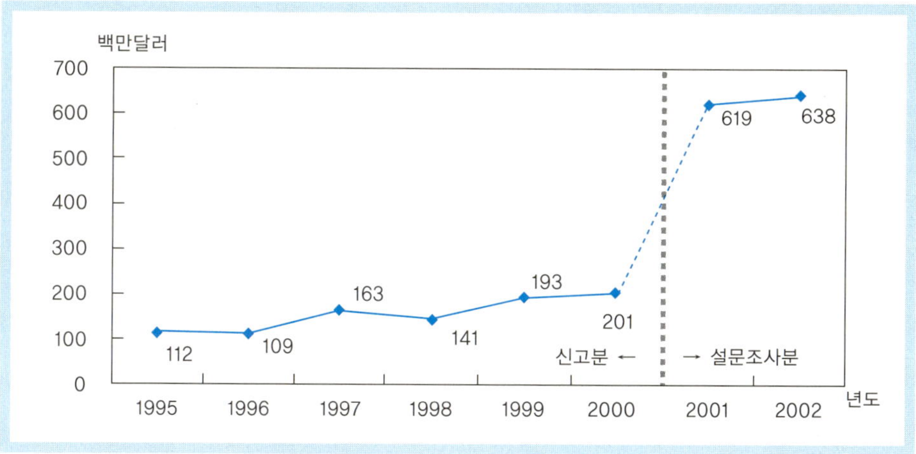

그림 7-5
연도별 기술수출 추이

자료 : 과학기술부 · 한국산업기술진흥 협회, 2003.

기술수출의 연도별 추이를 보면, 2001년을 기준으로 수출액이 급증한 이유는 2000년까지는 기술수출 신고분만을 대상으로 분석하였으나 2001년에 기술수출 신고제도가 폐지됨에 따라 기술수출 기업을 대상으로 설문조사를 실시하여 그간 신고하지 않았던 기업의 자료까지 확보된 것에 기인한 것이다.

2001년과 2002년의 기술수출자에 따른 기술수출현황을 비교해 보면, 중소기업이 기술수출규모와 건수면에서 모두 상당한 증가를 보이는 것을 알 수 있다. 2002년 대기업에 의한 기술수출은 4억 6,600만 달러로 전체의 73.0%를 차지한 반면 중소기업에 의한 기술수출은 1억 6,200만 달러로 전체의 25.4%를 차지하고 있으나, 기술수출건수 중에서 100만 달러 이상을 수출한 건수 29건 중 대기업이 12건, 중소기업이 17건으로 나타나고 있다.

산업별 기술수출현황을 비교하면 2002년에 100만 달러 이상의 수출건수가 29건으로 2001년에 비해 산업전반으로 확산되는 경향을 보이고 있으며 건수도 증가하고 있다. 산업 중 통신산업은 기술도입과 기술수출 건수가 모두 현저한 증가를 보이고 있는데, 이는 통신산업의 총매출액이 전 산업에서 2000년 6.1%에서

표 7-5

기술수출자별 – 산업별 기술수출 비교

(단위 : 백만달러, %, 건)

구 분		기술수출액				기술수출건수(100만 달러 이상)			
		2001년	2002년	증감율	비율	2001년	2002년	증감율	비율
합 계		619.1	638.1	3.1	100.0	10	29	190.0	100.0
수출자별	기 업	518.5	628.0	21.1	98.4	10	29	190.0	100.0
	대 기 업	430.7	466.0	8.2	73.0	3	12	300.0	41.4
	중소기업	87.8	162.0	84.5	25.4	7	17	142.9	58.6
	출연연구기관	100.6	10.1	▽89.9	1.6	–	–	–	–
산업별	전기전자	406.1	418.9	3.1	65.6	8	13	62.5	44.8
	통 신	128.6	95.1	▽26.0	14.9	1	8	700.0	27.6
	기 계	25.5	92.2	261.7	14.4	1	5	400.0	17.2
	화 학	37.0	19.8	▽46.5	3.1	–	1	–	3.4
	건 설	2.1	6.3	194.1	1.0	–	1	–	3.4
	섬 유	1.9	3.7	95.7	0.6	–	1	–	3.4
	소 재	16.8	0.2	▽98.8	0.0	–	–	–	–
	농림수산	0.1	0.1	▽29.6	0.0	–	–	–	–
	기 타	1.0	1.9	92.9	0.3	–	–	–	–

자료 : 과학기술부 · 한국산업기술진흥 협회, 2003.

쉬어갑시다

성공적인 R&D 기술이전 사례 'ETRI'[24]

한국전자통신연구원(ETRI)이 최근 들어 그간 개발해온 기술이전에 공을 들이면서 벤처성공 신화에 다가선 기업들이 속속 배출되고 있다. ETRI가 지난 76년 설립돼 만 28년이 된 현재 R&D 기술이전 건수는 총 1595건 이다. 이 기술을 이전받은 업체는 모두 2,480여 개나 된다. 기술료로 3,000억 원이 넘는 수입을 달성했다. 그럼에도 불구하고 이전된 기술들이 모두 상용되지는 못했다. 성공기업을 꼽으라고 한다면 열 손가락이 남는다. 그러나 ETRI기술과 상용화에 노력한 기업들이 우리나라 IT산업의 세계 일류화에 크게 기여한 것만은 부정할 수 없다.

ETRI 연구원 출신이 기술이전을 통해 창업한 대표적인 기업으로 벨웨이브를 꼽을 수 있다. 벨웨이브는 지난 99년 창업한 이동통신 및 무선데이터모듈 기술 전문 업체로 전체 인력 370여 명 가운데 73% 정도인 270여 명이 연구개발 인력이다. 이 기업은 중국 수출이 늘며 매년 100~200%대의 높은 성장세에 힘입어 올해 매출 5500억 원대를 바라보고 있다.

또 3D 입체음향 전문 기업인 이머시스는 3D 음향제작 도구 '사운드프로'와 '메이븐' 시리즈로 주가를 올리고 있다. 코스닥 등록은 되어 있지 않지만 일본 진출이 활발한 대표적인 기업이다. 최근엔 국내 이동통신사 휴대폰 모델과 일본 NTT의 자회사에 콘텐츠를 공급하기로 하는 계약을 체결하기로 했다.

이외에도 LCD장비 개발업체 코닉시스템, CDMA단말기 생산업체 기가텔레콤, 유무선통신 서비스 개발업체인 헤리트, 셋톱박스 전문업체인 임프레스 정보통신 등이 활발한 기업활동을 하고 있다.

http://www.etri.re.kr

2001년 6.6%로 증가하였고, R&D비용 역시 전 산업에서 2000년 8.9%에서 2001년 9.5%로 증가한 사실에 비추어볼 때 통신산업의 성장에 따른 것임을 유추해 볼 수 있다.

표 7-6
우리나라 주요 기술무역국의 기술무역 현황 (2002년)

(단위 : 백만달러, 건)

구분	기술도입		기술수출		기술무역수지
	금액	건수	금액	건수	
합 계	2,721.5	132	638.1	29	−2,083.3
미 국	1,608.8	70	95.6	4	−1,513.2
일 본	403.0	27	33.3	6	−369.6
독 일	132.6	9	4.9	1	−127.7
영 국	93.1	5	11.5	−	−81.5
싱가포르	76.0	1	2.1	−	−73.9
대 만	5.7	−	48.6	1	42.9
중 국	5.2	−	182.1	7	176.9
말레이시아	4.9	1	36.3	2	31.4
인도네시아	0.7	0	61.1	2	60.4
기 타	391.4	19	162.4	6	−229.0

자료 : 과학기술부 · 한국산업기술진흥 협회, 2003.

우리나라와 교역하는 주요 기술무역국들의 2002년도 기술무역현황을 살펴본 결과 기술도입 규모가 큰 미국, 일본, 독일, 영국, 싱가포르 등의 국가에서 기술무역적자가 크게 나타났고, 기술수출이 큰 중국, 인도네시아, 대만, 말레이시아 등의 국가에서 기술무역흑자를 나타내고 있다.

미국의 경우 우리나라가 기술을 수출하는 규모가 크지만 상대적으로 기술을 도입하는 규모가 더 커서 약 15억 달러의 기술무역적자를 기록하고 있으며, 100만 달러 이상을 지급하는 기술도입건수의 경우 미국과 일본에 집중해 기술도입의 국

표 7-7
기술무역액 국제비교(2001년)

(단위 : 백만달러)

구분		한국	일본(총무성)	미국	독일	영국	프랑스	중국
기술 도입	금 액	2,643	4,513	16,359	5,235	4,769	1,888	7,745
	배 율	1.0	1.7	6.2	2.0	1.8	0.7	2.9
기술 수출	금 액	619	10,262	38,668	3,145	6,728	2,604	5,612
	배 율	1.0	16.6	62.5	5.1	10.9	4.2	9.1
기술무역수지		−2,024	5,749	22,309	−2,090	1,959	716	−2,133

자료 : 1. 한국산업기술진흥협회, OECD지침서에 따른 기술무역통계조사, 2003. 6 (한국)
2. 연변과학기술대학, 중국의 과학기술 03-4호, 2003. 8 (중국)
3. 일본문부과학성, 일본과학기술통계요람, 2002 (기타)

가별 편중이 심한 것을 알 수 있다. 그러나 기술수출건수의 경우에는 전반적으로 고른 지역적 분포를 나타내고 이다.

기술도입액을 주요 선진국들과 비교하면, 미국은 우리나라의 6.2배, 중국은 2.9배, 독일은 2.0배 등으로 나타나며, 기술수출액은 미국은 우리나라의 62.5배, 일본은 16.6배, 영국은 10.9배, 중국은 9.1배 등임을 알 수 있다. 우리나라보다 후발 주자라 할 수 있는 중국은 기술무역수지의 적자 폭이 우리나라와 거의 동일하나, 그 내용을 보면, 기술도입은 3배, 기술수출은 9배나 우리나라 보다 많이 이루어지고 있음을 알 수 있다. 이렇게 볼 때, 우리나라는 기술수출면에서도 기술 도입면에서도 선진공업국에 뒤지고, 더 나아가 후발주자인 중국에게도 뒤쳐져 있음을 알 수 있다.

7장 요약

- 기술은 경영활동에 투입되는 주요 생산요소로서 이를 습득하는 방법으로는 자체개발 또는 외부로부터의 도입이 있다고 밝혔다. 우리나라의 입장에서는 효과적인 외국기술의 도입을 통한 자체연구 개발능력의 배양이 필수적이다. 또한 국가 간의 기술이전이 다른 생산요소의 이동과 어떻게 다른지 살펴보았다.
- 기술이전의 대상을 기술적, 관리적 그리고 종합적으로 분류하여 살펴보았으며, 특히 최근에 들어 중요시 되고 있는 특허에 대하여 좀 더 자세히 보았다. 지식기반의 경제사회에서 기술의 개발 및 확산, 더 나아가서는 경제성장의 원동력으로 지목되고 있는 특허를 효과적으로 관리하는 일은 점차 주요한 기업활동이 일환이 되고 있다. 또한 기술이전의 방식에 대하여 고려하여 보았으며 라이센싱, 해외직접투자 등 여러 종류의 상업적 계약에 의한 기술이전 방식에 대하여 논의하여 보았다.
- 기술도입과정에 대한 이론적 연구 중 롤교수의 연구, 김인수교수의 연구, 이진주교수 등의 연구에 대하여 자세히 논의하였다. 이 중 이진주교수 등의 연구는 기존의 연구를 종합하여 보다 다차원적이고 포괄적인 관점에서 기술발전모형을 제시한 것으로 알려지고 있다.
- 기술도입의 실제에 관한 절에서는 자체기술개발과 기술도입을 비교하여 살펴보았으며, 우리나라의 산업발전을 위해 필요한 기술집약적 산업구조로의 도약을 위해 요구되는 정책에 대한 제언을 실시하였다. 그리고 1960년대부터 최근까지의 한국 기술도입 관련 제도와 현황에 대해서도 간략하게 논의하였다.

주 NOTES

1 | 이상무(한국전자통신연구원), 송위진(과학기술정책연구원) 기술혁신을 위한 기술확산매체로서의 특허와 표준, 그리고 라이센싱의 역할 분석 참고.

2 | G. R. Hall and R. E. Johnson, *Transfers of United States Aerospace Technology to Japan*(the RAND Corporation, 1970), p.306.

3 | R. H. Mason, R. R. Miller and D. R. Weigel, *The Economics of International Business*(Santa Barbara : John Wiley and Sons, 1975), p.257.

4 | 김인수 · 이진주 공저, 기술혁신의 과정과 정책, 한국개발연구원, 1982, pp.263~267.

5 | 현지진출시 라이선싱과 직접투자간의 전략선택문제에 대한 이론적 근거를 제시해 주는 것이 바로 내부화이론으로서, 이 책의 제8장에 자세히 소개되어 있다.

6 | 이와 같은 현상은 제품주기이론으로 설명될 수 있으며, 이에 대해서는 제6장에 자세히 소개되어 있다.

7 | UNCTAD, *The Channels and Mechanism for the Transfer of Technology from Developed to Developing Countries*(UNCTAD, TO / B / AC, 11 / 5, 1971).

8 | Jack Baranson, *Technology and Multinationals*(Lexington Books, 1978).

9 | 김인수 · 이진주, *Ibid*, p.269.

10 | *Ibid*, p.262.

11 | Stephen P. Magee, Information and the Multinational Corporation : An Appropriability Theory of Direct Foreign Investment, *The North-South Debate*(Cambridge : MIT Press, 1981), pp.333~335.

12 | OECD Observer, No. 109(Paris, March 1981), p.4.

13 | R. H. Mason, R. R. Miller & D. R. Weigel, *The Economics of International Business*(Santa Barbara : John Wiley & Sons Inc., 1975), pp.219~220.

14 | C. R. Michalet, Transfer of Technology by TNCs : Traditional versus New Forms, *Paper*, Korea-France Joint Symposium(Seoul : September 1981), pp.9~12.

15 | Shiro Kurihara, A Preliminary Summary of Technology Transfer in the Pacific Community, *Task Force Report*(May, 1983), pp.6~7.

16 | 윤종언, 연구개발과 기술도입의 비교, 서울대학교 대학원 경영학과 석사학위논문, 1983, pp.56~62.

17 | S. Lall, Developing Countries as Exporters of Industrial Technology, *Research Policy*(Vol. 9, 1980).

18 | 설계, 건설, 가동까지 모든 과정을 완수 후 인도하는 방식.

19 | Linsu Kim Stages of Development of Industrial Technology in a Developing Country : A Model, *Research Policy*(Vol. 9, No. 3, July, 1980).

20 | Jinjoo Lee, et. al., Technology Development Processes : A Model for a Developing Country with a Global Perspective, *R&D Management*, Vol. 18, No. 3, 1988.

21 | 김인수 · 이진주, *Ibid*, pp.276~277.

22 | 윤종언, *Ibid*, pp.157~158. 도입기술의 시장독점금지는 국내수요자의 외제선호성향을 막는 데도 도움이 되었으나, 이러한 효과가 여기에서 다루는 내용과 직접적 관계가 있는 것은 아니다.

23 | 2002년도 기술무역통계 조사결과, 과학기술부 · 한국산업기술진흥협회, 2003.11.18 참고.

24 | 전자신문 2004년 4월 20일 참고.

8 해외직접투자

해외직접투자는 해외 현지화를 지향하는 다국적기업에서 가장 보편적으로 채택하는 전략형태이다. 기업은 자사가 가지고 있는 경쟁우위를 가지고 해외직접투자를 통해 국제화를 시도한다. 그러나 내수시장에서 경쟁우위를 갖고 있다고 해서, 해외시장에서 성공한다는 보장은 없다.

해외직접투자이론에서 거론되는 여러 가지 논점들이 있지만 가장 주요한 것은 첫째, 외국기업이 정보의 부족 및 여러 가지 면에서 가지는 불리한 점에도 불구하고 왜 투자를 하려 하느냐는 점과, 둘째, 다른 사업형태가 있는 데도 불구하고 왜 위험부담이 높고 자원투입이 많은 직접투자의 방식을 택하느냐의 두 가지로 집약될 수 있다.

따라서 본 장에서는 해외직접투자의 개념과 특징을 살펴보고 해외직접투자를 설명하는 대표적인 이론을 이해한 다음 해외직접투자의 동기 유형 등 구체적인 내용을 살펴보고자 한다.

학습목표

- 해외직접투자의 개념은 무엇이고, 해외직접투자와 다국적기업 간에는 어떤 관련성이 있는가?
- 해외직접투자를 설명하는 이론에는 어떤 내용들이 있는가?
- 기업이 해외직접투자를 하는 동기는 무엇인가?

현대자동차 : 인도진출[1]

현대자동차는 지난 1980년대 캐나다 진출 사업에서 뼈아픈 실패를 맛본 이후, 해외 진출 사업이 상당히 위축되어 있는 상황이었다. 하지만 세계 자동차 시장은 점차 치열한 글로벌 경쟁 구도로 접어들고 있었고, 국내 자동차 산업의 리더인 현대자동차도 이를 결코 간과할 수 없는 입장이었다. 현대자동차의 가장 큰 수출 대상은 역시 미국이지만 언젠가는 한계에 도달하게 될 그 시장에 현대자동차의 운명을 전적으로 맡길 수는 없는 일이었다. 따라서 현대자동차는 해외 수출 시장을 다변화할 필요가 있었고, 이에 현대자동차가 눈을 돌린 곳은 신흥시장이었다. 신흥시장은 아직 상대적으로 경쟁의 치열함이 덜할 뿐 아니라, 풍부한 잠재 수요를 가지고 있어 진입에 성공할 경우 높은 성과를 기대할 수 있기 때문이다.

앞으로의 시장 규모 예측과 판매 잠재력을 중심으로 진출 대상을 검토하던 현대자동차가 가장 먼저 검토했던 지역은 중국이었다. 하지만 거대한 잠재 수요에도 불구하고 중국시장은 경직된 모습을 보이고 있었고, 중국 정부의 자동차 정책은 상당히 까다로웠다. 결국 현대자동차가 중국 시장 진출을 보류하고 새로이 눈을 돌린 곳은, 미래 자동차 시장을 주도할 수도 있는 엄청난 잠재력이 숨쉬고 있는 땅, 인도였다.

〈표1〉 HMI의 성장과정

연도	내 용
1996. 1	인도공장 프로젝트를 위한 선발대 파견
1996. 5	Hyundai Motor India Ltd. 설립
1996. 12	공장 기공식
1998. 5	공장완공 및 상트로 시험차 생산
1998. 10	상트로 신차 발표 및 판매 개시
1999. 10	액센트 신차 발표 및 판매 개시
2000. 7	수출개시(알제리에 상트로 760대 처녀 수출)
2001. 6	20만 대 생산 돌파(양산 후 32개월)
2001. 8	소나타 신차 발표 및 판매 개시 예정

자료 : 현대자동차

〈표2〉 HMI 자동차 판매추이

구분	1998	1999	2000	2001(예상)
내수 - 상트로	8,447	58,632	65,421	74,000
액센트	–	1,689	16,205	20,000
소나타	–	–	–	1,000
소계	8,447	60,321	81,626	95,000
수출 - 상트로			3,186	6,000
액센트			637	2,000
소계			3,823	8,000
합계 - 상트로	8,447	58,632	68,607	80,000
액센트	–	1,689	16,842	22,000
소나타	–	–	–	1,000
소계	8,447	60,321	85,449	103,000

자료 : HMI

인도진출 경험이 전혀 없었던 현대자동차가 시장잠재력은 막대하지만 카스트제도에 따른 계급의식과 사회주의에 따른 나태함에 빠져있는 인도에 사상 최대 규모로 단독투자하는 것에 대해 일부 임직원들 사이에서는 많은 우려가 있었다. 미국과 일본의 유수한 자동차업체들이 인도에 한쪽 발을 살짝 담그는 탐색투자에 그치고 있는 상태에서 '현대가 4,000억 원에 가까운 투자를 하는 것은 무모한 것이 아닌가? 캐나다 브르몽 공장의 악몽이 되풀이되는 것은 아닐까? 만에 하나 실패하는 날이면 본사까지도 위험하게 되는 것이 아닌가? 설사 돈을 번다고 해도 과연 가지고 나올 수 있을까?' 라는 의구심이 있었다.

하지만 이러한 우려들을 씻어내고 HMI는 1988년 10월 양산 이후 32개월 만에 자동차 생산 20만 대 돌파라는 역사적인 기록을 수립하였고, 예상보다 빨리 흑자경영을 달성하면서 인도시장 진출에 일단 성공하였다는 평가를 받고 있다. 1996년 1월 인도공장 프로젝트를 위한 선발대를 파견한 이래 시간을 단축하면서 법인을 설립하고 공장을 완공한 HMI는 상트로와 액센트의 성공적인 출시에 이어 2001년 8월 소나타의 출시를 앞두고 있다〈표1〉. 이에 따라 자동차 판매대수는 1998년 8,447대, 1999년 60,321대, 2000년 85,449대로 매년

큰 폭으로 증가하였으며, 2001년에는 10만 대를 넘어설 것으로 추정되고 있다〈표 2〉. 또한 매출액은 2000년 약 4억 5천만 달러에서 2001년 5억 5천만 달러로 증가할 전망이며, 매출액 이익률은 6.2%에서 7.4%로 제고될 전망이다.

세계 유수의 자동차업체들과 당당히 경쟁하여 인도시장 진입에 성공하였음에도 불구하고, HMI가 지속적으로 성장하기 위해서는 아직도 해결해야 할 과제가 많이 남아있다. 우선 시장규모가 적은 상태에서 경쟁업체들의 대거 진출로 인해 공급과잉이 우려되고 있다. 두 번째로 효율적인 현지경영체제를 구축하기 위한 노력 등이 그것이다.

http://www.hyundai-motor.com

토의과제

- 현대자동차의 인도진출 성공요인을 살펴본다.
- 현대자동차의 인도시장에서 지속적인 성공을 위해 앞으로 어떠한 노력을 기울여야 하는가?

해외직접투자의 개념과 특징

개념

해외직접투자(foreign direct investment)는 일반적으로 해외간접투자(international indirect investment)와의 비교에 의한 상대적 개념으로 정의된다. 즉, 해외직접투자나 해외간접투자는 국제간의 자본이동이라는 측면에서는 동일하나, 후자는 투자하는 기업이 경영에 직접 참가함이 없이 주식투자의 경우에는 배당수익, 채권투자의 경우에는 이자수익을 바라고 투자하는 반면, 전자는 투자하는 기업이 경영에 직접 참가함을 목적으로 한다는 점이 제일 큰 차이점이라 할 수 있다.

해외직접투자는 수출의 상대개념으로 정의되기도 한다. 즉, 수출이 자국 내의 생산요소들을 자국 내에서 결합하여 제품의 상태로 국경선을 넘어 해외로 이전시키는 것인 반면, 해외직접투자는 자국 내의 생산요소인 자본, 생산기술, 경영기술 등을 해외로 이전하여 그 나라의 생산요소인 노동, 토지 등과 결합하여 생산 및 판매를 한다는 점에서 구별된다.

해외직접투자를 국제자본이동의 한 현상으로 보고 간접투자와 비교하는 것은 이를 연구하는 경제학자들의 일반적인 흐름이다. 그러나 경영학의 관점에서는 직접투자를 해외시장침투의 한 방법으로서 수출과 같은 제품의 단독이동에 대립되는 개념으로 이해하는 것이 더욱 보편적이라 할 수 있다. 따라서 이 책에서는 생산요소나 완제품의 단독이동인 수출에 대립되는 개념을 중심으로 하고, 여기에 간접투자에 대립되는 개념을 보완하여 다음과 같이 해외직접투자의 개념을 정의하기로 한다.

> "해외직접투자는 피투자기업의 경영에 직접 참가함을 목적으로 자본, 경영능력, 기술, 상표 등의 생산요소를 복합적으로 해외에 이전시키는 기업활동이다."

국제간의 직접투자는 보는 관점에 따라 두 가지 개념으로 나누어 볼 수 있다. 즉, 투자국의 입장에서 본 '해외직접투자'와 피투자국의 입장에서 본 '외국인직접투자'가 그것이다. 이 책에서는 투자국의 경영자입장에서 투자활동을 보기로 하고, 일단 해외직접투자라는 용어를 사용하기로 한다.

다음에는 각국의 실질적인 기준은 해외직접투자를 어떻게 규정하고 있는지 보기로 하자. 미국 상무성은 다음과 같은 요건을 갖는 미국의 해외지분을 직접투자로 간주하고 있다.[2] 첫째 의결권주의 10% 이상이 미국국민에 의하여 보유되고 있는 외국법인기업, 둘째 의결권주 총수의 50% 이상이 미국에 거주하는 주민들에 의해 보유되고 있는 외국법인기업, 셋째 미국국민이 보유하고 있는 해외자산, 넷째 미국법인기업의 해외지사에 대한 투자이다. 일본정부는 원칙적으로는 일본측의 자본참여가 25% 이상이라는 최소지분비율을 택하고 있으나 경영의 통제를 가능하게 하는 임원의 파견, 제조 기술이나 원재료, 투입물의 제공, 재정적 원조 등 다양한 형태의 투자도 직접투자에 포함시키고 있다.[3] 한편, 우리 나라는 해외직접투자의 요건을 투자자, 투자방법, 투자업종에 따라 규정하고 있는데, 투자비율은 투자사업수행에 적합한 비율(원칙적으로는 30% 이상이나 그렇지 않은 경우에는 실질적인 경영통제권을 갖고 있는 경우) 이상이면 된다. 기타 주요국의 규정을 보아도 정도의 차이는 있지만 기본적인 공통점은 통제권 확보를 위한 일정비율 이상의 해외지분을 해외직접투자의 요건으로 명시하고 있다.

특징

위의 개념에 따른 해외직접투자는 다음과 같은 특징을 가진다.

첫째, 해외직접투자는 투자동기면에서 단순히 이자나 유동성 확보만을 지향하는 유가증권투자 또는 배당소득만을 목적으로 하는 주식매입과는 달리, 해외사업에 대하여 직접적으로 영향력을 행사하여 경영지배를 하는 것이 목적이다. 따라서 단기적인 이익획득의 가능성은 직접투자에 있어서 중요 문제가 안 되며, 투하자본의 이자만을 목적으로 한 것은 직접투자가 아니다. 그러므로 채권이나 주식의 취득, 모든 종류의 단기자본투자, 이자나 배당금 위주의 장기투자, 사업목적을 수반하지 않는 토지의 취득 등은 직접투자에 포함될 수 없다.

이와 같이 해외직접투자는 경영참여를 목적으로 하고 있다는 점에서 간접투자와 구별된다. 그러나 주식투자의 경우 투자형태상 공통점이 많고 외견상 구분이 곤란하므로 경영지배권을 출자비율에 의해 구분하여 일정 수준 이상의 주식보유를 직접투자로 보는 것이 일반적이다. 이에 관하여 명확한 기준은 없으나 미국, 일본 등의 국가에서는 출자비율 25% 이상을 직접투자로 분류하고, 우리 나라는

외국환관리법상 원칙적으로 50% 이상을 직접투자로 분류하고 있다.[4]

둘째, 해외직접투자는 그 구체적 형태면에서 단순한 화폐적 형태의 자본이동뿐만 아니라 유형무형의 경영자원, 즉 외면상으로는 경영자를 중핵으로 하고 실질적으로는 경영관리상의 지식과 경험, 특허(patent), 노하우(know-how)는 물론 '마케팅' 방법 등을 포함한 광범위한 전문적 · 기술적 지식, 판매, 원료구입, 자금조달 등 시장에 있어서의 지위 · 상표 혹은 신용, 정보수집 · 연구개발을 위한 조직 등을 포함한 포괄적 이전을 의미하고 있다는 점에서 수출이나 라이센싱과 구별된다.

한편, 직접투자에 필요한 자본은 반드시 모기업의 거주지 국가로부터 이전될 필요는 없으며 필요자금을 현지국의 자본시장에서 조달할 수도 있다.[5] 그러나 해외직접투자의 기본성격이 이윤동기에 의한 현지기업의 실질적 지배에 있으므로 그 기본속성은 자본수출에 있으며 여기에 기타 유형무형의 여러 경영자원의 수출이 복합되어 있다 하겠다.

셋째, 해외직접투자는 자본의 수출인 동시에 기업의 수출로서 한 국가의 기업이 국내지향 및 해외지향경영에서 현지지향 및 세계지향경영으로 전환하기 위한 필요조건이다. 이를 기업의 일반적인 성장과정에서 보면 기업은 생성초기단계에서는 국내시장개척에 주력하나, 기업이 성장하면서 국내판매에서 야기되는 제문제, 즉 시장의 제한성 · 경쟁의 심화 등을 해소하기 위하여 수출에 의한 해외시장개척을 도모하게 된다. 이러한 해외시장개척에 의해 기업은 수출확대기에 돌입하나, 이 시기가 지나면 수입국의 제반 여건변화, 제3국과의 경쟁심화 등의 이유로 인하여 현지생산에 의한 시장기반확보 및 생산원가절감을 추구하게 된다. 해외직접투자는 이와 같이 기업이 현지생산기에 접어들면서 이루어지며, 따라서 해외직접투자는 다국적기업의 발생과 성장을 위한 기반이라 할 수 있다. 여기에서 한 걸음 더 나아가 기업이 세계시장을 상대로 유기적 경영을 수행하는 세계지향기에 있어서도 해외직접투자는 그 기본조건이 되는 것이다.

해외직접투자이론

지금까지 해외직접투자현상에 대한 많은 연구가 있었지만 국제무역의 헥셔 - 올린모델(Heckscher - Ohlin model)에 필적할 만한 단일의 지배적인 해외직접투자 이론은 나타나지 않고 있다. 또한 현재까지 제시된 이론들의 대부분은 해외직접투자에 대한 상호 대체적인 설명이라기보다는 보완적인 설명이다.

이 절에서는 해외직접투자이론으로서 갖추어야 할 요건을 먼저 살펴보고, 그 다음에 지금까지 여러 학자들이 제시한 해외직접투자이론을 알아보며, 끝으로 각 이론들이 어느 정도의 설명능력을 갖는지 비교해 본다.

해외직접투자이론의 요건

해외직접투자는 다국적기업의 뚜렷한 특징이다. 그러므로 해외직접투자 이론은 또한 세계경제주체로서의 다국적기업에 관한 이론이기도 하다. 그러나 해외직접투자가 다국적기업활동의 전부는 아니며, 지금까지의 해외직접투자이론은 정치적 · 사회문화적 요소뿐만 아니라 기업내부관리과정을 고려하지 않고 있기 때문에 다국적기업의 모든 측면을 설명하는 다국적기업 자체의 이론이 되지는 못한다.

현재까지 해외직접투자현상을 규명하기 위하여 많은 이론들이 제시되었는데 이들 이론은 다음과 같은 세 가지의 근본적인 문제에 초점을 맞추고 있다.[6]

① 왜 기업은 해외로 진출하는가.

② 친숙한 기업환경에서 영업하는 현지기업의 고유한 우위성에도 불구하고 어떻게 해외투자기업들이 현지기업과 성공적으로 경쟁하는가.

③ 왜 기업은 수출이나 라이센싱을 하지 않고 외국에서 직접 생산하려 하는가.

이들 문제 이외에도 해외직접투자이론은 다음과 관련된 문제를 설명해야 한다.

④ 왜 과점적 대기업이 해외직접투자를 지배적으로 하고 있는가.

⑤ 왜 해외직접투자가 어떤 산업에서는 많이 발생하고 다른 산업에서는 거의 발생하지 않는가.

⑥ 왜 국가 및 산업분야에서 역투자(逆投資 : reverse investment)가 발생하는가.

⑦ 왜 소수의 국가(예컨대, 미국)만이 대부분의 해외직접투자의 원천이 되고 있는가.

여기서 이론의 보편성과 일시성 문제가 대두된다. 즉, 위에서 열거한 제 현상들이 보편성이 있는 현상인가 아니면 일시적인 현상인가에 따라 이 현상들을 설명하는 이론들도 보편적 이론(일반이론)이 되거나 혹은 특수이론이 된다.

해외직접투자이론이 갖추어야 할 또 하나의 요건은 규범적인 측면이다. 해외직접투자이론이 설명해야 할 해외직접투자의 이유, 효과 등을 검토하는 데는 사실상 실증주의적 접근은 거의 불가능하고 규범적인 가치판단이 요구되는 경우가 많다. 또 해외직접투자현상을 연구하는 목적도 해외직접투자 현상의 진상을 규명하여 그것에 대한 명확한 지식을 갖는 것 외에, 해외직접투자가 나아가야 할 바람직한 방향을 제시하는 실천적 동기도 큰 비중을 차지하므로 해외직접투자에 관한 규범적 이론의 확립은 꼭 필요하다고 할 수 있다. 일반적으로 해외직접투자의 규범적 이론에서 고려되는 가치판단의 기준으로는 효율성(efficiency), 공평성(equity), 정치적 · 경제적 독립성(political aspiration and economic sovereignty) 등을 들 수 있다.[7]

그러나 위에 제시된 모든 문제를 설명함과 아울러 이러한 규범적 욕구를 동시에 충족시키는 단일의 보편적 이론은 아직 존재하지 않으며 여러 이론들이 상호보완적으로 이러한 점들을 설명해 주고 있을 뿐이다. 따라서 위의 ①~③까지의 근본적인 문제를 설명하기 위하여 여러 학자들이 주장한 해외직접투자이론을 살펴보기로 한다.

해외직접투자에 관한 이론적 접근

해외직접투자이론의 체계

19세기만 하더라도 국가간 자원이동(資源移動)의 주류는 자본이었으며, 자본시장의 발전에 따라 포트폴리오투자가 확대되었다. 그러나 20세기에 들어와, 특히 전후에는 자본, 생산기술, 경영기술 등이 복합적으로 이동하는 해외직접투자가 주류를 이루면서 1960년대 이후 많은 기업들이 해외직접투자를 통해 다국적기업으로 성장하였다. 이처럼 전후 해외직접투자가 급증한 것은 경제적 환경변화와 더불어 운송, 통신 등의 비약적인 발전으로 해외생산에 따른 장애요인들이 제거되었기 때문이다.

해외직접투자가 급증하고 다국적기업이 세계경제에서 중요한 비중을 차지하게 됨에 따라 국제자본이동의 일반이론만으로는 해외직접투자의 여러 가지 독특한 성격을 충분히 설명할 수 없음을 인식하게 되었다. 이에 따라 해외직접투자현상을 설명하려는 이론들이 여러 가지 관점에서 제시되었다. 그간 제시된 주요 해외직접투자이론들을 몇 가지 접근방법으로 구분하면, ① 산업조직론적 관점, ② 국제자본이동론적 관점, ③ 거시경제론적 관점, ④ 종속이론적 관점, ⑤ 기업행위론적 관점, ⑥ 기업성장론적 관점, ⑦ 통합이론의 모색 등으로 구분해 볼 수 있다. 이외에도 연구목적이나 연구자에 따라 제반 이론들을 여러 가지 관점으로 나누어 분류해 놓고 있으나 통일된 기준이나 이론적 배경을 갖고 있지는 않은 상황이다.

이 책에서는 연구대상으로서의 해외직접투자현상을 보는 관점에 따라 ① 거시경제론적 접근, ② 미시기업행태론적 접근, ③ 미시 - 거시 통합이론 등 세 가지 방향에서 제 이론들을 분류 · 정리하고자 한다. 이어서 1970년대 중반 이후 급증하기 시작한 개발도상국기업들의 해외직접투자현상을 설명하기 위한 제반 이론들을 살펴본 다음에 기존이론들의 설명능력을 비교해 보기로 한다.

해외직접투자에 관한 거시경제론적 접근

전통적 국제자본이동이론

앞에서 언급한 바와 같이 제2차 세계대전 이전까지만 하더라도 해외투자의 주류는 증권투자였으며, 이는 자본의 한계생산력, 즉 이자율의 격차에 의해 국제간 자본이동을 설명하는 전통적인 국제장기자본이동이론으로 그 해명이 가능하였다. 그러나 제2차 세계대전 이후 급증하기 시작한 해외직접투자는 자본이동에 수반하여 기술 또는 경영기법까지도 함께 이동되는 새로운 형태의 투자현상이어서, 전통적인 자본이동이론으로는 그 이론적 규명이 어렵게 되었다. 그러나 복합적인 새로운 형태의 해외직접투자도 어디까지나 자본이동이 대부분이고 기술 및 경영기법은 이전된 자본의 효율적인 활용을 위해 부가적으로 필요한 요소라는 점을 감안하면 자본이동이론의 설명력은 일단 받아들여질 수 있다.

국민경제적 접근이론

국민경제적 접근을 주장하는 학자들은 해외직접투자가 이윤극대화 내지는 시장점유율 확대를 목적으로 개별 기업적 입장에서 이루어지게 되면, 투자국과 피투자국간의 갈등을 심화시키게 될 뿐만 아니라 역무역적(逆貿易的)으로 작용하기 때문에, 개별 기업이 아닌 투자국과 피투자국의 국민경제적 차원에서 이루어져야 된다고 강조하고 있다. 즉, 투자국과 피투자국 간의 잠재적(潛在的) 혹은 현재적(顯在的) 비교생산비를 기초로 하여 투자국에서는 비교열위에 있고 피투자국에서는 비교우위화되고 있는 산업에 해외직접투자가 이루어져야만 양국 간에 조화있는 발전을 이루게 되고 무역도 확대된다고 한다.

해외직접투자에 관한 이와 같은 접근은 최소한 정부정책과 밀접한 관계를 유지하는 개발도상국 기업의 해외직접투자행위를 규명하는 데는 매우 설득력이 있다 하겠다. 그러나 이 이론은 투자가 이루어져야 할 거시적인 방향은 제시해 주지만, 실제 투자가 이루어졌을 때 투자국기업이 현지기업에 대해 갖는 경쟁상 우위요인이 무엇인가에 대해서는 설명하지 못하고 있다.

급진주의적 견해

최근에 다국적기업의 해외직접투자활동에 관한 주류경제학적 이론에 대하여 비판적인 급진주의적 견해가 많은 사람들에 의해서 제기되고 있다. 이들 급진주의적 견해는 그 내용 및 관점에 있어서 큰 차이를 보이고 있으나 공통적인 점은, 첫째, 모두 다국적기업의 직접투자에 관한 신고전(新古典)주의적 낙관론을 거부하고 있으며, 둘째, 정도의 차이는 있지만 다국적기업을 제국주의(帝國主義)의 새로운 실행기관으로 보고 있다는 것이다.[8]

이상에서 살펴본 바와 같이 급진주의적 견해는 직접투자이론이라기보다는 세계경제를 보는 하나의 독특한 시각이라 할 수 있다. 그러나 이러한 시각에서도 해외직접투자를 설명할 수 있는 분명한 입장이 있고 또 이러한 관점의 비중이 점차 높아가기 때문에 해외직접투자현상을 분석함에 있어 급진주의적 견해는 개별적인 의미뿐만 아니라 다른 제이론들과의 상호보완적인 관계에서도 그 중요성이 점차 높아가고 있다. 특히, 오늘날과 같이 다국적기업 혹은 직접투자현상이 다른 어떤 현상보다도 경제적인 요인뿐만 아니라 정치적 · 사회적 · 문화적 제요인들에 의하여 상호복합적으로 영향을 받고 있음을 고려할 때, 경제적 요인뿐만 아니라 정치 · 사회적 요인까지 검토하는 정치경제론적 접근은 큰 의의가 있고 앞으로도 계속 추구되어야 할 과제라고 하겠다.

해외직접투자에 관한 미시기업행태론적 접근

이상에서는 해외직접투자를 국제무역환경의 변화에 따른 대응조치로 파악하고 국민경제적 비교생산비의 관점에서, 또 국제정치경제구조의 측면에서 고찰하였다.

이러한 거시적인 접근은 전체적인 관점에서 직접투자현상이 일어나는 이유와 효과 등은 설명해 주지만, 실제 직접투자를 행하는 다국적기업의 입장에서 많은 사업형태 중 왜 직접투자를 택하는가, 그리고 여러 가지 불리점을 안고 해외시장에서 현지국기업과 효과적으로 경쟁할 수 있는 비교우위의 원천이 무엇인가에 대해서는 명확한 설명을 못하고 있다.

따라서 여기에서는 실제 직접투자를 행하는 다국적기업 및 다국적기업이 속한 산업의 입장에서 해외직접투자를 설명하는 이론들을 검토해 보자.

성장동기이론

기업성장이론은 해외직접투자현상을 설명함에 있어 제일 먼저 제기되었을 뿐만 아니라 아직까지도 매우 설득력이 있는 이론으로 평가되고 있다. 이 이론은 해외직접투자를 기업성장의 자연발생적인 결과로 보고 있다.[9] 기업은 성장함에 따라 그 사업영역을 국내시장에서 해외시장으로 확대해 나간다. 이 때 사업영역의 국제화 정도에 따라 기업형태는 수출기업, 다국적기업, 세계기업의 단계를 거치면서 발전해 가는데, 해외직접투자활동은 국내시장이 중심이고 해외거래는 무역활동에 그치는 수출기업으로부터, 해외부문의 비중이 높아지고 해외사업도 무역 대신 해외투자를 중심으로 하는 다국적기업으로 옮겨가는 과정에서 활발히 이루어진다고 보는 것이다.[10]

성장관련 해외직접투자이론에는 이 밖에도 '금융의 내부원천이론'과 '투자의 유기적 접근이론'이 있다. 전자가 유보이윤(留保利潤)의 여러 가지 사용방법 중의 하나로 해외직접투자를 설명하는 데 반해, 후자는 해외사업의 성과가 미리 예정된 최소한의 이윤 이상이 되어야 투자결정을 내린다고 보고 최소한의 이윤율과 시장의 성장률 사이의 관계를 중심으로 설명하고 있다.[11]

성장동기이론은 해외직접투자에 대한 이론적 분석이라기보다는 다국적기업의 경영전략에 대한 지침의 성격을 다분히 띠고 있다. 따라서 이 이론은 세계경제 전체를 대상으로 완전경쟁원리에 입각하여 기업성장을 도모하는 다국적기업의 행위를 설명하는 데는 설득력이 있지만, 직접투자가 일어나는 비교우위의 원천에 관해서는 설명을 하지 못하고 있다.

산업조직이론

산업조직론은 개개의 기업을 섬유산업, 자동차산업 등과 같이 산업이라는 범위로 구분하고 각 산업의 시장불완전성에서 해외직접투자의 원인을 찾는 이론으로서, 구미선진기업의 해외직접투자현상을 잘 설명해 주고 있다.

하이머(Hymer)에 의하면 해외직접투자는 독점 또는 과점적 우위를 지니고 있는 기업들이 이윤극대화를 위해 불완전한 시장을 지배할 목적으로 행해진다고 한다. 그는 이러한 시장의 불완전성을 초래하는 주요 원인으로 제품차별화, 경영능력, 자본조달능력, 규모의 경제, 정부정책 등을 들고 있다.[12] 또한 케이브즈(Caves)는 신제품은 제품차별화 때문에 그 자체가 독점화되는 성향을 보이고, 석유를 비롯한 주요 자원의 예에서 볼 수 있는 것처럼 개발로부터 판매에 이르기까지의 수직적 통합(vertical integration) 역시 기업이 독점적 지위를 더욱 강화시킨다고 주장하였다.[13]

결국 산업조직이론은 기업이 지닌 독과점적 성격 때문에 해외투자가 발생하고 나아가 해외투자에 의해 그 기업의 독과점적 우위는 한층 강화된다는 데 그 이론적 기초를 두고 있다. 이 범주에 속하는 이론에는 독점적 우위이론, 과점적 경쟁이론, 제품수명주기이론 등이 있다.

① **독점적 우위이론** : 특정국에서 사업활동을 할 때 외국기업은 현지기업에 비해 여러 가지 불리한 점이 있다.[14] 그럼에도 불구하고 이들이 외국에 투자를 해서 사업활동을 할 때에는 그러한 불리점을 극복하고도 남을 어떠한 우위요인이 있을 것임에 틀림없다. 이처럼 현지기업이 갖지 못하는 우위가 무엇인가를 규명하려는 것이 독점적 우위이론이다.

킨들버거가 지적하였듯이 완전경쟁상태하에서는 직접투자가 존재할 수 없다.[15] 즉, 모든 시장이 자유경쟁하에 있고, 생산이나 마케팅에 외부경제가 존재하지 않으며, 정보의 획득에 시간과 비용이 들지 않고, 무역에 대한 장벽이 존재하지 않는다면, 국제거래의 형태는 무역만이 존재하게 된다. 이러한 상태하에서는 외국기업이 현지기업에 비해서 우위를 가질 수 없고, 따라서 외국기업으로서의 불리점을 안고는 현지기업과의 경쟁에서 살아남을 수 없다. 그러므로 직접투자는 일어날 수 없다. 다시 말하면, 직접투자는 시장이 불완전할 경우에만 존재한다. 외국기업은 현지기업이 갖고 있지 못한 능력을 갖고 있지만, 그 능력을 현지기업에 파는 데 필요한 시장이 제대로 존재하지 않으므로, 외국기업은 그 능력을 활용해서 기업목표를 달성하는 데 있어서 직접투자를 통하게 된다는 것이다.

그러면 외국기업이 갖고 있는 독점적 우위란 구체적으로 무엇인가. 그것은 기업내부에 축적되어 있는 우수한 지식이다. 이 지식은 그 기업과 분리하기 어려운 기업특유(firm specific)의 성격을 갖는다. 기업특유의 지식에는 기술, 마케팅노하우, 경영능력 등이 있다. 기술이란 장기간의 연구개발투자를 통해서 형성된 지식이며, 마케팅노하우는 광고나 판매경로 등에 대한 투자를 통해서 구축해 놓은 지식이고, 경영능력은 인력에 대한 투자와 경영시스템 개발을 위한 투자를 통해서 형성해 놓은 지식이다. 이러한 지식은 모두 공공재의 성격을 띤 것으로 이미 과거의 투자를 통하여 형성되었기 때문에 추가적으로 그 지식을 사용하는 데 드는 한계비용은 영(零)에 가깝다. 그러나 현지기업이 그러한 지식을 획득하는 데는 상당한 투자가 필요하게 되므로, 국제기업은 이러한 지식의 활용을 통해 제품차별화를 할 수 있으며 또 차별화를 함으로써 더 높은 가격을 받거나 더 많은 매출액을 올려 초과이윤을 얻을 수 있는 것이다.

이 이론은 국가 간의 비교우위에 바탕을 두고 있는 순수무역이론과는 달리 개별기업의 독점적 우위요인에 기초를 두고 있다는 점에서는 직접투자를 설명하는 데 유용하나, 이러한 독점적 우위가 직접투자의 필요조건이지 충분조건은 아니라는 사실을 감안할 때 비판의 여지가 있다.

② **과점적 경쟁이론** : 과점산업에 속하는 기업들의 특유한 행동양식(과점적 경쟁)에 착안하여 해외직접투자를 설명하려는 이 이론은 니커바커(F. Knickerbocker)에 의해 처음 제시되었다.[16] 과점산업에 속하는 기업들은 경쟁기업의 행동에 극히 민감하며, 기업들간의 이러한 상호의존성은 과점적 경쟁이라는 과점산업 특유의 기업행태를 낳는다.[17] 예컨대, 한 기업이 신제품을 도입하거나 새로운 시장을 개척하거나 또는 새로운 원료원을 확보함으로써 경쟁적 우위를 확보하려고 하면, 경쟁기업은 이에 상응하는 행동으로 대처하게 된다. 그렇지 않을

경우 선도기업의 우위에 의해서 여타 기업들은 시장에서의 위치를 상실하거나 성장의 기회를 상실할 위험마저 발생하게 되는 것이다.

이렇게 볼 때 과점기업의 1차적 목표는 이익극대화라기보다는 최소한 경쟁기업과 같은 속도로 성장하여 기업 간 균형을 유지하는 일이라 하겠다. 따라서 전체시장의 급속한 팽창으로 기업의 절대적인 이익 및 매출액이 증가하는 경우에도 시장점유율의 하락과 경쟁기업의 행동을 경계하게 되는 것이다.

이와 같은 현상은 해외직접투자의 경우도 마찬가지여서 한 기업이 해외에 직접투자를 하게 되면 경쟁기업도 같은 국가에 자회사를 설치하는 방어적 투자를 하게 된다는 것이 해외직접투자에 관한 과점적 경쟁이론이다. 이러한 과점적 경쟁의 결과, 같은 산업의 기업들이 특정투자대상국에 집중적으로 몰리는 현상을 보이기도 하는데 이를 '밴드웨건(band wagon)' 효과라 부르고 있다.

이 이론은 선진국 간의 상호투자와 동일업종 내의 많은 미국기업들이 단기간에 같은 투자대상국에 직접투자를 하는 현상을 잘 설명해 주고 있으나, 선도기업의 최초투자에 대해서는 설명을 못하고 있다.

③ **제품수명주기이론** : 선후진국간의 기술격차와 제품수명주기(product life cycle)에 따른 기업의 시장전략변화에 착안하여 각국 간의 무역패턴과 선진국기업의 해외직접투자를 설명하는 이론으로, 버논(R. Vernon)에 의해 제시되고[18] 허쉬(S. Hirsh), 웰즈(Wells) 등에 의해 발전된 동태적 생산입지이론이다. 이 이론은 제5장에서 무역이론으로 이미 설명한 바 있으나, 여기에서는 해외직접투자이론으로서 다시 한번 다루기로 한다.

버논에 의하면 신제품의 도입기에는 신제품을 개발한 기업의 독점적 우위 또는 제품차별화 때문에 이 제품에 대한 수요의 가격탄력성이 비교적 작고 따라서 생산입지에 따른 비용차이가 크지 않으므로 기업은 국내에 생산입지를 선택하게 된다. 그러나 두 번째 단계인 성장기에 이르면 대량생산이 가능해지지만, 동시에 경쟁기업이 등장하며 수요의 가격탄력성이 커짐에 따라 기업의 생산비에 대한 관심도 높아져 규모의 경제실현과 경영능력의 제고가 기업의 성패를 좌우하는 가장 중요한 요소가 된다. 세 번째로 성숙기에 접어들면 제품생산이 표준화되며 생산기술의 개발도 거의 한계점에 이르게 된다. 따라서 시장정보나 경영기술보다는 생산비가 기업의 최대 관심사로 되어 생산입지는 임금이 낮은 개도국으로 이전하게 되어, 궁극적으로는 해외 자회사로부터의 역수입이 일어나게 되어 결국 '헥셔-올린'의 세계로 돌아가는 셈이 된다.

이 과정 속에서 해외직접투자는 다음의 두 경우에서 일어난다고 한다.[19]

첫째, 모방국기업이 제품을 생산하거나 또는 모방국정부가 국내생산을 촉진하기 위해서 관세보호 등의 유인책을 쓸 때 기존의 수출시장을 빼앗기지 않으려는 방어적 목적에서 현지에 생산시설을 세우게 된다.

둘째, 제품이 성숙기로 접어들면서 가격경쟁을 하게 되고 모방국이 혁신국에 역수출을 함에 따라 본국시장에서의 시장위치를 빼앗기지 않으려는 의도하에 저생산비국가에 생산시설을 이동하게 된다.

이렇게 볼 때 제품수명주기이론은 해외직접투자가 국내외의 기존시장을 빼앗기지 않으려는 방어적 기업전략의 결과로 일어난다고 설명하고 있다.

이 이론은 무역과 직접투자를 해외시장 이용이라는 같은 과정으로 파악하고 있다는 점과 시간이라는 변수를 도입한 동태적인 이론이라는 점에서 큰 의의가 있다 하겠다. 그러나 제품수명주기이론 자체는 어느 단계에서 직접투자가 발생할 수 있다는 것이지 직접투자가 꼭 발생한다는 필연적인 조건을 제시해 주지 못하고 있다. 또 투자국 간의 상호투자를 설명하지 못하고 초기투자의 설명에는 타당하나 이미 해외에 생산 및 마케팅체제를 갖고 있는 기업의 행태를 설명하는 데는 미흡하다.[20] 또한 버논 스스로 인정한 바와 같이 세계지향적 전략(global strategy)을 추구하는 기존 다국적기업을 만족스럽게 설명해 주지 못하고 있다.

행동과학적 접근이론

기업의 해외직접투자현상을 기업조직 내부의 의사결정과정과 독특한 기업행태적 현상으로 파악하여 설명하려는 것으로, 이 이론에 의하면 해외직접투자가 반드시 경제적인 또는 합리적인 동기에 의해서만 이루어지는 것은 아니라고 한다. 최초의 투자를 유발하는 것은 해외시장에 대한 조직적이고 합리적인 조사라기보다는 어떤 강한 외부적인 자극이라는 것이다. 아하로니(Yair Aharoni)는 이러한 외부적인 자극으로, ① 외국정부나 기업의 고객과 같이, 기업 내부와는 관련이 없는 원천으로부터의 제안, ② 시장상실의 위험, ③ 밴드웨건(band wagon) 효과, ④ 해외로부터의 강력한 경쟁 등을 들고 있다.[21] 그는 또 내부의사결정과정도 조직목표보다는 최고경영자의 개인적인 목표에 의해 일어난다고 설명한다. 일반적으로 사람이나 기업은 관성에 의해서 자기에게 익숙한 기업환경 속에 젖어 있는 경향이 강하며, 이러한 상황에서 밖으로 눈을 돌리게 하는 것은 경쟁사의 진출이라든가 현지기업인이나 기업외부인으로부터의 강력한 권고 등 외부의 자극이고, 이러한 자극에 의해서 일단 해외투자에 대한 조사가 시작되면 이번에는 또 다른 행동적 관습이 투자가 이루어지게끔 유도한다. 즉, 투자의 타당성 여부를 조사하는 사람은 그 일을 수행하는 과정에서 그 일에 갖는 관심과 이해를 느끼게 되며, 자신의 승진과 이익을 위해서 그 일이 성사되게끔 투자를 실시하는 방향으로 결론을 이끌어간다는 것이다.

이 이론은 투자가 일어나는 동기나 과정을 지나치게 일면적으로 파악했다는 비판을 면치 못하겠지만, 다른 여러 경제적 접근이론들과의 상호보완적인 측면에서 매우 의미있다고 보아야 할 것이다.

자본시장 접근이론

독점적 우위이론이 직접투자를 실물면에서의 우위를 통해서 설명하는 데 반해서 이 이론은 화폐면에서의 우위를 통해서 투자기업이 가진 이점을 설명한다. 투자기업이 현지기업에 비해서 갖는 화폐상의 이점은 투자국의 화폐가치의 안정성과 자본시장의 발달을 들 수 있다.[22] 일반적으로 전자를 통화가치우위이론(通貨價値優位理論) 또는 통화지역이론(通貨地域理論)이라 하고, 후자를 자본시장불완전이론(資本市場不完全理論)이라 한다.

통화가치우위이론은 투자국의 기업이 환율이나 통화가치의 차이 등에 의해서 피투자국기업보다 유리한 위치에 있으므로 비교우위를 누린다고 한다. 즉, 국제금융시장으로부터 자본을 조달할 경우 장래 통화가치가 오를 것으로 예상되는 통화표시로 채권을 발행하는 기업은 그렇지 않은 타국기업보다 유리한 조건으로 차입할 수 있고, 약세통화국의 기업은 미래의 불확실한 환위험에 대해 일정한 '프리미엄'을 투자가들에게 지급해야 하기 때문에 그만큼 강세통화국의 기업보다 차입비용이 높아지게 된다는 것이다.

이와 같이 강세통화지역의 기업이 우위를 누릴 수 있는 것은, 투자가들의 소득원천이 피투자국에 있는 경우에는 투자국의 기업에 대해서 피투자국의 기업보다도 낮은 자본화율(capitalization rate)을 적용한다는 사실 때문이다. 실제적으로는 동일한 소득임에도 불구하고 상이한 자본화율을 적용한다는 것은, 투자국기업이 피투자국 내에서 활동하여 얻은 소득에 대해서는 투자가들이 통화가치 차이에 따른 일정한 보상을 요구하지 않는다는 것을 의미한다. 즉, 투자가들은 다국적기업이 해외의 약세통화권에서 활동하고 있다는 사실을 모르기 때문에, 투자국의 해외진출 기업들은 국내에서와 마찬가지로 자금조달에 큰 어려움을 겪지 않는 것이다.

이 이론은 1950년대 및 60년대에 걸쳐서 많은 미국기업들이 유럽으로 직접투자한 현상을 '달러' 화의 안정성에서 오는 비교우위로 설명할 수 있어 상당한 주의를 끌어 왔다.[23] 또한 60년대 후반에서 70년대 초반까지 통화의 강세를 보였던 서독과 일본기업의 해외직접투자 급증현상[24] 등을 통해 현실적인 타당성이 어느 정도 입증되었다 하겠다. 그러나 같은 통화지역 간의 상호투자나 동일통화지역 내에서 발생하는 직접투자현상을 설명할 수 없고, 통화가치와 경제상황이 밀접한 상관관계가 있는 점을 감안할 때 해외직접투자의 동기를 전적으로 환율이나 통화가치의 차이에서만 비롯된다고 보는 것은 지나치게 좁은 견해라 할 수 있다.

자본시장불완전이론은 통화의 안정성보다는 자본시장 자체의 불완전성에서 직접투자의 결정요인을 찾고 있다.[25] 즉, 직접투자는 기술우위나 독점적 행위가 존재하지 않더라도 자본시장의 비효율성으로 인해 국제포트폴리오 분산투자이익을 누릴 수 없을 때, 투자가들은 비효율적인 현지국의 자본시장보다는 직접투자를 통해 이익을 얻으려 한다는 것이다. 이 이론은 다른 사업대안 대신에 왜 직접투자를 하느냐는 문제의 해답에는 도움이 되지만, 이 이론을 뒷받침할 실증적 연구가 아직은 매우 미흡하다 하겠다.

자본시장접근이론과는 관점을 달리하지만 같은 화폐적 자본을 연구대상으로 하는 이론에 포트폴리오분산이론과 자본형성이론이 있다.

포트폴리오분산이론은 기업이 위험을 최소화하기 위해 자본을 해외로 분산투자한 결과로 해외직접투자활동이 일어난다고 본다.[26] 수익률뿐만 아니라 위험 및 불확실성까지 고려하는 포트폴리오이론이 국제자본이동분석에 도입된 것은 스티븐스(Stevens, 1969)와 프라초우니(Prachowny, 1972)에 의해서이다. 그들에 따르면 국제투자는 상대적으로 기대수익률이 높고 아울러 수익률의 분산이 낮은 지역으로 이루어지게 된다고 주장한다.[27]

한편, 조겐슨(Jorgenson)은 해외직접투자를 국제간의 자본이동이라기보다는 해외에서의 자본형성활동으로 보았다.[28] 이 이론도 개발도상국 기업들이 본국보다

자본시장이 더 발달된 선진국에 진출할 때 대부분 현지금융을 많이 이용하고 있는 현상을 설명하는 데는 설득력이 있으나, 대부분의 구미 다국적기업들이 막대한 자금력을 바탕으로 하여 해외에 진출한다는 점을 감안하면 역시 일면적인 견해에 불과하다고 볼 수 있다. 또 이 이론은 국제자본이동과 마찬가지로 해외직접투자를 자본에만 한정하여 고찰하고 있다는 점에서 그 한계가 있다 하겠다.

내부화이론

완전경쟁시장에서는 가격기구의 자동조절작용에 의해 자원배분이 효율적으로 이루어지며 파레토최적(Pareto Optimality)이 달성된다고 한다. 파레토최적이란 경제적 후생의 극대화기준으로서, 타인에게 피해를 입히지 않고서는 어느 한 사람도 더 잘살게 할 수 없을 정도로 자원이 잘 이용되고 있는 상태라고 정의된다.[29] 그러나 현실세계에서는 자연적 또는 인위적인 시장불완전성의 존재로 시장실패가 나타나며, 이러한 시장실패하에서는 자원배분이 왜곡되고 경제적 후생도 감소한다. 시장실패는 외부경제나 공공재 등에 의해 영향을 받으며,[30] 기업은 시장실패로 인한 거래비용이나 제반 위험을 피하기 위해 인정감있는 내부시장을 창조하려고 한다. 해외직접투자를 시장불완전성의 측면에서 연구하려는 시도는 하이머의 독점적 우위이론이 제시된 이후 해외직접투자이론의 주류를 형성해 왔다. 특히, 다국적기업은 시장실패에 대한 대체적 제도로 간주되기도 하는바, 이는 기업이 불확실한 시장거래에서 발생하는 비용을 제거 또는 감소시키기 위해 이러한 거래를 기업시스템 내에서 수행하려는 목적으로 형성한 제도가 다국적기업이라고 보기 때문이다. 1970년대 이후 내부화의 개념은 기업의 해외활동을 설명하는 데에 폭넓게 적용되어 왔다. 코오스(R. H. Coase)에서 시작된 내부화의 개념은 윌리엄슨(O. E. Williamson)에 의해 체계화되었고, 이를 바탕으로 버클리(P. J. Buckley)와 카슨(M. Casson)은 해외직접투자에 내부화의 개념을 처음 도입하였으며, 러그맨(A. M. Rugman)은 내부화이론이 해외직접투자 현상을 설명하는 일반이론이라고까지 주장하였다.[31]

내부화이론에 의하면 효율적인 국제무역과 투자를 막는 세계적인 시장불완전성에 대해 기업은 상응하는 반응을 보인다. 다시 말해 기업은 기업외부의 시장기구를 통하여 이루어지는 여러 가지 기능을 다국적기업시스템 내에 내부시장을 창조하여 수행하려고 한다는 것이다. 외부시장이 불완전한 경우는 ① 발명가의 발명품이 특허권이나 상표권에 의해 법적으로 보호받지 못하는 한, 그 발명품의 이용자에게 대가를 청구할 수 없는 것과 같은 경우, ② 규모의 경제가 존재하는 경우, ③ 지식과 같이 어느 한 사람의 소비로 다른 사람의 소비가용량이 줄지 않는 경우, ④ 정부의 간섭으로 사적 비용 · 수익과 사회적 비용 · 수익 간에 차이가 있는 경우 등이다. 이 때 기업은 내부화를 통해 사적 이윤을 극대화할 수 있다.

그러면 내부시장으로서의 기업이 외부시장을 대체하는 내부화과정은 어떠한가? 윌리엄슨은 경제조직으로서 기업과 시장을 상호 대체적인 거래방식으로 파악하여 내부시장이 외부시장을 대체하는 과정을 설명하면서 이러한 접근방법을 '시장 및 하이어라키 접근방법(market and hierarchies approach)' 이라고 하였다.[32] 여기에서 하이어라키는 기업을 지칭한다. 윌리엄슨은 환경적 요인과 인간적 요인을 함께 고려하여 조직실패모형을 제시하고 있는데, 시장실패는 두 요인의 결합에서 기인한다고 하였다. 그가 든 환경적 요인은 ① 외부시장의 불확실성 · 복잡성, ② 거래자의 소수 등이고, 인간적 요인은 ① 제한된 합리성, ② 인간의 기회주의적 성향 등이며, 중간적 성격요인으로는 ① 조직의 안정감, ② 정보소유의 불가분성 등을 들고 있다. 이러한 요인들을 각각 결합하여 보면 시장실패의 여러 형태가 나타나며, 시장이 실패하면 기업은 거래비용회피를 위해 내부화한다는 것이다. 시장실패가 일어날 수 있는 경우로는 ① 인간의 제한된 합리성과 환경의 불확실성 및 복잡성이 결합되었을 경우,[33] ② 인간의 기회주의적 성향과 소수의 거래자가 결합되었을 경우, ③ 외부시장의 불확실성과 기회주의적 요인에 의한 정보소유의 불가분성(또는 비대칭성)으로 소수의 거래자만 남을 경우, ④ 시장보다 안정된 기업조직, 다시 말해 조직의 안정감을 추구할 경우 등이다. 이와 같은 접근방법은 거래를 수행하는 제도로서 시장과 기업을 비교선택하여야 하므로 '비교제도적 접근방법(comparative institutional approach)' 이라 할 수 있으며, 또한 제도의 선택기준이 거래비용에 있으므로 '거래비용접근방법(transaction cost approach)' 이라고도 한다.

한편, 해외직접투자현상을 내부화이론(內部化理論)으로 설명하고 있는 버클리와 카슨은 그간의 해외직접투자이론이 생산측면에만 치우쳐 R&D, 마케팅 직업훈련 등 중간재의 흐름과 밀접한 관계를 지니는 생산외적 요소들은 무시했다고 보고 기업활동에서 이러한 요소들이 차지하는 역할을 강조하고 있다. 이들은 특히, 지식과 같은 중간재시장의 불완전성 때문에 내부화가 발생하고, 이러한 내부화가 국경을 넘어 이루어지면 다국적기업이 생성되며, 내부화의 이익과 내부화의 비용이 한계적으로 같아지는 수준까지 내부화는 계속된다고 보았다. 여기에서 내부화의 이익이란 내부화의 동기와 같으며 대부분 거래비용의 회피와 직·간접적으로 관련된 것들이다. 국제적인 내부화의 이익으로는 ① 협상비용 등과 같은 시장교환비용의 회피, ② 계약의 불이행 또는 계약상의 허점으로 인해 발생하는 비용의 회피, ③ 불필요한 재산권행사비용의 회피, ④ 가격통제·관세·조세차별·자본이동제한·쿼터 등 정부개입에 따른 비용의 회피 등을 들 수 있다. 반면에 내부화에는 비용도 드는데 ① 경영자의 전문성에 따르는 관리비용, ② 시장세분화의 비용, ③ 다양한 정보획득을 위한 비용, ④ 상대국 정부의 수용위험에 따른 비용 등이 있다. 이러한 내부화의 이익과 내부화의 비용이 균형을 이루는 과정에서 내부화되는 시장의 형태는 물론 내부시장의 최적규모와 구조도 결정된다.

러그맨은 시장불완전성에 따른 기업의 대응조치로서 내부시장창조를 설명하는 내부화이론에 해외직접투자의 제이론을 하위이론으로 포함시켜 내부화이론이 바로 해외직접투자현상을 설명하는 일반이론이라고 주장하였다. 그에 의하면 다국적기업은 외부성에 빈응하여 내부화함으로써 지식이나 다른 중간재생산에 대한 외생적인 시장불완전성을 극복할 수 있고 아울러 국제적인 제품시장의 불완전성이나 노동 및 자본시장의 불완전성도 극복할 수 있다는 것이다.

한편, 캘빗(A. L. Calvet)과 나임(M. Naim)은 윌리엄슨의 연구를 국제적으로 확장하여 개발도상국의 환경에 적용하였는데, 개발도상국시장에서 시장실패를 유발하는 요인으로 ① 유능한 경영자의 부족, ② 불완전한 정보, ③ 정부의 일관성 없는 정책, ④ 개발도상국환경의 복잡성 등을 들고 있다.[34] 특히, 캘빗은 지금까지 해외직접투자에 대한 연구는 시장과 관련된 이론과 기업과 관련된 이론으로 구분되어 이들 이론이 각각 별도로 연구되었기 때문에 해외직접투자나 다국적기업현상을 설명하지 못하였다고 주장하면서 시장과 기업을 결합하여 이론을 재정립해야 한다고 하였다. 그의 시장 및 하이어라키 접근방법은 생산을 조직화하는 대체적인 방식으로 시장과 기업을 함께 다루고 있어 거래는 양자 어느 것을 통해서도 취급될 수 있다.

해외직접투자에 대한 내부화이론은 시장불완전성만 가정한다면 어느 시장에서도 적용될 수 있는 이점이 있는 반면에 다음과 같은 한계점이 있다. 첫째, 해외진출동기가 명백하지도 않은데 내부화이론의 출발점인 시장불완전성의 존재만으로 해외직접투자가 발생한다고 한 것은 지나친 확대해석이다. 둘째, 시장불완전성을 외생적으로만 다루고 있는 내부화이론은 다국적기업이 기업 특유의 우위를 유지하기 위해 내생적으로 창조하는 시장불완전성의 가능성은 무시하고 있다. 끝으로 내부화이론은 국가 및 지역 특유의 요소인 생산입지문제나 행위문제는 설명하지 못하고 있다는 점이다.

미시 – 거시통합적 접근방법

이상에서 개별기업적 혹은 산업조직 속에서의 기업행태론적인 관점에서 해외직접투자를 설명하는 여러 이론들을 살펴보았다. 이러한 미시적 접근이론들은 다소 차이는 있지만, 대부분 해외직접투자를 행하는 기업주체적인 입장에서 이론을 전개하고 있어서 다국적기업이 해외직접투자를 하는 이유, 비교우위의 원천 등을 구체적으로 잘 설명하고 있다. 그러나 이들 대부분은 부분적이고 일면적인 설명력밖에 갖고 있지 못해서 보다 일반적이고 보편적인 이론의 필요성이 대두되고 있다.

여기에서는 미시요인과 거시요인을 동시에 고려하는 보다 진전된 통합모델을 살펴보기로 한다.

더닝의 절충이론[35]

더닝(J. Dunning)은 해외직접투자가 이루어지려면 기업 특유의 독점적 우위요소(ownership-specific advantages) 이외에도 내부화의 우위(internalization incentive advantages)와 입지 특유의 우위(location-specific advantages)가 있어야 한다고 하였다. 다시 말해, 해외직접투자가 이루어지려면 외국기업으로서의 불리함을 극복하고도 현지에서 경쟁해 나갈 수 있는 기업 특유의 독점적 우위가 있어야 함은 물론, 국내보다 외국이 생산입지상에서 우위에 있어야 하며, 또한 기업 특유의 독점적 우위를 외국기업에게 라이센싱해 주는 것보다 내부거래를 통해 이전하는 것이 유리한 내부화의 우위가 있어야 한다는 것이다. 이는 독점적 우위이론만으로는 수출이나 라이센싱에 대한 해외직접투자의 우위를 설명하기 어렵고, 내부화이론은 입지 특유의 우위에 대한 설명력이 약하기 때문이다. 이에 따라 더닝은 수출 · 라이센싱 · 해외직접투자를 동시에 포괄하는 국제생산이론을 모색하였는

데, 이것이 독점적 우위이론, 내부화이론, 입지이론을 포괄하고 있는 절충이론이다.[36] 절충이론에 의하면 기업 특유의 독점적 우위를 외부시장에서 판매하는 것보다 내부화하는 것이 유리할 때에 기업은 라이센싱방식을 버리고 수출이나 해외직접투자를 택할 것이고, 자본 · 기술 · 경영기법 등을 해외로 이전하여 현지의 생산요소와 결합하는 것이 국내생산보다 유리할 때에, 즉 입지 특유의 우위가 있을 때 기업은 수출 대신 해외직접투자를 한다는 것이다. 더닝이 이론을 전개하면서 열거한 우위요소는 〈표 8-1〉과 같다.[37]

이상에서 살펴본 각각의 우위요소들은 상호 독립적이라기보다 오히려 의존적인 경우가 더 많다고 하겠다. 〈표 8-2〉는 해외시장진출의 결정요소와 해외시장 진출형태 간의 관계를 나타낸 것이다.[38]

이러한 더닝의 절충이론을 검증할 경우에는 기업 특유의 우위요소, 내부화의 우위요소, 입지 특유의 우위요소를 국가별, 산업별, 기업별로 나누어 살펴볼 필요가 있다. 왜냐하면 특정국의 기업이 해외생산활동을 전개하려는 성향은 모국과 투자대상국의 경제환경 등에 따라 변하고, 이에 따라 생산하려고 하는 제품의 유

표 8-1
국제생산에 관한 절충이론

1. 기업 특유의 우위요소

(1) 기업의 다국적성에 기인하지 않는 우위, 즉 기업의 규모 및 생산 내에서 이미 확보하고 있는 기존의 지위, 제품 및 공정의 다양화, 분업 및 전문화의 이점, 독점력, 자원의 확보 및 사용에 관한 기업의 능력 등 특정기업이 동일입지 내의 다른 기업에 대하여 갖는 우위
  ① 독점적 기술, 특허 및 법에 의하여 보호를 받고 있는 상표
  ② 생산, 관리, 조직, 마케팅, 연구개발의 능력 ; 인적자본과 경험의 축적
  ③ 노동, 천연자원, 자금 및 정보 등의 투입요소에 대한 배타적 또는 유리한 접근
  ④ 기업의 규모나 독점적 영향력을 이용하여 유리한 조건으로 투입요소를 획득할 수 있는 능력
  ⑤ 제품시장에 대한 배타적 또는 유리한 접근
  ⑥ 시장진입에 대한 통제 등과 같은 정부의 보호
(2) 신참기업(新參企業)에 대한 우위, 즉 기존기업의 자회사가 신규 참가기업에 대하여 갖는 우위
  ① 저렴한 가격으로 모기업의 능력(경영관리, 연구개발, 마케팅 등)을 이용할 수 있음.
  ② 생산, 구매, 마케팅, 자금조달 등의 경우 공동공급의 경제(economies of joint supply)를 누릴 수 있음.
(3) 기업의 다국적성에 기인하는 우위
  ① 정보, 투입요소, 시장에 대한 보다 유리한 접근과 보다 나은 지식을 얻을 수 있음.
  ② 요소부존, 시장 및 정부의 개입 등에 있어서의 국제적 차이를 이용할 수 있는 능력
  ③ 위험을 분산(예를 들면, 여러 통화지역으로)시킬 수 있는 능력

2. 내부화의 우위요소

① 시장에 대한 접근, 협상, 통제 등 외부시장거래에 수반되는 경비의 절감
② 재산권보호를 위한 제반 경비의 절감
③ 외부시장에서 판매되고 있는 투입요소(기술 등)의 성질 및 가치에 대한 구매자의 의구심 제거
④ 외부시장에서 가격차별이 불가능한 경우, 이를 기업내부로 흡수할 수 있음.
⑤ 제품의 판매자로서 품질관리의 필요성을 충족시킬 수 있음.
⑥ 외부경제의 이용, 기업 간 상호의존적 활동의 이점
⑦ 미래에 시장형성이 안 될 경우 이를 기업내부로 흡수할 수 있음.
⑧ 쿼터, 관세, 가격통제, 조세차별 등 정부의 각종 개입과 간섭을 회피하거나 이용할 수 있음.
⑨ 경쟁업체 등에 대한 투입요소의 공급이나 판매조건을 통제할 수 있음.
⑩ 시장의 판로(때로는 경쟁업체의 시장판로까지)를 통제할 수 있음.
⑪ 경쟁전략으로서 상호보조금 지급, 시장침투가격책정 등의 기업활동을 수행할 수 있음.

3. 입지 특유의 변수(투자국/피투자국)

① 투입요소와 시장의 공간적 분포
② 노동, 에너지, 원재료, 부품, 반제품 등 투입요소의 가격, 품질 및 생산성
③ 수송비, 통신시설 및 통신비율
④ 정부의 정책과 간섭
⑤ 수입에 대한 규제, 세율, 투자유인 및 투자환경, 정치적 안정성 등의 요인
⑥ 사회간접자본의 발달 정도
⑦ 언어, 문화, 관습의 차이 등 자국과의 사회심리적인 거리감
⑧ 연구개발, 생산, 마케팅 등에 있어서의 경제성

형이나 범위도 바뀔 뿐만 아니라 기본적인 경영관리나 조직전략(이는 특히 투자규모와 위험분산태도에 영향을 미침) 또한 변하기 때문이다.

〈표 8-3〉은 국가, 산업, 기업 특유의 상황에 따른 해외직접투자조건의 변화를 예시한 것이다.[39]

절충이론은 해외직접투자현상을 파악하는 데 유용한 분석의 틀을 제공해 주고

표 8-2
기업의 해외시장 진출형태와 그 결정요소

구 분 해외시장 진출형태	우위요소(advantages)		
	기업 특유의 우위요소 (ownership)	내부화 요소 (internalization)	입지적 요소 ((foreign) location)
해외직접투자 (foreign direct investment)	○	○	○
수 출(exports)	○	○	×
포트폴리오자원이동 (portfolio resource transfers)	○	×	×

표 8-3
국가, 산업, 기업 특유의 상황에 따른 해외직접투자조건의 변화

구분 요인	국 가 (투자국/피투자국)	산 업	기 업
기업 특유의 우위	① 요소부존도, 시장의 규모와 특성 ② 기술혁신, 기업의 재산 및 영업권, 경쟁, 산업구조 등에 대한 정부의 정책 ③ 외국인 직접투자에 대한 정부의 규제	① 제품 및 공정의 기술집약도 ② 기술혁신의 성질 ③ 제품차별화의 정도 ④ 생산에 있어서의 규모의 경제 ⑤ 투입요소나 시장에 유리하게 접근할 수 있는 것이 생산상 얼마나 중요한가의 여부	① 규모, 생산의 범위, 공정 및 시장다변화 ② 기업의 혁신성, 시장지향성, 또는 투입요소 및 시장확보에 있어서 안정성의 여부
내부화 우위	① 국제기업으로 하여금 거래를 내부화하도록 유도하는 정부의 정책이나 개입의 정도 ② 기업합병에 대한 정부의 정책 ③ 거래비용, 계약의 이행, 구매활동에 따른 이구심 등 각국간 시장구조의 차이 ④ 피투자국의 사회간접자본, 기술수준 및 기타 자원이동의 흡수능력의 차이	① 수평적 또는 수직적 통합의 필요성과 가능성, 즉 투입요소나 시장의 통제필요성이 있는가의 여부 ② 내부화의 이익을 계약 또는 협정 등의 방법으로 확보할 수 있는지의 여부	① 기업의 조직 및 통제의 과정 ② 성장 및 기업 다각화에 대한 태도 ③ 라이센싱, 프랜차이징, 기술용역제공 등에 대한 태도
입지 우위	① 각국 간의 실질적, 사회심리적인 거리감 ② 관세, 쿼터, 조세 등에 대한 정부의 간섭과 개입 ③ 환율	① 이동불능자원의 분포 ② 중간재 및 완제품의 수송비용 ③ 관세 및 비관세 장벽 ④ 산업특유의 기업간 경쟁상황 ⑤ 산업활동에 따른 제반 기능의 분리가능성 ⑥ 조세유인, 총비용 중 노동비의 비중 등과 같은 입지적 변수의 중요성	① 해외시장진출전략 ② 해외활동의 경험과 연륜 ③ 제품의 수명주기에 따른 기업의 위치 ④ 기업이 느끼는 문화, 언어, 법률 및 경제제도의 차이에 대한 사회심리적 거리감 ⑤ 연구개발, 인력 및 시장배분활동 등의 집중화에 대한 태도 ⑥ 자산의 지역분포 및 위험분산화에 대한 태도

는 있으나 시간성을 고려하지 않은 정태적인 접근이었다. 해외직접투자를 결정하는 세 가지 요인, 즉 기업 특유의 우위, 내부화 우위, 입지 우위 등은 일정한 것이

아니고 〈표 8-3〉에서 보듯이 국가별 · 산업별 · 기업별로 상이하게 나타날 뿐만 아니라 시간의 흐름에 따라 변화하는 동태적인 속성을 지니고 있다. 특히, 개발도상국의 경우 일정 시점에서 절충적 틀에 따라 파악된 해외직접투자현상은 항구적으로 지속되는 특징이라기보다 선진국이 걸어간 과정을 뒤쫓아가는 가운데 나타나는 한 단면이라고 볼 수 있다. 이에 따라 더닝은 해외직접투자를 거시적인 관점에서 동태적으로 파악하는 경제발전단계별 투자수준의 접근법을 제시하였다.

더닝은 한 국가의 경제발전단계와 해외직접투자의 수준은 밀접한 관련이 있다고 보고 '특정 국가의 해외투자수준은 1인당 GNP와 관련되어 있다'는 명제를 내세웠다. 그는 1인당 GNP 수준에 따라 경제발전단계를 4단계로 구분하고 각국의 1인당 GNP 수준의 변화에 따라 순유출투자(net outward investment : outward investment-inward investment)가 어떻게 변화해 나가는가를 동태적으로 고찰하였다. 더닝은 1인당 GNP 수준이 변화함에 따라 한 나라의 순유출투자가 변하는 원인을 기업 특유의 우위, 내부화의 우위, 입지 특유의 우위가 변하는 데 있다고 보았다. 그에 의하면 개발도상국의 해외직접투자는 발전단계의 제2단계(1인당 GNP 400~1,500달러)에서 제3단계(1인당 GNP 1,500~2,500달러)로 넘어

표 8-4
해외직접투자와 경제발전단계

단계별	내부로의 투자*		외부로의 투자*	
1단계	외국기업이 갖는 기업 특유의 우위	상당함.	자국기업이 갖는 기업 특유의 우위	없음.
	내부화 우위	상당함	내부화 우위	해당사항 없음.
	자국의 입지적 우위	거의 없음.	외국의 입지적 우위	해당사항 없음.
2단계	외국기업이 갖는 기업 특유의 우위	상당함	자국기업이 갖는 기업 특유의 우위	거의 없음.
	내부화 우위	상당함	내부화 우위	거의 없음.
	자국의 입지적 우위	점차 증가	외국의 입지적 우위	거의 없음.
3단계	외국기업이 갖는 기업 특유의 우위	점차 감소하면서 전문화	자국기업이 갖는 기업 특유의 우위	점차 증가
	내부화 우위	점차 감소	내부화 우위	점차 증가
	자국의 입지적 우위	점차 감소	외국의 입지적 우위	점차 증가
4단계	외국기업이 갖는 기업 특유의 우위	점차 감소하면서 전문화	자국기업이 갖는 기업 특유의 우위	증가
	내부화 우위	점차 감소	내부화 우위	상당함.
	자국의 입지적 우위	점차 감소	외국의 입지적 우위	증가

* 외부로의 투자(outward investment)는 해외직접투자이고 내부로의 투자(inward investment)는 외국인직접투자임.

가면서 크게 증가하기 시작한다고 하는데, 그 이유는 당초 외국기업들이 보유하고 있던 기업 특유의 독점적 우위요소가 현지기업들에게 잠식당하면서 현지기업들은 자신들의 독특한 경쟁우위를 개발하여 해외직접투자를 하기 때문이라고 한다. 이 단계를 지나 제4단계(1인당 GNP 2,500달러 이상)에 들어서면 기업의 경쟁적 우위는 더욱 강화되어 기업은 이러한 우위를 외부화하는 것보다 내부화하려는 동기가 커진다. 따라서 해외직접투자는 계속 증가한다. 이상의 4단계에 따른 우위요소의 변천과정은 〈표 8－4〉에 나타난 것과 같다.[40]

이와 같은 더닝의 절충이론은 유용하면서도 강한 설득력을 지니고 있으나 이론의 한계점에 대하여 많은 비판이 제기되어 왔다. 주요 비판들의 초점은 ① 국제생산활동을 설명하는 데에 경쟁우위(또는 소유우위)가 필요하냐는 점, ② 절충이론은 국제생산에 관한 일반이론이냐 특수론이냐 하는 점, ③ 절충패러다임으로 기업 특유의 행위적 차이를 설명할 수 없지 않느냐 하는 점, ④ 절충이론은 미시기업이론적 접근에 치우쳐 거시경제적 관점은 고려하지 않고 있다는 점, ⑤ 다국적기업의 행동을 설명하기 위해서는 절충패러다임보다 통화지역의 차이로 설명해야 한다는 점 등이라고 할 수 있ㄷ. 더닝은 이러한 비판에 대하여 체계적인 반박과 더불어 절충이론의 확장가능성을 제시하였다. 더닝은 모형의 발전방향으로 ① 절충패러다임의 정규 모형화, ② 국제생산에 관한 동태적이고 발전적인 측면을 반영할 수 있는 모형화, ③ 국제경제활동의 다양한 유형을 포괄할 수 있는 모형화, ④ 의사결정의 과정과 존재위치에 관한 모형화, ⑤ 다국적기업의 투자철수 및 영향에 관한 이론적 모형화 등을 제시하고 있다.

개발도상국기업의 해외직접투자에 대한 이론적 접근

지금까지 살펴본 해외직접투자이론들은 선진국 다국적기업들이 행하는 해외직접투자의 필요충분조건을 규명하는 데에 관심의 초점이 있었다고 할 수 있다. 하이머의 독점적 우위이론에서 더닝의 절충이론에 이르기까지의 해외직접투자이론들은 대부분 선진국의 다국적기업이 다른 선진국이나 개발도상국으로 진출하는 동기와 경쟁우위의 원천 및 해외진출유형의 선택 등에 연구의 초점을 맞추어 왔다. 이처럼 선진국 다국적기업의 해외직접투자에만 관심이 집중된 것은 1950년대 이후 미국의 대기업을 중심으로 전개된 기업의 다국적화 현상 때문이었다고 하겠다.

1970년대 중반에 이르러 개발도상국기업의 해외직접투자현상이 확연히 부각되면서 '제3세계의 다국적기업' 또는 '신(新)다국적기업'의 등장이라고 하여 관심이 집중되었다. 제3세계의 다국적기업에 대하여 포괄적인 연구를 진행해 온 웰즈(L. T. Wells, Jr.)의 조사에 의하면, 1950년대와 60년대에는 생각할 수도 없었던 개발도상국기업의 해외직접투자가 1980년경에는 적어도 50~100억 달러에 이르는 것으로 추정된다고 하였다.[41] 개발도상국기업의 해외직접투자가 급증하면서 기존의 이론으로 설명하기 어려운 개발도상국기업 특유의 경쟁우위를 규명하려는 연구도 활발히 전개되었다.

해외직접투자이론들의 설명능력 비교[42]

해외직접투자이론의 요건에서 보았듯이 국제경영적 측면에서의 해외직접투자이

표 8-5
해외직접투자이론의 설명능력 비교

이 론	해외진출의 동기	경쟁우위의 원천	해외직접투자 선택 이유
거시경제론적 접근방법			
국제자본이동이론	○	×	×
국민경제적 접근이론	○	×	○
급진주의적 견해			
신제국주의	○	×	○
종속이론	○	○	×
미시기업행태론적 접근방법			
성장동기이론			
기업성장이론	○	×	○
금융의 내부원천이론	○	×	×
투자의 유기적 접근이론	○	×	○
산업조직이론			
독점적 우위이론	×	○	×
과점적 경쟁이론	○	×	×
제품수명주기이론	○	×	○
행동과학적 접근이론	×	×	○
자본시장접근이론			
통화가치우위이론	×	○	×
자본시장불완전이론	○	×	○
포트폴리오분산이론	○	×	○
자본형성이론	○	×	○
내부시장이론	×	○	○
미시-거시통합모델			
절충이론	○	○	○

론은 기업이 해외에 진출하는 동기가 무엇이며, 익숙하지 않은 해외의 기업환경에서 현지기업과 경쟁하여 이길 수 있는 우위의 원천은 무엇이며, 여러 가지 해외영업활동방법 중에서 해외직접투자라는 방식을 택하게 된 요인이 무엇인가를 설명해 줄 수 있어야 한다.

이러한 관점에서 지금까지 살펴본 해외직접투자이론의 줄기를 잡아보면 이론의 출발점은 경쟁우위의 원천을 밝혀 주는 독점적 우위이론으로 볼 수 있다. 그러나 이 이론은 국제경영의 세 가지 기본형태, 즉 수출, 라이센싱, 해외직접투자 중 어떤 형태를 취할 것인가는 설명해 주지 못한다. 즉, 해외직접투자에 대한 필요조건은 제시하나 충분조건은 설명하지 못했다. 이에 1970년대 중반부터 라이센싱과 해외직접투자의 선택기준으로서 내부화이론이 개발되었고, 한때는 해외직접투자의 일반이론으로까지 일컬었으나, 수출과 해외직접투자 중 어느 것을 선택할 것인가 또는 해외직접투자를 한다면 어느 곳에 할 것인가에 관련된 입지요인의 설명이 약했다. 이에 더닝은 기존의 독점적 우위이론과 내부화이론에 생산입지이론을 합한 절충이론을 개발했던 것이다. 따라서 해외직접투자이론의 큰 줄기는 '독점적 우위이론 → 내부화이론 → 절충이론' 으로 보이며, 여타의 이론들은 각기 해외직접투자의 특정한 부분만을 설명해 주는 단편적인 것이다.

해외직접투자의 각 이론들이 해외진출의 동기, 경쟁우위의 원천, 국제경영의 세 가지 기본형태 중 해외직접투자를 선택한 이유 등의 세 측면에 대한 설명능력을 비교하면 〈표 8－5〉와 같다.

해외직접투자의 동기와 유형

해외직접투자의 동기

국제경제학적인 입장에서 볼 때 해외직접투자는 자본의 한계수익률이 낮은 국가에서 높은 국가로 이동한다는, 즉 국가 간의 한계수익률 차이 때문에 발생한다고 보는 것이 일반적인 견해이다. 그러나 개별기업의 입장에서 보면 해외직접투자는 각 기업의 보다 구체적인 동기와 기업목표에 따라서 행해지고 있다. 이와 같은 동기나 목적은 투자 국내의 기업환경, 당해기업의 경영전략, 피투자국의 투자한경 등에 따라 달라지며, 이러한 제반 동기와 목적이 복합적으로 작용한 결과로 해외직접투자가 이루어지는 것이다.

개별기업의 입장에서 해외직접투자의 동기는 크게 ① 전략적 동기, ② 행동적 동기, ③ 경제적 동기, ④ 재무적 동기로 구분할 수 있다.[43]

전략적 동기

기업이 전략적으로 해외직접투자를 추구하는 경우는 그 동기에 따라 ① 시장지향형(market seekers), ② 생산효율지향형(production efficiency seekers), ③ 원료지향형(raw material seekers), ④ 지식지향형(knowledge seekers), ⑤ 정치안정지향형(political safety seekers)의 다섯 가지 형태로 구분된다.

첫째, 시장지향형 투자는 기존의 시장과 판매망을 유지하면서 제3국의 신수출시장을 개척하기 위하여 현지에 진출하여 현지생산을 하는 것으로 미국의 자동차회사들이 유럽에서 자동차공업을 영위하는 경우를 예로 들 수 있다.

둘째, 생산효율지향형 투자는 생산성에 비하여 생산요소가격이 상대적으로 저렴한 지역에 진출하고자 하는 것으로, 노동집약적 산업에서 이러한 동기로 투자가 많이 이루어지고 있다. 일례로, 선진제국의 전자회사들이 전자제품조립을 위하여 상대적으로 저렴하면서 풍부한 노동력을 보유하고 있는 동남아, 중남미 등 개발도상국에 합작투자형태로 진출하여 조립공장만을 영위하는 경우를 들 수 있다.

셋째, 원료지향형 투자는 각종 생산원료가 풍부하고 저렴한 지역을 찾아 투자를 하는 것으로, 당해 생산물은 현지수요에 충당하거나 투자국 또는 제3국에 재수출되며 원유 · 광업 · 농업 · 임업 등의 자원개발투자와 관련된다.

넷째, 지식지향형 투자는 외국의 선진기술이나 경영관리기법을 습득하기 위해 투자를 하는 것으로, 유럽계 회사들이 때때로 미국계 회사들을 현상태 그대로 인수하는 경우는 이러한 동기 때문이다. 한국기업에서도 최근 지식지향형 해외직접투자가 나타나고 있다. 즉, 현대전자를 비롯하여 삼성전자, LG 반도체 등 전자회사들이 반도체 및 컴퓨터를 생산하기 위한 첨단기술을 습득하기 위해 미국 캘리포니아주의 실리콘밸리에 현지법인을 설립했던 것이다.

다섯째, 정치안정지향형 투자는 수용 등의 정치적 위험이 없는 국가 · 사기업(私企業)에 대한 정부의 간섭이 없는 국가 등에 진출하려는 것으로 외국기업이 미국에 진출하는 동기 중 이러한 목적을 가진 투자가 많이 있다.

이상의 다섯 가지 전략적 동기는 상호보완적인 까닭에 일반적으로 한 가지 이상의 동기가 결합되어 해외직접투자는 이루어진다.

행동적 동기

기업의 해외직접투자는 외부환경으로부터의 자극 또는 조직내부 최고경영층의 개인적 편견이나 필요에 따라, 혹은 기업의 조직구성원이나 그룹(group)에 대한 공약 등의 이유에서 이루어지기도 한다. 해외직접투자의 행동적 동기를 유발하는 외적 자극요인을 아하로니(Yair Aharoni)는 다음과 같이 들고 있다.[44]

① 주요 요인

(a) 외국정부, 자사제품의 해외대리점 및 고객 등의 권유

(b) 자사제품의 판매시장 상실에 대한 우려

(c) 경쟁기업이 해외진출(band wagon effect)

(d) 국내시장에서의 외국기업과 경쟁 예상

② 부차적 요인

(a) 생산요소 및 관련제품의 시장 창조

(b) 노후화된 기계 등의 생산설비 재이용

(c) 노하우의 자본화 : 연구개발(R&D) 및 기타 고정비의 분산

(d) 피투자국과 무역관계협정을 맺고 있는 제3국시장에의 우회진출

이상의 행동적 동기에서 보건대 해외직접투자는 어떤 외부적 동기나 기회가 주어졌을 때 기존의 원칙을 벗어난 새로운 차원의 의사결정으로 이루어지는 경우가 많음을 알 수 있다.

경제적 동기

이윤의 추구라는 경제적 관점에서 볼 때 해외직접투자는 각국의 실물자산, 생산

요소, 금융 등의 시장이 불완전상태에 있기 때문에 이루어지고 있다. 일반적으로 불완전한 실물자산(real asset)시장은 정부의 국내시장 보호정책이나 독점기업들의 경쟁 때문에 형성된다. 이러한 불완전한 실물자산시장에도 충분한 잠재수요만 있으면 다국적기업이 해외직접투자를 통하여 진출할 수 있다. 이처럼 불완전한 실물자산시장에 다국적기업이 진출하여 성공할 수 있는 것은, 다국적기업이① 규모의 경제, ② 전문적 경영관리기법, ③ 제품 및 생산요소시장에 대한 충분한 지식, ④ 전문적 기술, ⑤ 충분한 자금공급능력 등을 보유하고 있기 때문이다.

특히, 규모의 경제는 생산, 마케팅, 재무, R&D, 운송, 구매 등 전분야에 걸쳐 독점적 우위의 폭을 확대시키며, 이러한 우위를 가진 기업은 해외직접투자를 통하여 그 우위를 실현시킬 수 있는 것이다.[45]

재무적 동기

해외직접투자는 주주(株主)의 부의 극대화, 즉 기업가치의 극대화를 위해서도 이루어진다. 기업이 국제시장포트폴리오(International market portfolio)를 구성할 경우 위험분산효과가 국내의 것보다 크기 때문이다.

일반적으로 투자가는 위험에 대한 보상을 요구하기 때문에 어떤 투자안에 대한 최저필수수익률은 다음과 같이 구성된다.

$$R_j = r + \text{위험 프리미엄}$$

R_j : 자산 j에 대한 최저필수수익률

r : 무위험 수익률

이 때 투자자산의 위험은 투자규모 및 포트폴리오를 구성하는 자산의 수에 따라 차이가 있는데, 분산투자는 집중의 경우보다 위험이 적다. 이는 적절히 분산투자되어 구성된 포트폴리오의 체계적 위험(systematic risk)은 그 자산의 총위험(total risk)보다 적기 때문이다. 총위험은 체계적 위험과 비체계적 위험으로 구성되는데, 체계적 위험(시장위험 또는 분산불가능 위험)은 분산투자를 하여도 더 이상 제거할 수 없는 시장전체가 받는 위험으로 β위험이라고도 한다. 반면에 비체계적 위험(기업 특유의 위험 또는 분산가능 위험)은 어느 기업의 특수한 상황, 예를 들어 재무구조가 취약하다든가, 노사관계가 악화되었다든가 등에 따라 부담하게 되는 위험이다.

해외직접투자의 유형

해외직접투자의 유형은, 첫째 투자기업이 발휘하는 경영기능의 내용에 따라 자원조달형 투자와 판매지향형 투자, 둘째 투자국측의 수출과 수입에 미치는 영향과 관련하여 수출대체형 투자와 수입확대형 투자, 셋째 투자대상업종에 따라 광공업투자와 상업투자, 넷째 외환관리규정에 의한 해외직접투자의 구체적 진출형태에 따라 증권취득, 채권취득, 해외직접사업, 기술개발투자 등으로 나누어진다.

해외직접투자의 방법

개념

다국적기업이 해외직접투자를 통해 현지기업의 경영에 참여할 때 그 기업의 지분을 100% 소유하면 단독투자, 100% 미만을 소유하면 합작투자가 된다. 합작투자기업은 일반적으로 2인 혹은 그 이상의 당사자가 특정목적을 달성하기 위해 공동으로 전개하는 공동사업체로서 국제경영에서는 국적을 달리하는 주체 간의 협력에 의하여 수행되는 기업을 뜻한다.[46]

그 동안의 해외직접투자, 특히 미국계 다국적기업의 해외직접투자의 경우에는, 단독투자를 통하여 현지기업에 대한 완전소유와 통제를 추구하는 것이 일반적인 현상이었다. 그 이유는 간접투자의 경우와 같이 현지기업으로부터의 이익배당이 해외직접투자의 목적이 아니라, 그 기업을 완전지배하여 모기업의 전략통제 내에 둠으로써 얻을 수 있는 여러 가지의 효과가 그 목적이었기 때문이었다. 그러나 최근에는 내국인출자자와 외국인출자자가 소유권을 공유하는 합작투자형태가 점차 늘어나고 있다. 이와 같이 미국을 비롯한 선진개발국의 기업이 해외직접투자를 고려할 때 완전지배형태에서 현지기업과의 합작투자로 해외투자전략을 변경하게 된 이유는, 개발도상국 정부들이 경제발전에 눈을 뜨기 시작하면서 외국기업에 의한 완전소유 · 완전통제보다 자국인과의 합작투자가 자국의 이익 및 경제발전에의 기여도가 크다는 것을 인식하고 외국기업에 의한 단독투자를 제한하기 시작했기 때문이다. 이러한 합작투자는 사업성과가 양호한 한 계속기업으로 남아 있을 것이다. 한편, 최근에는 합작사업의 시한이 정해져 있는 프로젝트의 합작투자도 성행하고 있다.

프로젝트의 합작투자는 협력투자(cooperative venture)라고도 하며, 민간항공기의 제작과 같이 합작사업의 목적이 달성되면 합작관계는 종료되는 사업형태이다.

합작투자기업의 유형

합작투자기업은 투자자본의 유무, '파트너'의 대상 그리고 소유권의 정도에 따라 다음과 같이 분류된다.

투자자본의 유형에 따른 분류

계약형 합작투자기업

계약형 합작투자(contractual joint venture)는 계획경제를 신봉하는 사회주의국가와 같이 기업활동이 이루어질 현지국의 법률상 사유재산개념이 인정되지 않는 국가의 경우에 많이 이용되는 합작투자형태로 영속성이 결여되어 있다. 이 형태에서는 투자국의 기업이 투자대상국정부 또는 출자자에게 자본, 장비, 공업소유권, 기술지원 및 노하우 등을 제공하고 그 대가로 생산, 판매, 이윤 또는 기타 조건에 따라 로열티를 받게 된다.

소유형 합작투자기업

소유형 합작투자기업(equity joint venture)은 개발도상국에 있어서의 외국인 직접투자를 포함한 대부분의 합작투자기업이 이 형태이다. 이러한 소유형 합작투자기업에는 둘 또는 그 이상의 출자자가 기존기업의 자본에 참여하는 경우도 있으나, 각 출자자가 자본의 일정비율을 출자하여 새로운 기업을 설립하는 경우가 대부분이다.

'파트너'의 대상에 따른 분류

파트너의 대상으로는 현지 기업체, 현지 정부기관과 제3국의 기업체 또는 정부기관 등이 있다.

제3국 기업체와의 합작투자기업

투자국의 기업이 투자대상국 이외의 외국자본과 결합함으로써 합작투자의 형태를 이룬 기업이다. 이는 대규모 프로젝트나 국가위험이 큰 나라에 투자할 때 자주 이용되는 것으로, 위험을 분산시키기 위하여 2개국 또는 그 이상의 국가자본이 결합한 복수소유(multiple ownership)의 형태를 취하는 것이다. 그 구체적인 예로서, 유공, 한국석유개발공사, 삼환기업 및 현대종합상사 등 4개사는 유전개발을 위하여 북예멘에 진출할 때 미국의 헌츠오일회사(Hunts Oil Co.)와 합작투자의 형태를 취하였다(한국측 투자비율 24.5%). 다민 이 경우 경영철학, 조직구조 등의 이질화로 일관성있는 경영관리가 어렵게 될 위험이 크다.

투자대상국 사기업체와의 합작투자기업

투자국기업이 투자대상국의 사기업체와 합작투자의 형태를 이룬 것으로 생산시설, 시장, 유통기구, 노동력, 경영층 및 대정부관계 등에 쉽게 익숙해질 수 있다는 유형무형의 이점을 얻을 수 있고, 투자위험과 투자대상국의 '파트너'에 대한 불확실성을 감소할 수 있다.

투자대상국 정부기관과의 합작투자기업

이는 투자국의 기업이 현지정부 또는 정부소유의 기업과 합작투자의 형태를 이룬 경우이다. 이러한 합작투자는 투자대상국 정부가 경제성장을 위한 정책적 목적으로 합작투자에 직접 참여할 때 형성된다. 정부가 합작투자의 '파트너'로 나서는 것은 투자대상국의 국내자본이 부족한 데다 국내기업들은 투자회수가 빠르고 수익성이 높은 소비산업에만 투자하는 경향이 높기 때문이다.

이 형태의 합작투자는 전략산업의 촉진, 재정조달 및 조직화, 민간투자가의 이익기회 확대 등에 그 목적이 있기 때문에 중공업분야 및 그 국가 경제발전에 기본이 되는 기간산업분야에 많으며, 산업구조를 개선하고 균형된 경제발전을 이루는 데 기여한다. 예컨대, 1962년 한국정부에서는 제1차 경제개발 5개년 계획의 중점사업인 정유산업을 일으키기 위하여, 정부가 직접 합작피트너가 되어 미국의 걸프오일 회사(Gulf Oil Corporation)와 공동으로 대한석유공사를 설립한 바 있다.[47]

소유권의 정도에 따른 분류

이는 합작투자기업의 지분에서 투자국 기업이 차지하고 있는 정도에 따라 분류하는 방법이다. 일반적으로 의결권부 주식(voting stock)의 95% 이상 소유를 완전소유(complete ownership), 50% 이상 95% 미만 소유를 다수소유(majority ownership), 50% 미만 소유를 소수소유(minority ownership)로 정의하고 있다.

소유권을 투자대상국 이해관계자와 분할하는 것은 투자대상국의 규제에 의한 소극적인 동기 때문일 수도 있지만, 투자국의 기업 입장에서는 투자대상국의 정치적 · 문화적 압력을 해소한다는 적극적인 동기에서 연유될 수도 있다. 현지의 내국인과 소유권을 공유하는 것은 외국인이 현지경제를 지배할지도 모른다는 우려를 줄이면서, 현지의 이해동조자를 확보하고, 현지토착기업의 역할을 증대시켜 주는 등의 복합적인 효과를 갖는다.[48]

합작투자기업 소유권의 정도는 주로 제품의 성질, 기업체의 재무적 · 관리적 능력 또는 강점, 투자대상국의 경제적 · 사회적 · 정치적 환경 및 경영층의 관점 등에 의하여 결정된다.[49] 이하에서는 각 요인이 소유권의 정도에 미치는 영향을 살펴보기로 한다.

제품의 성질

투자국 기업체의 제품이 기술적으로 복잡성을 띠면 해외합작투자에 대하여 완전 또는 다수통제(complete or majority control)를 선호한다. 반대로 기술상 일반적으로 널리 알려진 제품을 생산하는 기업일수록 소수소유에 만족하는 경향이 있다. 예를 들어, IBM은 합작투자를 거부하고 전적으로 완전소유에 의한 단독 해외직접투자를 고집하는 회사로 유명하다. 이는 제품이 지니는 고도의 전문성에서 기인되는 것이다. 미국의 석유회사인 다우케미칼(Dow Chemical Corporation) 역시, 자신이 가지고 있는 독특한 가성소다제조공법의 기밀을 유지하기 위하여

1975년 한국다우케미칼(주)을 설립할 때 100%[50] 단독투자를 고집하였다.

기업체의 재무적 · 관리적 능력 또는 강점

일반적으로 중소규모의 기업은 투자대상국의 대규모적이고 강한 경쟁력을 갖는 기업을 파트너로 선택하는 경향이 있다. 이들 기업은 재무적 · 관리적 능력이 세계적으로 활동하는 대규모 다국적기업에 비하여 상대적으로 뒤떨어지기 때문에 현지시장에 대한 적응, 경영관리권한의 분산 등을 중요시한다. 반면, 대규모의 기업은 현지파트너의 경영능력을 기대하기보다는 투자대상국의 시장, 정부와의 접촉 등을 중요시하는데, 이는 합작투자기업 자체의 능률적 경영보다는 전세계적으로 산재해 있는 관련계열기업의 전체적인 이익을 목표로 하기 때문이다. 이처럼 범세계적 전략(global strategy)을 추구하는 기업은 투자기업의 각 부분이 상호의존적이기 때문에 경영권 장악을 위해 다수소유를 주장하게 된다.

투자대상국의 경제적 · 사회적 · 정치적 환경

경제가 불안정한 상태에 있고 또 민족주의적 경향이 많은 투자대상국에 대한 투자는 완전소유보다는 합작투자가 많고 합작투자 중에서도 소수소유를 선호하는 경향이 많다. 그러한 환경을 지닌 투자대상국에의 투자는 파산과 국유화의 위험이 크기 때문이다. 예컨대, 1962년 걸프오일회사가 한국정부와 합작으로 대한석유공사를 설립했을 때, 정부가 50 : 50의 소유권 배분을 제의했음에도 불구하고 걸프는 25%만의 주식을 취득했다. 이는 당시 한국의 정치 · 경제적 여건이 불안정했던 까닭으로 걸프입장에서는 위험을 줄이고자 했던 것이라고 풀이할 수 있다.[51]

경영층의 관점

해외직접투자를 고려하는 기업의 최고경영층의 태도가 투자대상국과의 합작투자에 있어서 소유 정도를 결정하는 경우가 많다. 이러한 태도는 대개 객관적인 이유보다는 개인의 주관적 성향에서 기인하는 수가 많다.

완전소유 또는 다수소유를 고집하는 경우는 대부분 합작투자를 해본 경험이 없는 최고경영자에게서 많이 발견할 수 있는데, 최근에는 이러한 고정적이고 편견적인 태도로부터 점차 소수소유를 받아들이는 방향으로 나아가고 있다.

합작투자기업의 장단점

합작투자기업의 장점

해외직접투자에 있어서 현지파트너를 수반하는 합작투자기업에 참가하는 데는 다음과 같은 장점이 있다.

① 엘리트, 관료 및 기업인을 포함한 투자대상국의 정치적 및 기타 이해관계자 집단을 중화시킬 수 있다.

② 현지자본의 유입은 해외경영의 위험을 감소시킨다.

③ 현지기업인은 현지시장 및 제품에 대한 가치있는 정보를 제공하고, 정부정책 및 노동조합의 활동에 관한 정보원천이 된다.

이러한 일반적인 장점 이외에 비자본참가(non-equity participation)의 경우 및 완전소유의 경우와 각각 대비하여 구체적으로 살펴보면, 비자본참가와 비교하여 갖는 장점은 다음과 같다.

① 로열티수입에 한정되지 않고 자본참가로 인한 잠재적인 수익을 기대할 수 있다.

② 생산 및 마케팅에 대한 통제를 강화할 수 있다.

③ 시장으로부터의 보다 나은 반응을 얻을 수 있다.

④ 국제마케팅에 대한 경험을 축적할 수 있다.

완전소유의 경우와 비교하여 갖는 장점은 다음과 같다.

① 보다 적은 자본과 경영자원이 요구되기 때문에 비교적 소규모기업도 해외직접투자에 참여할 수 있다.

② 주어진 자본으로 보다 많은 국가에 분산투자할 수 있어 위험을 줄일 수 있다.

③ 현지파트너와 이해관계를 같이 하기 때문에 강제수용의 위험이 감소된다.

한편, 합작투자의 장점을 경제 · 정치 · 사회적 측면으로 구분하여 보다 구체적으로 살펴볼 수도 있다.

경제적 장점

합작투자는 둘 또는 그 이상의 파트너가 투입한 자원의 합보다 더 큰 수익을 얻는 데 그 목적을 두고 있다. 따라서 각 파트너는 개별적 기업활동을 할 때보다 더 적은 지출로 더 많은 수익을 추구하는데, 이는 합작투자의 다음과 같은 장점으로 실현이 가능하다.

① 투자대상국이 특정 산업이나 자산의 외국인 매입을 금지할 때, 외국기업의 입장에서는 합작투자형식을 취하여 목표물을 취득할 수 있다.

② 합작투자를 통하여 투자대상국 파트너의 기존판매량과 거래상 관계를 추가적인 투자없이 획득할 수 있다.

③ 고도의 기술과 경험을 지닌 노동력 등 신설기업체가 필요로 하는 인적자원을 획득하는 데 현지파트너의 힘을 빌 수 있다.

④ 현지판매(point of sale) 또는 현지소비서비스(point of consumption service)를 필요로 하는 제품을 판매하는 경우 현지파트너의 판매원에 의하여 이러한 활동이 효과적으로 이루어지는 경우가 많다.

⑤ 많은 개발도상국이 합작투자기업에 대하여 사본조달, 세금, 이익상환 등의 면에서 각종 혜택을 부여하고 있다.

정치적 장점

어떤 국가든 자국 국민의 이익을 보호하고 도모하고자 하기 때문에 외국기업체에 대한 정부의 차별행위는 세계적으로 보편적인 현상이다. 이러한 상황에서 합작투자기업이 얻는 장점에는 투자대상국 정부의 외국기업체에 대한 차별적 장벽을 현지기업과의 합작투자에 의하여 돌파할 수 있다는 것이다. 그러나 이러한 정치적 장점은 외국기업에 대한 현지국민의 태도와 관계되는 것이기 때문에 합작투자가 현지국의 경제체계와 실질적으로 통합되지 않고, 또한 현지국민의 복지향상에도 중점을 두지 않는다고 하면, 외국기업체는 제품에 대한 불매운동, 노동자의 작업 거부 등의 사태에 직면하게 될 것이다.

사회적 장점

합작투자의 사회적 측면과 정치적 측면을 구분하는 것이 용이하지는 않으나 대체로 다음과 같은 점을 열거할 수 있다.

① 현지파트너와 합작투자를 함으로써 기업의 사회적 이미지를 개선시키고 종업원의 사기를 높이는 등 전반적인 공중관계를 향상시킬 수 있다.

알아봅시다

해외자원개발[52]

2003년 세계경제가 회복 조짐을 보이고 중국이 세계의 원자재를 빨아들이는 '블랙홀'로 등장하면서 여기저기서 경고음이 울렸다. 철강 · 석탄 · 원유 · 시멘트의 가격이 폭등하고 니켈 · 구리 · 알루미늄 등 비 철금속의 시중 유통물량이 바닥을 드러내 중소기업뿐만 아니라 대기업까지 물량 확보에 비상이 걸렸다. 특히 중소기업은 웃돈을 줘도 못 사는 품귀 조짐까지 보였다.

이처럼 자원빈국인 우리나라로서는 이런 상황에 민감할 수 밖에는 없다. 따라서 장기적인 관점에서 해외에서의 자원개발에 관심을 가지고 이를 적극 추진해야 한다. 그러나 아직 대부분의 자원을 직수입에만 의존하고 있어, 최근 같은 원자재난 발생시 다른 나라들보다 훨씬 취약하게 마련이다.

2003년 정부가 에너지 및 자원사업 특별회계에서 지원한 해외자원개발 지원액은 모두 6억 8,900만 달러였다. 정부는 해외자원 개발을 위해 지속적인 지원대책을 마련해 추진하고 있다. 그러나 의외로 기업들이 해외자원 개발을 등한시하고 있다. 이 같은 상태가 지속된다면 원자재난이 나타날 때마다 속수무책일 수밖에 없다.

이는 해외자원 개발사업을 하려면 막대한 자금이 소요되고, 투자 회임기간이 길 뿐 아니라 성공률이 낮아 기업들이 선뜻 나서기 어렵기 때문이다. 현재 SK, LG, 삼성물산 등 여러 기업이 해외자원 개발에 나서고 있지만 선진국에 비해서는 여전히 미흡한 수준이다. 그러나 자원파동에 대비하고, 산업 발전에 필요한 원료광물을 안정적으로 확보하기 위해서는 해외자원 개발의 중요성에 대한 사회적 인식이 더욱 높아져야 할 것이다. 또한 단기적 처방과 장기적 대책 모두를 마련해야 한다. 그러나 무엇보다도 장기적인 대책이 필요하다. 세계적인 자원파동이 생기더라도 일정량을 안정적으로 공급할 수 있도록 하는 해외자원 개발을 통해 필요한 원자재를 개발 · 수입 해야만 한다.

그동안 우리 기업들은 무엇이든지 돈만 있으면 언제라도 원하는 때 쉽게 구입할 수 있다고 생각해왔다. 2003년 국제 원자재 가격 급등과 2004년 현재 원유가격이 배럴당 50달러 돌파를 눈앞에 두고 있듯이, 자원생산 국가들이 가격을 터무니없이 올리고, 또 팔지 않거나 물량을 줄임으로써 우리 경제의 파급효과는 엄청나다. 따라서 해외 광물자원에 투자를 계속 외면할 경우 이번과 같이 원자재난을 당하면 속수무책으로 당할 수밖에 없다. 자원의 안정적 확보를 위해서도 기업과 정부가 같이 움직여야 한다.

이웃 일본의 경우를 보자. 일본은 1950년 초부터 해외자원 개발을 서둘러 세계 도처에서 광산을 직접 개발, 광물을 들여오는 등 원료광물 확보에 많은 노력과 투자를 해왔다. 미국의 경우 부존자원이 많으면서도 해외에서의 자원개발에 열을 올리고 있다. 장기적인 관점에서 자원파동에 대한 대비를 하고 있기 때문이다.

해외자원 개발사업은 크게 두 가지로 분류된다. 자본, 경영, 기술을 바탕으로 외국 광물자원의 탐사, 채굴, 가공, 판매 등을 통해 개발이익을 추구하는 직접투자와, 단순히 자원개발사업 지분참여, 자본융자, 기술 또는 지식제공 등을 통해 거래이익을 추구하는 간접투자로 분류할 수 있다.

매년 크게 증가하고 있는 산업원료 광물의 수급을 안정적으로 유지하기 위해서는 직접 해외자원 개발에 참여하는 게 바람직하다. 기술개발을 통한 자원대체상품, 자원절약기법, 자원재생 등의 개발은 모두 보조적인 수단에 그치기 때문이다. 또 해외자원 개발사업은 에너지 자원 및 산업원료 광물의 안정적 공급원 확보뿐 아니라 제철소 같은 대형 연관산업 진출, 한국 상품 및 기술의 결합 수출 등을 꾀할 수 있어 여러모로 득이 많다. 또 호혜적 자원외교를 통해 무역분쟁을 완화하며 자원보유 개도국의 경제 발전에 기여함으로써 우리 경제에 걸맞은 국제적 기여를 수행할 수 있다.

우리나라는 해외자원 개발을 위해 2004년 현재 30개국에서 20개 광종, 100개 사업을 진행하고 있다. 특히 정부는 유연탄 우라늄 철 동 아연 희토류 등 6개 광물을 국가에너지 기본계획에 의거해 주요 전략광물로 선정, 2010년까지 개발수입목표를 설정해놓았다.

기업들 해외에너지 개발 현황

◇한국석유공사

한국석유공사는 원유탐사에 나선 지 40여 년 만에 최근 한국을 산유국 대열에 합류시켰다. 국내 최초로 경제성 있는 천연가스가 발견됐던 '동해-1 가스전'이 시험생산을 시작한 것이다.

석유공사는 7월부터 본격 생산에 들어가 2018년까지 15년간 매일 LNG 1000t을 생산해 한국가스공사에 공급할 예정이다. 이는 국내 하루 LNG 수요(5만t)의 2%에 해당된다. 또 원유의 일종인 컨덴세이트도 배럴당 30달러씩 매일 750배럴을 생산해 에쓰-오일에 공급하기로 최근 계약했다.

석유공사는 국가 전체적으로 12억 달러의 수입 대체효과와 7800만 달러의 순이익이 기대된다고 밝혔다. 또 생산광구의 직접 운영에 따른 석유개발 기술과 경험도 축적하게 됐다. 석유공사는 2013년까지 국내 대륙붕에서 5000억 입방피트의 신규 가스전과 5000만 배럴 규모의 유전을 확보한다는 목표를 세우고 서해분지및 울릉분지 등 국내 대륙붕에 대한 탐사를 지속적으로 벌여나가기로 했다.

석유공사는 또 해외석유개발사업에도 박차를 가해 지난해 말 현재 10개국에서 17개 사업을 진행하고 있다. 참여사업 중 베트남 15-1광구 등 4개 사업에서 석유와 가스를 발견했으며, 현재 6개 광구에서 석유를 생산하고 있다. 이들 광구에서 생산하는 원유는 하루 3만 배럴이고, 현재까지 확보된 매장량은 가스를 포함해 4억 배럴에 달한다.

베트남과 리비아 등지에서 원유 생산이 잇따르면서 해외에서 개발해 도입하는 비중도 2002년 2%에서 지난해 3%로 향상됐다. 석유공사는 내년에 이를 5% 수준으로 끌어올리고, 2010년에는 정부 목표인 10% 달성도 가능할 것으로 전망하고 있다. 석유공사는 이를 위해 기존 생산광구에서 생산량을 늘리고, 탐사에 성공한 베트남과 리비아 다른 광구에서의 생산도 앞당길 방침이다. 또 탐사사업 참여와 생산 유전 매입도 병행 추진하고 있다.

◇한국가스공사

한국가스공사는 친환경 에너지로 분류되는 천연가스의 안정적 확보를 위해 대형 국책사업으로 이르쿠츠크 PNG(Pipe-Line Natural Gas) 사업에 심혈을 기울이고 있다. 러시아 연방 이르쿠츠크 북방 약 450㎞에 위치한 코빅틴스크 가스전을 개발, 배관을 통하여 러시아 · 중국 · 한국에 연간 2500만t의 천연가스를 공급하는 것이 이번 사업의 목적이다. 확인 매장량 약 10억t, 배관거리 4238㎞, 추정사업비 176억 달러에 달하는 초대형 프로젝트다. 한 · 중 · 러 3개국은 지난 2001년 11월 협정서를 체결한 이후 지난해 11월에는 가스전과 배관 분야에 대한 기술성 검토를 마쳤고, 시장성도 충분한 것으로 결론을 내렸다. 3개국은 각국 정부 보고를 거쳐 오는 6월까지 가스 가격에 대한 협상을 완료하고, 공사에 착수해 2008~2010년쯤 천연가스를 도입할 예정이다.

가스공사는 이외에도 지분 참여를 통해 가스전 개발에 적극 나서 오만의 '오만 LNG LLC' 와 카타르의 '라스가스(RasGas)' 에 각각 5%의 지분을 갖고 있다. 오만 사업은 오만 중부 내륙 가스전을 개발 및 액화하여 한국 등에 LNG를 공급한다. 생산량은 연간 650만t에 이르고, 이 중 406만t이 한국에 공급된다. 카타르 사업장의 매장량은 4억 8000만t에 달하고, 연간 1000만t을 생산해 한국에 480만t을 공급하게 된다. 가스공사는 오만과 카타르 사업에 지분 참여를 통해 안정적인 가스 확보는 물론 향후 25년 동안 4억 달러 이상의 수익을 기대하고 있다.

한국가스공사는 또 지난 2001년 11월 대우인터내셔널로부터 미얀마 북서부해상에 위치한 A-1 광구의 지분 10%를 사들였다. 지난해 말 탐사시추를 실시해 가스를 발견했고, 현재 추정되는 가채 매장량은 1억t으로 추정되고 있으며, 인근 유망구조에 탐사시추를 계획하고 있어 매장량은 더 늘어날 것으로 예상된다.

◇SK㈜

SK㈜는 현재 예멘 · 이집트 · 베트남 · 페루 등 6개의 생산광구 등 23개의 사업을 진행하고 있다. SK㈜가 확보한 보유 매장량은 3억 3000만 배럴에 달하고, 이는 국내 연간 원유소비량의 49%에 해당하는 물량이다. 특히 SK㈜가 9%의 지분으로 참가한 베트남 유전은 추정 매장량이 4억 2000만 배럴에 달하고, 추가 유전이 계속해서 발견되고 있다. 또 천연가스 부문에서도 미국 헌트(hunt)사 등과 공동 참여한 페루의 카미시아 광구와 리비아 엘리펀트 광구에서도 개발에 성공했다. SK㈜가 지분 18%를 보유한 카시미아 가스전은 이미 8조 입방피트 이상의 매장량이 확인된 가운데

8월쯤 생산에 들어갈 예정이다. 또 지분 25%를 보유하고 있는 리비아 엘리펀트 유전도 지난 1월 상업생산을 시작했다.

SK㈜는 향후 기존 확보 매장량의 개발과 생산을 계속하는 한편, 전략지역을 중심으로 유망 탐사 사업의 참여와 매장량 매입도 적극적으로 추진할 계획이다. 또 석유탐사와 확인 매장량 매입을 병행함으로써 투자위험을 줄이고, 핵심전략 지역을 중심으로 매장량 매입을 타진할 계획이다. SK㈜는 지난 83년 인도네시아 카리문(Karimun) 광구에 참여함으로써 해외석유개발에 뛰어들었고, 이듬해 두번째로 투자한 예멘 마리브(Marib) 광구에서 석유 개발에 성공했다.

한국석유공사와 공통 투자한 베트남 유전은 대표적인 성공 사례로 꼽힌다. 현재 적도기니, 코트디부아르, 인도네시아, 호주, 브라질, 에리트리아 등 6개국에서 탐사를 벌이고 있다.

현재 SK㈜가 지분을 확보한 원유 생산량은 하루 2만 1000배럴에 달한다. 지난 83년 석유개발사업에 진출한 이후 8억 5000만 달러를 투자해 12억 달러의 수익을 올렸다. 올해는 석유개발사업에서 내출액 1587억 원, 영업이익 862억 원을 달성할 계획이다.

② 노사협의에 있어서 완전소유와는 달리 외국기업에 대한 반감을 감소시킬 수 있다.
③ 합작투자는 현지기업으로 간주되기 때문에 본국과 현지에서 지불하는 임금, 취업혜택 등에 대한 비교자료를 제출하도록 압력을 받지 않는다.
④ 합작투자기업의 현지채용 종업원의 사기는 완전소유 자회사 종업원의 사기보다 높은 것이 일반적이다.

합작투자기업의 단점

투자국기업의 입장에서 현지파트너와 합작투자를 행함으로써 갖는 불리한 점은 다음과 같다.
① 완전소유에 의한 진출시 독점할 수 있는 이익을 현지파트너와 함께 나누어야 한다.
② 현지의 자본동원능력이 뒤떨어진다.
③ 현지파트너의 목표 및 욕구가 상이하여 갈등이 야기된다.

알아봅시다

현대건설의 '주베일 항만공사'[53]

1976년 현대건설은 그 액수가 무려 9억 4천만 달러에 달하는 '주베일 항만공사'를 사우디로부터 수주받게 되었다. 이 액수는 우리나라 해외공사 사상 획기적인 일이었다. 뿐만아니라 주베일 항만건설은 공사 규모가 워낙 컸기 때문에 이를 한국기업이 따낸 것 자체가 국제적으로 커다란 화젯거리였다. 단일회사가 맡은 토목공사로는 금세기 최대의 토목공사인 사우디 주베일 항만을 성공적으로 건설함으로써 한국건설업의 해외진출에 새로운 이정표를 세웠다.[54] 현대건설은 이 공사를 성공적으로 완수함으로써 자사는 물론, 한국 건설업계가 세계 일류급으로 인정받게 되는 계기를 제공하였다.

이 공사를 설계한 영국의 윌리엄 할크로우社는 —사우디 정부의 요청에 의해 공사참가업체를 선정하고 있었는데— 세계적인 건설회사 중 9개 업체를 점찍고 있었는데, 이때까지만 해도 현대는 이러한 사실조차도 모르고 있었다. 1975년 7월 뒤늦게 알고 뛰어든 현대는 총력을 기울인 결과 그 해 12월 입찰에 초청됐고, 다음해 2월 16일 실시된 입찰에서 최저가로 응찰했다. 그러나 경쟁자들은 재정보증 문제와 기술능력 등을 거론하며 집요한 방해공작을 벌였다. 그때까지만 해도 중동 각국은 우리나라 은행의 지급보증을 믿지 않았기 때문에, 제3은행의 복보증을 요구했으며 이것이 우리업체의 중동진출에 커다란 장애요인이 되어 왔었다. 현대는 사우디 정부요원을 한국에 초청 · 현대 조선소와 울산 및 창원공업기지 등을 시찰시켰다. 그 결과 사우디 정부는 현대건설이 이미 울산조선소를 자체적으로 건설한 바 있었으며, 우리나라 은행이 한번도 국제사회에서 부도를 낸 일이 없다는 점과 한국의 중공업발전 상황을 실제로 눈으로 보고 실감하고는 주베일 항만공사에서는 복보증을 면제해 주었다. 그래서 이 공사는 우리나라의 외환은행을 주축으로 한 국내 7개 은행의 보증만으로 계약을 체결하게 된다(註 : 그리고 난 후 중동의 다른 나라에서도 점차 우리 업체에 대한 복보증 의무를 면제해 주게 됐다. 이 공사 수주는 우리나라의 대외신용도를 크게 높였다는 점에서도 의의가 크다). 모든 문제가 해결되어 드디어 1976년 6월 16일 공사계약이 이루어졌다. 이 공사를 수주 받았다는 것이 보도되자 온 국민은 국가적인 경사로 받아들였다. 9억 4천만 달러라는 액수가 당시의 국민에게 주는 느낌은 현재 사는 사람이 느끼는 9억 달러와는 그 영향력에 있어 비교할 수가 없었다. 이 액수는 당시의 환율로 따져 4,500억 원으로, 당시 정부 예산의 약 25%에 해당하는 엄청난 금액이었다. 그래서 굳이 비교한다면 2004년 현재 정부예산이 130조 원이 넘기 때문에 이의 25%인 32조 5천억 원, 즉 380억 달러에 해당하는 공사를 수주 받았을 때 국민들이 느끼는 정도의 막대한 액수였다고 말할 수 있다. 당시 외국 보도에서도 20세기 최대의 역사(役事)라는 말로 표현했다.

http://www.hdec.co.kr

특히, 파트너끼리의 목표와 이해가 상이할 때 발생되는 문제는 근본적인 것으로서 이를 관리적 측면과 이익의 측면에서 살펴볼 수 있다.[55]

관리적 측면

① 투자국 기업이 세계적으로 많은 관련기업을 거느리고 있는 경우, 합작투자기업의 활동을 여러 나라에 산재해 있는 관련기업들의 활동과 조정하기를 바라는 반면, 현지파트너는 자국 내의 이익기회만을 고려한다.

② 세금의 문제를 고려할 때 투자국기업은 본국정부와 투자대상국 정부에 다같이 납세의무를 가지게 되지만, 현지파트너는 자기정부에 대한 납세만을 고려한다.

③ 여러 국적의 경영자가 합작투자기업에 참여할 때, 각 경영자는 서로 상대방에 대하여 자신의 의사결정과 행동을 설명하고 정당화시키려고 한다. 합작투자기업에 관하여 내리는 의사결정과 행동이 합작기업체의 이익을 위한 경우보다는 본사의 지시에 의한 경우가 많기 때문이다.

이익의 측면

① 파트너 중 어느 한쪽은 이익을 주주에게 배당할 것을 주장하는 반면, 다른 파트너는 재투자를 통하여 기업성장을 이룩해야 한다고 주장할 수 있다.

② 한 파트너가 자신의 투자분 이상으로 기업이익 · 성장에 기여하는 반면, 다른 파트너는 그렇지 않으면서도 이익은 소유권 비율대로 취득할 경우 갈등이 생길 수 있다.

현지파트너 입장에서의 합작투자기업에 대한 부정적 견해

앞에서는 투자국기업의 입장에서 합작투자기업의 장단점을 살펴보았다. 그러나 우리나라와 같이 해외직접투자보다는 외국자본의 유입이 많은 나라의 경우에는 현지파트너로서 합작투자기업을 바라보는 시각이 보다 절실할 것이다. 이 경우 대부분은 외국기업의 완전소유나 다수소유를 제한하면서도, 그 혜택에 있어서는 외국의 다국적기업이 자신의 완전소유 자회사에게 베푸는 모든 것을 기대하는 것이 보통이다.

이하에서는 현지파트너의 입장에서 합작투자기업을 완전소유 자회사와 비교할 때 불리한 점을 살펴보기로 한다.

① 합작투자기업은 완전소유 자회사의 경우보다 본사에 로열티와 기타 수수료의 형태로 기술 및 경영서비스에 대해 더 큰 대가를 지불하는 것이 보통이다.

② 합작투자기업은 일반적으로 완전소유 자회사보다 본사의 범세계적 유통경로(global distribution channels)에의 접근이 용이하지 않다.

③ 다국적기업은 자체의 범세계적 마케팅전략 보호를 위해 소수소유 합작투자기업의 수출결정 및 유통패턴에 대해 합작투자기업에게 불리한 통제를 가할 수 있다.

④ 합작투자기업에 대해서는 노하우 및 상호의 사용을 특정지역으로 제한한다.

⑤ 합작투자기업은 다국적기업에서 구입되는 중간재에 대해서는 완전소유 자회사보다 저가를 지불하나 노하우, 상호, 경영 및 서비스 그리고 기타 간접비에 대해서는 보다 높은 비용을 지불함으로써 이전가격에서 얻어지는 이득이 상쇄되어 버린다.

⑥ 합작투자기업은 현지파트너의 재무자원(financial resources)을 이용하고 현지 신용원천(credit sources)으로부터 투자에 필요한 자금을 끌어냄으로써 현지국의 산업에 가용한 자본의 양을 감소시킨다.

8장 요약

본 장에서는 현대자동차의 인도진출 사례를 통하여 해외직접투자의 구체적인 진출과정을 살펴보았다. 과거 해외직접투자가 노동집약적인 경공업 분야에서 주로 이루어졌다면 최근에는 전자 · 자동차 · 반도체 등 첨단기술산업에까지 확장되고 있다. 여기에서는 다음과 같은 순서에 따라 해외직접투자에 대해 살펴보았다.

- 해외직접투자의 개념을 간접투자 및 수출과의 차이점에 의하여 규명하고, 그 특징을 투자동기, 형태, 기업성장과정의 세 가지 관점에서 살펴보았다. 또한 객체로서의 해외직접투자와 그 일반적인 주체라고 할 수 있는 다국적기업의 관련성을 살펴보았다.
- 해외직접투자이론을 크게 거시경제론적 접근, 미시기업형태론적 접근, 그리고 미시-거시통합이론으로 나누어 그 구체적 내용을 살펴보고, 해외진출동기, 경쟁우위의 원천, 해외직접투자를 선택한 이유에 대한 각 이론의 설명능력을 비교해 보았다.
- 기업이 해외직접투자를 하게 되는 동기를 전략적 · 행동적 · 경제적 · 재무적 기준에 따라 살펴본 다음, 투자유형을 투자동기, 수출입에 미치는 영향, 투자대상업종, 형태에 따라 분류해 보았다.
- 해외직접투자의 주체가 단독기업이 아니라 여럿인 경우 나타나는 합작투자에 대하여 그 개념과 생성동기, 유형, 그리고 장단점에 대하여 검토해 보았다.

주 NOTES

1 | 한국국제경영학회에 발표된 윤동진 교수의 현대자동차의 인도 진출전략과 애로사항 극복과정과 하영명 · 차태훈 교수의 현대 자동차, 그리고 인도… 사례의 요약 · 재구성.

2 | 김병헌, 한국기업의 해외직접투자에 관한 연구, 서울대학교 석사학위 논문, 1982, p.8 ; N. Howestine, Growth of U. S. Multinational Companies, 1966~77, *Survey of Current Business*(April, 1982), p.34.

3 | K. Kojima, *Direct Foreign Investment*(New York : Praeger, 1978), p.58.

4 | 한국은행, 해외투자의 유형과 그 경제적 효과, 조사월보(1978. 5.), p.23
한국외환은행, 일본의 해외무역, 외환은행월보(1978. 9.), pp.5~6.

5 | Charles P. Kindleberger, *International Economics*(3rd ed., Homewood : Richard D. Irwin Inc., 1963), pp.403~405.

6 | Franklin R. Root, *International Trade and Investment*(6th ed., Cincinnati : South-Western Publishing Co., 1990), p.619.

7 | John H. Dunning, *International Production and the Multinational Enterprise*, pp.9~18.

8 | 손명환, 미국의 직접투자와 개발도상국의 공업화, 경상논집 제Ⅳ권 제1호(충남대학교 경상대학 부설 경영경제연구소, 1982. 6.), pp.12~13.

9 | K. Kojima, *op. cit.*, p. 59 ; Charles P. Kindleberger, *op. cit.*, p.48.

10 | Richard D. Robinson, *International Business Management*(Hort Rinehart and Winston, 1978), pp.635~691.

11 | Nasrollah S. Fatemi and Gail W. Williams, *Multinational Corporation*(South Braunswick and New York : A. S. Barnes and Co. 1975), p.43.

12 | Stephen Hymer, United States Investment Abroad, in Peter Drysdale ed., *Direct Foreign Investment in Asia and Pacific*(Australian National University Press, 1972), p.41.

13 | Richard E. Caves, International Corporation : The Industrial Economics of Foreign Investment, *Economica*(1971), p.1.

14 | 외국기업이 갖는 불리함은 현지소비자들의 기호, 법률규제, 사회적 관습 차이, 거리로부터 오는 비용 등이 있다. 여기에 대해서는 이 책의 제2부 제3~6장 참조.

15 | Charles P. Kindleberger, *American Business Abroad*(New Haven : Yale University Press, 1969), p.13.

16 | Frederick Knickerbocker, *Oligopolistic Reaction and Multinational Enterprise*(Boston : Harvard University Press, 1973).

17 | Raymond Vernon, Competition Policy toward Multinational Corporation, *American Economic Review*(May, 1974), p.278.

18 | Raymond Vernon, International Investment and International Trade in Product Cycle, *Quarterly Journal of Economics*(May, 1960), pp.190~207; *Sovereignty at Bay* : The Multinational Spread of U. S. Enterprises(New York : Basic Books, 1971).

19 | 정구현, *op. cit.*, p. 57.

20 | Franklin R. Root, *op. cit.*, p.459~460 ; N. Hood and S. Young, *The Economics of Multinational Enterprise*(Longman, 1979), pp.61~62.

21 | Yair Aharoni, *The Foregin Investment Decision Process*(Boston : Harvard University Press, 1966), pp.54~55.

22 | Robert Aliber, A Theory of Direct Foreign Investment, in Charles P. Kindleberger ed., *The International Corporation*(Cambridge, Mass. : MIT Press, 1970), pp.17~34.

23 | Jamuna P. Agarwal, Determinants of Foreign Direct Investment : A Survey, *Weltwirtschaftliches Archiv, Review of World Economics*(Band 116, 1980), pp.757~758.

24 | Stefan H. Robock, Kenneth Simmonds and Jack Zwick, *International Business and Multi-nationlal Enterprises*(Homewood : Richard D. Irwin, 1977), p.43.

25 | Giorgio Ragazzi, Theories of the Determinants of Foreign Direct Investment, *IMF Staff Papers*(July, 1973), pp.471~498.

26 | John H. Dunning, The Determinants of International Production, *Oxford Ecomomic Papers*(Vol, 25. No. 3, Nov., 1973), pp.300~307.

27 | George F. Kopits, Taxation and Multinational Firm Behavior : A Critical Survey, *IMF Staff Papers*(November, 1976), pp.624~673.

28 | Jorgenson, Capital Theory and Investment Behavior, *American Economic Review*(Vol. 53, 1963), pp.247~259.

29 | A. 쿠쪼이야니스 저, 정병휴 역, 현대미시경제학(박영사, 1984), pp.622~626.

30 | 시장실패의 요인인 외부성이란 어떤 소비자의 효용함수나 생산자의 생산함수가 다른 경제주체의 작용으로 시장을 통하지 않고 무상으로 이용되거나 불리한 영향을 받는 것을 말한다. 외부성이 존재하면 사적 생산비와 사회적 생산비가 차이가 나게 되며, 공해는 대표적인 외부불경제라 하겠다. 한편, 공공재란 여러 사람이 사용하여도 다른 사람의 소비가 감소되지 않는 성질의 재화를 말하며, 지식이나 기술 등도 일단 연구개발이 이루어지면 공공재의 성격을 갖게 된다.

31 | Rugman, A. M., Internalization and Non-Equity Forms of International Involvement, in Rugman, A. M.(ed.), *New Theories of the Multinational Enterprise*(London & Canberra : Croom Helm, 1982), pp.9~23.

32 | Williamson, O. E., *Market and Hierarchies : Analysis and Antitrust Implications*(The Free Press, 1975), pp.20~40.

33 | 인간의 능력은 신체적 · 언어적 한계성으로 제한적일 수밖에 없으며 환경요인 또한 복잡하고 가변적이어서 확률분포를 이용한 의사결정이 어렵다. 따라서 제한된 합리성과 환경의 불확실성이 결합하면 시장은 실패하게 되고 내부시장이 형성된다.

34 | Calvet, A. L. and Naim, M., The Multinational Firm in Less Developed Countries : A Market and Hierarchies Approach, in Doria Bonham and Yeaman(eds.), *Developing Global Corporate Strategies*, pp.236~263.

35 | 김병순, 국제경쟁력에 관한 이론적 고찰, 단국대학교논문집 제22집, 1988, pp.12~17.

36 | John H. Dunning, *International Production and the Multinational Enterprise*(London : George Allen and Unwin, 1981), Chapter 2.

37 | *Ibid*., pp.80~81.

38 | J. H. Dunning, Explaining Outward Direct Investment of Developing Countries : In Support of the Eclectic Theory of International Production, in K. Kumar & M. G. McLeod(eds.), *Multinationals from Developing Countries, Lexington Books*, 1981, p.3.

39 | J. H. Dunning, *op. cit*., pp.112~113.

40 | *Ibid*., pp.115~119.

41 | Wells, Jr. L. T., The Internationalization of Firms from Developing Countries, in Agmon, T. and Kindleberger, C. P.(eds.), *Multinationals from Small Countries*(The MIT Press, 1979), pp.133~156.

42 | 이 부분은 민상기 교수의 한국제조기업의 해외직접투자, 한국경영론(도서출판 한울, 1985)을 참고로 저자가 약간의 수정을 가한 것임.

43 | David K. Eiteman and Arthur I. Stonehill, *Multinational Business Finance*(4th ed.,

Addison-Wesley Publishing Co., 1986), pp.246~269.

44 | *Ibid*., p.248에서 재인용.

45 | S. Lall and P. Streeten, *Foreign Investement, Transnationals and Developing Countries*(The Macmillan Press, 1977), pp.16~28.

46 | 小林成規, 日本の合併會社(동양경제신보사, 1968), p.3.

47 | 조동성, 한국기업의 국제경영사례, 경문사, 1986, pp.304~351 참조.

48 | Stefan H. Robock, Kenneth Simmonds and Jack Zwick, *International Business and Multinational Enterprise*(Irwin, 1977), p.249.

49 | Endel Kolde, *International Business Enterprise*(2nd ed., Englewood Cliffs, N. J. : Prentice-Hall, 1973), pp.199~202.

50 | 조동성, op. crt. pp.266~272 참조.

51 | *Ibid*, pp.304~351 참조.

52 | 문화일보 2004. 4. 9 기사 및 www.kinds.or.kr의 기사 검색 참고.

53 | 김수삼 외, 한국의 건설산업 그 미래를 건설하자, 삼성경제연구소, 2003.
정주영, 이 땅에 태어나서-나의 살아온 이야기, 솔출판사, 2003 참고.

54 | 이 공사를 계기로 현대건설이 세계의 주목을 받기 시작하였으며 美, 워싱톤 포스트紙에서 대외계약 19억 달러로 시공업체 세계 4위에 랭크되었다.

55 | E. Kolde, *op. cit*., pp.206~207.

제 3 부

국제기업의 경영전략과 관리

9 국제경쟁전략

기업의 국제화가 본격적으로 진전되면서 기업 간 경쟁의 범위가 국외로 확대되었다. 더욱이 기술 및 통신수단의 발달로 인해 시장영역이 범세계적으로 확장되면서 이제 기업들은 국적에 관계없이 무한경쟁에 돌입하게 되었다. 이러한 배경하에 국제화를 추진하는 기업들은 상황에 적합한 대응전략을 모색하게 되고 이 과정에서 중요한 이슈로 부각되는 것이 바로 경쟁전략이다. 국제경쟁과 관련해 대표적인 이슈로는 글로벌화와 현지화 간의 균형을 맞추는 과정이라 할 수 있다. 즉 현지소비자의 욕구에 최대한 부응하는 동시에 범세계적인 통합으로 인한 효율성을 달성해야 하는 것이 국제경쟁전략의 과제이다. 따라서 본 장에서는 경쟁을 촉진시키는 산업적 요인과 국제경쟁전략의 구체적인 내용에 대해 학습해 보고자 한다.

학습목표

- 산업 내 수익성을 결정짓는 요인에는 어떠한 것들이 있는가?
- 글로벌 경쟁을 촉진시키는 요인은 무엇인가?
- 기업의 국제경쟁우위 원천은 무엇인가?
- 범세계적인 수준의 경쟁행동과 경쟁전략에는 어떠한 종류가 있는가?

Case

현대자동차 : 미국시장에서의 재도약[1]

현대자동차 국제화 발자취

1955년 시발자동차를 조립생산하면서 태동한 한국 자동차산업은 반세기도 채 지나지지 않아 총생산대수를 기준으로 전세계 10위권 안에 드는 위치로 탈바꿈하였다. 지난 2001년 현대자동차는 248만 6천 대의 자동차를 생산하여 절반이 넘는 134만여 대를 수출했다. 현대자동차[2]의 성적은 곧 한국차의 성적이라 해도 과언이 아니다.

특히 미국시장에 대한 의존도가 42.7%로 매우 높은 편인데, 미국 시장이 자동차 업계에 있어서 가장 까다로운 시장임을 감안하면 대단한 성과라 하지 않을 수 없다. 미국시장에 자동차를 수출한다는 의미는 각별하다. 경제규모나 자동차 개발 경험에 비춰볼 때 한국의 현대자동차가 미국 시장에서 선전하고 있다는 것은 다른 개발도상국들에게 많은 시사점을 주고 있다. 실제로 1980년대 중반 현대의 엑셀이 미국시장에서 큰 인기를 얻자 대만과 유고도 앞다퉈 미국시장 진출을 시도했다. 일본, 한국에 이어 경공업의 성공을 중화학 공업으로 연결해보려는 대만과 전통적으로 기계공업에 강한 유고가 그 기술력을 바탕으로 미국 시장에 뛰어들었으나 결과는 실패였다. 그들의 자동차는 치열한 경쟁을 이겨내지 못하고 미국에서 퇴출되고 말았던 것이다.

국산차 수출의 효시는 1976년 6월 남미 에콰도르에 현대자동차가 포니 5대를 선적한 것이었다. 포니는 1974년 6월, 이탈리아 토리노 모터쇼를 통해 첫선을 보인 최초의 고유모델이었다. 중화학 기계공업의 기반이 매우 취약했던 60년대 당시 한국이 고유자동차 모델을 개발한다는 것은 '모험'을 넘어 '도박'에 가까울 정도로 실패가능성이 높은 일이었다. 그러나 포니를 시작으로 현대자동차는 1980년대 들어 캐나다에 현지법인을 설립 포니2를 판매하기 시작하였으며 1985년에는 캐나다 자동차 시장점유율 7%로 캐나다 수출기업 가운데 1위를 차지하는 기염을 토했다.

미국시장에서의 시련

현대는 캐나다에서의 성공여세를 몰아 1986년엔 미국 현지법인(HMA)을 설립, 미국 시장에 진출하였다. 현대자동차는 소형차인 엑셀의 판매호조로 1987년에는 26만 대라는 놀라운 판매대수를 기록하였다. 하지만 이러한 성공은 오래가지 않았다. 조악한 품질과 열악한 애프터서비스로 인해 현대자동차의 미국시장 상륙은 반짝성공에 지나지 않았던 것이었다. 현대자동차가 이러한 사건을 계기로 미국시장에서 치러야 할 대가는 혹독했다. 실추된 이미지를 복구하기 위해서는 처음부터 다시 시작할 수 밖에 없었다. 품질이 뒷받침 되지 않는 '저가격' 은 소비자들로부터 '싸구려' 로 외면받기 일쑤였던 것이다.

기본으로 돌아가라

자동차의 본고장 미국에서 고전을 면치 못하던 현대자동차가 다시금 미국 소비자들에게 어필하기 시작한 것은 90년대 후반들어서부터이다. 특히 「10년 10만 마일 워런티(Warrnaty, 보증)」를 바탕으로 한 현대자동차의 품질개선 노력이 소비자들을 끌어들이는 데 가장 큰 역할을 하였다. 처음에 의혹의 눈길을 보내던 일부 소비자들도 현대자동차의 품질이 획기적으로 개선되었다는 실제 구매자들의 '입소문' 덕분에 하나 둘 모여들기 시작한 것이다. 경쟁국가와 동종업체의 평가절하도 이어졌다. 하지만 1999년부터 현대자동차의 판매전략은 효과를 나타내기 시작했다. 1998년 17만 대에 불과하던 현대자동차의 판매량은 1999년 30만 대, 2000년 40만 대, 2001년 57만 대로 매년 수십%씩 늘었다. 3년 만에 330%의 폭발적인 증가세를 기록한 것이다.

「10년 10만 마일 워런티」의 돌풍과 함께 현대자동차의 미국 내 판매신장의 청신호 역할을 해주는 것이 미국 조사기관, 소비자 및 딜러들

의 평가가 좋아지고 있다는 것이다. 「컨슈머리포트」지[3]에 따르면 현대 '엘란트라'에 대한 『차량성능이 믿을만한 수준』이라고 평가했는데 이는 비교 · 분석한 혼다 시빅, 도요타 카롤라 등 13개 차종 중 5위에 해당하는 성적이었다. 이 밖에도 중형급의 '소나타', SUV부문의 '싼타페' 등이 미국시장에서 현대자동차의 성공을 이끌고 있다.

현대자동차가 앞으로 이러한 성장을 얼마나 이어갈 수 있을 지는 더 두고봐야겠지만 '품질'과 '서비스' 강화라는 기본요소 강화를 통해 글로벌 경쟁에서 앞서 나가고 있다는 점은 다른 한국기업에 시사하는 바가 크다고 볼 수 있다.

http://www.hyundai-motor.com

토의과제

- 최근에 현대자동차가 미국시장에서 급속한 판매신장을 기록하고 있다. 이러한 요인은 어디에 있는가?
- 향후 전세계 자동차시장은 5~6개 업체를 제외하고는 모두 통폐합될 가능성이 높다고 한다. 이러한 추세에 맞춰 현대자동차가 취해야 할 국제경쟁전략은 어떠한 것이 있인가?

경쟁전략의 의의

전략이란 경쟁자의 실제행동 또는 예측된 행동에 비추어 자기의 행동을 결정하는 것을 의미한다. 이러한 전략개념이 독립된 주제로서 보다 본격적으로 탐구되고 광범위하게 논의된 것은 경쟁적 기업행동의 결정논리를 뛰어넘어 기업이 환경과의 적합성을 높이고자 합리적인 대응방안을 모색하는 전략계획(strategic planning)의 논리에 충실하면서부터였다.

챈들러(A. D. Chandler), 앤소프(H. I. Ansoff) 등에 의해 전략계획의 이론적 체계가 형성된 이래로 전략계획의 개념은 종래의 관리계획을 대치하는 새로운 개념으로서 뿌리를 내리게 되었으며, 이후 전략경영이라는 개념으로 발전했다. 전략경영의 중요성은 특히 급변하는 국제경제환경 속에서 활동하는 국제기업에서 보다 뚜렷이 부각되고 있다.

한편, 투자수익률을 높이고 장기적으로 산업에서 자신의 위치를 지키며 경쟁기업을 누르기 위한 전략을 본원적 경쟁전략(generic competitive strategy)이라고 한다. 이러한 본원적 경쟁전략을 제대로 이해하려면 우선 산업의 수익성을 결정짓는 요인에 대해 알아야 한다.

산업의 수익성을 결정짓는 5가지 요인

산업에 따라 경쟁상태를 결정하는 주요 요인들은 제각기 다르다. 포터(M. E. Porter)는 잠재적 진출기업의 위협, 기존기업 간의 경쟁 정도, 대체상품의 위협, 구매자들의 교섭력, 공급자들의 교섭력 등에 의해 산업의 경쟁 정도가 결정된다고 주장한 바 있다.[4] 5가지 경쟁요인은 모두 산업의 경쟁강도와 수익성에 영향을 미치지만 이 중 가장 중요한 몇 가지 요인이 지배적인 영향을 미친다. 따라서 전략을 수립할 때에는 이러한 핵심요인을 파악하는 것이 매우 중요하다.

새로운 진출기업의 위협

잠재적 진출기업이란 새로이 진입하여 실제적인 경쟁기업이 될 가능성이 있는 산업 밖의 기업이다. 어느 산업에 새로운 기업들이 진출할 때, 이들 기업은 상당한 자원 및 능력을 확보하고, 이를 이용해서 시장을 확보하려는 강한 의욕을 가지는 것이 보통이다. 이같은 조건을 갖춘 신규기업이 진출하면 가격이 하락하거나 부대비용이 상승해서 기존기업의 수익성을 떨어뜨릴 가능성이 높아진다.

한편, 어느 산업에 새로이 진출하는 기업이 주는 위협의 정도는 그 산업에 내재된 진입장벽과 신규진출기업이 예상하는 기존 업체들의 여러 가지 형태의 대응방법에 의해 좌우된다.

기존기업 간의 경쟁

기존기업 간의 경쟁은 경쟁에서 유리한 위치를 차지하려는 다양한 전략, 즉 가격인하, 신제품 출시, 고객 서비스 강화 및 제품보증 등의 형태로 전개된다. 이러한 여러 가지 경쟁전략이 나타나 경쟁을 심화시키는 시점은 경쟁기업들이 외부로부터 경쟁의 압력을 받거나 또는 자신의 산업내 입지를 강화시킬 수 있는 기회를 발견했을 때이다. 한 기업의 경쟁적 행위가 다른 경쟁기업들에게 바로 영향을 미치기 때문에, 경쟁기업으로부터 대응적인 조치를 불러일으키게 되어 경쟁이 심화된다.

특히, 가격경쟁의 경우에는 경쟁자의 대응조치를 즉각 유발시키고, 그 결과 제품에 대한 수요의 가격탄력성이 가격인하에 상응할 만큼 높지 않는 한, 산업 내에 있는 모든 기업들의 수익은 떨어지게 마련이다. 반면에 광고경쟁이 벌어졌을 때에는 제품차별화에 성공하는 기업이 생길 수도 있고 그 영향이 전체시장에 확대되기도 하므로 산업 내에 있는 여러 기업에게 이익을 가져다줄 수도 있다.

대체품의 압력

일반적으로 대체품은 동일한 기능을 수행하는 이질적인 제품이라고 정의할 수 있는데, 대체품의 존재를 확인하기 위해서는 기존상품과 동일한 기능을 수행하고 있는 제품을 찾으면 된다. 그러나 경쟁전략을 수립할 때에는 대체품을 그렇게 제한적으로 해석해서는 안 될 것이다. 특정 산업에서 경영활동을 벌이고 있는 기업들은 넓은 의미에서 대체품을 생산하는 산업들과도 경쟁을 벌이고 있는 셈이다. 왜냐하면 대체품이 있는 기업에서는 자신이 목표로 삼고 있는 고객 중 일부가 대체품을 구입하게 됨에 따라 그만큼 고객을 잃어버리기 때문이다. 다시 말해서, 우리 제품을 구입하던 고객이 다른 제품을 구입한다면 그 제품이 우리 제품과 동질적인 제품이건 전혀 성질이 다른 제품이건 관계없이 우리 제품의 구매자를 빼앗아가는 경쟁상대가 되는 것이다.

대체품의 존재 및 그 가격수준은 특정 산업에서 활동하는 기업들이 이윤을 감안한 가격을 결정하는 데 일정한 상한선을 설정함으로써 그 산업의 잠재적인 수익을 제한한다. 무엇보다도 대체품이 자사의 제품보다 가격 및 효능이 훨씬 좋거나, 또는 그 대체품을 생산하는 산업이 높은 이윤을 얻고 있는 경우에는 대체품에 더욱 많은 관심을 기울여야 한다.

구매자의 교섭력

구매자들은 가격인하, 품질향상 또는 서비스 개선을 요구하거나 경쟁기업들을 서로 대립시키는 행위를 함으로써 산업의 수익성을 감소시킬 수 있다. 5가지 경쟁요인 가운데 구매자의 교섭력이 아주 강한 경우에는 무엇보다도 구매자와의 교섭력이 경쟁을 좌우하는 가장 큰 요인이 된다. 이러한 경우 구매자와의 교섭력에서 우위에 서기 위한 노력과 이들 중에서 교섭력이 약한 구매자를 선택하는 문제가 가장 중요한 전략적 과제가 되는 것이다.

구매자와의 교섭에서 우위에 서기 위해서는 가능한 한 차별된 제품을 공급하여 교체비용이 높도록 만들어야 하며, 성장에 큰 관심을 갖고 있는, 즉, 단기수익성보다는 장기적인 성과를 중요시하는 구매자를 선별하여야 한다. 여러 공급선으로부터 다양하게 공급을 받고 있는 구매자는 가능한 한 멀리해야 한다.

공급자의 교섭력

구매자의 경우와 반대로 공급자가 구매자보다 유리한 상대적 지위를 가지고 있다면, 가격인상이나 판매하는 제품 및 서비스의 질을 떨어뜨리겠다는 위협을 통해 교섭력을 발휘할 수 있다. 유력한 공급자들은 이러한 방법으로 특정 산업의 수익성을 잠식할 수 있다. 따라서 공급자가 자신보다 상대적으로 우월한 힘을 가지고 있다면 그 기업은 원료 또는 부품 공급자의 가격인상 때문에 발생한 비용증가를 판매가격에 반영시키지 못하는 경우, 자신의 수익성을 낮출 수밖에 없다.

그림 9-1
산업의 수익성을 결정짓는 5가지 요인들

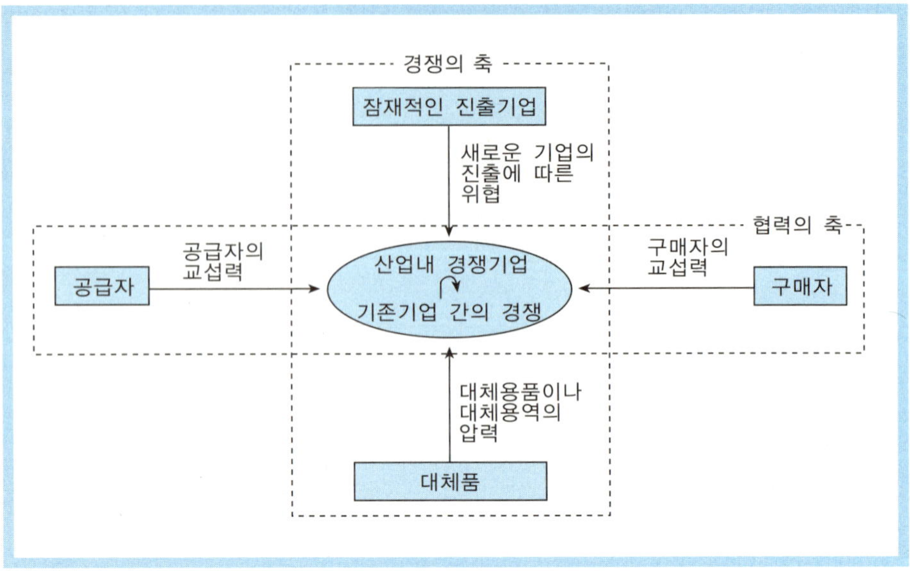

공급자와의 교섭에서 우위를 점하기 위해서는 다양한 공급자가 존재하고 제품이 차별화되지 않은 산업을 선택해야 하며, 성장에 큰 관심을 지니고 있어 단기수익성에 민감하지 않은 공급자를 선택해야 한다. 그리고 공급자가 공급하는 물량 중에서 자사가 구매하는 비중이 그렇게 크지 않아 신경쓰지 않아도 되는 공급자를 선택하여야 한다.

이러한 다섯 가지의 경쟁요소 중에서 구매자와 공급자는 기업의 전략적 의사결정에 따라 제휴 혹은 협력의 대상이 된다는 측면에서 반드시 경쟁의 대상으로만 파악하지 말고 협력의 대상으로 파악해야 할 것이다. 그러므로 동일산업에서 경쟁의 범위를 좁혀 본다면 기존경쟁자와 잠재적 진출기업, 대체품이 경쟁의 대상이 되는 경쟁의 축이 될 수 있을 것이다.

한편, 위에서 제시한 5가지 요인들은 현재 기업이 활동하고 있는 산업을 분석하는 데 이용될 수 있을 뿐만 아니라 미래에 진출하려는 산업을 분석하거나 현재 활동하고 있는 산업의 미래 모습을 예측하는 데 이용될 수 있다. 특히, 산업구조를 결정하는 다섯 가지 경쟁요인들은 서로 동태적으로 연결되어 있기 때문에 이들 간의 상호 관련성과 동태적인 변화를 분석해 보아야만 비로소 산업의 흐름과 구조를 제대로 파악할 수 있다.

본원적 전략과 그 시사점

포터(M. E. Porter)는 투자수익률을 높이는 한편, 장기적으로 산업 내에서 자신의 위치를 지키며 경쟁기업을 누르기 위한 본원적 전략(generic strategy)의 유형을 원가우위(overall cost leadership)전략과 차별화(differentiation)전략으로 구분하였다.

원가우위전략

원가우위, 혹은 저원가전략은 경험곡선의 개념을 기본전제로 하여 보편화된 것으로서 특정 기업에서 원가를 낮추기 위한 일련의 기능별 정책을 통하여 산업 내에서 원가상의 우위를 달성하는 것이다. 이 때 원가상의 우위를 확보하기 위한 구체적인 방법으로서는 적정규모 설비의 건설, 경험에 의한 원가절감 추구, 원가와 총경비에 대한 엄격한 통제, 한계고객과의 거래회피, 그리고 R&D투자 · 서비스 · 판매인 · 광고 등에 있어서의 원가최소화 등을 생각할 수 있다. 이와 같은 여러 가지 기능분야에서 공통적으로 원가절감의 목표를 달성하기 위해서는 원가통제에 대한 경영자의 계속적인 관심이 필요하다. 물론 경영자들이 품질, 서비스 등의 기타 영역을 무시해도 좋다는 것은 아니고, 다만 경쟁기업에 비하여 낮은 원가를 달성하는 데 저원가전략의 초점이 주어지는 것이다.

원가상의 우위를 확보한 기업은 경쟁이 심한 경우에도 산업 전체의 평균보다 높은 수익을 얻게 된다. 즉, 과도한 경쟁으로 인하여 경쟁기업이 이익을 남기지 못할 때에도 원가상의 우위를 가진 기업은 상대적으로 수익을 올릴 수 있게 되는 것이다. 또한 구매자들도 두 번째로 원가가 낮은 기업의 수준으로밖에 가격을 끌어내릴 수 없기 때문에 저원가 선도기업은 강력한 구매자들로부터도 보호된다. 이러한 기업은 투입비용증가에 대해서도 탄력성을 갖기 때문에 강력한 공급자들로부터도 보호될 수 있다. 원가를 낮게 만드는 요소들은 규모의 경제, 원가상의 이점과 같은 형태로 나타나며, 강력한 진입장벽(entry barriers)을 제공하여 잠재적 경쟁자의 진입을 막기도 한다. 물론, 원가우위를 가진 기업은 대체품에 대해서 경쟁기업들보다 우월한 위치에 서게 된다.

이상과 같이 저원가전략은 경쟁기업, 구매자, 공급자, 잠재적 경쟁자 그리고 대체품과 같은 다섯 가지의 경쟁강도를 결정하는 요소로부터 기업을 보호한다. 구매자 또는 공급자와의 교섭(bargaining)은 두 번째로 효율적인 경쟁기업이 제거될 때까지만 이익을 깎아내릴 뿐이며, 또한 경쟁적 압력에 직면하여 가장 먼저 시련을 겪게 될 기업은 효율적이지 못한 경쟁기업이 된다.

저원가전략은 그 이전의 경쟁형태가 다른 것이었거나, 경쟁기업이 원가 최소화의 필요성을 인식하지 못하거나, 또는 이러한 준비가 안 갖추어져 있는 산업에서 혁신을 불러일으킬 수도 있다.

차별화전략

두 번째 본원적 전략은 기업이 제공하는 제품이나 서비스를 차별화함으로써 산업 전반에 걸쳐서 그 기업이 독특하다고 인식될 수 있는 그 무엇을 창조하는 것이다. 차별화 수단으로는 고객에 대한 서비스, 디자인, 상표 이미지, 기술 등 여러 방법이 있을 수 있다. 한 기업이 여러 가지 분야에서 차별화할 수도 있는데, 차별화전략을 채택한다고 해서 원가를 무시해도 좋다는 것은 아니고 다만 원가가 최우선의 전략적 목표가 아니라는 것뿐이다.

차별화는 일단 달성되기만 하면 저원가전략과는 다른 방법에 의하여, 앞서 열거한 산업 내 경쟁을 유발하는 다섯 가지 요소에 대항하여 기업을 보호해 주기 때문에 산업평균 이상의 수익을 올릴 수 있게 된다. 고객에 의한 상표충성도(brand loyalty)와 가격의 비탄력성으로 인하여 경쟁에 시달리지 않아도 되며, 이윤을 증가시키므로 낮은 원가체계를 반드시 유지해야 할 당위성도 줄어든다. 또한 경쟁기업이 차별화된 기업의 특성을 극복해야 할 필요성 때문에 진입장벽이 높아진다. 구매자는 비교할 만한 대체품이 없기 때문에 가격에 대하여 비탄력적이 되고 교섭능력을 행사하지 못한다. 물론 차별화전략을 채택하여 고객충성도를 높인 기업은 경쟁기업의 대체품에 비해 보다 나은 지위에 있게 된다.

그런데 차별화전략과 높은 시장점유율과는 서로 양립되지 못하는 수가 있다. 차별화는 배타성을 의미하는데 그것은 높은 시장점유율과 어울릴 수 없는 개념이기 때문이다. 그 이유를 좀더 분석해 보면 다음과 같다. 우선 차별화를 이룩하기 위하여 요구되는 활동이 광범위한 시장조사, 제품설계, 품질 좋은 원자재, 집중적인 고객지원 등 많은 비용을 수반하는 것이라면 제품 및 서비스에 대한 원가는 올라갈 수밖에 없다. 그러나 비록 그 기업의 우수성을 인정한다 하더라도 높은 원가에 상응한 높은 가격을 기꺼이 지불할 고객은 그리 많지 않은 법이다. 따라서 차별화전략을 추구하는 기업에서는 시장점유율을 올리는 데 일정한 한계가 있게 되는 것이다. 다만 산업에 따라서는 차별화전략을 추구하는 기업이라 할지라도 경쟁기업의 수준과 비슷한 가격을 갖는 것이 불가능하지 않을 것이고, 따라서 이러한 기업에서는 시장점유율을 증가시키는 것이 가능할 수도 있다.

한편, 포터는 특정 시장, 즉 특정의 구매자집단이나 제품라인의 일부분 또는 특정 지역을 집중적으로 공략하는 집중화전략에 대해서도 언급한 바 있다. 차별화전략과 마찬가지로 집중화전략도 여러 형태를 갖는다. 다만, 저원가전략이나 차별화전략이 산업전체의 시장을 대상으로 한 전략임에 비해, 집중화전략은 특정시장에만 전력을 집중하는 전략이라고 할 수 있다. 집중화전략은 광범위하게 경쟁하는 경쟁기업보다 좋은 목표시장을 중점적으로 공략하는 것이 보다 효과적임을 전제로 한다. 따라서 기업은 특정 시장을 대상으로 하여 고객의 욕구를 만족시키는 차별화전략을 채택하든지 아니면 원가를 낮춤으로써 그 특정시장에 대한 원가우위를 달성할 수 있다. 또는 양자를 모두 택할 수도 있다. 집중화전략과 다른 두 가지 본원적 전략 간의 차이를 나타내면 [그림 9－2]와 같다.

집중화를 달성한 기업 역시 산업 평균 이상의 수익을 올릴 수 있다. 왜냐하면 집중화를 통하여 기업에서는 경쟁우위원천을 방어할 수 있기 때문이다(그 구체적인 내용은 원가우위전략과 차별화전략의 경우와 같다). 예컨대, 가전산업분야에서 아남산업과 인켈(Inkel), 그리고 신일산업은 각기 텔레비전, 오디오제품, 펌프 및 선풍기제품시장에 제한된 자원을 집중시킴으로써 높은 이윤을 올리고 있다.

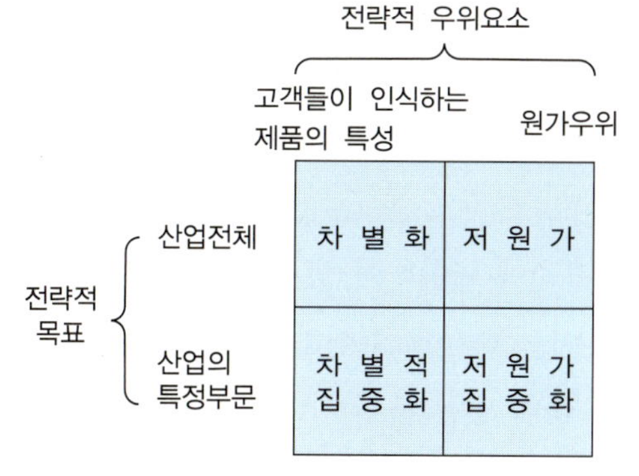

그림 9-2 본원적 전략에 대한 이해

표 9-1
본원적 전략의 특징

본원적 전략	기술과 자원	조 직 요 건
저원가	• 지속적인 자본조달과 자본투자 • 공정공학기술 (process engineering skills) • 노동력에 대한 집중적 감독 • 제조에 용이하게 설계된 제품 • 유통시스템의 원가절감	• 철저한 원가관리 • 빈번하고 자세한 통제보고 • 구조화된 조직과 책임 • 양적 목표달성 정도에 기초한 임금제도
차별화	• 강력한 마케팅 능력 • 제품공학 • 창의적 재능 • 기초연구분야의 우수한 능력 • 질적 또는 기술상의 기업명성 • 동산업에서의 오랜 역사나 타산업에서 얻은 기술의 독특한 결합 • 유통경로로부터의 협동	• R&D, 제품개발, 마케팅 분야의 상호 조정 • 질적 특성을 중심으로 한 주관적 측정과 임금제도 • 고도로 발달된 기술, 과학자, 창의적인 인재를 모을 수 있는 좋은 분위기
집중화	• 특정시장에 대한 전략요소들의 결합	• 특정전략목표에 대한 전략요소들의 결합

하지만 전술한 바와 같이 집중화전략은 항상 전반적인 시장점유율 획득에 한계를 갖는다. 그것은 집중화가 수익성과 판매량 사이의 반비례관계를 묵시적으로 내포하기 때문이다.

한편, 위에서 설명된 내용 이외에도 〈표 9－1〉에 제시된 것처럼 여러 가지 면에서 차이점이 있다. 이 표는 기업이 본원적 전략을 성공적으로 수행하려면 서로 상이한 자원과 기술이 필요하다는 사실을 보여준다. 또한 이들 유형은 서로 다른 조직과 통제체계를 수반한다. 따라서 특정기업이 성공하기 위해서는 어느 한 전략을 지속적으로 수행하는 것이 필요하다.

물론 앞서 설명한 본원적 전략은 또한 서로 다른 경영자의 유형을 요구하며, 서로 다른 조직문화와 분위기를 이끌어내며 서로 다른 종류의 인재를 요구한다.

어중간한 상태

본원적 전략은 경쟁 결정요소에 대항하여 생존하고자 하는 상호 대체적인 전략이다. 반면, 본원적 전략 중 어느 하나도 수행하지 못하는 어중간한 상태에 있는 기업은 아주 곤란한 상황에 놓여 있는 셈이다. 즉, 그 기업은 시장점유율, 자본투자, 원가우위, 차별화, 집중화 등이 결여되어 있는 상태인 것이다.

어중간한 상태에 놓여 있는 기업은 대부분 낮은 수익성에 시달린다. 그들은 낮은 가격을 요구하는 대규모 고객을 잃거나 원가우위를 확보하고 있는 경쟁기업에 밀려 이익을 포기해야 한다.

적재용 트럭산업에 있어서 미국 내에서 뿐만 아니라 세계적으로도 높은 시장점유율을 점하고 있었던 클라크 장비회사(Clark Equipment Co.)가 어중간한 상태에 빠진 적이 있다. 도요타(Toyota)사와 고마쓰(Komatsu)사 등 일본제조업체가 대량고객만을 대상으로 생산원가를 최소화하고, 수송비를 상쇄하고도 남을 일본의 저렴한 철강가격을 이용하여 최저가격으로 침투하는 전략을 채택했기 때문이다. 클라크사는 다양한 제품라인과 낮은 원가절감에 대한 관심이 결여되어 있었기 때문에, 시장점유율이 높기는 했지만 원가우위를 확보하지 못하고 있었다. 반면, 대형 적재용 트럭에 중점을 두고 R&D에 많은 투자를 아끼지 않았던 하이스터(Hyster)사는 기술상의 명성과 제품차별화를 통하여 강력한 지위를 구축했다. 그 결과 클라크사의 수익은 하이스터사에 비해 낮게 나타났다.

또한 대한전선의 가전사업부문의 경우, 금성사(현, LG전자)나 삼성전자처럼 막대한 자본투자와 이미지 구축을 기반으로 저원가전략에 의해 높은 시장점유율을 확보하지 못했으며, 아남산업이나 인켈, 신일산업처럼 차별화 내지 집중화전략을 통해 높은 수익률을 추구하지도 못한 어중간한 상태에 놓여 있었기 때문에 결국 1981년 대우그룹에 가전사업부문을 넘기지 않을 수 없었던 것이다.

어중간한 상태에 처한 기업은 새로운 전략적 의사결정을 내려야 한다. 원가우위나 적어도 경쟁기업과 동일한 원가수준을 유지하는 조치를 취하든지 아니면 특정 목표에 집중하거나(집중화), 기업특성을 가져야(차별화) 한다. 특히, 원가절감을 위해서는 대규모 투자를 필요로 하는 현대화를 도모하거나 시장점유율을 높일 수도 있다. 그리고 이러한 본원적 경쟁전략을 채택하기가 힘든 경우에는 대한전선의 예에서처럼 산업에서 철수하는 방안도 고려할 수 있다.

집중화나 차별화는 시장점유율의 저하나 절대판매액의 감소를 초래하므로 본원적 전략 중에서 어떤 것을 선택하느냐 하는 문제는 필연적으로 기업의 능력과 한계에 달려 있다. 각 본원적 전략을 성공적으로 수행하는 데는 서로 다른 자원과 능력, 조직관리 스타일이 적용되어야 하며, 모든 분야에 적합한 능력을 가진 기업은 극히 드물다.

일단 어중간한 상태에 빠져들게 되면, 그 상황에서 벗어나기 위하여 많은 시간과 지속적인 노력이 소요된다. 어려움에 처한 기업은 본원적 전략 사이에서 우왕좌왕하는 경향을 볼 수 있고, 일관성의 결여로 말미암아 실패의 가능성은 더욱 높아진다.

이러한 점에 유념하여 시장점유율과 수익성 간의 관계를 살펴보자. 일반적으로 소규모기업(집중화되거나 차별화된 기업)과 원가우위 대규모기업의 수익성이 가장 높고, 중간규모의 기업은 수익성이 낮다. 즉, [그림 9-3]에서 보는 바와 같은 U자형의 관계가 있다.

전세계적으로, 그림에 나타난 U자형의 관계는 자동차산업에 적용될 수 있을 것이다. GM사는 저원가전략으로, 메르세데스(Mercedes)사는 차별화전략으로 높은 수익을 올리고 있다.

반면, 크라이슬러(Chrysler), 브리티시 리이랜드(British Leyland), 피아트(Fiat)사 등은 원가우위도, 차별화도, 집중화도 이룩하지 못한 어중간한 상태에 있다.

그러나 그림과 같은 U자형의 관계가 모든 산업에 다 적용되는 것은 아니다. 곡물이나 석유제품과 같은 원자재산업의 경우 집중화나 차별화의 기회는 없고 다만 가격경쟁만이 존재한다. 또 어떤 산업에서는 구매자특성과 제품특성으로 인하여 원가가 상대적으로 덜 중요시되는 경우도 있다. 이러한 산업에서는 종종 시장점유율과 수익률 사이에 역의 관계가 성립하기도 한다. 예컨대, 미국의 철강산업과 같이 경쟁자의 수가 많고 경쟁이 치열하여 평균 이상의 수익을 올리는 단 하나의

그림 9-3
본원적 전략, 시장점유율과 투자수익률 간의 관계

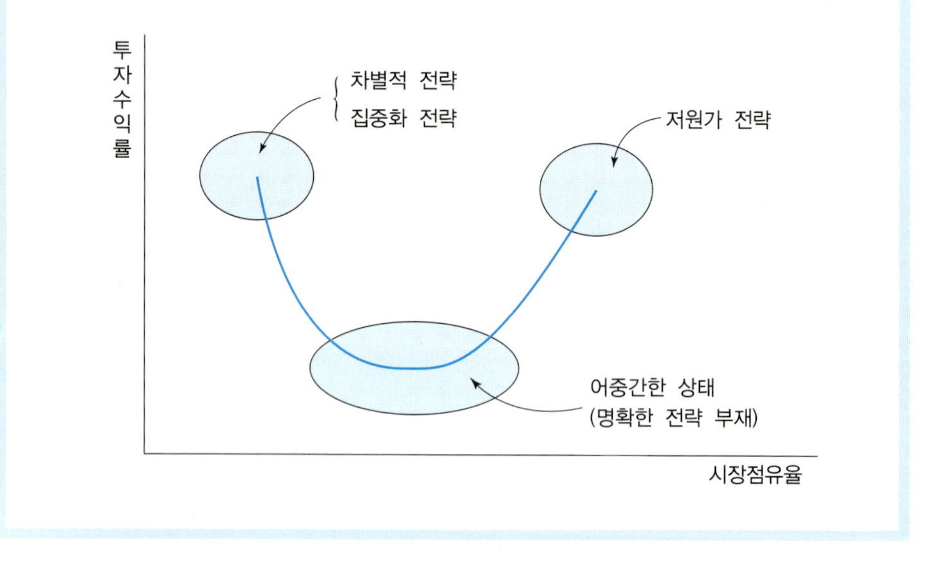

방법으로 집중화전략이나 차별화전략을 택할 수밖에 없는 경우도 있다.

저원가우위는 반드시 높은 시장점유율이 아니더라도 달성할 수 있다. 그 예로 적재용 트럭에서 2위를 달리고 있는 하이스터사는 동종 산업의 여러 소규모 제조업체보다 높은 수익을 올리고 있다. 소규모 기업들은 원가우위를 이룩할 만큼 큰 시장점유율을 갖지 못하고 있으며, 원가우위를 상쇄시킬 만큼 충분한 제품차별화도 이루지 못했기 때문이다.

따라서 가장 중요한 것은 특정 기업에 가장 적합한 전략이 무엇인가를 판단하고 선택하는 문제이다. 기업의 능력에 가장 적합한 동시에 경쟁기업이 쉽사리 모방할 수 없는 전략이야말로 그 기업에게 최선의 전략인 것이다.

글로벌화와 경쟁전략

고샬(S. Ghoshal)은 국제경영전략의 목적을 크게 세 가지로 구분하였다.[5] 그 첫 번째는 현재의 경영활동으로부터 효율성을 극대화하는 것이며, 두 번째 목적은 거시경제적인 위험, 각국 정부의 정책변화로 인한 위험, 경쟁기업으로부터의 위험, 자원확보 측면에서의 위험 등을 관리하고자 하는 것이며, 세 번째 목적은 학습을 통해 새로운 환경에 효과적으로 적응하고 혁신을 이루어내는 것이다.

포터는 경쟁전략의 측면에서, 이러한 목적을 달성하기 위한 수단을 확보하는데 글로벌화가 커다란 시사점을 제공해준다고 보았다. 앞서 본원적 경쟁우위로서 원가우위와 차별화우위를 언급한 바 있는데, 글로벌화는 국가 간의 차이, 범세계적인 규모의 경제, 범세계적인 범위의 경제를 통해 본원적 경쟁우위의 원천을 제공해 준다.

국가 간의 차이

글로벌화는 기업으로 하여금 국가 간에 발생하는 노동비용, 자본비용, 여타 생산요소비용의 차이를 활용함으로써 원가를 절감할 수 있도록 해준다. 이러한 생산요소비용의 국가 간 차이에 따른 비교우위는 경쟁우위의 원천으로써 가장 일반적으로 논의되고 있다.

각국은 요소부존도 측면에서 서로 다르다. 기업이 수행하는 가치창출활동 역시

요소집약도 측면에서 상이하다. 따라서 기업은 각각의 가치창출활동이 집약적으로 사용하는 생산요소의 비용이 가장 저렴한 국가에 가치활동을 배열하는 경우 비용상의 우위를 누릴 수 있게 된다.

각국은 생산요소 측면에서 뿐만 아니라 제품 · 시장 측면에서도 역시 다르다. 국가에 따라 소비자의 기호, 유통체계, 정부규제 등이 상이하다. 따라서, 글로벌화를 통해 기업들은 국가별 시장특성에 부합하는 제품을 공급함으로써 제품의 교환가치를 극대화시킬 수 있는 기회를 갖게 된다.

글로벌한 규모의 경제

규모의 경제란 생산규모가 증가함에 따라 단위당 생산비가 감소하는 것을 의미한다. 글로벌화가 제공해주는 새로운 시장을 통해 기업은 생산, 마케팅, 재무, R & D, 물류활동과 같은 가치창출활동에서 규모의 경제를 달성할 수 있게 된다.

비록 규모의 경제가 정태적인 개념이긴 하지만, 규모의 확충 속에 내재하고 있는 학습효과를 통해 동태적인 이익이 창출될 수도 있다. 다시 말해서, 규모의 경제를 충분히 확보할 수 있을 정도로 생산량을 확대하는 기업은 누적생산량이 2배 증가함에 따라 생산원가가 일정 비율로 하락하는 경험곡선효과를 누릴 수 있게 된다.

글로벌한 범위의 경제

범위의 경제는 다수의 제품을 연계하여 생산할 때 소요되는 비용이 각각의 제품을 별도로 생산하는 경우 소요되는 비용보다 더 적은 경우를 의미한다. 다각화된 기업의 경우, 생산설비나 상표명과 같은 자산을 여러 사업에서 또는 여러 시장에서 공유할 수 있다. 글로벌 브랜드의 활용은 그 대표적인 예이다. 글로벌화는 기업으로 하여금 다양한 이해관계자들과의 외부관계를 공유하도록 함으로써 범위의 경제를 달성할 수 있도록 해준다. 끝으로 글로벌화를 통한 지식의 공유 역시 범위의 경제를 달성할 수 있는 원천을 제공해준다. P&G사가 미국, 유럽, 일본 등 서로 다른 국가에 위치한 자회사들이 개발한 기술을 결합하여 새로운 제품을 출시한 것이 그 대표적인 예이다.

요컨대, 글로벌화는 무한경쟁환경하에서 기업들이 본원적 경쟁우위를 달성할

쉬어갑시다

도요타 "美없인 못살아" GM "亞는 축복의 땅" 상반된 전략[6]

제너럴모터스(GM)는 아시아화, 도요타는 미국화? 세계 자동차 업계 1위인 GM과 자동차 회사 중 가장 수익성이 좋은 일본 도요타자동차가 뚜렷하게 다른 전략을 추진하고 있다.

2002년 GM이 대우자동차를 인수했을 때 자동차 업계에서는 회의적인 시각이 많았다. 그러나 GM대우가 만든 차가 전 세계에 걸쳐있는 GM 네트워크를 통해 수출되기 시작하면서 GM대우는 화려하게 부활했다. GM대우차는 대우는 물론 시보레 뷰익 등 다양한 GM 브랜드로 수출되기 시작했다. 지난해 57만 대를 팔았던 GM대우의 올해 판매 목표는 80만 대, 2005년에는 흑자가 예상된다. 갈수록 커지고 있는 중국 시장도 마찬가지다. GM은 지난해 중국 시장에서 38만 6710대를 판매했다. 이는 전년도에 비해 46.4% 증가한 것이다. 중국 자동차 시장 절대강자인 폴크스바겐에 이어 시장점유율 2위다. 중국 시장에서 GM의 연착륙은 경쟁사에 비해 훨씬 빠른 97년에 상하이 자동차와 합작사(상하이 GM)를 설립하면서 선점 효과를 톡톡히 누리고 있기 때문에 가능했다. GM이 지분 20%를 인수한 일본 스즈키와 후지중공업도 GM의 글로벌전략에 중요한 역할을 하고 있다.

미국기업인 GM과 달리, 도요타는 아직까지도 사실상 종신고용제를 유지하고 있을 정도로 일본 기업 문화를 그대로 유지하고 있는 기업이다. 그러나 북미(北美) 시장에서 벌어들이는 순익이 회사 전체 순익의 70~80%를 차지할 정도로 미국 시장 비중이 커지면서 '미국화'에 힘을 쏟고 있다. 우선 인사에서 미국통의 중용이 두드러진다. 1999년 취임한 조 후지오 사장은 1988년 도요타의 첫 미국공장 설립을 주도했다. 후계자로 거론되는 이나바 요시미 전무는 미국 MBA 출신으로 8년 가까이 미국에서 근무한 경력이 있다. 그는 미국 기자들과 통역없이 인터뷰를 하면서 속내를 솔직하게 털어놓는 인물로 알려져 있다. 지난해에는 아예 미국인 두 명을 총 62명으로 구성된 본사 최고위급 임원단에 임명했다. 조 사장은 "도요타는 앞으로 미국적인 요소를 더 도입할 것"이라고 공언하고 있다. 자동차 신모델 개발방식도 '일본에서 개발 · 일본 소비자 검증 · 미국 수출'이라는 전통적인 방식에서 벗어나고 있다. 철저하게 미국 소비자를 염두에 두고 개발하려고 하고 있고, 그 예가 렉서스가 2005년 뒤늦게 일본 시장에 도입되는 것이 대표적이다.

http://www.gmdat.com
http://www.doyota.com

수 있는 기회를 제공해준다.

국제경영전략에 대한 이해

국제경영전략의 의의

오늘날 다국적기업의 경영자들이 중요시하는 이슈들 가운데 하나는 자신이 수행하고 있는 사업을 국가별로 흩어져 있는 사업의 단순한 집합이라는 개념에서, 국제경영전략을 수행하는 하나의 통합된 사업의 개념으로 전환시키는 방안에 관한 것이다. 글로벌하게 전략을 통합하는 접근방법은 국가별로 현지소비자의 요구에 적합한 제품을 개발, 생산, 판매하는 데 초점을 맞추는 '다국가적 접근방법(multidomestic approach)'과 대조를 이룬다. 최근 들어 많은 문제점이 지적되고 있는 '다국가적 접근방법', 즉 '다국가전략(multilocal strategy)'에 대응되는 용어가 바로 '글로벌전략(global strategy)'이다.

많은 경영자들은 자신의 사업이 글로벌산업에 속하는지, 과연 글로벌전략을 추구해야 하는지에 대해서 궁금해 하고 있다. 다시 말하면, 그들 산업이 어느 정도 글로벌화되어 있는지, 그리고 그들의 사업전략이 어느 정도 글로벌화되어야 하는지에 대하여 알고 싶어한다. 이는 모든 산업이 글로벌화를 촉진하는, 또는 글로벌 잠재력을 갖는 측면이 있기 때문이라 할 수 있다. 물론 산업에 따라 글로벌화를 촉진하는 요인이 더 많이, 또는 더 적게 영향을 미칠 수도 있으며, 전략의 구성요소에 따라 직면하는 글로벌화의 정도가 달라진다.

한편, 어떤 산업이 국가별 시장간에 연계되어 있는 경우 글로벌하다고 말할 수 있으며, 전략도 국가 간에 통합이 되어 있다면 글로벌하다고 할 수 있다. 그러나 글로벌전략을 제품의 표준화, 전세계적인 판매망의 확보, 글로벌 생산네트워크 구축 등과 같은 어느 한 부분만으로 설명할 수는 없으며, 상황에 따라 변화할 수 있는 다양한 부문들의 집합개념으로 이해하는 것이 바람직할 것이다.

최근에는 해외시장으로 제품판매를 확대한다는 의미에서 기업의 국제화를 촉진하는 요인들뿐만 아니라, 전세계시장을 대상으로 전략을 통합한다는 의미에서 기업의 글로벌화를 촉진시키는 요인도 다양해지고 있다. 특히, 최근의 환경변화를 살펴보면, 대부분의 산업에서 글로벌전략이 다국가전략보다 성공할 가능성이 커지고 있음을 알 수 있다. 더구나 이러한 변화가 가속화됨에 따라 글로벌전략을 수행하는 것이 필수불가결한 생존요소가 되고 있다.

무엇보다도 글로벌화를 촉진하는 가장 큰 요인은 글로벌하게 통합된 새로운 글로벌경쟁자가 나타났다는 사실이다. 특히, 일본기업들이 추구하는 글로벌경쟁의 통합적 접근방식이야말로 그들이 서구시장을 지배할 수 있게 된 주요 원인이었다. 통신 및 정보 혁명 역시 글로벌경영을 가능하게 한 장본인이다. 항공, 교통, 컴퓨터, 위성 및 통신의 발전은 지리적으로 멀리 떨어진 자회사들과 의사소통하고, 이들을 통제할 수 있도록 만들었다. PC통신과 인터넷 역시 가장 극적인 변화 중 하나일 것이다.

입(G. S. Yip)의 주장에 따르면, 성공적인 글로벌전략은 크게 세 단계의 절차를 통하여 수행된다.[7]

첫 번째 단계는 핵심전략을 개발하는 단계이다. 핵심전략이란 지속적인 전략적 우위의 원천으로서 처음에는 대개 본국에서 개발되는 경우가 많다. 이러한 핵심전략의 기반이 없다면 글로벌전략에 대하여 논의할 필요도 없다. 일반적으로 회사 내의 개별사업(분리 가능한 경우)들은 각각의 고유한 핵심전략을 필요로 한다. 먼저 개별사업을 정의하는 것이 중요한데, 대상 고객의 형태, 제공되는 제품 및 서비스의 형태 등이 기준이 될 수 있다.

하나의 핵심사업전략은 사업이 제공하는 제품과 서비스의 형태, 사업 대상이 되는 고객들의 형태, 사업 대상 지역시장, 지속적인 경쟁우위의 주요 원천들, 가장 중요한 부가가치활동(value added activities) 각각에 대한 기능별 전략, 목표 경쟁자 선택을 포함한 경쟁적 위치, 투자전략 등과 같은 몇 개의 요소를 포함한다.

두 번째 단계는 핵심전략을 국제화하는 단계인데, 기업활동의 국제화와 더불어 핵심전략의 현지국별 적응을 통하여 이루어진다. 그리고 이러한 현지국별 국제화를 어느 정도 이루고 있는 기업만이 다음 단계의 글로벌전략을 실천할 수 있게 되는데, 이는 글로벌전략이 종종 일반적인 국가별 국제화의 원칙들을 깨는 데서 출발하기 때문이다.

하나의 사업이 해외시장으로 확대될 때 그 사업의 핵심전략을 국제화할 필요가 있다. 핵심전략을 국제화하는 데 있어 가장 중요한 사안은 지리적인 측면에서 목표시장을 선정하는 것이다. 목표시장의 선택은 국내사업에서보다 국제사업에서 더욱 중요하다. 대부분의 경우 국내에서 신규시장을 선정할 때보다 글로벌한 범위에서 신규시장을 정의할 때, 훨씬 어려운 문제들을 다루게 된다. 예를 들어, 수입관세, 쿼터, 외국인 소유지분 제한 등의 무역장벽과 법률, 언어, 소비자 기호 및 행동의 국가 간 차이 등을 고려해야 한다.

그리고 국제화전략에서 다루어야 하는 주요 내용 중 하나는 외국 소비자의 욕구, 선호도, 문화, 언어 환경 등을 고려하여 제품과 프로그램을 어떻게 현지에 적응시킬 것인가 하는 것이다. 이는 결국 현지 국가별로 서로 다른 전략과 접근방법을 택하게 되는 결과를 낳는다. 그러나 이러한 국가 간 전략의 차이는 글로벌한 측면에서 볼 때 생산원가, 품질, 소비자 선호도, 경쟁수단 등에서 불리한 결과를 초래할 수 있다.

마지막 단계는 국제화전략을 글로벌화하는 단계이다. 이는 현지 국가별 전략을 통합함으로써 달성된다. 앞서 언급한 국제화전략이 갖는 문제점을 극복하고 세계시장에서의 경쟁우위를 확보하기 위해서는 기존의 활동을 글로벌한 범위에서 통합하고 관리하는 전략이 필요하게 된다. 이와 관련하여 "전략의 어떠한 부문이 글로벌화되어야 하는가?"라는 질문을 하게 되는데, 이러한 질문에 제대로 대답하려면 먼저 '산업 글로벌화 촉진요인들(industry globalization drivers)'을 체계적으로 분석하고, 글로벌화의 장점과 단점을 평가해야 한다.

앞에서 언급한 바 있는 다국가전략은 개별현지국에서의 경쟁우위, 판매, 이익을 극대화함으로써 사업성과 극대화를 추구하는 전략인 반면, 글로벌전략은 현지국별 사업의 공유(sharing) 및 통합(integration)을 통해 사업성과 극대화를 추구하는 전략이다. 물론 두 전략의 중간적 위치도 가능하다.

국제경영전략에 대한 접근방식

1970년대 중반 이후 전자, 자동차 등 일부 산업에서는 전세계를 하나의 시장으로 파악하는 소위 범세계적 경쟁이 새로운 경쟁의 양상으로 확연히 부각되었으며, 기술의 발달, 교통 · 통신의 발달, 구매자 욕구의 변화 등으로 경쟁의 범세계화 현상은 더욱 심화되고 있다. 이러한 경쟁양상은 소위 범세계적 기업에 의해 구체화되고 있다.

여기서는 이들 기업의 국제경영전략을 알아보기 위한 분석의 틀에 관해 살펴볼 것이다. 특히, 비교우위(comparative advantage)와 경쟁우위(competitive advantage)로써 국제경쟁력을 파악했던 코긋(Bruce Kogut)의 견해와, 가치활동의 범세계적 배열과 조정을 통한 범세계적 경쟁전략으로부터 도출되는 기업 특유의 경쟁우위를 국제경쟁력의 결정요인으로 보고 있는 포터(Michael E. Porter)의 이론을 살펴보기로 하자.

비교우위와 경쟁우위의 결합전략

코긋(B. Kogut)은 다국적기업이 국내기업보다 우위에 있는 것은 범세계적 조직망을 통해 자원을 탄력적으로 운용하는 데에 있다고 보고 국가 특유의 비교우위와 기업 특유의 경쟁우위를 결합한 범세계적 전략을 구성하였다.[8] 이러한 그의 견해는 기존의 무역이론과 해외직접투자이론에서 각각 비교우위와 경쟁우위의 개념을 도출하여 결합한 것으로 새로운 국제경쟁의 양상과 이에 상응한 전략을 제시하였다는 점에서 의의가 있다.

그러나 그가 제시한 해외직접투자를 가능케 하는 경쟁우위의 개념은 기존의 견해와는 차이가 있다.

즉, 기존의 해외직접투자이론이 최초의 투자가 어떻게 이루어지는가에 초점을 맞추어 이를 가능하게 하는 구조적 요인들을 강조한 데에 반해, 그는 다국적기업에 의한 해외직접투자를 다국적기업시스템에서 창출되는 제반 효율성을 누리기 위한 연속적 과정이라고 보았다. 다시 말해서, 이미 이루어진 해외직접투자를 바탕으로 기업의 다국적성(multinationality)에서 얻을 수 있는 정보상의 경제, 각국의 제도적 차이를 이용한 재정거래 이익, 운영상의 탄력성 등을 계속 확보하기 위해 해외직접투자는 연속적으로 일어난다는 것이다. 그의 조사에 의하면 1960년대 중반 이후 미국기업의 해외 자회사에 대한 투자는 신규투자보다 해외자회사의 자체수익에 의한 재투자가 많아져 1965년에는 신규투자가 재투자의 2.25배에 달했으나, 1970년에는 1.89배, 1979년에는 0.32배에 머물렀다.

코긋은 국제경쟁전략을 수립함에 있어 제기되는 두 가지의 기본적인 문제, 첫째 국경선을 넘어 사업활동을 전개할 경우 부가가치사슬(value added chain)에서 어느 곳을 연결할 것인가와, 둘째 어떠한 활동에 기업의 경영자원을 집중시켜야 할 것인가의 문제를 각각 비교우위와 경쟁우위로 설명하고 있다. 여기에서 비교우위는 입지 특유의 우위로 국가 간 요소비용의 차이에 기인하며, 경쟁우위는 기업 특유의 우위로 기술, 상표, 정보 등의 기업 간 차이에서 발생한다. 요소비용의 차이로 인하여 부가가치사슬의 국제적인 연결이 필요하며, 기업은 자신들이 집약적으로 사용하는 요소에서 비교우위를 갖는 국가에 필요한 기업활동을 집중시켜야 한다. 국가 간 요소비용에 차이가 없을 경우에도 기업 간 경쟁우위의 차이에 의한 경쟁은 가능한데 이는 부가가치사슬의 구성을 어떻게 하느냐에 따라 누릴 수 있는 경제성이 달라질 수 있기 때문이다. 따라서 경쟁유형은 비교우위에 의한 경쟁, 경쟁우위에 의한 경쟁 및 비교우위와 경쟁우위를 결합한 경쟁으로 나누어 볼 수 있다. 그러면 우선 비교우위와 경쟁우위의 원천에 대하여 살펴보기로 하자.

비교우위의 원천과 변화

앞서 무역이론에서 보았듯이 리카도와 헥셔-올린의 비교우위설은 비교우위의 원천을 재화 생산비용의 상대적인 격차로 설명하고 있다. 이후 비교우위는 생산비용 측면뿐만 아니라 수요의 측면, 기술의 측면 등으로 확장되어 레온티에프의 역설, 인적자원이론, 기술격차이론, 제품수명주기이론, 대표수요이론, 산업내 무역이론 등으로 확장되어 새로운 무역이론들로 발전해 왔다. 이러한 비교우위는 입지 특유의 우위(location - specific advantages)로서 자원조달시장과 제품판매시장을 결정하는 데 영향을 미친다.

그림 9-4
비교우위사슬

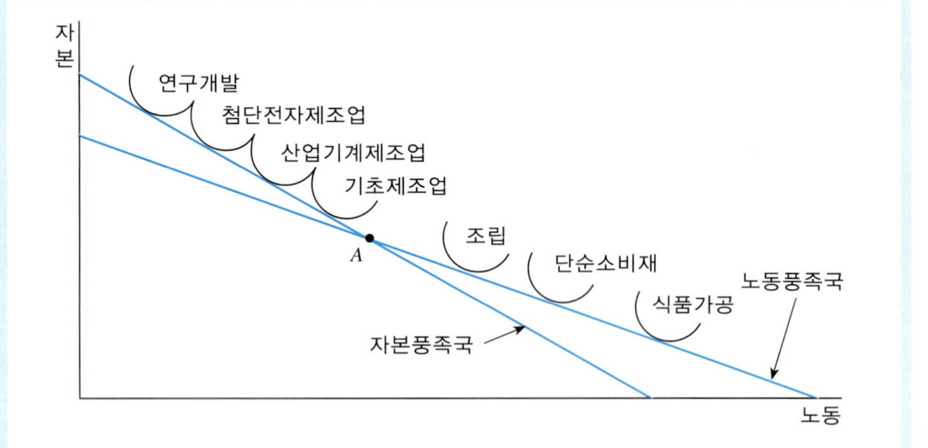

자료 : Structural Changes in World Industry : A Quantitative Analysis of Recent Developments (Washington, D. C. : World Bank, 1983).

[그림 9-4]는 자본풍족국과 노동풍족국의 재화별 등량곡선을 등비용직선상에 배열한 비교우위사슬로, A점 아래의 등량곡선재화는 노동풍족국에서, 윗부분의 재화는 자본풍족국에서 생산될 것이다. 요소집약도의 재화 간 차이와 요소부존도의 국가 간 차이에 따라 배열된 비교우위사슬에서 연결고리가 끊어지기 쉬운 곳은 A점 부근이다. 따라서 A점 부근의 산업은 국제경쟁이 치열해지고 요소비용과 환율의 변동이 심하게 되면 국가 간 비교우위가 변화될 가능성이 크다. 대표적인 예로 가전산업의 비교우위 변화를 들 수 있다. [그림 9-5]는 선진국, 신흥공업국 및 후진국의 비교우위사슬을 나타낸 것으로, 일부 산업에서는 선진국에서 신흥공업국으로, 다시 후진국으로 비교우위가 순차적으로 이전될 수 있음을 알 수 있다.

그러나 요소비용의 국가 간 차이에 의한 비교우위의 개념에서는 혁신(innovation)과 규모의 경제(economy of scale)를 고려하지 않아 기업의 국제경쟁양상을 설명하기에는 한계가 있고, 운송비용이나 관세 등으로 인해 비교우위사슬의 배열순서도 왜곡될 수 있다. 또한 기술발전이 빠르고 학습효과가 큰 산업분야에서는 비교우위구조의 순차적인 변화를 기대하기도 어렵다. 따라서 전반적인 국제경쟁전략을 모색하기 위해서는 어느 기업보다 더 잘할 수 있다는 기업 특유의 경쟁우위 개념을 도입할 필요가 있다.

경쟁우위의 원천

경쟁우위는 기업 특유의 우위로 최대의 이익을 내면서 투입요소를 제품과 서비스

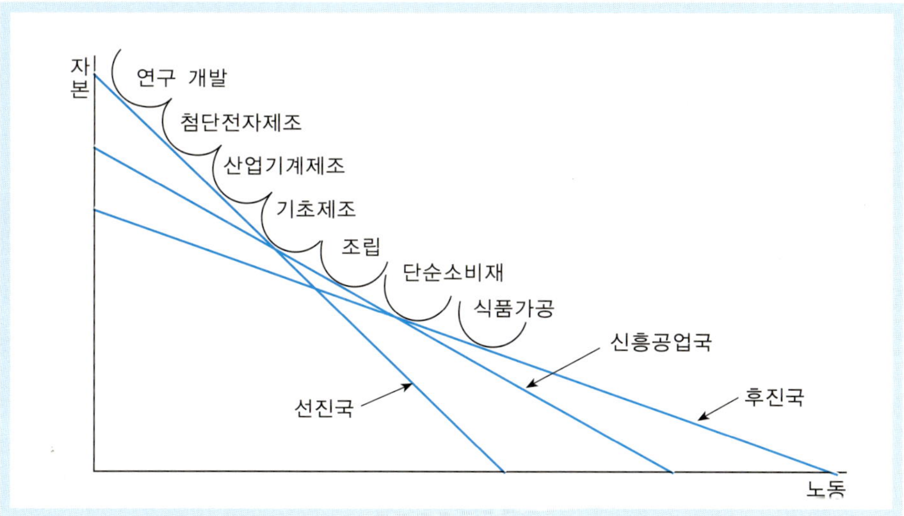

그림 9-5
비교우위사슬의 변화

로 변형시킬 수 있는 기업 간 능력의 차이에 기인한다. 이러한 경쟁우위는 어느 기업이 동종산업 내의 타기업과 달리 부가가치사슬에 있는 제반활동과 기술 중 어느 활동과 기술에 그들의 경영자원을 집중하느냐에 따라 영향을 받는다. 코궂은 경쟁우위를 누릴 수 있는 부가가치사슬에서의 특징을 다음과 같은 세 가지로 구분하였다.

① **규모의 경제** : 규모의 경제(economies of scale)란 절대생산량이 늘어남에 따라 제품이나 제품생산에 필요한 제반기능의 원가가 하락하는 것을 말한다. 이러한 규모의 경제는 생산, 구매, R&D, 마케팅, 서비스조직, 판매요원활용, 유통 등 경영활동의 거의 대부분에서 나타난다.

② **범위의 경제** : 범위의 경제(economies of scope)는 다사업부제(多事業部制)기업의 성장과 이러한 기업의 전략적 능력을 국제적으로 활용하는 데에 있어 중요한 개념으로서 제품라인과 관련하여 생각할 수 있다. 기업은 제품계열을 증가시킴으로써 특정한 생산활동에서 범위의 경제를 누릴 수 있다. 범위의 경제는 기업이 여러 종류의 제품을 생산하거나, 동일한 생산 및 서비스 시설, 경험을 바탕으로 서비스활동을 수행할 때에 나타난다. 예를 들어, 산업용전자산업과 가전산업을 병행하고 있는 기업은 시설 및 노하우의 공유로 단일사업만을 영위하고 있는 경쟁자보다 저렴한 비용으로 공통부품을 생산할 수 있다.
마케팅면에서도 광고비나 판매원에 대한 고정비용을 여러 제품에 분산시킴으로써 범위의 경제를 누릴 수 있다. 따라서 독특한 기본적 우위(unique basic advantages)를 제공하는 데 있어서는 범위의 경제가 규모의 경제보다 더 중요하다고 할 수 있다. 범위의 경제를 누리고 있는 기업이 어느 하나의 제품라인을 해외로 이전시키게 되면 여타 제품의 경제성도 변하게 된다.

③ **학습의 경제** : 학습(learning)은 직무상 경험에 의해 습득되는 개인적인 것과 기업의 조직적인 활동에 체화된 기술적 경험 두 가지가 있다. 이러한 학습은 일정기간 누적생산량이 증가함에 따라 제품의 단위원가가 감소하는 경향을 나타내는 경험곡선에 따른 경제를 발생시키며, 쉽게 이전되거나 복사할 수 있는 성격의 것이 아니기 때문에 기업으로 하여금 경쟁우위를 유지할 수 있도록 해준다.

비교우위와 경쟁우위의 결합

코굿은 기업 특유의 경쟁우위와 입지 특유의 비교우위의 유무에 따라 기업이 전개할 수 있는 국제경영전략의 유형을 다음과 같이 구분하였다. 첫째로, 비교우위는 있으나 기업의 경쟁우위가 없는 경우에 국가 간 비교우위의 차에 따라 산업 간 무역을 전개하든지 기업의 국제적인 수직적 통합전략으로 전후방 연계효과를 도모하도록 한다. 둘째로, 비교우위는 없으나 기업의 경쟁우위가 있는 경우, 산업 내 무역이나 기업의 국제적인 수평적 통합전략을 구사한다. 셋째로, 비교우위와 경쟁우위가 모두 있는 경우 시장침투와 원료조달입지를 다르게 배열하여 국제적인 수직적 · 수평적 통합을 이룩한다.

이와 같은 국제경영전략의 유형은 국제경쟁력의 원천이 어디에 있는가를 보여주고 있으며, 코굿은 국제경쟁력은 규모의 경제, 범위의 경제 및 학습에 의한 기업 특유의 경쟁우위와 국가 특유의 비교우위가 결합됨으로써 창출되고 국제경쟁력의 유무에 따라 국제경영활동의 형태가 결정된다고 주장하고 있다.

가치활동의 범세계적 배열 · 조정 전략

포터는 경쟁력의 원천이 기본적으로 기업 특유의 경쟁우위에 있으며, 국제경쟁력 역시 상대적 비용위치와 차별화에 따른 경쟁우위에서 창출된다고 하였다. 이러한 경쟁우위는 설계, 생산, 마케팅, 배달, 지원활동 등 기업이 수행하는 수많은 개별활동으로부터 나오는 것이기 때문에 기업을 전체적으로 보아서는 그 개념을 이해할 수 없으며, 가치사슬(value chain)이란 개념을 도입하여 가치사슬상의 기업활동을 범세계적으로 배열(configuration)하고 조정(coordination)함으로써 다국적기업이 택할 수 있는 전략대안을 제시하였다.[9] 그러면 포터가 도입한 가치사슬의 개념과 경쟁우위의 원천을 살펴보고 기업가치활동의 범세계적 배열과 조정을 통한 범세계적 경쟁전략과 이로부터 도출되는 국제경쟁력에 대하여 알아보기로 하자.

가치사슬의 개념과 구성

기업의 가치사슬은 가치체계(value system)라는 더 큰 일련의 활동 속에 존재한다. 기업이 수행하는 설계, 생산, 마케팅, 배달, 지원활동 등 모든 활동은 가치사슬에 나타나며 동종 산업 내의 기업들은 비슷한 가치사슬을 갖기도 한다. 그러나 경

그림 9-6
본원적 가치사슬

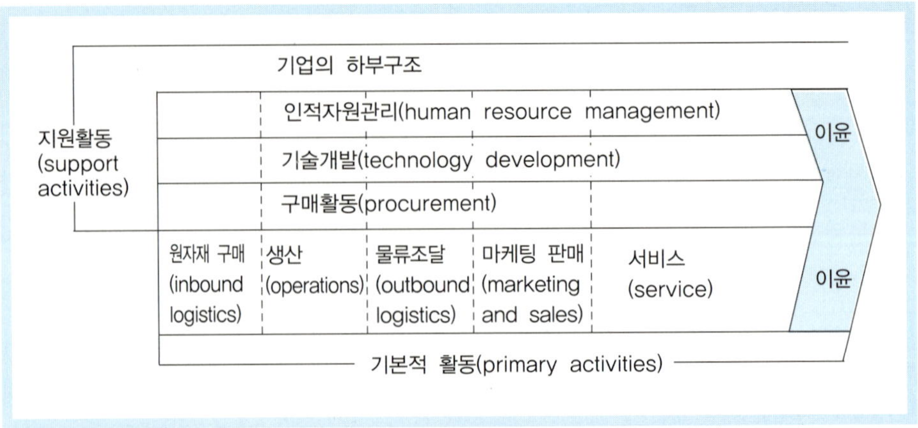

자료 : M. E. Porter, *op. cit.*, p. 37.

쟁기업의 가치사슬은 서로 차이가 있으며, 이러한 가치사슬상의 차이가 경쟁우위의 주요한 원천으로 작용하고 있다.

[그림 9-6]은 기업의 가치활동을 크게 기본적 활동과 지원활동으로 나누어 구성한 본원적 가치사슬(the generic value chain)이다. 이러한 본원적 가치사슬에 있는 활동을 세분하면 여러 개의 개별활동으로 다시 나눌 수 있으며 각각의 범주가 모든 개별활동으로 분리될 때에 완전한 가치사슬이 형성된다. 한편, 가치사슬 내의 연계(linkage)는 기업 내부의 가치활동을 연결시킬 뿐만 아니라 유통 · 공급업자의 가치사슬과도 상호의존관계를 형성한다. 이러한 상호의존적 관계는 특정 활동이 다른 활동의 비용이나 효과에 영향을 미칠 때 발생하며, 여러 활동을 수행할 경우에는 상충관계(trade-off)를 유발시키기도 한다. 예를 들어, 제품설계나 원

그림 9-7
본원적 가치사슬의 세분

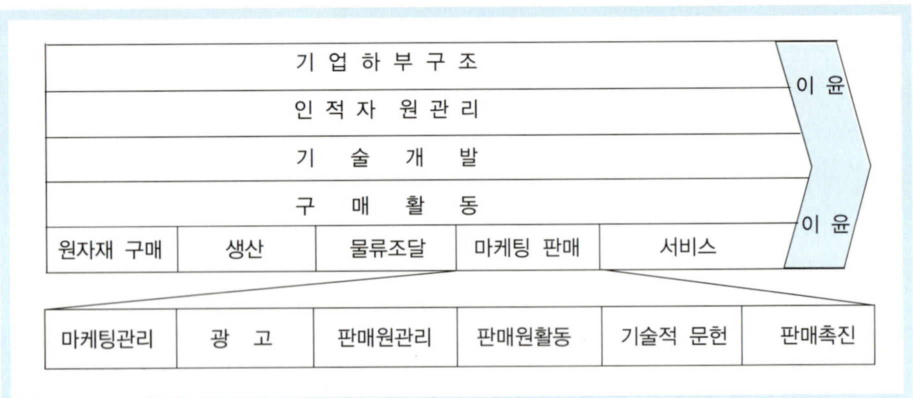

자료 : *Ibid.*, p. 46.

자재에 많은 비용이 투입되면 판매 후 서비스를 위한 비용지출을 줄일 수 있다.

가치사슬과 관련하여 한 가지 생각할 점은 경쟁영역이다. 경쟁영역은 가치사슬의 배열과 경제성을 결정지어 주기 때문에 경쟁우위에 직접적인 영향을 주며 세분화 영역, 통합의 정도, 지리적 영역, 산업영역 등으로 나누어진다.

경쟁우위의 원천

기업의 경쟁우위는 앞에서 살펴본 원가우위전략이나 차별화전략 등 본원적 전략에 따른 비용상의 우위나 차별화우위 등에서 발생한다.

① **비용우위** : 기업의 비용상 지위는 가치활동에 대한 비용행태(費用行態)에 따라 결정되며, 비용행태는 비용에 영향을 미치는 비용인자(cost driver)에 따라 변한다. 기업의 가치활동에 영향을 미치는 주요 비용인자로는 규모의 경제 또는 비경제, 학습, 생산능력의 이용패턴, 연계, 상호관계, 통합, 시기선택, 자유재량적인 정책, 입지, 제도적 요인 등이 있다. 이러한 비용인자를 분석해 봄으로써 기업은 자신의 상대적 비용위치와 그 변화를 파악할 수 있으며, 이에 따라 비용우위를 확보하기 위한 비용인자의 통제나 가치사슬의 재구성을 추진할 수 있다. 또한 가치사슬을 이용하여 비용우위의 원천을 탐색할 수도 있다.

② **차별화우위** : 기업은 구매자에게 자기 회사제품의 독특성(uniqueness)을 보여주기 위해 경쟁자와의 차별화를 추진한다. 차별화는 기업이 갖는 중요한 경쟁우위요소로 차별화의 정도에 따라 산업구조가 결정된다. 〈표 9-2〉는 차별화의 대표적 원천을 나타낸 것으로 가치사슬상의 어떠한 활동이 차별화를 이루는지 보여준다. 실제로 제품차별화를 이루기 위해서는 모든 활동이 동원되어야 하며, 총비용에서 차지하는 비용이 아주 적은 가치활동이라 하더라도 차별화에는 큰 영향을 미칠 수 있다. 예를 들어, 검사활동에 드는 비용은 총비용 중 극히 일부에 지나지 않지만 결함있는 제품을 제공하였을 경우 고객에게 그 기업의 차별화능력에 대해 부정적인 인식을 심어줌으로써 예상 밖의 좋지 못한 결과를 가져올 수도 있다.

③ **기술우위** : 기술변화는 경쟁을 촉진하는 강력한 요인으로 새로운 산업을 창출

표 9-2
가치사슬에서 차별화의 대표적 원천

① 최고경영자의 판매지원 ② 기업 이미지 제고를 위한 시설 ③ 우수한 경영정보시스템					
• 우수한 요원의 훈련	• 안정적인 노동정책 • 노동활동의 질에 관한 프로그램 • 최고의 과학자나 공학자를 유인할 수 있는 프로그램		• 우수한 판매원 유지를 위한 판매인 인센티브 • 더 나은 판매 및 서비스 요원의 충원	• 서비스 기술자의 광범위한 훈련	이윤
• 우수한 자재취급 및 분류기술 • 독점적인 품질보증장치	• 독특한 제품 특성 • 신속한 모델 도입 • 독특한 생산과정 • 자동화된 검사과정	• 독특한 차량 계획 • 소프트웨어 • 특수목적차량 또는 컨테이너	• 응용공학에 대한 지원 • 우수한 매체 조사 • 잘 다듬어진 모델의 신속한 활용	• 진보된 서비스기법	
• 내부조달을 위한 신뢰할 만한 수송	• 최고품질의 원자재, 부품	• 최적입지창고 • 손해를 최소화할 수 있는 수송업자	• 바람직한 매체배치 • 제품위치와 이미지	• 고품질의 대체부품	
• 손해나 품위 손상을 최소화하는 투입요소의 취급 • 제조공정에 대한 적절한 공급	• 특정표준에 맞도록 함 • 매혹적인 제품디자인 • 전문화에 대한 반응도 • 낮은 결함률 • 제조시간 단축	• 신속하고 시기 적절한 배달 • 정확, 즉각적인 주문처리 • 손해최소화 방안	• 고도의 광고 수준과 질 • 고도의 판매력과 질 • 유통기관 또는 구매자와의 개인적 관계 • 우수한 기술적 문헌 및 기타 판매보조 • 광범위한 판촉활동 • 구매자 또는 유통업자에 대한 광범위한 신용공여	• 신속한 설치 • 고도의 서비스 • 대체부품의 분야별 제고 • 광범위한 서비스 • 광범위한 구매자 훈련	이윤

자료 : *Ibid.*, p. 122.

하거나 산업구조를 변화시키는 데 큰 영향을 미친다. 그러나 기술개발 그 자체가 기업의 수익성을 제고하는 것은 아니고, 개발된 기술이 경쟁우위를 가져다 줄 때 기업의 입장에서 바람직한 것이 된다.

기술과 관련하여, 기업은 개별활동의 집합일 뿐만 아니라 기술의 집합이기도

표 9-3

기업의 가치사슬에서 대표적인 기술

원자재 구매	생산	물류조달	마케팅 판매	서비스	
기업하부구조	① 정보시스템기술 ② 계획, 예산기술 ③ 사무기술				이윤
인적자원관리	① 훈련기술 ② 동기조사 ③ 정보시스템 기술				
기술개발	① 제품기술 ③ 컴퓨터지원 설계(CAD) ⑤ 시험, 공정 기술	② 소프트웨어 개발도구 ④ 정보시스템 기술			
구매활동	① 정보시스템 기술 ② 커뮤니케이션시스템 기술 ③ 수송시스템 기술				
① 수송기술 ② 자재취급기술 ③ 저장, 보존 기술 ④ 커뮤니케이션시스템 기술 ⑤ 시험기술 ⑥ 정보시스템 기술	① 기초공정 기술 ② 자재기술 ③ 기계도구 기술 ④ 자재취급 기술 ⑤ 포장기술 ⑥ 유지(維持) 방법 ⑦ 시험기술 ⑧ 설계, 작동 기술 ⑨ 정보시스템 기술	① 수송기술 ② 자재취급기술 ③ 포장기술 ④ 커뮤니케이션시스템 기술 ⑤ 정보시스템 기술	① 매체기술 ② 시청각기록 기술 ③ 커뮤니케이션시스템 기술 ④ 정보시스템 기술	① 진단, 시험 기술 ② 커뮤니케이션시스템 기술 ③ 정보시스템 기술	이윤

자료 : *Ibid*., p. 167.

하다. 기술은 기업의 모든 가치활동에 체화되며 기술변화는 경쟁에 큰 영향을 미친다. 〈표 9-3〉은 기업의 가치사슬에 나타나는 대표적인 기술을 열거한 것이다.

그러면 과연 어떠한 기술이 기업에 경쟁우위를 가져다 줄 수 있는가? 포터는 기술변화의 바람직한 방향으로, 기술적 변화가 비용을 낮추거나 차별화이 수준을 높이면서 그러한 우위가 지속될 때, 기술적 변화가 기업에 유리한 방향으로 비용 또는 비용인자를 변화시킬 때, 기술의 개발이 선도적인 시장진입전략에 우위를 제공할 때, 기술적 변화가 전반적인 산업구조를 개선시킬 때 등 네 가지를 들고 있다. 이와 같은 기술변화는 산업내 기존 기업 간의 경쟁구조 및 산업의 수익성에 지대한 영향을 미치며, 비록 어떠한 변화나 기술의 개발이 기업에 경쟁우위를 가져다주었다 할지라도 산업전체의 수익성을 악화시킴으로써 기업의 장기적인 수익성에 부정적인 영향을 미치기도 한다. 따라서 경쟁우위확보를 위한 기술전략을 수립할 때에는 자사의 경쟁적 지위변화뿐만 아니라 산업의 전반적인 수익성도 함께 고려하여야 한다.

가치활동의 범세계적 배열과 조정

포터는 가치활동의 범세계적 배열과 조정을 통한 범세계적 경쟁전략에서 기업 특유의 경쟁우위가 도출되며, 이러한 경쟁우위가 국제경쟁력을 결정한다고 보았다. 기업은 가치활동의 배열과 조정을 통해 비용우위와 차별화를 실현할 수 있으며 이러한 비용우위와 차별화로 범세계적 경쟁에서 우위를 점할 수 있다.

그러면 가치활동의 배열과 조정을 통해 기업이 택할 수 있는 국제경쟁 전략의 유형에는 어떤 것이 있는가? 다음의 그림은 가치활동의 지역적 집중 정도와 조정 수준에 따른 네 가지 국제경쟁전략 유형을 나타낸다.

첫 번째는 기업의 가치창출활동을 지역적으로 집중시키고 가치활동의 조정도 엄격히 하는 것이다. 이는 가장 단순한 범세계적 전략으로 가능한 한 가치창출활동의 대부분을 특정 국가에 집중시키고, 구매자와 인접해서 수행해야 할 활동들만 예외적으로 분산시키되 표준화를 통해 엄격히 조정하는 것이다.

이러한 전략은 1960년대와 70년대에 걸쳐 저원가에 의한 경쟁우위를 누리려는 도요타와 같은 일본기업들에 의해 많이 채택되었다. 복사기 제조업체인 제록스(Xerox)의 경우, 여타 활동은 세계적으로 분산시켜 합작투자 등을 통해 수행하였으나 R&D 활동만은 미국에 집중시켰다. 그러나 제반 가치창출활동을 엄격히 조정함으로써 제록스 상표, 마케팅기법, 애프터서비스 등은 거의 전세계적으로 표준화되어 있다.

두 번째는 가치활동을 지역적으로 집중시키되 가치활동의 조정은 별로 하지 않는 것이다. 이는 마케팅활동의 분산에 의한 수출 위주의 전략이다. 사진기 제조업

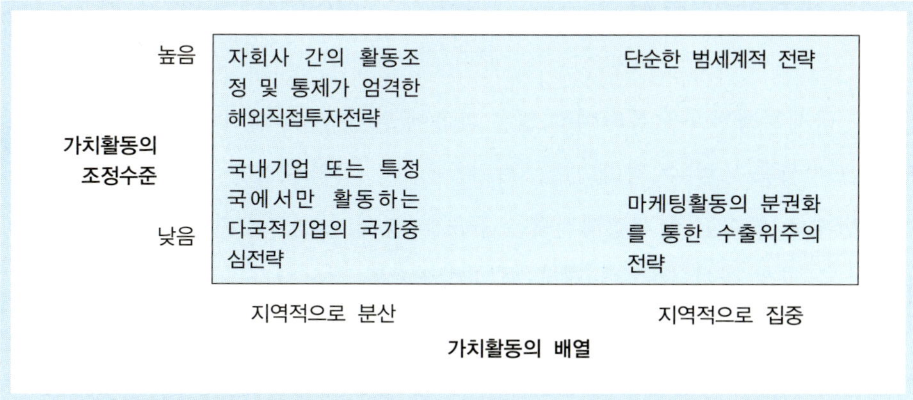

그림 9-8 국제경쟁전략의 유형

자료 : M. E. Porter, "Competition in Global Industries : A Conceptual Framework," M. E. Porter ed., *Competition in Global Industries*, Harvard Business School Press, 1986, p. 28.

체인 캐논(Canon)의 경우, 가치창출을 위한 제조 및 대부분의 지원활동을 일본에서 행하였다. 이에 따라 마케팅활동을 위한 해외현지법인들은 캐논상표를 사용하는 의무 외에는 별다른 제약을 받지 않았다.

세 번째는 가치활동을 지역적으로 분산시키되 가치활동의 조정은 엄격히 히는 것이다. 이러한 전략을 수행하기 위해서는 자회사 간의 활동을 폭넓게 조정할 수 있어야 할 뿐만 아니라 엄격히 통제할 수 있는 고도의 해외직접투자가 이루어져야 한다.

네 번째는 가치활동을 지역적으로 분산시키면서 가치활동의 조정은 별로 하지 않는 전략이다. 이는 어느 한 국가에서만 영업활동을 하는 다국적기업이나 국내기업이 택하는 국가중심의 국제경쟁전략이다.

미국의 제너럴모터스(GM)사는 이러한 국가중심적인 국제경쟁전략을 채택해 온 전형적인 기업이다. GM은 세계 도처에 생산시설을 갖추고 상표까지도 지역별로 달리 사용하여 현지국 중심의 국제경쟁전략을 전개해 온 다국적기업이라고 할 수 있다.

이상의 네 가지 전략은 가치활동의 조정과 배열의 극단에 위치한 전략으로 가치활동의 조정수준과 지역적 집중 정도에 따라 국제경쟁전략을 수행하는 기업의 위치는 정해질 것이다. 이러한 가치활동의 지역적 배열과 조정의 궁극적인 목적은 경쟁우위의 획득이기 때문에 자사의 국제경쟁상의 위치가 동태적으로 변화함에 따라 기업의 국제경쟁전략 역시 적절히 수정되어야 한다.

국제경쟁전략의 특성

통합된 국제경쟁전략을 통하여 기업은 다음에 열거하는 4가지 주요 혜택 중 하나 또는 그 이상을 누릴 수 있다.

첫 번째로, 통합된 국제경쟁전략은 규모의 경제, 생산요소비용의 절감, 대량집중생산, 유연성 확보, 협상력 제고 등 다방면으로 생산원가를 절감시킬 수 있다. 구체적으로 살펴보면, 2개국 이상에서 이루어지는 생산 또는 기타 경영활동을 통합함으로써 규모의 경제를 달성할 수 있으며, 생산 또는 여타 경영활동을 저임금 국가로 이전함으로써 생산요소비용을 절감시킬 수 있고, 다양한 현지적응제품을 생산하지 않고, 그 숫자를 줄여 소수의 글로벌한 제품만을 생산하는 집중생산이 가능하며, 일정 시점에서 주어진 시간에 가장 낮은 비용으로 생산할 수 있도록 생산지역을 글로벌하게 조정함으로써 생산의 유연성을 증대시킬 수 있고, 생산입지를 언제든지 다른 국가로 이동할 수 있다는 사실은 해당 공급업자, 노동자, 현지국 정부에 대한 국제기업의 교섭력을 향상시킨다.

두 번째로, 통합된 국제경쟁전략은 제품과 프로그램의 질을 향상시킨다. 다국가전략에서와 같이 많은 종류의 제품과 프로그램을 제공하는 것보다 소수의 제품과 프로그램에 집중하는 것이 제품과 프로그램 모두의 질을 높일 수 있게 한다. 이러한 범세계적인 집중전략을 통해 일본 자동차산업이 성공할 수 있었던 것이다.

비록 전체 판매대수가 GM사의 절반밖에 되지 않는다는 점을 감안하더라도, 도요타의 경우 GM보다 훨씬 적은 수의 모델을 세계시장에 내놓았다. 하지만 GM이 자동차 개발비를 여러 분야에 분산하여 사용한 반면, 도요타는 소수의 모델을 향상시키는 데 투자를 집중시켜 왔다. 예를 들어, 도요타 캠리는 세계시장을 겨냥한 기본모델을 미국시장 출시용으로 개조한 것으로 중형 승용차시장에서 최고의 인기를 누렸다. 반면, GM의 폰티악 피에로는 1980년 출시 초기에는 소형 스포츠카부문에서 인기품목 중 하나였으나, 불과 몇 년 만에 지상에서 사라지고 말았다. 전문가들은 GM이 조그마한 문제를 해결하는 데 연구개발비를 상대적으로 많이 투자한 점을 큰 실수로 지적하고 있다.

통합된 국제경쟁전략이 제공해주는 세 번째 이점은 소비자 선호도 제고이다. 세계 어느 시장에서도 구입할 수 있고, 서비스도 가능하며 글로벌한 인지도가 있는 제품이라면 소비자에게 강화작용(reinforcement)을 일으켜 선호도를 제고시킨다. 청량음료나 패스트푸드 등은 이러한 전략이 적용되는 대표적인 제품이다. 신용카드업과 같은 금융서비스업도 국내 및 세계여행과 관련하여 국제적인 수준의 서비스가 제공되어야 한다. 소비재뿐만 아니라 산업재의 경우도 이러한 전략을 활용할 수 있다. 다국적고객에게 표준화된 제품을 전세계적으로 공급할 수 있는 기업의 경우, 국제경영전략의 혜택을 향유할 수 있으며, 대부분의 유명한 컴퓨터 회사가 그 좋은 예가 된다.

마지막으로 통합된 국제경쟁전략은 기업의 경쟁능력을 향상시킨다. 국제경쟁전략은 경쟁자들에 대해 보다 많은 공격과 반격의 기회를 제공한다. 예를 들어, 미국의 의료기기 생산업체인 디킨슨사는 일회용 주사기제품시장에서 일본기업이 경쟁자로 부각되는 것을 막기 위해 일본의 기존 주력시장인 홍콩, 싱가포르, 필리핀 시장에 진출하여 일본의 추가적인 시장침투를 막으려 하였다.

하지만 국제경쟁전략을 수행하게 되면 본사의 조정활동 및 본사로의 보고사항이 증가하며, 스태프에 대한 신규충원 필요성 등이 발생하여 관리비용을 상당히 증가시킨다. 또한 본사로의 과잉집중화(overcentralization)로 인해 현지 자회사의 사기 및 동기 부여에 악영향을 미쳐 현지국의 경영효율성을 떨어뜨릴 수도 있다.

국제경쟁전략의 개별수단들을 활용하는 데 있어서도 문제점들이 나타날 수 있다. 세계시장에 참여하는 경우, 목표시장의 잠재 수익성에 비추어 성급하게 과잉투자를 하는 경우가 발생할 수 있다. 모토롤라를 포함한 많은 미국기업들이 일본시장을 공략할 때 일본시장 자체에서 많은 수익을 올리려는 것보다도 세계적인 경쟁우위를 지키려는 데 주된 목적을 두었기 때문에 고전하는 경우가 많다.

한편, 제품표준화를 극단적으로 추구하다 보면 결국 어느 소비자도 완전히 만족시킬 수 없는 제품을 만들어내는 경우도 있다. 그 결과 기업의 국제화 초기단계에서는 해외시장의 고객취향에 맞추지 않고, 표준화된 국내 제품을 그대로 생산 · 판매하는 것이 일반적이다.

예를 들어, 프록터 앤드 갬블(Proctor & Gamble)사도 치어(Cheer)브랜드의 합성세제를 일본시장에 판매할 초기에는 본국(미국)제품을 거의 변경시키지 않은 채 도입하였고, "어떠한 온도에도 효과적이다"라는 본국에서 사용한 광고 메시지도 그대로 사용하였다. 그러나 P&G사의 이러한 표준화전략은 결국 많은 손실을 발생시켰다.

그 이유는 다음과 같은 두 가지로 요약될 수 있다. 첫째, 일본 소비자들은 세탁시에 세탁유연제를 많이 사용하기 때문에 P&G사의 제품이 거품을 제대로 잘 일으키지 못한다. 둘째, 일본 소비자들은 대개 찬물이나 목욕물 정도의 온도로 세탁을 하기 때문에 어떤 온도에도 효과적이라는 광고 메시지가 아무런 의미가 없다. 이후 P&G사는 제품성분을 바꾸고, 광고 메시지를 변경시킴으로써 일본시장에서 성공할 수 있었다.

기업의 가치활동을 지역적으로 집중화하는 것은 경영활동을 현지소비자로부터 더욱 멀어지게 하여 현지국에 대한 적응력 및 유연성을 감소시킬 위험성을 내포하기도 한다.

또한 마케팅 표준화도 현지소비자의 행태나 마케팅환경에의 적응력을 감소시킨다. 예를 들어, 브리티시 항공사의 본사는 사치 앤드 사치(Saatchi & Saatchi)라고 하는 광고대행사가 개발한, 뉴욕 맨해튼에 비행기가 착륙하는 모습의 TV광고(Manhattan Landing)를 전세계 TV광고에 활용하는 전략을 채택한 바 있다. 이 광고는 수차례 광고대상을 받을 정도로 우수한 작품이었지만, 뉴욕 맨해튼의 모습을 모르는 많은 외국 사람의 경우에 광고효과가 있었을까 하는 비판을 받기도 하였다.

경쟁전략을 전세계적으로 통합하는 것 또한 특정국가 내에서의 이익 또는 경쟁지위를 희생하는 결과를 초래할 수 있다. 이는 글로벌 경쟁자의 전체적인 힘을 분산시키거나 혹은 특정 국가에 위치한 자회사에게 경쟁자를 집중공격하라는 시그널을 보내는 경우가 특히 그렇다. 각각의 국제경쟁전략 수단들을 활용하는 기업이 어떠한 혜택을 받을 수 있는지, 그리고 동시에 국제경쟁전략으로 인한 단점이 무엇인지에 대하여 정리하면 〈표 9-3〉와 같다.

가장 성공적인 국제경쟁전략이 되려면 글로벌화의 정도가 너무 지나치지 않으면서도 부족하지 않도록 조화를 이루는 것이다. 무엇보다도 전략의 글로벌화 수준이 산업의 글로벌화 잠재력(globalizaion potential)과 조화를 잘 이루는 것이 이상적이다. 글로벌 잠재력이 낮은 산업에 속해 있는 사업은 글로벌화의 정도가 낮은 전략을 채택해야 하는 반면, 글로벌 잠재력이 높은 산업에 속한 사업은 보다 글로벌한 전략을 추구해야 한다.

체계화된 증거를 제시할 수는 없지만, 경영자들은 종종 다음 두 가지 점을 지적한다. 하나는 글로벌화가 지나쳐서 문제가 되기보다는 글로벌화 정도가 부족해서 고전하는 사업이 더 많다는 점이고, 다른 하나는 기업들이 최근에 글로벌화 수준

표 9-3
국제경쟁전략의 장단점

국제경쟁 전략 수단	장			점	단 점
	비용 측면	품질 측면	소비자 선호도 측면	경쟁우위 측면	조정비용 측면
글로벌 시장 참여	• 규모의 경제	• 세련된 소비자 및 강력한 경쟁자에 노출	• 범세계적 이동 가능성, 서비스 제공, 인지도	• 공격 및 반격 가능 지역에 대한 초기 진입 유리	• 능력 이상의 신규시장 확보에 따른 비용 발생
글로벌 제품	• 제품 개발 중복 회피 • 조달·생산·재고 비용 감소	• 제품개발 및 관리자원을 집중화 • 세계적으로 동일한 제품을 구매하여 사용	• 세계 각처에서 소비자가 구매 가능 • 낮은 시장 점유율 상쇄	• 저가격 침투 전략의 기반 조성	• 현지소비자 욕구에 충분히 적응하지 못함.
글로벌 활동입지	• 활동의 중복을 피함 • 규모의 경제를 활용 • 국가간 요소 비용차이 활용 • 부분집중을 통하여 환율 변동이나 현지 정부에 대한 유연성 제고	• 노력 집중 • 지속적 품질 관리		• 지속적 원가 우위 달성 • 유연한 경쟁우위 기반 전환	• 소비자로부터 거리가 멀어짐. • 외환위험 증대 가능성 • 새로운 경쟁자 등장의 위험 • 부가가치 사슬 관리의 어려움.
글로벌 마케팅	• 마케팅 프로그램 설계 및 실행 비용 절감	• 인재 및 자원 집중화 • 창조적 아이디어 활용	• 다른 국가에 같은 마케팅 프로그램을 활용함으로써 마케팅 메시지 강화		• 현지소비자 행동 및 고객 환경에의 적응이 불완전할 수 있음.
글로벌 경쟁 행동				• 특정 국가에 대한 집중적인 자원 투입 • 공격과 방어에 대한 다양한 전략적 선택	• 각 국가에서의 경쟁력이 다소 약화될 가능성

자료 : G. S. Yip(1995), *Total Global Strategy*, p.17에서 발췌 · 수정함.

을 높이는 데 초점을 두는 경향이 두드러진다는 것이다. 따라서 경영자들은 특정 산업을 글로벌산업이냐 아니냐 하는 식으로 양분하는 것을 피해야 하며, 가급적 특정분야별로 글로벌화의 수준이 높으냐 낮으냐 하는 식으로 판단해야 할 것이다.

국제경쟁전략을 수행하는 데는 하나 이상의 전략적 대안이 가능하다. 비록 산업 글로벌화를 촉진하는 여러 요인들이 기업의 전략선택에 강한 영향을 미치는 것은 사실이지만, 이를 일률적으로 공식화하기는 어렵다. 즉, 어느 산업에도 한 가지 이상의 국제경쟁전략이 가능하다. 즉, 글로벌화를 촉진하는 요인들의 영향은 산업마다 상이한데, 여기에는 몇 가지 이유가 있다.

우선, 어떠한 산업도 모든 글로벌화 요인이 동시에 절대적인 영향을 미치지 않기 때문이다. 둘째, 국제경쟁전략 수단의 적절한 활용이 해당 기업이 보유하고 있는 여타 경쟁우위 원천에 추가적인 역할을 할 뿐이기 때문이다. 셋째, 비록 글로벌하게 사업을 수행하는 데 있어 국제경쟁전략의 필요성을 강력히 요구하는 산업요인이 존재하더라도, 국제경쟁전략은 이를 실천에 옮기는 데 있어 초기에 많은 비용을 필요로 하기 때문이다. 물론, 사업의 전략적 지위 역시 이유가 될 수 있다.

게다가 기업의 조직, 관리과정, 인적자원 그리고 문화 등과 같은 조직요인들이 국제경쟁전략을 효율적으로 실행하는 데 영향을 미친다는 점을 지적할 수 있다. 같은 산업에 속해 있어도 기업마다 조직이 상이하기 때문에 동일한 국제경쟁전략을 실행할 수 없으며, 또한 실행하더라도 성공하기 어렵다.

범세계적인 수준의 경쟁을 유발하는 요인

산업의 글로벌화 촉진요인(또는 글로벌화의 산업요인)이란 각각의 산업에서 기업들이 글로벌화를 추구하도록 잠재적으로 영향을 주는 요소들을 의미한다.

범세계적인 사업을 수행하는 기업의 경영자들은 글로벌화를 통한 실질적 효과를 얻기 위해 언제, 어떠한 여건 속에서 국제경쟁전략 수단을 사용해야 하는가를 명확하게 이해해야 한다. 입(G. S. Yip)은 이러한 산업 여건을 시장요인, 비용요인, 정부요인 그리고 경쟁요인 등 4가지로 구분하고 이를 글로벌화 촉진요인으로 강조하였다.[10] 각각의 산업 글로벌화 촉진요소, 즉 글로벌화의 산업요인은 기업들이 글로벌시장 참여, 글로벌제품 및 서비스 제공, 그리고 글로벌활동 입지선정 등 다양한 국제경쟁전략 수단을 사용하는 잠재적 기반을 제공한다.

글로벌화의 시장요인

글로벌화의 시장요인들, 즉 공통적 소비자 요구, 글로벌고객, 글로벌(유통)채널, 이전 가능한 마케팅요소, 그리고 (기술)혁신 등의 요소들은 기본적으로 소비자행동의 특성과 유통채널의 특수성에 의해 결정된다. 또한 이러한 글로벌화 시장요인들은 국제경쟁전략 수단의 채택 및 운용에 여러 면에서 영향을 미친다.

글로벌화의 비용요인

글로벌화의 비용요인, 즉 범세계적인 규모의 경제, 경험효과, 국가 간 비용차이, 부품조달 효율성, 유리한 물류, 높은 제품개발비용, 급변하는 기술 등은 개별사업의 경제적 특성에 의하여 결정된다. 글로벌화의 비용요인들은 특히 글로벌시상 참여, 글로벌제품 제공, 그리고 글로벌활동 입지선정전략 등의 구성과 이용에 영향을 주게 된다.

글로벌화의 정부요인

글로벌화의 정부요인, 즉 호의적인 무역정책, 호환성 있는 기술표준, 공통적인 마케팅규제, 국영기업체 경쟁자와 고객들, 그리고 현지국 정부 요구 등은 각국 정부의 규제에 의해 정해지며, 모든 국제경쟁전략 수단의 활용에 영향을 미친다.

글로벌화의 경쟁요인

글로벌화의 경쟁요인들, 즉 높은 수준의 수출입, 서로 다른 대륙으로부터의 다양한 경쟁, 국가들 간의 상호의존성, 글로벌화된 경쟁자 등은 산업의 글로벌화 잠재력을 높일 뿐만 아니라 기업들로 하여금 국제경쟁전략 수단에 의한 대응 필요성을 증대시킨다.

산업 내 글로벌화의 잠재력에 대하여 충분히 이해하는 것은 효과적인 국제경쟁

그림 9-9
글로벌화를 촉진하는 잠재요인

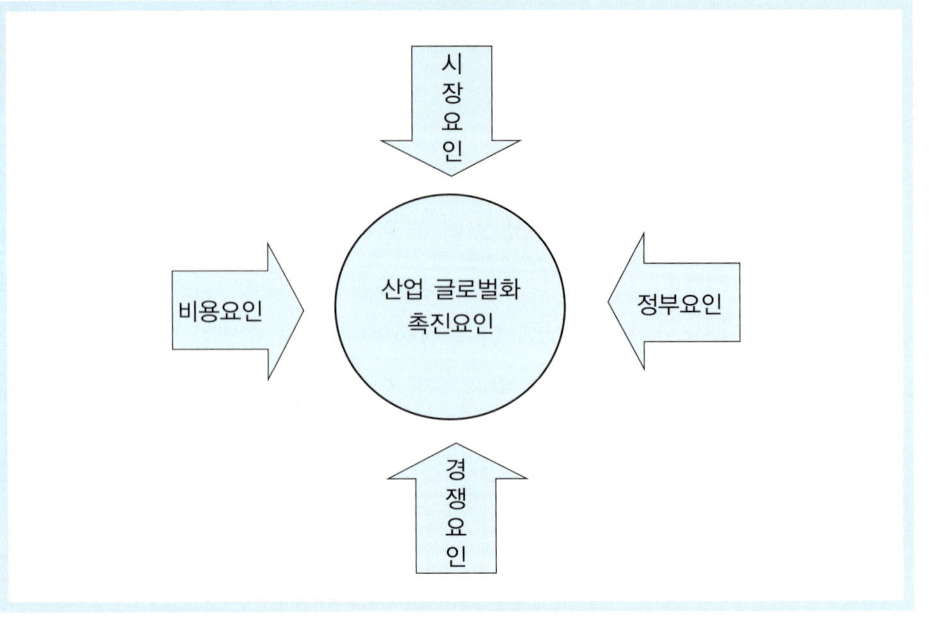

자료 : G. S. Yip(1995), *Total Global Strategy*, p. 11에서 발췌함.

전략을 개발하기 위한 출발점이 된다. 이러한 글로벌 잠재력을 진단하는 데 있어서 경영자들은 다음과 같은 사항에 유의해야 한다고 입(G. S. Yip)은 주장하고 있다.[11]

① 어떤 산업이 이미 글로벌화되어 있다 또는 아니다를 먼저 가정해서는 안 된다. 어떤 산업이든 일정 관점에서는 글로벌화 잠재력을 지니고 있으며, 또 다른 관점에서는 아닐 수도 있다.

② 서로 다른 잠재적인 글로벌화 요인들이 상이한 방향으로 영향을 미칠 수 있다. 즉, 어떤 것은 글로벌화를 촉진하지만, 다른 것들은 글로벌화를 어렵게 만들기도 한다.

③ 기업들은 글로벌화를 촉진하는 요인을 고려하여 국제경쟁전략을 수행함으로써 산업 글로벌화를 촉진하는 요인에 대하여 적절히 선택적으로 반응할 수 있다.

④ 글로벌화 잠재력의 수준은 동태적이며 시간에 따라 변한다.

⑤ 산업 글로벌화 요인은 범세계적인 관점에서뿐만 아니라 지역적 혹은 대륙적인 관점에서도 찾을 수 있다.

⑥ 산업 내 경쟁자들은 스스로 글로벌화 요인들에 영향을 미칠 수도 있다. 이러한 산업 내 글로벌화 요인의 변화를 주도하는 경쟁자들이 주로 글로벌화에 따른 효과를 선점하는 경우가 많다.

쉬어갑시다

일본에서의 코닥사의 실수와 극복

1980년대 들어오면서, 코닥은 미국과 유럽에서 오랫동안 우위를 지켜오던 카메라 필름에서 고전하게 되었다. 새로운 글로벌경쟁자로 등장한 후지필름의 거센 공격 때문이었다. 코닥은 이에 대하여 원가절감과 가격인하로 맞섰지만 결국 이윤과 수익성에 있어서 상당한 대가를 지불해야 했다.

코닥은 우수한 품질, 세계적인 인지도, 유통채널 등을 경쟁우위로 하여 세계시장에서 성장해 왔다. 즉, 코닥은 글로벌한 시장참여, 글로벌하게 표준화된 제품라인, 효율적이며 집중화된 생산활동, 그리고 매우 독특하고 인상적인 제품포장을 바탕으로 글로벌마케팅 등을 펼쳐왔다.

그러나 코닥의 국제경쟁전략은 몇 가지 약점을 가지고 있었다. 첫째, 코닥은 글로벌하게 시장에 참여했지만, 글로벌한 의미에서 몇몇 전략적인 국가를 무시했다. 예컨대, 일본은 잠재적인 글로벌 경쟁자인 일본기업들의 국내 시장일 뿐만 아니라 세계적으로 가장 까다로운 고객들이 있기 때문에 국제경쟁전략의 관점에서 매우 중요했다.

그러나 코닥은 일본을 단지 단일기준(stand - alone)에 따라 평가하여 주요 투자국가에서 제외하였다. 그래서 코닥은 일본시장에 거의 투자하지 않았고, 일본의 무역업체에 의존하여 현지 유통만을 수행해 나갔다.

결과적으로 코닥의 핵심전략은 일본고객의 요구를 만족시키지 못했다. 예를 들어, 1984년까지 포장에 일본어를 인쇄하지 않았으며 일본고객이 원하는 종류의 제품을 제공하지도 않았다. 일본시장에 대한 이러한 무시는 결과적으로 후지필름이 코닥에 대항할 만큼 강력해질 때까지 거의 도전받지 않고 성장할 수 있도록 했다.

1980년대 초반까지 후지필름은 일본시장의 70% 이상을 장악한 반면, 코닥의 시장점유율은 단지 몇 퍼센트에 불과했다. 글로벌하게 통합된 경쟁전략의 관점에서 볼 때, 코닥은 두 번째 실수를 했다. 코닥은 공격을 받았던 국가들 내에서만 후지필름의 도전에 대해 방어했다. 열심히 가격을 내리고 판매를 촉진했지만 결과적으로 자신에게 더 커다란 피해를 주었다.

마침내 1984년이 되어서야 코닥은 국제경쟁관점에서의 대응, 예컨대 우회적 반격과 일본 내에서의 시장참여 증대를 함께 수행해야 한다는 것을 깨닫게 되었다. 코닥은 경쟁자의 국내시장인 일본 진출을 결정하고, 5억 달러를 투자해서 유통망을 개선하고(유통업자와 합작회사를 세워서 지배력을 확보), 공급자들의 주식을 취득하고, 판매촉진에 대한 투자를 강화했다. 이러한 대응전략은 효과를 보았다. 후지는 국내시장에서의 이윤이 줄어들게 되었고, 해외에 있던 우수한 관리자들을 본국으로 불러들였으며, 결과적으로 후지필름의 국제경쟁우위가 줄어들었다. 그 결과 1990년까지 코닥은 일본의 아마추어 사진 필름시장에서 15%의 시장점유율을 기록했다.

http://www.kodak.com

한편, 글로벌화 촉진요인들은 포터(M. E. Porter) 교수가 제시하고 있는 산업의 수익성을 결정하는 5가지 요인들과 서로 밀접하게 연결되어 있기도 하다. 하지만 대부분의 경우 산업의 글로벌화가 촉진될수록 산업내 경쟁의 강도는 높아지지만 어떠한 산업요인에 의하여 글로벌화가 촉진되었는가에 따라 신규사업과 진입위협 및 기존경쟁자간의 경쟁에 대한 구체적 영향이 각각 다르게 나타날 수 있다. 따라서 산업의 글로벌화 요인이 산업의 수익성을 결정하는 요인들에 미치는 효과를 개별적으로 살펴보아야 할 것이다. 다시 말해서, 앞서 살펴본 두 가지 경쟁력 요소에 대한 영향 외에도 산업의 글로벌화는 대체품, 구매자의 교섭력, 공급자의 교섭력에 대하여 상대적인 영향을 미친다.

무엇보다도 포터 교수의 주장에 따르면, 글로벌화는 산업경쟁력 구성요소에 영향을 줄 뿐만 아니라 경쟁관계에 대처하기 위하여 기업들에 의해 추구되는 기본적 전략에도 많은 영향을 주는 것으로 알려지고 있다. 예컨대, 폐쇄적 내수산업에서는 기업들이 비교적 관대한 소비자와 약한 경쟁자에 익숙해져 안주할 수도 있다. 그러나 개방적인 글로벌산업에서는 경쟁에 잘 단련된 새로운 기업이 도처에서 나타날 위험이 도사리고 있기 때문에 국내시장에서의 훈련이 더욱 중요해진다. 따라서 글로벌화 산업요인이 신규진입위협이나 기존 경쟁자 사이의 관계에 어떤 영향을 주는가 하는 것을 제대로 이해하는 것이 글로벌경쟁 속에서 기업들이 살아남을 수 있는 필수요건이 되고 있다.

국제경쟁전략의 수행

여기서는 어떻게 국제경쟁전략 모델을 적용하고 이에 필요한 분석들을 수행할 것인지에 대해 살펴보자.

무엇보다도 미래 글로벌경영자들이 당면하게 될 가장 큰 도전 중 하나는 국제경영전략을 수립하고 실행하는 데 필요한 정보를 획득하는 일이다. 간혹 국가별 차원에서는 한 나라에 관해 충분한 정보를 얻을 수도 있다. 그러나 전세계적으로 공급하려는 제품과 서비스에 관하여 스스로 충분한 정보를 가지고 있는 글로벌기업은 거의 존재하지 않는다.

입(G. S. Yip)은 전사적인 측면에서 국제경쟁전략을 수행하기 위하여 다음과 같은 단계를 거쳐야 한다고 주장한 바 있다.[12]

① 글로벌 팀 조직
② 사업 정의
③ 주요 시장 정의
④ 주요 경쟁자 정의
⑤ 핵심전략 정의
⑥ 진출국가 선택
⑦ 산업 글로벌화 잠재력 분석
⑧ 국제경쟁전략 수단활용의 타당성 평가
⑨ 조직능력 평가
⑩ 글로벌 프로그램 개발

이러한 글로벌경쟁전략 분석은 장기적 혹은 단기적으로 이루어질 수도 있으며, 사업부전체 또는 회사전체를 대상으로 할 수도 있고, 제품의 포장, 디자인 개발이나 글로벌 구매정책의 개발처럼 상당히 한정된 과제에 한하여 수행될 수도 있다. 이제부터 이를 개념화단계와 구체화단계로 나누어 살펴보기로 하자.

국제경쟁전략 수행의 개념화단계

글로벌 팀조직

글로벌전략의 성공적인 수행에 반드시 필요한 것은 각기 다른 기능부서와 지역부서의 경영자들을 함께 참여시키는 것이다. 따라서 글로벌전략 분석에 어떤 사람들을 참여시키는가 하는 것은 매우 중요한 결정사항이 된다. 대체로 글로벌 팀은 해외사업 총책임자, 관련 사업분야의 고위경영자, 사업부가 아닌 전체 기업차원

그림 9-10
글로벌 경쟁전략 분석의 절차

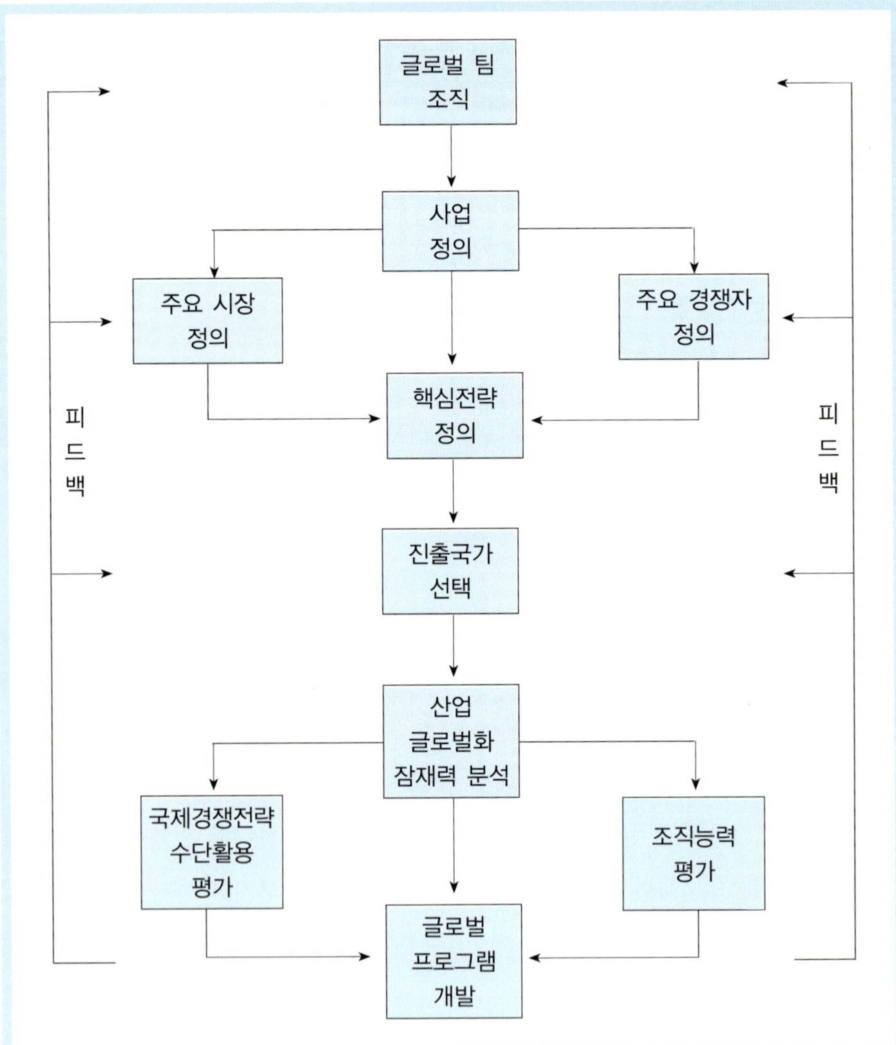

자료 : G. S. Yip, (1995), *Total Global Strategy*, p. 218에서 발췌 · 수정함.

에서의 고위경영자(senior corporate executive), 주요 지역이나 국가의 총책임자, 주요 기능부서의 총책임자 등과 같은 사람들 중에서 선발된다.

글로벌 팀의 선정은 가능한 한 회사의 경영진에 의해서 이루어지는 것이 좋으며 회사의 최고경영자가 이들을 선정하는 것이 가장 바람직하다. 최고경영자는 참여자들에게 해당 작업의 중요성을 강조하고 이 작업에 의해 기대되는 결과에 관하여 미리 귀띔해 줄 수도 있다.

사업 정의

글로벌 팀의 총책임자는 글로벌 팀을 조직하기 이전에 어떤 종류의 사업을 대상으로 작업할 것인가에 대해 구체적인 아이디어가 있어야 한다. 사업을 정의하기 위해서는 팀원들의 의견을 많이 수용해야 한다. 글로벌전략 분석의 대상이 되는 사업을 정의하는 것은 기업의 사업 전체를 대상으로 하는 것보다 특정사업을 선택하는 것이 더욱 효과적이다. 이렇게 특정사업을 선택하는 것은 그 분야에서 얻은 분석경험이 보다 광범위하게 전개될 미래사업 분석에 쉽게 응용될 수 있기 때문이다. 사업을 정의하는 데에 있어서 또 다른 중요한 점으로는 실제적인 또는 잠재적인 대체상품과의 경쟁을 고려하여 사업의 범위를 충분히 넓게 정의해야 한다는 것이다.

주요 시장 정의

글로벌 팀은 자료를 수집하는 데 드는 시간과 비용, 혹은 정보과잉의 문제 때문에 이미 사업을 운영하고 있거나 새로 진출할지 모르는 모든 국가들에 관한 정보를 수집하고 분석할 수가 없다. 이에 대한 한 가지 해결방법은 분석을 두 단계로 나누어, 먼저 지역별로, 다음은 지역 내의 국가별로 분석하는 것이다.

지역에 따른 분류는 비교적 쉽다. 가장 일반적인 지역분류로는 북미, 남미, 유럽, 극동 또는 태평양 지역 등으로 나눌 수 있다. 지역분류를 기업의 현행 조직형태(지역구분)에 맞추어 정하는 것이 비록 올바른 접근방법은 아닐지라도 가장 실용적인 방법임을 인정해야 한다. 한편, 지역 내에서 개별국가들을 선택할 때는 앞서 언급했던 것처럼 국가의 정의를 융통성 있게 적용해야 한다. 예를 들어, 베네룩스 또는 스칸디나비아를 하나의 국가로 정의할 수 있다.

지역분석과 마찬가지로 국가차원의 분석에서도 가장 중요하다고 여겨지는 국가들만 선택해야 한다. 가장 중요한 국가라 함은 가장 큰 시장을 가진 국가, 기업이 가장 크게 사업을 벌이고 있는 국가, 또는 국제경영전략 차원에서 중요한 국가 등을 들 수 있다. 시장분석을 글로벌과 지역별 두 가지로 나누는 것은 한 차례에 너무 많은 지역을 고려해야 하는 단점을 줄일 수 있게 해준다. 한편, 이렇게 선정된 지역/국가들은 비교 차트를 통해 한 도표상에 모두 모아서 검토해 보는 것이 바람직하다.

시장진입 결정을 하기 위해 개별국가들을 분석하려면 많은 양의 정보가 수집되어야 한다. 그러나 주요 시장을 정의하는 단계에서는 훨씬 적은 정보로도 분석이 가능하다. 각 국가를 분석하는 데 기본적으로 필요한 정보들로는 시장의 크기(물량 및 금액), 제품수명주기상의 단계, 글로벌경쟁자의 수, 지역 내 경쟁자의 수, 현지 경쟁자의 수, 해당 산업이나 제품의 수출률, 현지 생산규정, 임금, 정부 구매 비중, 현지 기업과 외국인 기업에 대한 세율, 해외기업의 소유권 허용 비율 등이 있다.

주요 경쟁자 정의

시장분석에서 모든 국가들이 분석될 수 없듯이 경쟁자 모두를 분석할 수는 없고, 또 그렇게 할 필요도 없다. 따라서 가장 중요한 경쟁자를 집중적으로 분석하는 것이 바람직하다. 이러한 경쟁자들의 예를 들면 다음과 같다.

① 북미, 유럽, 아시아 지역 모두에서 높은 시장점유율을 지니고 있으며 동시에 적어도 5% 이상의 세계시장 점유율을 가지고 있는 글로벌경쟁자(산업의 특성상 주요 지역이 위에서 언급한 주요 지역과 차이가 있는 경우 이러한 정의는 거기에 맞게 수정되어야 한다.)

② 글로벌경쟁자가 아닐지라도 주요 선진국과 지역 현지의 최대기업

③ 잠재적인 글로벌경쟁자

만약 가능하다면 이러한 경쟁자들은 10여 개 정도 선택되어야 한다. 주요 경쟁자들의 목록은 정보분석의 체계적인 도구로 사용하기 위해 주요 시장 목록과 결합하는 것이 좋다.

핵심전략 정의

국제경쟁전략 분석을 수행하면서 글로벌 팀의 구성원들은 때때로 해당 사업의 핵심전략이 무엇인지 모르는 경우가 많다. 따라서 글로벌 팀이 전략 수립의 절차에서 기업의 사업전략을 검토하는 것은 꼭 필요하다. 이 작업을 수행하는 가장 좋은 방법은 본사와 해외자회사의 책임자들이 함께 모여 핵심전략을 논의하고 기술해 보는 것이다. 이러한 작업은 두 가지 이점을 줄 수 있다.

첫 번째 이점은 핵심사업전략이 문서상으로 정리되어 있지 않을 경우, 이러한 작업이 그 동안 드러나지 않았던 기업의 핵심전략을 가시화시킬 수 있다는 것이며, 각 지역 또는 국가 책임자들로 하여금 핵심사업전략을 규정하게 함으로써 얻을 수 있는 두 번째 이점은 각 지역, 국가 간의 상이한 점들을 확인할 수 있다는 것이다.

한편, 핵심전략의 정의는 사업의 정의, 전략적 목표, 재무적 목표, 경쟁우위의 원천, 전략요소, 부가가치활동, 경쟁전략 등과 같은 내용들을 포함한다.

국제경쟁전략 수행의 구체화단계

진출국가 선정

진출국가의 선택은 국제화와 글로벌화과정에 있어서 가장 중요한 요소 중 하나이다. 또한 분석기법들이 특별히 유용하게 사용될 수 있는 분야이기도 하다. 일반적으로 진출국가를 선택하는 전통적인 접근방법은 완전히 한 개별국가의 매력도만을 측정하는 것이었다. 그러나 경영자들은 해당국가의 국제경쟁전략 수행 측면에서의 중요성에 대해서도 고려해야만 한다. 그리고, 진출을 고려중인 사업과 이미 진출해 있는 사업과의 시너지효과에 대한 잠재력도 고려해야 한다.

산업 글로벌화 잠재력 분석

산업 글로벌화 잠재력 분석은 다음 두 가지 단계를 통해 이루어져야 한다. 첫 단계에서 글로벌 팀은 그룹토의에서 각종 평가지표들을 사용하여 기초적인 평가를 할 수 있다. 이러한 평가들이 이루어진 후, 다음 단계에서 국가별 경영자와 참모진들이 수정할 수 있다.

다음으로 글로벌 팀은 산업 글로벌화 요인이 어떻게 국제경쟁전략 수단을 이용할 기회를 제공하는지 확인해야만 한다. 예를 든다면, 글로벌 소비자에 대한 분석이 글로벌 마케팅수단의 사용에 대하여 어떠한 시사점을 제공해 주는가 하는 것이다.

국제경쟁전략 수단활용의 타당성 분석

글로벌전략 수단들을 활용할 것인가를 결정하기 위해서는 국제경쟁전략 수단의 현재와 미래 사용 가능성을 분석하는 것이 필요하다. 국제경쟁전략 수단의 잠재적인 사용 가능성을 판단하는 데는 다음과 같은 기본적인 3가지 분석이 도움을 줄 수 있다.

① 글로벌경쟁전략을 사용함으로써 잠재적으로 얻을 수 있는 이익에 대한 분석
② 산업의 글로벌화 요인 분석
③ 경쟁자의 행동분석

여러 가지 분석적이고 시각적인 기법들이 각종 글로벌시장 진입, 글로벌 제품과 서비스, 글로벌활동의 배치, 글로벌마케팅, 글로벌경쟁행동, 사업과 경쟁자 요약 등 글로벌전략수단을 분석하는 데 도움을 줄 수 있다.

조직능력 평가

조직과 경영관리 요소는 국제경쟁전략의 개발과 실행에 결정적인 영향을 미친다. 따라서 국제경쟁전략을 효과적으로 수행하기 위해 조직의 능력을 평가하고 변화가 필요한 부분을 분석하는 것은 매우 중요한 작업이다.

일반적으로 이러한 과정은 본사나 자회사 경영자들과의 인터뷰, 그룹토의, 조사(survey) 등을 통해서 얻을 수 있다. 이러한 정보수집과정에서 글로벌 팀은 문제점에 관련된 정보뿐만 아니라 가능한 해결책도 찾아야 하다. 또한 팀에 의해 제시된 해결방안에 대한 반응도 테스트해 보아야 한다. 최상의 해결점을 찾기 위해 글로벌 팀원들은 동일 산업이나 유사한 산업의 기업에서 행하고 있는 국제경쟁전략을 지표로 하여 벤치마킹을 하는 것도 좋다.

9장 요약

- 경쟁에서 이기기 위해서는 본원적 경쟁전략을 이해해야 하는데, 포터(M.E.Porter)는 기업의 본원적 경쟁전략은 그 기업이 속한 산업의 경쟁상태에 의존한다고 주장하며, 산업 내에서 자신의 위치를 지키며 경쟁기업을 누르기 위한 본원적 전략을 원가우위전략과 차별화전략으로 구분하였다. 그리고 산업의 경쟁상태를 결정하는 5가지 주요 요인은 잠재적 진출기업의 위협, 기존기업 간의 경쟁정도, 대체상품의 위협, 구매자들의 교섭력, 공급자들의 교섭력으로 구성된다.
- 기업의 국제경영전략은 제품의 표준화, 전세계적인 판매망의 확보, 글로벌 네트워크 조정 및 통합 등 상황에 따라 다양하고 종합적인 관점에서 이해되고 실행되어야 한다. 기업의 국제경영전략에 대해 코굿(Bruce Kogut)은 비교우위와 경쟁우위, 포터(M.E.Porter)는 가치활동의 범세계적 배열과 조정을 통한 범세계적 경쟁전략의 개념으로 접근하였다.
- 글로벌 경쟁의 유발은 글로벌 시장요인, 글로벌 비용요인, 글로벌 정부요인, 글로벌 경쟁요인의 측면에서 찾아볼 수 있다.

주 NOTES

1 | 월간조선 2002. 4월호 참고.
2 | 현대 · 기아차를 합친 대수
3 | 2001년 2월
4 | Michael E. Porter, *Competitive Strategy*, Free Press, 1980.
5 | Sumantra Ghoshal(1987), Global Strategy : An Organizing Framework, *Strategic Management Journal*, pp.425~440.
6 | 동아일보 2004년 1월 18일 참고.
7 | George S. Yip, *Total Global Strategy*, Prentice - Hall, 1995.
8 | Bruce Kogut, Designing Global Strategies : Comparative and Competitive Value - added Chains, *Sloan Management Review*, Summer, 1985.
9 | Michael E. Porter, Competition in Global Industries : A Conceptual Framework, in M. E. Porter(eds.), *Competition in Global Industries*, Harvard Business School Press, 1986.
10 | G. S. Yip. *op. cit*.
11 | *Ibid*.
12 | *Ibid*.

10 국제협력전략

기술의 변화, 고객 욕구의 변화, 경쟁의 심화 등으로 급변하는 불확실한 사업환경에서 한 기업이 자체의 역량만으로 기업의 성장전략을 추구하기란 쉽지 않다. 이로 인해 최근 들어 경쟁사를 포함한 타사와의 협력 전략을 구사하여 해당 기업이 소유하고 있지 않은 자원을 타기업으로부터 흡수하여 성장을 모색해 나가는 경향이 두드러지게 나타나고 있다.

특히 세계경제의 글로벌화와 더불어 기업들 사이에서 이제는 국경을 넘어선 범세계적인 경쟁이 일상화되고 있는 실정에서 기업의 협력전략은 생존과 발전에 있어 필수적인 요소로 자리하게 된 것이다. 본 장에서는 이러한 국제협력전략을 전략적 제휴의 개념과 내용을 중심으로 구체적으로 살펴보고 성공적인 국제협력전략을 구축하는 방안에 대해 모색해보고자 한다.

학습목표

- 국제협력전략이 중요하게 된 배경은 무엇인가?
- 국제협력전략의 구체적인 개념은 어떠한 것인가?
- 성공적인 국제협력전략의 수립과 실행과정의 특징은 무엇인가?

국제 항공운송제휴 : 스카이팀[1]

스카이팀의 개요

스카이팀은 델타항공(Delta Airlines)과 에어프랑스(Air France) 간의 양자간 전략적 제휴에서 시작하여 아에로 멕시코(Aeromexico)와 대한항공(Korean Air Lines)의 참여로 2000년 6월 22일 발족한 항공운송산업의 글로벌 네트워크이다.

기존의 스타 얼라이언스(Star Alliance)나 원월드(Oneworld) 같은 다른 글로벌 네트워크와는 차별화되게 여객뿐 아니라 화물부문에서도 최초로 회원사 간 글로벌 네트워크를 구축한 동맹체이기도 하다. 2001년에는 동유럽 및 러시아지역에서 많은 네트워크를 가지고 있는 체코항공(CSA Czech Airlines)과 민영화과정중에 있는 알이탈리아(Alitalia)를 정식 회원사로 받아들여 현재는 6개의 회원사로 구성되어 있다.

특히 스카이팀은 판매와 마케팅 프로그램에 대한 접근을 개발하고 상호간 협정을 확장하기 위해 에어 프랑스, 알이탈리아, 체코항공이 델타항공과 함께 미 교통부로부터 대서양노선에 있어 반독점면제를 2002년 1월에 승인을 받았으며, 2002년 3월에는 대한항공과 델타항공이 공동으로 태평양노선에 대해 반독점면제[2]를 승인을 받음으로 대서양과 태평양노선 모두에서 반독점면제를 승인받은 유일한 글로벌 네트워크이다.

글로벌 네트워크의 비젼 및 목표를 추진하기 위한 스카이팀의 조직은 최고 의사결정기구서로 각 사의 최고경영층으로 구성된 집행위원회(Alliance Governing Board)와 각 회원사 국제업무 얼라이언스 담당 중역으로 구성되어 AGB의 지시를 수행하고 정책과 절차를 결정하며 working group의 활동을 지도 감독하는 ASC(Alliance Steering Committee), 그리고 실제 현장업무를 책임지며 부과된 과제를 수행하기 위해 구성된 covering communication, human resources, product, network, synergies, IT, safety/security, sales, performance management, cargo 등의 분야별 working group이 있다.

현재 스카이팀은 항공운송산업 내에서 다른 글로벌 네트워크에 비해 규모가 적은 편이나 최근 미국 교통부가 미국 내 3, 4, 5위 항공사인 델타와 노스웨스트, 콘티넨털의 코드셰어링을 승인함에 따라 이들의 스카이팀 가입이 예상되고 있으며, 유럽 내 4위 항공사인 KLM이 에어프랑스와 합병을 발표함에 따라 자연스럽게 네트워크에 합류할 것으로 전망된다. 그럴 경우 RPK[3] 기준으로 2위 네트워크인 원월드를 뛰어 넘어 스타 얼라이언스와 대등한 위치에 서게 된다.[4]

이와 같이 스카이팀은 다른 네트워크와는 달리 외형의 확대보다는 후발진입자로서 선발진입자를 따라 잡기 위해 시스템 통합을 통해 회원사들이 실질적으로 하나의 항공사처럼 운영하여 외부환경에 빠르게 대처하기 위한 네트워크의 질(quality)을 중요시하고 있다.

표 1
스카이팀 현황

(2002년 말 기준)

구분	가입년	RPK(백만)	승객(천명)	수입(백만$)	직원수(명)	비행기(대)
아에로멕시코	1999	13,308	8,799	1,353	6,634	67
에어프랑스	1999	96,802	38,045	13,702	59,241	248
알이탈리아	2001	29,836	21,988	4,869	22,948	175
체코항공	2001	4,184	3,061	435	4,452	31
델타항공	1999	152,661	89,868	13,305	76,273	579
대한항공	2000	41,801	22,172	5,206	17,864	119

자료원 : Airline Business, July 2003 & ATW' s World Airline Report, July 2003
주 : 직원수는 2001년말 자료, 비행기수는 2002년 6월 자료임

스카이팀의 글로벌 네트워크 형성 동인

스카이팀이 후발주자로서 글로벌 네트워크를 형성하게 된 동인은 항공운송사업의 특성에 기인하며, 이는 여타 글로벌 네트워크의 동인과 유사한 측면이 있다. 글로벌 네트워크를 형성하게 된 동인은 〈그림 1〉과 같다.

그림 1
스카이팀의
네트워크 형성 동인

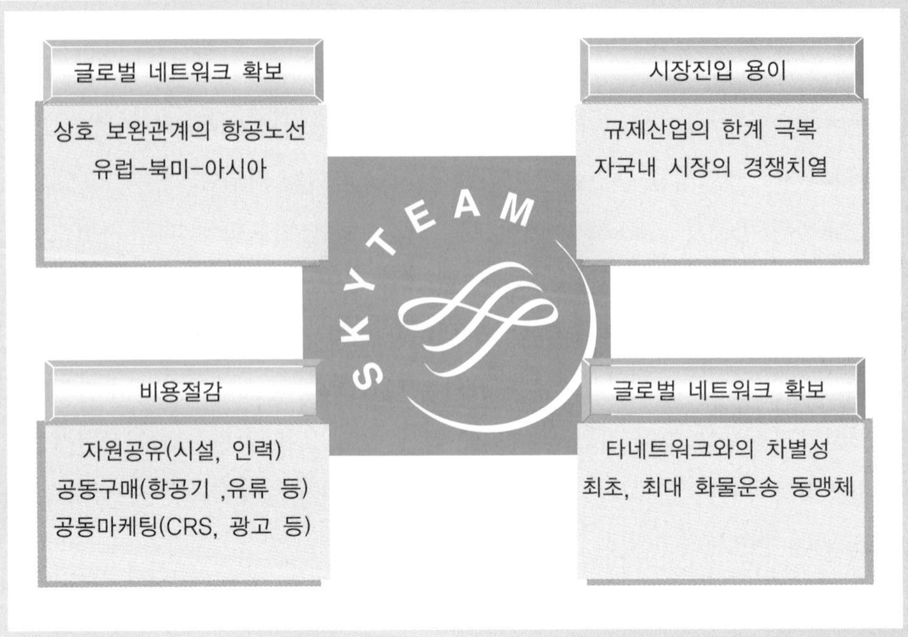

스카이팀의 글로벌 제휴에 있어서의 3C분석

De la Sierra는 일반적으로 전략적 제휴에 있어서 제휴당사자간의 양립가능성(compatibility)과 능력(capabilities), 그리고 몰입(commitment)이라는 3C가 제휴성공에 있어 중요한 요소로 작용한다고 주장하였다.[5]

우선, 전략적 제휴는 지역적, 기술적, 제품별 중복이 없을수록 성공가능성이 훨씬 높다. 만일 파트너간 동일한 지역에서 높은 시장점유율을 갖고 있을 경우, 이런 제휴관계는 종종 경쟁적인 갈등을 겪게 된다. 지역적, 기술적, 제품별 시장의 중복이 없을 때 제휴가 성공할 가능성이 높다는 것은 3C 중 첫 번째 조건인 제휴당사자들 간에 이해관계가 상충되지 않는 양립성의 문제를 나타내는 것이다. 중복이 없을수록 서로 이해관계의 갈등을 피할 수 있기에 제휴 파트너 모두 성공을 위해 매진할 수 있기 때문이다. 스카이팀은 전술한 바와 같이 항공운송산업에서 가장 수요가 많은 3대 시장 즉, 북미(델타)-유럽(에어프랑스)-아시아(대한항공)에 걸쳐 제휴를 형성하였다. 이와 같이 다양한 지역적 분포를 지니고 있는 스카이팀은 네트워크 제휴사간 시장의 중복을 피하고, 취약한 시장에 대한 네트워크를 상호 보완하여주는 완벽한 모습을 보여주고 있다. 이러한 면에서 본다면 위의 연구

결과에 있어서 스카이팀은 성공가능성이 높다 할 수 있겠다.

둘째, 강한 기업간의 제휴가 강자와 약자간의 제휴보다 성과가 높다. 많은 기업들은 종종 제휴의 주도권을 확보하기 위해 자신보다 규모나 핵심능력면에서 떨어지는 약한 기업을 선호하여 제휴관계를 맺었다. 이러한 제휴관계는 많은 경우 실패를 하였다. Bleeke과 Ernst의 연구에 따르면 제휴 파트너 쌍방이 기술이나 재무구조측면에서 건실할 때의 성공확률은 67%에 달한 것에 비해, 한쪽만이 강하거나 아니면 파트너 당사자 모두 약할 경우에 제휴가 성공할 확률은 33%에 불과하였다. 이렇게 강자간의 제휴가 더 성공적인 이유는 제휴의 근본적인 동기가 자신의 약점을 보완하고 자신의 강점을 더욱 증가시키는데 있기 때문이다. 시장에서 약자인 기업은 그 분야에서 핵심역량을 보유하지 못하였기 때문에 약자가 된 것이다. 따라서 약자인 기업이 제휴파트너에게 제공할 수 있는 핵심역량 역시 보잘 것 없게 된다. 이와 같이 강자와 약자 간의 제휴가 실패하기 쉽다는 것은 제휴 파트너를 선정할 때 두 번째 조건인 핵심역량 또는 능력의 문제이다.[6]

스카이팀 각 항공사의 시장포지션은 아에로멕시코를 제외하고는 모두 각 대륙 내에서 3위 안에 드는 항공사이다. 즉 지역시장을 주도하며 선도하는 위치에 있는 항공사들이다. 특히 전세계 여객수송률에서 델타는 3위, 에어프랑스는 7위, 대한항공은 20위에 랭크되어 있고, 이들이 차별화한 화물수송률에 있어서도 대한항공이 5위, 에어프랑스가 6위 델타항공이 20위를 차지할 만큼 지역시장뿐 아니라 전세계 시장에서도 마켓리더로서의 역할을 충분히 하고 있다. 이러한 기업들의 강점으로 파트너 항공사의 약점을 보완하여 네트워크의 핵심역량을 보유할 수 있는 네트워크가 스카이팀이다. 이와 같이 스카이팀은 두 번째 연구결과에 있어서도 성공가능성이 높은 제휴라 할 수 있겠다.

셋째, 제휴 파트너들의 지분율이 동등할 때가 불균등할 때의 제휴보다 성공할 확률이 높다. 바꾸어 말하면 제휴 파트너간의 의무와 권리가 서로 동등하여야 한다는 의미이다. 이것은 제휴파트너에 비해 지분을 더 많이 소유한 기업은 제휴에서 의사결정을 자신이 독점하려는 경향을 보이거나 상대파트너의 이익에 반해서 자신만의 이익을 더 챙기려는 경향이 있기 때문이라고 한다. 이와 같이 지분을 많이 가진 기업이 의사결정을 독점하고 자신의 이익만을 추구할 때, 상대편 파트너 기업은 열심히 노력하기 보다는 수동적으로 끌려다니거나 제휴가 자신에게 별다른 도움이 안 된다는 것을 깨닫고 제휴를 끝내려고 한다. 결과적으로는 제휴에 참

표 2

실증분석 결과와 스카이팀의 3C

3C	실증분석 결과	스카이팀
양립성	지역적, 기술적, 제품별 중복이 없을수록 제휴의 성공가능성이 높다	다양한 지역 분포 (북미, 아시아, 유럽)
능 력	강한 기업간의 제휴가 강자와 약자 간의 제휴보다 성과가 높다	지역별 시장 선도자 (선도자 3 : 추종자 1)
몰입성	파트너 간 의무와 권리가 동등할 때가 그렇지 않은 제휴보다 성공확률이 높다	규모와 관계없이 동등한 의무와 권리

가한 기업 모두 실패를 경험하게 되는 것이다. 균등한 소유구조의 제휴가 더 성공하기 쉽다는 것은 몰입성과 관련된다. 즉, 소유권이 불균등하게 규정되어 있을 경우, 소유권에서 열세에 있는 기업은 제휴를 성공적으로 이끌어 가기 위해서 열심히 일하려 하지 않을 것이기 때문이다. 오히려 균등하게 소유권을 보유하고 있을 때 제휴는 더 성공하기 쉽다.

앞서 설명한 바와 같이 스카이팀은 회원사 상호간 수평적 관계에서 규모와 능력에 상관없이 네트워크에 대해 동등한 의무와 권리를 지니고 있다. 연구 결과에 따르면 퀄리플라이어와 같이 파트너간 지분율이 동등하지 않고 상호 지배자와 피지배자의 관계를 가진 네트워크는 실패를 하게 된다. 실제로 퀄리플라이어는 실패를 하여 이제는 존재조차 없다. 각 항공사 경영층이나 담당중역 또는 실무자들이 스카이팀의 한 구성원이 되어 동등하게 사무국을 구성하고 정기적인 모임을 통해 의사결정을 하는 구조는 지극히 평등하고 합리적인 방법이다. 세 번째 연구 결과를 통해서도 스카이팀은 성공가능성이 있는 네트워크로 구분해 볼 수 있다.

http://www.skyteam.com

토의과제

- 최근 국제 전략적 제휴는 기존 개별 기업간 제휴에서 여러 기업들이 모인 집단 간 제휴로 그 추세가 변화하고 있다. 이와 같은 맥락에서 대한항공의 Skyteam제휴의 타당성을 평가해 보시오.
- 기업이 전략적 제휴를 맺는 데 있어 고려해야 할 요소로 3C(Compatibility, Capability, Commitment)를 들 수 있다. 이 중 대한항공의 Skyteam제휴가 앞으로 지속되기 위해 가장 중요한 요소는 무엇인가?

국제협력전략의 이해 : 전략적 제휴(Strategic Alliance)의 개념 중심으로

전략적 제휴란 경쟁관계에 있는 기업들 간의 특정 사업 및 업무 분야에 걸쳐 협력관계를 맺는 것을 말한다. 예컨대, 전략적 제휴는 제휴선 간의 상호 보완적인 제품, 시설, 기능 및 기술을 공유하고자 하는 목적을 띤 일련의 벤처(venture)성격을 갖는다. 전략적 제휴가 갖는 속성은 다음과 같이 요약할 수 있다.[7]

첫째, 책임의 공유(shared responsibility)이다. 제휴의 본원적 속성은 위험과 성과의 공유에 있다. 일반적으로 각 제휴사는 자신이 정책결정에 참여하고 공헌한 만큼에 대해서만 위험과 성과를 분담하는 것을 원칙으로 한다.

둘째, 개별 구성원의 독자성(identity)을 유지하는 속성을 지닌다. 제휴는 제휴사 업무영역의 일부분만 관련된다. 즉, 각자의 독자성을 그대로 유지하면서 제휴에 참여하게 된다. 그러나 실제적으로 제휴에 관련된 업무영역과 그렇지 않은 부분을 구분짓기란 매우 모호하다.

셋째, 자원의 지속적 이전이 가능하다. 제휴사들이 프로젝트에 자금, 기술, 인력 등의 자원을 지속적으로 투입해야 한다. 제휴사업을 지속하는데 있어 자원의 종류, 사용방법, 이전비용의 결정 등에 대한 제휴사 간의 합의가 이루어져야 한다.

넷째, 시너지(synergy)창출 효과가 기대된다. 제휴는 제휴사 간 자원을 공유함으로써 보다 큰 가치를 창출하는데 그 목표를 둔다. 즉 규모의 경제, 범위의 경제, 학습의 경제효과를 누리고자 하는 데 제휴의 목표가 있다.

다섯째, 제휴 프로젝트의 개별성을 들 수 있다. 제휴의 독특성은 잘 정립되고, 실현 가능한 구체적인 목표에 있다. 즉 어떤 단일 제휴 프로젝트가 또다른 하위 프로젝트(sub-project)로 분리되어서는 안 된다.

여섯째, 연락기능(liaisoning skills)이 강조된다. 전략적 제휴에 있어서는 지분 공유와 의사결정 과정에서 일어날 수 있는 제휴사 간의 충돌을 사전에 방지하고, 이를 원만하게 다룰 수 있는 연락 및 조정기능이 중요시된다.

전략적 제휴의 이론적 접근방식

전략적 제휴에 대한 연구자들의 견해는 거래비용 경제학의 관점, 경쟁전략적 관점, 자원준거관점, 정치경제학적 관점, 사회적 교환이론 관점, 학습이론적 관점 등으로 나뉘어질 수 있다.

전략적 제휴를 설명하는 여러 가지 이론적 관점 중에서도 전략경영분야의 관심은 주로 거래비용이론, 경쟁전략적 관점, 그리고 조직이론적 관점에 집중되어 왔다. 그러므로, 본 장에서는 기업 간의 협력적 관계에 대한 언급을 위해 거래비용 경제학적 관점, 전략경영 관점, 조직학습이론 관점 등 세 가지 이론적 관점에서 설명하고자 한다.

거래비용 경제학적 관점

전략적 제휴에 관한 거래비용 경제학적 관점의 설명은 한 기업이 다른 기업들과의 경계에서 일어나는 활동들을 어떻게 구성해야 하는가에 집중되어 있다. Williamson은 기업은 생산량과 거래비용의 최소화라는 기준에 의해 거래방법을 선택한다고 주장한 바 있다.[8] 그에 의하면 기업의 생산설비 규모와 학습, 그리고 배타적으로 소유할 수 있는 지식 때문에 생산비용은 기업에 따라 달라진다. 거래비용은 계약서의 작성과 거래의 추진, 협상의 과정이나 상황적 문제에 의해 발생하는 비용과 거래상대와의 관계를 안정화시키고 거래를 관리하는 데 드는 모든 비용을 말한다.

다시 말해서 거래비용이론은 경제적 분석의 단위를 거래로 한정하고 거래에 따른 비용, 즉 거래비용을 최소화하는 데 주된 관심을 두고 있다. 거래의 극단적인 유형은 시장에서의 조달과 기업 내부에서의 조달로 나뉘어지고, 이 양극단 사이에서 일어나는 의사결정문제의 근거는 바로 거래비용이 된다.

Williamson은 거래가 시장에서가 아니라 기업 내부에서 이루어지는 조건을 보여 주기 위하여 시장거래 실패의 기본모형을 제시하기도 했다. 이는 인간행동의 제한된 합리성(bounded rationality)과 기회주의적(opportunistic)행동으로 인해 "거래당사자의 수가 많지 않은 협상"이 시장에서 행해질 경우 거래비용이 증가하기 때문에 기업으로 내부화하는 것이 경제적으로 효율적이라는 것이다.

Williamson이 제시한 인간행동의 특성 중 제한된 합리성은 인간의 인지적 한계를 말하는 것으로 신고전경제학의 주장인 인간의 완전한 합리성과는 큰 차이를 보인다. 제한된 합리성이 의미하는 것은 경제주체들이 의도적으로 합리적이려고 하지만 그 합리성은 제한적일 수밖에 없다는 것이다. 또 기회주의적 행동은 인간의 사리추구 경향중 가장 강한 것으로 "속임수로 사리를 추구하는 것"을 말한다.

이러한 경제적 실체에 대한 행태적 가정은 세 가지 기본적인 결과를 가져온다. 첫째로 제한된 합리성에 의해 모든 복잡한 거래는 어쩔 수 없이 불완전하며 거래쌍방을 조율할 수 있는 복잡한 과정들은 수행될 수 없다. 둘째로 기회주의에 의해 거래를 약속으로 신뢰하는 것은 위험을 내포할 수밖에 없다. 셋째로 제한된 합리성 위에서 효율성을 추구하고 기회주의에 의해 비롯되는 위험으로부터 거래를 보호함으로써 가치의 부가가 가능하다. 거래비용이론은 행태적 가정으로부터 나타나는 위의 기본적인 결과 중에서 세 번째 결과에 의해 의미를 가진다고 할 수 있다.

거래비용이론의 관점에서 전략적 제휴는 시장과 기업 내부라는 거래형태의 중간에 위치한 혼합형(hybrid)거래형태라고 할 수 있으며, 장기계약이나 프랜차이싱, 합직투자 등 여타의 거래형태가 혼합형에 속한다.

자산의 특유성 정도가 무시할 수 있을 정도로 낮고, 따라서 거래의 빈도와 관계없이 표준화된 자산의 거래는 시장을 통한 내부생산이나 내부개발에 의한 조달보다 우월하다. 또 자산의 특유성 정도가 높아 자산의 이전이 어려운 동시에 거래의 빈도가 클 경우는 내부조달이 시장조달보다 우월하다. 혼합형의 거래는 자산의 특유성이 중간정도이며 거래의 빈도가 크고 거래방식이 비표준화된 경우에 효율성의 관점에서 적합하다.

Williamson은 전략적 거래구조를 취함으로써 전략적 이익을 얻을 수 있다고 주장하는데, 모든 경제적 문제는 조직 내외의 변화에 적응하는 문제임을 주장했다. 그에 의하면 조직 외의 변화에 적응하기 위해서는 A형 적응이, 조직 내부의 변화에 적응하기 위해서는 C형 적응이 중요하다는 것이다. A형 적응의 A는 자율성(autonomy)을 의미하며 이는 수요와 공급의 변화가 가격구조에 반영됨에 따라 기업은 자동적으로 산출을 조정함으로써 외적 변화에 적응하게 되는 경우를 말한다. C형 적응의 C는 조정(coordination)을 의미하는데 이는 조직의 내적변화, 즉 외부변화에 적응하기 위해 요구되는 조직 내부의 균형상태를 유지하기 위한 조정 메카니즘을 의미한다.

이러한 맥락에서 시장조달의 경우는 가격구조의 변화에 순응하는 A형 적응이 필요하며, 내부조달의 경우에는 내부화된 시장을 조정하기 위해 C형 적응이 필요하다고 할 수 있다. 또한 전략적 제휴를 포함하는 혼합형 거래에서는 가격구조의 변화에 대한 적응뿐만이 아니라 파트너 간에 공유하는 시장기능을 조정하기 위한 C형 적응이 필요한 것이다.

요약하면 거래비용이론은 전략적 제휴를 혼합형의 거래로 설명하고 있으며 이는 거래의 대상이 되는 자산의 특유성과 거래의 특성, 그리고 행태적 가정에 의해 설명될 수 있다. 결론적으로 거래비용이론적 관점에서는 거래비용을 최소화하고자 하는 경제성 원칙 측면에서 전략적 제휴현상을 설명할 수 있다.

전략경영 관점

경쟁전략론적 관점

거래비용이론과는 다른 측면에서 경쟁전략적 접근 역시 전략적 제휴현상을 설명하는데 유용한 관점을 제공한다. 경쟁전략적 접근의 주된 관심은 기업의 전략적 행위가 기업의 경쟁적 지위에 어떠한 영향을 주는가라는 연구질문에 집중되어 있다. 즉, 거래비용이론에서 말하는 경제적 효율성의 관점에서가 아니라 효과성 또는 파워(power)의 관점에서 전략적 제휴현상을 설명한다.

한편, Williamson은 전략화(strategizing)를 파워(power) 관점의 접근이라고 주장하면서 투쟁(warfare)과 위협(credible threats) 등의 표현을 사용하면서 전략화를 경제적 효율성으로부터 구분하고 있기도 하다.[9]

제휴현상을 전략적 관점에서 설명하는 동기는 여러 가지이다. 물론 제휴현상을 설명하는 데 있어서 거래비용이론과 전략적 행위이론은 몇 가지 공통점을 가지지만 기업이 추구하는 목적에 있어서는 두 이론이 근본적인 차이점을 보인다. 앞서 밝힌 바와 같이 거래비용이론은 생산량과 거래비용을 최소화하는 최적거래유형의 한 대안으로서 전략적 제휴현상을 설명하지만 전략적 행위이론은 한 기업이 경쟁관계에 있는 기업에 대해 경쟁적인 위치를 강화함으로써 이윤을 극대화하는 전략대안의 하나를 전략적 제휴현상으로 설명하고 있다. 그러나 이 두 이론적 관점은 전략적 제휴현상을 설명하는 데 있어서 보완적인 역할을 한다.

실제로 주어진 제휴전략에 대해서 거래비용이론은 거래당사자 간의 협상에 있어서의 문제점을 분석하는 데 유용한 반면 제휴전략에 대한 의사결정 자체는 이윤동기에서 비롯된다고 할 수 있다. 따라서 두 이론적 관점의 근본적인 차이는 거래비용이론이 특정한 경제적 교환에 대해 제품시장전략에 관계없이 비용에 관심을 두고 있으며 전략적 행위이론은 경쟁적 위치선정(competitive positioning)이 기업의 자산가치에 어떠한 영향을 미치는가에 관심을 두고 있다는 데 있다.

Kogut은 잠재적으로 수직적 통합을 설명하는 불완전경쟁의 모든 모형들을 합작투자를 비롯한 전략적 제휴에 적용할 수 있다고 주장한다.[10] 하류의 유통업자들과 연계하거나 원자재를 확보하여 경쟁자를 떨치고 과점적인 경쟁상태를 유지하는 등은 수직적 통합을 설명할 수 있는 근거가 된다. 특히 통신서비스의 기술적 호환성이나 기술 등의 표준을 만들기 위한 조인트 R&D처럼 네트워크 외부경제성이 존재하는 경우는 이를 통해 가격인하와 최종시장에서 제품의 질을 향상시킬 수 있다. 하류의 경쟁체제가 유지되는 동시에 일어나는 기업 간의 연구개발 합작투자는 중복투자를 피할 수 있기 때문에 복지증진의 효과를 가져온다.

요컨대 경쟁전략적 관점에서의 전략적 제휴는 기업이 시장에서 경쟁자에 비해 우월한 경쟁적 지위를 가지기 위한 전략대안이 된다. 전략적 제휴는 경쟁자 간의 제휴를 통해 경쟁을 과점화하거나 수직적 통합을 통해 상류와 하류에서 경쟁자를 제압할 수 있는 파워를 가지거나 또는 신규진입자의 시장진입을 막는 등의 역할을 한다.

자원준거이론 관점

현대의 기업들이 전략적 제휴를 수행하는 이유는 복잡다양하고 급속하게 변화하는 경영 환경 속에서 성공을 위한 역량을 축적할 수 있기 때문이다. 자원준거 관점 학자들은 이러한 역량차이는 여러 기간에 걸쳐 내구적이어야 하며 제품 특성면에서의 우월성은 모방이 어려워야 한다고 주장하고 있다.

자원준거이론의 관점에서 기업의 경쟁우위를 탐색하는 학자들은 기업이 보유하고 있는 미사용 생산자원을 활용하여 성장, 확장할 수 있다는 Penrose의 연구에 그 뿌리를 두고 있다.[11] Penrose에 의해 강조되었던 자원은 주로 범용사용이 가능한 관리자원으로서 이러한 관리자원을 다른 영역으로 확대하여 기업의 성장을 도모할 수 있다는 관점을 제시한 바 있다. 그 후 1980년대에 들어서면서 Wernerfelt등이 자원준거관점을 제시한 바 있다.[12] 즉 기업의 자원이 기업의 생존 및 성장에 지대한 영향을 준다는 측면을 강조하기 시작했다. 그 후 자원이 가지는 속성에 대한 연구들이 활발해졌으며 현재에도 진행중에 있다. 자원이 가지는 속성은 가치가 있으며, 시장에서 거래하기 어려우며, 모방하기 어렵고, 대체가능성이 작다는 것 등이다. 그리고 이러한 자원을 보유하고 있을 때 기업은 경쟁우위를 가질 수 있다는 것이 자원준거이론의 기본적인 주장이다. 최근에는 경쟁우위의 원천으로서 이용할 수 있는 자원이나 그 밖의 요소를 핵심역량(core competence)이라는 용어로 표현하고 있다. Hamel & Prahalad는 과거에는 기업의 성장, 발전을 위해 요구되는 최고경영자의 역할이 조직을 재편하고 응집시키는 능력을 함양하는 데 있으나 이제는 기업의 성장을 가능하게 하는 핵심역량을 파악하고 육성, 활용하는 능력을 구축하는 데 있다고 주장한다.[13]

Grant는 기업이 현재 보유하고 있는 자원과 핵심역량을 검토하고 검토된 자원과 핵심역량의 수익성을 평가하여 이러한 수익성에 근거하여 전략대안을 선택할 때 경쟁우위를 발견할 수 있게 된다고 주장하였다.[14] 현재 보유하고 있는 자원과 핵심역량에 대한 검토와 수익성 평가로부터 기업은 자원과 역량의 차이를 발견하게 되고, 경쟁우위의 유지와 새로운 경쟁우위의 획득을 위해 부족한 자원과 역량을 취하고자 한다. 이러한 경우 전략적 제휴가 자원과 역량을 획득하는 유익한 수단이 된다.

이러한 관점에서 Faulkner는 자원과 역량의 획득과 관련된 의사결정 매트릭스를 제시하였다.[15] Faulkner의 매트릭스는 상정된 활동의 전략적 중요성과 산업 내에서 기업이 가진 역량의 수준을 기준으로 하고 있다. 그는 매트릭스를 통해 활동의 전략적 중요성이 낮은 경우는 역량의 수준에 관계없이 시장을 통해 구매하는 것이 바람직하며, 활동의 전략적 중요성이 중간 이상이고 보유하고 있는 역량의 수준이 중간 이하의 경우나, 전략적 중요성은 높지만 보유역량의 수준이 낮을 경우는 전략적 제휴를 수행하는 것이 바람직하다고 주장한다. 또 보유역량의 수준이 높으면서 전략적 중요성이 중간 이상일 경우는 내부개발이 경쟁우위의 유지, 확보를 위해 바람직한 전략방향임을 보여준다. 다시 말해서 자원준거관점이론에서 전략적 제휴는 기업이 보유한 자원과 역량의 수준이 낮은 경우에 경쟁우위를 획득하기 위해 특히 매력적인 전략수단이 된다는 것이다.

전략적 제휴에 관한 또 하나의 자원준거관점이론 설명은 Lippman & Rumelt에 의해 가능하다. Lippman & Rumelt는 그들의 연구에서 '불확실한 모방가능성' 이라는 개념을 사용하여 기업의 전략적 역량은 기업이 행하는 독특한 전략적 선택에 기인하며 따라서 이는 완전하게, 혹은 확실하게 모방될 수 없다고 주장하였다.[16] 또 Rumelt는 '고립된 메카니즘' 의 개념을 통해 기업 간의 성과차이를 규명하였는데 이는 자원과 역량뿐만이 아니라 특히 국제적인 사업영역에서 중요한 특허권과 정부규제, 관세, 법적 제약에 관심을 두고 있다. 불확실한 모방가능성과 고립된 메카니즘의 두 개념은 모두 근본적으로 기업이 가지는 자원과 역량의 한계에 관심을 집중하고 있다.[17]

요약하면 자원준거이론은 기업을 자원과 역량의 집합으로 보고 기업의 경쟁우위의 확보를 위해 필요한 자원과 역량을 지속적으로 획득하여야 하며, 이 경우 전략적 제휴는 자원과 역량을 획득하는 매력적인 수단이 된다. 또 모방이나 이전이 용이하지 않다는 자원의 속성은 자원과 역량을 확보하고자 하는 기업에게는 명백한 한계가 되고 이 때 전략적 제휴는 기업 간의 계약이나 협정에 따라 가치있는 자원과 역량의 이전을 가능하게 하므로 기업에게는 매력적인 자원과 역량의 획득 방법이 된다.

조직학습이론 관점

거래비용이론과 전략적 동기관점의 설명은 전략적 제휴관계 구축에 경제적인 논리를 제공한다. 전략적 제휴에 대해서는 이들 경제적 합리화의 관점뿐만 아니라 다른 관점에서의 설명 역시 가능하다. 전략적 제휴를 포함한 기업 간 관계를 설명하는 이론적 관점들 중에서 최근에 학문적으로 큰 관심을 끌고 있는 것은 조직적 학습이론의 관점이다. 그리고 조직학습이론의 관점은 거래비용이론과 전략적 행동관점에 의존하지 않는다.

조직학습이론 관점에 따르면 전략적 제휴는 기업이 학습을 하거나 기업의 역량을 계속 보유하기 위하여 사용하는 수단이다. 이러한 관점에서 기업은 지식이나 역량을 기반으로 구성된다. 그리고 이러한 지식이나 역량은 기업의 경계 밖으로 쉽게 확산되지 않는 특성을 가지고 있다. 지식은 특히 기술적인 지식일 경우에 암묵적이다. 전략적 제휴는 확산 혹은 이전이 어려운 암묵적 지식을 이전하는 수단으로 사용된다. 기업이 이러한 이전을 효과적으로 수행하기 위해서는 전략적 제휴와 같은 조직적 매개 수단이 필요하다는 것이다.

전략적 제휴관계에 있는 기업들은 대개의 경우, 상이한 역량을 가진 것으로 받아들여지며, 파트너 회사들은 제품시장에서 직접적인 경쟁관계에 있거나 그렇지 않을 수도 있다.

즉, 조직학습이론 관점은 지식 및 기술 등의 이전 측면에서 제휴는 새로운 역량에 대한 학습기능을 한다는 것이다.

제휴의 학습기능은 기업이 새로운 사업영역으로 진입하는 경우 특히 중요하다. 또 기업이 가진 핵심역량을 재정의하는 경우에도 학습기능은 중요한 역할을 한다. 경쟁의 국제화나 기술의 발전으로 인해 산업의 경계가 이동하는 경우에도 이에 대응하기 위해서 기업은 전략적 제휴를 필요로 하게 된다. 산업의 경계를 넘어서 활동하기 시작한 기업들은 다른 산업에 속한 기업들로부터 지식을 획득해야만 한다. 이러한 맥락에서 협력전략은 필요불가결한 학습의 메카니즘이 된다.

Sakakibara은 협력적 연구개발(cooperative R&D)에 관한 그의 연구에서 전략적 제휴의 학습기능을 강조한 바 있다.[18] 그는 학습에 기초한 주장들은 협력적 연구개발의 목적이 협력당사자들에게 보완적 기술이나 기술을 공유하게 하는 데 있다고 주장한다. 또 보완적 기술이란 합쳐질 경우 더 나은 연구개발 결과를 가져오는 지식을 의미한다. 예를 들어서 광학과 전자기술의 조합에 의해 광전자공학이나 광섬유를 이용한 통신시스템을 개발하는 경우와 기계공학과 전자공학의 융합으로 기계전자 공학기술 혁신을 가져오는 경우는 이러한 보완적 기술이 협력적 연구개발에 의해 더 나은, 나아가서는 혁신적인 결과를 가져온 경우라고 할 수 있다. 전략적 제휴에 대한 학습이론 관점의 설명은 자원준거이론에서의 논리와 크게 다르지 않다.

Penrose는 기업의 전략적 역량이 경영자의 전략적 선택(strategic choice)과 기업이 보유한 자원(resource)에 의해 제약받는다고 언급하면서 전략적 역량이 기업의 루틴(routine)에 내재한다는 면을 강조했다.[19] 또 대개의 기업들은 이미 가장 잘 알고 있는 영역이나 분야에서 활동하는 것에 가장 익숙하기 때문에 기업이 가진 현재의 전략적 역량은 기업의 미래행동을 결정하게 된다는 것이다. 다시 말해서 독립된 기업은 그 기업이 가진 자원과 역량의 특이성과 한계 때문에 자원과 역량의 획득을 통한 경쟁우위의 확보가 어려우며, 따라서 자원과 역량을 획득하기 위한 전략대안이 필요함을 시사한다.

Caves & Porter의 이동장벽 개념 역시 구조적인 힘 때문에 기업이 이미 가지고 있는 역량을 변화시키기 어려움을 시사한다.[20] 이동장벽이 의미하는 바는 기업이 소비자와 생산자의 학습, 교체 및 탐색비용, 최적경제규모, 특화된 자산등의 구조적인 힘에 의해 기업이 이미 가지고 있는 역량을 변화시키기 어렵다는 것이다. 이

표 10-1 전략적 제휴에 관한 세 가지 이론적 관점

관 점		이 론 가	주 요 내 용
거래비용 경제학적 관점 (거래비용의 최소화)		Williamson(1991)	• 경제적 분석의 단위를 거래로 한정하고 거래에 따른 비용, 즉 거래비용을 최소화의 경제성 원칙에 입각하여 전략적 제휴 현상 파악 • 전략적 제휴는 시장과 기업내부라는 거래형태의 중간에 위치한 혼합형 거래형태 • 경제적 거래에서 발생하는 위험에 대한 효율적 해결책을 제시
전략 경영 관점 (전략적 행위 관점)	경쟁전략 관점	Williamson(1991) Kogut(1988)	• 기업이 시장에서 경쟁자에 비해 우월한 경쟁적 지위를 가리기 위한 전략대안이 됨. • 경쟁자 간의 제휴를 통해 경쟁을 과점화하거나 수직적 통합을 통해 상류와 하류에서 경쟁자를 제압할 수 있는 파워를 가지거나 신규진입자의 시장진입을 막는 역할을 함.
	자원준거 관점이론	Gomes & Casseres(1996) Penrose(1959) Wernerfelt(1984) Hamel & Prahalad(1990) Grant(1991) Lippman & Rumelt (1982) Caves & Porter (1977)	• 기업을 자원과 역량의 집합으로 간주하고 경쟁우위의 확보를 위해 필요한 자원과 역량을 지속적으로 획득하여야 하며, 이 경우 전략적 제휴는 자원과 역량을 획득하는 매력적인 수단이 됨.
조직학습이론 관점		Sakakibara(1997)	• 전략적 제휴를 기업이 학습을 하거나 기업의 역량을 계속 보유하기 위하여 사용하는 수단으로 간주 • 학습에 기초한 협력적 연구개발이 당사자들에게 보완적 기술이나 기술을 공유하게 한다. • 전략적 제휴를 기업이 조직의 지식을 교환하고 모방하는 수단으로 봄.

때, 지식의 공유를 통한 전략적 제휴는 투입요소시장의 시장실패를 방지할 수 있다. 공동연구개발에 있어서 연구인력이나 이전의 연구결과 등 연구개발의 투입요소를 시장에서 구매할 경우 이는 불완전하며 정보의 비대칭이나 기회주의가 생겨날 여지를 가지고 있다. 그러나 협력적 연구개발은 투입요소의 불완전성을 어느 정도 해결함과 동시에 정보의 비대칭성과 기회주의를 방지함으로써 시장실패를

피할 수 있는 수단이 된다.

Teece는 지식의 암묵성으로 인해, 기술의 이전이 상당한 비용을 초래한다는 사실을 설명했다.[21] 그에 따르면 이러한 비용은 암묵적 기술에 대한 의사소통이 어렵기 때문에 발생한다는 것이다. 지식이 암묵적일 경우에 시장이 왜 기회주의적 행동에 의해 실패하는지는 명확하게 설명하고 있지는 않지만, 실제로 지식은 이전을 일으키지 않은 채로 지식의 수용자에게 묘사될 수도 있고 거래될 수 있으며 법적인 보상을 확보한 상태로 판매될 수 있다고 한다. 따라서 암묵성은 지식이 거래되는 시장 메카니즘을 유지하는 요인이 된다. 암묵성은 기회주의로부터 발생되는 비용이기 때문이 아니라 이해하기 어려운 경험적 지식의 반복부족에서 발생하는 비용이기 때문에 오히려 시장에서의 지식거래는 합작투자 등의 협력적 관계를 통한 지식공유로 대체될 수 있다는 것이다. 일반적으로 말하면 암묵성 자체가 기업내에 축적된 지식자산의 한 측면인 것이다.

요약하면 거래비용이론과 전략적 행위, 그리고 조직적 학습이론의 세 가지 관점은 전략적 제휴 현상에 대해 명백하지만 때로는 중복되는 설명을 제공한다. 거래비용이론은 전략적 제휴를 경제적 거래에서 발생하는 위험에 대한 효율적인 해결책 측면에서, 전략적 행위관점은 전략적 제휴를 경쟁적인 관계와 시장지배력을 증가시키기 위한 담합적 계약, 또 조직적 학습이론 관점은 기업이 조직의 지식을 교환하고 모방하는 수단적 측면에서 설명하고 있다.

전략적 제휴의 실행

성공적인 제휴를 위한 개념적 틀

전략적 제휴는 두 개 이상의 기업이 함께 모여 공동의 목적을 달성하기 위해 노력하는 매우 현실적인 의미의 협동형태이다. 이러한 전략적 제휴에는 세 가지 대표적인 특징이 존재한다. 첫째, 제휴에 참가하는 기업들은 서로가 독립적인 형태를 유지하면서 협력한다. 둘째, 전략적 제휴는 끊임없는 상호의존의 연속이어서 어느 한쪽이 다른 쪽에 치명적인 영향을 미칠 수도 있다. 상호의존성은 공동의 통제와 관리를 촉진하는 중요한 요소이기도 하다. 또한 이러한 통제와 관리를 통해 제휴의 복잡함과 상당부분의 조정비용을 절감하기도 한다. 셋째, 제휴참가자들이 독립적인 상태를 유지하기 때문에 어느 한쪽이 다른 한쪽에 지나치게 기대거나 의존할 불확실성이 상존한다.

이러한 전략적 제휴의 일반적인 속성과 더불어 제휴를 통해 각 참가자들이 만족스러운 결과를 얻기 위해서는 단편적인 제휴의 성립이나 운영, 그리고 성과측정을 개별적으로 살펴볼 게 아니라 이들의 동태적인 변화과정을 종합적으로 고려해 볼 필요가 있다. 왜냐하면 성립 당시 좋은 성과를 낼 수 있을 것처럼 보였던 전략적 제휴도 운영이나 성과관리의 미흡으로 인해 기대에 못미치는 저조한 성과를 내거나 실패로 돌아가는 경우가 허다하기 때문이다.

협력은 경쟁과 근본적으로 다른 속성을 지닌다. 제휴를 성공적으로 이끌기 위해서는 전략적 제휴의 성공결정요인에 대한 사전적인 이해가 필수적이라고 할 수 있다. Niederkofler[22]에 따르면 기업 간 협력관계가 실패하는 주원인은 관리적 행동의 실패에서 기인한다고 보고 관리적 행동에 중점을 둔 성공요인을 제시했다. 첫째, 파트너 간 상대방의 보유자원과 제휴에서 추구하는 목적을 명확히 알아야 하며, 구체적인 제휴의 목적은 이에 기초하여 설정되어야 한다. 둘째, 시간적인 압박이 협상과정에 영향을 끼쳐서는 안된다. 협상은 반드시 파트너 간 의사소통 담당자와 함께 이루어져야 하고, 제휴의 목적에 부합하는 의사소통채널이 구축되어야 한다. 셋째, 제휴기업 간 비양립성으로 인해 제휴목적이 달성되지 못할 수도 있으므로 파트너 간 조정절차가 분명하게 정의되어야 한다. 넷째, 최고경영자는 제휴 책임자의 제휴운영 내용이 기업 내부의 일반적인 규칙에 위배되는 혁신적인 것이라 해도 이를 지원해야 한다. 다섯째, 상호이익이 되는 관계를 위해 신뢰를 구축해야 한다. 신뢰는 높은 수준의 용인성, 개방적인 의사소통의 밀접성을 높이고 운영조정 및 재협상을 용이하게 하므로 제휴관계의 교착상태 방지 및 역기능 억제의 역할을 한다. 지속적으로 파트너 간 관계의 긴밀성을 증진시킴으로써 상대방의 관심분야와 운영스타일을 이해하고, 호의와 신뢰의 개발이 촉진된다. 마지막으로 가장 중요한 것은 제휴관계가 당초 목적한 바대로 진전되는 것은 기대하기 어려우므로 상황변화에 대한 탄력적 운영이 원활한 제휴를 이끄는데 필수적이다.

전략적 제휴의 본질을 이해하고 이를 통해 원하는 목적을 달성하기 위해서는 제휴는 크게 동기적인 부분, 운영적인 부분, 그리고 사후관리적인 부분의 세 부분

그림 10-1
성공적인 전략적 제휴를 위한 개념적 틀

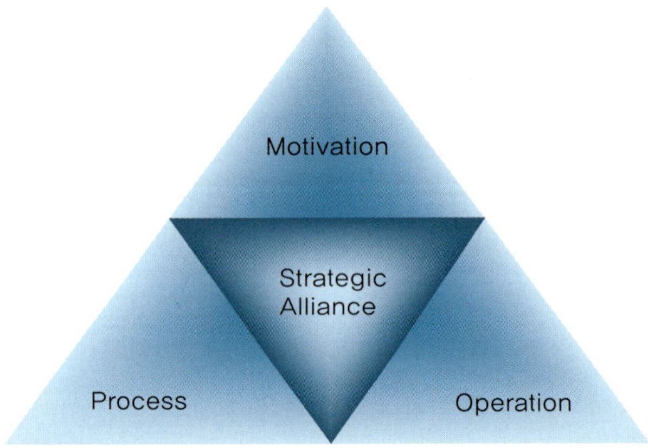

으로 나뉘어 동태적이면서도 종합적으로 접근해야 한다. 이를 그림으로 제시하면 [그림 10-1]과 같다.

전략적 제휴의 동기

전략적 제휴가 형성되는 이론적 근거와 동기에 대해서는 이미 앞부분에서 기존 연구를 통해 살펴보았다. 하지만 이러한 이론적 동기만으로는 현실에서 발생하는 많은 전략적 제휴의 형성원인을 충분히 설명하기에는 무리가 있다. 기본적으로 전략적 제휴는 단독으로 성취하기 힘든 전략적 목적을 두 개 이상의 회사가 자원을 공유함으로써 달성해 나가는 과정이라 할 수 있다. 비록 서로 제휴에 참가하는 의도가 다르다고 할지라도 제휴를 통해 어느 정도의 성과를 얻을 수 있어야 한다는 생각은 공통의 목적이라 할 수 있다. 예컨대 GM과 Toyota의 NUMMI 합작투자의 경우 GM은 Toyota의 첨단생산기술을 학습하려는 목적을 지니고 있었고, Toyota는 미국시장 진출의 교두보확보라는 전략적 목적을 가지고 서로 제휴를 맺었다. 하지만 이 두 회사는 공통적으로 전략적 제휴를 통해 어느 정도 이상의 이익과 성과를 거두겠다는 의도가 분명했다.

전략적 제휴의 동기와 관련된 연구는 다수가 있는데, 이들 연구의 대부분은 전략적 제휴 내지는 상호협력의 목적이 경쟁사에 대응해 유리한 입지를 구축하려는 데 있다고 제시하고 있다.[23] 전략적 제휴의 이론적 동기와 마찬가지로 현실적인 동기 역시 여러 다양한 종류가 있으나 크게 다음 네 가지로 정리될 수 있다.

첫 번째 목적은 천연자원, 제조, 마케팅, 그리고 물류 등 자원이나 활동의 공유를 통한 규모의 경제 획득이다.

두 번째 사업에 따르는 위험을 분산하고 사업의 안정성을 보장하기 위한 목적을 들 수 있다. 사업규모가 매우 커서 실패의 위험이 있을 때 단독으로 그 사업에 뛰어드는 것보다 전략적 제휴를 통해 다른 회사와 협력하는 게 위험과 비용을 분산시키는 데 유리하다.

세 번째는 상대방의 인지도와 평판을 활용하기 위한 목적을 들 수 있다. 일반적으로 제휴를 하려는 기업은 자기보다 더 유명하고 시장에서 좋은 인지도와 평판을 지닌 기업을 제휴파트너로 끌어들이려는 경향이 있다. 이러한 목적은 주로 규모가 작거나 자원이 미약한 기업들이 대기업과 제휴를 하려는 목적을 설명하는 데 적절하다. 또한 내수위주의 기업이 해외로 진출하려 할 때에도 이와 같은 형태의 목적을 지니는 게 대부분이다.

네 번째는 상대방의 지식과 기술을 학습하려는 목적이다. Porter and Fuller는 제휴를 통해 상대방 기업의 유통채널이나 특화된 노하우에 접근하려는 게 제휴의 주요한 목적이 될 수 있다고 지적했다.[24] 글로벌화를 통해 해외시장에 진출하거나 역으로 해외제품을 국내에 수입하는 경우에 이처럼 해외기업의 지식이나 기술에 대한 정보를 얻게 되는데 이러한 목적이 바로 제휴의 중요한 목적이 되는 것이다.

전략적 제휴의 과정

전략적 제휴의 목적이 명확하게 정의되었다면 그 다음 단계는 실제로 전략적 제휴를 맺어나가는 과정이다. 설령 훌륭한 전략적 목표를 세웠다고 할지라도 실질적인 제휴과정이 제대로 이뤄지지 않는다면 소기의 성과를 달성하기 어렵다. 따라서 성공적인 전략적 제휴를 위해서는 과정적인 측면에서 다음과 같은 4단계를 염두에 둘 필요가 있다.

1단계 : 제휴전략 수립

전략적 제휴가 성공적으로 이루어지기 위해서는 제휴의 목적이 명확해야 한다.

앞에서도 언급했듯이, 전략적 제휴는 기업이 선택할 수 있는 여러 전략대안 중 하나이다. 따라서 구체적인 목적을 설정하고 이러한 목적에 맞는 전략적 선택을 하게 되고, 이 과정에서 전략적 제휴를 택할 것인지를 결정해야 하는 것이다. 특히 전략적 제휴는 기업 간 관계에서 완전분리와 합병의 중간형태이므로, 인수합병보다 중간형태의 제휴를 택하는 것이 유리한가를 면밀히 검증해야 할 것이다. 이처럼 목적을 설정하고 여타의 대안과의 전략적 우위성을 체크하는 단계가 바로 제휴전략을 수립하는 단계이다.

2단계 : 파트너 선정

제휴전략이 수립되면 가장 중요한 제휴파트너를 선정해야 한다. 파트너 선정은 제휴의 성패를 결정짓는 중요한 고비이다. 파트너의 선정에서 가장 중요한 요소는 상대방의 정확한 자원을 분석하여, 자사의 자원과 상호보완성을 지니는지를 체크하는 것이다. 예컨대, 중소유통업체의 경우 장기적인 환경변화 방향을 고려하여, 자신과 가장 보완적인 관계를 잘 형성할 수 있는 상대를 찾아야 한다. 이러한 상호보완적인 자원의 유무는 제휴를 통해서 쌍방이 이익을 얻을 수 있는지를 가늠하는 중요한 요소이다. 일방적인 지식의 전달내지는 일방이 배타적으로 혜택을 독점할 경우 제휴는 성사될 수 없고, 비록 제휴가 이루어졌다 하더라도 존속될 수 없다.

이러한 상호보완적인 자원의 보유에서 중요한 것은 그 자원이 제휴가 성립될 때 한시적으로만 존재하고, 금방 사라지는 자원이냐의 여부이다. 즉, 자사가 지니고 있는 협상무기가 제휴의 진행과 더불어 사라진다면 상대방은 금방 매력을 잃을 것이다. 따라서 제휴를 보다 공고히 유지하려면 자사가 지닌 협상무기를 계속 유효하게 존속시킬 수 있는 장치를 마련해야 한다.

상호보완적인 자원의 유무도 중요하지만, 쌍방의 전략적 의도가 상충할 경우에도 제휴는 유지될 수 없다. 예컨대, 제조업체가 장기적으로 유통업체를 종속시키기 위한 제휴를 구상하고 있는 경우, 유통업체가 독자적인 경쟁력 강화를 위해 제휴에 임한다면 비록 보완적인 자원을 보유하고 있어 시너지 효과는 낼 수 있으나, 장기적으로 존속할 수 없을 것이다. 따라서 전략적으로 궁합이 맞을 때 쌍방에 이로운 제휴가 성립될 수 있다.

이상적인 파트너를 선정하기 위해서는 자사와 전략적으로 양립 가능하면서(compatibility), 동시에 자사의 자원과는 보완되는 능력(capability)을 지녀야 한다. 마지막으로 자사에게는 중요한 제휴이지만 파트너 입장에서는 중요하지 않다면 파트너는 제휴에 많은 노력을 기울이지 않을 것이다. 따라서 나에게 성공적인 제휴가 되기 위해서는 파트너가 충분히 나와의 제휴에 몰입해야(commitment) 할 것이다.[25]

3단계 : 전략적 제휴 조직구조와 제휴형태 결정

많은 기업들이 전략적 제휴에서 실패하는 이유 중의 하나가 제휴가 성립된 다음에 방심하는 것이다. 제휴는 일의 시작이지 끝이 아니다. 제휴를 통해 소정의 목적을 달성하기 위해서는 무엇을 얻을 것인지를 명확히 설정하고 이를 비즈니스 논리에 따라 접근해야 한다. 한국적 정서를 지나치게 강조하여 비공식적인 차원의 접근에 의존하는 것은 장기적으로 불리할 수 있다.

한편, 전략적 제휴는 합병이 아니다. 따라서 제휴에 참가하는 각 주체는 서로를 대등하게 여기면서 각자의 목적에 충실해야 한다. 서로 존중해야 하고, 만약 사소한 내용으로 다툼이 일어나게 되면, 중요한 목적을 놓치게 된다. 또한 파트너의 핵심의사결정자가 제휴에 관심을 가지고 몰입하여야 보다 효율적인 제휴가 유지될 것이다. 결국 상호 독립성을 유지하면서, 파트너의 역할을 항상 정확히 모니터하고, 제휴를 통한 정보흐름을 정확히 파악하는 것이 제휴조직을 효율적으로 운영하는 요체이다.

아울러 전략적 제휴의 형태를 명확히 결정해야 한다. 전략적 제휴의 유형은 여러 가지로 구분할 수 있겠지만 크게 수평적인 제휴와 수직적인 제휴로 나누어 볼 수 있다.

수평적 제휴는 동일산업에서 사업을 영위하는 기업들 간에 일어나는 연계이다. 이는 경쟁자와의 연계 내지는 협력을 통해 적어도 어떤 특정한 부문에서는 경쟁과 협력의 구분을 약화시키는 형태를 의미한다. 한편 수직적 제휴는 각각 다른 산업에 존재하는 구매자와 공급자 관계에 있는 기업 간에 일어나는 연계를 말한다. 이를 통해 제휴참가자들은 가격의 불확실성을 제거하는 동시에 가격 메커니즘의 효율성 규제력에 의해 발생하는 잠재적 회생가능성을 제거할 수 있다.

표 10-2
전략적 제휴의 단계

제1단계	제휴전략의 수립	• 목적을 명확히 하라 • 인수 합병과의 차이점을 확인하라
제2단계	파트너 선정	• 상대방의 재정적, 기능적 강점 분석 • 상호보완성, 전략측면에서 궁합이 맞아 떨어지는가 • 우리의 협상무기가 계속 유효할 것인가
제3단계	조직구조와 제휴형태	• 비지니스 논리를 우선하라 • 모기업과 독립적인 조직으로 운영하라 • 어떠한 형태의 제휴를 할 것인가를 명확히 하라
제4단계	제휴결렬 대비	• 대부분 제휴는 인수합병으로 끝난다 • 결렬시 대비 없이는 제휴효과를 상실한다 • 인수자와 피인수자가 서로 다른 목적에서 움직인다

이 밖에도 이종산업 간의 연계를 의미하는 외부적 제휴가 있는데, IT발전과 더불어 다양한 형태의 연계가 가능해졌다.

지금까지 설명한 물리적 형태의 제휴 외에 목적과 특성에 따라 제휴형태를 구분해 볼 수 있다.

우선 역량창조형 제휴를 들 수 있다. 이는 기술변화가 빠르게 일어나는 산업, 예컨대 컴퓨터, 반도체, 정보통신 등에서 빈번한 제휴로 신기술 및 신사업기회를 포착하는 것을 목적으로 하는 제휴이다. 또한 IT인프라 기반을 확보함으로써 규모의 경제를 달성함은 물론 위험을 분산시키는 효과를 획득할 수 있다.

다음으로 네트워크 구축형 제휴가 있다. 이는 규모의 경재가 필요한 산업에서 주로 형성되는 제휴형태이다. 글로벌 시장으로의 확대를 꾀하고 시장지위를 유지하려는 기업들 간의 이해관계로 인해 발생하는 형태이다.

4단계 : 제휴결렬을 대비

전략적 제휴는 결국 한시적인 형태이다. 어떤 제휴도 영원히 존속할 수는 없다. 따라서 제휴에 임할 때는 항시 최악의 경우를 대비해야 할 것이다. 이에는 정보의 공유와 더불어 유출해서는 곤란한 정보를 철저히 통제하는 소극적인 대비와 제휴가 결별되고 난 후 경쟁력을 유지하기 위한 적극적인 대비가 있다.

전략적 제휴의 관리

전략적 제휴의 동기와 과정이 원활하게 이루어졌다면 그 다음 단계는 제휴관계를 지속적으로 유지시키기 위한 관리과정이다. 제휴의 관리적 특성은 운영규칙이나 통제 메커니즘에 대한 세밀한 정의와 파트너들의 태도와 몰입, 그리고 환경변화에 의해 결정된다. 일반적으로 제휴에서는 기업 간 협력분야가 제한적인 경우가 대부분이므로 협력대상에 대한 자세하고 명시적인 내용이 요구될 뿐만이 아니라 현실적인 운영에 있어서 구체적으로 어떻게 해야하는지에 대한 지침이 마련되어 있어야 한다. 그러나 현실적으로 양 파트너가 최초 예상했던 대로 제휴가 진행된다고 기대하기는 어렵다. 즉, 파트너 간 합의하에 계약을 체결했다 하더라도 환경적 요인의 변화로 인해 기존의 제휴내용이 불합리한 상황으로 진전될 수 있다. 또한 제휴의 성과가 기대에 못미쳐 제휴관계의 지속여부에 의문을 가지게 되기도 한다. 따라서 체계적인 전략적 제휴 관리시스템의 구축은 제휴의 지속과 목적달성에 있어 중요한 역할을 한다.

성과 관리

전략적 제휴의 지속성을 결정하는 가장 직접적인 요인은 제휴를 통해 발생한 성과이다. 즉 서로 만족할 만한 수준의 성과일 경우 파트너 간 제휴가 지속될 수 있지만 그렇지 못할 경우 서로 불신이 생기고 몰입도 또한 낮아지게 마련이다.

제휴의 성과는 크게 질적인 부분과 양적인 부분으로 나눌 수 있다. 질적인 부분은 제휴의 유연성, 상호신뢰, 정보교환, 갈등조정, 공동인력관리의 지속성, 상호기대관리 등 계량화하기 어려우면서 전략적 제휴의 지속성을 위해 필수적인 요소들로 구성되어 있다. 양적인 부분은 주로 합작투자에 있어서의 지분율관리로 정의되는 게 일반적이다.

요컨대 파트너 간 지속적으로 관계를 개선하고 공동의 운영문제를 해결하기 위해 규칙적으로 성과를 피드백할 필요가 있다. 즉, 제휴의 성공을 위해 공식적이고 면밀한 성과측정 절차가 중요시되는데, 이러한 절차는 제품의 품질, 서비스의 질 및 비용감소 등의 요소를 계속적으로 개선시킬 수 있는 여지를 발견하는 데 실질적인 도움이 된다.

통제 메커니즘

통제 메커니즘 또는 제휴의 체계적 관리는 제휴활동에 대한 운영계획, 규칙, 절차의 개발을 의미한다. 이러한 통제 메커니즘은 파트너 간 운영상의 엄격상과는 다른 의미이며, 실무적으로 보다 유연한 운영구조를 의미한다.

변화하는 환경에 적절히 대처하면서도 원만한 성과를 달성하기 위해서는 일정한 규칙이 필요하다. 이러한 규칙이나 통제시스템이 없으면 자칫 제휴관계는 전혀 의도하지 않은 방향으로 흘러 가버릴 가능성이 있다.

그렇다고 해서 통제 메커니즘이 서로를 완벽히 구속하는 것을 의미하지는 않는다. 그보다도 효과적인 제휴를 위해 협력분야에 있어 상대방을 서로 통제하는 시스템을 말한다고 할 수 있다.

신뢰의 중요성

유형의 제도 못지 않게 제휴를 지속시키는 무형의 요소 중 가장 중요한 것으로 신뢰를 들 수 있다. 일반적으로 제휴에서 파트너 간 합의된 기본원칙 즉, 앞서 말한 통제 메커니즘을 준수하는 것은 신뢰구축의 원천이 된다. 하지만 이러한 원칙 준수의 차원을 넘어서 상호동반자적인 관계를 구축하기 위해서는 오랜기간의 공동노력을 통한 신뢰확보가 이뤄져야 한다.

상호신뢰가 이뤄졌다는 것은 파트너에 대한 탐색 · 감시비용이 소요되지 않고 호혜적인 협력이 가능하다는 것을 의미한다. 파트너 간 신뢰관계가 잘 구축되었을 경우 설령 제휴관계가 종결되었다고 하더라도 잠재적인 파트너로서의 가능성이 타 기업에 비해 높게 나타난다는 특징이 있다. 따라서 신뢰관계의 구축은 전략적 제휴의 기본토대라고 할 수 있는 것이다.

신뢰 또한 여러 의미로 정의될 수 있겠지만 여기서는 첫째, 경제적 능력을 기초로 하여 장기간 형성된 상호신뢰 둘째, 파트너에 대한 전반적인 만족감 셋째, 관계의 미래지향성 넷째, 지속적인 노력 다섯째, 환경변화에 대한 공동의 대응 여섯째, 원활한 의사소통 일곱째, 파트너간 상호 영향력 등 복합적인 특성을 갖는 관계가 구축된 상태를 의미한다. 따라서 신뢰야말로 제휴관계가 성숙될수록 증진되는 요소라고 할 수 있다.

쉬어갑시다

현대차-다임러, 끝내 '결별'[26]

지분 전량매각-상용차 합작 무산

현대차와 다임러 크라이슬러가 전략적 제휴 4년 만에 끝내 '결별' 했다. 이에 따라 양사는 전략적 제휴에서 벗어나 현대차-다임러-미쓰비시 승용차 엔진 합작 등 프로젝트별 협력관계만 유지하게 된다. 현대차 김동진 부회장은 5월 12일 오후 서울 양재동 현대차 사옥에서 기자회견을 갖고 "다임러가 현대차 지분 10.50% 전량을 매각하고 현대차와 다임러 간 상용차 합작 및 상용차 엔진 합작을 철회키로 하는 등 양사는 전략적 관계를 재정립키로 했다"고 밝혔다. 현대차와 다임러는 이날 오후 각각 독일과 서울 본사에서 동시 기자회견을 갖고 '결별' 을 공식 선언했다. 다임러는 이미 준공된 상용차엔진합작법인에서도 손을 떼게 되며 현대차가 다임러의 투자지분 50%를 600억원에 인수할 예정이다. 다임러는 지분 5% 추가 매입 옵션도 포기, 향후 현대차 지분을 매집하는 일은 없을 것이라고 현대차측은 전했다. 현대차는 중 · 소형 트럭 및 버스의 경우 자체 개발한 최첨단 W엔진을 장착하고 대형 트럭 · 고속버스는 파워텍으로 내응하되 다임러측으로부터 기술전수를 받으려던 주력인 5t, 8t급의 경우 엔진 성능 개선 및 개조를 통해 7월부터 변경되는 배기가스 규제를 만족시키는 데 전력을 기울이기로 했다.

지분 매각과 관련, 다임러는 이미 5월 3일 현대차의 GDR(해외주식예탁증서) 예탁기관인 시티뱅크를 통해 보유지분 전체를 GDR로 전환, 지분처분을 위한 준비 작업을 마무리한 상태로 주가 추이 등을 지켜보며 연내 외국인 기관투자자를 상대로 분리 매각작업을 완료한다는 방침인 것으로 알려졌다. 이에 따라 현대차와 다임러는 지난 2000년 6월 ① 다임러 지분 10% 매입 ② 상용차 합작 ③ 월드카 공동개발 ④ 대우차 인수 공동참여 등을 골자로 한 전략적 제휴 체결 이후 본격화된 동맹관계를 청산, 각자의 길을 걷게 된다. 다만 현대차-다임러-미쓰비시간 승용차 4기통 가솔린 엔진의 공동개발 및 생산(월드 엔진 프로젝트)과 다임러 관계사를 통한 아토스, 베르나 모델의 멕시코 수출, 부품 공동구매, 현대차 중형 버스용으로 다임러 상용차 엔진(OM906) 공급 등 프로젝트별 제휴는 유지된다.

김 부회장은 "이번 결정은 상용차를 포함한 세계 자동차 시장의 급격한 판도 변화로 양사가 우선순위를 재조정, 선택과 집중 전략을 구사키로 한데 따른 것으로 외부 환경에 유연하게 대처, 글

로벌 경쟁력을 확보하기 위한 중요한 계기가 될 것"이라며 "메이커 간에는 영원한 동지도, 파트너도 있을 수 없다"고 밝혔다.그는 "다임러로부터 그동안 신차 개발 등에서 특별히 혜택받은 부분은 없으며 이미 독자적 사업 수행 기반을 확보한 만큼 전략적 제휴의 필요성을 느끼지 못한다"며 "다만 상용차 부문에서 필요한 경우 협력 파트너를 물색할 수 있겠지만 아직 구체적으로 검토한 것은 없으며 자금력과 기술력도 충분하다"고 강조했다. 그는 이어 "더이상 다임러-베이징기차의 합작에 대해서는 문제를 삼지 않겠다"는 입장을 통보했으며 "미쓰비시의 경우 현대차와 차종이 대부분 중복되는 경쟁자이기 때문에 지원에 대해서는 전혀 검토하지 않고 있다"고 전했다.

지난해 9월부터 다임러의 지분 5% 추가 매입 가능성과 다임러-베이징기차 합작 문제 등이 불거지면서 현대차와 다임러 사이에 이상기류가 본격화됐다.이후 양사의 결별은 지난달 들어 '초읽기'에 들어갔다 다임러가 4월 22일 미쓰비시에 대한 지원계획을 갑작스레 철회하면서 한때 소강국면에 접어들었으나 4월 29일 경영감독위가 결정을 이사회에 일임하면서 사실상 양식의 공식발표만 남은 상태였다.

제휴주기 관리

전략적 제휴도 시간이 흐름에 따라 변화하게 마련이다. 각종 환경변화에 예외일 수 없다는 의미이다. 당초 예상했던 제휴관계가 급격한 환경변화로 인해 그 의미가 퇴색되어 파트너 간 몰입도가 떨어지는 경우도 있으며 지분율의 변화로 인해 관계가 새로이 정립되는 경우도 있다.

이러한 동태적인 전략적 제휴의 변화를 효과적으로 관리하기 위해서는 상황에 따라 적절한 제휴주기 관리가 필수적이다. 제휴주기 관리는 제휴의 목적에서부터 제휴성사 그리고 사후 관리에 이르기까지를 종합적이고 포괄적으로 관리하는 시스템을 일컫는다. 자사의 목적과 의도, 전략 그리고 실행과 피드백뿐만 아니라 상대방의 입장변화와 환경변화까지 여러 요소들을 고려해 상황에 가장 적절한 방식으로 대응하는 것을 말하는 것이다.

10장 요약

- 전략적 제휴란 경쟁관계에 있는 기업들 간의 특정 사업 및 업무 분야에 걸쳐 협력관계를 맺는 것을 말한다. 전략적 제휴에 대한 이론적 연구들은 거래비용경제학의 관점, 경쟁전략적 관점, 자원준거 관점, 학습이론적 관점 등에서 이루어지고 있다.
- 전략적 제휴의 일반적인 속성과 더불어 제휴를 통해 각 참가자들이 만족스러운 결과를 얻기 위해서는 단편적인 제휴의 성립이나 운영, 그리고 성과측정을 개별적으로 살펴볼 게 아니라 이들의 동태적인 변화과정을 종합적으로 고려해 볼 필요가 있다. 즉 전략적 제휴의 본질을 이해하고 이를 통해 원하는 목적을 달성하기 위해서는 제휴는 크게 동기적인 부분, 운영적인 부분, 그리고 사후 관리적인 부분의 세 부분으로 나뉘어 동태적이면서도 종합적으로 접근해야 한다.

주 NOTES

1 | Airline Business, Special Report, Alliances(200, 2001, 2002, 2003), REED Business publication.

2 | 미 교통부는 항공사 간 협정이 공공의 이익에 반하지 않고 실질적으로 경쟁을 감소시키거나 저해하지 않을 경우 이 반독점법의 적용을 면제시킬 수 있는 권한을 가지고 있으며, 해당 외국 항공사의 국가와 이른바 Open Skies협정이 맺어져 있는 항공사에게만 승인된다.

3 | 유상여객킬로미터(Revenue Passenger Kilometer)는 항공사의 수송량을 나타내는 지표로 항공사의 네트워크 및 사이즈를 확인할 수 있는 척도임.
RPK는 Revenue Passenger(유상여객수) × Stage Length(운항거리)로 산출된다.

4 | 항공운송산업의 글로벌 네트워크별 규모(2002년 말 기준) - Airline Business, July 2003

구분	회원사	RPK(백만)	승객수(백만)	수입(백만불)
스카이팀	6개	350,925(11.9)	202.3(12.3)	37,550(11.4)
NW/CO/KL 참여시	9개	621,909(21.1)	315.1(19.5)	60,467(18.3)
스타얼라이언스	16개	624,652(21.2)	300.4(18.6)	69,588(21.1)
원 월드	8개	493,395(16.8)	214(13.3)	46.541(14.1)

참고 : 괄호안은 %

5 | De la Sierra, M.C., *Managing Global Alliance*, Addison Wesley, 1995.

6 | Bleeke, joel and David Ernst, *Collaborating to compete*, Wiley, 1993.

7 | Contractor, F.J. and Lorange, P., Cooperative Strategies in International Business, MA : Lexinton Books, 1987.

8 | Williamson, O. E., Strategizing, economizing, and economic organization, *Strategic Management Journal*, Vol. 12, 1991, pp.75~94.

9 | Williamson, O. E., Strategizing, economizing, and economic organization, *Strategic Management Journal*, Vol. 12, 1991, pp.75-94.

10 | Kogut, B., Jognt Ventures : Theoretical and empirical perspectives, *Strategic Management Journal*, Vol.9, 1988, pp.319~332.

11 | Penrose, E. T. *The theory of the Growth of the Firm*, New York; Wiley. 1959.

12 | Wernerfelt, B. A Reosource-based View of the Firm, Strategic, *Management Journal*, 1984.

13 | Prahalad, C.K. and G. Hamel, The Core Competence of the Corporation, Harvard Business Review, May-June 1990, pp79~91.

14 | Grant, R. H. The Resource-based Theory of Competitive Advantage; Implications for Strategy Formulation., *California Management Review*, Spring

15 | Faulkner, D., *International Strategic Alliances: Co-operating to Compete*, Mcgraw-hill book company Europe, 1995.

16 | Lippman, S. A. and R. P. Rumelt, Uncertain imitability : An analysis of interfirm differences in efficiency under competition, *Bell journal of Economics*, 13, pp.418~438, 1982.

17 | Rumelt, R.P., Toward a strategic theory of firm, In R.B. Lamb(Ed.), Competitive Strategic Management, New York, NY : Prentice-Hall, 1984.

18 | Sakakibara, M., Heterogeneity of firm capabilities and cooperative research and development: An empirical examination of motives, *Strategic Management Journal*, 18, 1997, pp.143~164.

19 | Penrose, E. T. *op. cit.*

20 | Caves, R. E. and M. E. Porter. From Entry Barriers to Mobility Barriers; Conjectural Decisions and Contrived Deterence to New Competition., *Quarterly Journal of Economics*, 1977.

21 | Teece, D.J. Profiting from technological innovation : Implications for integration, collaboration, licensing and public policy, In D. J. Teece(Ed.), *The Competitive Challenge : Srategies for Industrial Innovation and Renewal*, 185~219, Cambridge : Ballinger, 1987.

22 | Niederkofler, M., The evolution of strategic alliance : Opportunities for managerial nfluence, *Journal of Business Venturing*, 6, pp237~257, 1991.

23 | Kogut, B., *op. cit.*

24 | Porter, M. E. and M. B. fuller, Coalitions and global strategy In M. E. Porter(Ed.), *Competition in Global Industries*. Harvard Business School Press, Boston, MA, pp.315~343, 1986.

25 | De la Sierra, M. C., *op. cit.*

26 | 중앙일보 2004년 5월 12일 참고.

11 국제경영관리

국제화가 진전됨에 따라 국내시장에서의 경영활동을 넘어서 해외시장으로의 진출이 활발히 이루어지고 있다. 이 장에서는 해외시장에 진출한 다국적 기업에 대한 경영관리에 대한 대략적인 설명하고자 한다. 경영관리는 크게 국제마케팅, 국제생산관리 및 연구개발, 국제재무관리 및 회계 그리고 국제인사 및 조직의 4개 측면에서 설명이 이루어 진다. 국제마케팅은 해외시장에서 생산과 더불어 기업이 성장 및 발전하기 위한 기본전제인 부가가치를 창출하고 실현시키는 활동이며, 국제생산관리 및 연구개발 부분에서는 입지선정으로부터 범세계적 효율성 달성을 위한 로지스틱스 및 글로벌 소싱전략에 대해 간략히 설명하고자 한다. 국제재무관리 및 회계에서는 경영관리의 근본이 되는 현금의 흐름과 관리는 경영의 투명성 측면과 기업의 건전성 측면에서 강조되고 있다. 마지막으로 국제인사 및 조직에서는 국제화에 맞는 경영자, 관리자 그리고 직원의 양성, 배치 및 관리 주제로 설명하고자 한다.

학습목표

- 경영관리의 주요 4가지 주제에 대한 이해를 해보자.
- 해외시장에서의 성공을 위한 경영관리의 주요 핵심 요소의 이해에는 어떤 것들이 있는가?

해외법인관리 : 삼성SDS[1]

삼성SDS(대표이사 김인 사장)는 1985년에 삼성데이타시스템 상호로 전산시스템 개발 업무를 목적으로 설립되었다. 이후 국내 SI 산업 및 관련 소프트웨어 개발 업무에 주력하며 삼성그룹의 전산실 운영 및 컨설팅, IT 아웃소싱, ERP, 지식 포탈 등의 패키지 소프트웨어, 데이터센터 기반 서비스, 교육사업 등 토탈 IT 서비스 업체로서 공공, 금융, 서비스, 제조 등의 분야에서 사업을 수행하고 있다.

1997년 상호를 삼성에스디에스(주)로 개명하였으며 같은 해에 미주법인(SDSA)를 미국 산호세에 설립하면서 본격적인 해외 사업의 닻을 올렸다. 1999년에는 중국 북경에 중국법인(SDSC) 설립하였으며, 2000년에는 영국 런던에 유럽법인(SDSE) 및 미국 뉴저지에 데이터센터를 건립하였다. 보다 고객의 요구에 신속하고 적절한 서비스 제공을 위하여 2001년에는 멕시코 티후아나에 데이터센터를 설립하고 독일에는 사무소를 개설하였으며, 최근에는 브라질에 현지 관계사 ITO 서비스 수준을 높이기 위해 현지법인 SDSB를 설립하였다. 이와 같이 SDS는 각 대륙의 법인을 중심으로 독자적이고 또한 본사와 협업하여 해외 시장을 공략하고 있다. 경영 관리 측면에서는 각 법인은 법인장 중심으로 모든 사업과 투자를 결정하며 또한 각 주요 사안별로 본사에 승인을 받아 해외사업을 추진하고 있으며 신규고객 유치 및 Business Partner 확보를 위해 COMDEX, CeBIT 등 각종 IT관련 전시회 참여를 통하여 보유 역량을 소개하고 있다. 인력 관리 측면에서는 본사에서 법인장 및 최소한의 주재원을 파견하여 본사의 경영 전략이 효과적으로 실행될 수 있도록 조정하고 있으나 대부분의 인력은 현지 채용을 하여 현지화에 힘을 쏟고 있으며 해외 인력은 전체 인력의 10%에 육박하고 있고, 각 법인은 독자적인 기업으로서 그 지역

에 적합한 전략 수립 및 경영 계획을 수립하고 사업을 추진하고 있다. 매년 전략 회의를 개최하여 본사 관련 임직원이 직접 법인의 전략 및 경영 계획, 관리 방침을 공유할 수 있는 기회도 제공한다. 이와 같이 삼성SDS의 해외 법인은 본사와 공조체제를 통해 전략수립, 시장 조사 등의 마케팅 업무, 시스템 개발 및 구축, 아웃소싱, 컨설팅 등 일련의 사업을 수행하며 또한 본사와의 협업을 통해 보유하지 못한 역량을 지원받고 또한 본사의 해외 사업을 적극적으로 협업하고 있다.

삼성SDS의 2003년 매출은 1조 7천억 원 정도를 기록했으며 그 중 해외 매출의 비중은 9%이며 총 8천여 명의 직원 중 약 10% 정도가 해외인력이다.

http://www.sds.samsung.co.kr

토의과제

- 삼성SDS의 해외법인과 본사와의 관계에 대한 설명 및 제안할 점은 무엇인가?
- 삼성SDS의 해외법인의 주요 지역 및 사업 내용은 무엇인가?

국제마케팅

마케팅은 생산과 더불어 기업이 성장, 발전하기 위한 기본 전제인 부가가치를 창출하고 실현시키는 활동이다. 특히, 국제기업에 있어서는 해외 현지 시장의 다양성으로 인하여 마케팅 기능의 수행이 다른 어느 기능보다도 어렵고 또한 중요한 과제가 된다. 여기에서는 다음과 같은 순서에 따라 국제마케팅의 내용을 알아보기로 한다.

첫째, 국제마케팅의 개요를 통해서 국제 환경에서 나타나는 마케팅의 특수성을 살펴보고, 국내 마케팅과의 차이점을 알아본다. 그리고 국제경영의 각 단계에 나타나는 국제마케팅 내용을 살펴본다. 둘째, 기업이 국제마케팅 전략을 개발하기 위한 기본 전제가 되는 국제마케팅 조사 방법에 대해 알아본다. 마지막으로, 전략 수행할 때 나타나는 표준화 및 현지화 간의 상충문제를 살펴보고 전략 개발에 있어서의 유의점에 대해서도 검토해 본다.

국제마케팅 개요

국제마케팅의 의의

국내외 시장의 성격이 과거의 '판매자의 시장(seller' s market)' 에서 '구매자의 시장(buyer' s market)' 으로 전환됨에 따라 기업의 모든 활동도 마케팅을 중심으로 하여 생산, 재무, 인사 등의 각 기능이 결합되는 전사적 마케팅 시스템으로 지향하는 경향을 보이고 있다. 한편, 기업이 보다 많은 이윤 기회를 추구하여 국제화되고 그 활동 범위를 국내시장에서 국제시장으로 넓히게 되자, 기업의 마케팅 활동도 종래와 같은 국내적인 시야에서 벗어나 국제적 시야에 입각하여 수행되어야 할 필요성이 대두되었다. 이와 같은 확장된 마케팅 활동 범위는 국내 시장하의 마케팅 활동과는 다르게 국제 시장하의 마케팅 활동은 국경의 존재, 시장규모, 문화 및 역사 등을 비롯한 다양하고 변화의 정도가 큰 마케팅 환경의 구성요소가 고려되어야 할 필요성이 대두되었다.

국제마케팅은 다른 나라의 국민을 대상으로 한 기업활동 및 이와 관련된 서비스 활동 또는 2개국 이상의 소비자나 이용자를 향한 기업의 재화나 서비스의 흐

표 11-1
국내 마케팅과 국제 마케팅의 차이점

항 목	국내 마케팅	국 제 마 케 팅		
		수출 마케팅	현지 마케팅	세계 마케팅
대상시장	국내시장	해외의 불특정 다수시장	특정 현지시장	세계의 특정 다수 시장
마케팅 대상	단일요소 또는 복합요소	상품(완제품 및 원자재), 기술, 자본, 인력 등의 단일요소	상품, 기술, 자본, 인력, 상표, 경영 등의 복합요소 및 그 시스템	좌동
마케팅전략	시장적응	바이어 의존	현지적응	표준화
전략형태	매입 및 판매	수출, 기술이전 (하청단계의) 해외건설	(원청단계의) 해외건설, 해외직접투자, 해외자원 개발	해외직접투자 및 이와 결합된 해외자원개발
경쟁대상	국내기업 또는 국내투자 외국기업	바이어	현지기업 또는 현지투자 외국기업	세계기업
일반적 경쟁 형태	독과점 및 경쟁	경쟁	독과점 및 경쟁	독과점
기업의 형태	국내기업	해외지향기업 (수출기업)	현지지향기업 (다국적기업)	세계지향기업 (세계기업)

름을 통제하는 기업활동이라고 정의될 수 있다. 이러한 정의에 의하면 국내 마케팅과 개념상의 차이는 없으나, 2개국 이상의 환경에서 국경을 넘어 수행되는 기업활동이라는 요소가 국제마케팅 활동의 복잡성과 다양성을 낳게한다.

국제마케팅은 수출 마케팅, 현지 마케팅, 글로벌 마케팅으로 나누어 볼 수 있으며, 그 내용은 앞의 〈표 11-1〉에 정리되어 있는 바와 같이 대상 시장, 마케팅 대상 및 전략, 경쟁대상, 경쟁형태 등에서 차이를 보인다. 그러나, 이러한 세 가지의 마케팅 개념은 각각 존재하는 것이 아니라 기업이 국제화함에 따라 연속선상에서 마케팅 활동도 국내 마케팅으로부터 수출 마케팅으로 발전되고 또 현지 마케팅, 글로벌 마케팅으로 확대되는 것이다.

국제마케팅의 종류 및 전개 과정

국내 마케팅에서 국제마케팅으로 전환되는 과정은 국내 기업이 수출기업, 다국적기업 그리고 글로벌기업으로 성장하는 과정에서 국내마케팅 단계, 수출 마케팅 단계, 현지 마케팅 단계, 글로벌 마케팅 단계의 네 단계로 나누어진다.

국내 마케팅 단계

주로 국내시장을 대상으로 소비자지향의 마케팅이 전개되는 단계이며, 상품은 국내시장의 수요에 적합한 형태로 개발된다.

수출 마케팅 단계

국내 시장뿐만 아니라 해외시장에까지 마케팅 활동이 확대 전개되는 단계이다. 국내기업간 경쟁이 심화되어 수익성이 떨어지거나, 국내시장이 포화상태에 이르러 더 이상의 성장을 기대하기 어려울 때, 더 많은 이익기회와 성장을 추구하기 위하여 국내에서 생산되는 상품을 해외로 진출시킴으로써 시장확대가 이루어 진다.

현지 마케팅 단계

기업이 현지시장의 유통구조로 뛰어들게 되어 상품을 판매하면 더 많은 부가가치를 얻을 수 있다. 따라서 어느 정도의 능력을 쌓은 기업은 수출마케팅 단계에서 한걸음 더 나아가 현지마케팅을 추구하게 된다. 이 때에는 본국의 시장과 별개로 현지시장에서 이윤을 극대화하는 방향으로 마케팅 전략 수립 및 경영활동을 벌이게 된다.

글로벌 마케팅 단계

기업의 현지마케팅활동이 점차 빈번하게 일어나 세계 각국의 여러 지역에서 이루어 지면, 마케팅 활동 중의 일부 또는 전부를 표준화하는 편이 기업에 더 많은 이윤을 가져다 줄 수 있게 된다. 전세계를 하나의 시장으로 보고 국제기업 전체의 이윤을 극대화하는 방향으로 나가는 마케팅을 글로벌 마케팅이라 할 수 있으며 현지마케팅과는 또다른 관점에서 접근이 요구된다.

국제마케팅 전략 방법론

국제마케팅 전략의 개발

구매자시장(buyer' s market)이 발전함에 따라 경영기능의 중심은 점차 마케팅으로 향하고 있으며, 이에 따라 전략의 수립에서도 마케팅 지향적인 전사적 사고가 기본전제가 되고 있다. 그러므로, 기업의 경영전략의 개발은 마케팅전략의 개발로부터 시작하여 생산, 물적유통, 기술, 인사, 재무, 투자전략의 순서로 전개되는 것이 일반적이다. 또한 국제경영전략의 개발에 있어서 중요한 점은 본사와 지사간의 유기적 결합 여부라 하겠다. 그 중 국제마케팅 전략은 경쟁이나 환경적 요인의 변화에 대응하여 주요 마케팅 기회를 확인하고, 그에 따라 마케팅 기능을 활용하기 위한 주요 마케팅 프로그램을 결정하는 과정을 통해 형성된다. 아래의 [그림 11-1]은 국제마케팅 전략개발의 시스템적 접근방법을 예시하고 있다.

국제경영 마케팅 전략의 표준화 및 현지화

일반적으로 기업은 가능하면 여러 국가들을 대상으로 국제마케팅 믹스를 표준화

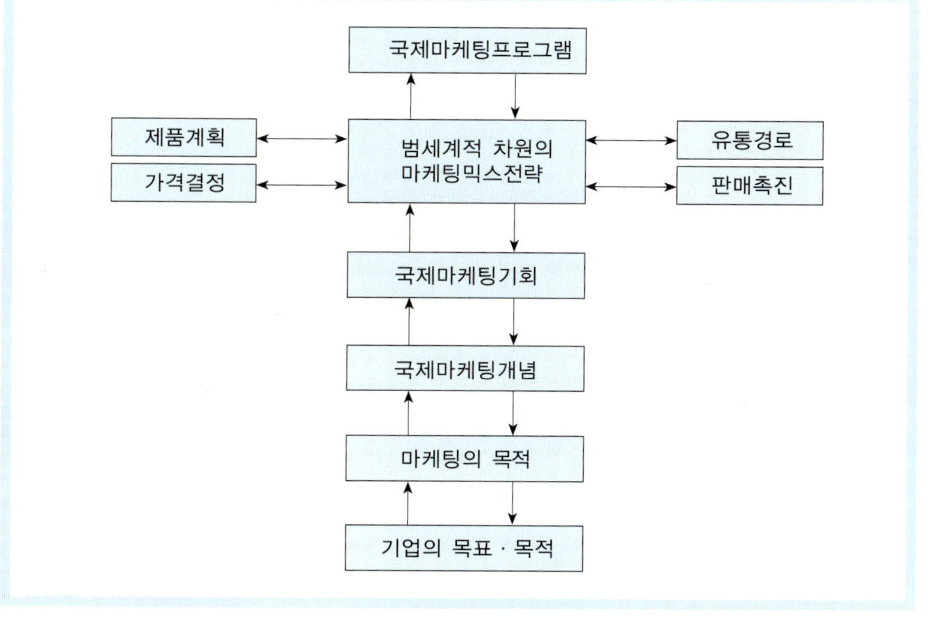

그림 11-1
국제마케팅 전략의 개발

하려고 한다. 표준화(standardization)는 생산과 촉진비용에 있어 규모의 경제, 국가 간 통일된 이미지의 표현, 아이디어와 경험의 이전 용이성 등의 이점뿐만 아니라 해외 자회사 간 원활한 조정과 통제 등과 같은 이점 또한 향유할 수 있다. 그러나, 국제마케팅믹스의 범세계적인 표준화 전략이 항상 실행가능하고 바람직한 것은 아니다. 규제에서부터 상이한 소비자의 기호까지 표준화의 이점을 상쇄시키는 비용도 무시할 수 없는 것이다. 따라서 현지시장의 환경 및 상황에 따라 국제마케팅 믹스의 적절한 현지화(localization) 전략이 요구되는 것이다.

표준화 전략은 국내에서 사용하던 마케팅 믹스를 해외시장에 그대로 적용하는 것이고, 현지화 전략이란 각국의 현지시장 여건에 맞게 수정하여 적응시키는 것을 말한다. 표준화와 현지화의 이점으로는 표준화를 통한 여러 가지 마케팅 비용을 줄일 수 있다는 점이고, 현지화를 통해서는 현지시장에 적응하는 전략을 택하여 매출액을 증가시킬 수 있다는 점이다. 그러나, 현실적으로는 완전한 두 가지 전략을 상정하기는 불가능하므로 두 전략 간의 조정의 문제가 필요하다. 따라서, 핵심적인 문제는 현지시장의 상황에 따라 얼마만큼 마케팅 믹스를 현지화할 것인가에 대한 정도를 결정하는 것이다.

마케팅 믹스란 기업이 기업 내외의 통제가 불가능한 모든 환경의 변화에 대하여 창조적으로 적응하기 위하여 기업의 통제가능한 제요소를 유기적으로 조정 및

그림 11-2
마케팅 믹스전략의 기본요소

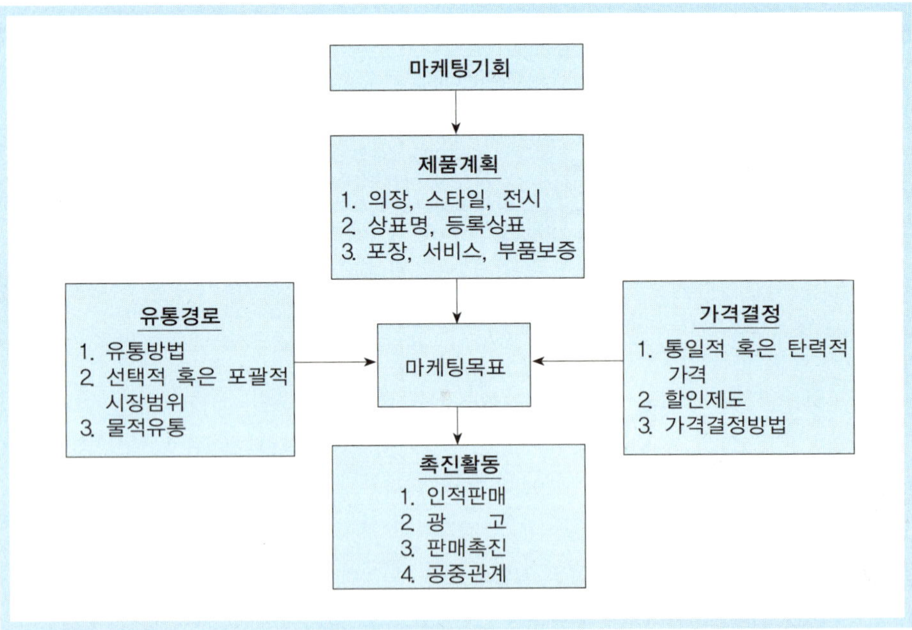

통합하는 활동을 의미한다. 기업이 국제적 경영활동을 추진하게 되면, 기존의 국내환경뿐만 아니라 이질적인 국제환경에도 부딪히게 되며 이에 따라 대체안의 수가 확대되는 동시에 전략의 수립도 점점 힘들어진다. 마케팅 결정 변수, 즉 기업의 통제가능한 제수단은 대체로 ① 제품계획 ② 가격결정 ③ 유통경로 ④ 촉진활동 등의 네가지로 분류되며 [그림 11−2]는 마케팅 믹스전략의 체계를 예시한 것이다.

첫째로 제품계획은 소비자의 욕구를 충족시킬 수 있는 제품의 개발이야말로 마케팅활동에 있어서 가장 중요한 요소이다. 어떠한 제품을 생산, 판매할 것이냐에 따라서 가격결정, 유통경로, 판매촉진 등의 마케팅 믹스 구성요소별 전략이 결정된다. 즉, 제품계획은 모든 마케팅 프로그램의 근본이 된다. 둘째로, 가격결정은 다른 마케팅 믹스 구성요소와 관련하여 범세계적인 관점에서 각 국가수준을 고려한 가격결정전략을 수립해야 한다. 가격결정의 접근 방법으로는 원가 중심의 가격결정 방법, 원가 및 탄력적 이폭(利幅) 가산법, 변동비 중심의 가격결정법, 증분가격(incremental pricing) 결정법 및 시장대응과 시장침두 가격선략 능의 방법이 있다. 셋째로 유통경로는 다른 전략요소와 마찬가지로 각국 시장의 이질적 환경에 적합하도록 선정, 관리되어야 한다. 마지막으로 촉진전략은 각 국가별 및 범세계적 규모의 촉진믹스, 광고매체와 촉진매체의 선정, 광고대리점 사용에 관한 결정 및 촉진 활동의 표준화 문제 등을 주요 내용으로 하고 있다.

이와 같은 국제마케팅전략 개발상의 유의점으로는 첫째, 기업은 최적믹스 또는 적어도 기업의 이익 및 마케팅 목표를 달성할 수 있는 믹스를 얻기 위해 노력해야 한다. 둘째, 어떤 국가에서 성공한 마케팅 믹스라 할지라도 사회, 문화, 관습과 마케팅 제도 등의 차이를 고려하지 않고 다른 나라에 적용하는 것은 중대한 과오를 초래할 수 있다. 셋째, 전략수립에 관련된 변수가 많고 회사 간 또는 제품 계열 간에 차이가 있다는 것을 염두에 두어야 한다.

국제생산 및 연구개발

국제생산 개요

국제화가 진전됨에 따라 기업은 본국에서 생산된 제품을 해외에 수출하는 해외지향적 기업에서, 현지에서 생산, 마케팅을 동시에 수행하는 현지지향적 기업으로 변화한다. 이 변화를 초래하는 필요조건이 바로 생산입지의 국제적 이전이며, 국제생산은 그런 의미에서 입지선정이 중요한 문제로 부각된다고 볼 수 있다. 비록 국제생산이 입지선정의 문제로 집약된다고는 하나 로지스틱스 전략과 상대적으로 비용이 저렴한 지역에서 원재료 및 부품을 조달할 수 있는 글로벌 소싱전략의 통합적 관점에서 고려되어야 한다. 따라서 국제생산관리는 우선 국제기업이 택할 수 있는 최적입지의 선정 방법과 범세계적 효율성을 달성하기 위한 통합적 관점에서 로지스틱스 및 글로벌 소싱전략의 개념 및 기능 또한 주요 이슈로 부각되고 있다.

생산지역 선정 및 제품 선정 방법론

경영자는 기업활동을 국제화하는 과정에서 해외환경에 대한 체계적 이해를 도모하여야 한다. 특히, 낙관적인 관점에서 수익성 문제를 검토하는 것도 중요하나, 이와 동시에 비관적 관점에서 그 지역의 위험부담(risk-taking)의 정도, 예컨대 현지국가의 정치적, 경제적 상황, 외국기업의 진입 용이성 등에 대한 내용도 고려해야 한다.

단일지역 분석

특정 지역에 대하여 하나의 중요한 기준으로 진출 여부를 결정하는 방법으로 의사결정을 신속히 내릴 수 있는 장점이 있는 반면, 고려된 기준 이외의 다른 제반 요소를 간과한 결과 좋은 기회를 놓치거나 좋지 않은 여건에 뛰어드는 과오를 범할 가능성이 있다. 따라서 이 방법은 다음에 나오는 좀더 포괄적인 방법으로 보완되어야 할 것이다.

위험할증방법

각국의 기업여건을 몇 개의 등급으로 나누어 투자에 따른 기대수익률의 기준을 달리하는 방법으로 기대투자수익률(ROI : Return On Investment)의 최저수준을 설정하고 그 기준을 만족시켰을 경우에만 투자를 실시한다. 이 방법은 일정한 수치에 의거하여 투자결정을 내릴 수 있다는 장점이 있으나 객관적인 타당성을 가진 수치를 정해야 한다는 어려움이 따른다.

위험범위산정방법

위험부담의 정도를 낙관적 견해(optimistic view), 일반적 견해(most likely view) 그리고, 비관적 견해(pessimistic view)로 구분하고, 각 경우의 발생 가능성을 기대투자수익률에 적용하여 산출한 평균 기대투자수익률을 이용하여 투자여부를 결정한다. 이 방법은 전술한 위험할증방법을 좀더 보완하여 위험의 범위를 고려할 수 있다는 장점을 가지고 있다. 그러나, 현실적으로 나타나는 신규시장에서의 사업에 따르는 위험성은 다양하고 복잡하며 불확실하다.

위험확률분석방법

위에서 설명한 위험범위를 여러 개의 변수에 대해 파악하여 그 평균기대수익률을 계산하는 방법으로서 확률분포도(probability tree)를 활용하게 된다. [그림 11-3]은 기업환경분석에 대한 확률분포도의 예를 보여주고 있다. 이러한 분석 방법은 사업에 영향을 미치는 변수의 수효를 늘림에 따라 기하급수적으로 그 내용이 복잡해지므로 그 계산을 컴퓨터나 시뮬레이션 기법을 이용해야 하는 경우도 빈번히 발생한다.

다음의 가중평가기준 사용방법, 국가별 위험표 사용방법, 동적 계획 사용방법은 위에서 설명한 단일지역 분석을 뛰어 넘어 복수지역에 대한 분석방법이며, 그 다음에 언급된 방법은 복수지역에 대한 제품분석 방법이다.

그림 11-3
기업환경분석에 대한 확률분포도

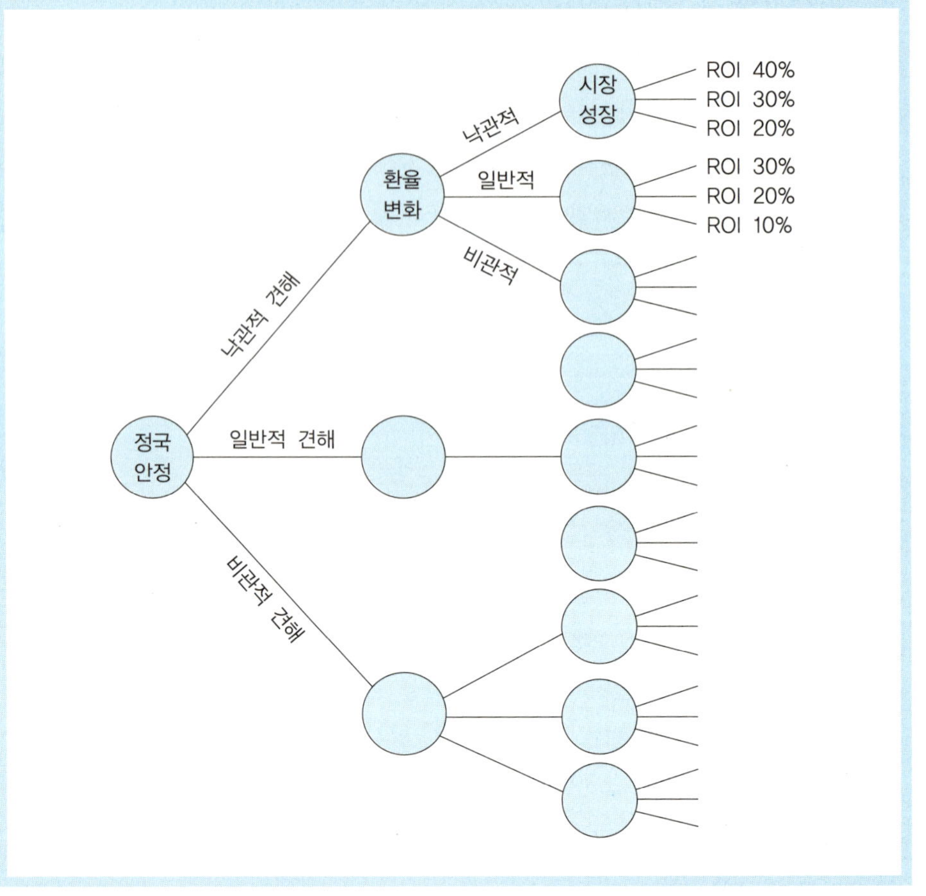

가중평균기준(weighted average criterion) 사용방법

이것은 여러 지역에 공통적으로 적용될 수 있는 여러 개의 기준을 선택하고 기업 입장에서 각각의 기준에 가중치를 준 후, 각 기준에 대한 당해 지역의 환경을 파악하여 가중평균치를 구함으로써 각 지역의 투자순위를 결정하는 방법이다. 이 방법은 해외환경에 있어 중요변수를 포괄적으로 다룬다는 장점이 있으나 어떤 변수를 기준변수로 채택하며 이들에게 주어지는 가중치를 어떻게 합리적으로 설정하는가, 그리고 변수 상호 간의 관계, 즉 다중공선성(multicollinearity)의 문제를 어떻게 극복하는가 하는 문제점이 존재한다.

국가별 위험표 사용방법

투자기업에 관계없이 위에서 채택된 바와 같은 복합적인 기준을 각 국가에 대하여 적용하여 국가별로 채점을 하고, 이에 따라 각 지역의 투자환경의 우 · 불량 여부를 점수로 나타내는 방법으로서, 현재 국제적으로 유수한 은행, 컨설팅 회사, 신문사 등에서 이러한 국가별 위험(country risk)을 발표하고 있다. 이 방법은 기업이 해외투자를 고려할 때 세계 각국의 환경을 비교, 판단할 수 있다는 장점이 있으나, 일반기관에 의해 작성되는 경우 기업 측면에 대한 평가를 할 수가 없다. 따라서 개별기업이 특정 사업에 대한 투자후보 지역을 선정할 경우에는 하나의 참고자료로서의 가치만을 가진다.

동적 계획 사용방법

OR기법의 하나인 동적 계획(dynamic programming)을 위험확률 분석방법에 적용하여 복수지역에 대한 투자순위를 분석하는 방법이다. 즉, 투자사업이 각 후보지역에서 이루어질 경우를 상정하여, 시간의 경과에 따라 그 사업으로부터 도출될 기대수익 또는 기대현금흐름(expected cash flow)을 계산하고, 그 결과에 따라 각 지역에 대한 우선순위를 정하는 것이다. 이 방법의 장점으로는 투자후보국의 순위와 함께 특정투자사업의 수익성에 대한 평가를 가능케 한다는 점이나, 복잡한 컴퓨터프로그램 작성과 이에 따른 막대한 경비가 소요된다는 단점이 있다.

복수지역 - 제품분석

앞에서 제시한 지역적 특성에 대한 투자환경분석에서 한걸음 더 나아가 복수지역과 복수제품을 동시에 고려하여 진출 가능 '지역-제품' 을 찾아내는 기법으로서 수출전선표(輸出前線表, export frontier table)와 투자전선표(投資前線表, investment frontier table)가 작성될 수 있다. '수출전선표' 는 수출품목과 국가를 과거의 수출실적을 기준으로 하여 순위대로 X축과 Y축에 배열한 수 해당 빈칸에 수출액수를 적어 놓으면 수출전선표가 작성된다. '투자전선표' 도 수출전선표와 마찬가지로 품목과 지역을 X축과 Y축에 배열하고 이로부터 해외진출품목 및 지역을 동시에 결정하는 모델로서 여러가지 환경변수를 기준으로 하여 각 품목과 지역의 모방시차(模倣時差, imitation lag)를 판단하여 모방시차가 짧은 품목과 지역부터 순서대로 배열한다. 여기서 모방시차란 어떤 특정제품이 세계시장에 처음 출현했을 때로부터 특정 국가가 그 제품의 생산을 시작할 때까지의 기간을 의미한다.

로지스틱스, 아웃소싱, offshore 개발 및 연구

로지스틱스

일반적으로 국제생산관리에서 논의되는 로지스틱스(logistics)는 국제 간에 행해지는 투입물과 산출물의 운송과 저장의 통합적 조정을 의미한다. 다국적기업의 목적은 로지스틱스와 관련된 비용을 최소화하는 것이다. 보통 로지스틱스와 관련된 활동은 주문처리, 산출물의 운송, 예측, 구매 및 생산스케줄 등을 포함한다. 더 나아가 앞의 활동을 용이하게 하기 위해 필요한 배송, 저장, 포장, 원료확보 및 입지선정 등을 광범위하게 포함하기도 한다.

해외지향 기업의 로지스틱스 관리는 최적의 비용 및 시간효율적인 방법으로 수출하는 활동에 국한된다. 운송에 필요한 기본적인 방식도 항공, 철도, 그리고 도로를 중심으로 이루어진다. 세계지향기업은 해외자회사의 시장규모, 생산입지 및 원료확보에 수반되는 모든 활동을 조정하기 위해 이원화된 부서의 로지스틱스 관리부서를 가질 것이다. 이원화된 부서의 조정활동에 따르는 복잡성은 상당히 클 것이며 해외생산기지가 없는 소규모의 다국적기업도 복잡성에 의한 로지스틱스 비용은 상당히 클 것이다.

글로벌 소싱

글로벌 소싱(global sourcing)의 의미는 전세계를 대상으로 원재료 및 부품을 구매하기 위한 일련의 활동으로 정의될 수 있다. 또한, 소싱은 원재료 및 부품을 유리한 가격으로 필요한 시기에 적당한 공급자로부터 합리적으로 구매하기 위한 관리활동을 의미한다. 더 나아가 제조업자가 소싱의 원천을 확대함으로써 광범위한 네트워크를 형성하기도 한다.

중요한 것은 글로벌 소싱의 목적이 기업마다 다양하지만 원가절감과 품질향상의 두가지 목적을 얻고자 추진하는 경향이 강하다. 구체적으로 제조원가에서 원재료 및 부품원가의 비중이 큰 제조업체는 조달비용이 가장 저렴한 지역에서 필요한 원, 부자재를 집중적으로 조달할 것이다. 반면, 태광실업이나 화승같이 인건비의 비중이 큰 신발 및 의류와 같은 노동집약적 산업에 속하는 기업은 상대적으로 임금이 저렴한 지역에서 제품을 생산하는 것이 유리할 것이다.

그러나, 다국적기업들이 글로벌 소싱 전략을 선택하기 위해서는 다양한 변수들을 고려해야 한다. 글로벌 소싱이 갖는 많은 이점에도 불구하고 그에 상응하는 반대급부로서의 위험도 상존하고 있다. 글로벌 소싱을 하는 경우, 공급라인이 길어지고 재고수준이 높아지며 아울러 국제경영상 환율변동으로 인해 환위험의 영향을 받을 수도 있다. 그럼에도 불구하고 최근에는 IBM이나 EDS의 경우와 같이 세계 곳곳에 R&D센터를 설립하고 연구결과를 소싱해오는 광의의 글로벌 소싱도 행해지고 있다.

국제재무관리 및 회계

기업이 국제화됨에 따라 재무관리 및 회계 관리 기능도 이전과는 달리 국경선을 넘어서게 된다. 물론 구매, 생산, 판매와 같은 본질적인 기능에 비해 재무관리나 회계관리는 보조적인 기능을 한다고는 할 수 있으나 투명하고 공신력 있는 기업 활동을 위해서는 필수적인 요소로 볼 수 있다. 특히 국제적인 재무관리 기능에는 환위험관리라는 특수 기능이 필요하다. 한편, 국제재무관리에 대해서 보다 적극적인 기업은 모든 재무관리 기능을 국제화함으로써 재무관리의 효율성을 높일 수 있을 것이다. 또한 2개 이상의 통화로 경제활동을 수행함에 따라 발생하는 '화폐적 측정' 의 문제, 각국의 상이한 회계 기준이나 제도상의 문제 및 이중과세, 인플레이션율의 차이 등 새로운 변수들에 대한 고려 등 국제회계의 문제 또한 중요한 영역으로 부각된다.

국제재무관리 개요

국제재무관리는 크게 소극적인 측면의 환위험관리와 적극적인 측면의 국제차입관리, 국제투자관리 등으로 나눌 수 있으며 여기서는 국제금융시장, 환위험 관리에 대해 간단히 알아보도록 한다.[2]

국제금융시장

국제금융시장(international financial market)은 외환시장(foreign exchange market)과 국제신용시장(international credit market)으로 구성된다. 외환시장이란 한 나라의 지급수단(means of payment)과 다른 나라의 지급수단을 교환하는 시장이다. 국제신용시장이란 외국의 지급수단을 빌리거나 빌려주는 시장이다. 국제신용시장은 자금의 차입기간에 따라 국제자본시장(international capital market)과 국제자금시장(international money market)으로 구분되며, 통상적으로 만기 1년 이내이면 국제자금시장으로 만기 1년 이상이면 국제 자본 시장으로 구분하고 있다.

외환거래란 한 나라의 통화와 다른 나라의 통화를 교환하는 것을 가리킨다. 그런데 외환거래는 거래가 발생한 시점에 통화가 교환되는 것이 아니라, 통상적으로 거래가 발생한 시점에서 며칠이 지난 후에야 통화가 교환된다. 통상적으로 국제외환시장에서는 거래일로부터 2영업일 후에 결제가 이루어지고 있다. 또한 거래일로부터 2영업일 후를 현물일(spot date)이라고 하고 현물일에 결제가 이루어지는 외환거래를 현물환거래(spot transaction)이라고 한다. 한편 거래일로부터 2영업일보다 더 많은 기간 후에 결제가 이루어질 수도 있는데, 이러한 외환거래를 선물환거래(forward transaction)라고 한다.

환율이란 교환되는 두 통화의 교환비율을 가리킨다. 보다 직관적으로는 외화의

그림 11-4
국제금융시장의 구조

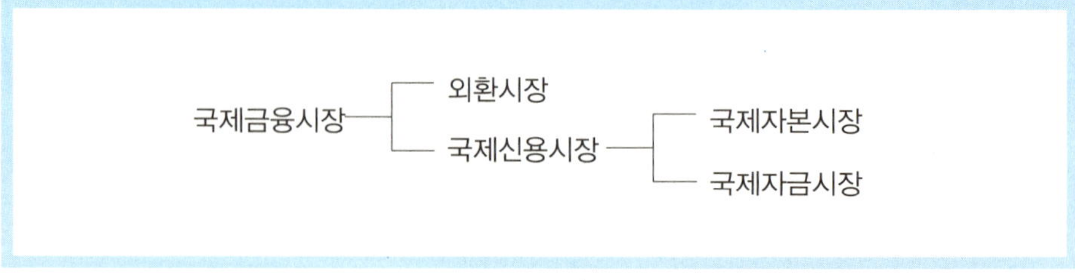

가격이라고 할 수 있다. 예를 들어, 원/달러 환율이 1,200.00원이라고 하면, 1달러의 가치가 1,200.00원이라는 것을 말한다. 또한 환율을 이해할 때는 기준통화(base currency)와 호가통화(quotation currency)가 무엇인지를 정확히 이해해야 한다. 기준통화란 분모에 들어가는 통화를 일컬으며, 호가통화란 환율의 분자에 들어가는 통화를 지칭한다. 따라서, 원/달러 환율이 1,200.00원 이라고 했을 때는 기준통화가 미국 달러화이며, 호가통화가 한국 원화이다. 만약 원/달러 환율이 1,200원에서 1,300원이 되었다면, 이는 미국 달러화의 강세(appreciation)를 의미하고, 반대로 한국 원화의 약세(depreciation)를 의미한다. 한편, 외환시장에는 원/달러 거래만 있는 것이 아니고, 원/마르크 거래도 있고, 마르크/달러 거래 등도 존재한다. 따라서, 미국 달러를 한국 원화로 바꾸고 싶을 때 원/달러 거래를 하는 방법도 있지만, 마르크/달러 거래 후 원/마르크 거래를 통해 미국 달러를 마르크화로 바꾸고 다시 마르크화를 원화로 바꾸는 방법도 존재한다. 따라서 일반적으로 원/달러 환율이나 원/마르크 환율과 마르크/달러 환율을 이용하여 구한 원/달러 환율, 즉 원/달러 교차환율(cross exchange rate)이 동일해야 한다. 이와 같이 외환시장의 균형은 원/달러 환율과 원/달러 교차환율이 같아지는 점에서 균형이 이루어져야 하나 이러한 균형관계에서 벗어나게 되면 무위험차익거래(risk-free arbitrage transaction)가 이루어지게 된다.[3]

외환시장은 외환거래를 하는 시장을 의미하지만 실제적인 장소에서 거래가 이뤄지는 것이 아니라 전화, 텔렉스 등의 통신수단을 통해서 거래가 이루어지는 장외거래(OTC transaction: over-the-counter transaction)를 형성한다. 외환시장은 일반고객과 외환딜러 간의 거래가 이루어지는 시장인 '소매시장'과 '도매시장'인 외환딜러 간에 거래가 이루어지는 시장으로 이루어진다. 한국 외환시장은 구미의 외환시장과는 달리 외환거래법에 의해 외국환은행으로 인정을 받은 금융기관만이 참가할 수 있도록 하고 있다. 외환시장에서는 중앙은행의 참여를 간과할 수 없다. 중앙은행은 주로 환율의 안정성, 기타 경제정책상의 목적을 가지고 외환시장개입(foreign exchange market intervention)을 하기도 하며, 정부를 대신하여 외환거래를 수행하기도 한다.

변동환율제하에서의 현물환율은 국가 간의 기대인플레이션 간의 차이, 이자율의 차이와 밀접한 관련을 가지면서 변동한다. 이들의 관계를 설명하는 이론으로는 구매력 평가가설(Purchasing Power Parity Hypothesis), 피셔효과(Fishcr

Effect), 국제피셔효과(International Fisher Effect), 선물환율의 불편추정치 가설(Unbiased Estimator Hypothesis), 선물환율의 이자율 평가이론(Interest Rate Parity Theorem) 등이 있으며, 이러한 이론들을 통합하면서 1976년 Giddy는 국제금융시장 균형가설이라고 명칭하였다.[4]

구매력평가 가설

두 국가 간에 자유무역이 가능할 때 동일한 재화에 대해서 국가 간 가격이 동일해야 하므로, 만약 두 국가 간의 재화구성이 동일하다면, 두 국가의 통화 간의 환율은 두 국가의 물가수준의 비율과 동일할 것이라는 가설이며 "절대적 구매력평가 가설"이라고도 한다.[5] 반면에 이로부터 기대되는 환율의 변화율은 두 국가 간의 기대 인플레이션율의 차이와 동일하다는 명제를 유도할 수 있는데, 이를 "상대적 구매평가 가설"이라고 한다.[6]

피셔효과

Fisher는 한 국가의 명목이자율(nominal interest rate)은 그 국가의 실질이자율(real interest rate)과 기대인플레이션의 합으로 표현될 수 있다는 것을 피셔효과라고 하나,[7] 실질이자율이 정확히 어떤 수준인지 알기 어렵고, 기대인플레이션율 역시 미래에 대한 기대치로 불확실성을 내포하고 있어서 피셔효과에서 말하는 관계를 검증하기는 쉽지 않다.

국제피셔효과

앞에서의 구매역평가 가설과 피셔효과를 이용하면, 두 국가 간의 기대인플레이션 차이만큼 명목이자율의 차이가 나고, 또한 명목이자율의 차이만큼 환율의 기대변화율이 결정될 것이라는 사실을 발견할 수 있는데, 이를 국제피셔효과라고 한다.[8]

선물환율의 불편추정치 가설

외환시장은 효율적이므로 미래의 현물환율을 가장 잘 예측할 수 있는 것은 현재의 선물환율이라는 가설이 불편추정치 가설이다.[9]

선물환율의 이자율 평가이론

현물환율에 대한 선물환율의 할증 또는 할인은 두 나라의 명목이자율의 차이와 동일하다는 것이 이자율 평가이론이다.[10] 이 이론은 선물환계약부 이자차익거래(covered interest arbitrage)에 근거를 두고 있다. 즉, 이자율의 차이와 선물환의 할증 또는 할인의 크기가 다를 때 반대방향의 현물환거래와 선물환거래 그리고 두 나라의 통화에 대해 반대 방향의 자금거래를 한다면 위험이 없는 차익거래를 할 수 있다는 것이다.

국제금융시장균형 가설

이상의 논의를 종합하면 [그림 11−5]와 같이 도식화할 수 있다. 국제신용 시장은 금융방식과 금융시장에 따라서도 분류할 수 있다. 금융방식에는 직접금융방식(direct financing)과 간접금융방식(indirect financing)이 있는데, "직접금융방식"이란 자금의 최종수요자가 증권을 발행하고 이 증권을 자금의 최종공급자가 매입함으로써 금융(financing)이 이루어 지는 방식으로, 이 경우 금융기관은 증권발행 및 유통을 원활히하는 중개인의 역할을 하게 된다. 반면, "간접금융방식"이란 자금의 최종수요자와 최종공급자가 직접거래를 하는 것이 아니라 , 자금의 최종공급자가 금융기관에 예금을 하고, 금융기관은 다시 이 예금액을 자금의 최종수요자에게 대출하는 방식으로 이 경우 금융기관은 직접 거래당사자가 된다. 금융시

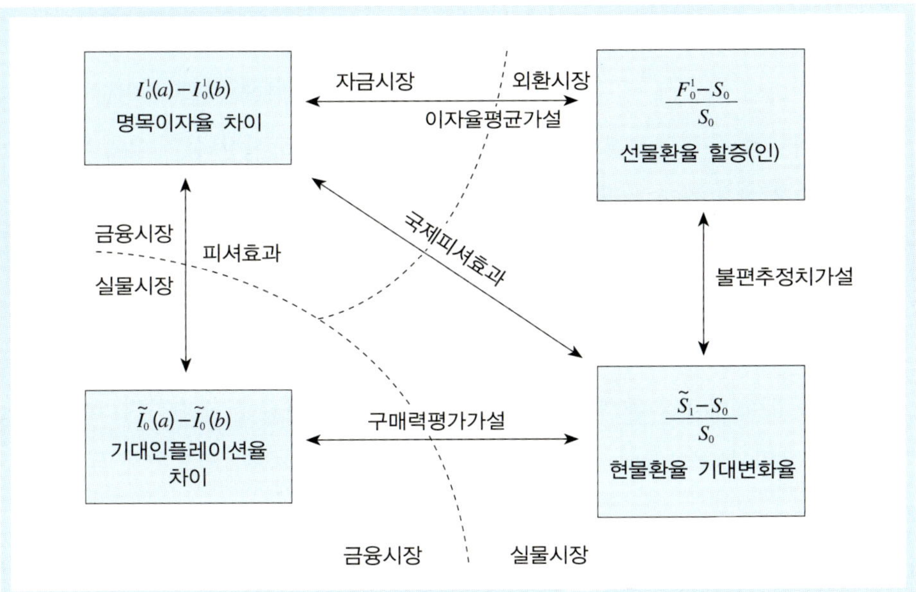

그림 11−5 국제금융시장 균형가설[11]

표 11-2
국제금융시장의 종류

금융방법 \ 금융시장	역내시장	역외시장
직접금융	외국장기채시장	유로장기채시장
간접금융	현지금융시장	유로달러(커런시)시장

장으로는 역내시장(onshore market)과 역외시장(offshore market)이 있는데, 역내시장이란 거래에 대해서 그 거래가 이루어지고 있는 국가의 정부가 통제가능한 시장을 의미하며, 역외시장이란 거래에 대래서 그 거래가 이루어 지고 있는 국가의 정부가 통제불가능한 시장을 의미한다. 이러한 기준에 따라 국제금융시장은 〈표 11-2〉과 같은 4가지 시장으로 분류할 수 있다.

① 현지금융 시장

현지금융이란 광의로는 기업이 영업을 하고 있는 나라에서 자금을 조달하는 모든 방식을 말하고, 협의로는 외국에서 그 나라 법화로 은행으로부터 차입하는 것을 지칭한다. 따라서 현지금융이란 해외지사들이 영업을 수행하기 위해 필요한 외화자금을 조달하는 방식으로서 그 자금을 모기업에 송금할 수 없으며, 자체의 필요분만을 조달할 따름이라는 점에서 여타 금융방식과는 다르다.

② 유러달러시장

유러달라란 미국 이외의 국가에서 영업을 하는 은행(euro bank)에 예입되어 있는 미국 달러화 예금을 의미한다. 여기에서 '유러' 라는 의미는 "특정통화가 법화가 아닌 나라에 예금되어 있다"이다. 이러한 개념에 따라 유러달러 시장뿐만 아니라 유러엔시장, 유러마르크시장, 유러파운드시장 등이 있는데, 이러한 시장을 총칭하여 유러커런시시장이라고 한다.

③ 유러장기채시장

1963년 미국 정부가 국내 거주자의 외국장기채 매입에 대해 이자평형세(interest equalization tax)를 실시하여 미국 자본의 해외유출을 제한하자, 국제적인 자본수요와 투자수요를 충족시킬 별도의 거대자본시장이 필요하게 되었으며, 그 결과 탄생한 국제자본시장이 유러장기채(eurobond market)시장이다.

④ 외국장기채시장

외국장기채시장이란 비거주인이 특정 나라에서 그 나라의 통화단위로 채권을 발행하여 그 나라의 거주인에게 판매하는 시장으로 양키본드시장, 사무라이본드시장, 독일 마르크본드시장 등이 있다. 일례로, 양키본드란 국제적인 신용도를 가진 외국기업이 미국 채권시장에서 발행한 미국 달러화 표시의 장기채를 지칭한다.

환위험관리

모든 기업은 환율의 변동에 따라 현금유출입에 변화를 가져올 수 있고, 이러한 의미에서 모든 기업이 환위험에 노출되어 있다고 할 수 있다. 그러나, 보다 회계적인 관점에서는 외환차손익과 외화자산(부채) 평가손익을 정의하고 있다. 외환차손익과 외화자산 평가 손익은 모두 환율이 일단 변동된 후 당기순이익에 어떠한 영향을 미쳤는가를 측정한다는 점에서 사후관리의 개념으로 볼 수 있으나, 기업의 입장에서는 이미 발생한 손익보다는 앞으로 발생할 손익에 더 많은 관심을 가지고 있을 것이다. 이와 같이 환율변동에 따라 앞으로 발생 가능한 손익을 측정하고자 하는 것이 환위험(foreign exchange risk)이라고 한다. 나아가서 외환차손익이 발생할 가능성을 거래적 환위험(transaction risk), 외화평사손익이 발생할 가능성을 환산환노출(translation risk)이라고 한다. 당기순이익뿐만 아니라 미래의 현금흐름을 현가화한 기업의 결제적 가치가 변화할 가능성을 경제적 환위험(economic risk)이라고 한다.

환위험의 종류로는 거래적 환위험, 회계적 환위험과 경제적 환위험의 세 가지 유형으로 분류할 수 있다. 첫째, 거래적 환위험은 외화표시로 제시된 재화나 서비스 계약 체결 또는 국제 입찰이나 투자 계약 등이 체결될 때 발생한다. 대부분의 경우 계약 체결과 거래대금 지급의 차이로 인해서 환위험에 노출되어 수익 또는 지출의 규모가 변화되는 것을 의미한다. 둘째, 회계적 환위험은 개별거래상의 환위험과는 달리 거래적 환위험과 환산환위험이 실현된 것을 지칭하는 것으로 재무제표 작성시 반영되는 환차손익이 경영성과에 미치는 위험으로 볼 수 있다. 마지막으로, 경제적 환위험은 환율의 변동에 의하여 기업의 미래현금이 변화함으로써 이를 현가화한 기업의 가치가 변화할 가능성을 말하며, 이는 환율의 변동으로 인하여 상품의 판매가격과 판매량, 중간재 가격의 변화와 더불어 생산원가가 변함에 따라 발생한다.

환위험에 대처하는 데에는 여러 가지 방법이 있을 수 있다. 그 중 어떠한 방법을 사용하느냐 하는 것은 기업의 재무적 목표가 무엇이냐에 따라서 달라지게 된다. 즉, 기업의 재무적 목표가 장기적으로 기업의 부를 극대화시키는 것이라면 경제적 환위험을 회피하는 데 가장 중점을 둘 것이고, 반면에 단기적으로 보고되는 회계적 이익을 극대화시키는 것이라면 환산환 위험 및 거래적 환위험을 회피하는 데 중점을 두게 될 것이다. 환위험 회피기법은 크게 실물헤지(real hedge)와 금융헤지(financial hedge)로 나눌 수 있다. 금융헤지란 대차대조표 항목을 조정하거나 선물환거래를 통해서 현금유출입 금액을 확정시킴으로써 환위험을 줄이는 것으로 단기적인 성격을 띠고 있다. 실물헤지란 해외영업을 분산시키거나 해외구매선을 변경하는 것과 같이 국제영업의 구조를 변경함으로써 환위험을 줄이는 것으로 장기적인 성격을 띠고 있지만, 유연성이 떨어진다는 단점을 가지고 있다. 또한 금융헤지는 내부헤지(internal hedge)와 외부헤지(external hedge)로 나눌 수 있다. 내부헤지는 기업 내부에서 환위험을 최소화 시키는 전략인 반면, 외부헤지는 기업외부의 제도를 이용하는 각종 계약조치이다.

네팅과 매칭

네팅(netting)이란 동일그룹 기업 간의 현금유출입을 일치시키는 방법이며, 매칭(matching)은 동일그룹 기업간뿐만 아니라 제3의 기업과의 거래까지도 포함하여 통화별로 현금유출입의 금액 및 시기를 일치시킴으로써 환위험을 회피하는 기업이다.

리딩과 래깅

리딩과 래깅(leading & lagging)은 외환지급 및 수취 시기를 조정함으로써 환율 움직임이 기업에 유리하게 작용하도록 만드는 기법이다.

가격정책

가격정책(pricing policy)에는 변동가격제(price variation)와 표시통화정책(currency of invoicing)이 있다. 변동가격제란 현지통화의 강세 또는 약세를 예측하여 현지 제품이나 수출가격을 조정하여 발생하는 수익으로써 환위험을 상쇄시키는 것이다. 표시통화정책이란 수출입의 대금을 어떤 통화로 표시할 것이냐를 결정하는 정책을 말한다. 대체적으로, 수출은 될 수 있는 대로 강세통화로 표시하고, 수입은 가능한 약세통화로 표시하는 방법이 있을 수 있다.

대차대조표 헤지

이 기법은 대차대조표 상에 노출된 자산과 부채의 표시통화를 일치시킴으로써 환위험을 회피하려는 방법이다. 대차대조표 헤지(balance sheet hedge)는 방어적 헤지와 공격적 헤지로 나눌 수 있으며, 방어적 헤지는 자산과 부채의 표시 통화를 일치시킴으로써 환율변동에 따라 대차대조표 상의 가치변동을 중립화(neutralize) 시키는 반면, 공격적 헤지는 환율의 움직임을 사전에 예측하고, 약세가 예상되는 통화표시의 자산감소와 부채의 증가, 강세가 예상되는 통화표시의 자산증가와 부채를 감소시킴으로써 환율변동에 따른 위험을 막으면서도 수익을 증대시키고자 한다.

외화보유

외화손실이 있을 것으로 예상되나 정확한 시기와 크기를 모를 때에 회계시스템 내에 회화손실충당금 계정을 설피함으로써 외화손실의 발생에 대비할 수 있는데, 이를 외화보유(foreign exchange reserve)라고 한다.

선물환거래

선물환은 현시점에 선물환율을 약속하고, 외환의 결제는 미리 약속한 미래의 일정 시점에 이루어지는 계약이다. 또한 반대 방향의 서로 다른 만기의 선물환 계약을 동시에 하는 거래를 외환스왑(foreign exchange swap)이라고 하는데, 이를 이용해서 외화유출입의 시기가 변경되는 경우, 헤지의 기간도 유연성 있게 조정할 수 있다.

자금시장 헤지(money market hedge)

스왑거래는 반대방향의 두 통화에 대한 자금거래를 합한 것과 동일하다. 따라서, 스왑거래가 불가능한 경우에는 두 통하에 대한 자금거래를 수행함으로써 스왑포지션을 취할 수 있고, 여기에 현물환거래를 더하면 선물환포지션을 취한 것과 동일한 효과를 얻을 수 있다.

디스카운팅과 팩토링

디스카운팅(discounting)이란 수출이 환어음(bill of exchange)에 의해 결제될 때 수출업자가 금융시장을 통해 할인을 받음으로써 결제일 이전에 대금을 회수하는 방법을 말하며 이 때의 비용은 할인율(discount rate)이 된다. 팩토링(factoring)이란 수출이 외상거래에 의해 이루어질 때, 외상채권을 매출함으로써 환위험을 회피하는 방법이다. 이때의 비용에는 신용위험(credit risk), 차입비용(cost of financing) 그리고 환위험 커버비용이 포함된다.

스왑거래

스왑거래(swap transaction)란 두 거래 당사자 간에 주어진 양의 한 통화를 다른 통화로 교환하고, 정해진 기간이 지난 후 그 원래의 화폐금액을 다시 교환하는 거래를 말한다.

경제적 환위험의 분산

경제적 환위험은 장기적이고 환율변동에 대한 효과를 정확히 측정하기 힘들고 기업의 미래현금 흐름에 대한 영향을 관리하여야 하므로 경제적 환위험 관리는 일개 부서의 문제가 아닌 최고경영자의 전략적 의사결정을 필요로 하는 문제라고 할 수 있다.

국제회계 개요

국제기업은 국내에서만 활동하던 때와는 달리 2개 이상의 통화로 경제활동을 수행해야만 할 경우가 많으므로 '화폐적 측정'에 있어서 어떤 통화를 측정의 척도로 삼아야 하며 또 다른 나라의 통화를 어떻게 기준통화로 평가할 것인가의 문제가 발생한다. 따라서, 국제회계의 의의와 필요성, 외화환산회계의 필요성과 관련된 문제 등에 대해서 알아본다.

국제회계의 의의 및 필요성

기존의 회계기법은 각국의 독특한 상관습, 법제도, 경제적 특성을 기초로 그에 맞는 회계 개념과 실무를 발전시킨다는 다분히 국내지향적인 회계기법이다. 그러나, 점차 기업경영이 단일국가라는 환경영역을 벗어나서 국제화되어감에 따라 회계자료가 복잡해질 뿐만 아니라 회계처리상의 문제들이 국제적인 차원에서 새로이 발생되었다. 이러한 국제회계의 개념 및 실무는 국내에서의 회계개념 및 실무와 다른 기준과 내용을 요구하는 까닭에 국제회계에 대한 별도의 연구가 필요하게 된 것이다. 따라서, 국제회계란 국제간에 행해지는 각종의 경제거래행위를 회계의 수단을 사용하여 측정, 평가하며 이를 경영자의 의사결정에 유용한 정보로 제공하고 또한 외부 이해관계자에게 전달하는 과정이라고 정의할 수 있다.[12]

아판(J.S. Arpan)은 국제회계의 필요성을 ① 국내활동단계, ② 수출단계, ③ 현지투자단계의 세 단계로 나누어 파악하고 있다.[13] 즉, 국제회계에 대한 이해가 필요한 것은 첫째, 국내활동단계에서는 기업이 주로 해외차입 또는 해외에서의 증권발행 등에 대한 올바른 의사결정을 위해 외국법, 관습뿐만 아니라 해외현지의 각종 세법, 회계처리 등에 관한 지식이 필요하며, 둘째 수출단계에서는 수출업자가 외국 수입상에 대한 평가가 필요하므로 재무제표 분석 능력, 결제통화의 환율변동이 미치는 영향에 대한 판단 능력이 요구되기 때문이고, 마지막으로 현지투자단계에서는 라이센싱이나 직접투자활동의 증가에 따라 외국정부의 요구조건 및 규제에 대한 이해, 해외자회사 관리 및 평가 등이 필요하기 때문이다. 또한 뮐러는 국제재무보고의 필요성을 ① 국제기업의 활동규모 증대, ② 국제투자의 증가, ③ 국제상호의존성의 강화 및 ④ 각국의 공공정책의 강화와 같이 4가지로도 들고 있다.[14]

외화환산회계의 필요성과 관련 문제

외화환산이란 하나의 화폐단위로 표시된 금액을 일정한 절차 및 기준에 의하여 다른 화폐단위로 표시하는 것을 의미한다. 이러한 환산과정에는 거래의 기록시점과 거래의 청산시점 사이에 발생한 환율의 변화에 따라 재무제표 환산율이 달라지는 관계로 미실현이익(손실)이 발생된다.[15] 외화환산회계의 필요성은 외화거래를 모국 통화 표시 재무제표에 계상하며, 해외사업활동을 평가분석하고 모회사와의 연결재무제표 작성을 통해 회계정보 이용자에게 유용한 정보를 제공하는 데 있다고 할 수 있다. 이와 같은 외화환산회계의 목적은 다음과 같이 여섯가지 정도로 요약할 수 있다.[16]

① 외화측정 · 표시거래의 기록목적

해외사업장 거래가 현지국 통화로 이루어진 경우, 투자모기업 입장에서는 자국통화로의 환산문제가 발생된다.

② 연결재무제표의 작성목적

다국적기업의 그룹에 대한 연결재무제표를 작성하기 전에 외화표시재무제표를 모국통화로 환산한다는 것이다.

③ 해외사업장의 영업활동 평가목적

환산시 환산손익이 해외자산의 경제적 가치의 실제적 변동에 반영된다는 문제가 생긴다.

④ 국제경영자활동의 업적평가목적

이는 해외사업장의 회계자료가 내부사용자에게 유용해야 된다는 것이다.

⑤ 해외사업장의 지휘 · 통제목적

다국적기업의 범세계적 경영활동에 따른 구매, 생산, 시장, 자금조달 및 운용문제 등에 대한 효율적 조정을 위한 것이다.

⑥ 사용자의 편익목적

투자자나 기타 정보이용자에게 해외사업장을 포함한 기업 전체의 경영활동에 관한 올바른 정보제공을 가능케 한다는 것이다.

외화환산에 관련되어 발생하는 중요한 문제로는 외화표시거래에 의해서 발생되는 환차손익의 인식, 선물환계약의 효과, 외화표시 재무제표 항목에 대한 환산 등의 문제가 있다. 외화거래에 있어서 국내기업의 유, 무형의 재화를 수출입하는 경우에 수출입거래와 결제거래 때문에 환위험에 노출되게 되므로 환차손익의 문제가 발생된다. 선물환 계약에 있어서는 두가지 비용을 고려해야 하는데, 하나는 선물환율과 현물환율 간의 차이인 할증(할인)이며, 다른 하나는 선물환 계약의 기회비용으로 선물환율과 미래실제현물환율의 차이이다. 환산에 관한 입장에는 본국주의와 현지주의의 두가지가 있다. 전자는 해외사업장이 행한 거래를 모회사에서 행한 외화표시거래인 것처럼 환산하는 방법이며 유동성-비유동성법이나 화폐성-비화폐성법은 이런 입장에서 환산하는 방법이다. 후자는 해외사업장의 거래에 대해 현지통화에 의한 재무제표의 작성을 중요시하며 환산에 있어서도 재무제표 항목의 상관관계를 유지하도록 하는 현행환율법을 이용하는 입장이다.

국제 인사/조직

국제경영에 있어서 경영자의 자질 및 임직원 관리는 그 성패를 결정짓는 가장 중요한 변수 중의 하나이며 경영자와 임직원의 역량을 최대한 발휘하게 할 수 있는 조직구조 또한 국제경영에 있어서 간과할 수 없는 부분이다. 다국적기업은 국내기업의 경영에서 야기되는 인사 및 조직관리의 문제와 근본적으로 다른 문제가 발생하는데, 특정 국의 문화 환경에서 성장, 생활해 온 경영자가 두 국가 또는 수개국에 걸쳐 상이한 문화환경에서 양면적인 경영활동을 전개해야만 한다는 것이 바로 그것이다. 여기서는 국제기업이 취할 수 있는 조직구조 및 인사관리에 대해 살펴보도록 하자.

국제인사 관리 개요

국제인사관리 전략

국제기업의 인적자원 관리 전략으로는 그 기업이 추구하는 전략유형에 따라 본국중심주의(ethnocentric approach), 현지국중심주의(polycentric approach) 및 세계중심주의(geocentric approach)로 구분될 수 있다.[17]

본국중심주의 접근 전략(ethnocentric approach)

본사 및 해외자회사의 주요 관리자를 모두 본국출신으로 배치하는 전략으로 서구 기업에서는 과거 한때 유행했던 전략이나 현재에도 삼성, 토요다 및 마쯔시다 등 한국 및 일본 기업에는 여전히 널리 적용되고 있다. 현지에서 적합한 관리자를 채용하기 힘들거나 독특한 기업문화를 유지하기 원하거나 현재 모기업이 보유하고 있는 핵심역량을 그대로 이전하기를 원할 때 주로 추구되는 전략이다. 그러나, 이 접근 전략의 단점으로는 현지채용직원에 대한 승진기회를 제한하게 되므로 본사 정책에 대한 반발심, 저생산성, 퇴직 등의 결과를 초래할 수 있으며 또한 현지의 문화 이해에 대한 낮은 이해로 인한 잘못된 마케팅 전략 수립을 행할 수 있다.

현지국중심주의 접근 전략(polycentric approach)

현지채용인력으로 현지자회사를 운영하고 본국 출신의 주요 관리자는 본사에서 현지자회사를 관리하는 전략이다. 본국중심의 인사관리에서 발생할 수 있는 문제점인 현지에 대한 이해도를 높여서 보다 현실성 있는 전략수립이 가능하며 해외파견인력을 줄임으로써 많은 비용 절감이 가능하다. 그러나, 이 접근 전략의 가장 큰 문제점은 언어문제, 충성도 및 문화 차이 등에 의한 현지자회사와 본사 간의 차이로서 본사의 전략 실행이 어려움을 겪을 수 있다. 또한 현지채용인력의 자회사 중심의 편협된 사고와 경험으로 인한 승진의 한계성도 문제가 될 가능성이 있다.

세계중심주의 접근 전략(geocentric approach)

국적에 상관없이 유능한 인력을 채용하여 적재적소에 배치하고자 하는 전략이다. 가장 큰 장점으로는 국제화된 관리자 양성이 가능하다는 점이다. 서로 다른 국가와 문화 속에서 효과적으로 업무를 수행할 수 있도록 인력을 파견하고 육성할 수 있다. 또한 세계화된 기업으로 하여금 기보유한 인적자원을 효과적으로 운영할 수 있도록 한다. 그러나 단점으로는 세계화된 인력 양성에 많은 시간과 비용이 요구된다는 점과 각 국가마다 고유한 이민법 및 해외인력 고용 정책에 대한 충분한 이해를 요구한다.

국제경영자의 선발 및 교육

일반적으로 다국적기업이 국제경영자를 선발하는 과정은 기초분석단계, 후보선정단계 및 인력관리 단계의 3단계로 구분할 수 있다. 다국적기업의 인사관리시 먼저 고려되어야 할 것은 기초적인 직무분석, 조직분석 그리고 문화적 환경분석이 선행되어야 한다. 다음으로는 내, 외부의 잠재적 인력자원의 원천을 파악하는 단계이다. 일반적으로 다국적기업의 경우 내부인사의 발탁을 선호하는데, 그 이유는 전사적인 정보의 교환 및 통제가 용이하기 때문이다. 마지막으로 인력관리 단계에서는 국제경영자로서 선발된 후보들을 대상으로 엄격한 기준을 적용하여 최적의 국제경영자를 선택하고 업무수행능력을 배양하기 위해 교육시키며 효과적인 평가시스템을 통한 공정한 보상이 이루어지도록 한다.

국제경영자의 교육은 대상자로 하여금 자신이 생활해 온 문화적 환경의 특질을 이해하고 동시에 이질적인 문화와의 접촉시 그 문화의 특질을 파악할 수 있는 지적, 정시직 소양을 개발시키는 것을 구체적인 목적으로 한다. 이러한 목적은 다음과 같은 구체적인 방법으로 달성될 수 있다. 첫째, 철저한 어학 교육에 의한 방법이다. 실무를 수행하거나 생활할 때 가장 기본이 되는 어학은 또한 문화와도 밀접한 관련이 있으므로 전문가 초빙이나 외부 전문기관에 위탁하는 방법 등이 있다. 둘째, 이질적 문화환경에서의 생활을 직접 경험하게 하는 방법이 있다. 해외 파견이나 주재원 등의 역할로 장기 체류를 통해 관련 업무 및 생활을 직접 수행할 수 있도록 하는 방법 또한 있다.

보상관리

보상정책은 국제기업 내에서 이해관계자들 간에 심각한 갈등을 야기시킬 수 있다. 뿐만 아니라 경영자가 조직 내에서 추구하는 승진의 유형까지도 변화시킬 수 있다. 따라서, 최고경영자가 해외파견 경영자에 대한 임금정책을 입안하고자 할 때에는 세심한 주의가 요구된다. 대부분의 국제기업은 보상정책을 기본급, 부가급, 수당으로 나누어 취급하고 있다.

그림 11-6
국제경영자의 선발과정

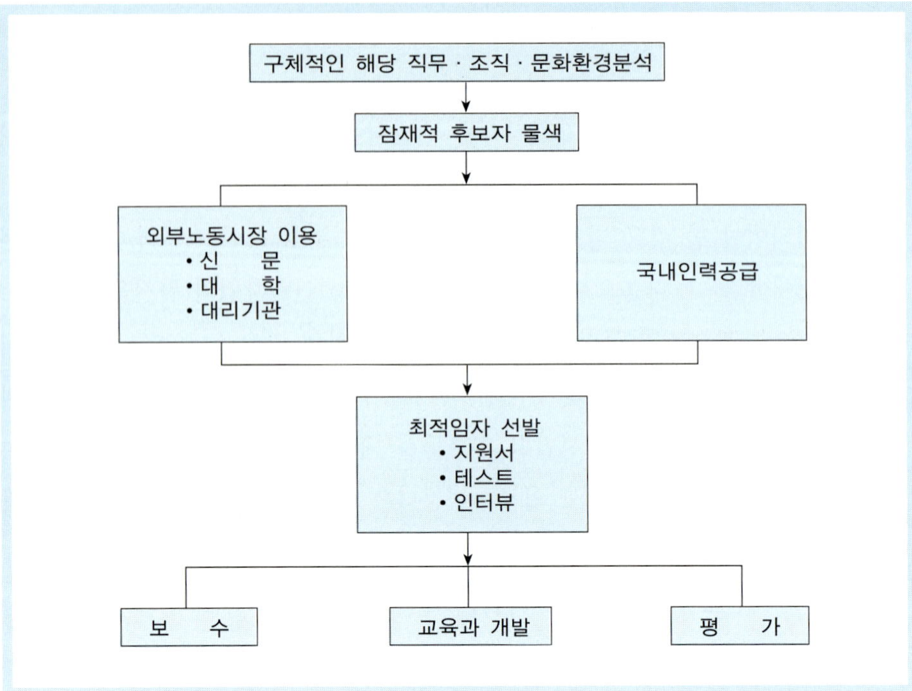

자료 : Simcha Ronen, *Comparative and Multinational Management*, John Wiley & Sons, Inc., 1986, p. 524.

기본급

경쟁력 유지를 위해 다국적기업은 일반적으로 임금지급수준을 각 현지의 실정에 맞춘다. 따라서 유사한 직종 간의 임금수준은 현지국마다 다르다. 그러나, 해외파견 경영자에 대한 기본급은 본국에서 동일 직무를 수행할 때와 동일한 수준의 금액을 지급하는 것이 바람직하다. 대부분의 사람들은 본국지향적인 사고를 갖고 있으며, 본국에서와 동일한 기준이 적용됨으로써 본국에 소속되어 있다는 안정감을 갖게 되고 귀국 후에 분재의 소지를 남기지 않기 때문이다. 물론 임금수준이나 생활비 정도가 본국보다 현저히 높은 곳으로 이동할 때에는 기본급을 인상하는 것보다는 수당의 형식으로 보상해 주는 것이 바람직하다.

부가급

통상적으로 두가지 방법이 채택되고 있는데 하나는 해외근무의 이동성 증가에 대한 동기부여이며 또 다른 하는 생활이 불편한 이질적 환경 속에서의 근무에 대한 보상이다.

수당
수당은 해외에서 근무함으로써 나타나는 추가지출을 보상해 주기 위한 것으로 생활수당, 세금조정, 주택수당 등이 그 주류를 이룬다.

귀국관리

국제기업은 앞에서 살펴본 해외파견인력의 선발 및 교육뿐만 아니라 이들이 다시 귀국하여 본국에서 효과적으로 재적응 할 수 있도록 귀국관리 프로그램을 운영하는 것도 중요하다. 따라서 기업차원에서 해외파견인의 재적응 과정을 효과적으로 관리하기 위한 체계적 방안을 다각도로 모색하여야 한다. 우선 귀국한 해외파견인을 대상으로 조직 및 사회적 재적응을 위한 재교육의 필요성이 제기된다. 또한, 모국으로 귀국하기 전에 모국에 대한 충분한 정보 교류가 가능할 수 있는 제도를 구축하여야 한다. 마지막으로 생활수준의 변화 및 자녀교육 문제 등에 대해서 기업차원에서 재정적 보조 및 도움을 줄 수 있는 방안을 마련해야 한다. 이와 같은 관리 제도를 통하여 우수 인력이 파견업무를 마치고 본사로 귀국했을시 최대한 빠른 시간 안에 적응하여 새로운 업무를 수행할 수 있도록 해야 한다.

국제조직 관리 개요

국제기업의 조직형태는 국내기업의 조직과 같이 기능별, 제품별 조직을 포함하고 해외사업부 조직과 지역별 조직 및 매트릭스 조직이 있다.

기능별 조직
최고경영자 밑에 기획, 재무, 인사, 생산 등의 기능에 따라 부서가 나눠어 있는 형태로 국내기업 중에서도 중소기업이나 벤처 기업 등에서 흔히 볼 수 있는 조직구조이다.

제품별 조직
최고경영자 밑에 각 제품별로 기획, 재무 인사, 생산 등의 기능조직을 배치하여 다양한 최종수요자의 요구에 만족시키며 제품별로 고유의 전략과 사업 운영을 실

쉬어갑시다

생산성이 성장엔진이다-삼보컴퓨터[18]
현지생산체제로 경쟁력 확보

국내 대표적인 개인용컴퓨터(PC) 제조업체 삼보컴퓨터는 글로벌 기업으로 거듭나기 위해 생산성 향상 방안을 적극 도입해 추진하고 있다. 삼보컴퓨터는 2002년 4월 당시 박일환 부사장을 최고경영자(CEO) 자리에 앉히고 생산성을 높이는 데 역점을 기울이고 있다. 박사장 취임 직후 삼보는 대규모 구조조정을 단행해 1400명의 인원을 700여 명으로 대폭 감축했다. 삼보는 2002년 8월 '글로벌 경영관리 시스템' 을 통해 연간 200억 원의 원가절감 방안을 추진중이다.

이 시스템은 공급망관리 재무관리 정보화시스템 기준정보 등 총 4가지로 구성돼 있다. 삼보는 지난해 기업용자원관리솔루션(SAP) 업그레이드 작업은 물론 중국 심양법인과 맥시코 법인의 SAP망 업그레이드도 완료함으로써 본사와의 유기적 통합관리시스템을 구축하게 됐다.

삼보는 이 시스템 구축으로 구매 · 생산 · 물류 · 인력 · 자금 등에 관한 최적의 원가분석이 가능해졌으며, 글로벌 공급망관리(SCM)의 가동으로 연간 200억 원 이상의 제조 및 운영비용을 절감할 수 있게 됐다. 또 삼보는 수출 경쟁력 확보를 위해 PC제조 공장을 현지생산체계로 이전하는 작업을 실시해 현재 중국, 멕시코, 호주, 네덜란드 등의 해외 현지생산체계를 갖추었다. 이같은 전략을 통해 PC 수출에서 위협적인 대만 PC 제조업체들과 경쟁에서 우위를 선점할 수 있는 원가경쟁력을 갖추게 됐다. 이를 바탕으로 삼보는 수출선을 확보하고 미래수익 창출 기반을 마련했다는 평가를 받고 있다.

유럽시장 진출을 위한 자체 브랜드 PC산업도 강화한다. 지금까지 삼보는 유럽시장에서 개발자주도형생산(ODM)방식으로 PC를 타업체에 납품해왔다. 그러나 삼보는 올해 초 자체 브랜드인 '드림시스' 를 독일에 출시한 것을 시작으로 자체 브랜드 PC 위상도 재고해 나갈 방침이다.

삼보는 연간 480만 대의 PC를 출하할 수 있는 생산력을 갖추고 앞으로 중국 PC시장을 타켓으로 오는 2005년까지 500만 대 수출을 달성한다는 목표를 수립했다.

http://www.trigem.co.kr

행한다. 그러나, 전사적인 조정이 어려운 상황이 도출될 가능성이 크다.

해외사업부 조직

해외사업의 비중이 점점 커짐에 따라 해외전담 부서를 두어 해외경영을 주도함으로써 보다 강력한 추진력과 관리 능력을 갖출 수 있게 된다. 그러나, 해외사업부가 전사적인 지지를 받지 못하게 되는 경우 아무런 업무를 진행시키지 못하게 될 수도 있으며, 여전히 기업 전체적으로 해외사업보다는 국내사업에 치중되어 있기 때문에 의사결정권이 약하고 전사적인 지식이나 경험을 바로 사용하기 힘든 단점이 있다.

지역별 조직

최고경영자 아래에 세계시장에서 세분화된 지역별로 사업부화하여 각 지역별로 기능조직을 두어 전략 수립 및 사업을 실행하는 형태이다. 한편 이 조직은보가 해외지향적인 유럽기업에서 많이 찾아 볼 수 있다.[19]

매트릭스 조직

조직을 크게 지역별 및 제품별로 나누어 조직에 속한 모든 사람들을 지역과 제품의 양쪽 조직에 소속하게 만든 조직이다. 앞서 설명한 일차원적 조직에 비해서는 효율적이고 환경변화에 능동적이고 효과적으로 대응 가능한 장점을 지닌 조직이다.

11장 요약

- 국제마케팅은 기업이 성장, 발전하기 위한 부가가치를 창출하고 실현시키는 활동으로 국제기업은 해외현지 시장의 다양성으로 인해 마케팅 기능이 다른 어느 기능보다도 중요시되고 있다. 따라서 조사방법이나 전략 수립에 있어서 국내 시장에서보다 보다 복잡하고 다양한 측면이 고려되어야 한다.
- 해외지향적 기업으로의 변화를 위한 현지 생산을 고려하는 기업에게는 생산지역 선정 및 제품 선정이 가장 중요한 출발점이다. 또한 국제적 물류관리 및 기업이 보유한 핵심역량을 제외한 다른 분야에 대한 아웃소싱은 효율적인 관리를 위해 최우선적으로 고려되는 요소 중의 하나이다.
- 기업이 국제화될수록 기업에 대한 투명성과 공신력을 확보하기 위해 재무관리 및 회계에 대한 중요성이 증대되고 있다. 환율의 차이와 변화에서 발생하는 환위험 관리는 국제재무관리의 핵심이라고 할 수 있다. 국제회계는 국제간에 행해지는 각종 경제활동에 대한 화폐적 측정 및 평가를 통해 경영자에게 유용한 정보를 제공하고 또한 외부 이해관계자에게 전달하는 중요한 역할이 있다.
- 국제경영에 있어서 경영자 및 임직원의 배치와 파견, 그리고 관리는 그 기업의 성패를 가름하는 가장 중요한 요소 중의 하나이다. 또한 경영자 및 임직원의 역량을 최대한 발휘할 수 있는 조직구조 또한 간과될 수 없다. 국제경영에 있어서는 이문화에 대한 적응과 이해가 절실하게 요구되므로 국제기업만의 고유한 인사관리 및 조직구조가 필요하다.

주 NOTES

1 | 삼성 SDS소개 자료 및 해외사업관련 부서 내부자료 참고.

2 | 본 서의 성격과 지면관계상 국제차입관리 및 국제투자관리 등을 비롯한 다른 국제재무관리 주제는 다른 국제재무관리 교과서를 참조.

3 | 'arbitrage transaction'을 '재정거래'라고 표현하기도 하고, '차익거래'라고 표현하기도 한다. 재정거래란 용어는 본래 일본에서의 사용하던 것을 그대로 차용하고 있는 것인데, '재

정' 이라는 단어가 내포하고 있는 'arbitration' 이란 뜻이 'arbitrage transaction' 이라는 용어의 뜻에 들어 있지 않고, 'arbitration transaction' 은 그야말로 관련이 있는 두 가격의 관계에서 벗어날 경우, 그 차이를 이용해 무위험이익을 얻는 것이므로 '차익거래' 라는 용어가 더 적절하다.

4 | Giddy, I.H. (1976), An integrated theory of exchange rate equilibrium, *Journal of Financial and Quantitative Analysis*, pp. 883~892.

5 | 이를 수식으로 표현하면, $S_0 = \frac{P(b)}{P(a)}$ 이며, 여기에서 So는 b국 통화로 표시한 a국 통화의 가치이며, P(·)는 각국 통화로 표시된 물가수준이다.

6 | 이를 수식으로 표현하면, $\frac{\tilde{S}_1 - S_0}{S_0} = \tilde{I}_1(a) - \tilde{I}_1(b)$이며, 여기에서는 S_t 는 t기의 환율이며, '~' 표시는 미래의 불확실한 수치라는 의미이다. 또한 $\tilde{I}_1(a)$는 a국의 1기에 대한 기대인플레이션율로 $\tilde{I}_1(a) = \frac{\tilde{P}_1(a) - P_0(a)}{P_0(a)}$ 와 같이 계산되어진다.

7 | 이를 수식으로 표현하면, $i_0^1(a) = I_1(a) + r_0^1(a)$이며, 여기에서 $i_0^1(a)$는 a국의 1기에 만기가 되는 예금의 0기의 명목이자율이며, $r_0^1(a)$는 실질이자율이다.

8 | 이를 수식으로 표현하면, $\frac{\tilde{S}_1 - S_0}{S_0} = i_0^1(a) - i_0^1(b)$가 된다.

9 | 이를 수식으로 표현하면, $F_0^1 = E(S_1)$이 되며, 여기에서는 F_0^1는 만기가 1기인 선물환의 0기 환율이며, E(·)는 기대치 연산자(expectation operator)이다.

10 | 이를 수식으로 표현하면, $\frac{F_0^1 - S_0}{S_0} = i_0^1(a) - i_0^1(b)$가 된다.

11 | 민상기(1992), 국제금융시장균령가정 : 이론과 실증, 국제재무관리 연구논문집, pp.145~181.

12 | 국제회계의 개념에 대하여 웨이리취는 세 가지로 분류하고 있다.

① 세계회계 : 모든 국가에 대해 공통적으로 적용될 수 있는 일반회계원칙에 의하여 처리되는 것.

② 국제회계 : 모든 국가의 회계원칙 · 공준 · 회계처리방법 등을 다양하게 인정하므로 통일성이 없이 처리되는 것.

③ 해외자회사회계 : 특정관련국가의 회계제도에 따라 처리되는 것으로 개별국가적 성격을 갖는다.

F.D.S. Choi & G.G. Mueller, *op. cit.*, pp.7~8.

13 | J.S. Arpan & L.H. Radebaugh, *op. cit.*, pp.9~12.

14 | G.G. Mueller, *Intermational accouning*(Macmillan, 1967), pp.121~123.

15 | E. L. Miller, *Accounting Problem & Multinational Enterprises*(Lexingtom books, 1979), pp.143~144.

16 | *Ibid.*, pp.144~148.

17 | Hill, C.W.(2003), *International Business : Competing in the Global Market Place*, pp.607~611.

18 | 파이낸셜뉴스, 2003. 9. 24 참조.

19 | 전경태 외 2인 (2003), 국제경영, 학현사, pp.415.

제 4 부

국제기업의 주요 이슈

12 국가경쟁력

국제경쟁력이 풍부한 노동력, 자본 및 천연자원을 싼 값에 얻을 수 있는가에 달려 있다고 보는 것은 국제경쟁력에 대한 오해 중의 하나이다. 이러한 경제 이론은 한 국가의 국제경쟁력을 생산요소조건과 연관 짓는 잘못을 범하고 있다. 부존자원은 많은 결정 요소들 중의 하나일 뿐이다. 자원은 풍부하나 경제 발전 수준이 낮은 국가들이 많다. 원자재, 자본 심지어 노동력까지 국경을 넘어 교류되는 시대에 있어서, 부존자원이 있다는 것만으로는 국제경쟁력을 결정할 수 없나. 한 국가의 국제경쟁력을 세계 시장 점유율로 측정하려는 것은 국제경쟁력에 대한 또다른 오해 중의 하나이다. 이는 유용한 지표이기는 하나, 한 국가의 세계 시장 점유율은 국제경쟁력과 관계 없이 상승할 수 있기 때문에, 종종 잘못된 결과를 낳게 된다. 이에 본 장에서는 국가경쟁력에 대한 바른 이해와 평가방법을 찾아보고자 하며, 더 나아가 우리나라의 국가경쟁력을 점검하고, 그리고 나아갈 방향을 제시해 보고자 한다.

학습목표

- 국제경쟁력에 대한 개념과 이론적 발전과정은 어떠한가?
- 국가경쟁력의 평가 방법론과 전략 모델은 무엇인가?
- 한국 국가경쟁력의 현주소 및 강화전략은 어떻게 생각해 볼 수 있는가?

한국의 국가경쟁력 : 구조 및 현황

국가경쟁력의 이해와 한국에 대한 최근 평가

최근 산업정책연구원(IPS)이 전세계 68개국의 국가경쟁력 순위를 조사하여 발표한 "IPS 국가경쟁력 보고서 2003"에 따르면 2001년 22위, 2002년 24위, 2003년 25위로 지난 3년간 경쟁력 순위가 지속적으로 하락하고 있는 것으로 조사되어 큰 우려를 낳고 있다.

한국의 국가경쟁력 현위치

한국은 80년대 싱가포르, 홍콩, 대만과 함께 아시아의 네 마리의 용으로 불리며

그림 1

IPS, IMD, WEF의 한국의 국가경쟁력 변화추이

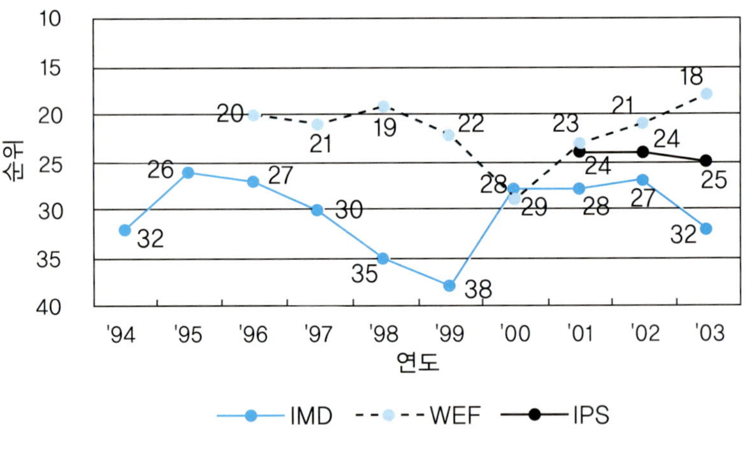

• WEF : 01년도부터는 성장경쟁력지수(GCI), 비즈니스 경쟁력지수(BCI)를 나누어 발표하고 있음. 2003년 GCI(도표인용)는 120개국 중 13위, 비즈니스경쟁력지수(BCI) 순위는 95개국 중 23위임.

• IMD : 59개국 전체순위로 환산 32위, 2003년부터 인구를 기준으로 2천만 이상(30개국), 이하(29개국)로 나눔 – 한국은 15위(2천만 명 이상)를 차지함.

• IPS : 2003년도 65개국 중 25위, 2001년에는 64개국

경제성장의 모델 국가로 평가되었다. 그러나 산업정책연구원과 국제경쟁력연구원이 공동 연구한 IPS 2003년도 국가경쟁력 보고서에 따르면, 68개국 중 홍콩, 싱가포르, 대만은 선진국 대열에 올라섰으나 한국은 아직 선진국 진입을 앞두고 표류하고 있음을 보여주고 있다.

최근 중국이 풍부한 자원과 값싼 노동력을 바탕으로 32위까지 급상승하면서 한국의 뒤를 바싹 뒤쫓아 오고 있는 점과 유럽의 선진국과 일본, 미국과는 아직도 큰 격차가 존재하고 있다. 즉, 풍부한 자원과 값싼 노동력으로 경쟁하는 중국과 고부가가치 상품으로 경쟁하는 선진국들 사이에서 진퇴양난의 위기를 맞고 있다.

아시아 4룡과 비교해 보면 싱가포르과 홍콩에 비해 물적요소에서 시장의 크기 및 질, 관련 및 지원산업, 경영여건이 크게 뒤쳐지고 있으며 인적요소에서 정치가 및 행정관료, 기업가, 전문가 부문이 크게 뒤쳐지고 있다. 싱가포르과 홍콩은 경쟁력 구조에서 한국과 유사한 형태에서 경제발전을 시작하였다. 즉, 부족한 부존자원과 저임금의 노동력을 기반으로 출발하였지만 현재는 고부가가치 산업을 발전시켜 아시아의 중심으로 자리를 잡았다. 이러한 결과는 대외적으로 한국보다 일찌 개방회와 국제화를 통해 부족한 자원을 극복하고 시장규모를 확대시켰기 때문이다. 또한, 대내적으로는 엄격한 법과 제도를 통해 부패를 근절시켜 사회전반의 투명성을 제고하여 기업하기 좋은 환경을 갖춰 자연스럽게 국내외 사업이 발전할 수 있는 시스템을 갖춰나간 점이 강국으로 탈바꿈한 결정적인 요인이 되었다.

주요 부문별(8개 대분류)로 한국의 경쟁력 구조를 살펴보면 기업가 16위, 전문

표 1
주요국의 국가경쟁력 순위

		한국	싱가포르	홍콩	대만	중국	일본	미국
종합순위		25위	5위	7위	20위	32위	16위	1위
부문별 순위	1. 생산요소조건	59위	68위	66위	65위	4위	39위	1위
	2. 수요조건	21위	2위	8위	26위	37위	6위	1위
	3. 관련 지원산업	25위	3위	14위	22위	38위	9위	1위
	4. 경영여건	35위	3위	1위	24위	39위	25위	2위
	5. 근로자	39위	29위	32위	27위	1위	58위	45위
	6. 정치가 및 행정관료	30위	8위	12위	18위	31위	21위	4위
	7. 기업가	16위	10위	9위	29위	52위	31위	2위
	8. 전문가	20위	13위	6위	21위	57위	8위	2위

자료 : IPS 국가경쟁력 보고서 2003, 산업정책연구원, 국제경쟁력연구원

가 20위로 가장 높은 수준을 기록하고 있고 시장 수요조건 21위, 인프라 등 지원산업 25위, 정치가 및 행정관료 30위, 경영여건 35위로 중위권에 근로자 39위, 생산요소조건 59위로 중하위권에 속해있다.

2002년에 비해 전반적으로 경쟁력이 하락한 것으로 분석되었는데, 제조업 부문의 기초가 되는 생산요소조건(54위 → 59위)과 근로자(32위 → 39위) 부문의 경쟁력이 하락하여 생산부문의 경쟁력은 계속 하락하고 있다. 국내외 투자와 밀접한 관련이 있는 경영여건(30위 → 35위)과 정책부문의 정치가 및 행정관료(25위 → 30위)의 경쟁력도 전반적으로 하락하여 최근 투자감소를 반영하고 있다. 선진국 진입의 기반요소인 인프라 등 지원산업은 지난해와 동일한 25위를 차지하였고, 비즈니스 창업 등 기업가 정신을 반영하는 기업가 순위(22위 → 16위)는 전년에 비해 6계단 상승한 16위로 가장 높은 순위를 기록하였다. 한국의 수출입, 내수 등의 시장수요조건(12위 → 21위)은 이라크 전쟁과 세계경기의 위축으로 인해 전년대비 9계단 하락하였지만 중상위권을 유지하고 있고, 선진국의 경쟁기반인 전문가(기술자, CEO 등 각 부문의 전문인력)의 순위 역시 22위에서 20위로 상승하였다.

그림 2
한국의 국가경쟁력 구조 및 현황 (2003)

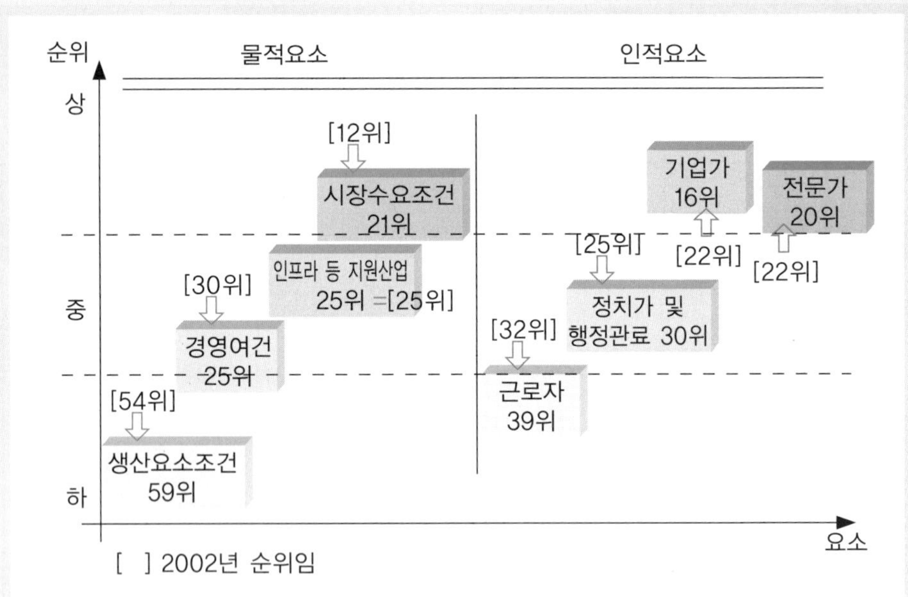

자료 : IPS 국가경쟁력 보고서 2003, 산업정책연구원

토의과제

- 국가경쟁력의 원천이 되는 요인들을 살펴보고 경제블록차원, 국가차원, 지역차원, 산업차원, 기업차원으로 나누어 국제경쟁력의 의미를 토론해 보시오.

- 한국의 주요 연구기관과 언론 등에서 중국의 부상을 우려하면서 한국의 국가경쟁력에 심각한 위기가 생기고 있다고 말하고 있다. 학습자가 중국의 국가경쟁력을 분석해 보았을 때, 중국이 한국의 경쟁국인지 아니면 협력을 해야 할 파트너인지 선택하고 그 근거를 제시하시오.

- 현재 한국의 경제는 내수부진, 수출호조라는 불균형적인 구조 속에 있다. 한국의 국가경쟁력 향상을 위한 방안을 제시하시오.

국가경쟁력의 이론적 배경

국가경쟁력의 정의

국가는 수출 가격을 생산원가 이하로 낮추거나 때로는 정부 보조금을 통해 시장 점유율을 자의적으로 높일 수 있으나 그 국가의 국제경쟁력은 강화되지 않는다. 앞에서 언급한 것과 같이, 이러한 논의에 있어서 무역 수지의 가치는 제한적이다. 일부 국가들은 경쟁력이 있음에도 불구하고 정치적, 국제적 난국에 봉착하게 되면 상당한 무역 적자를 한시적으로 나타내기도 한다. 동독과의 통일을 진행하면서 무역 적자를 유지해야 했던 1990년대 초기의 독일연방공화국은 그 좋은 예가 된다. 반면, 중동 국가들은 1970년대 석유파동 당시 과도한 무역 흑자를 보였으나, 이들 국가의 전반적인 산업은 국제경쟁력을 갖추지 못했다.

무역 수지는, 적어도 단기적으로는, 산업 역량에 대한 지표로는 부적합하다. 국제경쟁력을 명목임금, 환율, 노동 생산성과 같은 가격 경쟁력과 품질, 마케팅, 서비스 및 시장 차별화와 같은 비가격 경쟁력의 두 범주로 나누려고 하는 잘못된 인식이 널리 펴져 있다. 가격 경쟁력을 측정하기 위해서는 수출가격, 생산비, 소비자 또는 도매가격 지표를 사용하는데, 이는 가격이 오르면 국가 경쟁력을 위축시키는 것처럼 보인다. 강력한 국제경쟁력을 지닌 국가들은 자국 상품의 가격을 올릴 수도 있고 또한 실제로 올리는 사례가 많다. 비가격 경쟁력을 측정하기 위해서는 품질, 내구성, 디자인 및 소비자 만족도 등을 사용하나, 이들의 영향력을 증명하기 위한 실증적인 연구는 전무하다. 가격 및 비가격 요소는 국제경쟁력의 원인이 아니라 결과이다.

요약하자면, 전통 이론에서는 국제경쟁력의 수준을 결정하는 많은 요소들 중 일부만을 다루고 있거나, 결과를 원인으로 오인한다. 국제경쟁력에 대한 새로운 정의가 필요하며, 요소들과 그에 따르는 국가 경쟁력 간의 인과관계를 발견하려면, 이 정의에 주요 요소를 전체론적, 체계적인 방법으로 포함시켜야 한다. 국가 산업의 국제경쟁력은 높은 이윤과 지속적인 성장을 통해 경쟁자와 비교하여 시장에서 보다 우월한 지위를 지니고 있는가로 정의할 수 있다. 단지 한 개 내지는 두 개의 산업에서 성공을 거두었다고 해서 그 국가가 국제경쟁력을 지녔다고 할 수는 없다.

스리랑카는 차(茶) 재배와 가공이 발달해 있고, 아이슬란드는 어류 가공 산업의 중심에 있지만, 이들 국가가 국제경쟁력을 지녔다고 할 사람은 거의 없다. 국가는 다수의 경쟁력 있는 산업을 보유할 필요가 있다. 또한 외부 요소로 인해서 강력한 산업을 보유하게 된 경우에도 국제경쟁력을 지녔다고 할 수 없다. 1945~70년대에 미국은 거의 모든 산업에서 경쟁자가 없는 지위를 향유했는데 이는 높은 기술수준과 광대한 국내 시장의 덕이었다. 국가는 많은 산업에 적용 가능한 경쟁력의 원천을 지녀야 한다. 국가의 산업이 동일한 국내 경쟁력의 원천에 기반을 두고 있는 경쟁 우위는 곧 국제경쟁력으로 이어진다.

국제경쟁력의 결정요소에 대한 기존 연구

국제경쟁력에 대한 연구들은 대부분 생산비, 천연자원, 기술의 비교 우위에 초점을 맞춘 전통 경제학에 바탕을 두고 있다. 개별 국가들의 비교 우위가 상이하기 때문에, 학자들은 소수의 일반적이면서도 세계적인 요소들로 경제적 부를 설명할 수 있는 일반적인 이론을 찾지 못했다. 1960년대 초반, 경제학자들은 국가의 국제경쟁력이 수출뿐만 아니라 다국적 기업의 해외직접투자를 통해서도 영향을 받을 수 있다는 사실을 인식하기 시작했다. 이에 따라 해외직접투자 이론이 급격히 증가했다. 독점 우위의 개념을 통해 기술, 마케팅 노하우, 경영기술, 재무자원, 규모의 경제 등과 같은 소유자 고유의 우위(ownership-specific advantages)를 다국적 기업만이 소유하고 있는 경쟁력의 원천으로 여겼다.

반면, 산업조직론을 통해 시장 불완전성 또는 시장 실패가 해외직접투자의 주요 동기이며 다국적 기업이 소유하고 있는 우위의 원천이라는 것을 알게 되었다. 경영 조직의 특정 형태에만 초점을 맞추었기 때문에, 이 두 가지 접근법 어느 하나 국가 경쟁 우위의 근원을 포괄적이고 체계적인 방법으로 설명하지 못했다. Dunning은 다국적 기업이 보유하고 있는 모든 우위를 포괄적으로 설명하기 위해 개별적으로 진화해 온 이론들을 통합하였다.[1] 그는 한 국가가 발전의 특정 단계에서 다음 단계로 이행함에 따라 겪을 수 있는 투자 형태 변화를 설명하고는 있지만, 국가 발전의 단계와 관련하여 국제경쟁력의 중요성을 다루지 않았다. Buckley와 Casson은 해외 시장에 진출한 다국적 기업의 성공을 결정하는 특정 요소의 진화하는 역할에 대하여 논의하였으나,[2] 그들의 논의는 지리 및 경영 환경의 문제에 국한되었다. 이를 보완하기 위해, Kogut, Goldsmith, Clutterbuck 그리고 Yamazawa 등은 국제경쟁력에 대해 보다 체계적인 이론들을 제시하였다. 이들은 개별 기업 수준에서, 국제경쟁력을 결정짓는 요소들을 제시하였으나, 이러한 요소들이 수준으로 발전하는 방법에 대해 언급하지 않았다.

Porter는 비교우위에 기반을 둔 전통 무역 이론으로는 일본과 같이 자원이 빈약한 국가의 무역 패턴을 만족할 만큼 설명할 수 없다고 주장하며, '다이아몬드' 에 바탕을 둔 국제경쟁력 모델을 제시했다.[3] 본질적으로, 이 모델은 각 요소들이 적소에 위치하고 있을 때 산업의 국제경쟁력을 유지하는 방법을 보여주고 있지만, 이러한 Porter의 이론은 기본적으로 선진국의 경제를 설명하고 있다. 개발 도상국이나 후진국의 경우, 상기 네가지 요소를 갖추지 못한 상태에서 국제경쟁력을 키워야 하기 때문에, 이 모델을 이들 국가에 적용하기 위해서는 수정이 필요하다. Porter의 분석으로는 한국이나 대만이 20세기 후반에 이룩한 성공을 설명할 수 없다. 새로운 모델은 두가지 중요성을 지니는데, 하나는 후진국이 국제경쟁력을 향상 시키는 데 있어서 중요한 역할을 한 요소들을 더 효과적으로 평가할 수 있다는 것이고 나머지는 한 국가가 자국의 국제경쟁력을 개선시키는 방법을 보여준다는 것이다.

그림 12-1
국가경쟁력의 고전적 이론의 흐름

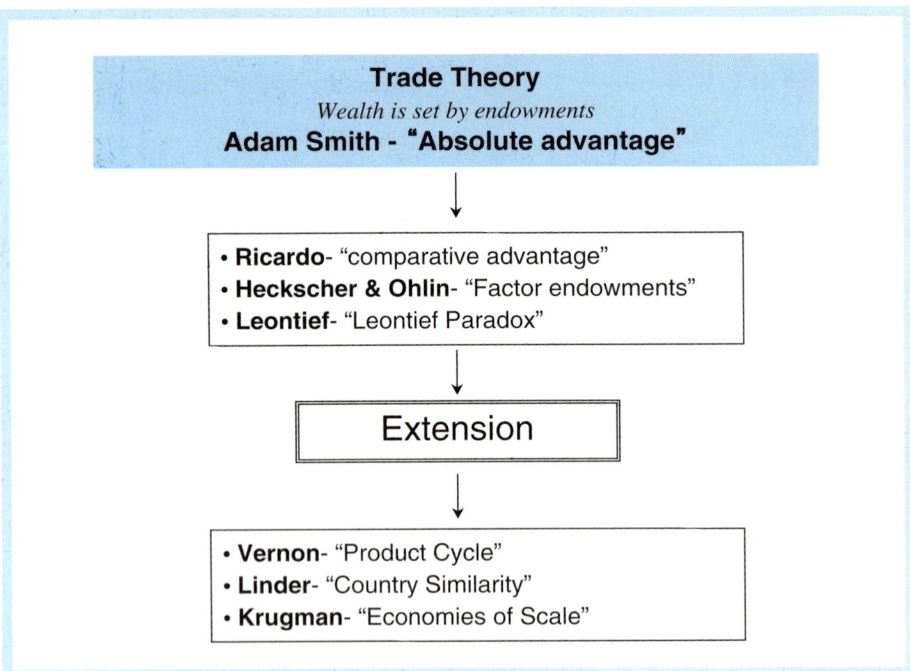

Porter의 Diamond 모델[4]

Porter(1990)는 지금까지 논의된 무역 이론, 해외투자 이론에다 글로벌 전략이론을 접목시켜 "Diamond"라는 국제경쟁력에 관한 새로운 모델을 제시하였다. Porter는 특정 국가의 특정 산업에서 지속적으로 경쟁우위를 창출하고 유지함으로써 범세계적 경쟁에서 성공하는 이유를 설명하고자 하였다. 그는 다음과 같은 몇가지 전제조건(premise)하에 자신의 이론을 전개하였는데 우선 경쟁우위를 창출하고 활용해서 범세계적 경쟁을 하는 국제경쟁력의 주체는 기업임을 분명히 했다. 또한 국가는 모든 분야에서 국제경쟁력이 높은 것이 아니라 특정 산업이나 세분산업 (industry segments)에서 국제경쟁력이 높기 때문에 특정 산업을 관찰대상으로 삼았다.

이 같은 전제하에 그는 10개국을 대상으로 각국에서 경쟁력이 가장 높은 산업을 추출해서 연구함으로써 이들 산업의 국제경쟁력을 강하게 만든 공통요인을 추출하였다. 그 결과, Porter는 경제학자들이 주장하는 천연자원, 노동력, 이자율, 해당국가의 통화가치 등과 같은 거시적 요인이 아니라 특정 산업이 위치한 국가에서 제공해 주는 독특한 요인들, 즉 요소조건(Factor Conditions), 수요조건(Demand Conditions), 관련 및 지원산업(Related and Supporting Industries), 기업의 전략과 조직 및 경쟁상황(Firm strategy, Structure, and Rivalry) 등 4가지 요인이 국제경쟁력을 결정짓는 근본 요인이라고 주장했다. 또한 Porter는 이 네가지

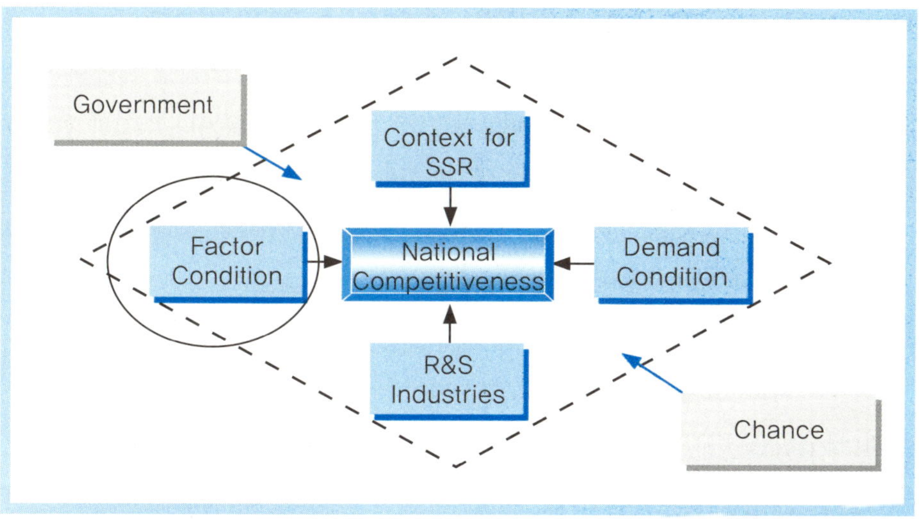

그림 12-2
Porter의 다이아몬드 모델 (Porter, 1990)

요인 외에도 국제경쟁력에 간접적인 영향을 미칠 수 있는 외생요인으로 정부의 역할과 순수기회의 역할을 들고 있다.

Porter의 모델은 기존의 무역이론이나 해외투자이론의 주장들을 일부 포함하였지만 요소열위(selective factor disadvantage), 국내수요의 질(quality), 국내경쟁(domestic rivalry)의 강도, 정부의 역할 등에서 기존 이론과 다른 주장을 했다. 예컨대 노동, 자본 등 부존요소가 풍부한 국가가 경쟁력을 가진다는 비교우위 관점과 달리 Diamond 모델은 부존자원이 부족한 국가가 이 같은 불리함을 개선시키려고 끊임없이 혁신하는 과정에서 오히려 국가경쟁력이 제고된다. 또한 특정 국가의 주어진 부존요소(factor endowment) 보다는 기업이나 정부가 투자를 통해 창출된 요소(factor creation)가 더 지속적인 경쟁우위 원천이 될 수 있다.

Poter는 관련 및 지원산업을 국제경쟁력의 결정요인으로 명시하고 이들 산업들이 하나의 군집(cluster)을 형성할 때 더욱 국제경쟁력이 강화됨을 강조했다. 특히 군집(cluster)개념은 기존 연구에서 강조되지 않았던 것으로 Porter의 이론적 공헌이라고 볼 수 있다. 또한 Porter는 기업이 경쟁우위를 창출하고 유지하는 데 영향을 미치는 본국(home base)의 역할을 강조했다. 이때 본국(home base)이란 기업의 중요한 경쟁우위가 창출되고 유지되는 곳으로 기업의 전략이 수립되고 핵심기술이 개발되며 핵심 활동이 일어나는 국가를 뜻한다.

Diamond 모델에 대한 논쟁

Porter의 국가경쟁력에 관한 체계적이고 광범위한 분석틀인 diamond 모델을 제시함으로써 국제경쟁력 연구를 촉발시켰으며 국제경쟁력을 하나의 독립된 연구주제로 만드는 데 기여했다. Porter이후에 그의 모델을 비판하거나 수정한 연구들이 많이 나타났다는 점도 이같이 주장을 잘 뒷받침해 준다.

후속연구로서 Generalize Double Diamond 모델은 Porter의 모델이 너무 국내요인 만에 치중되어 있는 점을 비판하면서 국제화의 중요성을 강조하며 Diamond 모델을 확장시켰다.[5]

또한 9-Factor 모델은 Porter의 모델이 너무 물적 요인에만 치중되어 선진국 중심의 모델임을 비판하면서 인적요소의 중요성을 강조하였다. 즉 생산요소조건(Factor Conditions), 경영여건(Business Context) 관련 및 지원산업(Related &

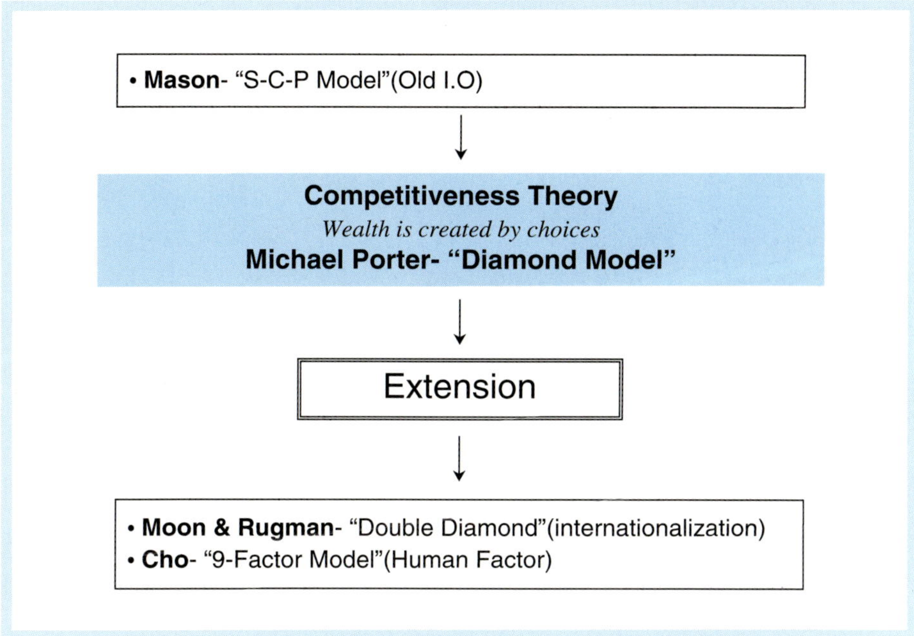

그림 12-3
경쟁력 모델의 발전

Supporting Industry), 시장의 규모와 질(Demand Condition)이라는 4가지 국가경쟁력의 물적 요소와 그 시점에서 변화의 주도자로서 근로자(Worker), 정치가와 행정관료(Politicians & Bureaucrats), 기업가(Entrepreneurs), 전문가(Professionals)라는 4가지 인적 요소, 그리고 순수한 외부환경요인으로서 기회(Chance Event)라는 9가지 요인 모두를 체계적, 종합적으로 고려해야 한다는 것이다.[6]

국가경쟁력의 뉴 패러다임

9-Factor 모델[7]

한국의 국제경쟁력을 평가하기 위해서는 두 가지 사항을 고려해야 한다. 정부와 기업은 외국으로부터 자본과 기술을 도입하거나 경제 발전의 초기 단계부터 경제성장에 영향을 주는 자원 및 기타 요소들을 창조해야 한다. 한국 경제성장의 핵심 원동력은 높은 교육수준을 갖추고 일에 대한 동기와 열정이 있는 풍부하고도 다양한 인력이었다. 한국의 구성원은 근로자, 경제 계획을 입안하고 실행하는 정치

그림 12-4
다이아몬드 모델과
9-팩터 모델 비교

다이아몬드 모델	9-팩터 모델		
1. 생산요소조건	1. 생산요소조건	물적요소	내부요소
	2. 경영환경	물적요소	내부요소
2. 지배구조	3. 관련산업	물적요소	내부요소
	4. 수요조건	물적요소	내부요소
3. 관련산업	5. 근로자	인적요소	내부요소
	6. 정치가 및 행정관료	인적요소	내부요소
4. 시장수요조건	7. 기업가	인적요소	내부요소
5. 정부	8. 전문가	인적요소	내부요소
6. 기회	9. 기회		외부요소

가 및 행정관료, 위험 부담을 감수하고도 투자 결정을 내리는 기업가, 그리고 운영의 책임을 받고 있는 전문 경영인과 새로운 기술을 실행하는 기술자로 구성된 네 그룹으로 나눌 수 있다. 한국의 발전에 대한 이들의 기여를 평가하기 위해서는 9-팩터 모델이 필요하다. 국제경쟁력의 물적 요소에는 생산요소조건, 경영환경, 관련 및 지원산업, 그리고 수요조건이라는 네 가지 요소가 있고, 인적 요소에도 근로자, 정치가 및 행정관료, 기업가, 그리고 전문가라는 네 가지 요소로 구성되어 있다. 기회는 외부요소로서 아홉번째 요소가 된다.

새로운 모델과 Porter의 다이아몬드 모델 간의 차이는 새로운 요소의 추가뿐만 아니라 요소의 분화에서도 찾을 수 있다. 다이아몬드 모델에서는 천연자원과 노동력을 생산요소조건에 포함시켰지만 9-팩터 모델에서는 천연자원을 생산요소조건의 하위에 두고 노동력은 근로자의 범주에 포함시켰다. 국제경쟁력의 아홉 개 요소는 제2장 "국제기업의 경제적환경"에서 구체적으로 설명하고 있다.

경제발전단계를 고려한 Stage 모델

이렇듯 경제수준이 다른 나라를 획일적으로 비교하는 데서 발생하는 문제를 해결하기 위해서 전체국가의 경쟁력 구조를 고려하여 성격이 비슷한 국가끼리 그룹핑(Grouping)을 한다. 각각 선진국(DC, Developed Countries), 준 선진국(SDC, Semi-Developed Countries), 개도국(DIC, Developing Countries), 후진국(LDC, Less Developed Countries), 자원 중심국(RBC, Resource Based Countries)으로

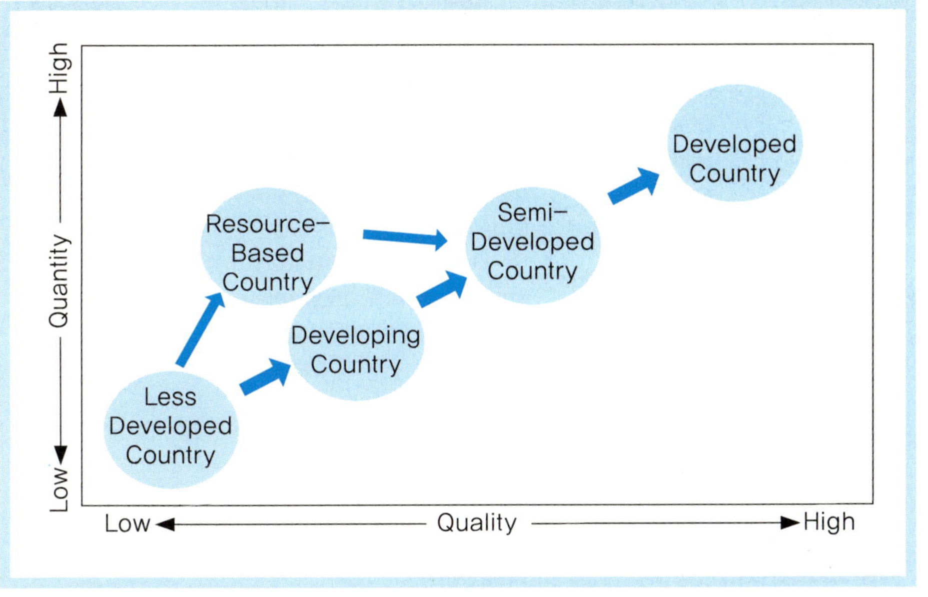

그림 12-5
Stage 모델

표 12-1
군집분석 결과[8]

	Cluster		Error		F	Sig.
	Mean Square	df	Mean Square	df		
Endowed Resources	441.010	4	66.828	57	6.599	.000
Demand Conditions	1654.461	4	25.297	57	65.401	.000
R&S Industries	3584.032	4	20.484	57	174.967	.000
Business Context	3408.107	4	57.629	57	59.139	.000
Workers	322.542	4	36.235	57	8.901	.000
Politicians & Bureaucrats	7575.441	4	47.168	57	160.605	.000
Entrepreneurs	9196.146	4	43.410	57	211.845	.000
Professionals	9609.474	4	54.339	57	211.845	.000

자료 : 산업정책연구원(IPS), 국제경쟁력연구원(IPS-NaC), "IPS National Competitiveness Report 2002"

묶어서 그룹 내 비교를 보여주면 기존의 연구보다 경제상황을 더욱 의미 있게 분석하고 현실적인 시사점을 제공하는 데 유용할 수 있다.

분석결과, 유의수준 a=0.05를 기준으로 할 때 8개 변수; 경영여건, 수요조건, 기업가, 부존자원, 정치가 및 행정관료, 전문가, 인프라 등 지원산업, 근로자의 유의

표 12-2
국가군 (Country grouping) 설정

선진국 (DC-Stage 4)	준선진국 (SDC-Stage 3)	개발도상국 (DIC-Stage 2)	후진국 (LDC-Stage 1)	자원중심국 (RBC)
Australia	Chile	Argentina	Bangladesh	Algeria
Austria	Greece	Brazil	Guatemala	Kuwait
Belgium	Hungary	China	Indonesia	Libya
Canada	Korea	Colombia	Kenya	Oman
Denmark	Malaysia	Croatia	Nigerla	Saudi Arabia
Finland	Poland	Czech Republic	Pakistan	U.A.E
France	Portugal	Egypt	Romania	
Germany	Spain	India	Ukraine	
Hong Kong	Thailand	Jordan	Uzbekistan	
Ireland		Lebanon		
Israel		Mexico		
Italy		Morocco		
Japan		Panama		
Netherlands		Peru		
New Zealand		Philippines		
Norway		Russia		
Singapore		South Africa		
Sweden		SriLanka		
Switzerland		Turkey		
Taiwan		Uruguay		
U.S.A		Venezuela		
United Kingdom		Viet Nam		

자료 : 산업정책연구원(IPS), 국제경쟁력연구원(IPS-NaC), "IPS National Competitiveness Report 2002"

확률이 이 값보다 작으므로 각 군집에 따라 완전한 차이가 있는 것으로 분석된다.

군집분석에 의해 분류된 국가군은 다음과 같다. 선진국 23개국, 준선진국 9개국, 개발도상국 23개국, 후진국 9개국, 자원중심국 6개국으로 분류하고 있다. 즉, 유사한 경쟁력 구조를 갖은 국가 간 비교를 통해 그룹 내 강국과 약국을 분류하고 강한 국가를 벤치마킹할 수 있도록 정책적 시사점을 가질 수 있을 것이다. 한국의 경우, 준선진국으로 분류되었고 68개국의 분류결과는 다음과 같다.

국가경쟁력의 동태적 접근과 발전단계별 전략

기존 국가경쟁력 연구는 경쟁력을 발생시키는 원천을 밝히는 데 초점을 두다 보니 정태적인 분석에 머물러 있었다. 그러나 각 나라마다 국가경쟁력을 어떻게 발전시

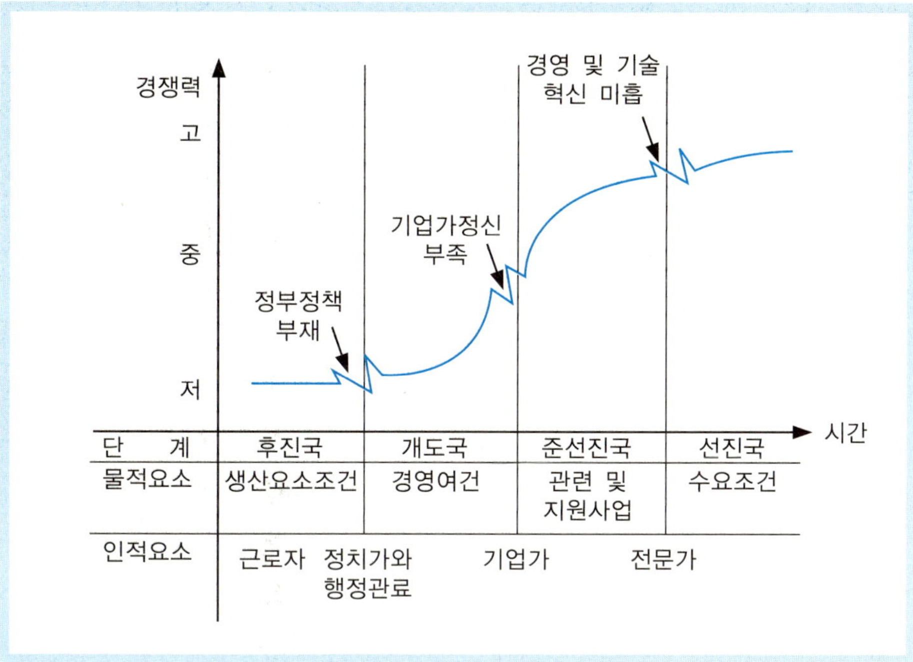

그림 12-6
국가경쟁력의 수명주기 모델 (Cho, 1997)

킬 것인가에 대한 문제가 대두되었고, 각 나라가 가지고 있는 경쟁력의 원천을 어느 시점에 어떤 형태로 발전시킬 것인가에 대한 전략을 세우는 것이 중요하다.

국가경쟁력의 수명주기 모델에 따르면 국가경쟁력의 결정요인을 네 단계로 나누어 다음과 같은 가정을 가지고 각 단계에서 보다 중요한 요소를 제시하고 있다.[9] 즉, 경제발전단계에서 첫 단계에서는 값싼 노동력과 생산요소조건에 의존하게 되고, 두 번째 단계에서는 비전을 가진 정치가와 행정능력을 가진 관료가 불을 지펴 근로자와 생산요소조건을 결합시키면서 후진국은 개도국으로 발전하는 것이다. 그리고 이러한 과정에서 기업가가 여러 가지 사업을 벌이게 되면 그 나라 경제는 여러 가지 다양한 관련지원 산업을 보유한 준선진국으로 발전하게 된다. 마지막으로 선진국이란 기업가가 좌지우지하던 기업의 경영권을 전문적인 능력을 가진 전문경영자, 기술자, 디자이너 등 전문가들이 위양 받아 치열한 경쟁 속에 경쟁력을 확보하는 나라이다.

군집분석을 통해 형성된 국가군 별로 해당 군에서 어떤 국가경쟁력의 원천에 우선순위를 두어야 할지 검토하고 전략적 선택이 필요하다. 이를 위해 국가군별 요소중요도를 검토할 필요성이 있다.

국가규모를 고려한 3×3 matrix 모델

국가의 규모, 산업구조, 경제발전의 역사적 맥락 등을 고려하지 않고 현재 시점에서의 경쟁력 구조의 유사성만으로 국가군을 설정하고 비교와 동태적 접근을 통해 함의점을 찾는 것은 무리가 있을 수 있다. 왜냐하면 국가마다 가지는 절대규모(인구수, 국토크기)와 경쟁력 구조의 특수성을 가질 수 있기 때문이다. 예를 들면 선진국으로 분류된 일본, 싱가폴, 홍콩은 현재 선진국들이지만 국가의 규모와 경제발전과정은 전혀 다른 모델로 성장해 왔다. 일본은 절대규모 면에서 싱가폴, 홍콩의 20배에 달하며, 경제 발전과정은 제조업을 기반으로 한 산업정책을 기반으로 선진국이 되었고, 싱가폴과 홍콩은 서비스업을 기반으로 과감한 개방과 국제화 전략을 통해 선진국이 되었다.

또한 경쟁력 구조의 유사성에 의한 동태적 접근전략의 경우, 경쟁력의 원천이 일률적으로 후진국은 생산요소조건과 근로자에, 개도국은 경영여건과 정부에, 준선진국은 관련 및 지원산업과 기업가에, 선진국은 수요조건과 전문가에 집중하는 전략을 취해야 한다는 것은 독특한 국가의 특수성을 고려하지 못하는 측면이 있을 수 있다. 예를 들면, 개도국으로 분류된 러시아와 인도의 경우, 경영여건(구조, 경쟁, 전략)과 정부가 가장 중요한 원천요소로서 집중해야 하지만, 이 두 국가는 상대적으로 풍부한 생산요소조건과 우수한 전문가의 역량이 주요 원천으로 작용하고 있기 때문에 Dynamic 모델을 천편 일률적으로 적용한다면 잘못된 전략이 될 수가 있다.

국가 절대규모를 고려한 국가군 분류

경쟁력 구조를 나타내는 지수(index)는 경쟁력의 9가지 원천을 0에서 100이라는 상대적 점수로 나타냈기 때문에 국가 절대규모, 경쟁력 구조 등을 고려하지 못했다. 본 연구에서는 이러한 점을 보완하기 위해 국가의 절대규모 변수인 인구수와 국토크기를 가지고 국가를 대(大), 중(中), 소(小) 3개 국가군으로 분류하고자 한다. 또한 국가경쟁력의 강도를 나타내는 경쟁력 지수(NCI)를 가지고 강(強), 중(中), 약(弱) 3개 국가군으로 분류하여 3×3 모형을 제시하도록 하였다. 그 분류 방법론은 [그림 12-8]와 같다.

그림 12-7
국가절대규모를 고려한 국가군 설정

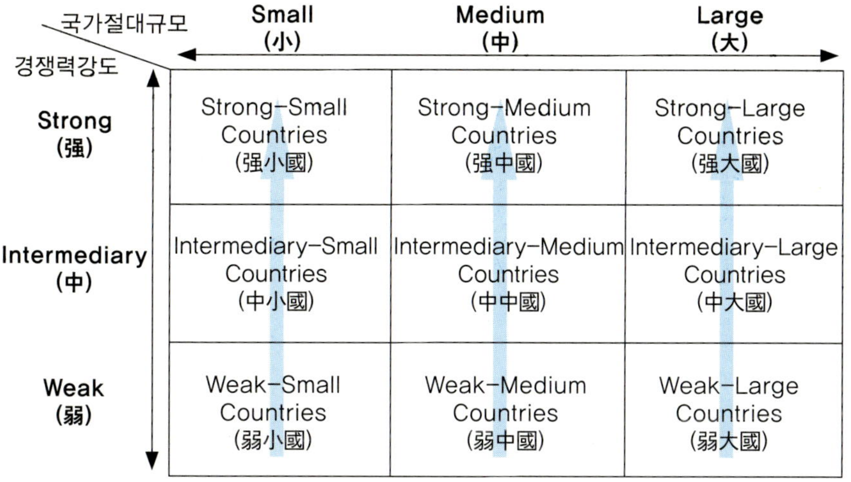

국가의 규모와 경쟁력의 강도에 따라 유사한 국가끼리 묶어 비교를 통해 장단점을 파악하여 의미있는 함의점 도출

그림 12-8
Methodology-
국가군 분류 방법론

1. 횡축 : 국가 절대규모 – 인구수 + 국토크기 : 군집분석 – 대(24), 중(23), 소(21)
2. 종축 : 경쟁력지수(NCI) : 군집분석 – 강(20), 중(24), 약(24)

분산분석

	군 집		오 차		F	유의확률
	평균제곱	자유도	평균제곱	자유도		
POPLAND	2200.206	11	.581	54	3789.863	.000

분산분석

	군 집		오 차		F	유의확률
	평균제곱	자유도	평균제곱	자유도		
NCI	5092.775	2	22.251	65	228.883	.000

국가군 설정 및 비교를 통한 전략적 함의는 다음과 같이 설명할 수 있다. 한국의 경우, 현재 중중국(中中國)에 속해 국가절대규모에서 중(中), 경쟁력 강도 면에서도 중(中) 그룹에 속해 있다. 강중국으로 분류된 스웨덴, 영국, 노르웨이는 한국이 한국의 전략적으로 벤치마킹할 수 있는 국가로 파악할 수 있다.

국가경쟁력을 입지우위 측면에서 고려해보면 두 가지 전략이 존재할 수 있다.

표 12-3
국가군 분류결과 및 순위결과

Small Group		Country(21)	Medium Group		Country(23)	Large Group		Country(24)
Small (小)	Strong (强)	Austria	Medium (中)	Strong (强)	Finland	Large (大)	Strong (强)	Australia
		Belgium			France			Canada
		Denmark			New Zealand			Germany
		Hong Kong			Norway			Japan
		Ireland			Sweden			United States
		Netherlands			Taiwan		Intermediary (中)	Brazil
		Singapore			United Kingdom			China
		Switzerland		Intermediary (中)	Chile			Colombia
	Intermediary (中)	Czech Republic			Italy			India
		Dominican Republic			Korea			Mexico
		Greece			Malaysia			Russia
		Hungary			Philippines			Saudi Arabia
		Israel			Poland		Weak (弱)	Argentina
		Kuwait			Spain			Bangladesh
		Panama			Thailand			Egypt
		Portugal		Weak (弱)	Cambodia			Indonesia
		Ukraine			Kenya			Iran
	Weak (弱)	Croatia			Morocco			Libya
		Guatemala			Oman			Nigeria
		Jordan			Romania			Pakistan
		Urnguay			Sri Lanka			Peru
					UAE			South Africa
					Venezuela			Turkey
								Vietnam

표 12-4
국가경쟁력 그룹별 순위결과(2003)

강소국(强小國)-8개국

Rank	Country	Index
1	싱가폴	61.46
2	홍콩	61.23
3	벨기에	60.36
4	아일랜드	59.94
5	스위스	59.91
6	네덜란드	59.61
7	덴마트	59.13
8	오스트리아	58.27

중소국(中小國)-9개국

Rank	Country	Index
1	이스라엘	50.14
2	포르투갈	48.56
3	헝가리	47.87
4	그리스	46.89
5	쿠웨이트	40.66
6	파나마	40.60
7	체코	39.63
8	도미니카 공화국	38.32
9	우크라이나	26.41

약소국(弱少國)-4개국

Rank	Country	Index
1	요르단	35.59
2	크로아티아	34.79
3	우루과이	32.69
4	과테말라	30.22

강중국(强中國)-7개국

Rank	Country	Index
1	스웨덴	63.84
2	영국	62.02
3	핀란드	61.32
4	노르웨이	57.44
5	뉴질랜드	56.87
6	프랑스	53.73
7	타이완	52.01

중중국(中中國)-8개국

Rank	Country	Index
1	스페인	50.30
2	이탈리아	49.43
3	한국	48.50
3	칠레	48.50
5	말레이시아	47.65
6	태국	44.92
7	폴란드	41.46
8	필리핀	38.83

약중국(弱中國)-8개국

Rank	Country	Index
1	아랍에미리트	41.57
2	오만	34.57
3	모로코	33.23
4	루마니아	32.57
5	스리랑카	28.33
6	베네수엘라	28.13
7	케냐	24.75
8	캄보디아	22.70

강대국(强大國)-5개국

Rank	Country	Index
1	미국	73.88
2	캐나다	62.48
3	호주	56.29
4	독일	54.39
5	일본	52.73

중대국(中大國)-7개국

Rank	Country	Index
1	멕시코	44.50
2	중국	43.41
3	브라질	42.38
4	러시아	41.62
5	사우디 아라비아	41.21
6	인도	38.68
7	콜롬비아	36.75

약대국(弱大國)-12개국

Rank	Country	Index
1	남아공화국	34.93
2	터키	33.18
3	베트남	32.67
4	인도네시아	30.96
5	페루	27.97
6	아르헨티나	27.73
7	파키스탄	27.19
8	이집트	27.08
9	이란	24.74
10	방글라데시	24.30
11	나이지리아	22.64
12	리비아	14.32

자료 : IPS 국가경쟁력 보고서 2003. 산업정책연구원, 국제경쟁력 연구원

첫째, 저원가 전략(Cost strategy)은 경쟁력의 원천 중에서 기초자원인 생산요소 조건과 값싼 인건비의 근로자를 활용에 중점을 둔 "저비용 고효율" 전략이다. 둘째, 차별화 전략(Differentiation)은 "저비용의 중저가 제품과 서비스에서 탈피하여 주력산업과 미래성장산업의 제품과 서비스를 고부가가치화" 하는 전략으로서 "경제활동에서 전문경영자와 기술자를 비롯한 전문가 그룹(Professionals)의 비중을 높이고, 시장구조(Demand conditions)를 보다 철저한 경쟁지향적 체제로 변화시켜 시장의 질을 높이는 전략이다.

경쟁전략 시뮬레이션 방법론

본 연구에서는 저원가 전략과 차별화 전략을 사용하였을 때 국가마다 경쟁력 순위가 변화하는 점을 시뮬레이션을 통해 계량적으로 분석해 보았다. 계량적 방법론은 두 가지 전략의 경쟁력 원천지수에 적정 가중치를 부여하고 그에 따른 순위 변화 비교를 통해 전략 포지션 및 함의점을 도출할 수 있다.

표 12-5 저원가 전략 시뮬레이션

주요요소	대분류	가중치	중분류	가중치
물적요소 (50%)	생산요소조건	32/120	에너지자원	1/2
			기타자원	1/2
	경영여건	16/120	전략 및 구조	1/4
			글로벌 마인드	1/4
			기업문화	1/4
			외국인 투자	1/4
	인프라 등 지원 산업	8/120	교통	1/6
			IT인프라	1/6
			금융	1/6
			교육	1/6
			과학기술	1/6
			생활환경	1/6
	시장수요조건	4/120	시장의 크기	3/4
			시장의 질	1/4
인적요소 (50%)	근로자	32/120	근로자의 규모	3/4
			근로자의 질	1/4
	정치지도자 및 행정관료	16/20	정치지도자	3/4
			행정관료	1/4
	기업가	8/120	기업가의 역량	3/4
			사회적 기반	1/4
	전문가	4/120	전문가의 역량	3/4
			사회석 기반	1/4

표 12-6
차별화 전략 가중치

주요요소	대분류	가중치	중분류	가중치
물적요소 (50%)	생산요소조건	4/120	에너지자원	1/2
			기타자원	1/2
	경영여건	8/120	전략 및 구조	1/4
			글로벌 마인드	1/4
			기업문화	1/4
			외국인 투자	1/4
	인프라 등 지원 산업	16/120	교통	1/6
			IT인프라	1/6
			금융	1/6
			교육	1/6
			과학기술	1/6
			생활환경	1/6
	시장수요조건	32/120	시장의 크기	1/4
			시장의 질	3/4
인적요소 (50%)	근로자	4/120	근로자의 규모	1/4
			근로자의 질	3/4
	정치지도자 및 행정관료	8/20	정치지도자	1/4
			행정관료	3/4
	기업가	16/120	기업가의 역량	1/4
			사회적 기반	3/4
	전문가	32/120	전문가의 역량	1/4
			사회적 기반	3/4

저원가 전략에서는 9-Factor (기외요인 제외) 중에서 물적요소와 인적요소의 비중을 각각 1/2로 나누고, 저원가의 주요원천이 되는 생산요소조건과 근로자에 가장 많은 가중치인 32/120을 각각 부여한다. 반대로 전문가와 시장수요조건에는 4/120의 가중치로 상대적 비중을 가장 낮게 부여한다.

차별화 전략에서는 9-Factor (기외요인 제외) 중에서 물적요소와 인적요소의 비중을 각각 1/2로 나누고, 저원가 전략과는 반대로 주요원천이 되는 생산요소조건과 근로자에 가장 적은 가중치인 4/120을 각각 부여한다. 즉, 차별화의 주요원천이 되는 전문가와 시장수요조건에는 32/120의 가장 높은 가중치를 부여하여 상대적 비중을 가장 높인다.

경쟁전략 시뮬레이션 결과

예를 들어 한국의 경우, 저원가 전략 시뮬레이션에서는 그 지수가 48.50(25위)에서 36.81로 낮아져 43위까지 낮아지는 결과가 나왔다. 차별화 전략시뮬레이션에서는 지수가 61.69으로 올라가 5위까지 올라갈 수 있는 결과가 산출되었다. 이러한 결과는 한국의 국가경쟁력에 대한 다음과 같은 전략적 시사점을 제공해 주고 있다. 즉, 한국은 기존의 "저비용 고효율"로 대표되는 개도국형 저원가 전략에서 탈피하여 전문가와 시장의 질을 높여 주력산업과 미래성장산업의 제품과 서비스를 고부가가치화하는 차별화 전략을 추진해야 경쟁력이 향상될 수 있다.

위와 같은 방법론을 바탕으로 국가군별로 전략시뮬레이션 결과는 다음과 같다 그림 16과 같이 대(大)국에서는 미국은 저원가 전략(2위), 차별화 전략(1위) 모두 강한 팔방미인형 경쟁력을 갖추고 있고, 호주와 일본은 저원가 전략에서는 각각 29위 40위로 순위가 급격히 하락하고, 차별화 전략에서는 모두 2위까지 상승할 수 있다.

표 12-7
전략시뮬레이션에 따른 경쟁력 지수 및 순위변화

Country	표준 순위	저원가 순위	차별화 순위	표준 지수	저원가 지수	차별화 지수	Country	표준 순위	저원가 순위	차별화 순위	표준 지수	저원가 지수	차별화 지수
United Stetes	1	2	1	73.88	63.24	85.15	United Arab Emirates	35	39	30	41.57	40.39	46.72
Sweden	2	26	1	63.84	48.33	77.97	Poland	36	44	28	41.46	36.75	47.75
Canda	3	20	2	62.48	51.03	72.71	Saudi Arabia	37	43	28	41.21	37.62	47.78
UK	4	21	1	62.02	50.27	73.90	Kuwait	38	39	30	40.66	39.69	46.41
Singapore	5	28	2	61.46	47.57	72.40	Panama	39	45	30	40.60	35.33	45.51
Finland	6	28	2	61.32	47.13	73.77	Czech Republic	40	48	32	39.63	34.23	44.44
Hong Kong	7	29	2	61.23	45.84	72.12	Philippines	41	48	32	38.83	34.19	43.80
Belgium	8	31	1	60.36	44.49	74.19	India	42	37	43	38.68	41.31	37.23
Ireland	9	29	2	59.94	45.05	72.88	Dominican Republic	43	50	34	38.32	32.87	41.91
Swizerland	10	32	1	59.91	43.37	74.23	Colombia	44	47	38	36.75	31.62	41.10
Netherlands	11	29	2	59.61	45.85	70.60	Jordan	45	53	41	35.59	31.68	39.42
Denmark	12	30	2	59.13	44.62	72.06	South Africa	46	53	44	34.93	32.07	38.24
Austria	13	31	2	58.27	44.03	73.15	Croatia	47	53	41	34.79	31.19	38.84
Norway	14	23	2	57.44	48.95	69.30	Oman	48	50	43	34.57	32.89	38.35
New Zealand	15	29	2	56.87	45.10	65.63	Morocco	49	55	44	33.23	38.07	28.98
Australia	16	29	2	56.29	46.84	66.91	Turkey	50	53	44	33.18	32.13	36.93
Germany	17	37	2	54.39	40.69	68.23	Uruguay	51	54	45	32.69	30.91	36.47
France	18	39	2	53.73	39.96	68.12	Vietnam	52	53	49	32.67	31.19	34.45
Japan	19	40	2	52.73	39.00	69.20	Romania	53	55	45	32.57	30.15	36.56
Taiwan	20	36	4	52.01	41.25	62.08	Indonesin	54	54	54	30.96	31.46	31.53
Spain	21	40	5	50.30	38.96	61.51	Guatemala	55	61	49	30.22	26.43	34.21
Israel	22	43	3	50.14	37.86	63.51	Sri Lanka	56	55	58	28.33	30.47	27.83
Italy	23	43	3	49.43	38.23	62.97	Velezuela	57	58	54	28.13	27.91	32.56
Portugal	24	40	13	48.56	39.54	59.09	Peru	58	62	56	27.97	25.53	30.08
Korea	25	43	5	48.50	36.81	61.69	Argentina	59	62	54	27.73	26.09	31.33
Chile	26	36	15	48.50	41.28	57.33	Pakistan	60	56	61	27.19	28.61	26.75
Hungary	27	37	17	47.87	40.87	55.14	Egypt	61	61	56	27.08	27.12	29.53
Malaysia	28	39	16	47.65	40.27	56.46	Ukraine	62	62	61	26.41	26.00	27.13
Greece	29	42	15	46.89	38.39	56.95	Kenya	63	63	63	24.75	26.08	24.99
Thailand	30	40	19	44.92	39.37	53.32	Iran	64	63	65	24.74	26.21	23.65
Mexico	31	43	18	44.50	37.74	53.90	Bangladesh	65	62	66	24.30	26.70	22.42
China	32	24	39	43.41	48.85	39.82	Cambodia	66	67	67	22.70	19.87	22.14
Brazil	33	43	30	42.38	31.28	45.90	Nigeria	67	66	63	22.64	22.76	25.57
Russia	34	34	30	41.62	42.16	45.55	Libya	68	68	68	14.32	14.81	12.53

그림 12-9
경쟁력 강화를 위한 전략적 대안 – 한국순위 변화

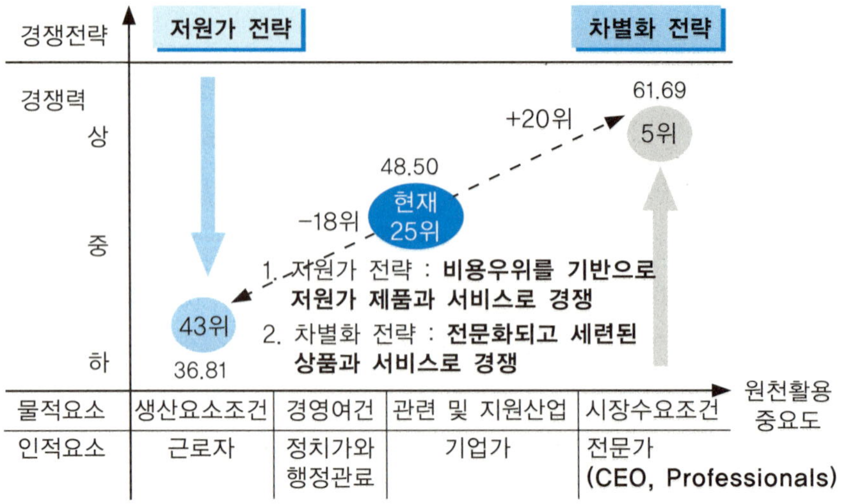

한국의 경쟁력은 경쟁전략에 따라 개도국형인 저원가 전략을 활용하면 **弱(43위)해지고**, 선진국형인 차별화 전략을 활용하면 **强(5위)해질 수** 있다.

이와 반대로 중국과 인도는 저원가 전략에서 순위가 8단계, 5단계 상승하고, 차별화 전략에서 10단계, 1단계 하락하는 결과를 보여 주고 있다. 그러므로 중국, 인도, 파키스탄, 방글라데시 등은 저원가 전략을 유지하고 발전해야 한다는 시사점을 주고 있다. 중국(Medium size country), 소국(Small size country)에서는 주로 차별화 전략에서 강국으로 나타나는 비중이 높게 나타났다.

그림 12-10
경쟁전략에 따른 대국(大國–Large Size Country)의 순위변화

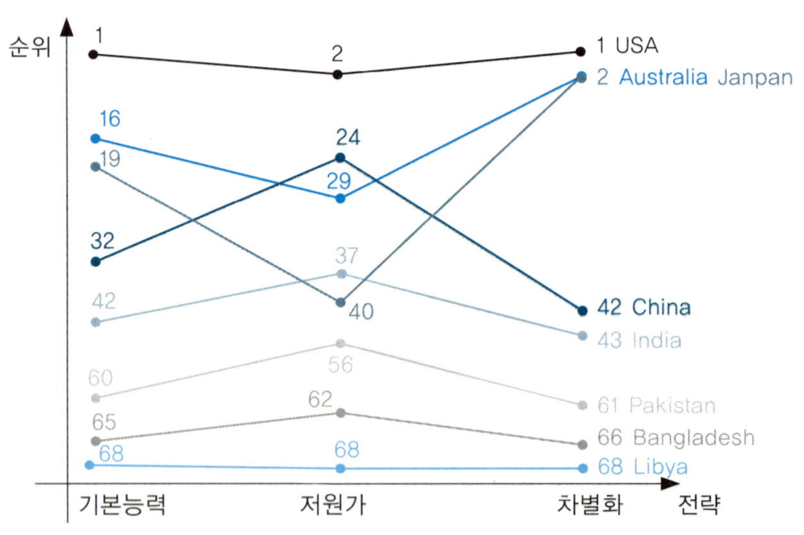

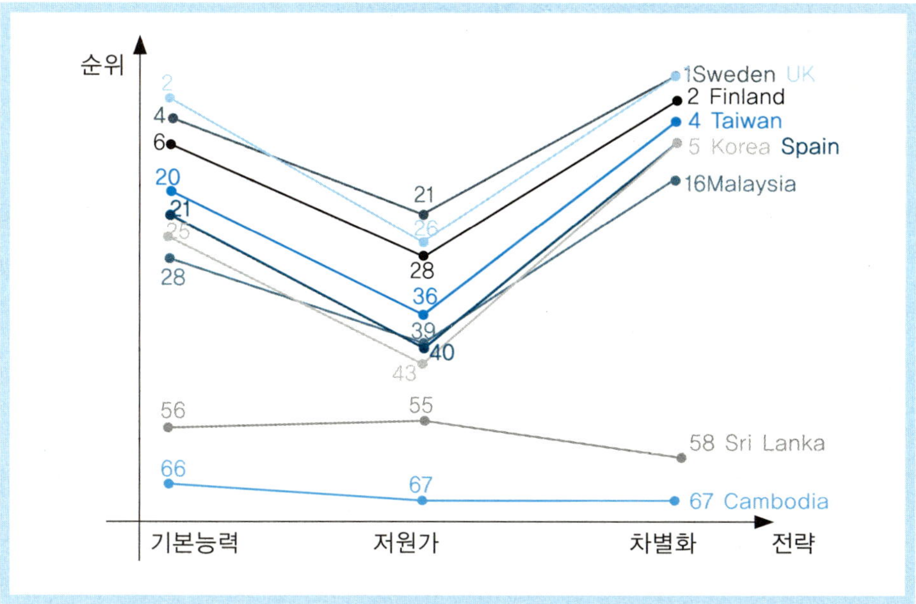

그림 12-11
경쟁전략에 따른 중국(中國-Medium Size Country)의 순위변화

결론적으로, 이러한 현상이 나타나는 이유는 각 나라마다 시장에서 경쟁에 임하는 전략 패턴이 다르기 때문이라고 분석할 수 있다. 즉, 중국, 인도 등 신흥 거대 개도국들은 값싼 인건비를 이용하여 저원가 전략으로 경쟁하고 '미국, 스웨덴, 영국, 핀란드, 싱가폴 등 강국' 들은 차별화 전략을 가지고 제품과 서비스의 고부가 가치화를 통해 경쟁하고 있다.

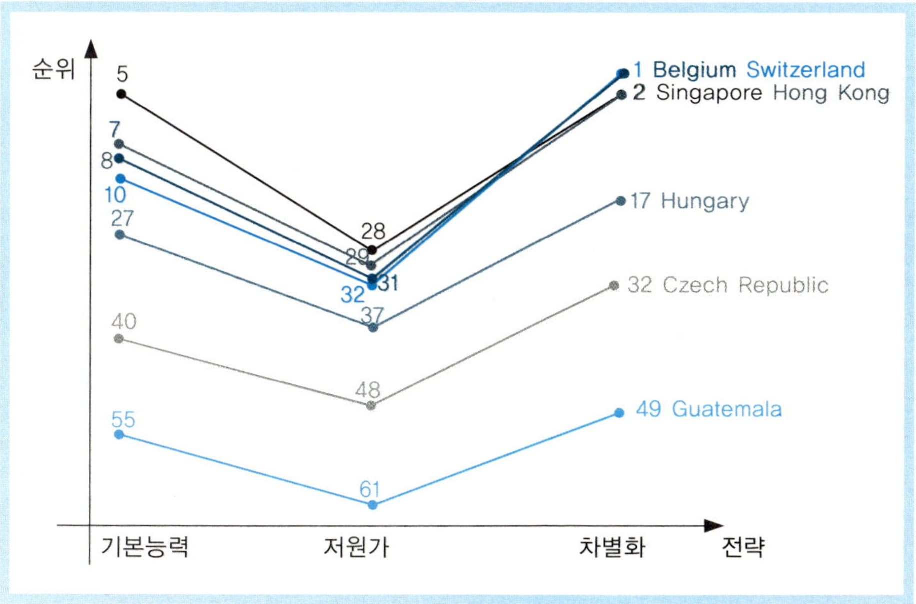

그림 12-12
경쟁전략에 따른 소국(小國-Small Size Country)의 순위변화

한국 국가경쟁력의 현주소 및 강화전략

주요국과 한국의 국가경쟁력의 현주소

한국은 80년대 싱가포르, 홍콩, 대만과 함께 아시아의 네 마리의 용으로 불리며 경제성장의 모델 국가로 평가되었다. 그러나 산업정책연구원과 국제경쟁력연구원이 공동 연구한 IPS 2003년도 국가경쟁력 보고서에 따르면, 68개국 중 홍콩, 싱가포르, 대만은 선진국 대열에 올라섰으나 한국은 아직 선진국 진입을 앞두고 표류하고 있음을 보여주고 있다.

최근 중국이 풍부한 자원과 값싼 노동력을 바탕으로 32위까지 급상승하면서 한국의 뒤를 바싹 뒤쫓아 오고 있는 점과 유럽의 선진국과 일본, 미국과는 아직도 큰 격차가 존재하고 있다. 즉, 풍부한 자원과 값싼 노동력으로 경쟁하는 중국과 고부가가치 상품으로 경쟁하는 선진국들 사이에서 진퇴양난의 위기를 맞고 있다.

아시아 4룡과 비교해 보면 싱가포르와 홍콩에 비해 물적요소에서 수요조건, 관련 및 지원산업, 경영여건이 크게 뒤쳐지고 있으며 인적요소에서 정치가 및 행정관료, 기업가, 전문가 부문이 크게 뒤쳐지고 있다. 싱가포르와 홍콩은 경쟁력 구조에서 한국과 유사한 형태에서 경제발전을 시작하였다. 즉, 부족한 생산요소조건

그림 12-13
한국의 국가경쟁력 구조 및 현황 (2003)

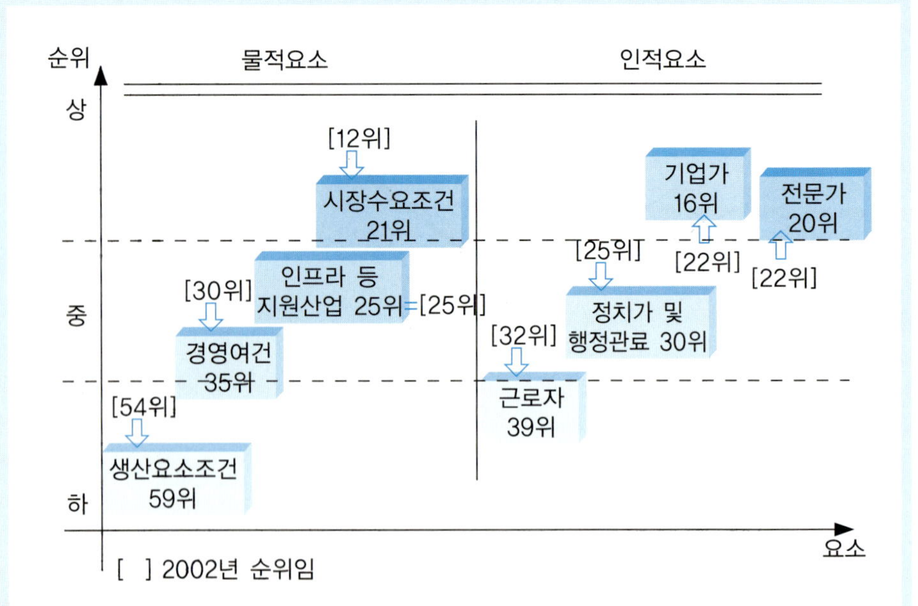

생각해봅시다

수요조건의 중요성

일본사례- 산업의 발전과 저해 측면

■ 로봇산업 : 일본의 로봇산업은 고객인 일본 제조업체들이 일찍부터 생산에 로봇을 대규모로 활용하기 시작함. 그 이유는 일본업체의 제조관행이 고도로 세련되었을 뿐만 아니라 숙련근로자가 부족했던 것에서 기인함. 또한 종신고용의 관행은 인력채용에 극도로 조심스러워졌고, 로봇활용에 대한 수요여건을 훨씬 세련되게 만듦.

■ 팩시밀리 : 과거 일본어 표기가 가능한 타자기나 텔렉스가 없었고 사무실 공간이 비좁고, 해외시장과의 시차가 많이 나고 전화요금이 비싼 점이 팩시밀리의 수요와 품질을 향상시킨 원동력이 되었음.

■ 에어컨 : 일본의 조그맣고 밀집형태의 주거환경과 무덥고 습한 여름날씨가 에어컨의 수요를 증대시켰고 고객들은 점점 조용함, 기능성, 고에너지 효율 등 다기능성을 제조업체에 요구하게 됐고 그 결과, 에어컨의 제품 국제경쟁력을 확보하게 되었음.

■ 간장 : 가공 포장식품이 발달한 일본의 경우 간장브랜드에 관한한 아주 미묘한 맛의 차이도 소비자들에게는 민감하였고 그 결과 고품질의 간장을 만들게 됨.

■ 카오디오 : 일본 대부분의 가정에서 고품질의 오디오 시스템을 거의 한세트씩 소유하고 있으므로 자동차 안에서도 동일한 음질을 요구하게 됐고 자동차 안에서의 진동, 고온, 다습, 낮은 전압, 협소한 공간 등 악조건에도 불구하고 고품질 음향을 갖춘 카오디오를 생산하게 됨.

■ 소프트웨어 : 무형물에 대해 값을 치르기 싫어하는 일본고객들의 특성은 소프트웨어 산업발전을 저해함

■ 정부의 영향력 : 과거 전후 초기 공립학교에서 실시된 재봉교습은 재봉틀 수요를 대거 창출하였고, 민간항공기산업과 관련해, 정부의 공공 육상 교통수단의 사용을 권장하는 정책이 항공기 제조산업을 저해하는 원인이 되었음. 즉, 일본의 승객들은 항공보다는 육상교통에 익숙해졌기 때문에 자국 독자개발 여객기의 시끄러운 날개소리와 랜딩기어 소리에 민감하지 않았음.

스웨덴사례 – 국내 수요자의 까다로움과 안전 및 환경기준의 강화

스웨덴의 수요조건 순위는 전세계 6위, 시장 규모는 16위이지만 수요의 질에서는 3위에 올라 있고 실례는 다음과 같음.

■ 소비자 개인별 구매성향이 매우 다양하고 극히 까다로움.

- 넥타이의 경우 일회당 수입주문량이 3개 디자인을 기본으로 디자인당 20다즌이면 비교적 큰

규모의 주문임

- 품질지향적이면서도 가격에 민감한 이중적 소비 행태
  - 전체적으로는 소득수준이 평준화되어 있어 계층별로 특이한 소비 행태는 없음
  - 품질과 가격을 철저히 비교함
- 아무리 사소한 물건일지라도 몇 군데의 가게를 방문, 가격 등을 비교한 후 구입할 정도로 구매 의사결정이 신중
  - 고가인 내구재의 경우에는 가격보다는 품질이나 실용성 등 기능을 중시함. 일용 소비재의 경우에는 가격을 중시
- 안전 및 환경기준을 중시하는 시장
  - 환경에 관한한 국제무대에서의 선도자적 역할을 자임하고 있으며, 유럽 내에서도 높은 기준의 환경 및 안전에 대한 표준과 검사제도를 채택하고 있음
  - EU 가입 협상 시에도 양측의 적용기준 격차 축소가 최대의 쟁점이었는 바, 대부분이 조정기간을 두되 EU가 환경기준을 상향조정한다는 방향으로 타결됨

과 저임금의 근로자를 기반으로 출발하였지만 현재는 고부가가치 산업을 발전시켜 아시아의 중심으로 자리를 잡았다. 이러한 결과는 대외적으로 한국보다 일찍 개방화와 국제화를 통해 부족한 자원을 극복하고 시장규모를 확대시켰기 때문이다. 또한, 대내적으로는 엄격한 법과 제도를 통해 부패를 근절시켜 사회 전반의 투명성을 제고하여 기업하기 좋은 환경을 갖춰 자연스럽게 국내외 사업이 발전할 수 있는 시스템을 갖춰나간 점이 강국으로 탈바꿈한 결정적인 요인이 되었다.

주요 부문별(8개 대분류)로 한국의 경쟁력 구조를 살펴보면 기업가 16위, 전문가 20위로 가장 높은 수준을 기록하고 있고 수요조건 21위, 관련 및 지원산업 25위, 정치가 및 행정관료 30위, 경영여건 35위로 중위권에 근로자 39위, 생산요소조건 59위로 중하위권에 속해있다.

2002년에 비해 전반적으로 경쟁력이 하락한 것으로 분석되었는데, 제조업 부문의 기초가 되는 생산요소조건(54위→59위)과 근로자(32위→39위)부문의 경쟁력이 하락하여 생산부문의 경쟁력은 계속 하락하고 있다. 국내외 투자와 밀접한 관련이 있는 경영여건(30위→35위)과 정책부문의 정치가 및 행정관료(25위→30위)의 경쟁력도 전반적으로 하락하여 최근 투자감소를 반영하고 있다. 선진국 진입의 기반요소인 관련 및 지원산업은 지난해와 동일한 25위를 차지하였고, 비즈니

스 창업 등 기업가 정신을 반영하는 기업가 순위(22위→16위)는 전년에 비해 6계단 상승한 16위로 가장 높은 순위를 기록하였다. 한국의 수출입, 내수 등의 시장 수요조건(12위→21위)은 이라크 전쟁과 세계경기의 위축으로 인해 전년대비 9계단 하락하였지만 중상위권을 유지하고 있고, 선진국의 경쟁기반인 전문가(기술자, CEO 등 각 부문의 전문인력)의 순위 역시 22위에서 20위로 상승하였다.

이상 살펴본 바와 같이 IPS 국가경쟁력 보고서는 이론적 모델에 기초한 변수의 선정, 전세계의 통일된 협력기관을 통한 객관적 자료수집, 과학적인 방법으로 국가군분류, 객관적 가중치 부여, 그리고 경제발전단계 및 경쟁력 구조를 고려한 국가군설정이라는 면에서 IPS 국가경쟁력 보고서가 다른 보고서보다 차별화되어 있다는 뜻이다.

한국의 국가경쟁력의 강화방향

정책 목표

현 상황에서 한국이 경쟁력을 향상시키기 위해서는 무엇을 개선하고 그 효과가 어느 정도의 성과를 거둘 수 있을지 검토해 보는 것이 중요하다.

세부 정책 대안(1) : 물적 요소

생산요소조건

문제점 : "한국은 자원 빈국이다."

해결방안 : 천연자원의 부족은 바로 국제화와 기술발전으로 극복(조세감면, 국제특허지원센터설립)해야 하고, 자본자원 부족은 해외자본 유치로 해결(자본시장 완전자유화)해야 한다.

부족한 천연자원은 국제화를 통해 극복

부족한 자원을 싼 값에 들여오는 방법이 가장 좋은데, 그러기 위해서는 현재의 자원개발 기술을 가지고 기술이 부족한 후진 자원중심국에 진출하여 자원을 개발하고 그에 대한 일정 지분을 확보하는 것이다. 이때 정부에서는 해외 자원개발을 위해 진출하는 기업에 대해 인센티브를 제공해야 한다. 기업들이 보다 적극적으로 해외로 진출하는 것을 돕기 위해 해외 자원개발 손실보전, 조세감면 등 다각적인 지원방안이 검토되어야 한다. 또한, 해외자원을 개발하여 그 자원에 대한 지분을 확보하는 것이 국제자원시장의 유동성에 흔들리지 않고 대처할 수 있는 방법일 것이다.

기술개발을 바탕으로 고부가가치 산업 육성 및 상품 개발

천연자원에 의존하지 않고 기술개발을 바탕으로 고부가가치 상품을 개발하며 고부가가치 산업을 육성해야 한다. 기존 산업을 고부가가치 산업으로 성장시키는 방법이 시급하다. 한국의 발전된 기술과 디자인과 같은 핵심부문을 발전시키고 기존산업에 접목함으로써 고부가치 상품으로 전환, 동남아시아 국가나 중국과의 경쟁에서 충분히 승산이 있다. 그런데 이와 관련하여 지적재산권 또는 특허권에 대한 보호가 중요하다. 국제특허는 그 절차가 복잡하고 범위가 한정되어 있으며 비용 또한 만만치 않다.

이렇게 개발된 고부가가치의 상품 또는 기술이 국제특허로 등록만 된다면 국제시장에서 경쟁력을 확보하는 가장 빠른 길일 수 있다. 현재 국내 기업들은 해외에서 국제특허를 취득하기 위한 비용과 정보가 부족하기 때문에 많은 상품들이 해외시장에서 빠른 속도로 복제되고 그로 인해 피해를 입고 있다. 그에 대한 정부의 지원이 필요한 시점이다. 예컨대 국제특허지원센터와 재단을 설립하여 국내 기업들이 기술개발, 디자인 개발을 한 상품에 대해 국제 특허를 받을 수 있도록 국제특허 전문인력을 양성하고 인력과 자본을 지원받아 손쉽게 특허를 받을 수 있도록 지원하는 것이다.

자본자원의 부족은 시장 자유화로 해결

자본자원의 부족은 적극적인 해외자본 유치로 해결해 나가야 할 것이다. 여기서 말하는 해외자본의 적극적인 유치는 현재 해외자본과 관련되어 있는 모든 규제를 풀고 자본시장의 완전자유화가 이루어져야 한다는 것이다. 물론 자본시장을 완전 개방함으로써 나타나는 부작용도 개방초기에는 어느 정도 발생하겠지만 장기적으로 이러한 개방조치는 반드시 필요한 정책이다.

수요조건 : 시장

문제점 : "한국의 시장은 아직도 규모의 확대와 질적인 향상이 필요하다."

해결방안 : 해외시장 진출을 촉진하기 위해 외환자유화를 적극 지원하고, 보고의 의무 철폐하며 수요의 질 향상으로 부가가치를 제고해야 한다. 고급제품을 포함한 많은 부분의 제품의 수입을 자유화하는 것이 좋은 예가 된다.

시장규모의 확대

한국의 시장규모는 주요 선진국에 비해서 아직 그렇게 크다고 볼 수 없다. 내수시장만으로는 부족하고 해외 시장을 개척해야 한다. 다만 수출위주의 전략은 무역 보복을 받을 가능성이 높기 때문에 해외직접투자를 한 후 현지시장을 개척하는 정책으로 점차 변화해야 한다. 수출을 위주로 하는 일본이나 한국 등이 미국으로부터 항상 무역 보복의 위협이 있는 데 반하여 유럽국가의 기업들은 상대적으로 수출보다는 해외직접투자 전략을 많이 사용하기 때문에 그만큼 미국으로부터 보복의 위협이 적다. 이것은 바로 이러한 전략상의 차이 때문이다.

고급품의 개방을 통해 시장의 질의 고급화

무역 및 투자는 공정하고 상호 의존적이기 때문에 우리도 시장을 개방해야 한다. 자유화의 물결 속에서 국내 산업의 보호라는 이름으로 자유무역의 고아가 된다면 결국 우리나라 국익에 막대한 손실을 가져올 것이다. 여기서 한 걸음 더 나아가 시장개방이 다른 나라가 아닌 바로 우리를 위한 것이라는 생각을 해야 한다. 외국의 고급제품을 사용하는 우리 소비자는 제품에 대한 안목이 높아지고 국내 소비자의 이러한 성숙한 욕구성향에 바탕을 둔 소비행위가 결국 우리 제품의 경쟁력을 높여줄 수 있기 때문이다. 선진국의 훌륭한 제품은 훌륭한 생산자가 단독으로 만들어 낸 것이 아니라 훌륭한 소비자와의 합작품이다.

관련 및 지원산업

문제점 : "경제 인프라를 어떻게 구축할 것인가?"

해결방안 : 한국은 21세기 주요한 경제 인프라를 어떻게 개발할 해야 할 것인가에 대한 과제를 가지고 있다. 예를 들면 IT, BT 등의 산업단지를 통한 첨단기술 인프라 구축, 교육을 산업으로 인식하고 해외우수대학을 국내에 유치하는 첨단교육 인프라 구축, 그리고 영어공용화의 실시를 통한 세계 언어 인프라 구축에 힘써야 한다.

첨단기술 인프라 구축

우리나라는 첨단기술(IT, BT 등)에 대한 세계적 수준의 인프라를 구축하는 데 더 많은 노력을 해야 한다. 실제로 이러한 첨단 기술들이 세계를 지배하고 있다고 해도 과언이 아닐 정도로 많은 비중을 차지하며 한 국가의 경쟁력을 좌우하고 있다. 이러한 첨단기술 분야에서는 시장을 선점하는 것이 결정적으로 중요하다. 구체적인 정책으로 관련 첨단기술의 시너지 효과를 극대화하기 위해서 전략적으로 중요한 지역에 첨단기술 단지를 구축해야 할 것이다.

첨단교육 인프라 구축

정부는 해외의 유수한 대학이 한국에 진출하여 양질의 교육을 제공할 수 있도록 해야 한다. 이렇게 된다면 한국 대학의 경쟁력은 상승할 것이며 경쟁력이 없는 대학은 자연스럽게 구조조정될 것이다. 물론 국내 대학 중 존폐의 위험을 느끼게 되는 대학들도 생기게 되겠지만 국제적인 추세와 경쟁력 향상을 고려한다면 언제까지 국내 대학들을 감싸 안고 있을 수만은 없다. 우리나라가 선진국이 되기 위해서는 국내 대학들도 이제는 세계적인 대학들을 경쟁상대로 삼아야 하며 이에 준하는 경쟁력을 확보하는 데 주력해야 할 것이다.

세계 언어 인프라 구축

우선 한국 내 영어의 공용화가 이루어져야 한다. 우리가 다른 분야에서 아무리 경쟁력이 있어도 세계 공용어인 영어의 구사능력이 떨어진다면 우리의 역량을 제대로 발휘할 수 없을 것이다. 싱가포르과 홍콩의 경쟁력 원천은 국제화이고 이를 뒷받침 해준 원동력이 바로 영어 실력이다. 외국인과의 대화에서 불편함이 없고 외국인들이 우리나라에 와서 불편함이 없이 비즈니스를 할 수 있어야 한다. 한국을 정말로 동북아의 허브로 만들려면 영어 공용화를 하지 않고는 불가능하다.

산업구조 및 경영여건

문제점 : "한국의 산업 및 기업 지배구조는 비효율적이다."

해결방안 : 경쟁력은 경쟁을 통해서 창출되기 때문에 전산업에 경쟁을 도입한다. 예를 들어, 재벌에 대한 모든 규제를 철폐하면, 경쟁을 보다 원활히 할 수 있을 것이다. 특히 제품시장뿐 아니라 생산요소시장도 경쟁(노동, 자본, 기술시장을 모두 개방)을 도입해야 한다.

전산업에 대한 경쟁체제 구축

한국은 여러 분야에서 경쟁을 도입함으로써 괄목할만한 변화를 추구해 왔지만 아직도 많은 분야에서 정부규제 등으로 인하여 경쟁이 제대로 이루어지고 있지 않다. 진정한 의미의 경쟁체제를 이룩하려면 우선 모든 재벌에 대한 규제를 철폐하여야 한다. 재벌에 대한 규제는 정부에 의해서가 아닌 시장에서 자동적으로 행해져야 한다. 이것이 진정한 시장경제 논리이다. 정부는 재벌에 대한 규제로 시장경제 질서를 바로 잡으려 하지만 오히려 이것은 자유시장경제 논리에 어긋나는 것으로 많은 부작용을 일으키고 있다.

경쟁범위의 확대

경쟁은 우선 국제경쟁을 포함시켜야 한다. 우리나라처럼 개방을 두려워하는 나라도 드물다. 하지만 개방을 통한 경쟁은 세계적인 대세이다. 우리나라의 경우 개방은 언제나 도전이자 기회였으나, 대부분의 경우 외부의 압력에 의해서 이루어져 왔다. 그러나 언제까지 끌려 다닐 수는 없다. 비경쟁부문 산업의 경쟁력을 도입하기 위해서는 개방이 그 열쇠이다. 그렇다면 개방의 범위는 어떠한가? 완제품의 개방만으로는 충분하지 않고 생산요소 시장(노동, 자본, 기술)까지도 개방해야 한다. 현재 한국에서 전통산업은 인건비의 상승으로 경쟁력을 상실하고 있다. 해결책은 저임금 국가로 나가거나 아니면 외국 근로자를 수입하여 국내 근로자와 경쟁을 통해 경쟁력을 확보하는 것이다. 같은 논리로 기술시장과 자본시장도 개방해서 경쟁해야 진정한 경쟁력을 갖출 수 있다.

세부 정책 대안(2) : 인적 요소

근로자

문제점 : "노사갈등과 근무시간 단축의 문제가 한국의 경쟁력에 부정적인 영향을 미치고 있다."

해결방안 : 노사문제는 타협이 아니라 생산성으로 해결해야 한다. 임금대비 생산성만 향상되면 주 5일이건 4일이건 상관없다. 즉, 정부의 적극적인 개입보다는 기업자율로 맡겨서 해결해야 한다. 그리고 외국인 노동시장개방으로 노동인력 경쟁력을 제고해야 한다. 외국인 비자 문제라든가 이민의 문제 등을 우선 개선해야 할 것이다.

글로벌 경쟁차원에서 적절한 타협이 아닌 생산성 향상이 필요

우리나라에서 노사문제가 잘 해결되지 않는 이유는 노사문제를 근본적으로 잘못 파악하고 있기 때문이다. 글로벌 경쟁체제에서는 우리 노동자들의 경쟁상대는 우리 경영자가 아니라 경쟁 상대국인 대만 말레이시아 또는 싱가포르의 노동자들이다. 우리 노동자들이 그들과 비교해서 임금대비 생산성을 높일 수 있다면 주5일 근무가 아니라 4일 근무도 상관 없다. 만약 우리 노동자들이 경쟁 상대국인 외국의 노동자들보다 생산성이 낮다면 노동자와 기업 모두가 살아 남지 못할 것이다. 노사문제 또는 주5일 근무제 등의 근본적 해결은 노사 간의 적절한 타협이 아니라 생산성 향상이다. 또한 이것은 정부가 일방적으로 법제화할 일은 더욱 아니다.

노동시장 규제 철폐와 개방으로 중소기업의 인력난 해결

인력이 모자라면 외국 인력을 써야 한다. 미국, 독일, 싱가포르, 홍콩 등도 다 비슷한 과정을 겪었다. 현재 우리나라 중소기업의 가장 큰 애로사항은 인력난이다. 이 문제점을 해소하기 위한 방편으로 싼 임금의 외국인력 수입이 거론되어지기도 하지만 인력도입에 관한 소모적인 논쟁으로 시간을 낭비하고 있다. 적극적으로 외국인 노동자를 고용해서 인력난을 해소하고 우리나라의 국제화에 박차를 가해야 한다.

진정한 세계화는 인력의 자유로운 왕래로 완성된다. 일부 기업주들이 외국인 노동자를 악용하거나 학대하는 것은 외국인 비자나 이민문제에 있어 불필요한 규제가 많기 때문이다. 이러한 규제를 모두 철폐한다면 노동조건이 개선되어 더욱 능력 있는 외국인 노동자들이 들어올 것이고 우리의 국가 이미지 제고에도 큰 도움이 될 것이다.

정치가 및 행정관료

문제점 : "한국 사회에는 아직도 정치권을 중심으로 부패와 소모적인 정쟁, 행정관료의 불필요한 간섭이 만연되어 있다."

해결방안 : 그러므로 투명하고 효율적인 제도적 환경이 필요하다. 우선 정치권에 고도의 윤리성을 공개적으로 요구(예. 정치자금 회계장부 공개, 장관급 이상 고위공직자 인사청문회 의무화)해야 하며 정부의 간섭을 최소화(예. 경쟁상대국과 비교하여 불필요한 규제는 모두 철폐)하도록 지원과 규제 시스템을 개혁해야 한다.

정치권의 고도의 윤리적 제도 확립

깨끗한 정부를 만들기 위한 노력에서 가장 큰 노력을 기울여야 할 사람들은 바로 정치가와 행정관료 자신들일 것이다. 즉 정치가와 행정관료들 자신들이 스스로 부정부패의 근절이나 도덕성 및 윤리성이 확립이 된다면 다른 제도적 장치 등의 강압 및 감시 같은 불필요한 노력은 필요 없을 것이다. 하지만 그렇지 못할 경우에는 이를 제도적으로 해결하는 방법을 모색할 수밖에 없다. 구체적인 대안으로 검찰, 감사원, 부패방지위원회 등의 정치적 중립을 확실하게 보장해야 할 것이며 국정원, 경찰, 국세청, 금감원, 공정위 등의 정치적 중립도 보장되어야 할 것이다.

또한 정치자금 투명성 제고 방안으로 정치자금 수수 및 지출의 투명성, 선출직의 납세 및 판공비 내역 공개 등을 의무화하여야 할 것이며 고위직과 선출직의 부패사범에 대해서는 공소시효 연장, 대통령 사면권의 제한 등의 강력한 장치를 도입해야 할 것이다. 그리고 장관급 이상 고위 공무원의 인사청문회를 의무화하여 철저한 검증을 거치게 해야 할 것이다.

불필요한 정부간섭 및 규제의 철폐

우선적으로 해결해야 하는 문제는 불필요한 정부간섭을 줄여야 한다는 것이다. 미국의 무역대표부는 매년 주요국의 무역 및 투자에 관한 규제사항을 열거하고 있는데 한국과 관련된 몇 가지 예를 들어 보자. 우선 한국은 홍콩이나 싱가포르에 비해서 세금이 매우 높다. 또한 각종 규제로 인하여 외국인들이 사업하는 데 장애가 많다. 사실 한국정부는 지난 수년간 숫자상으로는 규제철폐에 있어 많은 성과를 보였으나 아직도 불필요한 규제가 많다.

외환거래의 경우 현재 대부분의 거래가 자유화 되었지만 실제로는 일정금액 이상의 송금은 모두 보고해야 하기 때문에 기업활동에 불편한 점이 많다. 또한 농산물과 같이 예민한 품목은 수입자유화 후에도 통관 기간을 늘림으로써 수입업자들을 못살게 굴고 있다. 아시아의 다른 국가들이 대부분 3,4일이면 될 것을 한국에서 통관하려면 10~18일이 걸린다고 한다. 광고나 스크린쿼터 등에서도 외국인들이 보기에 매우 언짢은 규제들이 남아있다. 말뿐인 규제개혁이 아닌 기업하기 좋은 환경조성을 위한 규제개혁의 현실화가 필요한 실정이다. 싱가포르, 홍콩 등과 비교해서 불필요한 규제는 모두 철폐해야 한다.

기업가

문제점 : "진정한 기업가 정신이 부족하다."

해결방안 : 2000년도에 한때 부흥했던 벤처 신화는 저물고, 최근 벤처기업들이 부진한 이유는 기업가 정신의 본질이 퇴색되었기 때문이다. 벤처의 본질은 위험부담이 아니라 가치창조에 있다. 정부의 직접 지원보다는 인프라 확충 등의 제도적인 지원으로 사업 환경조성(각종 기술에 대한 최신 정보를 지원)이 우선시 되어야 하며, 예컨대 기업가 정신의 바탕이 될 수 있는 벤처기술이 세계적 수준의 특허를 얻었을 경우(관련 전문기관을 신설) 지적재산권 보호를 위한 정부의 역할이 필요하다.

기술집약형 벤처기업의 고부가가치화

기술집약형 벤처기업의 유연성과 다품종 소량 생산 시스템은 고부가가치 산업을 창출하는 데 있어서 중요하다. 우선 벤처기업을 정의하는 데 있어서, 많은 사람들이 위험을 감수한 새로운 사업의 창출이라고 말하지만, 정확하게 말해서 벤처기업의 본질은 위험감수(risk-taking)가 아니라 가치창조(value creation)에 있다.

현재, 우리나라는 경쟁력이 있는 벤처기업이 걸러지는 과정으로 2001년도 IPS 산업 정책연구원 보고서에서 한국의 창업률은 1위를 기록한 반면, 2003년도에는 20위를 기록하고 있다. 벤처기업은 창의성과 지식 기반 산업에서의 성장, 고용 창출 차원에서 적극적으로 추진되어져 왔으나 문제점이 많이 부각되어 왔다.

우선, 정보통신부는 정보화 촉진과 IT산업 육성을 위해 기업 등에 IT 기술 개발과 IT 설비 투자에 소요되는 자금은 저리로 융자해 주는 사업을 진행하고 있는데, 2002년 3차 정보화 촉진 기금 융자규모는 정부통신산업 기술개발에 777억 원을, 선도기술개발보급 지원사업에는 922억 원 등 총1699억 원이며 정보통신 산업기술 지원에 최고 10억 원까지, 선도기술개발 보급사업은 20억 원까지 지원하고 있다. 또한 2002년 10월경 중소기업 진흥공단은 벤처기업 안정자금으로 750억을 추가 지원한다고 발표한 바 있다.

그러나 이러한 융자 사업보다 궁극적으로 간접적인 지원 즉 인프라를 보강하여 벤처기업을 위한 환경 구축에 힘써야 한다. 또한, 학교, 교육 프로그램 지원을 통해 인력의 활성화를 촉진시키고, 벤처 성장을 위한 시장 메커니즘을 조성해야 한다. 어떤 프로젝트가 가치를 더 많이 만들어 낼지는 정부보다 시장을 통해 더 잘 알 수 있기 때문이다. 정부가 판을 만들어 주면 평가는 시장이 하는 것이다.

벤처 기술이 특허 개발로 이어질 수 있는 국가차원의 지원

세계적 수준의 특허를 개발하였을 경우에는 정부가 관련 지원기관을 두어 국가적 차원에서 신속하게 보호해야 한다. 벤처기업의 직접적인 지원방법 중 가장 시급하면서도 가장 필요한 부분은 특허 관련이다. 사실 대기업들은 실제로 기술개발에 따른 특허를 전담하는 부서를 둘만큼 중요하게 여기고 있는 반면 벤처기업들은 특허 전담부서를 둘 형편이 여의치 못한 실정이다. 결국 특허와 관련된 부분에 소홀해질 수밖에 없다.

이러한 문제로 국제적으로 인정 받는 기술을 개발하였음에도 불구하고 특허를 받지 못하여 힘들게 개발한 우수한 기술을 억울하게 빼앗기는 사례가 많다. 따라서 정부가 특허 관련 문제를 직접 지원해 줄 수 있는 관련 기관을 설립하여 국제적으로 입증된 기술에 대해서는 적극적으로 보호해주는 정부차원의 정책이 수립되어야 할 것이다.

전문가

문제점 : "보상이 부족하고, 시장개방이 부족하다."

해결방안 : 현재 세계적 수준의 전문경영자, 기술자, 디자이너, 과학자 등 전문가들이 한국의 미래를 좌우할 수 있다. 최근 국내적으로는 전문가들에 대한 보상의 약화로 전문가들의 해외 이민이 빈번해지고 있고, 대외적으로 선진국에서 활약하고 있는 많은 전문가들이 영주권 및 시민권의 획득으로 인해 이민제도의 제약으로 국내 귀환을 꺼리고 있다. 외국 우수인력 유치를 위해 이중국적제 도입, 외국 국적자, 영주권자에 대한 제한을 철폐할 필요성이 있다.

또한 세계적 수준의 교육 및 연구 기관을 유치하기 위해서는 시장을 과감히 개방해야 한다. 이것은 물론 쉬운 일은 아니다. 특히 군복무 문제와 관련하여 우리나라 남성들에 관해 논란의 여지가 많이 있다. 얼마 전에 모가수의 군복무와 관련한 한국 국적 포기로 한국 입국을 금지당한 사건을 보더라도, 이 부분이 얼마나 민감한 것인지를 알 수 있다. 그러나, 전체적인 그림 속에서 무엇이 우리에게 더 이득이 되는가를 지혜롭게 따져봐야 할 것이다.

과감한 이민법 및 제도의 개선

첫째, 국가경쟁력은 결국 다양한 방면에서 세계적 수준의 전문가를 얼마나 확보했느냐에 달려있다. 국가경쟁력은 이제 더 이상 천연자원의 함수가 아니다. 천연자원이 많은 미국이나 중국, 그리고 천연자원이 부족한 싱가포르나 대만 할 것 없이 모두 글로벌 고급인력 확보 전략에 주력하고 있다. 이들 국가는 전문인력시장의 적극적인 개방을 통해 해외로부터 고급인적자원을 충원하고 있으며 이를 통해 국가경제발전에 적극 활용하고 있다. 우리도 이와 같이 하기 위해서는 고급인력에 대한 보수를 국제적 수준으로 올려 주고, 외국 국적자나 영주권자에 대한 제한 철폐 등을 통하여 우리나라를 세계적 수준의 전문가들이 오고 싶은 곳으로 만들어야 한다.

해외 교육 · 연구기관의 유치를 위해 과감한 교육시장 개방

장기적인 면에 있어서는 이러한 전문가를 우리가 키울 수 있어야 한다. 따라서 우리의 교육/연구기관이 세계적 수준이 되어야 하고 그러기 위해서는 우선 세계의 유수한 대학들이 우리 나라에 쉽게 들어 올 수 있도록 교육시장을 완전 개방해야 한다. 최근 서울대 박사과정 정원 미달사태가 3년 연속으로 발생하였는데, 그 근본적인 원인은 서울 대학의 질적 측면이 해외 선진국의 일류 대학에 비해 현저히 떨어지기 때문이다. 한국 대학이 국제적인 수준으로 높아지지 않는다면 앞으로도 이러한 국내대학 박사 미달 사건은 해결할 수 없을 것이다. 또한 전문가를 만들어 내는 우리 대학의 수준이 글로벌 스탠다드에 미달된다면 한국은 결코 선진국이 될 수 없을 것이다.

12장 요약

본문의 내용을 통해 국가경쟁력을 강화하기 위해서는 다음과 같은 일반적인 결론을 얻을 수 있다.

- 국가경쟁력을 단순히 1인당 GNP나, 무역수지, 또는 천연자원의 보유 등으로 이해할 것이 아니라 앞서 밝힌 바와 같은 8가지의 요소를 종합적으로 분석해야 한다. 왜냐하면, 국가경쟁력는 단순히 한두 개의 모호한 척도를 가지고 알 수가 없는 것이기 때문이다. 다시 말해서, 탄탄한 이론적 배경을 바탕으로 구성된 모델을 적용하여 국가경쟁력을 파악해야 한다는 것이다.
- 어떤 정책을 취하느냐에 따라 국가경쟁력은 크게 달라질 수 있다. 이는 포터의 본원적 전략(Generic strategy)를 바탕으로 저원가 전략과 차별화 전략으로 나누어진다. 저원가 전략은, 경쟁력의 원천 중에서 기초자원인 생산요소조건과 값싼 인건비의 근로자를 적극 활용하는 것에 중점을 둔 것이고, 차별화 전략은 저비용의 중저가 제품과 서비스에서 탈피하여 주력산업과 미래성장산업의 제품과 서비스를 고부가가치화하는 전략이다. 또, 전략적 시뮬레이션을 한다면, 한국의 경우 산업구조상으로 볼 때 시장기능과 전문가에 중점을 준 차별화 전략을 선택해야 한다.
- 많은 문제점은 대부분 국제화로 해결할 수 있다. 천연자원, 자본자원, 기술은 물론 시장도 국제화를 통해 해결할 수 있고 기업가나 전문가 유치도 철저한 개방정신으로 해결할 수 있다. 우리나라가 경제 각 분야에서 글로벌 스탠다드에 어울리는 물적자원과 인적자원을 확보한다면 세계에서 가장 사업하기 좋은 곳이 될 것이고 가장 경쟁력이 있는 국가가 될 것이다. 이렇게 되기 위해서는 철저한 국제화가 필수적이다.

주 NOTES

1 | Dunning, John H., *International Production and the Multinational Enterprise*(Landon : George Allen and Unwin, 1981), Chapter 2.

2 | P. J. Buckley and M. C. Casson, CH. 2, Mulitnational Enterprises in Less Developed Countries : Lultural and Economic Interactions, in P. J. Buckley and J. Clegg(Ed.), *Multinational Euterprises in Less Developed Countries*, London : MacMillan, pp.27~55, 1991.

3 | Porter, M. E. *The Competitve advantage of nation*, New York : Free Press, 1990.

4 | *Ibid.*

5 | Moon, H. Chang, Alan M. Rugman, and Alain Verbeke, A generalized double diamond approach to the international competitiveness of korea and Singapore. *International business Review*, 7:135~150, 1998.

6 | Cho, Dong Sung, A dynamic approach to international Competitiveness : The case of Korea, *Journal of Far Eastern Busness*, 1(1):17~36, 1994.

7 | *Ibid.*

8 | 국가군은 SPSS 통계분석 프로그램(version 10.0)으로 8-main factor의 index를 변수로 하여 군집분석을 하여 각국의 유사성과 비유사성의 정도를 측정하여 산출한 결과임. 총 68개국 중에서 특성이 있는 국가인 자원중심국(RBC)은 결과 산출후 별도로 분류하였음.

9 | 조동성, 국제경영, 경문사, 1997.

13 한국기업의 국제화

국제화된 기업에 대하여 통일된 견해가 없고 서구학자들이 주장하는 제조업 분야에서의 해외직접 투자여부를 일반적인 기준으로 채택하고 있다. 그러나, 이 책에서는 국제경영활동을 수행하는 기업을 국제기업으로 정의하고, 국제화 과정의 기존 이론을 간략히 살펴보고, 한국 기업의 국제화 과정을 국내지향기업에서 벗어나 해외지향기업, 현지지향기업, 그리고 세계지향기업으로 나누어 보고 각 시기별 경영상의 특징을 알아본다. 또한 국제화 과정의 유형 및 기업 형태를 간단하게 설명한다. 마지막으로 국제화 기업의 공헌 및 향후 전망을 알아본다.

학습목표

- 한국기업의 국제화 단계는 어떻게 나누어 볼 수 있는가?
- 한국기업의 국제화 과정의 특성은 어떠한가?
- 한국기업들이 국제화됨에 따라 우리경제에 미치는 영향과 그 공헌은 무엇인가?

휴맥스의 국제화 : 과거, 현재 그리고 미래[1]

디지털 위성방송 수신기(셋톱박스, Set Top Box) 개발업체인 (주)휴맥스(사장 변대규)는 2000년 국내 벤처기업으로는 처음으로 단일 품목인 셋톱박스로 수출 1억 달러를 돌파한데다 현재 유럽 유통시장에서 점유율 1위를 차지하는 등 소위 '잘 나가는' 코스닥 상장기업이다.

지난 89년 설립된 휴맥스는 국내보다는 해외에서 더 유명한 글로벌기업이다. 휴맥스의 유럽 시장 점유율은 약 60% 정도에 달한다(2000년 기준). 텃세 심하기로 소문난 유럽 시장에서 휴맥스라는 고유 브랜드가 확고하게 뿌리내렸다는 것을 보여주는 수치이다. 휴맥스는 2003년말 전체 직원이 350여 명에 불과한 중소기업이지만 매출규모와 성장 속도는 경이적이다. 2000년 매출액은 1,426억 원, 전년 대비 무려 163.6% 증가한 수치다. 영업이익과 경상이익도 324억 원과 435억 원으로 각각 500%와 246.9% 늘었다. 2003년 매출액은 약 3,637억 원, 경상이익 486억 원, 그리고 순이익은 375억 원으로 깊은 경제 침체기에도 탄탄한 실적을 보여주고 있다.

휴맥스는 모두가 '좋은 기업'으로 꼽는 요소를 두루 갖추고 있다. 제품의 전량을 해외에 내다파는 수출 주도형 업체일 뿐만 아니라 연구개발(R&D)비용이 매출액의 6%가 넘는 기술지향적 기업이다. 연구인력만도 전체 직원의 절반에 가까운 180여 명에 이른다. 96년 휴맥스가 셋톱박스의 핵심기능인 수신제한시스템(CAS)을 아시아에서 최초, 세계에서 세번째로 개발한 것도 R&D에 대한 아낌없는 투자 덕분이었다. 또한 세계 각지에 현지법인을 설립하고 철저한 시장분석과 틈새시장을 파고드는 마케팅 전략은 휴맥스를 셋톱박스 하나로 세계시장에 우뚝 설 수 있게 한 주요 동력이다. 휴맥스는 96년 유럽에 처음 진출할 때부터 최종 소비자가 직접 구매하는 일반 유통시장을 주요 타켓으로 삼았다. 당시 셋톱박스 유통 시장은 필립스 · 노키아 · 톰슨 등 거대 기업이 너무 규모가 작다는 이유로 눈길도 주지 않던 시장이었다. 하지만 97년 말부터 디지털 방송을 채택하는 나라가 늘어나면서 고국의 방송을 시청하려는 타국 거주 외국인들이 유통시장에서 휴맥스 제품을 대거 사가기 시작했다. 그동안 방송사 등에만 제품을 판매하던 대형업체들이 눈치도 채기 전에 틈새시장인 유통시장은 훌쩍 커버리면서 휴맥스는 확고한 기반을 다질 수 있었다. 그러나, 유럽시장에서의 힘든 경쟁 및 소송문제 등으로 휴맥스에도 실적 악화의 시련이 찾아왔다. 이에 휴맥스 변대규 대표는 2002년 말 사장 집무실을 7층 경영관리실에서 3층 기술연구소 한 귀퉁이로 옮겼다. 벤처 창업의 초심으로 돌아가 엔지니어와 지내는 시간을 더 늘리기 위해서다. 핵심 기술을 확보하는 데 모든 신경을 쏟겠다고 하루에도 몇 차례씩 스스로 다짐한다. 변대규 대표는 2003년 화두를 '디지털 가전회사로 변신한다' 로 정했다.

휴맥스가 앞으로 '글로벌 컴퍼니(Global Company)' 로 발돋움하기 위해서는 디지털 위성방송 수신용 셋톱박스에 안주해서는 안 된다고 판단한 것이다. 디지털 가전이란 TV · 가스레인지 · 냉장고 같은 가전제품에 디지털 기술을 적용한 제품을 밀한나. 디지털TV나 대형 LCD 디스플레이가 대표적인 제품이다.

휴맥스는 셋톱박스로 수신한 TV 프로그램을 DVD형태로 저장할 수 있는 제품도 준비중이며, 홈네트워킹 시장으로의 진출 또한 중장기 전략으로 모색하고 있다. 홈네트워킹이란 개별 디지털 가전을 유 · 무선으로 서로 연결하여 정보를 주고받거나 협업을 하도록 하는 것을 말한다. 예를 들어 TV에 디지털 신호를 받을 수 있는 장치를 달면 휴대전화기를 집안에서 TV 리모컨으로 사용할 수 있는 시스템이다.

셋톱박스의 신화를 이뤘던 휴맥스가 어떻게 다시 부활하여 글로벌 컴퍼니로서의 위상을 재정립할지 지켜보아야겠다.

http://www.humax.co.kr

토의과제

- 휴맥스가 유럽시장에서 성공할 수 있었던 원동력은 무엇인가?
- 휴맥스의 부진 이유 및 미래 사업전략수립의 가장 주요한 사항은 무엇인가?

국제화 과정이론

기업의 국제화 과정에 대한 연구는 학계에서 많이 다뤄지는 주제 중 하나이다. 이들 기존 연구에 따르면 기업들은 해외시장에 대한 경험을 쌓아가면서 지식을 축적하고 이를 바탕으로 해외 시장의 비중을 확대해가는 일련의 학습과정(learning process)을 통해서 점진적으로 국제화를 이행하는 것으로 알려지고 있다.[2] 기업들은 8장에서 논의되었던 다양한 FDI 이론들을 거치면서, 즉 기업들은 해외진출 초기에는 가장 기본적인 수출 방식을 통해 해외 시장에 진출을 시작하고, 그 후에는 라이센싱 계약 체결이나 해외판매 자회사 설립 등을 통해서 간접적으로 진출하여 해외 시장에 대한 지식과 경험을 축적하며 충분히 관련 지식과 경험이 쌓이면 해외생산 방식 또는 자회사 설립 등으로 해외 시장에 진출하는 일련의 순차적인 진입(sequential entry modes) 과정을 거친다는 것이다.

이와 같은 업살라 국제화 모델(The Uppsala International Model)은 Johanson & Wiedersheimj-Paul(1975)[3]과 Johanson & Vahlne(1977)[4]의 연구로 내표되는데, 이 모델은 비록 소수 스웨덴 기업의 사례 연구에 기초를 두고 모델을 수립했지만 이론적이고 실증적인 면에서 상당히 광범위한 지지를 받고 있다. 반면에, 이러한 업살라 국제화 모델과 다른 견해를 가지고 있는 학자들은 기업의 국제화는 반드시 수출방식에서 계약, 그리고 해외 직접 투자방식으로 점진적이고 순차적으로 반전해가는 것만이 아니라고 주장한다.[5] 즉 그들은 기업의 국제화 과정은 기업이 당면한 개별적인 특수하고 독특한 상황이나 기업의 글로벌 전략에 따라서 특정 단계를 생략하고 다음 단계를 수행하거나 또는 특정 단계에 계속 머무를 수 있다는 것이다.[6] 또 다른 UN에서 발간한 연구보고서 등에 따르면 이보다 더 급진적인 모델로서 업살라 모델에서 주장하고 있는 순차적 단계를 모두 생략하고 처음부터 해외생산 시설을 설립하여 해외에 진출하기도 한다고 주장한다.[7]

이상과 같이 국제화 관련 연구는 서로 다른 관점에서 꾸준하게 연구되어 가고 있으며, 특히 현대와 같이 기업의 외부환경이 급변하고 있는 시대에 점진적인 모델이나 급진적인 모델을 그대로 적용하는 것은 무리가 있다.[8] 따라서, 여러가지 국제화 모델들의 특성을 면밀히 검토하고 진출하고자 하는 시장의 성격과 기업의 역량을 심층적으로 분석하여 국제화 전략을 수립하는 것이 필요하다고 할 수 있다.

한국기업의 국제화 과정

기업의 국제화라는 개념은 단순한 수출활동에서 시작해서 복잡하고 방대한 세계적 경영활동에 이르기까지 실로 다양한 내용을 담고 있다. 따라서 기업이 어느 정도의 국제화를 이루고 있는가를 알기 전에는 그 기업의 국제 경영활동에 대한 논의를 할 수 없으며, 이러한 논리는 한국기업에도 그대로 적용된다. 그러므로 우리가 한국의 여건에 가장 적합한 국제경영 이론과 전략, 그리고 관리에 관한 전반적인 이해를 얻기 위해서는 한국기업의 국제화 과정을 단계적, 동태적으로 살펴볼 필요가 있다.

따라서 다음에서는 이와 같은 국제화 과정을 밟는 한국기업이 어떠한 번영기를 맞아 어떠한 기업활동을 해야 할 것인가, 그리고 번영기 이후에 시련기가 도래하는 이유는 무엇이며, 이러한 시련기를 극복하기 위해서는 어떠한 전략이 채택되어야 할 것인가에 대하여 구체적으로 살펴보자.

제1기 : 국내지향기업(국내기업)

하나의 기업이 창설될 때는 일반적으로 가까이 있고 정보수집이 용이한 국내시장을 목표로 하여 생산 및 판매활동이 이루어지게 된다. 물론 오퍼상처럼 처음부터 해외시장을 상대로하여 영업활동을 하는 사업체도 있을 수 있겠으나, 대부분의 제조판매업에 있어서 초기에는 국내시장을 목표로 하는 것이 일반적이라고 할 수 있을 것이다. 이러한 기업으로서는 생산시설의 가동률을 극대화하여 국내 시장점유율을 증대시킴으로써 수익을 극대화하는 것이 정책적 목표가 된다. 따라서 기업의 조직 역시 단일제품의 경우에는 생산, 판매 등의 기능별 분화, 복수제품의 경우에는 각 제품성격의 상이성에 따라 기능별 분화 또는 제품별 분화가 채택된다. 자금조달면에서는 국내자본이 조달원천이 된다. 특히, 자금의 원천이 그 용도로부터 독립되지 못하고 특정한 사업프로젝트에 대한 정부의 제도적 지원 또는 기타 외생적 요인에 의하여 결정되는 한국적 여건에서는 재무관리부서의 역할이 경리 및 회계부서에 종속되는 현상을 보이게 된다. 따라서 양부서 간에는 사전적인 계획으로서의 재무화 사후적인 통제로서의 회계라는 독립된 기능 간의 상호견제라는 논리적 관계가 이루어지지 못하고, 재무부서가 존재하지 않거나 또는 회계부서 내에 어음교환 및 부도방지를 담당하는 실무자가 소속되어 있는 조직형태를 취하게 된다.

일반적으로 중소기업이 대기업보다 훨씬 국내지향적인 기업형태를 취하게 된다. 이는 대기업에 비해서 중소기업의 자본, 경영 등의 능력이 열세이기 때문에 이들로서는 불확실성과 불편불리성이 높은 외국시장보다 국내시장에의 참여가 상대적으로 용이한 까닭이다. 더구나 미국과 같이 국내시장의 규모가 큰 기업여건하에서 절대 다수의 기업이 외국진출에 관심을 보이지 않고 있는 현상은 당연한 일이다. 그러나, 국내시장이 협소한 우리 나라나 서유럽 국가, 특히 스위스, 벨기에, 네덜란드와 같은 나라에서 기업이 국경선을 뛰어넘지 않은 채로 성장을 도모한다는 것은 무리가 아닐 수 없다.

제2기 : 해외지향기업(수출기업)

과거 국내시장의 점유율 극대화를 1차적 목표로 삼던 한국 기업에 1960년대 이후의 경제발전과 더불어 시련기가 도래한다. 미국과 일본의 거대 시장 수요에 필요한 개발된 선진 기술과 이에 따른 대단위 생산설비를 도입한 기업체에서는 경쟁의 심화와 더불어 야기된 조업도의 감소를 국내시장만으로 해소할 수 없게 된 것이다. 물론 이러한 경쟁체제에서도 각 기업 간에 일정한 평형이 이루어진 후, 모든 경쟁참가자가 시장성장률과 같은 속도로 기업의 성장률을 유지하는 데 만족한다면 시장규모의 한계가 큰 문제가 되지 않겠으나, 연간 매출액 성장률이 50%, 100%를 상회하는 기업체들이 우후죽순처럼 나타나고 있던 한국적 기업여건하에서는 성장의 유일한 길로서 해외시장에 눈을 돌리지 않을 수 없게 된 것이다. 따라서 국내시장 확대의 한계라는 계기를 맞아 많은 기업은 수출에 의한 해외시장 개척과 그 결과로서 조업도의 제고 및 생산규모의 경제단위화 달성을 통한 수익의 증대를 목표로 삼게 된 것이다.

이러한 제2기의 기업에서는 수출활동을 지원하기 위하여 기존의 시능별 또는 제품별 조직의 하부구조 중 하나인 마케팅 부서가 국내부와 수출부로 2분되고 수출부의 주도 아래 수출활동이 이루어지게 된다. 그리고, 중요한 수출시장에는 지사 또는 현지법인이 설치되고, 국내경영자 중 해외에 견식이 있는 인물이 파견된 요원은 대부분의 경우, 현지의 도매상 또는 중개상을 접촉하게 되며, 그 이상의 적극적인 시장침투 마케팅 활동은 현지인에게 의뢰하게 된다. 재무면에서는 정부의 수출금융 및 기타 지원조치를 효과적으로 활용하기 위한 전담부서를 종래의 회계부서로부터 독립시켜 최고경영자 직속기구로 편성하게 된다.

이러한 제2기 기업의 특징은 해외시장에서의 경쟁력을 유지할 수 있는 생산요소가 국내에 있다는 점을 들 수 있었으나, 예컨대, 과거의 섬유 또는 신발 등의 경공업제품과 같이 저임금과 고생산성을 겸비한 국내 노동력이 외국에 비하여 상대적으로 유리한 조건으로 존재했을 때는 제2기 기업의 국제경쟁력이 유지될 수 있었으나, 오늘날에는 중국의 급부상으로 인해 전통적 산업의 제2기 기업은 많은 고전을 겪고 있으므로 생산시설을 중국이, 값싼 노동력을 제공받을 수 있는 동남아시아 지역으로 이전을 실행하여 현지지향기업으로의 준비를 시작하게 됐다.

제3기 : 현지지향기업(다국적기업)

정부의 수출드라이브 정책에 편승하여 급속도로 성장한 수많은 한국 내의 제2기 수출지향기업은 1973년 석유위기에 충격을 받은 세계 시장수요의 상대적 감퇴와 선진국의 자국 노동자 보호를 위한 보호무역형의 수입규제라는 외적여건에 의하여 두 번째 시련에 봉착하게 되었다. 이에 따라 기업체들은 그 동안 높은 성장률 달성을 가능케 했던 한정된 품목으로 소수 주력시장에 진출하는 수출전략에서 탈피하여 품목의 다양화 및 수출시장의 다변화와 같은 영역확대 정책을 통하여 수출성장률을 지속시키는 전략을 채택하게 되었다. 그러나 이러한 다각화전략에는 한계가 있기 마련이다. 특히, 세계시장의 1/3 이상을 차지하는 미국시장에서 한국기업이 그런대로 수출경쟁력을 가지고 있는 섬유, 신발, 컬러TV 등의 수입규제품목에 대신할 만한 시장과 품목을 손쉽게 찾을 수 없는 것이 현실이었다. 따라서 선진국으로부터의 수입규제라는 어려움에 처하게 된 TV제조, 섬유, 신발 등의 업계에서는 현지투자에 의한 수출시장 내부에서의 생산활동 또는 생산원가가 유리한 제3국에서의 생산에 의한 선진제국 시장 침투와 전략을 채택하게 되었다.

이러한 해외투자전략은 기업경영자의 주관과 사고영역을 국내에서 해외로 끌어난다는 점에서 근본적인 개혁을 요구한다. 즉, 해외투자를 실시하는 기업체는 기업의 재산가치를 판단하는 근거에 있어서 한국이라는 테두리를 떠나게 되었다. 왜냐하면 해외투자에 의해서 형성된 재산은 일단 현지국 주권의 지배를 받게 되며, 이에 따라 경영자도 마음대로 본국으로 환수하거나 처분을 할 수 없게 되기 때문이다. 따라서 기업재산의 해외투자라는 행위는 한국이라는 국가를 경제주체의 단위로 하여 판단할 때에는 반드시 국부의 증가를 도모하는 것이 아니라는 해석도 가능하다. 여하튼, 해외투자라는 행위는 기업 또는 경영자의 안목이 한국이라는 관념을 벗어날 때 비로소 가능한 것이다.

이러한 활동을 뒷받침하기 위하여 제3기 기업에서는 제2기의 마케팅 부서의 하부기관으로 있던 수출부를 외국부서로 독립시키고, 그 밑에 해외생산 및 해외마케팅을 담당하는 하부기관을 구성하게 된다. 인사면에서도 과거의 수출활동을 위한 본국 경영자의 현지파견뿐만 아니라 현지의 생산 및 마케팅을 담당하기 위해서는 현지노동자의 성향 및 소비패턴을 피부로 느낄 수 있는 현지인의 활용이라는 새로운 제도가 도입된다. 재무면에서는 해외자본을 적극 활용하기 위한 국제금융업무가 주요 과제로 등장하게 된다. 특히, 미국, 유럽과 같은 선진국에 대한 투자자금은 상당부분 현지금융시장에서 조달이 가능하고 그 조건도 유리한 경우가 많기 때문에 해외투자활동을 위한 자금조달에 대해서는 국제금융시장의 활용이 기본전제가 된다.

제4기 : 세계지향기업(세계기업)

과연 제3기 형태의 기업이 성장을 계속하게 되면 어떠한 애로가 그 한계점으로 등장할 것인가. 이러한 미래의 여건에 대하여 명확한 답변을 제공하기는 어려운 일이다. 그러나 선진제국의 국제적인 기업이 나아가는 길을 살펴보건대, 한국기업도 제2기, 3기를 통해 국제경쟁력이 강화되면 선진국의 국제기업이 걷고 있는 길을 지향하리라고 보아도 좋을 것이다. 따라서, 전세계시장의 체계가 더욱 공고히 확립되고, 관세장벽 등의 국경선이 사라지면, 세계적 수송망의 발달로 운송비의 비중이 낮아질 때, 그리고 세계도처에서 경쟁기업의 도전이 격심하게 나타날 때, 제4기의 기업형태로서는 세계에서 가장 저렴한 원가구조를 갖는 국가에서 생산된 제품을 전세계 시장에서 흡수하는 이른바 다변화된 생산, 판매 체제를 갖춘 세계지향기업이 등장한다고 할 수 있다.

이러한 제4기 기업조직으로서는 기존의 기능별 또는 제품별 조직보다는 지역별 분화에 의한 라인조직, 그리고 각 지역별 조직의 하부기관으로서 생산 및 판매

표 13-1
한국기업 국제화의 각 단계별 특징

	제 1 기	제 2 기	제 3 기	제 4 기
기업형태	국내지향기업	해외지향기업 (수출기업)	현지지향기업 (다국적기업)	세계지향기업 (세계기업)
전　략	국내시장 점유율 증대	해외시장 개척에 의한 국내생산규모의 경제 단위화	현지생산에 의한 수입통제 국가의 시장확보	다각적 생산판매의 네트워크를 통한 경영의 적정화
조　직	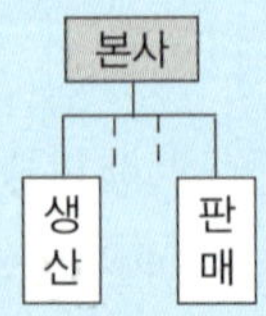	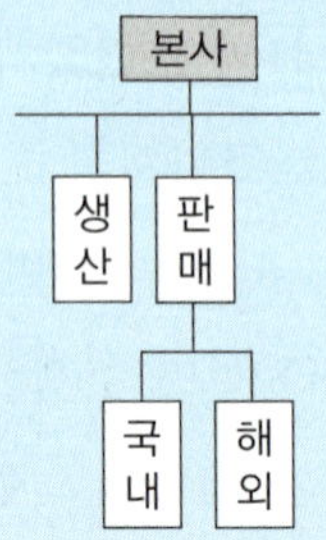	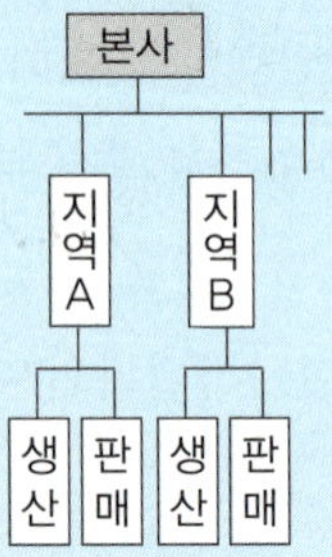	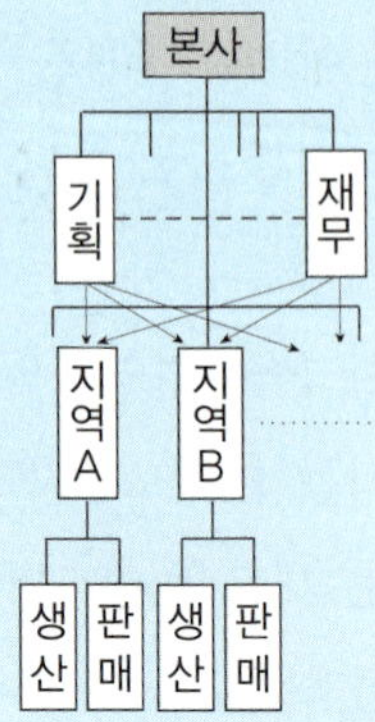
인　사		본국 경영자의 해외파견	현지 경영자의 활용	제3국 경영자의 등장
재　무	자본의 국내조달	자본의 국내조달 또는 정부지원	해외 자본시장의 활용	금융회사의 독립
예(국내)	대부분의 중소기업과 하청기업	종합무역상사, 일반무역회사 및 직접수출을 하는 소수 제조회사	해외 생산시설 투자, 해외자원 개발, 투자 등을 시도하는 소수 기업	
예(국외)	미국 대부분의 기업	일본의 종합무역상사, 서구의 Trading House	도요타, 소니, 다우케미컬 등	네슬레, 로얄더취쉘, 유니레버, 포드 등

를 중앙에서 유기적, 효율적으로 통제, 조정할 수 있는 기획실과 같은 스태프 조직의 이중적 구조가 등장할 것으로 예측된다. 물론 이러한 단계에 와서는 인사면에서도 국적을 떠난 능력을 기준으로 한 제3국 경영자의 등장이 필연적이다.

재무면에서도 다각적인 현지투자를 뒷받침하고 복잡다단한 지역적 조직에서 파생되는 위험성을 통합적으로 제어할 수 있는 금융회사 기존조직 내의 재무부서로부터 독립할 것이다. 이러한 대표적인 예로서는 미국의 GM Overseas Corporation, GE Credit Corporation, IBM Financing Corporation 등을 꼽을 수 있다.

국제화 과정의 유형화

위에서 기업성장에 따른 국제화 과정을 국내지향기업(국내기업), 해외지향기업(수출기업), 현지지향기업(다국적기업) 및 세계지향기업(세계기업)의 네 단계로 나누어 보았다. 동시에 한국기업이 국제화 과정에서 부닺히게 되는 여러 문제점을 지적하고, 동시에 한국기업이 국제화 과정에서 부딪히게 되는 여러 문제점을 지적하고, 이에 대응하기 위한 기업정책, 생산, 판매, 조직, 인사 및 재무 면에서의 전략을 각 단계별로 언급하였다. 위에서 설명한 사항들을 정리하면 〈표 13－1〉과 같다.

이제 한국기업의 국제화 과정을 좀더 일반적인 모델로 유형화해 보자.

[그림 13－1]은 횡축에 표시된 기업역사의 흐름에 따라 종축에 표시된 국제화의 정도가 일반적으로 확대되는 과정을 우상향의 선으로서 나타내고 있다. 단, 이 선 위에 나타나 있는 직선과 지그재그선의 반복은 기업도 국제화를 통하여 순탄한 성장의 길만을 걷는 것이 아니라 모든 자연 및 사회소식이 그러한 것처럼 번영기와 시련기, 또는 진보(evolution)와 혁명(revolution)의 반복을 통하여 성장한다는 것을 보여주고 있다. 또한 시련기에서 환경변화에 대한 적응을 성공적으로 수행하는 기업만이 그 다음에 오는 번영기를 맞아 새로운 단계의 국제화를 통하여 성장을 계속하고, 적응에 실패한 기업은 퇴보 및 몰락한다는 적자생존(適者生存)의 법칙이 점선(---)을 통해 나타나 있다.

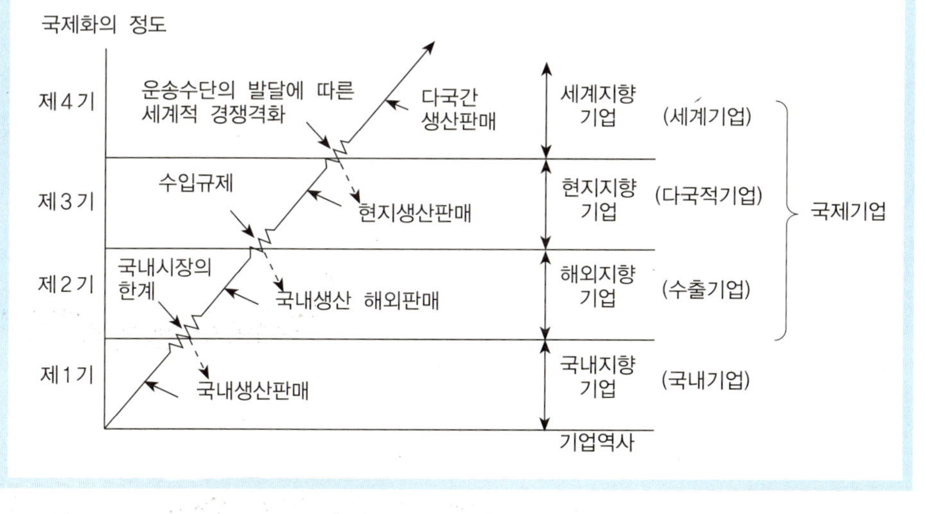

그림 13-1
한국기업의 국제화과정

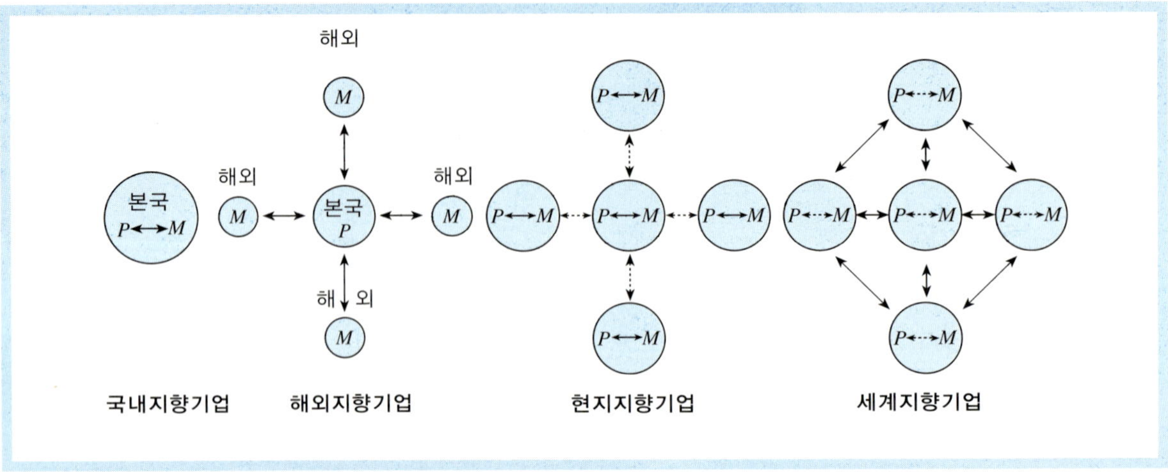

그림 13-2
네 가지 기업형태의 비교

* P : 생산, M : 마케팅

[그림 13 - 1]에서는 한국의 기업들이 제2기의 국내지향기업에서 출발하여 해외지향, 현지지향 그리고 세계지향기업에 이르기까지 단계적인 발전을 추구하는 모습을 보여주고 있다. 여기에서 제1기의 기업형태를 '국내기업' 이라고 한다면, 제2기부터 제4기에 이르는 단계의 기업형태는 모두 '국제기업' 에 포함시켜도 좋을 것이다. 이 중에서 제2기의 해외지향기업은 수출활동을 가장 주된 업무로 삼게 된다는 점에서 '수출기업', 제3기의 현지지향기업은 여러 국가에 본격적인 거점을 마련하고 생산, 마케팅 등의 경영활동을 수행한다는 점에서 '다국적기업', 그리고 제4기의 세계지향기업은 세계를 무대로 한 경영활동을 본격적으로 벌인다는 점에서 '세계기업' 이라고 호칭해도 좋을 것이다.

이상의 네가지 기업형태에서 본국과 해외현지 또는 세계와의 관계를 [그림 13 - 2]와 같이 표현하여 각 형태의 차이점을 나타낼 수 있다. 그러나, 한국의 모든 기업이 [그림 13 - 1]과 같이 우상향의 선을 따라 국제화의 과정을 밟는 것은 아니고, 경우에 따라서는 국내시장에 대한 판매활동 없이 곧바로 해외지향형의 기업형태를 취하거나, 또는 과정 중의 한 단계를 뛰어 넘을 수도 있을 것이다.

국제화 기업의 공헌 및 향후 전망

이번 절에서는 국제경영의 주체인 국제화 기업이 진출대상국에 대하여 어떠한 공헌을 하고, 또 어떠한 문제점을 일으키고 있는가를 살펴보고 국제기업이 나아가야 할 방향과 이러한 국제기업을 받아들이는 국가 입장에서 취해야 할 태도를 생각해 보기로 한다.

국제기업의 공헌

생활 및 기술수준의 향상

국제기업의 경영자원 배분과정은 투자대상국의 입장에서 신제품 및 신기술의 도입이라는 측면으로 받아들여질 수 있다. 유럽의 전기, 기계, 자동차, 석유화학, 전자부품, 가공식품 등과 같은 산업은 미국으로부터 진출한 기업이 개척자적인 역할을 하였고, 이 덕분에 선진기술을 습득한 유럽 및 일본이 국제시장에서 미국의 지위를 위협하게 되었다. 이와 같은 미국의 신기술 및 신제품의 침투는 유럽의 기술혁신을 불러일으키고(타지역에서도 연쇄적인 반응을 보였다) 다채로운 생활수준의 향상과 함께 획기적인 생산량의 증대를 가져오게 하였다.

신기술은 생산기술에만 국한된 것이 아니다. 제반 경영기술, 마케팅, 인사, 재무, 생산관리, 회계에 있어서 전후 비약적으로 발달된 기술을 익힌 국제기업군의 진출은 투자대상국 기업들을 자극하여 자신을 반성하고 체질을 개혁하여 경쟁력을 강화하도록 하였다.

그러나, 버논(R.Vernon)은 국제기업의 기술혁신 능력에 관한 실증적 연구에서 이와는 상반되는 결론을 제시하고 있다. 즉, 1945년 이후 미국에 도입된 703개의 기술혁신 중에서 국제기업에 의해 도입된 기술혁신은 겨우 133개에 불과했으며, 같은 기간 중 유럽과 일본에 도입된 492개의 기술혁신 가운데 국제기업에 의해 도입된 것은 겨우 107개에 불과하다는 것이다.

그러나 대규모의 자본과 개발비가 소요되는 사업, 즉 리드타임(lead time : 제품계획에서 완성까지의 시간)이 아주 길고 규모도 매우 큰 섬유, 금속, 자동차, 컴퓨터, 항공기 등의 사업분야에서의 신기술 이용보급과 자체개발 및 외부에서 개발되었으나 실용화되지 못한 신제품 및 기술의 전세계적 보급에 따른 생활 및 기술 수준의 향상은 상당부분이 국제기업에 의해 이루어진 것이라고 말할 수 있겠다.

범세계적인 자원의 최적배분

국제기업은 기술, 인력, 자본 등의 제반경영자원 국경을 넘어서 자유롭게 이동시켜 효과적으로 결합하고, 각각의 자원으로 하여금 최대의 한계생산성을 발휘하게 함으로써 세계경제의 후생총량을 증대시킨다. 이것은 자본자유화에 따른 개방경제체제의 이점을 그 주역인 국제기업이 활용하게 됨으로써 가능해졌다.

산업혁명에서 비롯되어 20세기 들어서면서 비약적으로 발달된 기술은 국가 간, 지역 간의 질적, 양적인 불균형을 야기시켰다. 물론 상품의 국제이동이 계속되어 이러한 무역활동에 따라 불균형이 평준화되는 데 기여하였으나 생산력에 있어서의 잠재적인 불균형을 해소하는 데는 간접적인 효과밖에 주지 못하였다.

따라서 아직도 아시아, 아프리카, 중남미지역에는 많은 생산자원, 노동력이 방치되어 있으며 이와 반대로 선진국에는 다종, 다량의 유휴기술이나 자본이 그 이용기회를 기다리고 있다. 국제기업은 이와 같이 상호 간에 보완적인 자원을 결합시켜 생산량을 늘리는 한편 보다 높은 수익을 얻게 해준다. 아울러 국제기업은 국제적인 활동을 통해서 경제, 사외 발전에 지도적 역할을 담당할 수 있는 현지의 지도자를 영업활동의 과정을 통해 배출함으로써 상대국의 사회발전에 크게 기여할 수도 있다.

기존 독점체제 지양

신제품, 신기술이 도입되면 경쟁이 자극된다. 유럽의 경우 각종 제품, 산업별로 경쟁제한적인 경향으로 카르텔이 발달하여 격심한 기업 간 경쟁은 거의 없는 실정이다. 또한 개발도상국에 있어서는 민족기업이든 선발 국제기업이든 간에 산업 일부 또는 전체에서 독점적인 분야가 많이 존재한다. 이러한 경우 기존 독점체제를 경쟁체제로 바뀌에 하는 국제기업들의 침투는 실로 막대한 이득을 투자대상국과 그 소비자에게 주게 되는 것이다.

국제협력에의 공헌

국제간의 이해증진과 협력의 강화에도 국제기업의 공헌은 크다. NATO 및 일본은 자국의 정치적, 군사적 유대관계를 강화하기 위하여 미국의 직접투자를 일종의 담보로 자국 내에 가능한 한 많이 유치하려고 하며, 이는 우리나라도 마찬가지이다. 아울러 국제기업을 통한 인적교류는 무역의 경우보다 더 강한 의존 및 유대감을 성립시켜 상호문화교류를 통한 친선교류를 증대시키는데, 가장 극적인 경우로 미국 펩시콜라의 구소련 진출을 들 수 있을 것이다.

국제기업에 대한 비판

국제기업은 그 공적에 대한 칭찬과 함께 여러 가지 시각에서 비판받고 있다. 이것은 국제기업과 민족기업, 본국과 투자대상국 간의 이익이 상반되는 데 기인한 것으로서 이러한 비판은 다음과 같이 세 가지의 유형으로 분류된다.

현지국 이익과의 상충

현지국 이익과의 상충은 첫째, 현지국 정부와 다국적기업의 상이한 정책 목표와 둘째, 다국적기업이 현지국 정부의 의사결정에 미치는 제약이라는 두가지 차원에서 야기된다.

우선 현지국 정부는 사회 및 국가의 안전이라는 목표를 달성하려고 하는 것에 반하여 다국적기업은 투자대상국의 사회 및 국가의 안전에 대하여 그다지 커다란 비중을 두지 않는다. 또한 의사결정 관점에 있어서도 현지국 정부는 국가이익의 최대화를 달성하려고 개별국가의 입장에서 목표를 인식하나, 다국적기업은 전체적으로 다국적기업 시스템 이익의 최대화를 달성하기 위하여 세계적인 입장에서 목표를 인식하고 있다.

그러나, 현지국 이익과의 상충에서 이러한 목표의 차이보다도 더 문제시되는 것은 현지국 정부의 정책에 작용하는 다국적기업의 영향력이다. 다국적기업의 영향력은 그들이 소유하고 있는 자본과 기술, 경영능력의 희소성, 그리고 이러한 자원을 전세계적으로 활용할 수 있는 능력에 기반을 두기 때문에 다국적기업은 경제적인 관점에서 투자대상국에 비하여 보다 우월한 위치에 있다고 볼 수 있다. 그러나 이러한 우위성이 현지국 이익과의 상충을 야기시키고 있는데, 다국적기업에 의한 개별국가 정책결정에 대한 제약이 바로 그것이다.

다국적기업은 조세회피를 목적으로 내부이전가격을 조작할 수 있으며, 수입관세의 최소화, 자본유출에 대한 외환통제, 기타 현지국 국가이익에 어긋나는 여러 정책을 조작할 수 있다. 또한 다국적기업 시스템의 이익을 위하여 A국의 생산시설을 B국으로 이전시킬 수도 있다. 또 R&D 활동을 본국에서만 수행하고 해외자회사에서는 단순히 제조, 조립만 하도록 할 수도 있다.

여기에서 문제가 되는 것은 다국적기업이 실제로 그러한 정책을 수행하는지의 여부가 아니라, 그러한 정책을 수행할 수 있는 다국적기업의 능력인 것이다. 어떠한 정부도 다른 나라에 위치하고 있는 의사결정센터에 의하여 자국의 경제가 통제되는 것을 바라지는 않기 때문이다.

치외법권의 문제

현지국 정부는 다국적기업이 본국의 정책을 따르려고 고집할 경우 다국적기업을 국가주권에 대한 중대한 위협으로 간주하는 수도 있다. 미국에 본사를 두고 있는 다국적기업은 미국 정부가 행사하는 강력한 대외적 영향력으로 말미암아 더더욱 그러한 의심을 받기 쉽다. 미국 정부는 본사뿐만 아니라 전세계적으로 펼쳐져 있는 다국적기업 시스템 전체에 대하여 지배권을 행사하기 때문이다. 더구나 미국 정부는 독과점 금지법과 동서무역, 해외투자와 관련되는 여러 정책을 수행함에 있어서 미국계 다국적기업의 해외활동에 대하여 많은 제약을 가하여 온 것이 사실이다.

상대국 이익과의 상충이라는 문제는 다국적기업이 지나치게 독립적이라고 인식하는 데서 비롯되지만, 치외법권의 문제는 다국적기업이 지나치게 본국에 의존하고 있다고 인식하는 데서 발생된다. 수차례에 걸쳐서 미국정부는 미국계 해외자회사로 하여금 연지국 정부의 이익에 어긋나는 행동을 취하도록 하였다. 1964년 IBM 프랑스 자회사의 프랑스 정부에 대한 컴퓨터 판매금지라든지 1968년 쿠바에 농업기기를 수출하고자 하는 미국계 벨기에 자회사에 대해 라이센싱을 금지한 것은 그 좋은 예가 된다.

두 주권국가 사이에서 다국적기업은 매우 곤란한 입장에 처하게 될 경우가 많다. 이러한 경우를 회피하기 위하여 미국의 본사는 그들의 해외자회사로 하여금 본사와 미국정부와의 충돌을 야기시키는 행동을 명백하게 금지하고 있다.

현지국 입장에서 다국적기업의 자회사가 자국의 정책을 따르지 않고 본국의 정책을 따르는 것은 그들 국가주권의 직접적인 침해가 되고 있으므로, 만약 어느 정부가 그들의 주권영역 밖으로 법이나 정책을 확장시킬 목적으로 다국적기업의 본사를 이용한다면 다국적기업의 생존이 위협을 받게 될 것이다. 현지국 정부는 또한 다국적기업과 의견대립이 생길 때 다국적기업이 그들의 본국으로 하여금 그들 편을 들어 달라고 요청하는 경우를 우려하고 있다. 라틴아메리카의 국가들은 이러한 문제에 민감한 반응을 보여서, 분쟁이 생겼을 때 다국적기업이 본국으로부터 어떠한 지시도 받지 못하도록 한다는 칼보 독트린(Calvo doctrine)을 지지하고 있다.

ITT가 칠레에서 강제수용의 위기에 직면하여 미국 정부에게 칠레에 대한 경제적 압력을 요청했을 때, 전 라틴 아메리카 국가들은 미국의 다국적기업이 개별국가의 경제적 독립성을 위협하고 있다고 비난하였다. 미국 정부가 ITT의 요청을 받아들이지 않았고 ITT는 칠레정부의 ITT 칠레 자회사의 강제수용에 대하여 속수무책이었음에도 불구하고 라틴아메리카의 반미(反美) 감정은 수그러들 줄 몰랐던 예가 있다.

민족주의문제

해외직접투자에 만큼 민족주의 문제가 심각하게 대두되는 경우도 없을 것이다. 경제적 민족주의자는 폐쇄경제(closed economy)를 주장한다. 즉, 그들은 다국적기업을 상호의존적인 세계경제로의 선동을 조장하는 적으로 간주한다. 개별정부가 그들의 국가적 영역 내부에 있는 모든 기업에 대하여 절대적인 주권을 행사할 수 있음을 그들은 명확한 사실로 받아들이고 있다. 그리하여 그들은 자국의 경제, 사회, 문화에 영향력을 행사하는 국내기업의 외국인 소유를 반대한다.

실제로 어느 나라에나 민족주의라는 것이 존재하기는 하지만 오늘날 가장 강력한 경제적 민족주의 운동은 개발도상국에서 찾아볼 수 있다. 개발도상국의 민족주의자들은 해외직접투자를 '신식민주의' 또는 '경제적 제국주의' 라고 부르면서 선진국에 대한 경제적, 정치적 종속을 영속화하려는 목적을 갖는다고 비난한다. 이러한 주장을 이용하여 몇몇 개발도상국에서는 민족주의를 국가에 대한 충성심을 공고히 하는 수단으로 사용하기도 한다. 또, 경제예측이 빗나가 실패로 끝났을 경우에 다국적기업의 탓으로 돌림으로써 다국적기업을 실패에 대한 속죄양으로 이용하기도 한다.

개발도상국의 민족주의는 특히 추출산업(extractive industry)에 대한 외국인의 직접투자에 심각한 타격을 주었다. 천연자원은 국민들 모두에게 전해져 내려오는 국민적 유산으로 생각되기 때문이다. 민족주의자들은 외국인 직접 투자로 인한 경제적 손실보다는 외국인에 의한 소유라는 사실에 대하여 반감을 갖는다. 이러한 자원 민족주의자는 외국인의 직접투자가 자국의 경제에 얼마만큼 이익을 가져다 주는가에는 관계없이 외국인의 소유권 그 차체의 정당성을 부정한다.

현지국의 양면적 감정

외국인 직접투자의 결과로 경제적 수익과 정치적 비용이 함께 발생한다는 사실은 현지국 정부의 다국적기업에 대한 태도나 정책을 애매하게 만드는 수가 있다. 즉, 다국적기업에 대하여 끌어들이고자 하는 감정과 배척하는 감정이 동시에 존재하여 긴장이 야기되는 것이다. 그러나 현지국 정부의 입장에서는 경제적 수익과 정치적 비용을 정확하게 측정할 수 없기 때문에 그러한 긴장감을 해소시킬 방법 또한 없는 것이다.

과연 다국적기업의 자회사를 강제수용한다고 해서 얼마만큼의 민족적 긍지를 느낄 수 있을 것이며 어느 정도의 가치가 있는 것인가? 한 가지 분명한 사실은 현지국 정부가 다국적기업에 대한 정책을 수립할 때, 외국인 직접투자에 의한 경제적 수익과 비용을 보다 면밀히 평가하고 있으면, 이러한 평가는 외국인 투자자와 현지국 모두에게 해로운 결과를 야기시키는 변칙적인 정치의 변화를 줄일 것이라는 점이다. 그러나 객관적인 경제적 수익, 비용 분석이 현지국의 애증공존의 양면적인 감정이나 긴장을 완전히 제거시켜 주지는 못한다. 이러한 감정은 보다 밀접하게 상호 의존적이 되고 있는 세계경제에서 개별국가가 자국의 주권을 강하게 유지하고자 하는 한 계속될 것이다.

국제기업에 대한 향후 전망

국제기업의 자세

국제기업의 부정적인 역할은 그에 대한 국가 간, 경제불록 간의 규제와 감독이 효과적으로 이루어지지 못하였으며, 국제기업이 초국가적인 기업윤리가 확립되지 못했던 결과로 판단되어, 이를 시정하기 위한 노력이 UN과 OECD에서 범국가적 차원에서 시도되었다.

UN에서는 초국적기업(超國籍企業)에 대한 정부간위원회(Inter-governmental Commission on Transnational Corporation)를 설치, 국제기업의 역할을 검토하고 있고, OECD는 1976년 6월 '국제투자 및 국제기업의 선언, 행동규약' 및 그 부속문서인 '국제기업 가이드 라인'을 채택하여 적극적인 대책으로서 제시하였다. 여기서는 국제기업의 세계경제발전에 대한 공헌도에 대한 긍정적인 평가와 아울러 장래에 있어 국제기업의 필요성을 강조하고, 이에 따라 OECD국 정부에게 국제기업에 대한 부성적인 차별대우를 배제하도록 요망하고, 한편 국제기업에 대한 지나친 우대조치 및 국내산업 보호를 위한 부당한 투자 제재 등은 바람직하지 못한 것이라고 지적하였다.

이러한 문제의 발생시 이를 조정하기 위한 가맹국 간의 회합 개최 또는 OECD 전체에 적용할 공식적 기준설정이 필요하다고 하였으며, 또 국제기업에 대해서는 타국에 진출시 현지국의 경제, 사회 정책을 충분히 고려할 것과 현지사회 및 기존 기업의 이익을 존중할 것을 요구하고 있다. 물론, OECD의 선언은 법적 구속력은 없고, 외적 책임만을 강조하기 때문에 실효성은 약하지만, 선언 그 자체만으로도 큰 의의를 가지고 있다고 볼 수 있다.

국제기업에 대한 대책

국제기업에 대한 대책은 각국의 입장에 따라 다르다. 선진국에서는 그것을 긍정적으로 받아들여 자국의 기업들로 하여금 국제기업에 대응할 수 있는 경쟁력을 강화할 수 있도록 돕는 한편, 정책적으로 국제기업을 수용하면서 이익을 최대한 뽑아내려는 태도이고, 개발도상국은 그 진출을 억제하면서 부득이 진출을 허용한

쉬어갑시다

삼성 '애니콜' 지구촌서 2억대 팔았다[9]

IT 브랜드로 국내최초… 내년 상반기 3억대 돌파 기대

삼성전자 휴대폰 '애니콜'이 국내 정보기술(IT) 브랜드로는 처음으로 국내외에서 2억 대 판매 기록을 돌파하는 신기원을 달성했다. 삼성전자는 최근 내수를 포함해 전 세계 애니콜 휴대폰의 누적 판매량을 집계한 결과, 이달 들어 2억 대 판매를 돌파한 것으로 나타났다고 6월 21일 밝혔다.

이는 지난 1988년 흑백 아날로그폰(SH-100)을 앞세워 국내 업체로는 최초로 휴대폰 사업에 뛰어든 지 16년 만이고, 97년 '세계화 원년'을 선언하며 첫 수출에 나선 지 채 7년도 되지 않아 만들어낸 성과다. 휴대폰 2억대를 쌓으면 에베레스트산보다 452배가 높고, 지구 둘레를 반바퀴나 돌 수 있다. 삼성은 시장 진출 14년 만인 지난 2002년 상반기에 1억 대 판매 기록을 돌파한 후 지난해 5600만 대를 국내외에서 판매하는 등 세계 휴대폰시장에서 유래를 찾아보기 힘든 초고속 성장을 거듭하고 있다.

삼성은 특히 듀얼폴더, 주문형비디오(VOD)폰, TV폰, 만능 리모컨폰에 이르기까지 시장 선도적인 제품을 앞세워 지난 2002년부터 노키아, 모토롤라와 함께 세계 휴대폰 3강 체제를 구축했다. 매출액에서는 지난해에 이미 2위 업체인 모토롤라를 따라 잡았고, 올 1분기에는 분기 사상 최대인 2100만 대 판매 실적을 올려 올 목표 6500만 대 달성도 무난할 전망이다.

이 같은 추세라면 내년 상반기 내 누적 판매대수 3억대 돌파도 기대된다. 회사 관계자는 "북한을 제외한 전 세계로 삼성 휴대폰이 안 나간 나라를 찾기 힘들 정도"라며 "이달 안으로 당초 올 판매 목표대수를 대폭 상향조정할 것"이라고 말했다.

한편 고려대 박찬수 교수팀 조사에 따르면 애니콜의 브랜드 가치는 98년 5244억 원에서 2002년 2조 380억원, 지난해는 3조 원을 넘어 국내에서 최고인 것으로 나타났다.

http://www.anycall.com

때는 그 활동에 여러 가지의 제약을 가하고 있다.

그 기본자세를 구분하면 일반적으로 긍정적인 것과 부정적인 것 또는 적극적인 대책과 소극적인 대책으로 나누어 볼 수 있다. 긍정적이고 적극적인 대책은 자국기업 자국 기업에게 경쟁력과 대항력을 길러 주어 국제기업과 경쟁이 가능하도록 도와주면서 산업구조의 재편성, 기술개발촉진, 금융제도의 정비 등을 추진, 시행하는 것이고, 다른 하나는 부정적인 태도로 자국 경제를 세계 경제와 격리시켜 폐쇄주의로 나가는 것이나, 이는 세계 전체가 경제지상주의를 국가 정책으로 하고 있는 현실 아래에서 일국이 세계와 고립하여 존재할 수는 없는 것이므로 도저히 불가능한 것이다.

결론적으로, 선진국이거나 후진국이거나 간에 국제기업의 존재를 인정하고 능동적으로 이의 수용태세를 갖추는 한편, 자국경제 및 기업이 국제기업에 대응할 수 있게 제체정비를 이룩하여야 한다는 점에서 공통되는 것이다. 그 대책을 구체적으로 보면 ① 산업구조의 재편성, ② 금융 및 금융기구의 정비, ③ 기술개발, ④ 경제질서의 유지 및 시장교란 방지 ⑤경영권의 외부이동방지, ⑥ 독점방지 등을 들 수 있다. 따라서 한국에서도 이러한 기본방침 아래 자주적으로 능력을 확보함으로써 앞으로 다가올 세계적인 자본 자유화에 적응하고, 나아가 우리의 경제성장을 지속해야 할 것이다.

한국 기업의 국제화와 국가경쟁력과의 관계

21세기의 기업 환경은 생존을 위해서 시대와 시장이 요구하는 데 순응하는 것을 뛰어 넘어 가능한 기업환경과 시장을 주도할 수 있는 선두에 서서 세계를 이끌어 갈 수 있어야 한다. 또한 각 국가의 경쟁력은 군사력에 바탕을 두던 시대가 지나고 현재는 경제력에 의해 그 국가의 경쟁력이 발현된다고 할 수 있다. 삼성전자와 현대자동차와 같이 이미 국제화된 기업의 사례에서 우리는 국제화된 기업이 단순히 기업의 성과를 제고시키는 데서 끝나는 것이 아니라 국가 경쟁력 제고에도 큰 몫을 한다는 것을 알 수 있다. 단순한 기업이미지 또는 기업 광고의 국제화뿐만 아니라 생산되는 제품과 서비스의 국제화는 기업의 성과뿐만 아니라 국가경쟁력 제고에도 직접적으로 연결된다고 할 수 있다.[10] 삼성과 같은 경우는 반도체 분야에서 정부의 적극적인 산업지지정책, 반도체 시장의 활성화 및 미국과 일본의 소극적 투자 등의 외부환경과 내부적으로 적기 투자집행, 세계 최고 수준의 원가경쟁력 및 고객만족 기업정책 등의 요인으로 세계시장에서 선두의 자리를 차지하며 있으며 반도체 부문은 삼성전자의 핵심 사업분야로 자리매김하고 있다. 지난해 우리나라의 2000억 달러에 이르는 수출 실적과 5%이상의 성장률은 전적으로 지난해 7조 2000억원의 영업이익을 올린 삼성전자 때문이다.[11] 1개 기업이 수출산업 전체를 이끌 정도로 삼성전자의 비중이 클 수 있으므로 기업의 국제화 및 그로 인한 성과는 국가경쟁력 제고에 큰 역할을 한다고 할 수 있다.

13장 요약

- 국제화 과정에 대한 이론은 점진적인 방법과 급진적인 방법으로 크게 두 가지로 분류된다.
- 한국기업의 국제화 과정은 국내지향기업, 해외지향기업, 현지지향기업 및 세계지향기업과 같이 크게 4가지로 구분될 수 있다.
- 국제화 기업은 생활 및 기술 수준의 향상, 범세계적인 자원의 최적 배분, 기존독점체제 지양, 국제 협력에의 공헌 등과 같이 국가 및 전세계적으로 공헌하며 또한 국가경쟁력 제고에도 큰 역할을 한다. 국제화된 기업은 더 이상 자국 또는 기업의 이익에만 관심을 기울이기 보다는 범세계적인 안목으로 기업 및 국가의 앞날을 이끌어가야 한다.

주 NOTES

1 | 문화일보 기획기사 (조철헌 기자, 2001년), 조선일보 기획기사(우병헌 기자, 2003년) 참고.

2 | Casson, M.(1994), Internationalization as a Learning Process: A Model of Corporate Growth and Geographical Diversification, in V.N. Balasubramanyam and D. Stopford(eds), *The Economics of International Investment*: London, Edward Elgar, pp.14~46.

3 | Johanson, J. and F. Wiedershein-Paul(1975), The Internationalization of Firm-Four Swedish Case, *The Journal of Management Science*, (Oct.), pp.305~322.

4 | Johanson, J. and J.-E. Vahlne(1977), The Internationalization Process of the Firm - A Model of Knowledge Development and Increasing Foreign Market Commitments, *Journal of International Business Studies*, 8(Spring/Summer), pp.23~32.

5 | Buckley, P.J., G.D. Newbold and J.C. Thurwell(1988), *Foreign Direct Investment by Smaller UK Firms: The Success and Failure of First-time Investor* : London, Macmillan.

6 | Dunning, J.H.(1993), *Multinational Enterprises and the Global Economy* : Addison-Wesley, Reading Mass.

7 | UNCTAD, World Investment Report 1996: Investment, Trade and International Policy Arrangement, New York, United Nations, 1996.

8 | 강태구(2001), 한국기업의 국제화 과정: 이론과 실제, 국제경영연구 제12권 제2호, pp.1~ 29.

9 | 헤럴드경제 2004. 06. 21 참조.

10 | 양영종(1992), 광고회사의 국제화 전략에 관한 연구, 광고연구, 제17호, pp.197~215.

11 | 이필상, 문화일보 2004년 6월 24일자 기사 중 발췌.

14 국제경영의 특수논제

본 장에서는 최근 국제경영 분야에서 이슈가 되고 있는 대표적인 분야들을 간단히 살펴보고자 한다. 그 첫 번째 이슈는 디지털 및 인터넷 혁명과 관련된 전반적 경영 환경변화로 인한 초고속 정보사회에서 기업이 생존하고 발전을 거듭하기 위한 필수조건 중 하나가 된 e-business이며, 두 번째 다루어질 이슈는 개혁, 개방정책이래 눈부신 경제발전을 이루며 세계경제에 우뚝 서, 한국경제에도 막대한 영향을 주고 있는 중국경제이다. 그리고 마지막으로 다루어질 이슈는 오늘날 기업이 임의로 선택할 수 있는 전략적 범주가 아닌 사회적 구조라는 틀 안에서 기업이 생존하기 위한 필수 불가결한 요소로 받아들여지며 그 중요성이 날로 부각되고 있는 윤리경영이다. 이상 세 분야에 대한 고찰은 변화된 경제 및 사회 환경 속에서 국제기업들이 앞으로 어떻게 적응하고 대처할 것인가에 대한 방향성을 제시하여 줄 것이다.

학습목표

- e-비즈니스란 과연 무엇인가?
- 기업은 어떠한 e-비즈니스 전략을 선택하고 실행하여야 하는가?
- 중국경제는 어떠한 사회적 역사적 배경을 가지고 성장하였는가?
- 중국경제성장이 한국 경제 및 세계 경제에 어떠한 영향을 미치는가?
- 윤리경영이란 무엇인가?
- 오늘날 윤리경영의 실태는 어떠하며 기업은 어떻게 윤리경영을 실현할 것인가?

LG실트론 : e-transformation

LG실트론은 1985년 럭키소재㈜의 한 사업부로 출발하여 웨이퍼(wafer) 산업에 진출하였다. 2002년 기준 매출 2,800억 원, 순 이익율 9%로서 일반적인 제조업체의 순이익률을 훨씬 웃도는 고부가가치를 창출하고 있으며, 2001년 세계시장에서의 시장점유율 4%, 매출규모로서는 세계 7 위의 회사이다.

LG실트론은 회사 설립 이래로 국내 하이닉스 반도체와 공존 공생의 관계를 유지해오고 있었고 삼성전자와도 협력관계를 유지해 오고 있었다. 2001년 하이닉스 반도체의 경영악화로 인하여 LG실트론의 매출이 줄어들자 하이닉스 반도체에 대한 매출 의존도를 줄이고 새로운 고객 확보의 필요성이 절실했다. 2001년 무렵만해도 LG실트론은 주로 메모리 반도체용 웨이퍼를 생산하고 국내시장에 주력하였으나, 시장은 비메모리 반도체용 제품을 요구하고 있었고 회사가 경쟁에서 살아 남기 위해서는 고객을 다변화해야만 했고, 그 일환으로 해외시장으로 진출하는 것은 필수적인 과제였다. 이 같은 환경변화에 따라 해외시장 개척, 기술역량 강화, 조직역량 극대화라는 세 가지 기본적인 목표를 정하고 이를 실현하기 위하여 '특정고객과 친밀한 관계를 구축', '고객이 가치를 느낄 수 있는 제품의 제공', 그리고 '대 고객 업무의 신속한 처리' 라는 기본적인 전략방향을 제시하게 되었다.

이와 같이 해외진출을 통하여 기업성장을 꾀한다는 방향을 세우고 '대 고객 총체적 만족(TCS : Total Customer Satisfaction)' 이라는 슬로건아래 고객관계우위를 전략적 목표로 수립하였다. 즉, 고객과의 일체성을 가지고 고객을 위해서는 무엇이든지 제공할 수 있는 역량을 바탕으로 경쟁우위를 확보한다는 것으로서 결국 영업뿐만이 아니라 모든 조직이 고객중심으로 사고를 전환하는 전사적 차원의 혁신을 하겠다는 의지였다. 이를 실현시키기 위해서는 모든 조직원들에게 다양한 정보를 실시간으로 제공해야 하였으나, 당시 LG실트론의 경우 조직이나 연구개발 투자 능력면에서 기존의 경쟁자들에 비해 절대적으로 열세에 있었다. 이를 극복하고, 조직의 효율화와 고객가치의 극대화를 위해 LG실트론은 'Best e-company' 라는 비전 아래 조직에 e비즈니스 확산을 위해 노력하게 된다.

그 중 CIC(Customor Interaction Center)는 LG실트론이 TCS형 마케팅 역량을 구축하기 위한 대 고객 관리용 CRM(Customer Relationship Management) 포털로서 고객과의 최적 관계를 유지하기 위한 하나의 수단이다. 즉, 고객에게 미리 가치를 제공함으로써 능동적으로 대한다는 의미가 된다. CIC는 고객상담이나 접촉에 대한 기록물을 온라인(online)화 함으로써 모든 관련 정보를 관련부서에게 신속하게 전달하고 이 정보를 공유해서 자율적인 업무를 가능하게 할 뿐만 아니라 정보를 투명하게 공개하여 모든 사원이 정보를 공유함으로 인해 논리적이고 합리적인 의사결정을 가능하게 하는 최초의 시스템이라고 할 수 있다.

SFT는 실시간에 통합된 정보를 공유함으로써 장단기 매출기회를 체계적으로 정리하고 통계 분석할 수 있는 능력을 확보하는 시스템으로서 이를 통해 각 고객별 매출 기회와 매출 확률에 관한 정보의 실시간 조회가 가능하며 이의 활용을 통해 효과적인 영업 관리를 할 수 있다. 마지막으로 PMS는 프로젝트관리 시스템으로써 LG실트론에서 진행하는 모든 프로젝트는 PMS에 등록되어 진행된다. 프로젝트 탐색기능을 통하여 프로젝트 종류, 연구과제성격, 주관부서 및 진행중인 프로젝트와 완료된 프로젝트 등의 탐색이 가능하며, 과제명, 과제등급, 과제 리더 그리고 과제의 진행단계 등의 정보와 과제의 계획대비 실 진행 정도에 대한 정보의 제공 또한 가능하다.

이와 같이 LG 실트론은 e-비즈니스의 도입을 통하여 마케팅과 영업 활동에서 수집한 정보의 지식으로의 자산화, 사내의 기존 관련 시스템과의 효과적인 연계

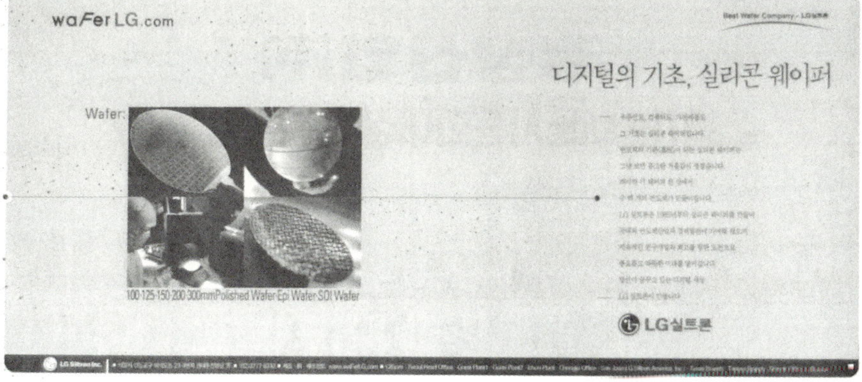

그리고 업무 프로세스의 정형화를 꾀하고 있다. 즉, 영업과 마케팅 부문의 CIC, e-세일즈 포탈(e-Sales Portal), SFT(Sales Forecast Tracker) 등의 시스템과 연구개발 부문의 PMS(Project Management System)를 연계시켜서 3세대 지식경영을 하는 것이다.

http://www.waferlg.com

토의과제

- LG실트론이 처한 어려움의 원인은 무엇이었나?
- 어려움을 극복하기 위해 LG실트론이 선택한 방법은 무엇인가?
- LG실트론에게 조직의 'e-transformation'은 꼭 필요한 것인가?

e-비즈니스

e – 비즈니스의 개념 및 특성[1]

e-비즈니스라는 개념의 등장은 학술적 배경을 안고 제안되었다기 보다는 극히 상업적인 배경하에 탄생한 개념으로 1997년 IBM은 이전까지의 메인 프레임 중심의 판매 전략에서 탈피하여 인터넷을 기반으로 하는 어플리케이션(application) 판매를 새로운 전략으로 설정하고 이에 대한 마케팅 캠페인의 슬로건으로 e-Business라는 개념을 제안하였다. 그들이 제안한 개념은 인터넷 기술에 의하여 기존의 정보시스템 자원을 통합하여 핵심적인 사업부문을 사업 구성원(고객, 직원 및 공급자 등)과 웹에 의해 연결시킴으로써 차별화된 비즈니스 가치를 창출하는, 안전하고 유연하면서도 통합된 접근 방식이었다. 다시 말해 IBM이 제안하고 있는 e-비즈니스 개념의 핵심은 사실상 사업구성원들인 고객, 직원, 공급자에 대한 연결에 있었다.

경영학적인 관점에서 볼 때 고객은 마케팅 관리의 영역, 직원은 인사관리 그리고 공급자는 생산관리의 영역에 속한다. 이렇게 볼 때, e-비즈니스의 핵심은 전통적인 경영학의 중요 분야인 마케팅과 인사관리 그리고 생산관리를 인터넷에 의해 통합하는 것으로 해석할 수 있다. 현재 e-비즈니스가 21세기의 메가 트렌드로서 전 세계적으로 막대한 영향을 주고 있지만, 그럼에도 불구하고 e-비즈니스에 대한 통일된 개념이 아직도 제대로 정립되어있지 않으며 그 정의 또한 다양하다. 이는 e-비즈니스에 대한 역사가 그다지 길지 않아 그에 대한 충분한 연구가 이루어지지 않았기 때문이라고 볼 수 있으며, 따라서 e-비즈니스에 대한 보다 명확한 개념의 정립이 필요하다.

일반적으로 e-비즈니스란 디지털 정보기술을 통해 경쟁력을 얻고자 하는 기업의 새로운 경영방식이라고 정의할 수 있는데, 기업은 이러한 e-business를 통해 과거에 갖지 못했던 경영의 스피드, 원가절감, 기업구조의 개선을 이루고자 하는 것이다. 특히, 인터넷 환경으로 인하여 그 정보화의 대상을 기업 내부뿐 아니라 기업 외부로까지 확장함으로써 보다 큰 경영혁신을 가져올 수 있게 된다. 그렇다면 e-비즈니스에 대한 구체적 개념에 대해서 간단히 살펴보도록 하자.

e-비즈니스는 인터넷 비즈니스와 전자상거래를 포함하는 개념이다. 인터넷 비

즈니스가 인터넷 혁명으로 인해 급속도로 발전된 네트워크 기술을 비즈니스에 활용해 업무의 효율성과 효과성을 증폭시킨 비즈니스를 총칭하는 개념인데 반해 전자상거래는 기존의 아날로그 방식과 물리적 방법을 따라 이루어지던 모든 상거래 가운데 디지털 혁명과 인터넷 혁명, 디지털 네트워크 시스템을 이용해 이루어지는 상거래로서 기존에 비해 상대적으로 고도의 효율성과 효과성을 창출한 모든 상거래를 가리킨다. 즉, 가상공간에서 인터넷과 정보기술을 이용하여 경제 주체 간의 전자적으로 이루어지는 상거래 행위와 지원활동을 총칭하는 개념이다.

e-비즈니스가 전자상거래와 인터넷 비즈니스를 포함하는 개념이라고 보았을 때, 결국 e-비즈니스란 디지털 기술과 네트워크 기술을 기반으로 한 고도의 IT (Information Technology)를 전략적으로 활용함으로써 기존의 비즈니스 모델을 재정의하거나 새로운 비즈니스 모델의 창출을 통해 고객의 가치를 극대화하는 비즈니스를 총칭하는 개념이다. 이는 고객의 가치 창출을 위하여 첨단기술의 전략적 활용뿐 아니라 기업의 조직 및 경영방식 또한 급변하는 시장환경의 변화에 따라 유연하게 전략적으로 변화해야 하는 전략 지향적 비즈니스로서 제품의 기획과 개발, 제조, 생산, 유통 및 소비까지 이어지는 모든 과정이 인터넷과 접목하는 경영활동이 이루어진다. 따라서 인터넷이라는 새로운 연결 패러다임을 통하여 기업의 비즈니스 프로세스 전반에 걸쳐 기업의 성과를 획기적으로 개선하는 방향으로 이해해야 할 것이다.

그렇다면 e-비즈니스는 어떠한 특성들을 가지고 있는가? 간단히 살펴보면 다음과 같다.

첫째, e-비즈니스의 경우 IT는 사업전략을 수립하는 데에 있어 2차적인 고려요소가 아닌 전략수립의 핵심적인 고려요소이자 전략실행의 추진동력이다. 기술은 e-비즈니스 전략에 있어서 전 범위에 걸쳐 지속적인 영향을 미친다. 특히 신기술 혁신의 경우 어떠한 형태로 e-비즈니스에 다가올지 예측이 어려우며, 그 파급효과 또한 엄청나다. 따라서 e-비즈니스 전략의 수립과 실행에서 우선적으로 고려되어야 할 핵심요소는 기술이라고 할 수 있다.

둘째, e-비즈니스에서 정보의 흐름을 효율적으로 구조화하고 통제하여 정보를 전략적으로 활용하는 능력은 물리적인 제품의 유통과 생산능력보다 더 중요하며, 이는 경쟁우위 확보와 직결된다. 노동, 토지, 자본이 경제적인 부를 창출하였던 전통적 산업사회와 달리 오늘날과 같은 초고속 지식, 정보화 산업사회에서는 정보,

지식, 기술이 경제적인 부와 가치를 창출하는 주요 원천이다. 따라서 e-비즈니스에서는 정보를 전략적으로 활용할 수 있는 능력이 무엇보다 중요하며, 이런 정보의 전략적 활용능력은 갈수록 치열해지는 초고속 정보화 산업사회에서 지속적인 경쟁우위를 확보할 수 있도록 하는 가장 중요한 경쟁력의 원천 가운데 하나이다. 현재 많은 기업들이 e-비즈니스 골격으로 불리는 전사적 자원 관리 시스템(enterprise resource planning; ERP)와 최고정보책임자(chief information officer; CIO) 직제를 앞다투어 도입하고 있는 것은 e-비즈니스에서 정보흐름의 효율적인 구조화와 통제, 그리고 정보의 전략적 활용능력이 얼마나 중요한지를 잘 시사해주고 있다.

셋째, e-비즈니스에서 협력전략을 바탕으로 한 기업들 사이의 전략적 제휴 또는 전략적 아웃소싱은 가장 중요한 핵심요인 중 하나이다. 즉, e-비즈니스의 성공을 위해서는 기업의 모든 부분을 최고로 만들기 위한 시간 및 자원을 각 부분별로 투자하기보다는 자사의 부족한 자원이나 부분을 전략적 제휴 또는 전략적 아웃소싱을 통하여 보완하고, 파트너와 시너지 효과를 창출하기 위해 노력하는 것이 보다 효과적인 경우가 많다.

넷째, e-비즈니스 시장은 기존의 어떤 시장보다도 고객위주의 시장을 지향하고 있기 때문에 고객과 관련된 정보를 효율적으로 관리하고 이를 효과적으로 활용할 수 있는 능력은 기업이 갖추어야 할 가장 중요한 핵심역량 가운데 하나이다. 아무리 훌륭한 정보를 보유하고 있더라도 오늘날처럼 정보의 유통이 초고속으로 이루어지는 e-비즈니스 환경에서 고객의 입맛에 정확히 맞는 정보를 제품화하여 제공하지 못할 경우 결국 경쟁에서 도태되게 마련이다. 따라서 시장에서는 고객이 원하는 정보를 신속히 제품화함으로써 고객에게 좀더 많은 편리를 제공할 수 있도록 해야 한다. 최근 서비스, 유통, 제조, 금융과 같은 산업의 기업들이 CRM에 집중하고 있는 것은 시장이 고객위주의 사장을 지향하고 있는데 따른 필연적 결과라 할 수 있다.

e-비즈니스와 경영환경의 변화

오늘날과 같은 초고속 정보사회에서 기업이 생존하고 발전을 거듭하기 위해서는 정보사회로의 변화에 혁명적 기초가 된 디지털 혁명, 그리고 정보사회가 나아기는 방향이라 할 수 있는 인터넷 혁명에 대한 이해가 선행되어야 한다. 즉, 오늘날처럼 e-비즈니스가 발전하게 된 가장 주요한 배경에는 디지털 혁명과 인터넷 혁명이 자리하고 있다. 본 장에서는 디지털 및 인터넷 혁명과 관련된 전반적 경영환경의 변화를 고찰해 봄으로써 e-비즈니스가 발전하게 된 배경을 살펴보고자 한다.

전통적 가치사슬의 변화와 조정

전통적 산업 사회에 있어서의 기업들은 수직적 가치사슬 구축을 통해 공급자, 유통 채널, 고객 등과 관련된 정보를 신속하게 획득하고 전달할 수 있었으며, 이를 통해 업무 프로세스의 효율성 제고 및 고객 대응 능력을 높일 수 있었다. 따라서 가치사슬의 수직적 통합이 가장 강력한 경쟁 우위 확보 수단이었다. 그러나 인터넷을 기반으로 한 디지털 기술 발달은 기업들이 보다 효율적으로 전세계를 네트워크로 연결시킬 수 있게 해줌과 동시에, 공급업체, 유통업자, 고객들과 보다 다양한 의사소통 및 협력 관계를 형성할 수 있도록 해주었다. 오늘날의 기업들은 수직적 가치사슬 상의 주요 단계를 직접 관리하지 않고도 전략적 제휴 및 아웃소싱을 통해 보다 효율적으로 기업 성과를 제고할 수 있게 되었다.

e-비즈니스는 하나의 기업을 중심으로 통합된 수직적 가치사슬을 그 단계 및 시장 등 개별 단위로 조정시키는 결과를 가져왔으며, 이러한 경영환경의 변화로 인하여 기업들은 개별 가치사슬 단계에서 경쟁력을 확보하지 못하면 시장에서 살아남을 수 없게 되었다. 이에 따라 기업은 자신들이 가지고 있는 자원과 역량을 경쟁우위 부문에 집중할 수밖에 없게 되었다. 즉 가치사슬의 조정은 기업들로 하여금 자신이 경쟁력을 가지고 있는 분야에 보다 집중함으로써 해당 분야에서 핵심 역량을 확보하고, 기타 분야에서는 제휴 및 아웃소싱 강화를 통하여 사업을 수행할 수밖에 없게 만들었다.

이러한 추세에 따라 오늘날의 기업들은 가치사슬 상의 특정부분을 소유하기보다는 타 업체와의 협력을 통해 가상의 네트워크를 구축하는 방향으로 변해가고 있으며 결과적으로는 수평적 확장이 가속화되고 있다. 결국 전통적인 수직적 가치사슬의 조정은 수평적 확장이라는 새로운 형태의 네트워크 구축이라는 시스템을 만들었고, 이는 e-비즈니스의 중요성을 강화시키게 되었다.

전자상거래의 가속화

인터넷을 기점으로 한 정보통신기술의 발달은 사회 전반적인 패러다임을 혁신적으로 변화시키고 있으며, 그 중 변화의 폭이 가장 큰 분야 중 하나가 바로 전자상거래의 등장에 따른 기업환경의 변화이다. 전자상거래의 도래는 새로운 시장을 창출한다는 차원에서 한걸음 더 나아가 전자상거래 방식을 기업에서 도입하지 않을 경우 이 새로운 거래방식을 선호하는 고객들로부터 외면당하게 되는 상황에 직면할 수밖에 없다는 차원과 더불어 많은 수의 기업이 구매, 물류관리, 대금지불 등을 전자거래방식으로 전환 해나갈 것이므로, 이를 도입하지 않고서는 기업 간 거래에서도 도태될 수 밖에 없다는 차원에서 기업환경의 전반적인 질적 변화를 일으키고 있다.

그렇다면 오늘날 전자상거래가 활성화되고 있는 몇 가지 중요한 원인들을 기업의 관점에서 살펴보도록 하자. 첫째, 전자상거래를 통하여 기업은 생산비용 및 제품생산기간을 절감시킬 수 있다. 즉, 기업 간 전자상거래 시스템을 구축하여 활용함으로써 물품 조달비용을 감소시키고, 특히, 인터넷을 이용하여 구축할 경우, 구매 및 물류의 선택 폭이 확대되는 등의 시너지 효과를 얻어 그 감소 폭이 더욱 확대된다. 둘째, 전자상거래는 기업으로 하여금 보다 효율적으로 재고관리를 할 수 있게 해준다. 전자상거래의 도입에 의해 구축된 상품DB(Data Base) 및 고객DB를 활용함으로써 고객의 상품 선호도를 정확히 예측하여 재고수준을 적정하게 운용함으로써 서비스 향상 및 운영비용을 감소할 수 있게 된다. 셋째, 물류체계의 효율성 역시 크게 증가시킬 수 있다. 물류 및 유통망이 전자상거래를 통하여 상호 연결될 경우, 제품판매비용의 상당부분을 차지하는 물류비용을 혁신적으로 감소시켜 저비용 · 고효율 운영체제를 구축할 수 있다. 미국의 Walmart의 경우, 인공위성을 이용한 네트워크 구축으로 각 점포 간 상품공급 상황을 관리하여 경쟁사보다 항상 저렴하게 판매할 수 있는 저가판매정책을 실행하였다. 넷째, 고객서비스의 질을 향상시킬 수 있다. 전자상거래를 통해 구축된 고객 DB는 기업의 효율적 재고관리뿐 아니라 쌍방향통신이 가능한 인터넷의 특성을 활용하여 고객지향적 서비스를 제공할 수 있도록 해준다. 다섯째, 판매 및 마케팅 비용을 감소시킬 수 있다. 전세계로 연결된 인터넷은 적은 비용으로 새로운 고객을 발굴할 수 있는 기회를 기업에게 부여하였으며, 이와 동시에 판매 및 홍보활동 역시 효율적으로

운영되어 추가적인 이익창출의 가능성을 열어주었다. 이상에서 살펴본 특징들은 오늘날의 전자상거래를 가속화시키고 있으며, 이에 따라 e-비즈니스 역시 더욱 활성화되어 하나의 확고한 경영 형태로 자리매김하고 있다.

기업의 e-비즈니스 전략[2]

경영전략과 e-비즈니스 전략

e-비즈니스의 의미를 기업이 디지털 정보기술을 활용하여 효율성과 효과성을 높임으로써 기업의 이익을 극대화하는 데 두고, 기존의 경영이론인 산업 조직론(industrial organization)과 자원준거관점(resource based view)을 기초로 e-비즈니스에서의 기업의 전략적 의미를 살펴보고자 한다.

산업 조직론과 e-비즈니스 전략

산업 조직론에서는 기업이 산업 내에서 자신의 위치를 지키며 지속적인 경쟁우위를 누리기 위한 본원적 전략으로서 원가우위 전략과 차별화 전략을 제시하였다.

우선 원가우위 전략이라는 것은 특정 기업에서 원가를 낮추기 위한 일련의 기능별 정책을 통해 산업 내에서 원가상의 우위를 달성하는 것이며 원가절감을 위해서는 원가 통제에 대한 경영자의 지속적 관심이 필요하다. 원가상의 우위를 확보한 기업의 경우 경쟁이 심한 상황에서도 산업 전체의 평균보다 높은 수익을 얻게 된다. 또한 규모의 경제 또는 원가상의 이점 형태로 그 기업에게 강력한 진입장벽을 제공하여 잠재적 경쟁자의 진입을 막으며, 원가우위를 가진 기업은 대체품에 대해서도 경쟁기업들보다 우월한 위치에 서게 된다. 이처럼 원가우위 전략은 경쟁기업, 구매자, 공급자, 잠재적 경쟁자, 대체품이라는 다섯 가지의 경쟁력 결정요소로부터 기업을 보호한다.

그렇다면 기업의 차별화 전략은 어떠한가? 차별화 전략은 기업이 제공하는 제품이나 서비스를 차별화함으로써 산업 전반에 걸쳐서 그 기업이 독특하다고 인식될 수 있는 것을 창조하는 것으로서 고객에 대한 서비스, 디자인, 상표, 이미지와 기술 등의 방법에서의 차별화를 할 수 있다. 차별화 역시 원가우위 전략과 마찬가지고 산업경쟁을 유발하는 다섯 가지 요소에 대항하여 기업을 보호해 주기 때문에 산업 평균 이상의 수익을 제공하여 준다. 차별화 전략은 고객들의 상표 충성도와 가격의 비탄력성으로 인하여 경쟁에 시달리지 않고도 이윤을 증가시키므로 낮은 원가체계를 반드시 가져야 할 필요가 없어진다.

포터에 따르면 본원적 전략 가운데 어느 하나도 수행하지 못하는 어중간한 전략적 상황에 놓여있는 기업은 시장점유율, 자본투자, 원가우위, 차별화 등이 결여되어 있는 상태인 것이다. 이도 저도 아닌 어중간한 상태에 있는 기업은 낮은 수익성에 시달리게 되는데 그들은 낮을 가격을 요구하는 대규모 고객을 잃거나 원가우위를 확보하고 있는 경쟁기업에 밀려 이익을 포기하여야 한다. 따라서 본원적 전략 가운데 어떤 전략을 선택할 것인가의 문제는 필연적으로 기업의 능력과 한계에 달려있으며 기업은 일관성을 유지하여야 한다.

e-비즈니스 전략에서는 차별화 전략과 원가우위 전략 가운데 하나를 취사 선택하여 집중할 필요가 없다. e-비즈니스에서는 IT의 전략적 활용을 통해 차별화와 함께 원가우위를 이룰 수 있기 때문이다. 즉, 정보와 지식이 사회 경제적 가치 창출의 원천인 디지털 네트워크 경제에서 e-기업은 정보기술의 전략적 활용을 통

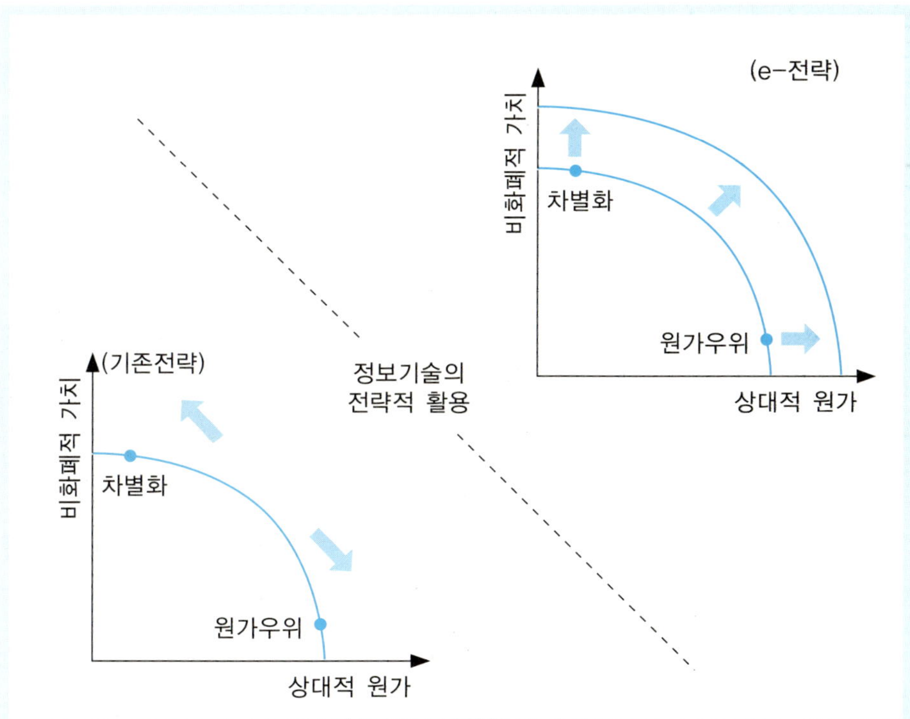

그림 14-1
본원적 전략 대 e-비즈니스 전략

출처 : 조동성 교수의 e-비즈니스 e-전략

하여 차별화와 동시에 원가 절감을 통한 원가우위를 꾀할 수 있다. 결론적으로 디지털 혁명과 인터넷 혁명을 발판으로 한 정보기술의 발전으로 인하여 기본적으로 정보의 저장, 분배, 접근, 비교 등 정보관련 활동을 매우 효율적이며 효과적으로 수행할 수 있게 되었으며 그에 따라 기업들이 차별화와 원가우위를 동시에 수행할 수 있는 결과를 낳았다. 따라서 e-비즈니스 전략은 차별화와 원가우위를 동시에 추구함으로써 궁극적으로 생산성 한계를 지속적으로 확장하는 데 전략적 초점이 있는 것이 본원적 전략과의 가장 큰 차이점이다.

자원 준거론과 e-비즈니스 전략

기업 자원과 e-비즈니스 전략의 상관관계를 보기 위해 기존의 경영 전략에서 말하는 자원준거관점을 살펴보자. 자원준거관점 이론의 핵심은 기업을 유형자원과 무형자원의 독특한 집합체로 파악하는 것이다. 즉, 기업이 오랜 기간에 걸쳐 나름대로 독특한 자원과 능력을 결합하고 구축해가는데 바로 이들 자원과 능력의 차별적 역량에 근거하여 경쟁우위를 얻을 수 있다는 것이다. 자원준거관점에서 볼 때 기업의 성공은 기업을 둘러싼 환경이 아닌 기업이 보유하고 있는 내부의 특수한 자원에 따라 결정된다. 동일한 산업에 속한 기업일지라도 기업마다 환경변화에 대응하는 방식이 다른데 그 이유는 바로 기업이 보유한 저마다의 자원이 다르기 때문이다. 따라서 기업이 성공하기 위해서는 환경변화를 빨리 파악하고 이에 적합한 전략을 수립하는 것도 중요하지만 이보다 더 중요한 것은 수립된 전략을 실행하는 일이라고 본다. 이에 필요한 것이 바로 핵심역량(core competence)인데 기업에 있어서의 핵심역량이란 가치사슬 상의 특정요소에 대한 기술 및 생산능력을 강조하는 핵심능력(core capability)과 달리 가치사슬 전체를 포괄하는 광범위한 개념이다. 즉, 핵심역량은 Hard Skill뿐만 아니라 Soft Skill까지도 포함하는 특정기업의 차별적 강점으로써 타 경쟁사들이 쉽게 모방할 수 없는 차별적 능력을 의미하기 때문에 시장에서의 우위를 누릴 수 있게 해준다.

기본적으로 e-비즈니스 역시 자원준거관점에서 주장하는 전략의 결정요소인 핵심역량이 반드시 필요하다. 즉, 다양한 정보기술 및 인터넷 네트워크 기술을 통해 타 기업들과 차별화 시킬 수 있는 핵심역량 없이는 궁극적으로 시장에서 생존할 수 없다. 그러나 e-비즈니스의 경우, 자원준거관점에서 주장하는 것처럼 핵심역량의 보유만으로 사업의 성공이 보장될 수 없다는 점에서 큰 차이를 보인다. 그

생각해 봅시다

재해복구백업센터[3]

정보사회에서 성공하는 기업의 조건은 기업이 보유하고 있는 정보를 언제 어디서나 사용할 수 있는 정보의 가용성에 달려있으며, 소중한 정보를 지켜낼 수 있어야 한다는 것에 있다. 그러나 일순간의 재해로 그 정보를 잃게 된다면 어떻게 되는가? 영업중단은 물론이거니와 고객의 신뢰도 역시 하락하게 된다. 이러한 점을 고려할 때 e-비즈니스를 하는 기업에게 있어서 재해복구 백업센터 구축은 상당히 중요한 문제이다. 그럼에도 불구하고 많은 기업들이 이를 생색도 나지 않는 유휴설비 내지는 사치스러운 투자 정도로 인식했던 것 또한 사실이다.

한국 기업들의 이러한 의식에 큰 변화를 가지고 왔던 것은 '9.11 미국 테러'를 목격한 이후였다. 9.11 미국 테러직후 세계무역센터(WTC) 내에 입주했던 모건스탠리를 비롯한 대형 투자금융회사들이 곧바로 정상업무 체제를 갖추는 것을 보고 한국 기업들은 경악하게 되었다. 이를 계기로 공공부문과 제조업체들도 재해복구 시스템에 대한 구축계획을 잡아가고 있으며 정보통신부 역시 전자정부특별위원회를 열고 국가 기간 정보시스템 공동백업센터 구축계획안을 확성하였다.

코오롱그룹은 (주)코오롱, 코오롱상사, 코오롱건설 등 주력 계열사 중심으로 해오던 백업도 앞으로는 그룹 계열사 전체로 확대하는 방안을 계획하고 있으며, 두산그룹도 그룹 계열사 전체를 포괄하는 그룹 전용 백업센터 건립을 추진하였다. 금융업계의 움직임도 활발한데, 하나은행은 분당 전산센터와 용인의 현대정보기술 마북리 데이터센터를 광통신방식으로 연결하는 미러링(Mirroring) 방식의 최첨단 재해복구시스템을 가동하고 있으며, 국내 카드사 중에서는 유일하게 LG카드가 원격지 백업센터를 갖추었고, 삼성카드는 2001년 9월부터 삼성SDS 구미센터와 과천센터를 전용선으로 연결해 백업을 하고 있다.

원인은 e-비즈니스의 기초가 되고 있는 디지털 정보기술과 인터넷 환경에서는, 전통적 시장에서와 달리 기업이 가진 핵심역량이 상대적으로 모방되기 쉬우며, 경영 환경이 빠르게 변화하고 있기 때문이다. 따라서 e-비즈니스 전략에서는 단지 기업이 핵심역량을 증대하여 이를 전략적으로 잘 활용해야 한다는 측면만을 강조할 것이 아니라, 기술적 환경 변화와 이에 따른 경쟁사들의 대응전략을 분석하여 환경변화에 전략적으로 대응하여 이를 기회로 활용할 수 있어야 한다. 즉, e-비즈니스 전략에 있어서 기업의 성공 요인은 핵심역량과 더불어 기업의 전략계획, 실행, 평가 등 일련의 전략경영 프로세스 상에서 환경을 고려하고 분석하여 빠른 환경의 변화를 위협이 아닌 기회로 만드는 능력이다.

e-비즈니스 전략 패러다임

e-비즈니스 경쟁전략의 핵심개념

기업이 e-비즈니스를 통하여 지속적인 경쟁우위를 창출하기 위해서는 e-경쟁 전략의 핵심요소로서 다음과 같은 몇 가지 점을 명확하게 인식하여야 한다.

첫째, 소비자들의 파워이다. 이미 기존시장에서도 공급이 수요를 초과하여 판매자 시장에서 구매자 시장으로 시장체계가 변화하면서 소비자가 힘을 가지게 되었다. 그러나 e-비즈니스 마켓에서 소비자의 힘은 hyper-power라고 할 수 있다.

둘째, 해체논리가 성립된 세계에서의 사업이란 인위적으로 만든 허상으로 이 경우에는 특정정보의 흐름과 일부 물리적인 기능들의 단계라는 용어가 더 적절하다. 따라서 각 기업 간 사업이 경쟁하는 것이 아니라 기업의 각 단계마다 경쟁하게 되는 것이다. 셋째, 급속하게 변화하고 있는 마켓에서 선도기업을 신속히 뒤쫓아가기만 하는 것은 무의미하다는 것이다. 전통적 시장환경에서 후발주자의 이점과 달리 e-마켓에서는 선두주자가 되는 것이 훨씬 바람직하다. 넷째, 마켓에 있어서 경쟁의 차이는 단지 한 두 걸음의 차이로서 그 박빙의 차이에 의해서 승부가 날 것이다.

e-비즈니스 전략 패러다임

e-전략에서는 무엇보다 전체 기업 시스템의 통합을 바탕으로, 정보기술 및 웹의 전략적 활용과 업무 프로세스의 개혁을 통해 비즈니스의 효율과 효과를 극대화하는 것이 가장 중요하다. 그러나 현재 e-비즈니스 전략의 추세는 IT의 전략적 활용이나 웹 상에서의 비즈니스 전략 등 단지 한쪽만을 강조하는 경향이 두드러지고 있다. 그러나 이와 같이 특정 부분만의 효율성과 효과성을 고려한 전략은 한계가 있다. 즉, 기업 전체 시스템 사이에 균형과 조화가 깨짐으로써 부정적인 시너지

효과가 발생하여 실패하는 경우가 대부분이다. 따라서 기업의 성공적 사업을 위해서는 각 필수 전략이 서로 조화와 균형을 이루어 긍정적인 시너지 효과를 창출할 수 있는 통합적인 전략모형이 필요하다. 이와 같은 e-비즈니스의 통합전략 패러다임이 바로 V-erw(value creation mechanism with e-process innovation strategy, reach & richness strategy and web utilization strategy)모형이다. 'V-erw' e-전략 패러다임은 e-비즈니스를 성공적으로 수행하기 위해서 기본적으로 가치창조 메커니즘을 바탕으로 전자 프로세스 혁신전략, 정보범위와 밀도의 동시추구전략, 웹의 전략적 활용전략이 수행되어야 한다. 이와 같은 필수 전략들이 서로 조화와 균형을 이룸으로써 긍정적인 시너지 효과를 얻을 경우에만 경쟁이 치열한 마켓에서 지속적 경쟁우위를 달성할 수 있다.

가치창조 메커니즘

e-비즈니스 전략 패러다임의 바탕인 가치창조 메커니즘은 기존 전략연구의 한계점을 바탕으로 제시된 새로운 통합 전략 패러다임인 ser-M 모형의 중심인 메커니즘의 일종으로서 가치창조 메커니즘을 이해하기 위해서는 ser-M 통합전략 패러다임에 대한 이해가 선행되어야 한다. 기업은 지속적으로 성공하기 위해 끊임없이 환경과 상호작용하게 되는데 이때 기업의 최고경영자(s)가 환경(e)의 의미를

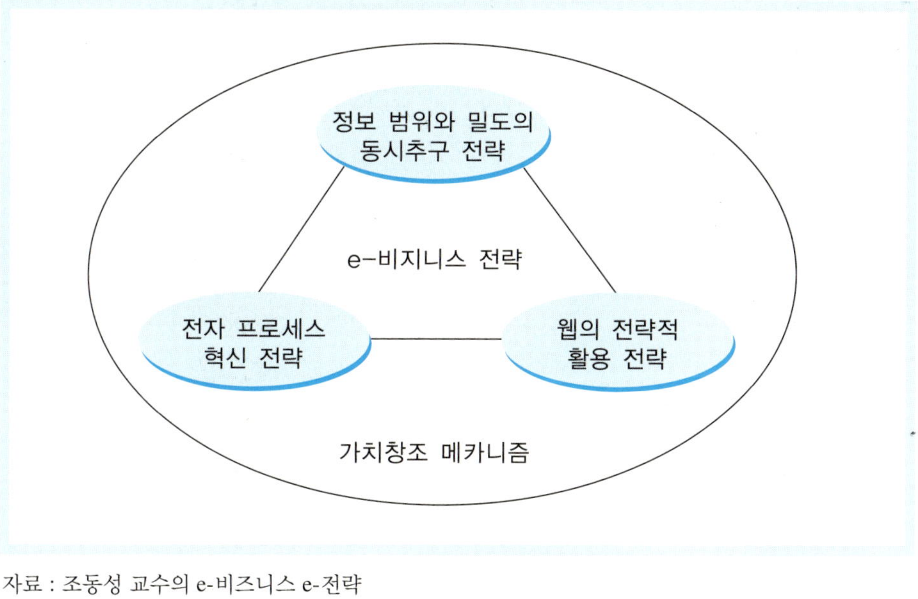

그림 14-2 『V-erw』 e-비즈니스 전략 패러다임

자료 : 조동성 교수의 e-비즈니스 e-전략

파악하고 그 변화에 적합하거나 변화를 선도할 수 있는 방향으로 전략을 수립 및 실행하기 위해 필요한 자원(r)을 활용하거나 창출하는 과정에서 메커니즘(M)이 형성된다. 이처럼 메커니즘은 환경, 주체, 자원 등의 요인이 상호 작용하는 과정에서 형성된 것으로 이 메커니즘이야말로 기업의 지속적 성공을 설명하는 ser-M 패러다임의 중심 개념으로서 기업가나 경영자와 같은 의사결정의 주체가 환경변화에 대응하여 기업이 보유한 자원들 활용하는 과정을 통해 효율적 자원배분을 하는 조정 메커니즘, 환경변화에 주체가 대응하여 자원을 활용하는 과정에서 학습되고 이 학습과정을 통해 메커니즘도 진화하게 되는 학습 메커니즘, 그리고 활용 및 학습과정을 통해 진화된 메커니즘이 장기적으로는 환경에 따라 선택되는 선택 메커니즘으로 구성된다.

e-비즈니스 전략

e-비즈니스 전략의 첫 번째 전략은 전자 프로세스 혁신 전략이다. 이는 비효율적으로 수행되던 기존의 기업 업무 프로세스를 디지털 방식으로 개혁함으로써 업무비용과 시간을 효율적으로 절감해 기업의 가치뿐 아니라 고객의 가치를 향상시키는 전략이다. 이러한 전략의 대표적인 예는 전자판매사슬관리(e-selling chain

그림 14-3
정보의 범위와 밀도의 동시추구 전략

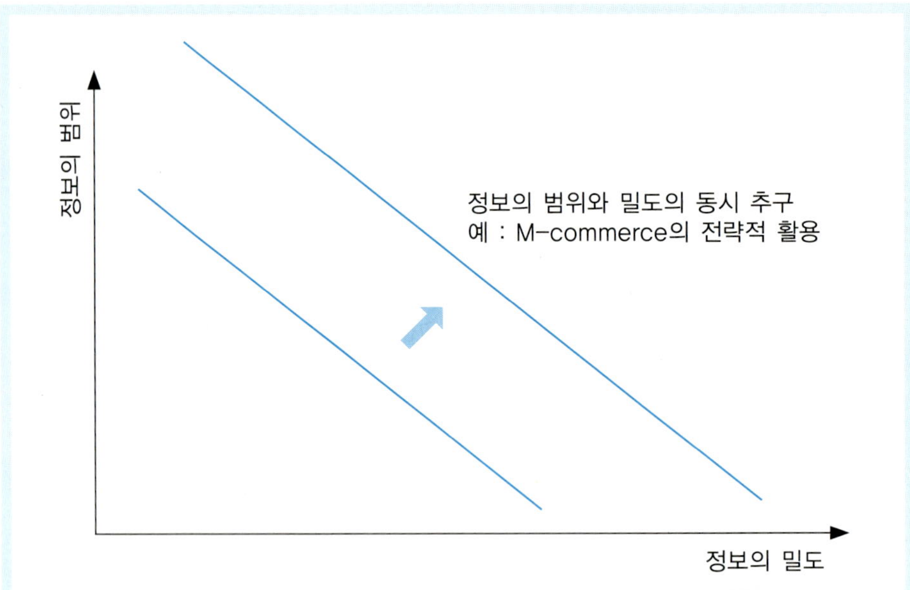

자료 : 조동성 교수의 e-비즈니스 e-전략

management)와 SCM을 활용하는 전략이며 ERP의 전략적 활용 역시 대표적 예라고 할 수 있다.

두 번째 전략은 정보의 범위와 밀도의 동시 추구 전략이다. 오늘날과 같은 초고속 정보지식 경제환경에서 기업이 전략적 성공을 거두기 위해서는 각 기업이 가지고 있는 핵심역량을 디지털 정보화함으로써 정보를 효율적이고 효과적으로 소비자에게 전달하여야 하는데, 정보를 전달하는 과정에서 정보의 범위와 정보의 밀도 사이에 음의 상관관계가 있다는 것이다.

다시 말해서, 기업이 가지고 있는 자원은 한정되어 있으므로 정보의 밀도를 추구하다 보면 정보의 범위가 감소하게 되고, 반대로 정보의 범위를 추구하다 보면 정보의 밀도가 감소하게 된다. 정보의 범위란 정보를 교환하는 사람의 수를 의미하며, 정보의 밀도란 개념은 주어진 시간 내에 발송자로부터 수신자까지 전달되는 정보의 양, 정보가 기호에 맞게 재단되는 정도, 정보가 상호 교환될 수 있는 정도, 정보를 신뢰할 수 있는 정도, 정보의 보안 정도, 그리고 시기 적절하게 이용될 수 있는 정보를 포함한다. IT측면에서 기업이 추구할 수 있는 전략으로써 정보의 밀도를 추구하는 전략(richness strategy)과 정보의 범위를 추구하는 전략(reach strategy)이 있으나, 오늘날의 기업들은 궁극적으로 밀도와 범위를 함께 상승시키는 방향으로 나아가야 한다. 예를 들어 M-commerce 같은 전략을 활용함으로써 정보의 충실성과 도달성을 동시에 추구할 수 있다. M-commerce란 휴대용 무선기기를 이용한 모든 인터넷 비즈니스로서 시간과 공간의 제약을 탈피하여 필요한 정보를 얻을 수 있는 편리성과 개인화된 맞춤 서비스가 가능하여 정보의 충실성과 도달성을 동시에 향상시킬 수 있다. 이와 같은 이동 무선 인터넷 통신기기를 전략적으로 활용하여 정보의 윤택성과 도달성을 동시에 상승시키는 것이 기업에게 가장 바람직한 전략 대안일 것이다.

세 번째 전략은 웹 활용전략으로서 기업이 기본적으로 사업을 수행하는 공간인 웹을 전략적으로 활용함으로써 e-비즈니스 시장에서 파워가 강해지고 있는 소비자의 요구를 효율적으로 충족시켜 고객에게는 유용한 가치를 새로이 제공하고 기업에게는 궁극적으로 유·무형의 수익을 제공하는 전략을 말하는 것으로서, 웹상에서 수행되는 판매, 마케팅, 고객 서비스의 통합전략인 CRM이 대표적인 예이다. CRM을 통하여 소비자 정보의 효과적인 관리가 가능하여 고객과의 우호적이며 장기적 관계를 유지해 나아갈 수 있다.

결론적으로 디지털 경영 환경에서의 기업은 V-erw라는 e-비즈니스 전략 패러다임에서 볼 수 있는 가치창조 메커니즘을 우선적으로 구축하고, 이를 바탕으로 전자 프로세스 혁신 전략, 정보의 도달성과 풍부함을 동시에 추구, 그리고 웹 활용 전략의 상호 균형과 조화를 통해 긍정적인 시너지 효과를 창출하여야만 지속적인 경쟁우위를 누릴 수 있을 것이다.

중국 닷컴 3인방[4]

중국 인터넷 시장이 빠르게 성장하면서 2003년 중국의 인터넷 신규가입자수는 2200만 명, 전체 네티즌 인구는 8000만 명에 달하여 2006년 경에는 중국의 인터넷 상용자가 1억 5300만 명을 돌파해 중국이 세계 1위의 인터넷 국가로 부상할 것이라고 전망되고 있으며 이 중심에는 시나닷컴, 소후닷컴, 넷이즈닷컴이라는 포털 3인방이 버티고 있다.

시나닷컴은 현재 중국 최대 포털로 한국의 엔씨소프트, 플래너스와 온라인 게임 파트너십을 구축하여 한국에서도 익숙한 이름으로 창업자 왕즈동은 북경대에서 공학을 전공한 소프트웨어 엔지니어 출신으로 누구보다 먼저 인터넷의 가능성에 주목했던 인물이다. 그는 1994년 중국어 워드를 개발하여 웹 브라우저가 중국어를 인식하는 것을 가능하게 만들어 중국대륙을 인터넷에 접속시킨 장본인이다. 중국어 워드 개발 성공을 시발점으로 1998 시나닷컴을 설립하였으며, 때마침 불어온 인터넷 열풍에 힘입어 급성장하여 2002년 4월 중국기업 최초로 나스닥 시장에 주식을 상장하였다. 2001년 합병에 의한 내부 갈등으로 수익이 악화되자 왕즈동은 이사회 결정에 의해 CEO자리를 내놓게 되었고 운영 총괄을 담당하던 왕완이 CEO 자리를 이어받아 게임, 문자서비스 등의 사업에 진출하여 적자에 허덕이던 시나닷컴을 순익 3100만 달러 기업으로 성장시켰다.

중국 2위의 포털 업체인 소후닷컴은 장차오양이 설립한 회사로서 시나닷컴의 왕즈동이 중국어 워드를 개발한 소프트웨어 엔지니어인 반면 장차오양은 소후라는 검색 엔진을 만들어 이를 종합 포털로 키운 인물로 왕즈동이 중국의 빌 게이츠라면 장차오양은 중국의 제리 양이라 일컬어지고 있다. 그는 MIT에서 물리와 컴퓨터를 전공한 후 1995년 귀국하여 중국의 야후라는 뜻으로 중국을 의미하는 sino와 yahoo의 합성어로서 소후라는 중국어 검색엔진을 만들었다. 1998

년 종합 포털화된 소후는 2000년 중국 젊은이들의 커뮤니티 사이트인 차이나런 닷컴과의 합병을 통하여 시나닷컴과 1,2위를 다투는 중국 최대의 포털 사이트로 몸집을 불리게 되었다.

넷이즈는 회사보다도 설립자가 더 유명한 경우로서 2003년 각종 조사에서 중국 최대 부호로 떠오른 설립자 딩레이는 공인재산이 무려 1조 500억 원으로 IT업계 부호들의 위상을 상징적으로 보여줬다. 1997년 넷이즈를 설립하고 나스닥에도 주식을 성공적으로 상장시켜 외국인 투자가들의 집중 조명을 받았다. 넷이즈는 2001년 회계 부정 사건에 휘말려 나스닥 퇴출 직전까지 몰리기도 했으나 즉각적인 경영진 교체와 투자가와 고객의 신뢰회복 조치로 상황을 역전시켜 현재 순익 면에서 중국 최고 포털 업체로 자리잡았다.

이들 포털 3인방은 지난 해 일제히 흑자를 냈는데, 시나닷컴의 2003년도 매출은 전년대비 194% 증가한 1억 1400만 달러를 기록했다. 순익도 3100만 달러에 달하였다. 중국의 경우 미국이나 한국과 달리 온라인 광고가 흔하지 않기 때문에 이들이 이렇게 좋은 경영성과를 거둔 것은 전통적인 광고 수입에만 의존하지 않고 문자메시지서비스(SMS), 이메일, 채팅, 게임 및 스포츠경기 결과, 날씨 등의 각종 정보의 유료 서비스를 제공하였기 때문이다. 이렇듯 중국 인터넷 사회의 빠른 성장 및 중국 닷컴 회사의 괄목한 만한 경영성과에도 불구하고 이베이의 4분의 1, 야후의 3분의 1에 불과한 규모로서, 현재 증시에 상장돼 있는 모든 기업들의 시가 총액을 합쳐도 100억 달러에 미치지 못한다. 따라서 실적을 개선시킬 수 있는 다양한 수입원 개발을 위해 노력하고 있다.

토의과제

- 중국 인터넷 시장의 확산과 닷컴기업들의 급속한 성장의 원인은 무엇이라 생각하는가?
- 중국 닷컴기업들이 온라인 광고로 수익을 올리지 못하는 이유는 무엇인가?

중국 경제

중국경제의 부상

중국경제 발전

1978년 등소평이 주도한 개혁개방정책을 기점으로 중국경제는 대대적인 개혁에 들어가기 시작하였다. 우선 집단경제의 전형이었던 인민공사를 혁파하고 농업의 사영화를 시행함으로써 그 생산물량 면에서 엄청난 증가를 가져왔다. 이외에도 국유기업의 개조, 금융체제의 개선, 정부기구의 전환 등에 대한 개혁정책을 통하여 자본주의 사회의 시장경제체제를 도입하기 시작하였다. 이후 1982년 제12차 당대회에서 '계획경제를 주로 하고 시장의 조절을 부수적으로 한다' 고 발표하여 '시장' 의 개념이 처음으로 도입이 되었고, 1987년 제13차 당대회에서는 '사회주의의 계획적 상품경제 체제는 계획과 시장이 내재적으로 통일된 체제' 라고 하여 사회주의 경제에서 시장기능의 상화를 강조하였다. 1992년 열린 제14차 당대회에서 드디어 중국의 경제체제 개혁의 목표는 '사회주의시장경제의 건설' 에 있다고 선언하게 되었다.

개혁개방 정책이 시행되면서부터 기존 사회주의 체제에서 시행되어 오던 계획경제와는 전혀 상반되는 시장경제의 도입이 본격적으로 추진되기 시작하자, 기존 체제와의 이질성 때문에 정부의 정책 수립과 시행 과정에서 혼란이 적지 않았던 것 역시 사실이다. 이에 중국 정부는 '계획경제가 바로 곧 사회주의는 아니며 자본주의에도 계획이 있으며, 시장경제가 곧 자본주의는 아니며 사회주의에도 시장이 있다. 계획도 시장도 다 경제수단인 것이다."라고 입장을 밝혀 사회주의와 시장경제가 혼합되어 이데올로기와 경제 체제에 있어 과도기적 혼란을 겪고 있는 중국 신경제에 대한 정의를 내렸다. 앞서 언급되었듯이 1992년의 제14차 당대회에서 중국정부는 개혁개방을 통한 시장경제의 적극적인 도입과 정부의 모든 정책이 시장경제 체제에 부합될 수 있도록 급속히 전환해야 할 것을 강력히 천명하고, 아울러 정책수립의 기본이 되는 법체계 정비에 착수하여, 1993년에 열린 제8기 전국 인민대표대회 제1차 회의에서 '사회주의시장경제' 의 전면적인 실시를 중화인민공화국의 헌법에 규정하였다. 즉, 구 헌법이 경제체제를 '계획경제' 라고 규정하여 계획경제가 국가의 종합계획의 근간이 되고, 시장경제를 보조적으로 활용한다고 명시한 반면, 신 헌법에서는 '사회주의시장경제' 체제하에서 정부가 경제입법과 거시 경제적 수단을 사용하여 경제를 운용한다고 개정한 것이다. 또한 '국영기업' 이라는 용어를 '국유기업' 이라고 바꾸어, 전민소유제의 원칙에 입각하여 소유는 물론 경영까지 국가가 전 인민을 대신하여 운영해오던 각종의 기업에 대해서 소유는 하되 경영 부분에 대해서는 국가의 간섭을 줄이거나 하지 않겠다는 원칙을 내세웠다.

이와 같이 1978년 개혁개방 정책에 따른 중국정부의 경제정책 노선 변경을 공식적 기점으로 중국 경제는 서서히 부상하게 되었다.

중국경제 현황[5]

앞서 살펴보았듯이 중국경제는 1978년 정부주도의 개혁개방 정책을 시행한 이래로 시장경제체제로 급속한 변화를 겪어왔으며, 꾸준한 성장세를 보여주고 있다. 중국경제 현황을 거시경제적 측면, 산업 측면, 기업구조적 측면 그리고 정부측면에서 살펴보기로 하자.

거시경제적 측면

중국은 연 평균 9.6%의 경제성장을 기록하여 왔으며 20여 년에 걸친 개혁, 개방 노력의 성과가 90년대 말부터 가시화되기 시작하였다. 중국의 경제 성장률 및 기타 주요 지표를 살펴보면 다음과 같다.

대부분의 아시아 국가들이 1997년 이후 외환위기와 경제성장 침체를 경험했으

표 14-1
중국 주요 경제 지표

	단위	1997	1998	1999	2000
GDP규모	10억 달러	898	946	989	1,062
실질 성장률	%	8.8	7.8	7.1	8.0
1인당 GDP	달러	730	762	789	840
외환보유고	억 달러	1,399	1,450	1,547	1,670
수출	억 달러	1,828	1,837	1,949	2,492
수입	억 달러	1,424	1,402	1,657	2,251
무역수지	억 달러	404	435	292	241

자료 : 중국통계연감 (2001)

나 중국만은 예외였다. 〈표 14 – 1〉이 보여주는 것과 같이 중국은 다른 국가들과 달리 1997년에서 1999년간 연간 7~8%의 경제 성장률을 유지하였으며 외환보유고 및 무역흑자 측면에서도 실적이 호조되었다. 또한 외환위기 당시 다른 아시아 국가들이 연쇄적으로 통화를 절하했으나 중국만은 위안화의 가치를 유지하였다. 중국경제는 2003년 상반기 사스 충격과 세계 경기 침체라는 악재 속에서도 고성장을 지속하여 중국경제의 저력을 유감없이 발휘하고 있다. 〈표 14 – 2〉는 중국과 다른 주요국의 경제 성장률을 비교함으로써 중국경제 성장률의 추이와 저력을 보여주고 있다.

산업측면

중국은 전통제조업에서 세계 상위권의 기반을 갖추었다. 일부 제조업 분야에서는 이미 '세계의 공장'으로 부상하였는데 TV의 세계시장 점유율이 36%, 에어컨 50%, 세탁기 24%로 세계 1위를 기록하여 일본을 추월하여 세계 최대 가전 생산국으로 부상하였다. 일본의 가전업체들은 사업부서의 본사 기능을 아예 중국으로 이전하고 있다. 또한 미국, 일본, 유럽 등지의 다국적기업들의 중국 진출 및 이에 따른 시장의 급팽창, 그리고 중국 정부의 육성정책 등에 힘입어 중국의 IT산업 역시 급속히 발전하고 있으며, 기계, 전자, 자동차 등의 전통 산업을 주축으로 성장하면서 최근 정보통신, 생명공학 및 우주항공 등의 산업을 보강하고 있는 실정이다.

기업구조적 측면

그렇다면 사회주의 시장경제라는 체제하에서 발전하고 있는 중국경제라는 틀 안에서 중국기업들의 조직구조는 어떠한가? 앞서 언급되었듯이 1993년 전국인민대

표 14-2
주요국의 경제 성장률 비교

지역	1998년	1999년	2000년	2001년	2002년	2003년 1/4분기	2003년 2/4 분기
중국	7.8	183	8.0	8.1	8.0	9.9	7.0
한국	−6.7	10.9	9.3	3.1	6.3	3.7	1.9
대만	4.6	5.4	5.9	−2.2	3.5	3.2	1.6
미국	4.3	4.1	3.8	0.3	2.4	1.4	2.0
일본	−1.1	0.1	2.8	0.4	0.1	0.1	0.0

자료 : 중국통계연감, ADB, IMF
주 : 2003년 2/4분기는 삼성경제연구소 추정치

표대회회의에서 '사회주의시장경제'의 전면적인 실시를 헌법에 규정하고 '국영기업'이라는 용어를 '국유기업'이라고 바꾸어, 국가가 소유는 하되 경영 부분에 대해서는 국가의 간섭을 줄이거나 하지 않겠다는 원칙을 내세운 이래 중국 정부는 국유기업들을 통합하고 재편하였고 이에 따라 거대 기업들이 속속히 탄생하였다. 이러한 거대 기업들은 조선, 철강 등이 제조업과 항공, 미디어 등의 외자 진입을 규제하는 기간산업에서 주로 출연하였다. 이렇듯 국영기업의 급속한 통합 및 재편은 WTO가입으로 경영기반 강화의 필요성과 이와 더불어 주식의 해외상장을 통해 설비능력 증강을 위한 자금 조달 및 중국 진출을 목표로 하는 해외 유력기업과의 제휴라는 몇 가지 중요한 목적하에서 추진되었다. 이렇듯 탄생된 거대기업들의 일부는 이미 기술력과 브랜드에서 국제적 평가를 받는 기업으로 성장하고 있다. 일례로 중국 최대 PC메이커 Legend Group의 경우 대표적 정보통신 기업으로서 2000년 'Business week'의 세계 100대 첨단 정보통신 기술 기업 평가에서 8위를 차지하여 아시아 지역에서는 대만 최대의 반도체 회사인 TSMC와 함께 10대 기업에 진입하였다. 또한, 중국 기업들은 전자 및 IT기업들을 주축으로 서구 기업들보다 더욱 자본주의적인 경영을 도입하고 있는 실정이다. 인사제도, 보상체계 및 경영관행에 있어서 중국 전통적 국유기업의 경직적인 형태는 이미 찾아볼 수 없으며, 스톡 옵션제의 도입을 통해 철저하게 수익성 위주의 경영을 하고 있으며, 동료 및 부하에 의한 360도 평가 및 실적에 따라 파격적 인사를 단행하고 있다. 또한 과거와 달리 중국 기업들의 CEO들도 고학력의 젊은 경영자나 해외 유학파가 증가하고 있는 실정이다.

정부 측면

개혁개방 정책을 선두로 신 시장경제 체제에 꾸준한 노력을 하고 있는 중국정부는 일관성 있는 태도로 국가발전 전략 및 산업 정책을 추진하고 있다. 국가에서 지원하고 있는 상해지구 등지에 우수 공무원 및 예산 등을 우선 배정하여 집중지원을 하는 한편 외자유치 실적에 따라 공무원의 인센티브를 결정하는 등 관료주의를 타파하는 노력을 하고 있다. 또한 첨단지역에 있어서 외자계 기업의 유치는 정부가 필요하다는 판단 하에 법규에 구애 받지 않고 신속하고 효율적으로 처리하여 유리한 기회를 절대 놓치지 않는다. 중국정부의 기본 전략은 기술 및 투자와 시장을 바꾼다는 것으로서 중국의 거대한 시장을 무기로 선진기술을 도입하고 외국인 투자를 유치하는 것이다. 중국 정부가 현재 추진하고 있는 정책은 정비된 법 체계, 원활한 금융, 인큐베이팅 인프라, 유리한 산업발전 공간, 국내외 기업 차별 철폐, 우수한 인재유치, 지속적 인력교육, 수준 높은 정부 관리 및 사회서비스를 달성하여 향후 첨단기업 발전에 유리한 환경을 조성하는 것이다.

위에서 살펴본 바와 같이 중국은 70년대 후반부터 점진적 개방을 통해 안정적이고도 급속한 성장을 지속해 왔다. 그러나 개혁개방의 진행에 따른 체제의 비효율성 노출, 경제발전 속도에 못 미치는 정치분야 및 미국을 포함한 각국의 견제, 통상분쟁으로 인한 대외 관계의 악화 가능성은 중국이 앞으로 풀어 나아가야 할 과제이다.

중국경제 급부상의 영향

세계경제에 미치는 영향

중국경제 현황에 대한 고찰을 통하여 알 수 있늦이 일관적인 전략 추진의 결과로 이루어진 중국의 급부상은 현재 및 향후 세계경제 질서를 좌우하는 핵심 변수가 될 것이다. 중국경제가 도약하기 이전 세계의 경제구도는 미국, EU 그리고 일본을 축으로 하는 3극 구도였다. 그러나 중국이 급부상하면서 4극 체제로 변모하게 되었다. 이에 따라 동북아에서 일본과 중국이 제조업에서 상호 경쟁하게 되는 경우, 세계경제체제 전체가 불안정해질 가능성이 농후하며, 이와 동시에 아시아권에서 일본과 중국 두 나라 모두 무역수지 흑자를 기록하면서 미국과 유럽을 자극하고 있는 실정이다. 따라서 중국경제 부상에 어떻게 대처하느냐에 따라 경제 성장의 속도와 질이 결정될 것이다.

한국경제에 미치는 영향

중국경제 발전은 한국경제에 기회인 동시에 위협으로 작용하고 있다. 중국의 시장 확대와 신규수요 창출은 국내 기업에게 좋은 기회를 제공하여 주었다. 중국이 가장 중요한 시장으로 부상하였고, 무역, 투자 등에서도 절대적인 영향력을 미치고 있는 것이 사실이다. 반면, 중국 산업의 경쟁력 강화로 인하여 한중 산업간 경합이 더욱 치열해지고 있으며, 국내 한계산업의 퇴출이 가속화되고 있다. 또한 중국 IT 산업의 발전은 외환위기 이후 국내 새로운 성장 동력으로 떠오르고 있는 국내 IT산업의 입지를 축소시킬 농후한 가능성을 보이고 있다.

이렇듯 중국경제의 발전은 기회와 위협이라는 측면으로 작용하고 있는데 이에 한국경제는 세계 경쟁에서 도태 당하지 않기 위하여 중국경제의 실상을 정확히 파악하고 중국의 부상에 적절히 대응하여야 한다. 국내 기업들은 기술 개발과 산업 구조 고도화를 가속시켜 한 단계 도약할 수 있는 계기를 충분히 마련하여야 하며, 정부 차원에서는 양국간 실질적인 경제 협력을 확대하고 미시적이고 실질적 측면에 주력하여 중국 부상을 기회 요인으로 적극적으로 활용하여야 한다.

유한양행

1926년 의약품 수출입업 및 판매업으로 창립된 유한양행은 제약업계 최초의 기업공개로 자본과 경영을 분리하였으며, 우리나라 최초의 종업원지주제 채택, 전문 경영인제도를 도입하여 국내 기업의 선도적 역할을 수행해 왔다. 창업이래 기업을 통한 사회봉사정신을 바탕으로 성장, 발전해 온 대표적 기업으로서 기업 이미지에 있어서 독보적인 위치를 구축하여 국민 모두에게 신뢰를 받아온 기업으로 손꼽힌다.

유한양행의 기업이념은 가장 좋은 상품의 생산, 성실한 납세, 기업이윤의 사회환원으로서 이 세가지 항목 모두 기업의 윤리적 경영에 바탕을 두어 최근 들어서야 그 중요성이 부각되고 있는 현실정을 감안하여 본다면 유한양행의 경우 그 설립 당시부터 윤리경영을 실천해 온 대표적 기업이다.

창업 당시 일제의 강압정치하에서 민족생존과 민족혼 재현이 건강에 있다고 믿고 '건강한 국민만이 주권을 되찾을 수 있다'는 신념 아래 의약품산업을 선택하여 양질의 의약품을 생산하여 국민 보건 향상에 기여한다는 것이 기업 설립의 정신이었다.

또한 기업활동을 통하여 이루어지는 부의 축적은 반드시 성실한 납세를 통하여 국가에 되돌려지고 이것이 곧 국력의 바탕이 되어야 한다는 창업자 유일한씨의 굳건한 의지로서 '기업이 국가에 대한 책임을 다하겠다'는 기업이념을 표현함으로써 윤리경영을 몸소 실천하여왔다. 마지막으로 유한양행이라는 기업에 대하여 윤리경영을 실천하는 가장 모범적 기업이라는 강한 이미지를 심어준 항목은 기업이윤의 사회환원으로서 기업에서 얻어진 이익은 그 기업을 키워준 사회에 되돌려져야 한다는 '기업의 사회에 대한 책임'이다. 즉 기업의 소유주는 사회이고 단지

그 관리만을 기업인이 할 뿐이라는 신념에서 출발하여, 기업활동을 통해 얻어진 이윤의 분배에 대한 기업이념의 명확한 표현과 실천이라고 할 수 있다.

이러한 윤리경영을 기반으로한 기업 이념은 창업주 유일한 씨의 사회관에서 비롯되었다. 그의 사회관을 살펴보면 '기업에서 얻은 이익은 그 기업을 키워 준 사회에 환원하여야 한다.", "기업의 소유주는 사회이다. 단지 그 관리를 개인이 할 뿐이다." "기업은 사회의 이익증진을 위해서 존재하는 기구이다." "양질 × 염가의 제품 생산, 이것은 기업성취의 ABC이다. 그러나 이것은 기업의 사회에 대한 책임인 것이다." 등으로 표현되었으며, 이것이 바로 유한양행의 기업이념으로서 자리를 잡았다 할 수 있다.

사유재산제도 아래 그는 일제시대인 1936년 이미 개인 소유 회사에서 주식회사 체제로 개편함으로써 기업은 사회의 것이라는 자신의 이념을 실행에 옮겼으며, 주식의 일부를 직원들에게 공로주로 당시 액면가의 10% 정도 가격으로 분배하였다. 유일한씨의 기업관을 살펴보면 기업은 이윤만을 추구하는 조직이 아니라 그 구성원의 <공동운명체>라는 것으로서, 즉 "기업에 종사하는 모든 사람은 기업활동을 통한 하나의 공동운명체이다."라는 상호유기적 결합체로서의 기업관을 가졌다고 볼 수 있다. 따라서 이러한 공동운명체라는 의식에서 성실, 건강한 이윤관, 기업은 사회의 소유라는 의식, 경영자와 종업원에 대한 각별한 의식들이 자연스레 파생된다고 믿었다. 사유재산제도가 시행되고 있는 한국에서 기업은 거의 소유주 개인이 소유권을 행사하고 이를 자기 후손에게 상속하는 것이 관례로 되어 있으나, 유일한씨는 1971년 자신의 소유 주식 전부를 재단법인 '한국사회 및 교육신탁기금' 에 기증하고 생을 마감하였다. 이렇듯 창업주의 강한 신념 및 실천이 현재의 유한양행의 초석이 되었으며 가장 바람직한 기업으로 국민들에게 각인되어 강한 브랜드 파워를 자랑함과 동시에 성장과 발전의 원동력이 되고 있는 것이다.

http://www.yuhan.co.kr

토의과제

- 본 사례를 통해서 본 진정한 윤리경영은 무엇이라 생각하는가?
- 유한양행의 브랜드파워가 윤리경영에서 크게 영향을 받았다고 생각하는가?
- 기업이익의 사회환원 방법에는 어떠한 것들이 있는가?

윤리경영

오늘날 기업 경쟁력의 핵심 요소로서 많이 논의되고 있는 것 중 하나가 바로 경영윤리이다. 특히 오늘날 기업들의 윤리적 혹은 비윤리적인 행태는 기업의 브랜드 가치 및 성과에 중요한 영향을 미치는 요소가 되고 있다. 따라서 기업의 윤리경영에 대한 고찰은 단순히 기업의 경쟁요소로써의 분석뿐 아니라 사회적 실체로서의 기업에 당위성을 부여하는 요소로서의 분석이 이루어져야 할 것이다.

윤리경영의 개념

윤리경영은 오늘날 기업이 임의로 선택할 수 있는 전략적 범주가 아닌 사회적 구조라는 틀 안에서 생존하기 위한 필수 불가결한 요소로 받아들여지고 있다. 따라서 윤리경영의 중요성에 대한 인식이 점점 강화되고 있는 실정이며, 윤리경영이 기업에서 제대로 실현되기 위해서는 윤리경영에 대한 올바른 이해가 선행되어야 한다.

그렇다면 윤리경영이란 무엇인가? 단지 임직원들의 부정부패를 효과적으로 통제하는 수단내지는 잠시 유행하는 경영 혁신의 도구인가? 이러한 편견은 버려야 한다. 진정한 의미의 윤리경영이란 기업의 경제적, 법적 책임 수행과 더불어 사회의 구성조직으로서 기대되는 윤리적 책임의 수행까지도 기업의 기본적인 의무로 인정하여 객체로서가 아닌 주체적 입장에서 기업 윤리 준수를 행동 원칙으로 삼는 경영을 말하는 것이다. 즉 기업이 윤리적 책임을 다함으로써 고객, 주주, 종업원, 경쟁자, 공급자, 정부, 지역 사회를 포함하는 이해관계자들에게 신뢰를 얻을 수 있도록 하는 기업경영을 말하는 것이며, 경영활동의 옳고 그름을 구분해 주는 규범적 기준을 사회의 윤리적 가치체계에 두는 경영방식을 의미하는 것이다.

윤리경영을 보다 명확하게 이해하기 위해서 윤리경영을 진화론적 관점에서 살펴보자.

윤리경영의 첫 번째 단계는 기업 PR과 위험관리 차원에서의 기초적 윤리경영(PR and Risk management) 이다. 즉, 기업과 외부조직과의 관계형성 및 유지를 맡고 있는 임직원들이 기업의 PR 및 위험관리 활동의 일환으로 시행하는 가장 기초적 단계라고 할 수 있다. 여기에서 필요한 것은 기업활동에 있어서 발생 가능한 부정부패를 효과적으로 통제하는 수단과 더불어 고객과 외부환경에 좋은 이미지를 심어주는 담당자의 기업 PR능력이다.

윤리경영의 두 번째 단계는 윤리적 기준을 법률적으로 규제하는 단계(Legal Compliance of Ethical Standards) 이다. 이 단계에서는 모든 구성원들이 윤리적 규범을 법적 규제 안에서 따라야 한다. 예를 들어보자. 미국의 기업들은 입사 당시 입사 계약서에 서명을 하게 되어있다. 기업들마다 세부 조항에 차이가 있겠으나, 복무기간은 물론이거니와 퇴사 후 어느 시점까지 사내 기밀을 누출하지 않겠다는 조항에 서명하여야 하며 이 조항을 지키지 않을 시 발생하는 모든 문제에 대해서 법적인 책임을 지게 된다.

윤리경영의 세 번째 단계는 총체적 윤리경영(Total Ethics Management) 이다. 즉 윤리경영이라는 것이 담당 임직원이나 피고용인들에 의해서만 행해지는 것이 아니라 기업 CEO가 주체가 되어 윤리경영에 앞서고 이에 따르는 모든 책임을 지며 사회에 권한을 부여하는 단계로써 가장 이상적인 윤리경영의 단계라고 할 수 있다.

이외에도 윤리경영을 체계적으로 이해하기 위한 방법으로 기업의 윤리경영을 바라보는 입장에 따라서 비윤리경영, 초윤리 경영 그리고 윤리경영으로 구분할 수 있다. 즉, 비윤리경영(immoral management) 이란 기업의 이윤추구를 위해서는 기업윤리뿐 아니라 법과 제도마저도 장애물로 간주하는 전근대적인 경영형태로 최근에는 거의 존재하지 않는다. 초윤리경영(amoral management)은 경영과 윤리를 별개의 영역에 두고 합법적 테두리 내에서는 어떠한 행동을 해도 좋다는 입장을 취하는 것이며, 윤리경영(moral management)이란 기업이 합법적 테두리뿐 아니라 사회적 통념까지도 고려하여 기업윤리를 준수하는 경영방식이다. 결국 기업을 총체적 윤리경영의 영역으로 이동시키는 작업이 국제화의 세계에 살고 있는 모든 기업들이 당면하고 있는 과제이다.

최근 몇몇 국내외 기업들의 부정사건은 경영성과가 아무리 높아도 기업윤리 의식이 희박할 경우 시장과 사회의 신뢰를 상실하여 기업의 문을 닫게 된다는 현실을 일깨워줌과 동시에 이를 통하여 기업들의 자발적 윤리경영의 중요성을 보여주고 있다. 그러나 여기서 간과하지 말아야 할 점은 기업이 이윤추구를 목적으로 창출된 조직이라는 것이며 이를 감안해 볼 때 윤리적 가치체계를 요구하는 주장이 기업의 존재이유와 상충될 가능성을 충분히 안고 있다는 것이다. 따라서 기업 윤리경영의 궁극적인 목표 역시 기업의 이윤 추구를 벗어나지 않아야 한다는 것과,

윤리경영의 개념 자체를 잘못된 관행 및 구조를 윤리적인 기준에 맞도록 바로잡아 경제적 부가가치를 극대화하고 이를 통하여 기업 경쟁력을 향상시켜야 한다는 맥락에서 받아들여야 할 것이다.

윤리경영의 중요성

앞서 언급되었듯이 도덕성 논란에 쌓인 기업들은 결국 문을 닫는 경우가 생겼고 이에 반해 고객의 신뢰를 얻는 기업들은 초우량 기업으로 발전하고 있다. 따라서 기업 경영에 윤리와 도덕 개념을 적용하는 윤리경영의 필요성이 어느 때보다 높아지고 있으며, 윤리경영은 오늘날 국제기업에 있어서 기업이 선택하는 전략의 일환이 아닌 생존을 위한 필수요소가 되고 있다. 윤리경영의 중요성을 몇 가지 측면에서 살펴보면 다음과 같다.

우선, 기업은 윤리경영을 통하여 시장으로부터 지속적인 신뢰를 얻을 수 있다. 시장경제체제하에서 기업의 생존은 소비자, 투자자, 금융기관을 포함하는 시장의 신뢰에 달려있다. 둘째, 윤리경영은 구성원들에게 동기부여를 한다는 측면에서 기업의 경영 성과에 영향을 미친다. 즉, 윤리경영을 잘 하는 기업은 시장에서의 신뢰뿐 아니라 조직 구성원들에게도 높은 수준의 동기부여를 하게 되고 이로 인한 생산성의 향상으로 높은 성과를 낼 수 있게 된다. 셋째, 오늘날 기업의 국제 경쟁력을 평가하는 기준으로 윤리경영이 최우선 순위로 떠오르고 있다. 현재 미국에서는 '세계기업윤리표준안' 을 세우는 작업을 추진하고 있다. 또한, 미국 기관투자가들은 최근 동아시아 국가들에 보다 강도 높은 윤리경영을 요구하여 회계가 불투명하거나 지배 구조개선이 부진한 기업에 대한 투자 비중을 축소하고 있는 추세이다. 위의 몇 가지 측면을 감안하여 볼 때, 기업 윤리를 무시하여 국제적 수준에 도달하지 못하는 기업들은 세계 시장의 투자자 및 소비자들로부터 외면당하여 기업의 생존에 위협을 받게 될 것이 자명한 현실로 드러나고 있다.

윤리경영 현황

최근 전세계적으로 기업 윤리에 대한 관심이 높아지고 있는 현상은 1999년에 체결된 경제협력개발기구(OECD)의 '뇌물 방지 협약' 을 통해 더욱 심화되었으며,

이 협약을 통해 기업의 윤리적 책임이 국제기준으로 인식되는 계기를 마련해주었다. 미국의 경우를 살펴보자. 미국의 분식회계 사태로 최고경영자들의 도덕성과 신뢰가 땅에 떨어지면서 예비 CEO들을 키워온 MBA과정에 대해서도 신랄한 비판이 가해지기 시작했다. 즉, 그동안 미국대학의 MBA과정이 CEO의 사회적 책임이나 도덕성 등의 인성 교육이 아닌 어떻게 하면 주가를 올릴 것인가라는 그릇된 가치관을 심어주었다는 것이다. 이에 따라 기업의 사회적 책임에 대한 자각의 분위기가 새롭게 조성되고 있다. 『포춘』지가 선정하는 '미국에서 가장 존경 받는 기업' 의 에너지 부문에서 1999년, 2000년 연속으로 1위를 차지해 온 기업인 엔론사의 경우를 살펴보자. 미국에서 가장 존경 받았던 기업이 회계 부정 사건 이후 '가장 존경 받지 못하는 기업' 으로 전락하였다. 육가공업계의 랭킹 1위인 닛폰(日本)햄 역시 수입쇠고기를 국내산으로 위장신고 하다 적발되어 사회적 물의를 일으켜 이를 계기로 일본 경단련에서는 회원기업의 윤리규정인 「기업행동헌장」을 개정하여 사회적으로 문제를 일으킨 회원기업에 대해 탈퇴를 권고할 수 있도록 할 방침을 마련하고 있다.

한국의 윤리경영 실태는 어떠한가? 외환위기 이후 기업에 대한 국민들의 기대심리가 더욱 높아지면서 사회통념에 어긋나지 않는 경영을 요구하는 목소리가 높아지고 있고, 이해관계자들의 영향력이 증대되고 있다. 특히 인터넷 확산으로 소비자들이 안티사이트 등을 통해 집단행동을 도모하는 사이버파워가 형성되면서 기업활동에 큰 부담으로 작용하고 있다. 이에 따라 윤리경영에 대한 국내기업들의 관심도 역시 크게 증가하고 있는데, 전경련의 조사에 따르면 2001년 조사대상기업(전경련 회원사 및 상장기업 500개사)의 45.2%가 기업윤리헌장을 채택한 것으로 나타나 지난 99년의 21.8%에 비해 크게 늘어났으며, 30대기업은 69.4%가 윤리헌장을 제정한 것으로 나타나 99년의 33.3%에 비해 역시 크게 증가했다. 특히 위의 조사에서는 윤리강령의 제정이유로 수익성과 생존전략을 지적한 기업의 비중이 99년의 약 7%에서 약 30%로 나타나 윤리경영이 사회적 책임의 수행이라는 당위성을 떠나 점차 경쟁전략 차원으로 인식하고 있음을 보여주고 있다. 정부차원에서 보더라도 한국이 OECD 회원국이라는 점을 감안하여 윤리경영이라는 세계적인 흐름에 부응하여 국제 상거래 뇌물방지법 및 부패방지법 제정과 기업경영의 투명성 확보 등과 같은 형태로 기업 윤리 확립을 위해 힘쓰고 있으며, 이러한 노력의 결과 윤리경영의 중요성에 대한 인식이 점점 강화되어 은행을 비롯한 금융권과 대기업의 최고 경영자들이 윤리경영을 최우선 과제로 추진하겠다는 입장을 밝히고 있는 상황이다. 그러나 국내기업들은 최근 들어서 위기관리 차원에서 윤리경영을 핵심경영요소로 인식하면서 윤리강령 채택 등의 기업윤리 시스템을 도입하고 있는 실정이므로, 2004년도 대한상공회의소가 발표한 보고서에 따르면 국내기업의 윤리경영 수준은 49개국 중 39위로 평가되어 선진글로벌기업 수준에 크게 못 미치고 있으며, 국제투명성기구의 국가별 부패 인식도 지수 역시 조사대상 102개국 중 40위로 평가 받아, 한국 윤리 경영의 후진성이 세계 10위권의 국가경제규모에 걸맞지 않은 수준인 것으로 나타났다.

따라서 한국 기업의 국제경쟁력 강화를 위한 윤리경영 시스템의 도입과 확산은 시급한 현안이며, 기업 윤리경영을 위해서는 정부차원에서의 행정절차의 투명성 및 기업차원에서의 자각과 실천이 필요하다.

윤리경영의 실천방안

앞서 살펴보았듯이 윤리경영의 중요성에 대한 인식은 상당히 높아지고 있으나 실천적인 면에서는 쉽지 않다는 것 또한 현실이다. 최근 발생한 한국 유명 기업의 분식 회계를 비롯하여 각종 비윤리적인 경영 행태들이 지속적으로 발생하고 있으며 윤리경영 시스템이 안정되어 있다는 미국에서조차 Enron, Worldcom과 같은 대기업들이 비윤리적 부정 행위를 저지르는 것을 보면 기업 윤리 실천이 말처럼 쉽지 않다는 것을 알 수 있다. 그렇다면 기업들이 윤리경영을 제대로 실천하기 위해 어떠한 노력을 해야 하는가?

우선 윤리경영에 대한 의식 전환 및 올바른 이해가 필요하다. 그 동안 윤리경영에 대한 기업들의 인식은 사회적으로 바람직하지만 기업의 이익창출에는 방해가 되는 요소였다. 즉, 기업에 있어서 윤리경영이란 불필요한 비용이며 이러한 사회적 책임은 선택의 문제라는 것이었다. 따라서 윤리경영의 가치 자체를 평가절하하는 시각이 강하게 존재하였다. 그러나 윤리경영이 성과에 미치는 최근 경향을 보면 기업들의 윤리경영에 대한 인식의 전환이 필요함을 보여준다. 전경련이 2001년과 2002년 두 차례에 걸쳐 '기업 윤리와 기업 성과 간의 관계'를 조사한 바에 따르면, 윤리경영을 실천하는 기업들이 그렇지 못한 기업들보다 주가 상승률과 매출액 영업이익률이 크게 앞서는 것으로 나타났으며, 미국에서도 Fortune

지가 선정하는 '미국의 가장 존경 받는 기업' 리스트에 올랐던 기업들은 S&P 500의 평균 주가 수익률을 훨씬 상회하는 것으로 드러났다. 한편 윤리적인 기업은 종업원, 고객, 지역 사회, 주주들을 포함하는 이해관계자들로부터 신뢰를 얻게 되는데 이것은 기업의 눈에 보이지 않는 자산이 된다. 기업의 윤리적 행위와 투명성은 소비자들에게 기업 투명성이라는 강한 인식을 심어주게 되고 신뢰를 얻어 결국 강력한 브랜드 파워를 구축할 수 있게 해준다. 따라서 윤리경영은 더 이상 선택이 아니라 초일류 기업이 되는 필수 조건이 되고 있는 것이다.

윤리경영의 실천을 위한 두 번째 요소는 최고경영자의 리더십과 의지이다. 기업의 장기적 비전이나 전략 수립 등 중요한 의사 결정에 최고 경영자의 리더십은 핵심적인 역할을 하기 때문이다. 기업이 윤리경영을 제대로 전개하기 위해서는 최고경영자의 결정권에 의한 과감한 투자가 필요하며, 기업윤리를 실행하고 이를 모니터링 하는 전담 조직의 구성 및 윤리헌장과 같은 개혁 활동도 추진해야 한다. 이 모든 과정에는 비용과 인력의 투입이 필요한데 이러한 투자는 최고 경영자의 윤리경영에 대한 확고한 의지와 리더십 그리고 지속적 관심 없이는 불가능한 일이다. 윤리경영의 올바른 실천을 위해서 중요한 세번째 요소는 윤리경영이 조직문화로써 체화되도록 하는 것이다. 윤리경영은 구성원들 사이에 내재된 의식이며 가치이기 때문에 공유된 조직 문화를 통한 자발적인 참여와 의사 소통이 중요하다. 이를 위해서 기업 내부에 구체적인 실천 지침을 갖추어 구성원들의 적극적인 참여를 유도하는 것이 필요하며 이와 더불어 구성원들 사이의 활발한 커뮤니케이션을 통한 지속적인 노력이 필요하다. 기업의 윤리적 활동에 대해 구성원들이 스스로 참여하고 자유롭게 커뮤니케이션 하는 조직 문화는 윤리경영의 실천을 촉진하는 중요한 촉매제로 작용하게 된다. 또한 윤리경영 의 촉진을 위해서 성과에 대한 평가 역시 재정비되어야 하는데 즉, 윤리경영의 실천 여부를 모니터링할 수 있도록 평가 항목을 정비하여 하는 것이 필요한데 성과에 대한 평가는 단지 재무적인 단기 성과뿐 아니라 소비자의 기업에 대한 평가, 지역 사회에 대한 공헌도, 구성원들의 만족도 등 장기적 관점의 질적인 요인에 대한 평가도 균형적으로 이루어져야 한다.

이상에서와 같이 윤리경영을 실천하기 위한 몇 가지 필수 사항들을 살펴보았다.[6] 윤리경영에 대한 사회적 압력이 강해지고 그 필요성에 대해서 점차 인식하는 상황에서 윤리경영을 실천하기 위해서는 다각적이고 실질적인 노력이 필요하며 윤리경영에 대한 올바른 이해와 확실한 목표의식이 최고경영자뿐 아니라 모든 구성원들의 관심과 투자로 이어질 때 비로소 올바른 윤리경영이 실천될 수 있을 것이다.

한편 윤리경영이 성공적으로 정착하기 위해서 기업뿐 아니라 정부 및 학계에서의 다각적 노력이 필요한데 그 내용을 간단히 살펴보면 다음과 같다. 우선 기업 측면에서, 최고경영자는 윤리경영에 대한 긍정적이고 올바른 인식을 바탕으로 지속적인 투자를 하여야 하며 구체적이고 실질적인 윤리경영 시스템을 도입하여 윤리경영 활동을 인력 관리나 동기 부여의 수단으로 활용하는 등 경영 활동에 반영하여야 한다. 또한 고위급 임원을 윤리경영 책임자로 선정하여 강력한 권한을 갖는 전담 조직을 마련하여 기업의 사정이나 외부 경영 환경 변화에 따라 윤리경영의 추진이 그 중요도에서 밀려 나지 않도록 하여야 한다. 둘째, 정부 차원에 있어서는 기업의 윤리경영 정도를 평가하는 제도를 만들어 우수 기업에게 세금 감면, 조사 면제, 공공기관 입찰 우대 등의 인센티브를 제공하여 윤리경영을 장려하는 방안을 취해야 한다. 셋째, 학계에서도 기업윤리 교육에 대한 지속적인 투자와 관심을 가져 학생들과 기업인들에게 기업윤리를 교육함으로써 기업들의 윤리경영 노력을 뒷받침해 주어야 한다. 마지막으로 사회전반적으로는 사회적 윤리 요구 수준을 향상시키고 윤리적인 기업을 발굴 하는 등의 윤리 인프라를 구축하여 윤리환경을 조성하여 기업들이 윤리수준을 높일 수밖에 없는 시스템을 활성화시켜야 한다.

이상에서와 같이 윤리경영의 개념과 중요성 및 기업 윤리경영의 현황과 실천방안을 살펴보았다. 오늘날 기업의 윤리경영은 더 이상 기업의 선택사항이 아닌 기업 생존을 위한 필수요건으로서 기업가치를 결정짓는 핵심요소가 되고 있다. 기업의 윤리적 경영은 기업 성과를 저해하는 요소가 아니라 기업의 장기적인 수익을 보장하는 핵심역량이 된다는 점을 간과해서는 안 될 것이다.

14장 요약

- e-비즈니스의 개념과 특성 그리고 경영환경의 변화로 인한 e-비즈니스의 발전배경을 전통적 가치사슬의 조정과 전자상거래의 가속화의 고찰을 통하여 살펴보았다. 또한 전략 분야에서 중심이 되고 있는 산업조직론과 자원준거론을 통해 e-비즈니스 전략을 심도있게 살펴봄과 동시에 e-비즈니스 경쟁전략의 핵심개념 및 가치창조 메커니즘을 바탕으로 e-비즈니스 전략 패러다임을 제시하였다.
- 중국경제 발전의 배경과 현황 그리고 중국경제가 한국경제와 세계경제에 미치는 영향에 대하여 살펴보았다. 중국경제는 개혁 개방 정책을 표명한 이래 시장경제의 도입을 본격적으로 추진하면서 정부 정책 역시 시장경제 체제에 부합되도록 급속한 전환을 하였고 이러한 경제정책 노선변경을 기점으로 중국 경제는 부상하게 되었으며, 현재 거시경제, 산업, 기업구조 및 정부측면에서 눈부신 성과를 거두고 있다. 이러한 중국경제의 눈부신 성장은 한국경제뿐 아니라 세계경제에도 큰 파장을 주고 있다.
- 최근 들어 윤리경영은 기업에 있어 생존과 성장을 위한 선택이 아닌 필수 불가결한 요소로 받아들여지고 있으며, 또한 기업에 당위성을 부여하는 요소로서 그 중요성이 부각되었다. 윤리경영은 최고경영자의 윤리경영에 대한 확고한 의지와 리더십을 기점으로 공유된 조직문화를 통한 자발적인 참여와 조직원들간의 의사소통을 통하여 실천될 수 있으며, 결국 기업의 윤리적 행위와 투명성은 소비자들에게 신뢰를 심어주게 되어 궁극적으로 강한 브랜드 파워 구축을 가능하게 해준다. 윤리경영에 대한 사회적 압력이 강해지고 그 중요성이 더욱 부각되고 있는 현 상황에서 윤리경영에 대한 올바른 이해와 명확한 목표의식뿐 아니라 윤리경영 실천을 위한 다각적이며 실질적인 노력이 필요하다.

주 NOTES

1 | 안상협 · 이동만, e-business새롭게 배우기, 대명, 2003.
http://www.seri.org 관련 상세검색 참고.

2 | 조동성, e-비즈니스, e-전략, 한국경제신문, 2002.
Cho and Lee, A paradigm in Strategy Theory : ser-M, Working Paper, Seoul National University, 1995.

3 | 김은홍, 경영정보학개론, 다산출판사 2002, 디지털타임즈 관련 기사검색 참고.

4 | Edaily, 브릭스 기업 중국닷컴, 2004. 03.18 참고.

5 | http://www.seri.org에서 관련 상세검색 참고.

6 | 이정훈, 경영성과를 위한 윤리경영의 방향, 한국기업윤리학회, 2002.

찾아보기

ㄴ

ㄷ

ㄹ

ㅁ

ㅂ

ㅅ

ㅇ

ㅈ

ㅊ

B

C

D

E

F

G

H

I

J

K

L

M

N

O

P

Q

R

S

T

U

V

W

Y

Z

저자소개

조동성 국립인천대학교 총장

서울대학교 경영학과를 졸업하고 하버드대학에서 경영학박사를 취득한 후 1978년부터 2014년까지 36년간 서울대학교 경영대학에서 전략 및 국제경영 교수로 봉직하면서 국제지역원(현 국제대학원)원장과 경영대학 학장을 역임했다. 2014년 6월부터는 중국 북경에 있는 경영전문대학원인 장강상학원에서 전략학 교수로 재직하고 있으면서 중국 국무원 국유자산감독관리위원회의 요청으로 중국 중앙정부가 관장하는 113개 국유기업의 기업가치평가작업을 수행하고 있다. 영어 14권, 중국어 5권을 포함한 70권의 저서와 112편의 학술논문을 출판했고, 전략경영학회 창립회장, 디자인브랜드경영학회 창립회장, 지속경영학회 창립회장, 메커니즘경영학회 창립회장, 경영학회 회장, 학술단체총연합회 회장, 대중소기업상생협력위원회 위원장, 대통령 직속 국가경쟁력위원회 위원을 지냈으며, 현재 핀란드 명예총영사, 국제백신연구소 한국후원회장, 안중근의사기념관 관장, 자연환경국민신탁 이사장 직을 맡고 있다.

제2판 21세기를 위한 **국제경영**

2000년 1월 20일 | 제1판 1쇄 발행
2004년 8월 25일 | 제2판 1쇄 인쇄
2016년 8월 20일 | 제2판 10쇄 발행

지은이 | 조동성
발행인 | 김은중
발행처 | (주)서울경제경영출판사
북디자인 | (주)우일미디어디지텍 (02)2277-9634

주소 | 120-808 서울특별시 서대문구 대현동 67-5
전화 | (02) 313-2682
팩스 | (02) 313-8860

등록 | 1998년 1월 22일 제5-63호

ISBN 89-88106-23-7 93320 정가 25,000원

※ 파본은 바꾸어 드립니다.